北京农村年鉴

2015

中 国 农 业 出 版 社

领导调研与考察

2014年5月20日，中共中央政治局委员、北京市委书记郭金龙视察了北京市农林科学院承担的世界种子大会品种展示基地。

2014年5月20日，北京市领导郭金龙、牛有成、林克庆调研世界种子大会筹备工作

北京市市长王安顺陪同汪洋副总理考察

农业部部长韩长赋调研延庆大棚蔬菜种植

中共北京市委常委牛有成调研世界葡萄大会

都市型现代农业

北京市房山区琉璃镇胡萝卜大丰收

微灌技术种菜

5月24日，国际种子联盟成员参观品种展示基地

延庆世界葡萄大会

草莓博览园的控制心脏

抱柱式立体栽培

动植物疫病防控（家畜免疫）

品种展示基地

希望

北京市农林科学院新品种介绍

爱神玫瑰

京藏香

京茄20号

华玉

京翠75号

绿精灵2号

京彩粉韵

京花11穗

瑞光35号

仙客8号

新农村建设

丰台区大灰厂村水源地项目

怀柔区喇叭沟门满族乡帽山村

怀柔区喇叭沟门满族乡上台子村

怀柔区长哨营满族乡长哨营村

休闲农业

通州区于家务乡花仙子万花园举办第二届“冰岛虞美人节”

延庆县四季花海行游花田间

平谷区黄松峪民俗村

昌平区农业嘉年华

延庆县葡萄采摘

通州区西集镇樱桃采摘

通州区首家樱桃果品联社在西集镇成立

延庆县下湾村的北京知青食堂

山区经济

春到霞云岭

密云县司马台新村

门头沟区南庄村——村口水景观

农村改革与集体经济发展

生猪价格指数保险理赔

北京市杂交小麦保险签约仪式

集体经济产权制度改革分配股金

北京市农民专业合作社联合会成立大会

北京市加强农村集体资产管理工作会议

农村社会事业

丰台区“周末百姓大舞台”活动——南苑乡文艺演出

丰台区农村文艺演出“星火工程”——卢沟桥艺术团到小瓦窑村

朝阳区农村地区“乡村大舞台”文艺汇演

通州区于家务乡仇庄村开展追寻家训家规《家道三字经》发布会活动

漷县书院

艺术下乡——美术家走进怀柔区西台子

海淀区苏家坨镇后沙涧村文化队伍

怀柔区赛龙舟活动

基层组织建设

门头沟区党员干部赴田庄开展教育实践活动

八家村民选村主任

朝阳区涉农惠民领域职务犯罪预防警示教育活动

朝阳区委农工委组织农村系统部分党员赴爱国主义教育实践基地“没有共产党就没有新中国纪念馆”开展“主题党日”活动

2013—2014年北京最美乡村

长城水韵映新村——密云县古北口镇司马台村（摄影：刘玉奎）

“辚”出幸福好生活——大兴区青云店镇东辛屯村

生态文明休闲村——大兴区长子营镇朱庄村

满族风情民俗村——怀柔区喇叭沟门乡中榆树店村

文化打造新支点——海淀区上庄镇李家坟村

慈仁孝义满乡邻——延庆县大庄科乡慈母川村（摄影：郑玉萍）

乡村旅游升级版——丰台区南苑乡南苑村

京北花卉大观园——怀柔区杨宋镇花园村

古村新景民安居——门头沟区潭柘寺镇赵家台村

古梨新香誉满园——房山区琉璃庙镇贾河村

创新发展育名村——房山区窦店镇窦店村

不老山水不老人——密云县不老屯镇史庄子村

清幽村落桃花艳——平谷区镇罗营镇大庙峪村

绿树掩映蔬果乡——通州区西集镇史东仪村

山水潋滟景中村——延庆县千家店镇下湾村

人在景中园林村——顺义区牛栏山镇兰家营村

新农村建设示范村——顺义区大孙各庄镇东华山村

百花山水迎客来——门头沟区清水镇八亩堰村

古村古貌古韵浓——昌平区流村镇长峪城村

高效管理民欢颜——朝阳区黑庄户乡郎各庄村

（本栏目图片除署名外由宣教中心统一提供）

《北京农村年鉴》编辑委员会

《北京农村年鉴》编辑部

凡　例

一、《北京农村年鉴》是集中反映北京郊区经济和社会发展情况的大型资料性工具书和史料文献。在中共北京市委农村工作委员会和北京市农村工作委员会的领导下，由北京市农村经济研究中心主持编纂。

二、《北京农村年鉴》以马列主义、毛泽东思想、邓小平理论、“三个代表”重要思想、科学发展观为指导，深入贯彻习近平总书记系列重要讲话精神，运用丰富、翔实的资料和客观、真实的记述，使社会各方面增进对北京郊区农村的认识与了解，促进北京地区各行业和国内外与京郊农村的合作、交流，也为地方史志的编写积累珍贵的历史资料。

三、依据年鉴编纂惯例，当年出版的《北京农村年鉴》，标为本年度，而反映上个年度的情况。为增强年鉴的时效性，对本年度年初中共中央和中共北京市委、北京市人民政府发布的指导农业和农村工作的重要文件，也予以收入。

四、《北京农村年鉴》基本写作形式为条目体，并选载适量文章，辅以图片、表格，使读者对北京郊区情况有一完整了解。

五、《北京农村年鉴》所设栏目与类目基本固定，而依据年度变化情况作适当调整。

六、《北京农村年鉴》稿件，由北京市委农工委、北京市农委各职能部门，北京市农业系统各单位，各郊区县，并邀请各有关部门，确定专人撰写，均经各部门主管领导审阅。有关数据采用国家和市统计部门发布的权威数字；未列入国家和市统计范围的，采用业务部门经过核实、可以发布的数字。

目　　录

总　　述

大　事　记

城乡发展一体化

都市型现代农业

郊区二、三产业

郊区生态与基础设施建设

山 区 建 设

农　业　科　技

农村改革与管理

农民生活与农村社会保障

农村社会事业

农村社会管理

农村法制建设

组 织 建 设

区　县　农　情

市农业系统行政、事业机构

统　计　资　料

索　　引

特　载

中共中央　国务院
关于加大改革创新力度　加快农业现代化建设的若干意见

（2015 年 2 月 1 日）

2014 年，各地区各部门认真贯彻落实党中央、国务院决策部署，加大深化农村改革力度，粮食产量实现“十一连增”，农民收入继续较快增长，农村公共事业持续发展，农村社会和谐稳定，为稳增长、调结构、促改革、惠民生作出了突出贡献。

当前，我国经济发展进入新常态，正从高速增长转向中高速增长，如何在经济增速放缓背景下继续强化农业基础地位、促进农民持续增收，是必须破解的一个重大课题。国内农业生产成本快速攀升，大宗农产品价格普遍高于国际市场，如何在“双重挤压”下创新农业支持保护政策、提高农业竞争力，是必须面对的一个重大考验。我国农业资源短缺，开发过度、污染加重，如何在资源环境硬约束下保障农产品有效供给和质量安全、提升农业可持续发展能力，是必须应对的一个重大挑战。城乡资源要素流动加速，城乡互动联系增强，如何在城镇化深入发展背景下加快新农村建设步伐、实现城乡共同繁荣，是必须解决好的一个重大问题。破解这些难题，是今后一个时期“三农”工作的重大任务。必须始终坚持把解决好“三农”问题作为全党工作的重中之重，靠改革添动力，以法治作保障，加快推进中国特色农业现代化。

2015 年，农业农村工作要全面贯彻落实党的十八大和十八届三中、四中全会精神，以邓小平理论、“三个代表”重要思想、科学发展观为指导，深入贯彻习近平总书记系列重要讲话精神，主动适应经济发展新常态，按照稳粮增收、提质增效、创新驱动的总要求，继续全面深化农村改革，全面推进农村法治建设，推动新型工业化、信息化、城镇化和农业现代化同步发展，努力在提高粮食生产能力上挖掘新潜力，在优化农业结构上开辟新途径，在转变农业发展方式上寻求新突破，在促进农民增收上获得新成效，在建设新农村上迈出新步伐，为经济社会持续健康发展提供有力支撑。

一、围绕建设现代农业，加快转变农业发展方式

中国要强，农业必须强。做强农业，必须尽快从主要追求产量和依赖资源消耗的粗放经营转到数量质量效益并重、注重提高竞争力、注重农业科技创新、注重可持续的集约发展上来，走产出高效、产品安全、资源节约、环境友好的现代农业发展道路。

1. 不断增强粮食生产能力。进一步完善和落实粮食省长负责制。强化对粮食主产省和主产县的政策倾斜，保障产粮大县重农抓粮得实惠、有发展。粮食主销区要切实承担起自身的粮食生产责任。全面开展永久基本农田划定工作。统筹实施全国高标准农田建设总体规划。实施耕地质量保护与提升行动。全面推进建设占用耕地剥离耕作层土壤再利用。探索建立粮食生产功能区，将口粮生产能力落实到田块地头、保障措施落实到具体项目。创新投融资机制，加大资金投入，集中力量加快建设

一批重大引调水工程、重点水源工程、江河湖泊治理骨干工程，节水供水重大水利工程建设的征地补偿、耕地占补平衡实行与铁路等国家重大基础设施项目同等政策。加快大中型灌区续建配套与节水改造，加快推进现代灌区建设，加强小型农田水利基础设施建设。实施粮食丰产科技工程和盐碱地改造科技示范。深入推进粮食高产创建和绿色增产模式攻关。实施植物保护建设工程，开展农作物病虫害专业化统防统治。

2. **深入推进农业结构调整。**科学确定主要农产品自给水平，合理安排农业产业发展优先序。启动实施油料、糖料、天然橡胶生产能力建设规划。加快发展草牧业，支持青贮玉米和苜蓿等饲草料种植，开展粮改饲和种养结合模式试点，促进粮食、经济作物、饲草料三元种植结构协调发展。立足各地资源优势，大力培育特色农业。推进农业综合开发布局调整。支持粮食主产区发展畜牧业和粮食加工业，继续实施农产品产地初加工补助政策，发展农产品精深加工。继续开展园艺作物标准园创建，实施园艺产品提质增效工程。加大对生猪、奶牛、肉牛、肉羊标准化规模养殖场（小区）建设支持力度，实施畜禽良种工程，加快推进规模化、集约化、标准化畜禽养殖，增强畜牧业竞争力。完善动物疫病防控政策。推进水产健康养殖，加大标准池塘改造力度，继续支持远洋渔船更新改造，加强渔政渔港等渔业基础设施建设。

3. **提升农产品质量和食品安全水平。**加强县乡农产品质量和食品安全监管能力建设。严格农业投入品管理，大力推进农业标准化生产。落实重要农产品生产基地、批发市场质量安全检验检测费用补助政策。建立全程可追溯、互联共享的农产品质量和食品安全信息平台。开展农产品质量安全县、食品安全城市创建活动。大力发展名特优新农产品，培育知名品牌。健全食品安全监管综合协调制度，强化地方政府法定职责。加大防范外来有害生物力度，保护农林业生产安全。落实生产经营者主体责任，严惩各类食品安全违法犯罪行为，提高群众安全感和满意度。

4. **强化农业科技创新驱动作用。**健全农业科技创新激励机制，完善科研院所、高校科研人员与企业人才流动和兼职制度，推进科研成果使用、处置、收益管理和科技人员股权激励改革试点，激发科技人员创新创业的积极性。建立优化整合农业科技规划、计划和科技资源协调机制，完善国家重大科研基础设施和大型科研仪器向社会开放机制。加强对企业开展农业科技研发的引导扶持，使企业成为技术创新和应用的主体。加快农业科技创新，在生物育种、智能农业、农机装备、生态环保等领域取得重大突破。建立农业科技协同创新联盟，依托国家农业科技园区搭建农业科技融资、信息、品牌服务平台。探索建立农业科技成果交易中心。充分发挥科研院所、高校及其新农村发展研究院、职业院校、科技特派员队伍在科研成果转化中的作用。积极推进种业科研成果权益分配改革试点，完善成果完成人分享制度。继续实施种子工程，推进海南、甘肃、四川三大国家级育种制种基地建设。加强农业转基因生物技术研究、安全管理、科学普及。支持农机、化肥、农药企业技术创新。

5. **创新农产品流通方式。**加快全国农产品市场体系转型升级，着力加强设施建设和配套服务，健全交易制度。完善全国农产品流通骨干网络，加大重要农产品仓储物流设施建设力度。加快千亿斤粮食新建仓容建设进度，尽快形成中央和地方职责分工明确的粮食收储机制，提高粮食收储保障能力。继续实施农户科学储粮工程。加强农产品产地市场建设，加快构建跨区域冷链物流体系，继续开展公益性农产品批发市场建设试点。推进合作社与超市、学校、企业、社区对接。清理整顿农产品运销乱收费问题。发展农产品期货交易，开发农产品期货交易新品种。支持电商、物流、商贸、金融等企业参与涉农电子商务平台建设。开展电子商务进农村综合示范。

6. **加强农业生态治理。**实施农业环境突出问题治理总体规划和农业可持续发展规划。加强农业面源污染治理，深入开展测土配方施肥，大力推广生物有机肥、低毒低残留农药，开展秸秆、畜禽粪便资源化利用和农田残膜回收区域性示范，按规定享受相关财税政策。落实畜禽规模养殖环境影响评价制度，大力推动农业循环经济发展。继续实行草原生态保护补助奖励政策，开展西北旱区农牧业可持续发展、农牧交错带已垦草原治理、东北黑土地保护试点。加大水生生物资源增殖保护力度。建立健全规划和建设项目水资源论证制度、国家水资源督察制度。大力推广节水技术，全面实施区域规模化高效节水灌溉行动。加大水污染防治和水生态保护力度。实施新一轮退耕还林还草工程，扩大重金属污染耕地修复、地下水超采区综合治理、退耕还湿试点范围，推进重要水源地生态清洁小流域等水土保持重点工程建设。大力推进重大林业生态工程，加强营造林工程建设，发展林产业和特色经济林。推进京津冀、丝绸之路经济带、长江经济带生态保护与修复。摸清底数、搞好规划、增加投入，保护好全国的天然林。提高天然林资源保护工程补助和森林生态效益补偿标准。继续扩大停止天然林商业性采伐试点。实施湿地生态效益补偿、湿地保护奖励试点和沙化土地封禁保护区补贴政策。加快实施退牧还草、牧区防灾减灾、南方草地开发利用等工程。建立健全农业生态环境保护责任制，加强问责监管，依法依规严肃查处各种破坏生态环境的行为。

7. **提高统筹利用国际国内两个市场两种资源的能力**。加强农产品进出口调控，积极支持优势农产品出口，把握好农产品进口规模、节奏。完善粮食、棉花、食糖等重要农产品进出口和关税配额管理，严格执行棉花滑准税政策。严厉打击农产品走私行为。完善边民互市贸易政策。支持农产品贸易做强，加快培育具有国际竞争力的农业企业集团。健全农业对外合作部际联席会议制度，抓紧制定农业对外合作规划。创新农业对外合作模式，重点加强农产品加工、储运、贸易等环节合作，支持开展境外农业合作开发，推进科技示范园区建设，开展技术培训、科研成果示范、品牌推广等服务。完善支持农业对外合作的投资、财税、金融、保险、贸易、通关、检验检疫等政策，落实到境外从事农业生产所需农用设备和农业投入品出境的扶持政策。充分发挥各类商会组织的信息服务、法律咨询、纠纷仲裁等作用。

二、围绕促进农民增收，加大惠农政策力度

中国要富，农民必须富。富裕农民，必须充分挖掘农业内部增收潜力，开发农村二、三产业增收空间，拓宽农村外部增收渠道，加大政策助农增收力度，努力在经济发展新常态下保持城乡居民收入差距持续缩小的势头。

8. **优先保证农业农村投入**。增加农民收入，必须明确政府对改善农业农村发展条件的责任。坚持把农业农村作为各级财政支出的优先保障领域，加快建立投入稳定增长机制，持续增加财政农业农村支出，中央基建投资继续向农业农村倾斜。优化财政支农支出结构，重点支持农民增收、农村重大改革、农业基础设施建设、农业结构调整、农业可持续发展、农村民生改善。转换投入方式，创新涉农资金运行机制，充分发挥财政资金的引导和杠杆作用。改革涉农转移支付制度，下放审批权限，有效整合财政农业农村投入。切实加强涉农资金监管，建立规范透明的管理制度，杜绝任何形式的挤占挪用、层层截留、虚报冒领，确保资金使用见到实效。

9. **提高农业补贴政策效能**。增加农民收入，必须健全国家对农业的支持保护体系。保持农业补贴政策连续性和稳定性，逐步扩大“绿箱”支持政策实施规模和范围，调整改进“黄箱”支持政策，充分发挥政策惠农增收效应。继续实施种粮农民直接补贴、良种补贴、农机具购置补贴、农资综合补贴等政策。选择部分地方开展改革试点，提高补贴的导向性和效能。完善农机具购置补贴政策，向主产区和新型农业经营主体倾斜，扩大节水灌溉设备购置补贴范围。实施农业生产重大技术措施推广补助政策。实施粮油生产大县、粮食作物制种大县、生猪调出大县、牛羊养殖大县财政奖励补助政策。扩大现代农业示范区奖补范围。健全粮食主产区利益补偿、耕地保护补偿、生态补偿制度。

10. **完善农产品价格形成机制**。增加农民收入，必须保持农产品价格合理水平。继续执行稻谷、小麦最低收购价政策，完善重要农产品临时收储政策。总结新疆棉花、东北和内蒙古大豆目标价格改革试点经验，完善补贴方式，降低操作成本，确保补贴资金及时足额兑现到农户。积极开展农产品价格保险试点。合理确定粮食、棉花、食糖、肉类等重要农产品储备规模。完善国家粮食储备吞吐调节机制，加强储备粮监管。落实新增地方粮食储备规模计划，建立重要商品商贸企业代储制度，完善制糖企业代储制度。运用现代信息技术，完善种植面积和产量统计调查，改进成本和价格监测办法。

11. **强化农业社会化服务**。增加农民收入，必须完善农业服务体系，帮助农民降成本、控风险。抓好农业生产全程社会化服务机制创新试点，重点支持为农户提供代耕代收、统防统治、烘干储藏等服务。稳定和加强基层农技推广等公益性服务机构，健全经费保障和激励机制，改善基层农技推广

人员工作和生活条件。发挥农村专业技术协会在农技推广中的作用。采取购买服务等方式，鼓励和引导社会力量参与公益性服务。加大中央、省级财政对主要粮食作物保险的保费补贴力度。将主要粮食作物制种保险纳入中央财政保费补贴目录。中央财政补贴险种的保险金额应覆盖直接物化成本。加快研究出台对地方特色优势农产品保险的中央财政以奖代补政策。扩大森林保险范围。支持邮政系统更好服务“三农”。创新气象为农服务机制，推动融入农业社会化服务体系。

12. **推进农村一、二、三产业融合发展**。增加农民收入，必须延长农业产业链、提高农业附加值。立足资源优势，以市场需求为导向，大力发展特色种养业、农产品加工业、农村服务业，扶持发展一村一品、一乡（县）一业，壮大县域经济，带动农民就业致富。积极开发农业多种功能，挖掘乡村生态休闲、旅游观光、文化教育价值。扶持建设一批具有历史、地域、民族特点的特色景观旅游村镇，打造形式多样、特色鲜明的乡村旅游休闲产品。加大对乡村旅游休闲基础设施建设的投入，增强线上线下营销能力，提高管理水平和服务质量。研究制定促进乡村旅游休闲发展的用地、财政、金融等扶持政策，落实税收优惠政策。激活农村要素资源，增加农民财产性收入。

13. **拓宽农村外部增收渠道**。增加农民收入，必须促进农民转移就业和创业。实施农民工职业技能提升计划。落实同工同酬政策，依法保障农民工劳动报酬权益，建立农民工工资正常支付的长效机制。保障进城农民工及其随迁家属平等享受城镇基本公共服务，扩大城镇社会保险对农民工的覆盖面，开展好农民工职业病防治和帮扶行动，完善随迁子女在当地接受义务教育和参加中高考相关政策，探索农民工享受城镇保障性住房的具体办法。加快户籍制度改革，建立居住证制度，分类推进农业转移人口在城镇落户并享有与当地居民同等待遇。现阶段，不得将农民进城落户与退出土地承包经营权、宅基地使用权、集体收益分配权相挂钩。引导有技能、资金和管理经验的农民工返乡创业，落实定向减税和普遍性降费政策，降低创业成本和企业负担。优化中西部中小城市、小城镇产业发展环境，为农民就地就近转移就业创造条件。

14. **大力推进农村扶贫开发**。增加农民收入，必须加快农村贫困人口脱贫致富步伐。以集中连片特困地区为重点，加大投入和工作力度，加快片区规划实施，打好扶贫开发攻坚战。推进精准扶贫，制定并落实建档立卡的贫困村和贫困户帮扶措施。加强集中连片特困地区基础设施建设、生态保护和基本公共服务，加大用地政策支持力度，实施整村推进、移民搬迁、乡村旅游扶贫等工程。扶贫项目审批权原则上要下放到县，省市切实履行监管责任。建立公告公示制度，全面公开扶贫对象、资金安排、项目建设等情况。健全社会扶贫组织动员机制，搭建社会参与扶贫开发平台。完善干部驻村帮扶制度。加强贫困监测，建立健全贫困县考核、约束、退出等机制。经济发达地区要不断提高扶贫开发水平。

三、围绕城乡发展一体化，深入推进新农村建设

中国要美，农村必须美。繁荣农村，必须坚持不懈推进社会主义新农村建设。要强化规划引领作用，加快提升农村基础设施水平，推进城乡基本公共服务均等化，让农村成为农民安居乐业的美丽家园。

15. **加大农村基础设施建设力度**。确保如期完成“十二五”农村饮水安全工程规划任务，推动农村饮水提质增效，继续执行税收优惠政策。推进城镇供水管网向农村延伸。继续实施农村电网改造升级工程。因地制宜采取电网延伸和光伏、风电、小水电等供电方式，2015 年解决无电人口用电问题。加快推进西部地区和集中连片特困地区农村公路建设。强化农村公路养护管理的资金投入和机制创新，切实加强农村客运和农村校车安全管理。完善农村沼气建管机制。加大农村危房改造力度，统筹搞好农房抗震改造。深入推进农村广播电视、通信等村村通工程，加快农村信息基础设施建设和宽带普及，推进信息进村入户。

16. **提升农村公共服务水平**。全面改善农村义务教育薄弱学校基本办学条件，提高农村学校教学质量。因地制宜保留并办好村小学和教学点。支持乡村两级公办和普惠性民办幼儿园建设。加快发展高中阶段教育，以未能继续升学的初中、高中毕业生为重点，推进中等职业教育和职业技能培训全覆盖，逐步实现免费中等职业教育。积极发展农业职业教育，大力培养新型职业农民。全面推进基础教

育数字教育资源开发与应用，扩大农村地区优质教育资源覆盖面。提高重点高校招收农村学生比例。加强乡村教师队伍建设，落实好集中连片特困地区乡村教师生活补助政策。国家教育经费要向边疆地区、民族地区、革命老区倾斜。建立新型农村合作医疗可持续筹资机制，同步提高人均财政补助和个人缴费标准，进一步提高实际报销水平。全面开展城乡居民大病保险，加强农村基层基本医疗、公共卫生能力和乡村医生队伍建设。推进各级定点医疗机构与省内新型农村合作医疗信息系统的互联互通，积极发展惠及农村的远程会诊系统。拓展重大文化惠民项目服务“三农”内容。加强农村最低生活保障制度规范管理，全面建立临时救助制度，改进农村社会救助工作。落实统一的城乡居民基本养老保险制度。支持建设多种农村养老服务和文化体育设施。整合利用现有设施场地和资源，构建农村基层综合公共服务平台。

17. **全面推进农村人居环境整治。**完善县域村镇体系规划和村庄规划，强化规划的科学性和约束力。改善农民居住条件，搞好农村公共服务设施配套，推进山水林田路综合治理。继续支持农村环境集中连片整治，加快推进农村河塘综合整治，开展农村垃圾专项整治，加大农村污水处理和改厕力度，加快改善村庄卫生状况。加强农村周边工业“三废”排放和城市生活垃圾堆放监管治理。完善村级公益事业一事一议财政奖补机制，扩大农村公共服务运行维护机制试点范围，重点支持村内公益事业建设与管护。完善传统村落名录和开展传统民居调查，落实传统村落和民居保护规划。鼓励各地从实际出发开展美丽乡村创建示范。有序推进村庄整治，切实防止违背农民意愿大规模撤并村庄、大拆大建。

18. **引导和鼓励社会资本投向农村建设。**鼓励社会资本投向农村基础设施建设和在农村兴办各类事业。对于政府主导、财政支持的农村公益性工程和项目，可采取购买服务、政府与社会资本合作等方式，引导企业和社会组织参与建设、管护和运营。对于能够商业化运营的农村服务业，向社会资本全面开放。制定鼓励社会资本参与农村建设目录，研究制定财税、金融等支持政策。探索建立乡镇政府职能转移目录，将适合社会兴办的公共服务交由社会组织承担。

19. **加强农村思想道德建设。**针对农村特点，围绕培育和践行社会主义核心价值观，深入开展中国特色社会主义和中国梦宣传教育，广泛开展形势政策宣传教育，提高农民综合素质，提升农村社会文明程度，凝聚起建设社会主义新农村的强大精神力量。深入推进农村精神文明创建活动，扎实开展好家风好家训活动，继续开展好媳妇、好儿女、好公婆等评选表彰活动，开展寻找最美乡村教师、医生、村官等活动，凝聚起向上、崇善、爱美的强大正能量。倡导文艺工作者深入农村，创作富有乡土气息、讴歌农村时代变迁的优秀文艺作品，提供健康有益、喜闻乐见的文化服务。创新乡贤文化，弘扬善行义举，以乡情乡愁为纽带吸引和凝聚各方人士支持家乡建设，传承乡村文明。

20. **切实加强农村基层党建工作。**认真贯彻落实党要管党、从严治党的要求，加强以党组织为核心的农村基层组织建设，充分发挥农村基层党组织的战斗堡垒作用，深入整顿软弱涣散基层党组织，不断夯实党在农村基层执政的组织基础。创新和完善农村基层党组织设置，扩大组织覆盖和工作覆盖。加强乡村两级党组织班子建设，进一步选好管好用好带头人。严肃农村基层党内政治生活，加强党员日常教育管理，发挥党员先锋模范作用。严肃处理违反党规党纪的行为，坚决查处发生在农民身边的不正之风和腐败问题。以农村基层服务型党组织建设为抓手，强化县乡村三级便民服务网络建设，多为群众办实事、办好事，通过服务贴近群众、团结群众、引导群众、赢得群众。严格落实党建工作责任制，全面开展市县乡党委书记抓基层党建工作述职评议考核。

四、围绕增添农村发展活力，全面深化农村改革

全面深化改革，必须把农村改革放在突出位置。要按照中央总体部署，完善顶层设计，抓好试点试验，不断总结深化，加强督查落实，确保改有所进、改有所成，进一步激发农村经济社会发展活力。

21. **加快构建新型农业经营体系。**坚持和完善农村基本经营制度，坚持农民家庭经营主体地位，引导土地经营权规范有序流转，创新土地流转和规模经营方式，积极发展多种形式适度规模经营，提高农民组织化程度。鼓励发展规模适度的农户家庭

农场，完善对粮食生产规模经营主体的支持服务体系。引导农民专业合作社拓宽服务领域，促进规范发展，实行年度报告公示制度，深入推进示范社创建行动。推进农业产业化示范基地建设和龙头企业转型升级。引导农民以土地经营权入股合作社和龙头企业。鼓励工商资本发展适合企业化经营的现代种养业、农产品加工流通和农业社会化服务。土地经营权流转要尊重农民意愿，不得硬性下指标、强制推动。尽快制定工商资本租赁农地的准入和监管办法，严禁擅自改变农业用途。

22. **推进农村集体产权制度改革**。探索农村集体所有制有效实现形式，创新农村集体经济运行机制。出台稳步推进农村集体产权制度改革的意见。对土地等资源性资产，重点是抓紧抓实土地承包经营权确权登记颁证工作，扩大整省推进试点范围，总体上要确地到户，从严掌握确权确股不确地的范围。对非经营性资产，重点是探索有利于提高公共服务能力的集体统一运营管理有效机制。对经营性资产，重点是明晰产权归属，将资产折股量化到本集体经济组织成员，发展多种形式的股份合作。开展赋予农民对集体资产股份权能改革试点，试点过程中要防止侵蚀农民利益，试点各项工作应严格限制在本集体经济组织内部。健全农村集体“三资”管理监督和收益分配制度。充分发挥县乡农村土地承包经营权、林权流转服务平台作用，引导农村产权流转交易市场健康发展。完善有利于推进农村集体产权制度改革的税费政策。

23. **稳步推进农村土地制度改革试点**。在确保土地公有制性质不改变、耕地红线不突破、农民利益不受损的前提下，按照中央统一部署，审慎稳妥推进农村土地制度改革。分类实施农村土地征收、集体经营性建设用地入市、宅基地制度改革试点。制定缩小征地范围的办法。建立兼顾国家、集体、个人的土地增值收益分配机制，合理提高个人收益。完善对被征地农民合理、规范、多元保障机制。赋予符合规划和用途管制的农村集体经营性建设用地出让、租赁、入股权能，建立健全市场交易规则和服务监管机制。依法保障农民宅基地权益，改革农民住宅用地取得方式，探索农民住房保障的新机制。加强对试点工作的指导监督，切实做到封闭运行、风险可控，边试点、边总结、边完善，形成可复制、可推广的改革成果。

24. **推进农村金融体制改革**。要主动适应农村实际、农业特点、农民需求，不断深化农村金融改革创新。综合运用财政税收、货币信贷、金融监管等政策措施，推动金融资源继续向“三农”倾斜，确保农业信贷总量持续增加、涉农贷款比例不降低。完善涉农贷款统计制度，优化涉农贷款结构。延续并完善支持农村金融发展的有关税收政策。开展信贷资产质押再贷款试点，提供更优惠的支农再贷款利率。鼓励各类商业银行创新“三农”金融服务。农业银行三农金融事业部改革试点覆盖全部县域支行。农业发展银行要在强化政策性功能定位的同时，加大对水利、贫困地区公路等农业农村基础设施建设的贷款力度，审慎发展自营性业务。国家开发银行要创新服务“三农”融资模式，进一步加大对农业农村建设的中长期信贷投放。提高农村信用社资本实力和治理水平，牢牢坚持立足县域、服务“三农”的定位。鼓励邮政储蓄银行拓展农村金融业务。提高村镇银行在农村的覆盖面。积极探索新型农村合作金融发展的有效途径，稳妥开展农民合作社内部资金互助试点，落实地方政府监管责任。做好承包土地的经营权和农民住房财产权抵押担保贷款试点工作。鼓励开展“三农”融资担保业务，大力发展政府支持的“三农”融资担保和再担保机构，完善银担合作机制。支持银行业金融机构发行“三农”专项金融债，鼓励符合条件的涉农企业发行债券。开展大型农机具融资租赁试点。完善对新型农业经营主体的金融服务。强化农村普惠金融。继续加大小额担保财政贴息贷款等对农村妇女的支持力度。

25. **深化水利和林业改革**。建立健全水权制度，开展水权确权登记试点，探索多种形式的水权流转方式。推进农业水价综合改革，积极推广水价改革和水权交易的成功经验，建立农业灌溉用水总量控制和定额管理制度，加强农业用水计量，合理调整农业水价，建立精准补贴机制。吸引社会资本参与水利工程建设和运营。鼓励发展农民用水合作组织，扶持其成为小型农田水利工程建设和管护主体。积极发展农村水利工程专业化管理。建立健全最严格的林地、湿地保护制度。深化集体林权制度改革。稳步推进国有林场改革和国有林区改革，明确生态公益功能定位，加强森林资源保护培育。建立国家用材林储备制度。积极发展符合林业特点的多种融资业务，吸引社会资本参与碳汇林业建设。

26. **加快供销合作社和农垦改革发展**。全面深化供销合作社综合改革，坚持为农服务方向，着力推进基层社改造，创新联合社治理机制，拓展为农服务领域，把供销合作社打造成全国性为“三农”提供综合服务的骨干力量。抓紧制定供销合作社条例。加快研究出台推进农垦改革发展的政策措施，深化农场企业化、垦区集团化、股权多元化改革，创新行业指导管理体制、企业市场化经营体制、农场经营管理体制。明晰农垦国有资产权属关系，建立符合农垦特点的国有资产监管体制。进一步推进农垦办社会职能改革。发挥农垦独特优势，积极培育规模化农业经营主体，把农垦建成重要农产品生产基地和现代农业的示范带动力量。

27. **创新和完善乡村治理机制。**在有实际需要的地方，扩大以村民小组为基本单元的村民自治试点，继续搞好以社区为基本单元的村民自治试点，探索符合各地实际的村民自治有效实现形式。进一步规范村“两委”职责和村务决策管理程序，完善村务监督委员会的制度设计，健全村民对村务实行有效监督的机制，加强对村干部行使权力的监督制约，确保监督务实管用。激发农村社会组织活力，重点培育和优先发展农村专业协会类、公益慈善类、社区服务类等社会组织。构建农村立体化社会治安防控体系，开展突出治安问题专项整治，推进平安乡镇、平安村庄建设。

五、围绕做好“三农”工作，加强农村法治建设

农村是法治建设相对薄弱的领域，必须加快完善农业农村法律体系，同步推进城乡法治建设，善于运用法治思维和法治方式做好“三农”工作。同时要从农村实际出发，善于发挥乡规民约的积极作用，把法治建设和道德建设紧密结合起来。

28. **健全农村产权保护法律制度。**完善相关法律法规，加强对农村集体资产所有权、农户土地承包经营权和农民财产权的保护。抓紧修改农村土地承包方面的法律，明确现有土地承包关系保持稳定并长久不变的具体实现形式，界定农村土地集体所有权、农户承包权、土地经营权之间的权利关系，保障好农村妇女的土地承包权益。统筹推进与农村土地有关的法律法规制定和修改工作。抓紧研究起草农村集体经济组织条例。加强农业知识产权法律保护。

29. **健全农业市场规范运行法律制度。**健全农产品市场流通法律制度，规范市场秩序，促进公平交易，营造农产品流通法治化环境。完善农产品市场调控制度，适时启动相关立法工作。完善农产品质量和食品安全法律法规，加强产地环境保护，规范农业投入品管理和生产经营行为。逐步完善覆盖农村各类生产经营主体方面的法律法规，适时修改农民专业合作社法。

30. **健全“三农”支持保护法律制度。**研究制定规范各级政府“三农”事权的法律法规，明确规定中央和地方政府促进农业农村发展的支出责任。健全农业资源环境法律法规，依法推进耕地、水资源、森林草原、湿地滩涂等自然资源的开发保护，制定完善生态补偿和土壤、水、大气等污染防治法律法规。积极推动农村金融立法，明确政策性和商业性金融支农责任，促进新型农村合作金融、农业保险健康发展。加快扶贫开发立法。

31. **依法保障农村改革发展。**加强农村改革决策与立法的衔接。农村重大改革都要于法有据，立法要主动适应农村改革和发展需要。实践证明行之有效、立法条件成熟的，要及时上升为法律。对不适应改革要求的法律法规，要及时修改和废止。需要明确法律规定具体含义和适用法律依据的，要及时作出法律解释。实践条件还不成熟、需要先行先试的，要按照法定程序作出授权。继续推进农村改革试验区工作。深化行政执法体制改革，强化基层执法队伍，合理配置执法力量，积极探索农林水利等领域内的综合执法。健全涉农行政执法经费财政保障机制。统筹城乡法律服务资源，健全覆盖城乡居民的公共法律服务体系，加强对农民的法律援助和司法救助。

32. **提高农村基层法治水平。**深入开展农村法治宣传教育，增强各级领导、涉农部门和农村基层干部法治观念，引导农民增强学法尊法守法用法意识。健全依法维权和化解纠纷机制，引导和支持农民群众通过合法途径维权，理性表达合理诉求。依法加强农民负担监督管理。依靠农民和基层的智慧，通过村民议事会、监事会等，引导发挥村民民主协商在乡村治理中的积极作用。

各级党委和政府要从全面建成小康社会、加快推进社会主义现代化的战略高度出发，进一步加强和改善对“三农”工作的领导，切实防止出现放松农业的倾向，勇于直面挑战，敢于攻坚克难，努力

保持农业农村持续向好的局面。各地区各部门要深入研究农业农村发展的阶段性特征和面临的风险挑战，科学谋划、统筹设计“十三五”时期农村改革发展的重大项目、重大工程和重大政策。加强督促检查，确保各项“三农”政策不折不扣落实到位。巩固和拓展党的群众路线教育实践活动成果，坚持不懈改进工作作风，努力提高“三农”工作的能力和水平。

让我们紧密团结在以习近平同志为总书记的党中央周围，开拓创新，扎实工作，加快农村改革发展，为全面建成小康社会作出新的贡献！

中共北京市委书记郭金龙在 2015 年 4 月 1 日北京市农村工作会议上的讲话

同志们：

今年的农村工作会议，是在我国经济发展进入新常态、全市深入贯彻习近平总书记视察北京重要讲话精神的新形势下召开的，具有非常重要的意义。刚才，林克庆同志作了工作报告，王孝东同志宣读了表彰决定。在此，我代表市委、市政府，向受到表彰的先进集体、先进个人表示热烈的祝贺！向在郊区农村工作中做出贡献的基层党组织、广大干部群众表示衷心的感谢！

近年来，各郊区县和市各有关部门认真贯彻中央精神，落实市委、市政府工作部署，锐意进取、扎实工作，坚持统筹城乡发展，加强生态、环境、水务建设，大力发展都市型现代农业，加快城乡结合部地区改造，探索推进“新三起来”工程，各方面工作都取得了显著成效，积累了许多有益经验，农业农村保持良好发展势头，农民收入增长持续快于城镇居民。市委对郊区农村工作给予充分肯定。

与此同时，我们也要看到，一方面，首都发展长期积累的矛盾使郊区农村工作面临着不少新的挑战，特别是资源环境亮起了“红灯”，人口撞到了“天花板”，水土资源过度开发，城乡结合部成了发展的“短板”；另一方面，落实首都城市战略定位、疏解非首都功能、建设国际一流的和谐宜居之都，对郊区农村发展提出了新任务、新要求。我们必须超越老目标、老机制，加快转方式、调结构，推动农业农村走上产出高效、产品安全、资源节约、环境友好的现代发展道路。为此，市委、市政府研究制定了《关于服务首都城市战略定位全面推进城乡发展一体化的意见》，这是全面贯彻习近平总书记视察北京重要讲话和中央农村工作会议、2015 年中央 1 号文件精神，指导当前和今后一个时期农业农村发展的重要文件，各级各部门要认真学习，紧密结合实际贯彻好、落实好，全面推进农业农村改革发展，努力取得新的突破、新的进展、新的成效。这里，我再强调几点意见。

一、坚持以习近平总书记重要讲话精神统领农业农村工作

农业农村是安天下的大事，中央始终高度重视。党的十八大以来，习近平总书记在中央城镇化工作会议、中央农村工作会议、中央经济工作会议、中央财经领导小组会议等重要会议上，对农业农村发展提出了一系列新思想、新论断、新要求。总书记强调，农业还是“四化同步”的短腿，农村还是全面建成小康社会的短板；中国要强农业必须强，中国要美农村必须美，中国要富农民必须富，小康不小康关键看老乡。明确要求必须把解决好“三农”问题作为全党工作重中之重，坚持工业反哺农业、城市支持农村和多予少取放活方针，不断加大强农惠农富农政策力度，始终把“三农”工作牢牢抓住、紧紧抓好。习总书记的这些重要讲话是做好新时期“三农”工作的有力武器和基本遵循，我们一定要深化学习、深刻领会，全面贯彻落实到农业农村工作中。

特别是 2014 年 2 月，习近平总书记视察北京并发表重要讲话，对事关首都长远发展的全局性、战略性问题作出重要指示，对推动京津冀协同发展

作出重大战略部署，为做好北京发展和管理工作指明了方向。全市各方面工作包括郊区农村工作，都要坚持围绕贯彻落实习总书记视察北京重要讲话精神来谋划、来展开，找准方向，突出重点，把疏解非首都功能、控制人口规模、遏制城市“摊大饼”、扩大环境容量生态空间融入农业农村发展的全过程，为落实首都城市战略定位、建设国际一流和谐宜居之都提供重要支撑。

二、全面提升郊区农村发展水平

深入贯彻落实习总书记重要讲话精神，推进“新时期”首都农业农村工作，要围绕服务首都城市战略定位这个大方向，遵循认识、适应、引领经济发展新常态这个大逻辑，坚持人口经济与资源环境相均衡这个大原则，做好疏解功能谋发展这篇大文章，协同推动新型工业化、信息化、城镇化、农业现代化和绿色化，更加扎实有效地做好各方面工作。

一是加快推进城乡一体化。城乡一体化是一项重大的战略性任务，要以城乡结合部地区为重点，探索创新体制机制、创新政策措施、创新领导方式和工作方法，加快形成以工促农、以城带乡、工农互惠、城乡一体的新型城乡工农关系。要打破城区与郊区相互分割的规划、投资、建设和管理体制机制，把郊区农村的基础设施建设、基本公共服务配套纳入全市的统一规划，继续加大公共财政投入力度。要使城乡人口、技术、资本、资源等要素相互融合，互为资源、互为市场、互相服务、协调发展。需要强调的是，城乡一体化不是城乡一律化，既不能搞得千篇一律、一个模式、一种格调，也不能把乡都搞成城，丢掉乡土特色，抹平地域和民族差异。在提高农村发展水平的同时，一定要注意尽可能地保留乡村风貌和乡土味道，让人有乡情可亲、有乡愁可寻。

二是全面推进新型城镇化和新农村建设。推进新型城镇化是解决农业、农村、农民问题的重要途径，也是破解城乡二元结构的关键一招。如果仅从城市化率来看，首都已经进入城市化后期阶段。但是从城乡发展不平衡和人的城市化角度看，城镇化还远未完成，还有很多工作要做。要牢固树立以人为本的理念，坚定不移地推进农民实现就地城镇化，继续坚持不懈地推进新农村建设，形成现代化建设的双轮驱动。要以开展通州区国家新型城镇化综合试点为契机，积极探索户籍制度改革、农业转移人口市民化成本分担机制、新型城镇化投融资体制机制等政策措施。

三是促进产业深度融合发展。重点要在延长农业产业链，运用科技创新提高农业附加值上下功夫，让农民从产业链增值中获取更多收益。要积极开发农业多种功能，深入挖掘农业农村在生态休闲、旅游观光、健康养老等方面的价值，实现农业与三产相互促进、共同发展。要发挥好“互联网＋”的作用，给农业插上现代信息技术的翅膀，提高产业融合的倍增效能。要以首都多样化消费需求为导向，不断拓展都市型现代农业的实现形式，推动产业结构不断向中高端迈进。

四是统筹推进山水林田湖建设。习总书记讲，山水林田湖是一个生命共同体，人的命脉在田，田的命脉在水，水的命脉在山，山的命脉在土，土的命脉在树。要下大力气加强生态保护和修复治理，继续推进绿化美化和植树造林，逐步恢复河流水系和湿地湖泊，持续增强农林水对城市生态平衡的贡献率。要结合城市总体规划修改工作，严格落实生态空间用途管制和耕地用途管制，严格控制城乡建设用地规模，降低城市开发强度。要结合基本农田、基本菜田划定工作，明确发展红线和城市增长边界，再也不能让无序建设蚕食农业用地和生态环境空间。要进一步加大对郊区县支持补偿和转移支付的力度，研究相关政策措施，完善生态补偿机制，充分调动各郊区县加强生态环境建设、坚定不移地走绿色发展之路的积极性。

五是着力促进农民增收。到2020年，全市要落实收入倍增计划，增加农民收入是关键，也是短板。近年来农民收入增长速度较快、差距在缩小，但是由于转移就业难度加大，农民工资性收入增速放缓。工资性收入占比多年保持在65%左右，对农民收入影响很大。要有针对性地加强农民技能培训和职业教育，提高就业能力，提高工资性收入。要继续拓宽农民增收渠道，着力在财产性收入、经营性收入、转移性收入等方面加大改革创新力度，帮助农民增收致富。要高度重视低收入农户增收，创新帮扶模式，变“输血”为“造血”，不断提高对低收入村、低收入户帮扶的精准度，确保低收入农户同步实现全面建成小康社会的目标。

三、以改革创新精神破解农村发展难题

全面深化改革是做好郊区农村工作的关键所在。必须把近期要解决的难题和长远要达到的目标更好结合起来，找到平衡点，以改革解决问题、激发新的发展活力。

要聚焦改革重点。30 多年来，农村改革的主线是向农民赋权。从改革开放初期赋予农民自主经营承包地的权力，到 20 世纪 90 年代允许和鼓励农民进城就业，激发了空前的发展活力。赋予农民利用集体建设用地参与城市化的权力，是下一步农村改革的重点和难点。土地制度是国家的基础性制度，关乎农村的和谐稳定，关乎中国的长远发展，是农村改革的根本问题。我们要深刻理解、准确把握中央精神，按照中央对试点工作的统一部署安排，认真组织好大兴区的试点工作。要在统一规划和用途管制的基础上，坚持"封闭运行、风险可控"的原则，坚守确保土地公有制性质不改变、耕地红线不突破、农民利益不受损的底线，按程序、分步骤审慎稳妥推进相关改革试点工作，把农村集体土地的潜力充分释放出来，不断将我市农村集体土地改革工作引向深入。

要认真总结已有的改革经验。近年来，北京市在农村改革方面开展了一系列试点，积累了不少宝贵经验。要围绕贯彻落实党的十八届三中全会精神，认真总结好这些经验，注重从中总结出带有一般性和规律性的做法，做好改革政策落地工作。对试点取得成熟经验、具备推广条件的要适当扩大试点范围；对暂不具备扩大试点条件的，要加强研究，继续搞好试点；对正在进行的改革试点，要分类指导，尽快形成可复制、可推广的经验。力争做到试点一项改革，破解一个难题，推动一方面的工作。

要发挥好农民的主体作用。改革的目的是促进发展，发展的落脚点是维护好、发展好群众的根本利益。群众当中有无穷的智慧和力量，群众的参与和支持是我们推动改革最深厚的基础。推动农村各项改革工作，要在尊重农民意愿的基础上，广泛发动群众、充分依靠群众。要以群众高兴不高兴、答应不答应、满意不满意为标准，积极引导、做好服务、提供帮助，让农民成为农村各项改革的自觉参与者与真正受益者。要尊重农民的首创精神，鼓励农民大胆探索、大胆实践，让农民群众成为决策主体、建设主体和利益主体。要通过深化改革找到群众利益的最大公约数，不断完善产业、就业、社保、环境等政策，维护和发展好农民的共同利益，让广大农民能够享受到更多的首都建设发展成果。

要形成改革合力。推进农村改革是一项复杂的系统工程，需要统一部署各项改革任务，调动各方面的力量，不能单靠各郊区县和农口。各有关部门都要主动参与、大力支持、密切配合、合力推进。要协力抓好有关重要改革部署的具体落实，不能你紧我松，你进我退。要一环紧扣一环，一步紧跟一步，盯住干、马上办、改到位。要把政府"有形的手"和市场"无形的手"有效结合起来使用，畅通社会资本进入郊区农村的渠道，让多方的水灌养农村的田。总之，要在改革中汇聚智慧和力量，提高能力、取得实效。

四、切实加强对郊区农村工作的组织领导

做好新时期的"三农"工作，必须要加强领导，这是我们的政治优势，也是农村改革发展取得成就的重要保障。

一是要把郊区农村发展放在更加重要的位置。城市和农村是一个有机的整体，即使我们处在后工业化时代，也要时刻牢记乡政不可怠、乡业不能衰，始终把"三农"工作抓紧抓好。各级各部门要站在全局和战略的高度，切实关注"三农"、研究"三农"，不断加大"三农"工作力度，不管财力多紧张，都要确保农业投入只增不减。今年是编制"十三五"规划之年，要深入研究、认真编制农业农村发展规划，使之与"十三五"时期京津冀协同发展规划、首都经济社会发展规划相衔接。

二是要着力加强农村法治建设。2015 年是全面推进依法治国的开局之年，北京要"建设法治中国首善之区"，农村不能掉队。各区县、乡镇主要负责同志要切实履行好推进法治建设第一责任人的职责，切实增强法治观念，提高依法办事能力。要建立重心下移、力量下沉的法治工作机制，夯实农村法治建设的基础。要深入开展法治宣传教育，完善培训制度，引导和支持农民群众通过合法途径维权，理性表达合理诉求。

三是要切实加强农村基层党组织建设。农村工作千头万绪，抓好农村基层党组织建设是关键。要

认真贯彻落实党要管党、从严治党的要求，进一步夯实党在农村基层执政的组织基础，发挥好农村基层党组织的政治功能，把基层党组织建设成为坚强战斗堡垒。要选好管好用好村“两委”带头人，切实把那些政治素质好、清正廉洁、作风正派、处事公正、勇于改革创新、能带领农民群众增收致富的贤能选进班子，为农村改革发展稳定提供坚强的组织保证。

同志们，市委、市政府对2015年的郊区农村工作已经做了安排，关键是要逐项抓好落实。各区县、各部门要按照职责分工，把政策举措进一步细化分解，支持配合农口的同志，把工作落到实处，确保各项任务见到成效，不断开创郊区农村工作的新局面！

北京市副市长林克庆在2015年4月1日北京市农村工作会议上的报告

这次会议的主要任务是，深入贯彻落实党的十八大、十八届三中、四中全会、中央农村工作会议和市委十一届六次全会精神，总结2014年全市农业农村工作，研究部署下一步工作任务。一会儿，郭金龙书记将作重要讲话，我们要认真学习领会，深入贯彻落实。下面，我先讲三点意见。

一、过去一年工作回顾

2014年，我们以习近平总书记系列重要讲话特别是视察北京重要讲话精神为指引，在市委、市政府坚强领导下，通过深化农村改革，加快转变农业发展方式，扎实推进新型城镇化和新农村建设，农业农村经济保持稳中有进的好势头。具体表现在六个方面：

一是农村改革进一步深化。以“新三起来”为总抓手，试点先行、探索路径，农村改革形成上下联动、逐步深化的良好局面。“三块地”的确权赋能工作稳步推进，150个试点村完成土地承包经营权确权登记颁证工作，集体建设用地使用权确权登记发证占到应发证宗地数的69.8%。新型农业经营主体及其适度规模经营有序发展，全市承包土地流转面积占到确权面积的61.6%，比上年提高了10.3个百分点。“二绿”地区的西红门等镇统筹集约利用集体经营性建设用地试点、怀柔区田仙峪村有组织盘活闲置农房发展健康养老产业试点、海淀区探索设立农资委等做法，得到中央领导同志及有关部委的肯定。

二是农业发展水平进一步提升。出台调结构转方式发展高效节水农业的意见，去年秋冬在地下水严重超采区调减冬小麦播种10万亩①。“菜篮子”产品质量安全合格率保持全国领先，农产品电商销售实现较快增长。“种业之都”建设进程加快，种业销售额稳定在100亿元以上。会展农业取得新成效，成功举办了世界种子大会、世界葡萄大会和第二届农业嘉年华，带动一批传统产业提质增效。乡村旅游、沟域经济、休闲农业实现品牌化发展，全年接待游客3 825万人次。

三是新型城镇化步伐进一步加快。城乡结合部50个重点村后续建设任务顺利进行，“一绿”地区朝阳区6个乡的城市化建设试点如期启动。小城镇建设力度持续加大，42个重点镇完成投资540亿元。新型农村社区试点建设有序推进，累计完成民居建设67.6万平方米，10个村迁入新社区。588个村庄实施美丽乡村建设，完成农村地区炊事气化56万户，实施农宅抗震节能改造9.1万户。山区完成2 787户、6 217人搬迁。完成农转居71 642人，其中消化2012年以前积压指标29 922人。

四是农村民生进一步改善。5.77万农村劳动力实现转移就业。农民增收继续保持“两个快于”的好势头，农民人均纯收入达到20 226元，实际增长8.4%，增速连续六年快于城镇居民，低收入农户收入增速快于农民整体，达到9 068元，提前一年完成2008年确定的翻一番目标。基础养老金、

① 15亩=1公顷。

福利养老金、新农合和低保等“四项”社会保障同步提升，转移性收入占到农民收入的19%。农村社会事业加快发展，新增城乡一体化学校20所，农村基层卫生服务网络日益完善。

五是郊区生态环境建设进一步加强。平原地区新增造林35万亩，百万亩平原造林主体工程基本完成，平原地区森林覆盖率从造林前的14.85%提高到24.5%。开展32条生态清洁小流域建设，重点河湖水环境综合整治、中小河道治理进展顺利。深入开展农村环境综合整治，减煤换煤163万吨，圆满完成APEC会议周边农村地区环境保障工作。

六是农村基层服务能力进一步增强。农村基层党的群众路线教育实践活动取得阶段性成效，中央巡视组反馈“小官巨腐”等问题得到有效整改，确定的402个软弱涣散村党组织得到全面整顿，党在农村的执政基础更加稳固。村级公益事业专项补助资金增加50%，补助资金总量达到7.71亿元。村务公开民主管理进一步深化，基层矛盾纠纷排查调处实现常态化管理，农村社会呈现和谐稳定的好局面。

二、科学把握当前“三农”发展面临的形势和任务

在总结成绩的同时，我们也深刻认识到当前三农发展面临着一些矛盾和问题。一是农村改革的重要领域和关键环节亟需新的突破。事关农民切身利益的“三块地”改革、农业综合水价改革、林权制度改革、金融改革、“三资”监管等改革任务，都是“硬骨头”，亟需实现新的突破，为农村发展、农民增收注入新的活力。二是都市型现代农业面临资源条件制约的“紧箍咒”越来越紧。伴随城镇化快速推进，首都农业的资源条件已经绷得很紧，水资源严重短缺，农业面源污染较为突出，迫切需要加快转变农业发展方式，实现提质增效。三是城乡结合部地区改造任务艰巨。解决城乡结合部地区人口倒挂、环境脏乱、产业低端、用地粗放等问题，还需要一个较长的过程，必须加快试点推进步伐，做好减法，改变区域面貌。四是郊区尤其是农村地区承载能力明显不足。当前郊区的基础设施、公共服务、社会管理、科技支撑仍显薄弱，承接产业转移、功能辐射的能力明显不够，仍需大力提升农村城镇化发展质量。五是农村社会治理面临新的问题。农村非户籍居民剧增与农村“空心化”、人口老龄化问题矛盾并存，农村社区化管理面临新的挑战。六是农民持续增收难度加大。农民务工收入增幅在下降，家庭经营性收入受到成本“地板”和农产品价格“天花板”双重挤压，农民增收压力加大，特别是针对低收入群体的增收办法还不多。这些都是发展道路上绕不开、躲不过的矛盾和问题，我们必须保持清醒认识，用改革的方法去逐一破解。

2015年是全面深化改革的关键之年。2014年年底召开的市委十一届六次全会和年初的全市“两会”，全面部署了今年的经济社会发展工作。具体到“三农”工作，就是要用全局的观念来把握北京发展的阶段性特征，认清自身承担的历史责任，在大格局中谋划“三农”工作。

1. 在大局中找准定位。当前，北京市正处于城市功能调整的新时期，建设“四个中心”与国际一流的和谐宜居之都，“三农”工作承担着重要职责和光荣使命。必须发挥好服务保障、科技示范、生态建设等功能，为首都发展大局服务。面对新形势，各区县都应结合自己的资源禀赋和优势条件，找准定位，更好地融入和主动对接城市功能调整，融入发展大局。要利用和发挥北京新机场、国际影城、世园会等重点工程以及新城的辐射带动作用，协同推进新型工业化、信息化、城镇化、农业现代化和绿色化。

2. 在调整中发挥优势。郊区是北京发展的战略腹地，也是首都重要的生态屏障，具有良好的空间优势和生态优势。治理“城市病”，疏解非首都功能，推进京津冀协同发展，郊区肩负着义不容辞的责任，必须更好地发挥自身优势。在生态环境建设上，要唱好“主角”，作好示范，为宜居之都建设提供有力支撑。在城市功能疏解上，要敢于担当，瞄准城乡结合部改造、集体经营性建设用地改革、小城镇建设等重点问题，精准施策，努力调整退出低端低效产业，把空间优势做优，实现“瘦身健体”。使郊区在这轮调整中成为承接中心城区功能转移的战略腹地，成为生产性服务业、医疗、教育、养老、文化等优质业态转移的优选之地，把生态优势、空间优势变成发展优势。

3. 在改革中增强动力。2015年，各个区县都承担了一批改革任务，比如新型城镇化及中小城市综合试点、集体经营性建设用地入市试点、集体资

产股份权能改革试点、农业综合水价改革试点、北京建立国家公园体制试点等，都已被纳入全国改革试点范围。应该说，这些改革关系全局、关乎民生，是本市农村改革的重中之重。我们必须按照中央和市委确定的改革路线图、时间表和实施方案，抓住土地、金融、市场等关键要素，盘活农村集体“三资”的存量，做优郊区发展的增量，增强郊区农村的内生动力和创新活力。

4. **在发展中提升水平**。当前，城乡差距仍很明显，全面建成小康社会，农村是短板，单就城说城、就农说农，已不能根本解决问题。必须围绕都市型现代农业的“调转节”、美丽乡村建设、乡村旅游提档升级、山区沟域绿色发展等关键节点，创新城乡互促共进的体制机制，加快城乡要素流动，把城市文明和公共服务延伸至农村，把农村建设成为城市的花园、果园、菜园和休闲乐园，让乡愁保留在城市身边，让农民生活在希望的田野上。

这些年“三农”发展成效明显，是与财政投入持续增加分不开的。当前，虽然宏观经济形势依然严峻，财政收支矛盾日趋突出，但李克强总理在《政府工作报告》中要求“无论财政多困难，惠农政策只能加强不能削弱，支农资金只能增加不能减少”。2015 年，市财政支农投入预计达到 370 亿元，同比增长 8.8%，高于全市一般公共财政收入 7%的增速，同时，率先实施了涉农财政体制改革，进一步加大了对区县的转移支付力度，增加了区县的自主权。应该说，市委、市政府对强化“三农”工作的态度是明确的，总的要求就是强农惠农的政策不能变，财政投入的力量不能减，抓工作的力度不能松。希望各区县、各部门进一步强化主体责任，不断提高财政支出政策效能，积极推进投融资体制机制创新，吸引社会资本参与。通过真改、实干、狠抓，主动寻求城乡发展一体化的新突破，为“三农”发展营造良好环境。

三、切实做好 2015 年农业农村工作

2015 年及今后一个时期全市农业农村工作的总体要求，可以概括为“两个坚持”“五个着力”“四个新”，即坚持服务首都城市战略定位的要求，坚持城乡一体化的发展方向，着力推动农村改革，着力推动农业调结构转方式，着力推动新型城镇化与美丽乡村建设，着力推动农民增收，着力推动乡村依法治理，努力在一、二、三产业融合发展上挖掘新潜力，在区域协同发展上开辟新途径，在改革创新上迈出新步伐，在生态环境建设上取得新突破，为建设国际一流的和谐宜居之都提供有力支撑。

今天会议印发的《关于服务首都城市战略定位　全面推进城乡发展一体化的意见》，明确提出了“六个围绕”的服务方向和工作任务，内容比较全面。各区县、各部门要按照意见精神，结合自身实际，抓好贯彻落实。这里，我就文件涉及的几个重要方面介绍一下市委、市政府的安排：

（一）下好改革先手棋，深入推进“新三起来”

落实首都城市战略定位，推进城乡发展一体化，关键一招是改革创新。

一是改革完善农村土地制度。土地问题是“落一子而活全局”的关键性问题。2014 年我们提出了“三块地”的改革思路，2015 年还要继续探索路径，通过确权赋能、试点先行，夯实基础，积累经验，完善政策。

抓实确权赋能，充分保障农民的土地权益。稳定的土地权益是农民长期放心流转土地的关键基础。对于农村承包土地，要稳步推进土地承包经营权确权登记颁证工作，在继平谷区全区推开的基础上，再选择一个区县全面推进，其他区县也要结合实际继续扩大试点范围。对于集体建设用地，要全面完成集体建设用地使用权确权登记发证工作，做到应发尽发。

抓好试点先行，稳步推进农村建设用地制度改革。与上年相比，2015 年的试点更为全面、更加系统，涵盖了区县、乡镇、村三个层面。在区县层面，要按照国土部统一部署，在大兴区启动集体经营性建设用地入市试点，抓紧制定集体经营性建设用地出让、租赁、入股的试点办法，促进农村土地要素与城市资金、技术、优质业态等高端要素实现“聚合”反应。在乡镇层面，通过进一步总结完善西红门镇、东升镇乡镇统筹的经验，扎实推进“二绿”地区丰台区长辛店等镇的集体经营性建设用地集约高效利用试点工作。在村庄层面，认真总结怀柔区田仙峪、密云县干峪沟等试点村的做法，有规划、有组织地盘活农村闲置房屋发展乡村旅游、休闲养老产业，唤醒农民手中这些“沉睡的资产”。

二是深化集体经济产权制度改革。集体经济是

农村经济社会发展的“稳定器”。2015 年重点开展三项工作，第一是积极探索多种形式的乡级集体产权改革路径。目前，村级集体产权制度改革已基本完成，下一步，要先把城乡结合部地区、重点小城镇的乡级产权制度改革纳入改革日程，加快推进。第二是建立健全符合市场经济要求的农村集体经济运营新机制，推动农村产权流转交易的公开、透明。第三是全面加强农村集体“三资”监督管理。强化财务审计监督工作，开展集体资产审计年活动。这两年，我们对 12.3 万份农村集体经济合同进行了全面检查清理，发现的问题合同高达 2.16 万份，目前刚刚规范了 5 600 余份，要对一半以上的问题合同完成整改，这项工作事关群众切身利益，不能打半点折扣。

三是加快培育新型农业经营主体。进一步完善政策，支持农民专业合作社、家庭农场、家庭林场、专业大户、龙头企业发展，把新型农业经营主体打造成为农业生产的“骨干力量”和“主力军”。进一步发挥市属国有涉农企业的引领带动作用，首农集团要集中力量建设高标准的现代农业示范基地，推进乳业、畜牧、食品加工等优势产业向中高端发展；二商集团要重点在市场渠道、品牌价值提升、农产品深加工等方面发挥作用，有效促进农业产业化发展；供销社要围绕农资供应、金融助农、电商平台等延伸服务，帮助农民解决农产品“卖难”问题。

四是深化农村金融改革。金融是现代市场经济的关键要素。要大力创新农村金融产品，加大金融支农力度，为“三农”发展提供更加便捷的金融服务。积极探索金融支持集体经营性建设用地统筹利用的新模式，推动城乡结合部改造。积极推进承包土地经营权、农民住房财产权、林权抵押担保贷款试点工作，不断扩大抵押贷款规模。积极稳妥推进符合条件的涉农企业发行企业债、中小企业私募债和集合票据。继续扩大政策性农业保险覆盖面，创新具有区域特色的涉农保险产品，推进森林保险试点，提高农户参保率。

(二) 聚焦农业“调转节”，全面推动一、二、三产业融合发展

转变农业发展方式，发展节水农业，是总书记来北京视察时提出的明确要求，是“命题作文”，我们必须做好。要以全市整体创建国家现代农业示范区为契机，瞄准“菜篮子”工程、现代种业、乡村旅游与休闲农业三大业态，走一、二、三产业融合发展的都市型现代农业发展之路，不断提高土地产出率、劳动生产率和资源利用率。

一是深入推进农业结构调整。2015 年是落实市委 16 号文件，调结构、转方式、发展高效节水农业实质启动的第一年，如何能开好头起好步？关键要抓好三件事。一要完成“两田一园”的划定工作。各区县要抓紧制定本地区农业“调转节”的实施规划，要将 80 万亩粮田、70 万亩菜田、100 万亩果园的生产能力落实到地块，定量管理，禁止非农生产。二要促进提质增效。要以结构调整促进功能性转变，“调”是调优调精，把高耗能、高污染的调下去；“转”是转变经营方式和服务方式，把低端、低效发展转成中高端发展，把自然分散的生产经营转成适度规模经营。三要坚持量水发展。水资源极度紧缺的形势已经卡住我们的“脖子”，农业再不走节水之路，一切都将难以为继。各个区县都要抓试点，抓一批节水工程、节水工艺，稳步提高农业用水效率，把农业水耗降到合理区间。

二是加强“菜篮子”工程建设。这里要着重关注三个方面问题：一要保有一定量的菜田面积。稳定“菜篮子”的基本供应是服务首都的一项根本责任和要求，特别是新鲜蔬菜供应，这是满足市民日常需求、市场应急保障中必不可少的基础。要在现有面积的基础上将基本菜田增加至 70 万亩左右，通过全面实施菜田补贴，着力打造一批能够规模生产的专业村镇，确保一定数量的鲜活农产品供给能力。二要坚决抓好农产品质量安全。坚持“产出来”与“管出来”两手抓、两手硬。一手抓源头管控，严格农业投入品管理，大力推进农业标准化生产，全面树立北京优质安全农产品品牌，保证首都市民“舌尖上的安全”。一手抓市场监管，建立市场准入制度，构建全程可追溯、互联共享的农产品质量和食品安全信息平台。三要千方百计创新农产品流通方式，促进农产品优质优价。电子商务发展是信息社会的大势所趋，去年农产品电商平台为我市的农产品销售提供了强力支撑。今年，还要大力支持电商、物流、商贸、金融等企业参与涉农电子商务平台建设，加快实现农产品“多点”生产与“多头”消费的有效对接，不断扩大本市农产品的直销份额。

三是依靠科技创新加快种业之都建设。现代种业体现的是农业经济的“高精尖”，我们必须站稳这个高地，不断取得新的突破。围绕创建国家种业综合改革创新试验示范区，继续做好通州国际种业园区建设，聚集并培育一批创新能力强的种子企业，为国家种业发展作出应有的贡献。认真贯彻《中共中央　国务院关于深化体制机制改革　加快实施创新驱动发展战略的若干意见》，积极推进农业科研成果权益分配改革试点，激发科技人员创新创业的积极性，促进新技术、新品种、新成果等科技优势转化为产业优势。实施农业“走出去”战略，既鼓励新型农业经营主体到外埠建设生产加工基地，更鼓励和支持科研院所、涉农企业输出技术、装备、标准，不断提高首都农业的影响力。

四是大力提升乡村旅游和休闲农业发展水平。围绕旅游产品的品味、品质和品牌建设，完善配套公共服务设施，实施乡村旅游、休闲农业提档升级工程，着力扩大增量、做优存量，培育提升一批具有区域特色的休闲旅游村镇，创建一批星级休闲农业园区，打造一批乡村美食、创意产品、农事活动等特色品牌。促进会展农业发展，2015 年相关部门和区县要密切配合、精确调度，确保世界马铃薯大会、中国兰花大会、第三届农业嘉年华等展会成功举办，认真做好世界园艺博览会、世界月季洲际大会、国际作物科学大会等展会筹备工作。

（三）着力新型城镇化，加快生态文明建设步伐

城市与农村就是手拉手的关系，必须坚持“双轮驱动”，把农村城镇化建设与中心城区功能疏解有机结合起来，把生态文明建设与京津冀协同发展结合起来，加快提升农村基础设施建设水平，不断增强农村地区承载能力。

一是扎实推进城乡结合部改造。城乡结合部是“城市病”的重症区，是治理“城市病”的主战场，建设好这一地区对破解人口资源环境矛盾起着举足轻重的作用。近期，市委、市政府将要对这项工作进行专题部署，总的要求就是因地制宜、分类推进，具体的方向就是“一绿”地区进行城市化建设，“二绿”地区按照城乡发展一体化的要求开展建设。

二是积极开展美丽乡村建设。一年多来，围绕提升农村人居环境，实施的美丽乡村“九项任务”，让农民群众感受到了切身的变化，广大农村基层干部和群众希望能“百尺竿头、更进一步”。今年，要围绕首都生态环境建设的总要求，把农村的用能结构调整作为基础任务来抓。年内，完成“减煤换煤”120 万吨，“煤改电”5 万户，“煤改气”10 万户，基本实现农村地区炊事气化全覆盖，完成农村住宅抗震节能改造 8 万户，在有条件的乡村实施天然气入户工程和集中供热试点。这些都是实打实的“硬任务”，各区县安排实事工程时要打出富余量，要有超额完成任务的考虑。同时，继续加大农村环境整治力度，深入推进垃圾处理、污水治理、绿化美化、道路养护等工作，促进农村基础设施持续改善。

三是认真做好山区发展工作。山区发展是郊区建设的“重头戏”。山区经济底子薄、资源禀赋差，是全面建成小康社会的薄弱环节，是短板中的短板，必须下大力气扶持。要着力培育山区生态服务型经济，把乡村旅游作为推动山区发展的首选产业，进一步打造有地域特色、文化传承的品牌沟域，推动绿色发展。把山区搬迁与转移就业、特色产业发展结合起来，切实改善农民生产生活条件。更为关键的是，要持续促进低收入群体增收，全市 23 万户、58 万低收入农民主要集中在山区，必须坚持底线思维，多做雪中送炭的事情，决不能让山区这部分低收入农民在全面建成小康社会的进程中掉队。一方面，要坚持精准帮扶，制定并落实建档立卡的帮扶措施，全面实施“一村一策”个性化帮扶，变“大水漫灌”为“滴灌”。另一方面，要创新财政资金投入方式，开展异地物业等多种形式的项目试点，探索变“输血”为“造血”的长效帮扶机制。

四是打好生态环境建设攻坚战。水是城市的命脉，郊区农村是重要的生态屏障，森林和绿地是城市生态系统的基础和支撑，发展好农林水，就是在给生态系统做增量，就是在为市民提供最公平的公共产品、最普惠的民生福祉。必须持续加大生态系统建设力度，不断扩大环境容量生态空间。

林业方面，要不断提升绿化建设水平。创新造林和管理长效机制，完善生态效益补偿制度，统筹平原地区新增林和“一绿”“二绿”“五河十路”等原有林的养护管理标准，实现同地同树同政策。2015 年，要全面完成平原百万亩造林任务，新增造林面积 12.6 万亩、城市绿地面积 9 000 亩，建成健康绿道 200 公里。继续实施京津风沙源治理等生态工程，加大京津冀合作造林力度，在张承地区营造水源涵养林 10 万亩，在张家口坝上地区改造退化林 25 万亩。扎实推进本市国有林场改革。

水务方面，要不断加大水污染防治和水生态保护力度。完成污水治理三年行动计划任务，持续推进中小河道治理和河湖水系环境综合整治。年内完成饮用水源保护区划定工作，建设 38 条生态清洁小流域。启动实施南水北调受水区地下水压采、回补工程，涵养恢复地下水资源。

农业方面，要不断加强农业面源污染治理。关键做到"一杜绝、两减少、三基本"，即认真落实监管责任制，严格执法，全面杜绝秸秆、树叶焚烧，切实减少化肥、化学农药使用量，逐步实现秸秆、畜禽粪污和废弃地膜的基本资源化利用。

（四）推进城乡公共服务均等化，不断提高乡村治理水平

围绕保障和改善民生，需要继续提高农村公共服务、社会保障的标准和水平。着力改善乡村社会治理机制，需要用首善标准，不断深化农村基层组织和农村法治建设。

一是继续提高农村就业和社会保障水平。高度重视土地流转、农业结构调整后的农民转移就业问题，要保证转得出、有就业、能增收。继续完善城乡统一的就业失业管理制度，全面加强社会公益性就业组织建设，将就业困难人员公益性岗位"托底"安置机制延伸至农村，促进农村劳动力多渠道多方式转移就业。各区县在平原造林工作中，要严格落实安排本地农民参加养护人员不低于养护人员总数 60％的规定，这是实现农民"家门口"就业的有效一招，也是长效举措。进一步提高城乡居民基础养老金、福利养老金水平和农村低保标准，年内实现城乡低保标准统一。不断完善新型农村合作医疗制度，加快推进新农合实现市级统筹和即时结算。切实做好征地农转居工作，继续消化解决应转未转的，坚决避免出现新的指标积存问题。

二是继续统筹城乡公共服务发展。进一步加大远郊农村地区教育经费投入，建设以公共财政投入为主的农村学前教育服务体系，加大城乡一体化高中建设力度，不断缩小义务教育城乡差距。统筹调整北京医疗资源布局，推进城市核心区优质医疗资源向郊区转移。发挥中医药服务农村的优势，开展中医药服务县乡村一体化试点。加强农村公共文化服务体系标准化、均等化、社会化和数字化建设，重点扶持"一乡镇一品牌""一村一品牌"文化体育活动，活跃农村居民文化生活。大力开展群众性精神文明创建活动，注重家庭、家教、家风建设，促进乡风文明。

三是切实加强农村基层组织建设。充分发挥基层党组织的战斗堡垒和党员的先锋模范作用，巩固党的群众路线教育实践活动成果，加强农村基层服务型党组织建设，着力提升其改革创新、引领发展、服务群众的能力。加强乡村两级党组织班子和干部队伍建设，增强基层干部的法治观念和法治意识。2015 年，重点要做好村"两委"换届选举的筹备和组织工作，各区县、各乡镇要提前谋划，做好后备干部的培养，把一批政治素质高、群众基础好、工作能力强的干部选拔出来，切实把好选人用人关。决不能让那些政治素质低、群众意见大的人进入村"两委"班子，更不能出现"少数人"操控选举的情况发生。扎实推进农村基层党风廉政建设和反腐败工作，着力解决基层党员干部"四风"方面存在的突出问题，严肃查处涉农领域的违法违纪行为和腐败问题。

同志们，2015 年的城乡发展一体化任务艰巨、工作繁重。让我们在市委、市政府的坚强领导下，主动作为，积极创新，确保各项试点全面落地，各项工作扎实推进，为建设国际一流的和谐宜居之都作出新的贡献！

文 件 选 载

中共北京市委　北京市人民政府
关于全面深化农村改革　加快推进城乡发展一体化的意见

（2014 年 3 月 21 日）

2014 年及今后一个时期，全市农业农村工作要全面贯彻落实党的十八大、十八届三中全会以及中央农村工作会议、中央城镇化工作会议和市委十一届三次、四次、五次全会精神，高度重视“三农”工作在首都可持续发展全局中的重要地位和重大作用，坚持“重中之重”的战略思想，坚持高标准、大尺度、深层次的工作要求，进一步解放思想，稳中求进，全面深化农村改革，以提高农村资源要素的配置效率为导向深入推进土地流转起来、资产经营起来、农民组织起来（以下简称“新三起来”）；以解决好地少水缺的资源环境约束为导向加快推进农业发展方式转变；以优化城乡功能和空间布局为导向积极推进城乡融合发展，率先实现城乡发展一体化的战略目标。

一、深入推进“新三起来”，激发农村发展活力

处理好政府和市场的关系，发挥市场在资源配置中的决定性作用，着重加大“放活”力度，深入推进“新三起来”，构建城乡资源要素双向自由流动的体制机制，不断提高土地产出率、资产收益率和劳动生产率。

1. 推进农村承包土地有序流转。在坚持和完善最严格的耕地保护制度前提下，不断探索农村土地集体所有制的有效实现形式，落实集体所有权、稳定农户承包权、放活土地经营权，有序实现承包权和经营权分置并行。鼓励和支持承包土地经营权、林地使用权通过公开市场，向集体经济组织、专业大户、家庭农场（林场）、农民合作社、农业企业等经营主体有序流转，发展多种形式规模经营。探索农民以承包土地经营权入股发展农业产业化经营。鼓励和引导工商资本到农村发展适合企业化经营的现代种养业。加强对耕地的监管，不能改变用途，不能破坏生态。农村土地承包经营权确权登记颁证是基础性工作，2014 年，要在坚持和稳定现有土地承包关系的基础上，扩大确权登记颁证试点工作，可以确权确地，也可以确权确利、确权确股，确权登记颁证工作经费纳入同级财政预算，市财政给予补助。

2. 促进集体经营性建设用地集约节约利用。研究编制集体建设用地规划。加快推进农村集体建设用地使用权确权登记颁证工作。积极争取集体经营性建设用地出让、租赁、入股试点，建立集体经营性建设用地产权流转和增值收益分配机制。在总结大兴区西红门镇、海淀区东升镇乡镇统筹试点经验基础上，进一步扩大集体经营性建设用地区域统筹、集约高效利用的试点。在符合规划和用途管制的前提下，鼓励乡镇、村集体经济组织以自主开发、联营联建等方式，发展适宜区域功能定位的二、三产业。

3. 完善农民住房管理制度。总结完善密云县干峪沟等村的经验做法，探索闲置农民住房有组织盘活利用试点，发展符合乡村功能定位的产业。按

照国家相关部署，在保障农户宅基地用益物权前提下，慎重稳妥推进农民住房财产权抵押、担保、转让，探索农民增加财产性收入渠道。逐步建立完善住房困难农民的住房保障体系。支持在条件具备的小城镇或新型农村社区规划建设安置房，改善农民居住条件。加快农村宅基地地籍调查。

4. **深化集体经济产权制度改革。**研究建立农民对集体资产股份占有、收益、有偿退出及抵押、担保、继承的配套政策，保障农民集体经济组织成员的权利。积极探索乡镇级集体经济产权制度改革。支持乡镇、村集体经济组织通过土地入股、资金入股和物业入股，参与国有企业改制，发展多种形式的联营与合作，提高集体资产的经营效益，发展壮大集体经济。加快推动农村集体经济组织立法工作。深化集体林权制度改革。加强农村经营管理体系建设，提高农村集体“三资”监管水平，完善农村经济合同联审预审机制，规范村集体经济组织财务行为。建立健全农村产权流转交易市场，推动农村产权流转交易公开、公正、规范运行。

5. **扶持发展新型农业经营主体。**鼓励农村发展专业合作、股份合作等多种形式的农民合作社，支持建立联合社，引导规范运行，强化能力建设。支持财政项目资金直接投向符合条件的合作社，支持财政补助形成的资产转交合作社持有和管护。积极培育家庭农场（林场），按照自愿原则开展家庭农场（林场）登记。鼓励发展混合所有制农业产业化龙头企业，推动集群发展。积极保障新型农业经营主体建设配套辅助设施的建设用地指标。加大对新型职业农民和新型农业经营主体领办人的教育培训力度，开展新型职业农民认定试点，促进一产就业员工化。抓紧研究编制新型职业农民培养规划。

6. **完善涉农资金投入机制。**稳步推进从财政预算编制环节清理和整合涉农资金。改革项目管理办法，提高市、区（县）两级财政资金使用效率。加大对新型农业经营主体、优质农产品基地、经济薄弱地区的扶持力度，提高补贴指向性、精准性和实效性。区县政府要切实加大对涉农资金的投入力度，加强对市级财政转移支付的涉农资金的监管，严禁截留挪用和延迟拨付。在项目实施过程中，区县政府要强化主体责任，市财政、审计等部门要加大对项目实施的绩效评价和审计监督。拓宽“三农”投入资金渠道，充分发挥财政资金引导作用，通过贴息、奖励、风险补偿等措施，带动金融和社会资金更多更好地投入农业农村。

7. **加快农村金融制度创新。**建立包括产业金融、开发金融、发展金融、民生金融、生态金融等方面的资金融通体系。加快推进大兴区农村金融改革试验区建设，先行探索土地经营权、集体资产股份、农民住房财产权抵押、担保。鼓励涉农企业上市，支持和引导高成长性、创新型农业企业到全国中小企业股份转让系统进行股权公开挂牌与转让。设立中小企业发展基金，促进镇村企业集聚和产业升级。探索通过多种方式，拓宽支持小城镇建设和新型农村社区建设的融资渠道。积极推进集体林权抵押贷款业务，探索适合本市林业特点的融资模式和金融产品。探索中小河道治理与土地开发相结合的融资模式。培育发展新型农村合作金融组织，支持30家左右的农民合作社规范开展信用合作，推进社区性农村资金互助组织发展。进一步扩大政策性农业保险覆盖面，积极发展主要农产品价格保险和区域特色险种。

8. **推进绿色发展体制机制创新。**实行最严格的生态资源源头保护制度，划定耕地、森林、林地、绿地、河湖水系、湿地、物种等生态保护红线，划定饮用水源保护区以及南水北调工程管理和保护范围。健全生态保护激励约束机制，建立耕地保护责任落实和补偿制度，实施区域管理和流域管理相结合的区县跨界断面水质生态补偿，完善生活垃圾异地处理环境补偿机制，完善山区和水源涵养区生态补偿机制。以改善大气环境、水环境和土壤环境质量为重点，健全环境污染联防联控机制。实行最严格的水资源评价制度，创新“量水发展”的管水用水机制，全面实行水影响评价制度。制定农村用水管理办法，健全基层水务管理体制机制。

二、加快转变发展方式，提升都市型现代农业水平

更加注重农产品质量安全，更加注重应急保障、生态休闲和科技示范功能，按照规模化发展、园区化建设、标准化生产的要求，转变农业发展方式，努力走出一条符合首都特点的农业现代化道路。

9. **提高首都农产品生产保障能力。**进一步落实“菜篮子”市长负责制和区（县）长负责制，强化属地责任。实施基本菜田最低保有量制度，稳步

提高供应保障能力。完善政策，继续推进蔬菜生产补贴试点。2014 年，完成基本菜田划定工作，重点推进老旧设施改造，提升蔬菜种植专业乡（镇）村生产能力。制定农业设施用地规范管理的政策意见。按照无害化处理、减量化排放、资源化利用的要求，大力推进健康养殖业发展，稳定和提升肉蛋奶鱼有效供给能力。支持乳业奶源基地建设，加大婴幼儿配方乳粉研发力度。加快改造提升 3.33 万公顷（50 万亩）低产低效果园。继续实施农业基础建设及综合开发二期工程，着力提高粮食单产，保持一定的粮食生产能力。利用首都科技优势，重点发展籽种农业，为国家粮食安全战略做出贡献。积极落实粮食主销区责任，加强与粮食主产区的产销合作，加强仓储物流设施建设。积极推进京津冀地区农业协同发展，科学规划、统筹布局农业生产基地，构建优势互补、互利共赢的区域农业合作新格局。鼓励本市农业产业化企业到环首都地区建设现代化的种养和加工基地。新支持 2 666.7 公顷（4 万亩）外埠蔬菜生产基地建设，发展一批畜禽水产品外埠基地，逐步提高农产品控制率。完善本市生活必需品政府储备制度，强化风险预警和应急反应机制建设，确保首都农产品市场平稳运行。

10. **加强质量安全和品牌建设**。建立最严格的覆盖全过程的食品安全监管制度，用最严谨的标准、最严格的监管、最严厉的处罚、最严肃的问责，塑造首都安全农业品牌。全力推进农业标准化生产，健全完善产前、产中、产后全程有规范管理制度的标准体系。完善乡镇农产品质量安全监管机构人员、装备配置，加强农产品质量安全检测抽测和全程监管。加大批发市场质量安全检验检测费用补贴力度。加强动物疫病防控，确保不发生区域性重大动植物疫情。加强农产品认证管理，推进农产品“三品一标”质量安全认证，探索标识“碳足迹绿色标签”。培育和争创企业名牌、产品名牌，保护和传承食品行业老字号。

11. **加强农产品流通体系建设**。着力加强促进农产品公平交易和提高流通效率的制度建设，构建顺畅的农产品流通体系。加快推进北京鲜活农产品流通中心建设，促进现有农产品批发市场提档升级，完善鲜活农产品冷链物流体系。支持产地小型农产品收集市场、集配中心、仓储设施建设，加强社区零售终端网络规划、建设和管理，鼓励直营直供、车载车售等农产品销售形式。支持供销合作社、邮政系统等加强乡村现代流通网络和农产品批发市场建设。鼓励合作社开展流通合作，拓宽合作社进入农产品流通市场的新模式。深化“农超对接”“农餐对接”“农社对接”、电子商务等新型流通模式，鼓励大型流通企业、机关、学校、餐饮企业等与农民合作社、龙头企业建立长期稳定的合作关系。选择本市生产的部分农产品试行目标价格政策，解决农产品“卖难”问题，保护农民利益。

12. **推进农业科技创新**。加强北京国家现代农业科技城建设，推动农业科技资源向企业流动和集聚。完善农业科技创新平台建设，支持现代农业产业技术体系创新团队发展，组织重大农业科技攻关，推进以土壤改良、节水增效、产能提升、设施农业和农产品精深加工为重点的产业技术研发。加强科技成果的转化应用，推进农业科技成果托管和交易。将农业作为科技资金投入重点领域，引导金融信贷、风险投资等进入农业科技创新领域。完善农业技术推广体系，加强乡镇农业综合服务中心能力建设，全面提升村级全科农技员和林果乡土专家队伍建设水平，支持科研院所、高等院校开展公益性农技推广服务。改变论文导向机制，商业化科研成果和推广实效面积可以作为职称评定的依据。加强农业社会化服务体系建设，通过政府购买服务等方式，支持具有资质的经营性服务组织从事农业公益性服务。推进农业物联网技术应用。

13. **加快发展现代种业**。积极争取国家有关部委的支持，加快国际种业园区建设，推进种业人才、资源、技术向企业流动，做大做强一批育繁推一体化种子企业，打造“种业之都”。加快推进种业科研体制改革，支持主要从事商业化育种的科研院所转制为企业，鼓励大型优势种子企业并购已转制为企业的科研单位，逐步形成以企业为主体的育种创新体系。支持科研院所和高等院校科研人员通过兼职、挂职、签订合同等方式，与企业开展人才合作。鼓励科研人员到企业从事商业化育种工作。不断改善制种基地、种苗企业基础设施条件。加强种子检测技术应用。推行种子企业委托经营制度，规范营销网络，强化种子全程可追溯管理。

14. **创新都市型现代农业实现形式**。发展会展农业，全力办好第 75 届世界种子大会、第 11 届世界葡萄大会和北京第二届农业嘉年华活动，做好世界园艺博览会、世界马铃薯大会、世界月季洲际大会、中国兰花大会等展会的筹备工作。积极打造有地域特色、文化传承的沟域经济。建设重点旅游休闲乡镇，培育休闲农业和乡村旅游示范园区、示范乡村（户）。支持林下经济发展，探索特色林果型、森林疗养型、生态科普型等林业经济发展模式。大力发展农产品加工业，加快农业龙头企业规模化、资本化、品牌化建设。

15. **建立健全气象现代化服务体系。**建设专业化农业气象监测预报技术系统，完善精细化农业气候区划和农业气象灾害风险区划。构建有效联动的农村应急减灾组织体系，施行气象灾害分灾种、分区县预警，实现气象预警信息10分钟内全网发布。推广昌平区、房山区经验做法，在郊区开展现代农业气象服务示范区县、标准化气象灾害防御示范乡镇创建工作。

三、加强规划引领，有序推进农村城镇化

树立全市一盘棋的思想，着力构建中心城、新城、小城镇、新型农村社区四级城镇体系。坚持以人为本，把新型城镇化作为实现城乡一体化的重要抓手，高度重视产业发展、职住平衡，切实提高城镇发展质量和建设水平。

16. **扎实推进城乡结合部地区改造。**认真做好50个重点村后续建设工作，启动所有剩余回迁安置房建设，加快推进集体产业项目开发，按时点完成人员的转居、安置、就业、参保等工作。以朝阳区为试点，统筹来广营乡、将台乡等6个乡的发展规划，围绕绿化美化、拆迁安置、转制转居、产业发展等任务，探索推进一道绿化隔离地区城市化工作的路径和建设经验。统筹抓好海淀、丰台等区一道绿化隔离地区城市化工作。深化“立体化、网格化、社会化”社会治理体系建设，依法查处违法用地、违法建设和违法经营，消除重大安全隐患。

17. **有序促进小城镇健康发展。**进一步配套完善小城镇规划体系中镇域空间、人口、生态环境、土地利用、产业发展等专项规划。集中力量先从试点抓起，按照突出特色、规划引领、产业为本、适度配套、多元投入的原则，统筹镇区、社区、产业园区建设与管理，发展优势特色产业，建设与小城镇定位相适应的基础设施和公共服务设施，促进镇域内人口就近城镇化，为后续全面推动小城镇建设积累经验。按照事权与财权相匹配的原则，赋予试点小城镇同其人口、经济规模相适应的财力、管理权，激发其发展的动力和活力。借鉴城市管理先进经验，提升小城镇运行、管理和服务能力。

18. **科学推动新型农村社区试点建设。**按照就业为先、保障为重、群众自愿、节约用地、传承文化、保护生态的目标，抓好48个新型农村社区试点建设。与沟域经济、山区搬迁和农民自主改造相结合，探索农民就地城镇化的新模式，推进城乡基本公共服务均等化。

19. **加快推进农转非。**农业户籍人口有序实现转居是新型城镇化的主要任务，鼓励农民在保留集体经济股份的前提下实现转居，纳入城镇住房保障和社会保障体系。继续加快推进建设征地农转非工作，各区县要落实责任制，消化解决应转未转的积存指标，新批复指标一律不得再积压。支持有条件的村实施整建制转居。在已完成农村城镇化建设的新型农村社区，研究探索引导农转居的有效途径。

四、提升农村人居环境，建设美丽乡村

在促进城乡一体化发展中，要注意保留村庄传统风貌，传承乡土文化，努力在原有村庄形态上改善群众生活，融入现代元素，建设美丽宜居乡村，促进城镇化和新农村建设协调推进。

20. **着力提升村庄人居环境整体水平。**以治理垃圾、污水为重点，着力提升农村环境建设水平。完善农村地区生活垃圾收集、运输体系，乡镇、村配套建设密闭式清洁站，推进农村垃圾分类收集运输处理，严禁焚烧垃圾、秸秆。鼓励采取先进、适宜技术和简便灵活方式推进农村污水处理及再生水资源化利用。编制村级污水处理设施建设规划。继续开展生态示范创建，提升乡村绿化建设水平。从2014年起，郊区各区县每年以不低于现有村庄15%的比例，推进美丽乡村建设。进一步完善农村基础设施长效管护机制，将农村公厕、路灯、道路、垃圾污水处理、环境卫生、绿化美化等纳入市、区（县）政府相关部门管理，落实管护责任。加大传统村落保护，把有历史文化价值的村庄和民居列入保护名录，促进农村文化产业发展。继续组织开展“北京最美的乡村”宣传评选活动。

21. **调整优化农村用能结构。**大力推进农村地区“减煤换煤、清洁空气”行动计划，2014年，减少劣质燃煤使用总量100万吨，完成40万户炊事气化改造、5万户取暖煤改电。鼓励农业设施、

农村企事业单位、公用设施使用清洁能源。用5年左右时间，完成25万户农村电网改造任务，大幅度提升户均用电容量。同步加快乡镇电力设施提升改造。继续实施新农村亮起来、暖起来、循环起来工程，积极推进新能源利用示范乡镇、示范村建设，促进新型清洁能源使用。

22. 继续推进农村住宅抗震节能改造和山区搬迁。用5年左右时间，使全市农村住宅基本达到节能保温标准，新建翻建和综合改造农宅达到抗震设防要求。2014年，支持8万户农民通过新建翻建、综合改造、单项改造方式改善住房条件。继续落实新一轮山区地质灾害易发区及生存条件恶劣地区农民搬迁工作，2014年启动2 900户、6 400人山区搬迁工作。

五、加强生态文明建设，建设绿色北京

建设生态文明，必须健全城乡空间规划体系，加快形成都市农田、城市森林、生态水系、绿色廊道、山区生态屏障相融通的“大农业”格局，增强农林水对城市生态平衡的贡献率。

23. 促进以节水为重点的生态友好型农业发展。大力发展节水、节地农业，积极推广微灌、滴灌、喷灌等先进节水技术应用，提高农业用水效率。推动循环农业发展，不断提高农业减源增汇水平。围绕打造优良生态田、优美景观田，着力提升京承高速路等都市型现代农业走廊建设水平，有序推进农业观光带建设。严格农业投入品管理，积极开展农业面源污染和畜禽养殖污染防治，降低化肥、农药使用量，支持新型有机肥和高效低残留农药使用，支持开展病虫害绿色防控。

24. 提升绿化建设水平。继续实施京津风沙源治理二期、太行山绿化、平原地区百万亩造林、健康绿道等重大生态建设工程。2014年，完成平原地区造林2.33万公顷（35万亩）、山区人工造林666.7公顷（1万亩）、森林健康经营林木抚育4万公顷（60万亩），建设133.3公顷（2 000亩）以上的森林健康经营示范区10处；新增市级健康绿道200公里；加强绿色走廊建设，提升高速路两侧、铁路沿线及航空走廊等绿化美化水平；高水平抓好雁栖湖生态示范区绿化美化建设和亚太经合组织领导人非正式会议代表驻地、公路沿线环境布置工作；深化京津冀生态建设合作，实施环首都生态防护林、水源保护林建设工程，推进湿地生态系统建设，在官厅水库等上游集水区营造生态水源保护林6 666.7公顷（10万亩）。

25. 加强水资源和水环境工程建设。着力提高首都水资源保障能力，做好南水北调江水进京各项工作。全力推进南水北调市内配套工程建设，完成东干渠、郭公庄水厂、第十水厂、调入密云水库调蓄等主体工程建设并具备通水条件。强化水质监测和预警，与南水北调沿线省市共同建立水质安全保障联合检测工作机制，制定江水与本地水联合调配后的水质保障应对措施，确保供水安全。统筹污水处理、再生水利用、地下水保护和污染防治、河湖综合整治、雨洪利用、生态清洁小流域建设等工作。2014年，以清河、凉水河为重点，持续开展河湖水环境综合整治，逐步改善水环境质量。健全完善防汛指挥体系和社会动员机制，加强中小河道防洪治理，确保安全度汛。

六、推进城乡基本公共服务均等化，加快改善民生

实现首都发展成果更多惠及广大农民，需要不断提高农村公共服务、社会保障的标准和水平，加快推进城乡基本公共服务均等化，让农民共同分享现代化成果。

26. 保持农民收入较快增长。把促进农民特别是低收入农户增收及农村经济薄弱地区发展作为工作重点。2014年，全市农村居民人均纯收入实际增长要达到7.5%左右，低收入农户增收速度要快于全市农民平均水平。加大农民转移就业的政策扶持力度，全面实施就业精细化服务，稳定就业数量，提高就业质量。将城镇公益性就业组织“托底”安置就业困难人员政策和鼓励失业人员自谋职业、灵活就业政策向农村延伸，引导农村富余劳动力向二、三产业转移。紧密结合市场需求，有针对性加强农村职业教育和技能培训，提升农村劳动力的就业竞争能力。加大面向农村劳动力的公益性岗位开发力度，扩大绿色就业规模，完善报酬待遇标准。严格落实平原地区造林工程养护规定，安排本地农民参加养护人员比例不低于养护人员总数的60%。健全对低收入村的专项帮扶、行业帮扶、社会帮扶机制，逐级建立农民增收目标责任制，提高帮扶精准度。落实农村经济薄弱地区发展规划，加

大扶持力度。探索通过区域统筹、资源异地转换、共建经营性物业等方式，培育“造血”机能，提升低收入村集体经济发展能力。

27. **提高农村社会保障水平。**积极探索农村公益性就业岗位人员参加城镇职工社会保险的有效路径。进一步完善统一的城乡居民基本养老保险制度，逐步提高基础养老金和福利养老金标准。推进新型农村合作医疗市级统筹，逐步实现新农合即时结算，加快建立城乡一体化的城乡居民基本医疗保险制度。完善农村低保标准调整机制，进一步加大城乡低保标准统筹力度。

28. **发展农村社会事业。**统筹城乡义务教育资源均衡配置，把农村义务教育资源布局调整纳入新一轮基础教育总体布局调整中，进一步缩小区域、城乡、校际差距。2014 年，继续支持 20 所城乡一体化学校建设，实行学校干部教师交流轮岗，实施农村教师素质提升工程，整体提高农村教育办学水平。深化基层医疗卫生机构综合改革，完善基层卫生服务网络。加强农村卫生人才队伍建设，落实为农村地区免费培养医学毕业生政策，全力推进乡村医生培训工作。统筹农村地区公共文化人才队伍和文化设施建设，推动农村文化惠农项目与农民需求有效对接。深入推进农村群众性精神文明创建，培育文明乡风。

七、改善乡村治理机制，提升农村社会治理水平

坚持系统治理、依法治理、综合治理和源头治理相结合，不断深化农村基层民主政治建设，加快形成规范有序、科学有效、充满活力的农村社会治理机制。

29. **加强基层党的建设。**深入开展党的群众路线教育实践活动，推动农村基层服务型党组织建设。加强城乡基层党建资源整合，着力提升基层党组织改革创新、引领发展、服务群众的能力。在乡镇全面实行党代会年会制。试点从优秀村党组织书记中考录乡镇公务员，提升村干部“一定三有”保障水平。建立健全村干部包片联户和逐户走访制度，实行“五必访”等工作机制。进一步完善大学生“村官”选聘对接制度。健全完善整顿重点村工作机制，每年按比例倒排一批村党组织，开展集中整顿建设。深入推进农村廉政风险防控工作，强化教育管理和监督，着力解决农村基层党员干部“四风”方面存在的突出问题，严肃查处涉农领域侵害群众利益的违纪违法行为。

30. **健全基层民主制度。**完善和创新村民自治机制，强化农民群众在农村社会治理中的主体地位。深入推进村务公开、政务公开和党务公开工作。推行村级民主决策“票决制”，探索以村民或村民代表无记名投票表决的方式对村级重大事务进行决策。完善村民自治章程和村规民约为重点的民主管理制度，挖掘和弘扬农村优秀传统文化，促进其创造性转化、创新性发展，推动农村治理水平不断提升。强化村务监督委员会规范化建设。探索建立党员定期评议基层党组织领导班子、党员旁听基层党委会议等制度，充分发挥广大党员在民主决策和民主监督中的作用。积极稳妥培育各类有益的社会组织，发挥其在社会协同治理中的积极作用。建立稳定的村级组织运转经费保障制度，将市对区（县）村级组织公益事业补助资金提高 50%，由区（县）按人口规模落实到村。

31. **创新农村社会管理服务。**强化区县、乡镇对农村基本公共服务有效供给的责任。加强村庄社区化管理服务体系建设，以网格化管理、社会化服务为目标，统筹推进农村基层公共服务资源有效整合和服务平台共建共享。切实加强流动人口服务管理，建立实有人口动态服务管理体系。创新群众工作机制，健全人民调解、行政调解、司法调解和信访工作联动工作体系，加强乡镇信访工作队伍建设，不断完善矛盾纠纷调处和突发事件应急处置机制。夯实公共安全工作基础，强化农村消防安全宣传教育，有效防范农村非法宗教活动，维护农村社会和谐安定。

八、加强和改善对“三农”工作的领导

各级党委、政府要立足于全市改革发展大局，加强领导，细化措施，严格监督检查，确保农村改革发展各项工作稳步推进。

32. **健全领导体制。**建立和完善深化农村改革的领导体制，加强对农村改革的统筹协调、整体推进、督促落实，把握农村改革的方向和节奏。属中央事权的改革，要深入细致地研究具体措施和方案，积极争取国家改革试点。属市级事权的改革，要根据新时期首都发展的总体要求，有序推广已有

改革试点经验，把农村各项改革全面引向深入。各区（县）要建立健全领导农村改革的责任机制，主要领导要亲自抓，对市委、市政府部署的工作任务，要尽快制定具体方案和行动计划，抓好各项改革措施的组织实施和工作创新。

33. **转变政府职能**。市委、市政府各职能部门要从思维方式、组织机构、政策制定、工作推动上进一步解放思想，转变观念，深化认识，聚焦城乡发展一体化，既管城市，又管农村。要进一步完善部门联动的工作机制，切实加强对基层的支持、指导和服务，不断提高农村基础设施全覆盖和公共服务均等化的水平，促进农民增收，促进农村改革发展。各级党政干部要了解、熟悉农业、农村、农民，真正做到重视“三农”，真心实意解决农民群众生产生活中的实际问题。

34. **强化法治保障**。要高度重视法治对农村改革的保障作用，全面推进依法行政。要适应改革的新形势新要求，完善城乡发展一体化的相关政策法规，为人口资源环境协调发展提供法律依据，为市场发挥决定性作用提供法治环境。深入开展农村法制宣传教育，增强基层干部群众的法治观念，引导农民以理性合法的方式表达利益诉求，依法行使权利、履行义务。

中共北京市委　北京市人民政府
关于调结构转方式发展高效节水农业的意见

（2014 年 9 月 4 日）

调结构，转方式，发展高效节水农业，是深化农村改革、创新体制机制的重大举措，是促进生态文明、建设国际一流和谐宜居之都的内在要求，是发展都市型现代农业、提升农业核心竞争力的重大机遇。为促进本市高效节水农业发展，现提出如下意见。

一、总体要求

（一）指导思想

深入贯彻落实党的十八大、十八届三中全会和习近平总书记系列重要讲话特别是考察北京工作时的重要讲话精神，坚持农业的基础地位，紧紧围绕北京都市型现代农业生产、生活、生态、示范四大功能，以节水富民、提质增效为目标，正确处理好政府与市场、城市与农村、结构调整与农民增收的关系，创新体制机制，加快推进农业节水，调整农业结构，转变农业发展方式，着力构建与首都功能定位相一致、与二、三产业发展相融合、与京津冀协同发展相衔接的农业产业结构，为建设国际一流的和谐宜居之都提供有力支撑和坚实保障。

（二）工作原则

坚持量水发展。按照以水定城、以水定地、以水定人、以水定产的方针，大力推进农业种植结构调整，全面推广高标准节水技术，严格依法治水，实行取水许可，提高用水效率，为首都水安全作出应有贡献。

坚持生态优先。在农业发展中更加重视农业的生态功能，大力发展休闲观光农业；更加重视农业减排循环技术应用，大力发展生态友好型现代农业；更加重视造林绿化，逐步形成山水林田湖自然景观和城乡环境相互融合、相得益彰的生态格局。

坚持提质增效。围绕首都城市功能定位，合理有序统筹推进农业结构调整。压减高耗水的作物生产，调减达不到健康养殖标准的畜禽养殖，稳定蔬菜、渔业和林果生产，大力发展籽种农业。

坚持农民增收。充分考虑产业调整疏解对农民收入的影响，坚持分业施策、综合施策，统筹研究制定转移就业、替代产业、扶持创业等多方面政策举措，确保农民就业增收。

（三）主要目标

按照京津冀协同、农林水结合、城乡互动、种养业协调的思路，通过调整农业结构，转变农业发展方式，全面提升都市型现代农业的应急保障、生态休闲和科技示范水平。至2020年，实现以下目标：

1. 全面提升农业节水水平。 农业用新水从2013年的7亿立方米左右下降到5亿立方米左右，农田灌溉水有效利用系数进一步提高，达到国际先进水平。

2. 全面提升"菜篮子"保障水平。 按照规模化发展、园区化建设、标准化生产的要求，稳定"菜篮子"自给率；深化区域合作，建立紧密型的"菜篮子"生产外埠基地，提高"菜篮子"产品控制率；强化质量安全，提高"菜篮子"产品合格率。加强农产品市场体系建设，切实提高首都鲜活农产品日常供应能力、应急保障能力、市场竞争能力。

3. 全面提升现代种业发展水平。 重点围绕农作物、畜禽、水产、林果四大种业，发挥首都科技和人才优势，打造全国种业创新中心、交流交易中心和企业聚集中心，加快提升"种业之都"建设，发挥引领辐射作用。

4. 全面提升生态建设水平。 推动循环农业发展，积极开展农业面源污染和畜禽养殖污染防治，逐步降低化肥、农药使用量，不断提高农业减源增汇水平。因地制宜，大力发展观光休闲农业，为市民提供更多的休闲游憩场所。创新造林和管护机制，积极发展生态林、经济林、苗圃花卉与林下经济。平原地区森林覆盖率由目前的24.5%提高到30%以上。

二、重点任务

（一）调整农业结构

按照"调粮、保菜、做精畜牧水产业"的要求，大力调整农业结构。将地下水严重超采区和重要水源保护区确定为重点控制区域，在该区域内逐步有序退出小麦等高耗水作物种植，采用宜林则林、宜草则草、宜果则果、宜休耕则休耕的方式恢复水源涵养功能；暂时不能退出的，发展旱作农业或种植生态作物；不再新增加菜田，已有菜田在采取严格节水措施的前提下予以保留；规模畜禽养殖场实现节水、循环、健康养殖，未达到规模生产的散户养殖有序退出。

经过调整，全市农业结构为：

1. 高耗水作物退出以后，重点发展籽种田30万亩，旱作农业田30万亩，生态景观田20万亩。

2. 菜田占地由2013年的59万亩增加到70万亩左右。

3. 观光采摘果园占地稳定在100万亩左右，升级改造其中50万亩低效果园。

4. 畜牧水产业控制新增规模，疏解现有总量，提高养殖水平。生猪年出栏量调减1/3，稳定在200万头左右；肉禽年出栏量调减1/4，稳定在6 000万只左右；奶牛存栏量稳定在14万头左右，蛋鸡存栏量稳定在1 700万只左右；水产养殖面积稳定在5万亩左右，推广工厂化、温室循环、标准化的节水池塘养殖和生态养殖。

（二）推进农业节水

按照"地下水管起来、雨洪水蓄起来、再生水用起来"的原则，全面推进设施节水、农艺节水、机制节水、科技节水，提高农业用水效率。

1. 加强农业高效节水灌溉设施建设。大田采用喷灌，设施作物、果树采用滴灌、微喷及小管出流等高效节水设施，实现农业高效节水灌溉设施全覆盖。

2. 全面推广农艺节水技术。推广菜田高效精量节水、旱作农业节水、大田作物节水、水肥一体化等技术。

3. 加强农业用水管理。强化灌溉用水标准管理，针对不同作物、不同耕作方式，制定节水的精细化标准，明确设施作物年用水量控制在500立方米/亩左右，大田年用水量控制在200立方米/亩左右，果树年用水量控制在100立方米/亩左右。强化灌溉用水收费管理，推进农业综合水价改革。

4. 林地、绿地、农村生态环境用水以雨洪水、再生水为主。林木品种选择标准要充分考虑林地成林后年蒸腾蒸发量，与本地降水量相适宜。

（三）发展现代林业

在全面落实城市规划确定的"两环、三带、九楔、多廊"绿化格局的基础上，按照以解决历史遗留问题为主、以创新造林和管护机制为主的原则，积极有序推进平原造林，同时要重视城市公园与绿地建设。主要任务包括6个方面，预计增加森林资源38万亩以上。

1. 中心城、新城通过拆违和挖潜，建设小微型绿地300处，面积3 000亩。

2. 加大第一道、第二道绿化隔离地区拆迁腾退绿化建设力度，增加绿化面积15万亩。

3. 利用废弃坑塘藕地、撂荒地、荒滩荒地、砂石坑等，实施绿化10万亩。

4. 通过边角地利用、农村沟路河渠村周边挖潜，实现绿化3万亩。

5. 建设规模化苗圃10万亩以上。

6. 积极创新投入与管护机制，合理利用农业结构调整空间进一步增加平原造林面积。

三、保障措施

（一）规划先行

加快制定农业空间布局规划、地下水严重超采区和重点水源保护区农业结构调整实施方案、农业节水规划、造林绿化规划，进一步明确目标、任务、措施、责任与年度计划，确保各项任务得到全面落实。

（二）创新机制

深化农村改革，紧紧围绕“新三起来”（即土地流转起来、资产经营起来、农民组织起来），加快推进农业发展方式转变。

1. **转变农业生产方式**。塑造首都安全农业品牌，推进集约化、区域化发展，全面提高土地产出率、劳动生产率与资源利用率；提升农业科技和精细化管理水平，促进都市型现代农业向低碳、循环、可持续方向转变。

2. **转变农业经营方式**。发挥市场的主导作用，积极培育家庭经营、集体经营、合作经营、企业经营等新型农业经营方式，加快向农业输入现代生产要素。

3. **创新农民组织方式**。尊重农民的主体地位，鼓励和支持承包土地经营权、林地使用权通过公开市场，向新型经营主体流转，支持农民通过专业合作、股份合作等多种形式参与经营管理，切实有效提高农民的组织化程度。

4. **创新农业服务方式**。加强产前、产中、产后全过程、全链条的对接服务，推行合作式、订单式、托管式等服务模式，全面提升农业社会化、公益性服务水平。

（三）科技支撑

充分发挥科技对现代农业的支撑作用，发挥首都科技、人才与资源优势，加快都市型现代农业建设步伐。

1. 发挥科技的引领作用，加快农业高技术自主创新，发展高端、高效、安全农业等前沿技术，带动现代种业、食品安全与物联网等产业发展。

2. 发挥科技的支撑作用，加强农业、林业、节水等重大关键技术研究与成果转化，大幅度提高机械化、精确化、标准化、信息化水平，为现代农业奠定更加坚固的技术支撑。

3. 发挥科技创新的保障作用，大力发展农业低碳经济和农业循环经济，实现农业经济增长的循环化与低碳化，确保农业资源安全、能源安全与生态安全。

4. 发挥科技创新的带动作用，促进科技经济紧密结合，依靠农业科技带动区域农业与农村经济，鼓励扶持农产品物流、连锁经营、直销配送、电子商务等现代流通方式发展，加快实现农产品交易方式的多元化和现代化，加快城乡统筹发展。

（四）政策保障

1. **关于农业政策**。将粮田用地上图入库，建立补偿制度试点。扩大种业发展资金规模。开展农艺节水、水肥一体等技术研发、示范与推广。支持新型有机肥和高效低残留农药使用；支持规模养殖场粪污治理，鼓励扶持通过兼并、重组、合作等形式推进规模化养殖。实行基本菜田最低保有量制度和种植补贴制度，加大外埠蔬菜基地和规模化畜禽养殖场的补贴力度。加强农产品安全监管，建立健全农产品质量检测检验体系。加大冬季裸露农田治理，研究休耕与冬季生态作物种植补贴政策。研究制定促进家庭农场发展的融资、保险、科技、农机、补贴等政策，同时按照存量不变、增量调整原则，逐步调整完善粮食直补政策，逐渐向家庭农场、适度规模种植倾斜。

2. **关于林业政策**。在充分利用国家和本市现有造林绿化政策的基础上，积极探索动员社会力量参与造林的投入机制，形成政府、社会、企业、家庭共同参与的局面。在不适宜社会资金投入的区域和“两环、三带、九楔、多廊”平原造林规划格局内的生态公益林建设，继续实行平原造林政策；研究推广大兴区西红门镇、海淀区东升乡等乡镇统筹利用集体建设用地的经验做法，推进第一道、第二道绿化隔离地区拆迁腾退还绿。研究农村沟路河渠村周边零散地绿化补助政策，鼓励农村植树造林。参照第一道绿化隔离地区的政策，吸引鼓励企业参与平原造林建设和养护。统筹平原地区新增林和第一道、第二道绿化隔离地区及五河十路等原有林的养护管理标准，逐步实现同地同树同政策。建立平原地区新增森林资源养护管理机制，组建以当地农民为主体的专业养护队伍。研究制定新增经济林扶持政策；探索制定果园改造扶持政策。

3. 关于节水政策。健全最严格的用水及节水管理制度，通过发放取水许可证，严格农村机井取水总量和用途管理，推进地下水的涵养与保护。加大政府基本建设项目对田间、林地节水灌溉和集雨工程支持力度，建立灌溉管材及设备质量控制机制，确保持续良性运行，发挥工程效益。建立农业节水奖励机制、农业节水灌溉技术服务支持机制、灌溉水利用系数监测考核机制。区县政府负责建立灌溉用水计量收费与设施运行管护机制。

4. 关于就业政策。按照"职业农民培养一批、二、三产业转移一批、公益岗位吸纳一批"的原则，切实做好农民就业创业促进工作。加强新型职业农民培养支持力度，鼓励有一定生产条件的农民发展家庭农场、家庭林场与林下经济，鼓励和引导农业企业吸纳本地农民从事一产工作，签订用工合同，保障工资收入，参加社会保险。对有转移就业意愿的农民，加强非农职业技能培训和创业培训，通过鼓励用人单位招用、个人自谋职业或自主创业帮助其实现非农就业。大力发展农村社会公共管理服务、生态建设等公益性项目，逐步在农村推广建立社会公益性就业组织，开发公益性就业岗位，对年龄偏大、劳动能力偏弱、生活困难以及"零就业家庭"等农村就业困难人员优先给予托底安置。

各区县、各部门要按照本意见的要求，结合实际，切实加强组织领导，采取相关配套措施，加大资金投入力度，全力推进高效节水农业发展。要加强统筹，形成区县间、部门间和京津冀区域间的协同联动，确保各项任务落到实处。要加强工作的追踪监测和监督检查，及时分析、汇总、反映和处理各类情况，保证工作取得成效。要充分运用市场手段，发挥经济调节、价格杠杆的作用，调动和吸纳社会力量广泛参与。要加强宣传，牢固树立节水意识，积极营造社会认同、农民参与、企业支持的良好氛围。

附件：主要任务与责任分工

附件：

主要任务与责任分工

一、调整农业结构，全面提升都市型现代农业发展水平

（一）编制粮田、菜田、果园农业生产空间布局，落实到乡镇一级。

主责单位：市农委、市农业局、市园林绿化局

协办单位：市财政局、市发展改革委、市国土局、市规划委、市农林科学院

实施主体：各相关区县政府

（二）制定地下水严重超采区及重点水源保护区农业结构调整方案。制定"菜篮子"工程建设方案，建立基本菜田种植补贴制度，积极推进规模化养殖，在本市周边建立规模化"菜篮子"外埠基地。建立健全农产品质量安全监测检验体系。改造提升 50 万亩低效果园，确保一定的自给率与控制率。

主责单位：市农委、市农业局、市园林绿化局

协办单位：市水务局、市发展改革委、市财政局、市食品药品监管局、市国土局

实施主体：各相关区县政府

（三）研究种业发展政策，扩大种业发展资金规模。实施农作物、畜禽、水产、林果四大种子工程，发展种子种苗田 40 万亩以上，种业销售额大幅度增长。

主责单位：市农委、市农业局、市园林绿化局

协办单位：市财政局、市发展改革委、市科委、市农林科学院

实施主体：各相关区县政府

（四）组织实施水肥一体化等农艺节水工程，实现农业高效节水。探索建立休耕与冬季生态作物种植补贴制度。研究制定家庭农场、合作组织等适度规模经营政策；逐步调整完善粮食直补政策。

主责单位：市农委、市农业局

协办单位：市财政局、市发展改革委、市环保局

实施主体：各相关区县政府

（五）制定通州区农业结构调整实施方案，加大通州农业结构调整力度，建设和谐宜居的首都城市副中心。

主责单位：通州区政府

协办单位：市农委、市财政局、市发展改革委、市园林绿化局、市国土局、市水务局、市农业局、市农研中心、市农林科学院

二、大力发展节水农业，提高农业用水效率

（一）加强农业高效节水灌溉设施建设。编制

全市农业高效节水灌溉规划，大田采用喷灌，设施作物、果树采用滴灌、微喷及小管出流等高效节水设施，实现农业高效节水灌溉设施全覆盖。

主责单位：市水务局

协办单位：市发展改革委、市财政局、市农委、市农业局、市园林绿化局、市科委、市农林科学院

实施主体：各相关区县政府

（二）强化灌溉用水标准管理。针对不同作物、不同耕作方式，制定灌溉用水指标，健全最严格的用水及节水管理制度。严格农村机井取水总量和用途管理，推进地下水的涵养与保护。

主责单位：市水务局

协办单位：市发展改革委、市财政局、市农委、市农业局、市园林绿化局

实施主体：各相关区县政府

（三）加大田间节水灌溉工程建设力度，建立灌溉管材及设备质量控制机制，建立农业节水奖励机制、农业节水灌溉技术服务支持机制、灌溉水利用系数监测考核机制。

主责单位：市水务局

协办单位：市发展改革委、市财政局

实施主体：各相关区县政府

（四）探索建立灌溉用水计量收费与设施运行管护机制。

主责单位：各相关区县政府

协办单位：市水务局、市发展改革委、市财政局、市农委、市农业局、市园林绿化局

三、增加绿化面积，提升城市生态环境水平

（一）制定全市绿化造林规划，具体落实38万亩造林绿化的面积与区域，全面落实城市规划确定的“两环、三带、九楔、多廊”绿化格局，按照以解决历史遗留问题为主、以创新造林和管护机制为主的原则，积极有序推进平原造林。

主责单位：市园林绿化局

协办单位：市发展改革委、市城乡结合部建设领导小组办公室、市规划委、市财政局、市农委、市国土局、市水务局、市农业局

实施主体：各相关区县政府

（二）利用废弃坑塘藕地、撂荒地、荒滩荒地、砂石坑实施绿化；利用边角地、农村沟路河渠村周边挖潜实现绿化；落实中心城、新城通过拆违和挖潜，建设小微型绿地。在现有造林绿化政策的基础上，积极探索动员社会力量参与造林的投入机制，积极研究制定不同区域绿化政策与管护机制。

主责单位：市园林绿化局

协办单位：市发展改革委、市财政局、市农委、市水务局、市国土局、市城乡结合部建设领导小组办公室

实施主体：各相关区县政府

（三）参照第一道绿化隔离地区的政策，吸引鼓励企业参与平原造林建设和养护。

主责单位：市发展改革委、市财政局、市园林绿化局、市国土局、市规划委

协办单位：市农委

实施主体：各相关区县政府

（四）加大第一道、第二道绿化隔离地区拆迁腾退绿化建设力度，增加绿化面积15万亩。

主责单位：市城乡结合部建设领导小组办公室、市园林绿化局

协办单位：市发展改革委、市财政局、市农委、市国土局、市规划委

实施主体：各相关区县政府

（五）统筹平原地区新增林和第一道、第二道绿化隔离地区及五河十路等原有林的养护管理标准，研究制定具体政策，逐步实现同地同树同政策。研究制定新增经济林扶持政策；探索制定果园改造扶持政策。

主责单位：市园林绿化局

协办单位：市发展改革委、市财政局、市农委

实施主体：各相关区县政府

四、充分发挥科技对现代农业的支撑作用，加快首都都市型现代农业建设步伐

发挥首都科技、人才与资源优势，加快农业高技术自主创新，支持推进高端、高效、安全农业等前沿技术发展，加强农业、林业、节水等重大关键技术研究与成果转化，发挥科技创新的保障与带动作用，依靠农业科技带动区域农业与农村经济发展。

主责单位：市科委、市农委、市水务局、市园林绿化局、市农业局

协办单位：市财政局、市农林科学院

实施主体：各相关区县政府

五、采取多种形式促进农民就业，确保农民收入

制定农业结构调整农民就业方案，研究具体就业政策，通过培训、转移、公益岗位就业以及社会保障等措施积极保证农民就业。

主责单位：市人力社保局、市农委

协办单位：市财政局、市农业局

实施主体：各相关区县政府

六、加强宣传，牢固树立节水意识

积极营造社会认同、农民参与、企业支持的良好氛围，调动和吸纳社会力量广泛参与。

主责单位：市委宣传部、市水务局

协办单位：市农委、市园林绿化局

实施主体：各相关区县

北京市人民政府办公厅关于印发《提升农村人居环境推进美丽乡村建设的实施意见（2014—2020年）》的通知

（2014年6月10日）

各区、县人民政府，市政府各委、办、局，各市属机构：

《提升农村人居环境推进美丽乡村建设的实施意见（2014—2020年）》已经市政府同意，现印发给你们，请结合实际认真贯彻落实。

提升农村人居环境推进美丽乡村建设的实施意见（2014—2020年）

为贯彻落实习近平总书记系列重要讲话特别是考察北京工作时的重要讲话精神以及全国改善农村人居环境工作会议要求，努力把北京建设成为国际一流的和谐宜居之都，根据《国务院办公厅关于改善农村人居环境的指导意见》（国办发〔2014〕25号）和市委、市政府关于加快推进城乡发展一体化的决策部署，2014—2020年，本市将大力实施提升农村人居环境、推进美丽乡村建设工作。现提出如下实施意见。

一、基本原则

坚持因地制宜、分类指导。从村庄的资源禀赋、所处地域特点以及农民的需求出发，确定建设重点，防止“一刀切”。

坚持规划先行、突出特色。科学编制和完善村庄规划，做到不规划不施工，注重保留农村特色和田园风貌，保护和弘扬传统文化。

坚持量力而行、循序推进。遵循农村发展和建设规律，合理安排整治和建设内容，建管并重，防止举债建设和大拆大建。

坚持政策集成、农民主体。统筹市、区县各项惠农政策，尊重农民意愿，广泛动员农民参与建设。

二、目标任务

自2014年起，郊区各区县每年以不低于现有村庄15%的比例，推进美丽乡村建设。通过整治、建设与发展，每年建成一批“北京美丽乡村”；继续开展“寻找北京最美的乡村”活动，发挥宣传示范作用，不断提高建设水平。力争到2020年将郊区农村基本建成绿色低碳田园美、生态宜居村庄美、健康舒适生活美、和谐淳朴人文美的美丽乡村。

三、实施重点

1. 大力推进农村地区“减煤换煤、清洁空气”

行动。落实《北京市2013—2017年清洁空气行动计划》，通过实施优质燃煤替代、取暖“煤改电”、天然气入户、液化石油气下乡以及推广使用太阳能、生物质能、热泵等新能源新技术，到2017年，完成减少劣质燃煤使用量和符合北京燃煤排放标准的优质型煤替代量共计430万吨。鼓励在农业生产设施、公共设施中使用清洁能源，鼓励农村企事业单位并引导农村地区外来住户使用清洁能源。继续推进“农村亮起来、农民暖起来、农业资源循环起来”工程建设。

2. **开展新一轮农村电网改造**。编制《北京市农村电网扩容改造规划》，利用5年时间全面完成郊区农村新一轮电网改造，使农村户均用电容量达到6～9千瓦。同步加快上一级电力设施的提升改造，全面提高农村的供电能力和保障水平。

3. **实施农民住宅抗震节能改造**。编制《北京市农民住宅抗震节能改造工程建设规划（2014—2017年）》，每年完成10万户左右的改造任务，到2017年，全市农民住宅要达到节能保温标准，新建翻建和综合改造的同时达到抗震要求。继续支持新型农村社区试点建设、山区地质灾害易发区和生存条件恶劣地区农户搬迁工程以及农村优抚对象、低保对象、五保供养对象危旧房翻建维修工作，建设具有地方特色的新民居，加强农村防灾减灾，改善和提升农村居民的居住条件。

4. **加大农村污水处理力度**。编制《北京市农村生活污水治理规划》和《北京市农村生活污水处理工艺指南》，将水源保护地的村庄和民俗旅游村，经济发达、人口密集、污水排放量较大的村庄以及其他确需建设污水处理设施的村庄纳入全市农村污水处理计划，每年完成计划总量的15%左右，到2020年全部建设完成。探索推广造价低、耗能小、维护便利、处理水质好的处理工艺和国内外试用成功的户用小型处理设施及湿地处理等新技术。充分发挥基层水务站、农民用水协会及管水员作用，落实管护责任和措施。同时，对已建农村污水处理设施使用效果进行评估，对从未利用或利用效果不好的要提出改造方案，确保已建设施良好运转并得到充分使用。到2020年，实现农村地区污水排放达标。

5. **抓好村庄绿化美化**。总结推广各区县好做法、好经验，鼓励各村在村域内可绿化的边角空地栽花种草、植树绿化，形成“村庄周围园林化、村内道路林荫化、河渠公路风景化、基本农田林网化”的景观效果。每年重点抓好一批绿化示范村，有效带动农村村容村貌和居住环境改善，提升郊区绿化美化整体水平。到2020年，全市创建首都绿色村庄累计达到1 000个。

6. **继续搞好村庄环境综合整治**。加快推进郊区县生活垃圾处理设施建设。坚持垃圾“户分类、村收集、乡镇运输、区县处理”，严禁露天焚烧，实现农村垃圾减量化、资源化、无害化处理。加强村庄环境综合整治，拆除违章建筑，疏浚坑塘水渠，保持环境干净整洁。净化农产品产地环境，实施绿色生态景观农业。积极推进农业污染物减排和农业资源循环利用。引导和支持农村开展畜禽粪便沼气化利用和沼气纯化技术利用，严禁露天焚烧秸秆，提高秸秆综合利用水平，规范农药包装物、农膜等废弃物管理，逐步建立农村死亡动物无害化处理系统。继续开展“环境优美乡镇”“生态村”创建活动。到2020年，本市80%以上村庄达到市级生态村标准，全面实现秸秆综合利用，全面实施规模养殖场粪污治理工程，广泛实现节水农业、生态农业。

7. **做好农村医疗卫生服务**。根据行政村调整和人口布局变化，完善农村基层卫生服务网络，实现远郊平原地区和山区居民分别出行20分钟、30分钟以内即可享受到社区卫生服务。强化农村居民健康管理，实现家庭医生式服务知晓率达到100%，电子健康档案建档率达到65%以上。完善新型农村合作医疗制度，农民参合率达到95%以上。加强传染病防控，做好计划免疫工作，免疫预防接种门诊达到A级以上标准，儿童免疫接种率保持在99%以上，为60岁以上老年人群免费提供流感疫苗接种。广泛开展乡村健康教育和健康促进工作，到2020年，农村居民中具备健康素养的人数达到总人数的20%。

8. **保护传承农村历史文化**。按照以人为本、保护为先、发展为重的原则，支持传统村落编制保护和发展规划。在编制村庄规划时，要充分考虑传统村落中古民居的价值，探索古民居保护与改善农村居民生活条件的有效实现形式，优化村庄公共空间环境。加强郊区各级文物保护单位、不可移动文物的修缮和地下文物的保护以及传统建筑（含古民居）、井泉沟渠、古树名木等乡村历史文化传承要素的修复和整治，挖掘整理农村非物质文化遗产，保护和利用好农村历史文脉和现有自然景观。处理好传统村落保护与发展的关系，对于郊区农村文物保护项目的修复修缮，区县政府可积极申报，纳入市级文物和历史文化保护专项资金支持范围。

9. **健全长效管护机制和制度。**市各有关部门和各相关区县政府要严格落实《北京市人民政府关于加强农村基础设施维护和管理的意见》（京政发〔2011〕28号）规定，完善管护标准，履行管护责任。各区县政府要进一步明确农村各项基础设施维护和管理的责任主体、出资主体、监管主体；要统筹使用市财政下划的新农村五项基础设施和新农村建设专项资金，优先用于农村基础设施管护运行，不足部分由区县自筹，确保已建设施特别是农村公厕、太阳能公共浴室、供水和污水处理设施、道路等正常运行。市级部门要按照管护标准和管护情况，建立完善考核和奖惩机制。

四、保障措施

1. **加强领导，完善机制。**市新农村建设领导小组统一领导美丽乡村建设工作，市新农办负责制定年度实施方案，统筹各项工作。各成员单位要充分发挥职能作用，加强对区县的业务指导和督促检查，共同推进各项任务落实。区县政府是此项工作的责任主体，要结合实际制定实施方案和相关政策。各区县新农办负责统筹协调推进本区县具体工作，确保年度任务顺利完成。

2. **分级负责，共同推进。**结合新农村建设实际，市相关部门要加大投入力度，重点推进农村地区“减煤换煤、清洁空气”行动、新一轮农村电网改造和农民住宅抗震节能改造等工作；各区县政府要积极组织实施农村污水处理、村庄绿化美化、村庄环境综合整治、农村医疗卫生服务、保护传承农村历史文化和农村基础设施长效管护机制建设等工作。

3. **集成政策，形成合力。**各区县政府要按照每年至少15％的比例确定当年实施美丽乡村建设的村庄名单，并根据村庄实际确定建设项目。村级公益事业建设“一事一议”财政奖补资金要优先安排提升农村人居环境建设美丽乡村项目。要建立村庄规划员进村指导制度，统筹各项工程建设时序。同时，积极动员社会力量参与建设。对已建成“北京美丽乡村”的村庄给予奖励。市、区县相关部门要集成政策、集中项目、形成合力、统筹推进，加强资金使用监管，完善工程项目招投标、施工监理和验收机制，严禁套取、挤占、挪用资金。

4. **广泛宣传，鼓励参与。**加大宣传力度，动员广大农村居民积极支持、参与美丽乡村建设，在提升环境质量的同时促进农民增收。进一步完善农村集体建设项目民主决策机制，满足群众共同需求。完善村务公开制度，接受监督和考评。

北京市人民政府办公厅关于印发《北京市2014年农村地区“减煤换煤、清洁空气”行动实施方案》的通知

（2014年6月7日）

各区、县人民政府，市政府各委、办、局，各市属机构：

《北京市2014年农村地区“减煤换煤、清洁空气”行动实施方案》已经市政府同意，现印发给你们，请结合实际认真贯彻落实。

北京市2014年农村地区“减煤换煤、清洁空气”行动实施方案

2013年，本市通过实施农村地区“减煤换煤、清洁空气”行动，超额完成减少劣质燃煤80万吨

使用量的目标任务，有效减少了大气污染物排放，农村地区用能结构和空气质量得到了改善。按照市委、市政府关于大气污染防治工作的决策部署，在继续执行 2013 年农村地区“减煤换煤、清洁空气”行动政策措施、工作要求的基础上，现就 2014 年工作提出如下实施方案。

一、目标任务

以“整村推动、区域覆盖、主推型煤”为原则，继续按照城市化改造上楼一批、拆除违建减少一批、炊事气化解决一批、城市管网辐射一批、优质燃煤替代一批（以下简称“五个一批”）方式推进农村地区“减煤换煤”工作。

（一）在巩固 2013 年通过优质燃煤替换实现“换煤”30 万吨的基础上，2014 年实现“减煤换煤”总量 150 万吨；完成 10 万户农村电网改造升级，提升供电能力，并以此为基础力争完成 5 万户农户“煤改电”工程；完成 40 万户农村住户炊事气化工程。

（二）推动六环路以内城乡结合部地区、新城周边地区、重点乡镇规划中心镇区以及亚太经合组织领导人非正式会议核心区周边地区（包括道路沿线）等 4 类重点区域的村庄全面实现“减煤换煤”。海淀区、门头沟区在 2013 年实现农村地区“减煤换煤”全覆盖的基础上，2014 年要继续巩固成果。其他区县要以整村推进方式为主，全市累计实现 50%以上的农村住户实施“减煤换煤”。

2014 年“换煤”工作主要以推广符合北京燃煤排放标准的优质型煤（以下简称“京标煤”）为主。

二、完善政策

（一）扩大享受政策范围

通过“五个一批”方式实施农村地区“减煤换煤、清洁空气”行动的区县或地区，其村集体公共服务场所（村委会办公场所、村级公共服务及活动场所等）也可享受相关政策。

（二）完善部分政策措施

1. 市财政采取以奖代补的方式对区县 2014 年度取暖季农村地区“减煤换煤”完成总量按照每吨 200 元的标准实行奖励（其中 2013 年已实施“换煤”且 2014 年继续实施的，仍按此标准给予奖励），奖励资金由区县统筹使用，专项用于“减煤换煤”工作。

2. 由市发展改革委编制全市农村电网扩容改造规划，会同电力供应企业推进农村电网扩容建设，对完成扩容改造的村庄实施农户“电采暖”工程。

3. 对使用空气源热泵、地源热泵等新能源新技术的设备购置费用，由市、区县财政进行补贴。

减少劣质燃煤使用和农村住宅清洁能源分户自采暖其他方面政策以及农村取暖煤改电、太阳能热利用、天然气入户、液化石油气下乡和沼气利用政策继续执行《北京市人民政府办公厅关于印发北京市 2013 年农村地区减煤换煤清洁空气行动实施方案的通知》（京政办发〔2013〕51 号）的有关规定。

三、保障措施

（一）加强监督

市相关部门要制定原煤进京控制标准和控制措施。各区县要建立可靠的煤炭供应体系，严格煤炭生产供应企业准入条件，加强监管，引导企业做到生产有规模、供应有能力、质量有保障、营销有信誉；要构建顺畅的配送体系，指导各乡镇、村根据覆盖范围，科学设置“京标煤”储存配送场站。市各有关部门和各区县要强化全面的监督体系，加强农村用煤管理，动员乡镇政府、村委会做好本区域用煤监督工作，对本区域生产、销售、使用非“京标煤”问题，要及时发现予以制止并报告相关执法部门依法查处；建立企业自检和质监部门入厂抽检、进储煤场站检验及到农户家中取样检验等全过程监督制度，确保燃煤质量；建立农户申报、村镇核查、财政监管、审计跟踪制度，确保资金使用安全；建立政府督查、效能监察、社会评价等绩效考核制度，确保“减煤换煤”工作落到实处。

（二）广泛宣传

加大宣传力度，动员全社会支持农村地区“减煤换煤、清洁空气”行动，自觉抵制劣质燃煤，自觉监督举报生产、销售、使用劣质燃煤的行为。积极倡导使用清洁能源、新能源，优化农村用能结构，减少燃煤使用量，为“减煤换煤、清洁空气”行动营造良好的社会氛围。

附件：北京市 2014 年农村地区“减煤换煤、清洁空气”行动责任分工

附件：

北京市 2014 年农村地区“减煤换煤、清洁空气”行动责任分工

市新农办：负责制定实施方案及方案实施中的综合协调工作，负责组织市农村地区“减煤换煤、清洁空气”行动领导小组各成员单位对区县工作进行督促检查和考核，负责组织市相关部门研究确定“减煤换煤”以奖代补奖励标准。

市发展改革委：负责农村电网扩容改造、煤改电、液化石油气、太阳能热利用、大中型沼气建设等固定资产投资的落实及工程建设的考核监督；负责制定农村峰谷电价政策；负责协调全市“京标煤”总量平衡。

市经济信息化委：负责引导并支持炉具等供暖设备生产企业发展和技术升级，配合开展新产品、新技术、新设备、新材料的推广应用。

市民政局：负责研究制定农村地区“减煤换煤、清洁空气”行动中特殊困难群体用煤及炉具更换等费用救助办法。

市财政局：负责制定农村地区“减煤换煤”以奖代补政策，新购、更换炉具补贴政策和液化石油气补贴政策；研究制定空气源热泵、地源热泵等新能源新技术的设备购置费用补贴政策，并监督补贴资金的使用。

市国土局：负责农村地区“减煤换煤、清洁空气”行动有关项目实施的用地许可工作。

市环保局：负责农村地区燃煤燃烧排放监控、用煤环境效益监测和分析、“减煤换煤”工作效果评估，会同有关部门制定“减煤换煤”核算方法和检查办法。

市规划委：负责农村地区“减煤换煤、清洁空气”行动实施镇村规划调整及项目实施规划许可工作。

市住房城乡建设委：负责农村地区“减煤换煤、清洁空气”行动建设项目的技术指导。

市市政市容委：负责协调燃气供应企业，完成镇村管道天然气、压缩天然气、液化石油气供应配送工作。

市交通委、市公安局公安交通管理局：协助相关部门研究制定限制非“京标煤”进京措施。

市工商局：负责依法对供煤企业、炉具供应企业、电采暖设备供应企业、地源热泵和空气源热泵供应企业进行登记注册，并查处违法经营行为。

市质监局：负责燃煤质量标准、燃煤炉具的技术质量标准的制定和质量监督工作，针对销售不符合北京燃煤排放标准的散煤及制品研究制定相应执法措施。

市农业局：负责指导农村可再生能源开发利用工作，研究制定并指导实施促进农村能源开发利用的政策、措施、技术标准和规范。

北京市社会主义新农村建设领导小组综合办公室关于加强农村集体资产管理的若干意见

（2014 年 12 月 8 日）

各相关区县委、政府：

为深入贯彻落实《关于进一步加强农村集体资金资产资源管理和监督工作意见》（京纪发〔2013〕5 号），加强农村党风廉政建设，结合当前形势，突出问题导向，借鉴实践经验，现就加强农村集体资产管理提出如下意见：

一、明确农村集体资产监督管理职责

农村集体资产监督管理区县是主体、乡镇是主责、乡镇党委书记是第一责任人，要严格按照《农村基层干部廉洁履行职责若干规定（试行）》，认真

履行职责。出现问题，要按照《关于实行党政领导干部问责的暂行规定》等相关规定追究责任。对认真履行职责，创造出好经验、好做法的，要大力推广，予以表扬和奖励。各区县要学习借鉴海淀区建立农村集体资产监督管理委员会的经验，结合本地实际，探索建立健全农村集体资产监督管理工作机构，加强统筹领导。

二、加强农村集体财务规范化建设

要组织乡镇，对村级银行账户、银行存款、现金、债权债务、票据使用、会计档案管理制度、村级财务委托代理服务制度进行统一梳理和规范，健全乡镇、村两级制衡监督机制。每年要开展一次农村财务管理专项检查，重点检查各项财务管理制度落实情况，农村集体资产监管平台运用情况，农村集体资产资源发包、租赁、出让、重大开支项目、重大工程管理等情况，针对检查出的问题及时进行整改。

三、强化农村集体经济审计监督

要制定农村集体经济审计年度工作计划，建立经常性审计制度，审计结果要上报市新农村建设领导小组。本市将 2015 年定为“集体经济审计年”，重点对土地补偿费、涉农财政补助资金以及资产规模较大、收入较高的集体经济组织及其所属企业进行专项审计。专项审计采取引入社会专业部门审计与农经专职审计相结合的办法，由各区县负责组织领导，乡镇具体落实。市新农村建设领导小组每年以区县为单位进行抽查，并将检查结果在全市通报。

四、完善村级财务民主监督机制

要组织乡镇指导村集体经济组织健全完善村级民主理财制度，督促村务监督委员会与新型集体经济组织监事会按照各自职能认真履行职责。2015 年在全市范围内开展为期一年的村级财务民主管理制度宣传活动。村集体经济组织要严格按照《北京市实施〈农村集体经济组织财务公开规定〉办法》，逐项公开出纳账务，区县要集中开展财务公开专项检查。

五、加强农村集体经济合同管理

区县负责监督指导，乡镇政府作为清理主体，司法等相关部门支持配合，2015 年年底以前完成全市农村集体经济合同清理台账建立工作，对清理出的问题合同力争整改 50%以上，2015 年下半年对集体经济合同的清理整改工作进行一次全面检查。在整改基础上，进一步规范农村集体经济合同文本、合同签订流程、合同联合预审机制、合同电子台账、合同档案管理等各项制度，建立长效机制。对违反农村集体经济合同管理制度，擅自签订合同，损害集体和农民利益的，要依法依规追究责任。

六、加强土地补偿费的管理

城近郊和城市化进程较快的地区要高度重视农村土地补偿费监督管理工作，要把此项工作列入农村党风廉政建设工作的重点。集体土地补偿费要严格实行专户存储、专账管理、专款专用。土地补偿费的分配、使用方案，要经农村集体经济组织成员大会或成员代表大会民主决策形成书面决议并报乡镇政府备案。收支和使用情况要在本集体经济组织成员范围内及时进行专项公开。各区县要对农村土地补偿费管理使用情况进行一次全面调查，并按照土地补偿费各项管理规定，制定土地补偿费管理使用办法。

七、完善集体经济组织收益分配机制

由区县负责组织领导，乡镇负责监督检查，进一步规范集体收益分配。集体经济组织要依据当年经营收益情况确定合理的分配比例，留足发展基金，防止分光吃净，严禁跨空分配。集体收益分配方案必须经成员（股东）会议或代表会议讨论通过，并形成书面决议。积极引导新型集体经济组织建立以按股分红为主、福利分配为补充的集体收益分配方式。

八、做好农村集体资产管理的基层基础工作

要进一步加强农村集体资产管理队伍建设，重点强化审计机构，充实审计力量，确保完成年度常

规审计。区县、乡镇要从经费上保障农村基层财会人员、会计委托代理服务中心人员、农村集体资产监管中心人员的待遇，稳定工作队伍。构建市、区县、乡镇、村四级网络监管体系，深化农村集体资产监管平台在基层的管理应用，实现农村集体资产管理的制度化、规范化、信息化。

北京市社会主义新农村建设领导小组综合办公室 北京市农业局关于完善配套农村能源安全设施强力提升管理水平的通知

（2014 年 12 月 31 日）

郊区各区县新农办、农委、农村能源办：

自新农村建设以来，随着大量农村能源基础设施的建成投入使用，有效地改善了农村用能结构，提高了农民生活水平，增加了农村就业机会，减少了农民生活支出。同时，大量农业废弃物的资源化利用，促进了农村节能减排，减少了空气污染，对于发展循环经济起到了积极的作用，得到了广大农民的认可。但在农村能源设施建设和运行过程中，也逐渐暴露出一些安全隐患和问题。为落实市领导关于加强农村地区“两气工程”等能源设施安全管理的批示要求，近期，市新农办、市农业局针对当前存在的问题，组织了全市农村能源设施安全运行大检查。为进一步完善农村地区能源工程设施和配套安全设备，消除农村能源设施使用安全隐患，确保设施能够得到持续稳定运行，充分发挥长期效用，现就完善配套农村能源安全设施强力提升管理水平，通知如下：

本通知中所指的农村能源工程设施主要包括“两气工程”、村级太阳能公共浴室、节能卫生吊炕、户用沼气池和户用冬季取暖炉具等。

一、严格安全标准，完善安全设施

由于各类能源工程的安全要求不同，请各区县结合实际，参照《北京市各类农村能源工程安全设施设备配套标准》（见附件 1）和经市里检查初步核实的《北京市各区县各类农村能源设施安全欠缺设备情况汇总表》（见附件 2）进行补充完善。

“两气工程”。要对与安全生产密切相关的预处理设施、发酵罐体、储气柜及高压容器、输配管网、户内管网及灶具等进行全面检查，积极完善配套安全设备。同时对安全操作管理规程、岗位责任制度、设备运行管理档案、事故应急预案、人员资质、消防设施设备、防雷设备、防毒面具等与安全有关的制度、措施进行全面检查。

太阳能公共浴室。要重点对用电安全、警示标志、水温控制、防摔防滑及人员管理等进行检查。

户用沼气池。要对池体气密性管道和厨房内设施设备进行一次检查，并做好户内有关人员的宣传，同时对户内报警装置和其他安全设备进行完善。

节能卫生吊炕。各区县要认真调查分析，结合农户的使用需求和节能卫生吊炕的质量状况，有针对性地出台管理措施，加强宣传和督查，对存在质量隐患的，要及时组织拆解、翻新和注销工作；对于持续使用的要确保安装户用报警装置，预防中毒事件的发生。

户用冬季取暖炉。结合在农村地区“减煤换煤、清洁空气”行动中户用高效节能取暖炉具的更换工作，区县有关部门要加强炉具的安全使用与监督检查工作，在直接使用空间要强制安装一氧化碳报警器，避免一氧化碳中毒事件的发生。

二、落实安全资金，提升安全水平

各区县要切实做好安全生产管理工作，落实农村能源设施安全运行维护管理资金，统筹区县、乡镇政府财政和市级转移支付资金，根据农村可再生能源工程设施运行和维护的资金补贴标准落实资金额度，明确资金拨付渠道，由区县新农办统一管理。特别是在市相关部门组织的多次检查中发现的未足额落实运行和维护资金的区县，更要加强资金的保障。根据属地管理原则，各区县一定要高度重视安全管理工作，严格按照有关文件要求足额安排运行和维护资金，确保正常运行的工程能够获得资金扶持，用以提升安全管理水平。

三、分级负责，落实安全责任

各区县按照《北京市人民政府关于进一步完善和加强市政府工作部门安全监管（管理）职责的通知》（京政发〔2014〕27号）的要求，确定本区县农村能源工程安全监管的牵头部门及具体负责人。农村能源工程的安全监管涉及部门众多，要把将农村能源工程纳入区县的新农村、安监、质监、消防、气象、市政、环保、农业等部门的管理之中，区县各相关部门要结合工作职责和特点，各司其职，各负其责，齐抓共管。可鼓励采取政府购买服务的方式引入第三方，辅助开展安全监管工作。各区县农村能源主管部门要监督各乡镇全面做好本区域内所有农村能源工程的安全生产监管工作。村委会，有关企业是“两气工程”的直接管理者，要严格落实气站管理的相关要求，做好气站的安全生产和稳定运行工作。

四、实施报废制度，排除安全隐患

各区县农村能源主管部门对目前停运的工程要认真进行调研分析，对通过完善能够恢复运行的，要严格按照安全标准配备相应的安全设施设备，完善安全管理制度，落实安全管理责任。对设备老旧，已不能够恢复运行的，要严格实施退出和报废制度，具体要求如下：

（一）报废条件

1. 受城镇建设规划和农村拆迁等因素影响，已经没有沼气、秸秆气化利用条件且设备不准备再使用的。

2. 受农业结构调整、产业布局影响，原材料不足又没有其他途径获得稳定原料来源的。

3. 村委会经济基础薄弱，长期无力维修或长期无维修积极性，希望停运的。

4. 建成以来长期无法维持正常稳定运行的。

5. 基础设施破损严重，恢复成本过高已无恢复必要的。

6. 技术、设备和工艺落后，有明显安全隐患且无法修复的。

（二）报废流程

1. 基层申报。村委会和乡镇根据报废条件进行对照评估，符合标准的，由村委会提出，乡镇同意后，向区县农村能源主管部门提出报废申请。

2. 区县审定。区县农村能源主管部门依据相关报废条件对村镇提出的报废申请，组织相关部门共同进行审定。经审定同意报废的，区县农村能源主管部门应给申请单位出具复函。

3. 市级备案。经区县审定同意报废的，区县农村能源主管部门将报废的原因、审定结论报市新农办和市农业局备案。

（三）资产处置

1. 报废拆解。经区县农村能源主管部门组织相关部门和专家对设备和资产进行评估，对设备完好可再利用的，要通过各种方式进行再利用；对设备老旧无法再利用的，应组织拆除，并对拆除的零部件进行公开拍卖。对设备或零部件再利用获得的收益，可作为本区县发展农村能源的公共基金。

2. 资产登记。农村能源设备或零部件再利用属于资产再处置，区县有关部门应进行资产变更登记，并上报市新农办和市农业局备案。

五、完善区县农村能源生产安全事故应急预案，及时开展应急演练

各区县要切实落实属地安全监管职责，按照《北京市人民政府关于进一步完善和加强市政府工作部门安全监管（管理）职责的通知》（京政发〔2014〕27号）的要求，进一步完善部门安全监管（管理）职责，落实农村能源工程的安全监管责任主体，制定本区县农村能源工程生产安全事故应急预案，详细规定生产安全事故的组织体系、预防预警、事故报告、事故处置等，并按照应急预案的要求组织应急演练。各能源工程使用管理主体要制定安全生产隐患排查制度，制定并落实故障处理方案，确保工程安全运行。要建立安全生产责任制，专人负责安全工作，并加强安全人员的培训，确保在发生生产安全事故时，能够在第一时间进行科学合理处置，避免事故进一步扩大。

六、加强领导，认真开展安全设备的完善工作

各区县要加大力度确保2015年年底前将所有

运行能源工程的安全设施设备配套完善。区县农村能源主管部门要将农村能源工程安全设施设备的完善工作列入重要议事日程，及时组织区县相关单位迅速开展相关工作，并在2015年3月底前将配套完善方案报市新农办、市农业局备案。在实施过程中，市新农办、市农业局将共同组织有关部门深入区县督查检查工作进展情况。

附件1：

北京市各类农村能源工程安全设施设备配套标准

一、“两气工程”

对“两气工程”中与安全生产密切相关的主体设备、储气柜及高压容器、输配管网、户内管网及灶具等，要按照相关使用安全质量标准，请质量技术监督部门对上述设备、管网定期检测和计量。同时还要配备以下安全设备：

1. 灭火器材
2. 防毒面具
3. 消防水池或消防水龙头及配套的高压水泵
4. 站内气体泄漏报警器和有关用户的户内报警器
5. 警示作用的加臭装置
6. 沼液储存池、预处理池的防护栏
7. 警示标志
8. 安全监测设备
9. 其他安全设备

二、村级太阳能公共浴室

1. 电力防潮、防护、保护设备
2. 温度控制设备
3. 地面防滑装置
4. 其他安全设备

三、户用沼气和节能卫生吊炕

1. 直接使用空间必须安装一氧化碳报警装置
2. 其他安全设备

四、户用冬季取暖炉具

1. 直接使用空间安装一氧化碳报警装置
2. 其他安全设备

附件2：

北京市各区县各类农村能源设施安全欠缺设备情况汇总表

区县	两气工程											户用沼气			太阳能公共浴室					
	灭火器（个）	防毒面具（个）	消防水池（个）	消防水龙头及配套高压水泵（个）	站内气体泄漏报警器（个）	户内报警器（个）	站内加臭装置（个）	沼液储存池、预处理池的防护栏（个）	警示标志（个）	安全监测设备（个）	燃气泄漏检测仪（台）	户内报警装置（个）	警示标志（个）	灭火器（个）	电力改造（个）	温控设备（个）	安全标识（个）	灭火器（个）	监控设备（套）	防滑垫（个）
海淀	80	10	1	10		130			10	10		23	5	4	2					
大兴	166	102	1	28		5 860	3	19	190	12	108				53	424	424	265	53	
顺义	136	49	16	21				2	84		44									
通州	104	18	9		19	6 196	17	19	130	26					77		195	77		3 900
房山	69	46	23	46	23	8 381	8	23	765		2				79					790
昌平	22	22	11	11	22	4 400	1	11	55	11		9	18	18	10	9		129	43	
门头沟	16				4	8			16	4										360
平谷	50	9			10		3	4		3		450		900						

（续）

区县	两气工程											户用沼气			太阳能公共浴室					
	灭火器（个）	防毒面具（个）	消防水池（个）	消防龙头及配套高压水泵（个）	站内气体泄漏报警器（个）	户内报警器（个）	站内加臭装置（个）	沼液储存池、预处理池的防护栏（个）	警示标志（个）	安全监测设备（个）	燃气泄漏检测仪（台）	户内报警装置（个）	警示标志（个）	灭火器（个）	电力改造（个）	温控设备（个）	安全标识（个）	灭火器（个）	监控设备（套）	防滑垫（个）
密云	23	17	4	4	4	1 086	2	1	12	4		27			79	187	68	36	8	532
怀柔	28	14			7	1 272				7										
延庆	138	78	28	28	1	7 019	2	26	79	6	37									
全市	832	365	93	148	90	34 352	36	105	1 341	83	191	509	23	922	300	620	687	507	104	5 582

注：本汇总表是在各区县能源办上报的本区县相关站点欠缺设备情况调查表的基础上汇总得出的，具体站点欠缺情况可参考各区县能源办调查统计表。

中共北京市委农村工作委员会　北京市农村工作委员会　北京市发展和改革委员会　关于印发《北京市农村经济薄弱地区发展规划（2014—2020年）》的函

（2014年9月30日）

郊区各区县委、政府，市各相关单位：

进一步加快农村经济薄弱地区发展，促进低收入农户增收，是推进城乡发展一体化，实现共同富裕，保障全体人民共享改革发展成果的重要举措。按照市委、市政府《关于推进农村经济薄弱地区发展及低收入农户增收工作的意见》（京发〔2012〕15号）要求，市委农工委、市农委、市发展改革委在征求各有关部门及区县意见的基础上，编制了《北京市农村经济薄弱地区发展规划（2014—2020年）》。现予印发，请结合实际贯彻执行。

北京市农村经济薄弱地区发展规划（2014—2020年）

第一章　绪　　论

一、规划背景

（一）发展回顾

新农村建设以来，市委、市政府深入贯彻科学发展观，不断深化城乡统筹，形成了比较完善的强农惠农富农政策体系。农村普遍实施了“五项基础设施”建设和“亮起来、暖起来、循环起来”的“五十三”工程，基本建立了城乡统一的就业和社会保障体系，持续加大了对农村教育文化、医疗卫生、经济建设等的投入，都市型现代农业产业体系基本形成，农村生产生活条件明显改善，新农村建设和城乡一体化取得了显著成效。

农户特别是低收入农户收入得到较大幅度提高。2008—2013年，农民人均纯收入从10 747元增加到18 337元，年均增长11.3%。市委、市政府对低收入农户增收给予了特别关注，2008年提出了占农户总数20%的相对低收入农户人均纯收入到2015年翻一番的目标，2009—2011年实施了促进低收入农户增收的“共同致富行动计划”。2008—2013年，全市低收入农户人均纯收入从4 458元增加到8 052元，年均增长12.6%，比全市农民同期增收速度高1.3个百分点。

（二）面临挑战

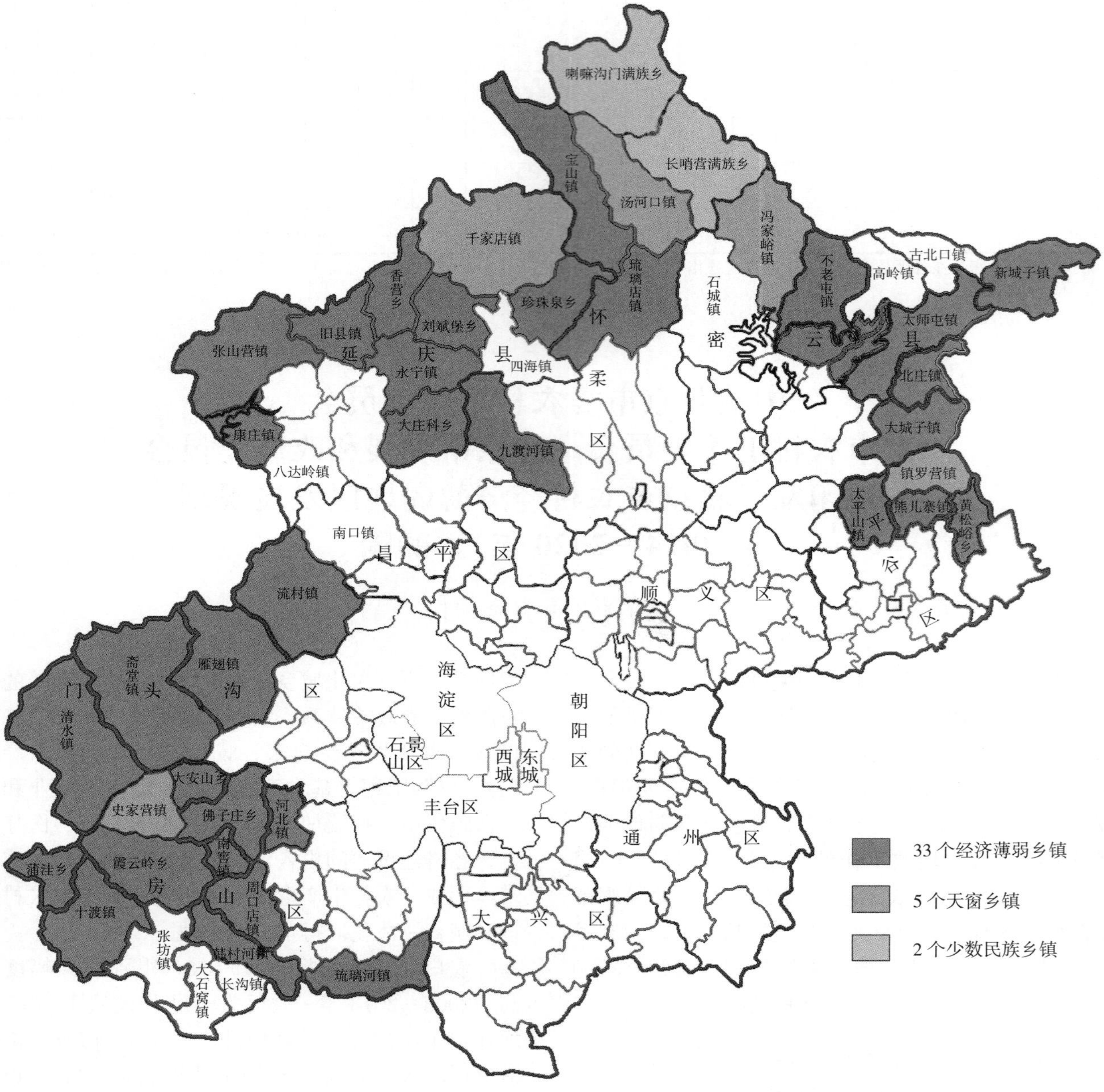
喇嘛沟门满族乡
长哨营满族乡
宝山镇
汤河口镇
冯家峪镇
千家店镇
琉璃店镇
石城镇
不老屯镇
古北口镇
高岭镇
新城子镇
香营乡
刘斌堡乡
珍珠泉乡
怀
旧县镇
延
庆
县
密
云
县
太师屯镇
张山营镇
永宁镇
四海镇
柔
北庄镇
康庄镇
大庄科乡
九渡河镇
区
大城子镇
八达岭镇
镇罗营镇
太平山镇
平
熊儿寨镇
黄松峪乡
南口镇
昌
平
区
谷
顺
义
区
区
流村镇
斋堂镇
雁翅镇
门
头
沟
区
海
淀
区
朝
阳
区
清水镇
石景山区
西城
东城
大安山乡
史家营镇
佛子庄乡
河北镇
丰台区
南窖镇
霞云岭乡
蒲洼乡
房
山
周口店镇
区
通
州
区
十渡镇
张坊镇
大石窝镇
长沟镇
琉璃河镇
大
兴
区
33 个经济薄弱乡镇
5 个天窗乡镇
2 个少数民族乡镇

图 1　规划区范围

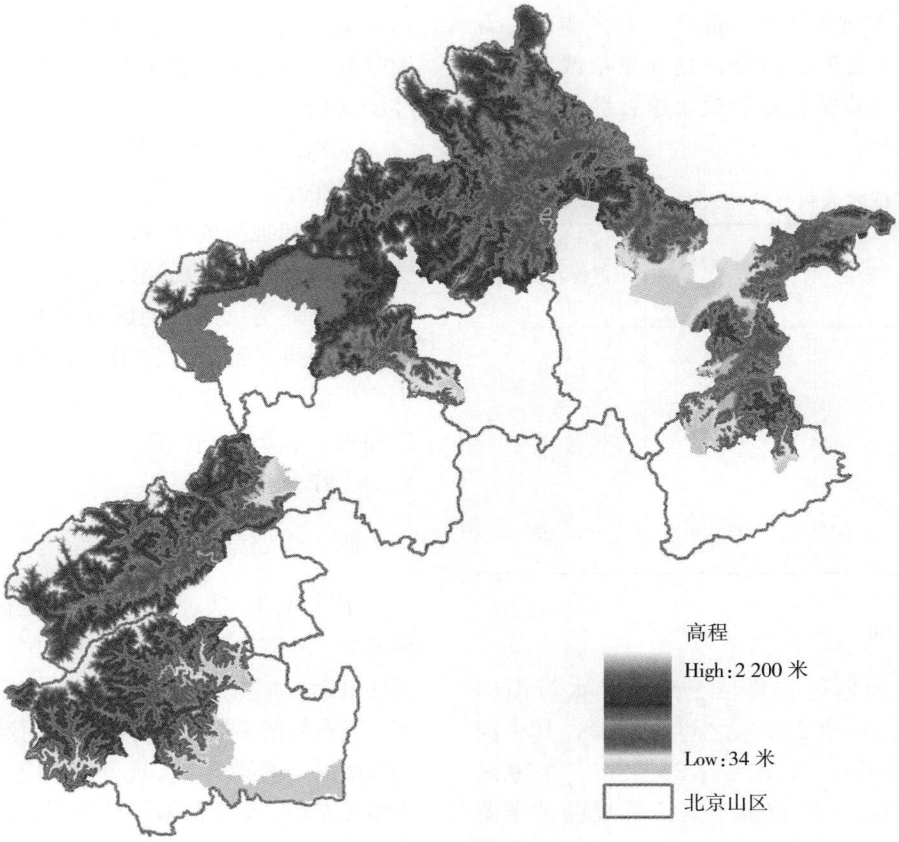

图 2　规划区地形图

部分农民收入仍然较低。20%相对低收入农户人均纯收入与全市农民人均纯收入的差距，由 2008 年的 6 289 元扩大至 2013 年的 10 285 元，与城镇居民人均可支配收入的差距由 2008 年的 11 127 元扩大至 2013 年的 31 120 元。2013 年，20%相对低收入农户人均纯收入，仅为 20%相对高收入农户人均纯收入的 25.1%，相对贫困问题日益凸显。

为深入贯彻党的十八大精神，落实《中国农村扶贫开发纲要（2011—2020 年）》（中发〔2011〕10 号）及中央扶贫开发工作会议要求，市委、市政府制定了《关于推进农村经济薄弱地区发展及低收入农户增收工作的意见》（京发〔2012〕15 号）（以下简称《意见》）。《意见》提出，以农村经济薄弱地区为主战场，以促进低收入农户增收为首要任务，坚定不移走共同富裕的道路，到 2018 年，占农户总数 20%的相对低收入农户人均纯收入在 2010 年基础上实现翻一番，与全市农民人均纯收入差距进一步缩小。

按照《意见》要求，编制《北京市农村经济薄弱地区发展规划（2014—2020 年）》。

二、规划范围

《意见》明确，以本市城乡低收入家庭认定标准为基础，将 2011 年人均纯收入低于 7 750 元的农户确定为低收入农户，将低收入农户数量超过农户总数 60%的行政村确定为低收入村。全市各有关区县据此确定了低收入农户 23.33 万户（占农业户籍总数的 21.1%）、58.03 万人（占农业户籍人口的 21.6%）；低收入村 645 个，其中水库移民接收村 176 个。在此基础上，市有关部门依据《意见》精神，按照低收入农户、低收入村集中连片的原则，将低收入村比重超过 30%的 33 个乡镇确定为经济薄弱乡镇。为便于规划的编制和实施，又将位置相邻、特点相似、经济发展相对薄弱的 5 个“天窗镇”及 2 个少数民族乡纳入规划范围（附表 1，图 1）。“天窗镇”及少数民族乡不属于经济薄弱乡镇，但在规划过程中统筹考虑。

规划区涉及 7 个区县、40 个乡镇、852 个行政村，总面积 6 646.1 平方公里，总人口 61.79 万人，其中农业户籍人口 19.24 万户、43.78 万人。规划区共有低收入村 430 个，低收入农户 10.01 万户、25.00 万人（表 1）。规划区是北京市改善农村民生的重点区域，也是全面建成小康社会任务最艰巨的地区。

表 1　规划区低收入村（低收入农户）基本情况

项目	数量	占规划区行政村（农户）比重（%）	占全市低收入村（低收入农户）比重（%）
规划区低收入村（个）	430	50.47	66.67
规划区低收入农户（万户）	10.01	52.03	43.29
规划区低收入农户人口（万人）	25.00	57.10	43.02

三、规划基础

自然状况。规划区主要位于燕山和太行山山脉。海拔高度在 34～2 250 米之间（图 2），其中深山区面积占 57.84%，浅山区占 33.55%，平原区占 8.61%（表 2），土地质量不高。属暖温带半湿润季风型大陆性气候，年平均温度 11.8℃，山区多年平均降水量 566 毫米左右，60%的降水集中在 7 月和 8 月。规划区地质地形条件复杂，自然资源和人文古迹丰富，林木绿化率为 65%，是北京市重要的水源涵养地和绿色生态屏障。地质灾害时有发生，位于地质灾害重度易发区的低收入村 56 个，中度易发区的低收入村 173 个，属于重点防治区的低收入村 123 个。

表 2　规划区行政村地形分布

地形	面积比例（%）	行政村个数（个）
平原区	8.61	73
浅山区	33.55	286
深山区	57.84	493
合计	100	852

经济社会状况。规划区低收入农户户主初中及以下文化程度的占 92.5%（附表 2）。18.3%的农民患有不同程度的疾病。缺乏主导产业，农民组织化程度低，家庭经营性收入低。就近就业机会少，农村劳动力就业率只有 78%。有外出务工的农户占 70.3%，就业成本高；超过 54%的外出务工者以散工形式就业，工资性收入低。农村资源开发利用受到诸多限制，农民财产性收入较低。农村集体经济薄弱。

基础设施状况。规划区基本普及了村庄基础设施，但由于农户居住分散，人口密度小，公共基础设施建设和维护成本较高。存在断头路、错头路等交通瓶颈，部分街坊路需要硬化。仍有少部分农户住房为土坯房。部分地区供水管网老化，存在季节性吃水困难。部分地方用电负荷标准不能满足农民生产生活需要。很多村庄的垃圾、污水处理设施需要加强。农田水利设施需要进一步完善。田间路建设的工作量很大。

四、规划意义

消除贫困、实现共同富裕，是社会主义制度的本质要求。北京市已经确立了建设国际一流和谐宜居之都的目标，有能力、有责任以更大的决心、更强的力度、更有效的举措，打好帮扶农村经济薄弱地区发展的攻坚战，确保全市实现全面小康。这有利于缩小城乡发展差距，促进区域协调发展和首都繁荣稳定；有利于促进低收入农户增收，改善民生，保障全体人民共享改革发展成果；有利于加强山区生态文明建设，构筑首都生态安全屏障；有利于进一步深化改革，转变发展方式，开创科学发展新局面。

五、规划依据

1.《中共中央关于全面深化改革若干重大问题的决定》（2013 年 11 月 12 日中国共产党第十八届中央委员会第三次全体会议通过）。

2.《中国农村扶贫开发纲要（2011—2020 年）》（中发〔2011〕10 号）。

3.《中共中央办公厅、国务院办公厅关于创新机制扎实推进农村扶贫开发工作的意见》（中办发〔2013〕25 号）。

4.《中共北京市委、北京市人民政府关于推进农村经济薄弱地区发展及低收入农户增收工作的意见》（京发〔2012〕15 号）。

5. 北京市“十二五”规划纲要及相关专项规划。

六、规划期限

2014—2020 年。

第二章　指导思想和发展目标

一、指导思想

以邓小平理论、“三个代表”重要思想、科学发展观为指导，深入贯彻落实党的十八大、十八届三中全会及习近平总书记系列重要讲话精神，坚定不移走共同富裕的道路，把增强区域发展能力、促进低收入农户增收作为首要任务，更加注重转变发展方式，更加注重增强帮扶对象自我发展能力，更加注重基本公共服务均等化，更加注重解决制约发展的突出问题，努力推动经济薄弱地区经济社会更好更快发展。

二、基本原则

1. **政府主导，部门联动**。各级政府对本行政区域内农村经济薄弱地区发展及低收入农户增收工作负总责，实行目标责任制和考核制度。各相关部门结合各自职能，在政策、资金、项目等方面向规划区倾斜，形成工作合力。

2. **城乡一体，多措并举**。坚持工业反哺农业、城市支持农村和“多予少取放活”方针，加大统筹城乡发展力度。支持特色产业发展，加强基础设施建设，完善社会公共服务，加快生态建设与环境保护，促进经济薄弱地区全面发展。

3. **农民主体，市场带动**。充分发挥农民的主动性和创造性，提高其发展能力和自我管理水平，立足自身实现增收致富。充分发挥市场机制在资源配置中的基础性作用，为加快规划区经济社会发展提供持久动力。

4. **社会帮扶，共同致富**。广泛动员社会各界参与推进农村经济薄弱地区发展和低收入农户增收。完善机制，拓宽领域，注重实效，提高水平，构建政府、市场、社会协同推进的工作格局。

5. **改革创新，精准帮扶**。坚持和完善党的农村政策，鼓励探索创新，推进城乡要素平等交换和公共资源均衡配置。建立健全帮扶对象认定机制，实行动态管理，提高各项帮扶资源的实际利用效果。

三、总体目标

到2020年，规划区农民人均纯收入较2013年翻一番，与全市农民人均纯收入差距进一步缩小。农村生产生活条件和生态环境显著改善，逐步实现城乡基础设施建设一体化和基本公共服务均等化。低收入村全部消除。

四、主要任务

经济发展。规划区生态环境和自然资源优势得到充分发挥，以休闲农业、乡村旅游和特色种养业为重点的优势支柱产业体系基本形成。到2020年，规划区农民人均纯收入达到全市平均水平的90%左右。

基础设施。农村饮水安全保障程度进一步提高，农田水利设施有较大改善。山区地质灾害易发区及生存条件恶劣地区农户搬迁工作基本完成。全部完成老旧危房改建和农宅抗震节能改造。农村道路交通、电力、通信等设施进一步改善。

公共服务。促进有劳动能力和转移就业意愿的农村劳动力向二、三产业转移就业。集中实施一批教育、卫生、文化、科技等民生工程。完善农村养老、医疗、低保等制度，加大对农村五保对象、残疾人等特殊困难群众的救助力度。

生态环境。加快规划区废旧矿区生态修复和水土流失治理进度。稳步提高林木绿化率和林地绿地质量。加大农村环境整治力度。重视可再生能源开发利用，大幅度提高清洁能源使用比例。

五、主要指标

见表3。

表3　北京市农村经济薄弱地区发展规划主要指标

一级指标	代码	二级指标	单位	2013年	2020年
农民增收	1	农民人均纯收入年增长速度	%	—	10以上
	2	工资性收入占农民人均纯收入的比例	%	60	65以上
	3	农村劳动力参加技术培训率	%	—	98以上
	4	农村劳动力非农就业率	%	61	70左右

（续）

一级指标	代码	二级指标	单位	2013 年	2020 年
经济发展	5	累计更新改造低效果园	万亩	0	10 以上
	6	三星级以上民俗村	个	34	60 左右
	7	三星级以上市级民俗户	户	3 000	7 000 左右
	8	低收入户比例超过 60%的村	个	430	0
	9	农民人均纯收入占全市农民人均纯收入比例	%	75	90 左右
基础设施	10	行政村安全饮水率	%	84.4	100
	11	农田灌溉水有效利用系数		0.6	0.7
	12	老旧危房改建率	%	32.9	100
	13	抗震节能农宅改造农户比例	%	32.9	100
	14	累计新建搬迁新村	个	125	300
公共服务	15	新型农村合作医疗参合率	%	95	98 以上
	16	符合条件且有意愿的村卫生服务机构纳入新农合定点的比例	%	3	100
	17	城乡养老保险续保率	%	94	96 以上
	18	农村低保标准	元（人/月）	460	与城市低保标准并轨
生态环境	19	水土流失治理率	%	82	90 以上
	20	健康森林比例	%	40	65 以上
	21	林木绿化率	%	71	74 以上

第三章　产业发展

产业是区域发展的支撑，是农民收入的主要来源。规划区要发挥生态环境和自然资源优势，开发都市型现代农业的多种功能，调整农业结构，发展特色优势产业，使其成为增强规划区发展的内生动力和增加农户收入的重要途径，成为首都特色农副产品生产基地、首都市民休闲旅游度假胜地。

一、特色农业

规划区有发展特色农业的丰富资源和良好基础。围绕首都市场需求，优化调整农业结构，全面推广高标准节水技术，更加重视农业的生态功能，大力发展特色农产品，提升绿色、有机农产品生产能力，推进农业生产经营专业化、品牌化、组织化，将规划区建成首都特色农副产品供应的重要基地。

（一）调整种植业结构

压减高耗水的作物生产，逐步有序退出小麦等高耗水作物种植，暂时不能退出的，发展旱作农业或种植生态作物。按照绿色、有机农产品生产标准，发展市场前景好、经济效益高的豆类、薯类、谷类等杂粮生产。鼓励发展籽种、药材、香草、玫瑰、草莓、食用菌等特色种植业，形成连片布局和集群发展。

（二）优化特色果业

林果业兼具生态和经济功能，是规划区支柱产业。针对品种结构欠合理、低效果园比例较大、基础设施薄弱等问题，以市场需求为导向，以生产特色、优质果品为主线，将林果业发展成为规划区主导产业之一。推广果树矮砧密植栽培、独干树形、简化修剪、绿色控害等关键技术，通过品种换优等工程，对现有老旧果园逐步升级改造。推广山地果园集雨工程和果园沃土工程，完善果园配套基础设施，在土壤改良、节水灌溉、配方施肥、冷链运输、储藏保鲜等关键环节，提升标准化生产水平。落实优质种质资源库建设工程，提升核桃、仁用杏、柿子、板栗、苹果、桃、葡萄、梨等大宗果品优质果率（表 4）。到 2020 年，规划区内低效果园改造完成10万亩以上。

表4　规划区大宗果品分布区域

种类	地　　点	总规模（万亩）
核桃	门头沟、房山、平谷、昌平等区县的山地沟谷区	10
仁用杏	延庆、房山、门头沟等区县的深山区	10
柿子	房山、昌平、平谷等区县的丘陵黄土区	3.8
板栗	怀柔、密云、平谷等区县的花岗岩、片麻岩成土区	3.5
苹果	延庆、密云、门头沟等区县山前暖区	3.3
桃	平谷的丘陵地区	3.0
葡萄	延庆、密云和房山等区县的山区盆地	3.0
梨	房山、密云等区县的永定河、潮白河沙地区	2.7
合计		39.3

（三）提升蔬菜产业

依托规划区生态环境优势和冷凉蔬菜发展基础，大力发展无公害蔬菜，重点发展越夏叶类蔬菜，增强淡季蔬菜供应能力。针对蔬菜产业基础设施较为薄弱、生产规模较小等问题，在不破坏自然景观的前提下，在适宜地区发展设施蔬菜生产，构建日光温室、大棚和中小拱棚相互衔接配套的设施蔬菜生产体系。推广新型设施和覆盖材料，提高机械化装备作业水平和设施环境调控能力。推广集约化育苗、标准化高产高效栽培、科学施用水肥、现代农机和植保等技术，提高蔬菜种植水平。重点在延庆县永宁镇、康庄镇和旧县镇等，选择土壤、灌溉水、大气质量等具备条件的农田，逐步实现蔬菜有机化生产管理。加快土地流转，加大对农民专业合作社支持力度，扩大蔬菜生产规模，提高市场营销能力。

（四）扩大花卉产业

花卉产业是集经济效益、社会效益和生态效益于一体的绿色朝阳产业，规划区具备良好的发展条件。针对生产规模较小、专业水平较低等问题，逐步扩大花卉产业规模，增加产值。培育一批花卉龙头企业、专业村和生产示范基地，促进花卉产业集聚。完善花卉市场体系建设，规范售后服务、物流配送，提升经营管理水平。开发花卉观赏、采摘等特色旅游项目，推动花卉产业与休闲旅游、观光农业等融合发展。利用第四届中国兰花大会、2019年北京延庆世界园艺博览会等契机，带动花卉产业发展。

（五）发展林下经济

规划区具有发展林下经济的巨大潜力。针对林下作物品种不够丰富、产业化规模小等问题，充分利用现有林地资源和林荫空间，适度推广林菌、林禽、林畜、林草、林药、林花、林下混养等模式，开展林下种植、林下养殖、林下采集等立体复合生产经营。在充分保护当地自然和文化资源的前提下，与林下种养、林下无公害产品消费相结合，开发林下休闲娱乐等项目，为游客提供休闲娱乐场所。

（六）适度发展特色养殖业

根据环境资源承载能力，推进养殖业生态化、健康化、休闲化发展，逐步退出规模化养殖业。适度发展具备一定基础的肉鸡、蛋鸡、奶牛等养殖，以及肉驴、鸵鸟、鹿等特色养殖。加强防疫基础设施建设，提高畜禽场疫病综合防控能力。加大现代化新工艺推广力度，实施清洁生产，对规模化畜禽场进行粪污治理。在具备条件地区发展生态渔业、冷水渔业和休闲渔业，适度推广流水养鱼和设施渔业。

（七）提高农产品附加值

依托规划区特色农产品资源，发展特色农产品加工，进一步延伸产业链条，提高农产品附加值。重点发展板栗、磨盘柿、蜜枣等传统特色干鲜果品加工，豆类、薯类、谷物等杂粮加工，菊花、玫瑰等花卉初级、精深加工，本地黄芩、板蓝根等道地药材加工等。充分发挥房山区琉璃河镇和延庆东部山区两个国家级农产品加工示范基地的带动作用。

推进农业生产经营领域信息化应用。通过信息化手段降低生产成本，提高生产效益，提升农产品附加值，保障农产品质量，打造农产品知名品牌，增加农民收入。促进农产品电子商务应用，减少流通环节及营销成本。

二、休闲农业与乡村旅游业

休闲农业与乡村旅游是规划区经济发展的首选产业。依托丰富的自然资源、人文资源，以及首都市场的巨大需求，按照业态多样化、产品创意化、产业融合化、发展集群化的方向，推进休闲农业与乡村旅游业提档升级，促进农民增收，满足市民休闲需求。

（一）提升休闲农业

以规划区内丰富的自然风光、农业景观、农业资源、农耕文化为载体，大力发展以观光、采摘、美食、体验、科普等内容的休闲农业园区。到2020年，建设100个左右集生产、示范、科普、观光采摘于一体的休闲农业园区。积极发展景观农业，在适宜地区通过种植结构调整和农田整理改造，打造兼具经济与景观效益的农田景观，带动休闲农业和乡村旅游发展。推进休闲农业园区星级评定、动态管理，加大支持力度，培育休闲农业品牌。到2020年，规划区创建三星级以上休闲农业园区50个左右。

（二）拓展乡村旅游业

依托规划区19家国家级、市级自然保护区（见附表3），18个国家级、市级和区级风景名胜区（见附表4），17个国家级、市级森林公园（见附表5），74个A级景区（见附表6）、国家级湿地公园和国家地质公园，6个中国传统村落（见附表7），重点打造门头沟区斋堂镇国家级旅游特色镇和房山区十渡镇、河北镇、平谷区大华山镇、怀柔区汤河口镇等特色旅游乡镇，以及长哨营和喇叭沟门满族乡民族特色旅游区域。适应市民消费趋势，开发门头沟民俗风情旅游、房山高山生态旅游、延庆休闲度假旅游、密云环库自驾游、平谷十八湾沟域游等一批精品路线。保留、放大以传统乡村生产方式、生活方式等为内容的乡土文化特色，通过传统与现代相结合的方式，提升规划区农村的魅力、实力和发展潜力。到2020年，规划区三星级以上民俗村达到60个左右，三星级以上民俗户达到7 000户左右。

（三）提高旅游接待能力

完善基础设施。完善景区道路、标识与导引系统、垃圾收集与处理、污水处理、宽带与无线网络、电力、安全防护等设施。鼓励规划区餐饮设施改造升级，开发特色餐饮和娱乐项目，加强环境卫生管理，提升“食、住、行、游、购、娱”等环节整体服务水平。提高应急救援能力。

开发旅游产品和新业态。开发休闲度假游、文化古迹游、节庆会展游、乡村特产购物游等产品，构建高品质旅游产品体系，促进旅游产品多元化。扶持旅游工艺品、土特产品等特色休闲商品的创意研发、包装设计和生产，增加其文化内涵。鼓励专业管理公司进入，创新服务业态，适度建设乡村酒店、特色庄园、商务会馆、野外教育基地、科普教育基地、野营体验基地等。至2020年，新业态稳步增长，逐步成为规划区内的旅游主要业态。

提升服务管理水平。优化信息咨询、救助投诉服务，提高旅游服务质量。加强对休闲农业与乡村旅游从业人员的教育和培训，普及食品卫生、餐饮服务、礼貌礼仪、安全消防、日常外语、经营管理等方面的知识，提高从业人员的技能水平、服务能力和管理水平。到2020年，95%以上的民俗户接受相关专业培训。

培育农民合作组织。扶持和指导规划区乡村旅游合作社，提高农民在乡村旅游产业中的组织化程度。至2020年，创建20个左右以休闲农业与乡村旅游为主营业务的市级农民专业合作示范社。

加强宣传推介。建设基于网络的地理信息系统，全面系统地展示规划区休闲农业与乡村旅游资源，搭建生产与消费之间的桥梁。通过微信、微博、手机APP等新技术、新媒体，策划组织实施多种营销活动。利用互联网、广播电视、报纸杂志等媒体，通过宣传片、专题报道等多种形式，进行持续统一的品牌形象传播。

三、特色服务业

保护和传承农村传统文化，扶持农村民间艺术建设，加大对特色民间文化艺术的传承保护。积极开展非物质文化和农业文化遗产的发掘、整理、申报。大力挖掘历史文化、红色文化、宗教文化等内涵，开展多种形式的文化活动，发掘市场潜力，塑造规划区文化产业品牌形象。鼓励农产品的创意开发，发展产品创意、节庆创意、功能创意等多种形式，深度挖掘农业的文化价值。积极引导桃木工艺、灯彩工艺、干花工艺、仿真植物工艺等民俗工艺品发展，扩大民俗产品生产规模和品种。吸引社会资本，发展以社会投入为主的养老服务业。

四、沟域经济

规划区绝大部分为山区。推广沟域经济这种山区经济社会发展的新模式，以自然沟域为单元，统一规划山、水、林、田、路、村和产业，实现产业发展与生态环境相和谐、一、二、三产业相融合、点线面相协调发展。推进规划区内正在实施的重点沟域，重点提升低收入村比重大、基础较为薄弱地区的沟域，到2020年，打造一批沟域经济品牌，有效带动规划区农民增收。

实施环境整治。围绕环境品位提升，实施村边、路边、河边“三边”整治，实施美化沟域、净化环境、亮化景观、细化标识系列工程，强化山、水、林、田、路和村保护工程，把沟域打造成为山区郊野公园。

加强生态建设。集成部门政策，集中实施造林育林绿化、小流域综合治理、河道整治、废弃矿山及裸露山体生态修复，加快优质燃煤、液化石油气、太阳能、生物质能、空气能等清洁能源的推广利用，建设“天蓝、地绿、水清洁”的美丽山区，强化生态涵养发展功能。

完善基础设施。按照沟域郊野公园标准，重点提升沟域的路网、供电、上下水、农田、通讯网络等基础设施和旅游咨询接待站、商品销售亭、景观、标识、停车场、公厕等公共服务设施水平，提高沟域的旅游接待能力。

打造村庄节点。在规划区加快实施山区搬迁、新型农村社区建设等项目，打造一批民俗旅游村节点，为休闲旅游提供支撑点。

培育特色产业。在沟域尤其是低收入村，加快建设一批以观光、休闲、体验为一体的农业观光园、果品采摘园、农事体验园等，塑造山区特色农业品牌。依托农业资源，适当发展以林果、特色植物和畜禽产品为原料的加工产业。加快高端项目和现代元素引入，发展一批适应山区的高端休闲、文化创意、养生养老等产业，培育发展新兴特色产业，对山区经济薄弱地区形成有力的辐射和带动。

第四章　基础设施建设

基础设施是规划区发展的基本条件，也是衡量规划区发展水平的基本标志。坚持城乡发展一体化的方向，按照统一规划、集约建设、资源共享、规范管理的原则，着力加强交通、水利、电力、通信等基础设施建设，改善农民住房条件，为规划区经济社会发展提供有力支撑。

一、道路交通

道路交通是规划区经济社会发展的重要保障。进一步推进规划区路网、公共交通、旅游休闲交通建设，打造畅通、安全、美丽的乡村公路。

（一）完善路网建设

进一步实施乡村公路建设标准，到2020年实现乡级公路达到双车道四级，村级公路达到单车道四级。有条件的乡镇，建设环乡镇公路。以自然村为单元，进一步完善“村村通油路”与街坊路硬化。根据现代农业发展布局和要求，依托采摘园、休闲观光园、景区，建设完善田间路、景观路、产业路。解决断头路等交通瓶颈问题。对于通行公交和下一步拟通行公交的线路，解决道路转弯半径过小和安保设施不完善的问题，使之满足中小型公交车的通行要求。

（二）加强公共交通建设

进一步提高“村村通公交”通达深度和服务水平。加大客运场站建设力度。合理延伸现有公交线路，扩大公交线网覆盖面，加强与市区公交之间的衔接，增加通往农村营运线路、车辆、班次。合理设置站牌、清晰准确标识、完备设施功能、整洁站台环境。达到公交车辆运行安全畅通。

（三）加快旅游休闲交通系统建设

结合景区景点，着力解决节假日重要景点停车难及交通拥堵问题。在旅游资源集中区域，建设旅游集散地、服务站、公交换乘中心。加大规划区公共停车设施建设力度，积极推广应用信息化、智能化停车设备、停车诱导指示系统，提高道路通行能力。在重要景点、关键路口和主要道路建设统一指引标识系统。积极推进“最美乡村路”建设。

（四）加强乡村公路养护

加大资金投入，保障资金渠道，建立稳定的养护队伍。对大修时间未超过5年且路况较好或者安全隐患尤为突出的路段，优先安排安保工程建设，其余乡村公路安保工程建设随乡村公路大修及提级改造同步进行。加强桥梁检测工作，加大老旧桥梁、危病桥梁改造力度。加强农村交通防灾减灾应急保障工作。确保道路照明设施运行完好，日常保洁达标到位。及时修复毁损道路。

二、生产生活用水

坚持“节流、开源、保护水源并重”的方针，完善饮水及农田水利设施，加强高效节水设施建设，充分保障规划区生产生活用水。

（一）确保安全饮水

完善供水设施建设，优化改造供水系统，解决部分村庄季节性吃水困难。进一步解决供水管网老化问题，推进集约化供水，实现供水规模化经营、专业化管理。完善供水运行管理机制，加强供水科学调度，推行供水计量终端服务，确保供水水质安全。到 2020 年，实现规划区供水设施达标率 98%以上，40%左右人口实现集约化供水，村镇供水计量达到 90%以上。

（二）完善农田水利设施

因地制宜兴建中小型水利设施，加强集水工程、雨洪利用工程、灌渠配套工程、农田水源保护工程、堰塘整治等改造与建设力度，促进旱涝保收高标准农田建设。推进小流域建设。大力发展高效节水灌溉，推进喷灌、滴灌、微灌高效节水灌溉工程建设。合理规划种植结构，减少耗水作物。建立健全农业节水管理体系，推进设施农业高效节水。到 2020 年，农田灌溉水有效利用系数提高到 0.7 以上。

三、电力与通信

加快电网改造，提高生产生活用电供应能力。以农业与农村信息化为重点，提高信息化服务水平。

（一）完善电网建设

加快推进农村电网改造工程。提高农户用电负荷标准，为农户日常生活及民俗接待提供电力保障。合理配置农业生产电力设施，完善农田电网，推进供电线路、变压器台区的技术改造，确保农业生产正常运行。到 2017 年，规划区户均配电容量提高到 9 千瓦。到 2020 年，供电可靠性指标达到 99.96%、电压合格率指标达到 99.85%。

（二）提高信息化服务水平

推进电信、网络和广播电视以“光纤入户”为基础的一体化建设，加快宽带普及，加强 3G、4G 基站及广播电视系统建设，实现规划区通信信号覆盖率达 99%，有线电视双向传输网家庭覆盖率达 96%，北京市广播电视节目地面无线、卫星综合覆盖率达 90%。深入开展“221 信息平台”和“96156 社区服务平台”推广应用。大力发展和提升远程教育服务能力。完善农业农村信息服务体系，提高规划区农业农村信息化水平。

四、住房安居

与城镇化进程相结合，积极开展抗震节能型房屋建设，改造老旧危房，加快生态搬迁进度，改善农民生活条件。

（一）加大老旧危房改造力度

制定老旧危房改造计划，明确建设标准，确保农户住房改造达到建设要求。实现改造后住房建筑面积适当、主要部件合格、房屋结构安全和基本功能齐全。改造中注重体现地方特色，延续传统风貌，尊重农民生活生产习惯，保护文物古迹、名木古树、河流水系等自然人文环境。到 2020 年，完成规划区所有老旧危房改建任务。

（二）推进农民住房抗震节能改造

加大政策、资金倾斜力度，重点支持规划区农宅新建翻建、节能保温改造和综合改造，提升规划区农户居住环境舒适度。到 2017 年，规划区内农宅全部达到节能保温标准，新建翻建和综合改造农宅同时达到抗震要求。

（三）加快生态搬迁

结合新农村建设和城镇化进程，加快地质灾害易发区及生存条件恶劣地区农民搬迁工作。加大政策支持，采取政府补贴、部门集成、社会捐助、农民自筹等方式，多渠道、多层次筹措搬迁资金。改善搬迁农户的生产生活环境，充分考虑资源条件，着力培育和发展后续产业，确保搬得出、稳得住、能发展、可致富。

（四）加快城镇化进程

调整完善村镇规划，建设一批特色城镇，强化产业支撑，扩大就业渠道，提高人口集聚能力。研究制定相关政策，引导农民向新型农村社区集中。城镇化建设要注重生态建设和环境保护，注重挖掘乡村文化和历史文化，保护农民利益，改善农民生产生活条件。

第五章　基本公共服务

经济薄弱地区及低收入人群更加需要公共服务的帮助。加大公共财政向规划区倾斜力度，加快构建城乡一体的公共服务体系，提高规划区公共服务供给能力和服务水平，推进基本公共服务均等化。

一、就业与农村人力资源开发

就业创业是农民增收的主要途径。通过调整就业结构，拓宽就业渠道，完善就业服务。加大培养培训力度，全面提高农村劳动力素质，提升农村人力资源开发水平。到2020年，规划区内农村劳动力非农就业率达70%左右，工资性收入占农民人均纯收入的比重达65%以上。

（一）促进就业创业

促进二、三产转移就业。拓宽非农就业渠道。加强农民就业产业基地建设，扶持劳动密集型、服务型、小微型企业，开发餐饮、清洁、家政等生活性服务业就业岗位，促进农村劳动力就地就近就业。鼓励村集体经济组织、合作社及企业优先吸纳本地农村劳动力就业。充实完善就业政策体系，改善农村劳动力转移就业环境。扶持巧娘工作室发展。加强助残扶贫基地建设。

推广“一产员工化”就业模式。鼓励一产生产经营企业与农村劳动力签订劳动合同，依法建立劳动关系，并按标准参加职工社会保险，实现正规就业、稳定就业。鼓励、引导有条件的农村集体经济组织及合作社转变运作模式，建立企业吸纳农村劳动力从事一产工作，实行员工化管理。

开发农村公益性就业岗位。进一步开发农村社会公共管理服务、生态建设等公益性就业岗位，扩大农村公益性就业岗位规模。逐步提高农村公益性就业岗位待遇水平，推进公益性就业岗位的设置方式、劳动报酬及社会保障等城乡一体化。加大对规划区公益性就业岗位的补助力度，减少乡镇、村负担。各级财政出资的生态建设项目和社会公共管理服务项目，优先安置农村低收入户劳动力就业。

鼓励创业。农村集体所有的物业设施以及资源性种植、养殖项目，优先出租或发包给低收入农户经营。研究制定规划区小额担保贷款倾斜政策，加大对农民创业贷款支持力度。引导当地农民、退伍军人和高校毕业生在现代农业、休闲旅游业等领域创业。

加强就业服务。完善覆盖城乡的公共就业服务体系，支持规划区基层就业服务平台和服务网络建设。建设公共就业服务人力资源信息网络平台，提供就业咨询、培训信息、职业介绍、就业和创业指导、跟踪服务、维权保障等一体化服务。加强对就业困难群体的就业帮扶，提供有针对性的就业指导、就业推荐、政策咨询等服务。做好低收入家庭未就业高校毕业生就业安置工作。

（二）加强职业技能培训

非农就业技能培训。以市场需求为导向，支持开展订单、定向、定岗培训。注重培训的针对性与实效性，提高培训后就业、创业成功率。对有劳动能力和就业意愿的农村转移就业劳动力，优先提供就业创业技能培训。到2020年，实现有创业意愿的农民参加创业培训率90%以上，非农劳动力参加职业技能培训率80%以上。

农村实用技能培训。结合农村经济和都市型现代农业发展需要，提高农民生产经营能力。发挥农业科研院所、技术推广服务机构、经济合作组织和农业产业化龙头企业作用，通过科技入户、集中培训、现场指导、技术服务、田间学校、农村远程教育等方式，开展农业生产技能培训。以提高科技素质、职业技能、经营能力为核心，大力开展农村实用人才培训。加快培养村干部、农民专业合作社负责人、到村任职大学生等农村发展带头人。

二、基本公共教育

促进教育公平是减少代际贫困的有效途径。坚持高标准、高质量发展基础教育，构建涵盖学前教育、义务教育和高中教育的教育公共服务体系，大力提升农村教育水平，逐步实现基础教育均衡发展。

（一）提高义务教育水平

重点提高规划区师资力量。吸引优秀人才赴规划区执教，对规划区农村教师职称评定施行政策倾斜，提高教师工资待遇。完善结对帮扶机制，支持优秀教师到规划区巡回授课。为在职教师接受继续教育创造条件。继续改善规划区办学条件，逐渐缩小城乡之间在办学条件、经费投入、管理水平和教育质量等方面的差距。鼓励名校到规划区举办分校。到2020年，规划区新增农村劳动力平均受教育年限接近全市农村地区平均水平。

（二）普及高水平多样化的高中教育

在落实高中阶段教育国家助学政策基础上，通过财政资助、助学贷款、社会帮扶等形式，帮助低收入家庭学生完成高中阶段教育。以就业为导向，普通教育与职业培训并举，推进农村中等职业教育免费进程。支持平原地区普通高中和职业院校面向规划区定向招收农村学生就学。

（三）完善学前教育体系

全面提升规划区学前教育供给能力，为适龄幼儿提供较为充分的入园机会。鼓励城区优质幼儿园举办分园或合作办园，支持规划区小学增设附属幼儿园。构建覆盖0～6岁幼儿的学前教育体系，建立0～3岁幼儿早教基地服务网络。加大学前教育投入，大力发展公办幼儿园，积极扶持民办幼儿园，形成政府主导、公办民办并举的学前教育服务体系。

三、医疗卫生

优化规划区基层医疗卫生资源配置，完善基础设施和服务体系，加强医疗卫生队伍建设，提高服务水平，切实减少“因病致贫、因病返贫”现象的发生。

（一）满足农村居民就近就医需求

对规划区内未达到本市社区卫生服务可及标准的低收入村，完善村级卫生服务设施，承担村级基本医疗和基本公共卫生服务的职责。鼓励医疗卫生人才向基层流动，加强以全科医生为重点的基层医疗卫生队伍建设，提升医疗服务水平。完全实现平原地区居民出行20分钟以内、山区居民出行30分钟以内可及社区卫生服务机构。鼓励市、区县医疗机构设置流动诊疗车，对规划区开展定期或不定期巡诊服务。

（二）提高新农合保障水平

研究建立稳定的新农合筹资增长机制，科学划分财政投入与个人缴费比例。进一步推动新农合市级统筹。落实重大疾病保障政策，落实新农合大病保险政策。研究将规划区符合条件的村卫生室纳入新农合定点医疗机构，引导参合人员就近就诊。加强新农合信息化建设，逐步实现新农合实时报销结算。

四、社会保障

保障和改善低收入人群特别是特殊困难群体生活，社会保障是基本手段。按照“扩面、提标、完善、整合”的要求，推动社会保障由制度全覆盖向人群全覆盖转变，加快推进社会保障城乡一体化。

（一）提高社会保险水平

逐步提高城乡居民养老保险基础养老金、福利养老金标准。提高城乡居民养老保险续保率。支持灵活就业的本市农村劳动力参加城镇职工社会保险（包括基本养老保险、基本医疗保险和失业保险等），并按照本市城镇灵活就业人员缴费标准缴纳各项社会保险，享受相应的社会保险待遇。

（二）提高社会救助水平

健全与经济发展和物价水平相适应的社会救助标准动态调整机制。提高农村最低生活保障标准，完善低保分类救助制度，着重保障无劳动能力低收入农户的基本生活，到2015年实现低保标准城乡并轨。进一步完善农村五保供养制度，提高五保供养标准，切实保障农村五保供养对象的日常生活。健全城乡一体的医疗、教育、住房、采暖等低收入家庭救助政策，拓宽专项救助的范围和内容，逐步提高救助水平。完善社会救助对象认定条件，全面实施社会救助家庭经济状况核对机制，确保社会救助对象准确、高效、公正认定。加强社会救助对象动态管理，形成救助对象有进有出、补助水平有升有降的动态管理机制。规范社会救助的申请、审核、审批程序和民主评议、公示、资金发放等管理流程。

（三）创新养老助残模式

鼓励开展居家型社区养老、助残服务，增强公益性养老、助残服务机构服务能力。依托政府购买服务和村集体补助，培养培训具有资质的专业养老助残服务人员。开展专业化的老年机构和养老照料中心建设。

第六章　生态建设与环境保护

坚持生态优先，处理好生态环境建设与产业发展之间的关系，加强生态修复与环境治理，加快建立生态文明制度，提高生态环境建设质量，打造优良的生态环境和优美的景观环境，增强区域可持续发展能力，构筑首都重要生态安全屏障。

一、生态环境建设

以增强生态涵养能力为首要任务，加强荒山绿化和中幼林改造抚育，提高林木绿化水平和森林质量；加强水源湿地生态建设和农村生活污水处理，提高水环境建设水平；加强自然保护区建设和农村传统风貌保护，提高生态系统服务功能。

（一）提高林业建设水平

在保护原生植被基础上，采取补植补造、松土扩掩、间株定株、抚育间伐等技术措施，加强中幼林更新改造与抚育。实施低质低效林分健康改造工程，逐步建成多林种、多树种、多层次、多功能的稳定群落结构，提高单位面积林木蓄积量，增强森林碳汇能力，提升林地生态景观美景度，充分发挥林地生态系统的综合服务功能。实施山区困难立地造林工程，加强荒山绿化工作。推进园林绿化废弃物的资源化利用，建立可持续的森林经营与管理模式。到2020年，完成规划区90%以上低效生态公益林改造和90%以上中幼林抚育工作，森林覆盖率和林木绿化率分别达到55%和74%以上，健康森林比例达到65%以上，森林植被平均蓄积量达到30立方米/公顷以上。

（二）加强水环境保护

实行最严格的水源保护制度。以密云水库、官厅水库、斋堂水库等水库周边和永定河、拒马河、白河等河流沿岸的乡镇为重点，加快生态河道建设，建设河滨带、库滨带，打造流域生态水网，保护和恢复森林、湿地等生态系统。禁止在水源生态环境敏感区域发展养殖业等高污染产业。实施水环境监测，开展河流生态监测与生态健康评估，提高水源涵养能力和水环境保护能力。

加快生态清洁小流域建设。以小流域为单元，坚持污水、垃圾、厕所、河道、环境同步治理，鼓励、引导和支持当地农民参与水土流失治理。提升水土流失治理科技水平，建立健全水土流失预警预报体系。到2020年，规划区内水土流失治理率达到90%以上，一级水源保护区的清洁小流域治理达到100%，重要地表水源区一、二级保护区污水治理达到100%。加大投入力度，推广厌氧消化技术、净化槽技术等低成本污水处理技术，提高农村生活污水处理水平。到2020年，规划区内市级民俗村全部建成配套建设污水治理工程，地表水出境断面水质指标全部达到要求，地表水断面水质改善率达到10%以上。

（三）加强自然保护区建设

提升规划区自然保护区的质量和功能建设，切实发挥其在保护生物多样性、提高生态服务功能方面的作用。完善规划区内各类自然保护区、国家森林公园和湿地公园的管护评价标准，定期组织实施评价工作，进一步推动自然保护区建设与管理的规范化。进一步探索自然保护区及周边农民就业与增收致富渠道。加大对自然保护区的投入水平与生态补偿力度，优先安置缓冲区农民就业，适度开发实验区，发展科普教育、休闲旅游等产业。

（四）保护农村风貌

保持乡村风貌、民族文化和地域文化特色，保护有历史、艺术、科学价值的传统村落、民族村和传统民居建筑。突出村庄特色，传承历史文化，维护传统文化遗产的真实性和完整性。依托山水脉络等独特风光，保护山、水、林、田、路等生态要素，改善村庄人居环境和生态条件，让乡愁更加浓郁。

（五）加强村庄绿化美化建设

按照“村庄周围森林化、村内道路林荫化、村民庭院花果化、村内集中绿地人性化、河渠公路风景化、基本农田林网化”的方向，加强村庄街道绿化、四旁绿化和庭院绿化。鼓励各村在村域内可绿化的边角空地栽花种草、植树绿化，促进村庄内外林木绿化形成串点成线、连线成片的效果。

二、生态环境治理

严格控制重点污染物排放总量，提高环境污染治理水平。开展关停废弃矿区生态修复与治理工作，加强农业面源污染综合整治，推进废弃资源综合利用，大力实施“减煤换煤、清洁空气”行动和农村能源结构优化工作，进一步提高规划区生态环境质量。

（一）加强生态修复与治理

重点对煤矿、采砂场、采石场等关停废弃矿区开展遗留污染治理。清理尾矿废渣。通过削坡、清理浮石、修建挡渣墙、生态袋护坡等工程技术措施，提高矿山地质稳定性。采取客土造林、爆破造林、抗旱造林、容器苗栽植、播撒灌草种子、种植攀缘植物等植物技术措施，恢复平台、渣坡植被及遮挡开采创面。在5°以上坡地种植经济林的，应当保护林下植被，修建梯田、树盘，蓄水保墒，实行节水灌溉。恢复植被以适合生长的野生灌草和乡土树种为主，造林方式与造林树种的选择兼顾与周边植被群落、自然环境和谐统一，实现“修自然，如自然”。到2020年，基本完成规划区废旧矿区的生态修复工作。

（二）加强农业面源污染治理

大力推广减量化、再循环、再利用、可控化、可计量的低碳、循环农业技术，采取免耕、测土配方平衡施肥、粪污治理、有机肥推广和农业生物防治等措施，严格控制化肥、农药、农膜用量。提高秸秆综合利用水平，严禁露天焚烧秸秆。到2020年，规划区内规模化养殖场实现100%达标排放，秸秆和规模畜禽养殖场畜禽粪便等农业废弃物资源化利用率达95%以上。

（三）推进能源结构调整

以“减煤换煤、清洁空气”行动为抓手，在规划区重点实施优质燃煤替代、取暖煤改电、液化石油气下乡以及太阳能、生物质能、空气能等清洁能源利用和农民住宅抗震节能改造等工程。到2017年，规划区内实现优质燃煤全替代，清洁能源使用比例大幅提高。

（四）加强生活垃圾污染治理

坚持“治理存量、控制增量”的原则，加快对历史形成的非正规垃圾填埋场进行治理，力争2015年前完成治理工作。加强生活垃圾管控，建立和完善生活垃圾收运体系，推进农村地区分类收集运输处理，有效控制生活垃圾暴露和无序堆放。

三、生态补偿政策

以生态惠民为出发点，完善生态公益林与水源地生态补偿机制。增加生态补偿资金投入力度，提高生态补偿标准与补偿范围，进一步调动农民参与生态建设与环境保护的积极性。

（一）健全林业生态补偿政策

实施生态公益林生态补偿动态递增机制，增长额度参考生态公益林生态服务价值、本市国民经济发展水平、物价水平等指标，全面反映资源市场价值和生态环境维护成本。探索根据生态公益林质量不同划分等级，据以实行分级补偿政策。探索实施退耕还林区经济林生态补偿政策。创新生态公益林管护机制，完善监督、管理和考评体系。加大生态公益林生态补偿投入力度，提高生态公益林管护员工资水平。建立多元化投融资机制，鼓励社会力量参与生态公益林建设和经营。

（二）实施水源地生态补偿政策

加大各级财政对水源保护区的投入力度，对水源保护地予以特殊扶持和资金倾斜。以规划区内主要水库、河流和湿地为重点对象，调整水源地保护者与受益者之间的利益关系，调动保护者积极性。探索建立水源地生态补偿政策，提高水资源费返还水源保护地区的比重。

第七章　保障措施

农村经济薄弱地区是北京市全面建成小康社会的重点和难点。围绕规划目标和任务，加强组织领导，强化责任意识。深化改革，创新机制，整合各类资源，加大帮扶力度，保障规划顺利实施。

一、加强组织领导

明确各级党委政府和相关部门职责任务，强化责任意识。加强基层组织建设，全面调动各方力量，形成推进规划区发展的合力。

（一）加强领导

各级党委、政府要高度重视推进农村经济薄弱地区发展及低收入农户增收工作，实行党政一把手负总责的工作责任制，市社会主义新农村建设领导小组负责全市推进农村经济薄弱地区发展工作。市社会主义新农村建设领导小组综合办公室负责本规划实施工作的统筹协调和监督考核。市级各相关部门要围绕本规划的目标任务，结合自身职责，制定落实方案。各相关区县要根据本规划，制定具体实施方案。规划区各乡镇是规划实施的重要主体，要把规划实施作为重要任务。市、区县两级要完善组织机构，增强工作力量，建立健全市、区县、乡镇、村四级联动，政府主导、分级负责、社会参与的工作机制。

（二）加强基层组织建设

围绕推动科学发展、带动农民增收致富，加强基层服务型党组织建设，着力提升基层领导班子引领发展、服务群众的能力。把促进规划区农民增收列为农村党的建设“三级联创”活动考核评价的重要内容。鼓励和选派机关优秀干部、致富带头人、外出务工经商人员、企业经营管理人员、退伍军人、高校毕业生到规划区基层工作。进一步完善基层党组织领导下的村民自治制度，积极推进党务村务公开。充分发挥规划区广大干部群众的积极性和创造性，尊重他们的主体地位，鼓励、引导他们立足自身实现增收致富。

二、加强政策支持

政策支持是规划实施的重要保障。围绕规划目标和任务，加大政策支持力度，集中力量解决最困难地区、最困难群体、最迫切需要解决的问题。

（一）公共财政政策

逐步加大规划区资金投入力度。加大市级财政对规划涉及区县一般性转移支付力度。各行业部门专项资金向规划区倾斜，集中解决规划区基础设施、产业发展、社会事业与公共服务等方面的突出问题。市级安排的公益性建设项目，逐步减少配套资金比例。村级公益事业建设“一事一议”财政奖补资金，向规划区，特别是低收入村倾斜。加大对村级集体经济的扶持力度，研究规划区村级集体经济项目相关收费减免政策。探索通过置办经营性物业取得收益的方式，建立扶持低收入村发展的长期资金。各区县对本行政区内的经济薄弱地区发展和农民增收工作负总责，要按照规划的目标和重点任务，加大向规划区的资金投入力度，集中力量，解决规划实施中的重点问题。

增强资金使用的针对性和实效性。简化专项帮扶资金拨付流程，项目审批权原则上下放到区县。市级要加强资金监管和考核。建立健全资金项目公告公示制度，积极发挥审计、纪检、监察等部门作用，加大对违纪违法行为惩处力度。

（二）金融服务政策

完善帮扶贴息贷款政策，充分发挥定向费用补贴、增量奖励等政策的作用，引导更多信贷资金和社会资金投向规划区。大力推进农村青年创业小额贷款和妇女小额担保贷款工作。推动金融机构网点向规划区延伸，规范发展村镇银行、小额贷款公司和农村资金互助组织。改善规划区支付环境，加快信用户、信用村、信用乡镇建设。市级农业担保公司逐步扩大在规划区的小额涉农担保业务。进一步扩大农业保险覆盖面和保费补贴范围。创新对家庭农场、专业大户、农民合作社、产业化龙头企业和农村残疾人扶贫基地等经营组织的金融服务。

（三）人才保障政策

鼓励大中专院校、科研院所、医疗机构及其他社会组织为规划区培养人才。对长期在规划区工作的各类专业技术人员，在职务、职称、薪酬等方面实行倾斜政策。引导大中专毕业生到规划区就业创业，鼓励大学生“村官”、退伍军人、返乡农民工等就地创业。加大对规划区干部、合作组织带头人、农村实用人才等的培训力度。

三、深化农村经济体制改革

进一步解放思想，深化改革，加快转变农业农村经济发展方式，不断激发农村发展活力，是实现规划区农民持续增收的重要保障。在规划区全面推进土地流转起来、资产经营起来、农民组织起来，着重处理好农民与资源、农民与积累、农民与市场的关系。

（一）土地流转起来

全面推进农村土地确权颁证登记工作。结合农田基本建设、沟域经济发展，鼓励和引导土地流转，实行农地适当集中连片耕作，解决承包地块细碎化问题。结合低产低效果园改造，开展林业规模化、集约化、专业化经营示范和生态林抵押贷款试点。鼓励和支持承包土地的经营权、林地使用权通过公开市场，向集体经济组织、专业大户、家庭农场（林场）、农民合作社、农业企业等经营主体流转，发展多种形式的适度规模经营。加强土地、林地流转收益管理，构建流转收益正常增长机制。探索农村宅基地制度改革，在保障农户宅基地用益物权前提下，稳妥推进农民住房财产权抵押、担保、转让。探索通过区域统筹、资源异地置换、共建经营性物业等方式，促进农村集体经营性建设用地集约高效利用。

（二）资产经营起来

积极推进农村股份合作经济发展，不断提高集体经济经营效益。研究制定农民对集体资产股份占有、收益、有偿退出及抵押、担保、继承的配套政策。鼓励支持农村集体经济组织通过土地、资金和物业入股，发展多种形式的联营与合作，提高集体资产的经营效益。建立健全农村产权流转交易市场，推动农村产权流转交易公开、公正、规范运行。深化集体林权制度改革，改革和完善林场经营管理体制。有组织地开展闲置农民住房盘活利用试点，发展符合乡村功能定位的产业。

（三）农民组织起来

鼓励发展专业合作、股份合作等多种形式的农民合作社，支持建立联合社。积极探索发展镇（乡）村统筹、村间联合等多种形式的农民合作社。支持财政项目资金直接投向符合条件的合作社，财政补助形成的资产转交合作社持有和管护。开展农民专业合作社信用合作试点，探索解决合作社发展资金问题，加强监管，确保规范运作。鼓励龙头企业采取出资领办合作社等形式，与农民建立紧密利益联结机制，使农民合理分享农产品加工、流通增值收益。

四、创新帮扶机制

社会帮扶是实现共同富裕的重要途径。要创新帮扶机制，更加广泛、更加有效地动员社会力量，形成全社会参与的长效帮扶机制。

（一）建立精准帮扶机制

加强帮扶对象识别工作，按照“分级负责、精准识别、动态管理”的原则，对低收入农户、村建档立卡，建立健全低收入帮扶信息系统。加强帮扶开发和农村最低生活保障制度的衔接，深入分析低收入成因，分类指导，因地制宜，逐村逐户制定帮扶措施，创新帮扶到户机制。引导各类帮扶资源优化配置，切实提高帮扶的针对性，确保最困难的地区和人群得到直接有效帮扶。

（二）健全社会帮扶长效机制

加强定点帮扶。市、区县各级党政机关、人民团体、国有企事业单位等要积极开展定点帮扶工作，发挥示范效应。支持在京中央国家机关、央企、大中专院校、驻京部队等参与定点帮扶工作。支持各民主党派、工商联参与定点帮扶工作。引导和支持农业产业化龙头企业参与定点帮扶。各定点帮扶单位要制定帮扶规划、计划，推动政策、资金、人才、信息等资源要素向规划区特别是低收入村流动。

推进对口帮扶。进一步推进城乡手拉手区域对口合作，结合区县功能定位，推动城区与规划涉及区县结对发展、优势互补，推动资源要素优化配置。支持经济发达的街道、乡镇对口帮扶低收入乡镇，探索富裕村对口帮扶低收入村。

鼓励和支持其他方式的社会帮扶。广泛动员社会各界力量，引导各类非公有制企业、社会组织和个人通过多种方式参与帮扶工作。积极倡导帮扶志愿者行动，构建帮扶志愿者服务网络。大力宣传和表彰在社会帮扶中涌现出来的先进单位和个人，为全社会参与帮扶工作创造良好环境。

（三）建立健全干部驻村帮扶机制

在规划区低收入村普遍建立驻村帮扶工作队制度。分期分批安排，确保规划区每个低收入村都有驻村工作队。选拔能力较强、有一定农村工作经验的干部驻村帮扶，把驻村帮扶作为培养锻炼干部特别是青年干部的重要渠道。驻村工作队要协助摸清低收入底数、分析低收入成因、理清发展思路、制定帮扶计划、协调帮扶资源、监督帮扶项目实施，帮助低收入农户、村增收致富。落实保障措施，加大对驻村干部培训力度，建立必要的激励机制，实现驻村帮扶常态化和制度化。

五、强化监测管理

完善考核评价体系，开展规划实施监测，加强研究宣传，保障规划实施。

（一）加强规划实施考核评价

建立规划目标责任制，将规划实施工作纳入市相关部门及相关区县、乡镇领导班子和领导干部目标考核体系。进一步改进考核方法，完善考核机制，把低收入人口减少、农民增收作为重要考核内容。市社会主义新农村建设领导小组综合办公室负责制定市级考核办法，组织对市相关部门、相关区县的考核；相关区县负责制定本区县考核办法，组织对本区县相关部门、乡镇的考核。

建立规划区监测信息系统，开展规划实施监测，为规划实施评估和绩效考核提供科学依据。

（二）加强研究宣传

加强理论和政策研究，总结规划区发展和农民增收的有效模式与成功经验，不断提高规划实施能力。

加大宣传力度，广泛宣传规划区帮扶政策、建设成就、先进经验和典型事迹，推介规划区特色资源和特色产品，营造全社会关心支持规划区发展的良好氛围。

附表 1　规划区涉及乡镇及低收入村

乡镇类型	区县名称	片区	乡镇数量	乡镇名称	低收入村数量
经济薄弱乡镇	门头沟区	太行山	3	斋堂镇	23
				雁翅镇	11
				清水镇	15

（续）

乡镇类型	区县名称	片区	乡镇数量	乡镇名称	低收入村数量
经济薄弱乡镇	房山区	太行山	10	佛子庄乡	16
				大安山乡	7
				霞云岭乡	13
				南窖乡	6
				韩村河镇	23
				周口店镇	19
				蒲洼乡	5
				十渡镇	11
				琉璃河镇	20
				河北镇	5
	昌平区		1	流村镇	16
	平谷区	燕山	3	熊尔寨乡	7
				大华山镇	16
				黄松峪乡	5
	怀柔区		3	九渡河镇	9
				宝山镇	12
				琉璃庙镇	8
	密云县		5	大城子镇	13
				太师屯镇	20
				不老屯镇	15
				北庄镇	6
				新城子镇	6
	延庆县		8	刘斌堡乡	16
				香营乡	18
				旧县镇	14
				大庄科乡	15
				康庄镇	15
				张山营镇	14
				永宁镇	7
				珍珠泉乡	5
	小计		33		411
少数民族乡	怀柔区	燕山	2	长哨营满族乡	7
				喇叭沟门满族乡	4
	小计		2		11
天窗乡镇	房山区	太行山	1	史家营乡	0
	平谷区	燕山	1	镇罗营镇	2
	怀柔区	燕山	1	汤河口镇	3
	密云县	燕山	1	冯家峪镇	3
	延庆县	燕山	1	千家店镇	0
	小计		5		8
总　计			40		430

附表 2　规划区低收入农户户主学历状况

单位：%

项　目	规划区低收入农户户主学历状况								全市农民学历状况
	门头沟区	房山区	昌平区	平谷区	怀柔区	密云县	延庆县	规划区总体	
小学①	32.3	31.0	45.1	25.1	39.1	32.3	43.2	34.4	11.75
初中	60.2	60.5	47.1	66.7	52.4	61.2	51.5	58.1	34.30
高中	7.3	8.2	7.5	8.1	8.2	6.4	5.2	7.3	22.50
专科②	0.1	0.3	0.3	0.1	0.3	0.2	0.1	0.2	12.64
本科及以上	0.0	0.0	0.0	0.0	0.1	0.0	0.0	0.0	18.80
合计	100.00	100.00	100.00	100.00	100.00	100.00	100.00	100.00	100.00

注：①小学包括未读完小学。②专科包括中专和大专。

附表 3　规划区各级自然保护区基本情况

序号	保护区名称	所在区域	主要保护对象	类型	级别	始建时间
1	百花山	门头沟区	温带次生林	森林生态	国家级	1985.4.1
2	拒马河	房山区	大鲵等水生野生动物	野生动物	市级	1996.11.1
3	石花洞	房山区	岩溶洞穴	地质遗迹	市级	2000.12.1
4	蒲洼	房山区	森林生态系统	森林生态	市级	2005.3.14
5	四座楼	平谷区	森林生态系统	森林生态	市级	2002.12.29
6	怀沙河怀九河	怀柔区	大鲵、中华九刺鱼、鸳鸯等野生动物	野生动物	市级	1996.11.1
7	喇叭沟门	怀柔区	森林生态系统	森林生态	市级	1999.12.1
8	密云雾灵山	密云县	森林生态系统及金钱豹等珍稀动植物	森林生态	市级	2000.12.1
9	云峰山	密云县	天然油松林	森林生态	市级	2000.12.1
10	云蒙山	密云县	森林生态系统	森林生态	市级	2000.12.1
11	北京松山	延庆县	温带森林和野生动植物	森林生态	国家级	1986.7.9
12	白河堡	延庆县	水源涵养林	森林生态	市级	1999.12.1
13	大滩	延庆县	天然次生林及野生动植物	森林生态	市级	1999.12.1
14	金牛湖	延庆县	鸟类及其生境	野生动物	市级	1999.12.1
15	太安山	延庆县	森林及野生动植物	森林生态	市级	1999.12.1
16	延庆莲花山	延庆县	森林植被与人文景观	森林生态	市级	1999.12.1
17	玉渡山	延庆县	森林与野生动植物	森林生态	市级	1999.12.1
18	朝阳寺木化石	延庆县	木化石	古生物遗迹	市级	2000.12.1
19	野鸭湖	延庆县	湿地生态系统及鸟类	内陆湿地	市级	2000.12.1

注：全市共有 20 个自然保护区，其中 19 个位于规划区内。

附表 4　规划区风景名胜区基本情况

序号	风景名胜区名称	所在区域	面积（公顷）	主要植被
1	东灵山—白花山市级风景名胜区	门头沟区	30 000	油松、落叶松、白桦
2	潭柘寺—戒台寺市级风景名胜区	门头沟区	7 300	油松、侧柏等
3	珍珠湖区级风景名胜区	门头沟区	8 640	油松、侧柏等
4	妙峰山区级风景名胜区	门头沟区	2 000	油松、侧柏、阔叶林
5	石花洞国家级风景名胜区	房山区	6 600	油松、侧柏、山杏等
6	十渡市级风景名胜区	房山区	30 100	灌木松
7	百草畔区级风景名胜区	房山区	5 000	落叶松

（续）

序号	风景名胜区名称	所在区域	面积（公顷）	主要植被
8	将军坨区级风景名胜区	房山区	110	油松、侧柏、灌木林
9	上方山区级风景名胜区	房山区	350	针、阔叶林
10	云居寺区级风景名胜区	房山区	2 000	油松、侧柏等
11	白杨沟区级风景名胜区	昌平区	3 330	油松、侧柏、灌木林
12	白虎涧区级风景名胜区	昌平区	930	油松、侧柏等
13	桃峪口区级风景名胜区	昌平区	800	油松、侧柏等
14	云蒙山市级风景名胜区	密云县—怀柔区	20 900	油松、侧柏、阔叶林
15	司马台县级风景名胜区	密云县	3 500	油松、侧柏等
16	白龙潭县级风景名胜区	密云县	1 000	油松、侧柏等
17	云岫谷县级风景名胜区	密云县	2 000	油松、侧柏、灌木林
18	龙庆峡—松山—古崖居市级风景名胜区	延庆县	24 800	油松、侧柏、灌木林
	合计		149 360	

注：全市共有 26 个风景名胜区，其中 18 个位于规划区内。

附表 5　规划区森林公园基本情况

序号	森林公园名称	所在区域	公园级别	面积（公顷）
1	小龙门国家森林公园	门头沟区	国家级	1 595
2	天门山国家森林公园	门头沟区	国家级	669
3	马栏森林公园	门头沟区	市级	281
4	西峰寺森林公园	门头沟区	市级	381
5	上方山国家森林公园	房山区	国家级	353
6	霞云岭国家森林公园	房山区	国家级	21 487
7	龙山森林公园	房山区	市级	141
8	蟒山国家森林公园	昌平区	国家级	8 582
9	大杨山国家森林公园	昌平区	国家级	2 107
10	白虎涧森林公园	昌平区	市级	933
11	黄松峪国际森林公园	平谷区	国家级	4 274
12	丫髻山森林公园	平谷区	市级	1 144
13	琦峰山国家森林公园	怀柔区	国家级	4 290
14	喇叭沟门森林公园	怀柔区	国家级	11 171
15	云蒙山国家森林公园	密云县	国家级	2 208
16	五座楼森林公园	密云县	市级	1 367
17	八达岭国家森林公园	延庆县	国家级	2 940
		合计		63 923

注：全市共有 22 个森林公园，其中 17 个位于规划区内。

附表 6　规划区 A 级旅游景区（点）基本情况

所在区域	级别	数量	名　称
门头沟区	3A	2	妙峰山风景名胜区、十八潭景区
	2A	4	小龙门森林公园、百花山自然风景区、珍珠湖风景区、灵山风景区
	1A	2	爨底下景村、龙门涧风景旅游区

（续）

所在区域	级别	数量	名　称
房山区	4A	5	云居寺、石花洞、周口店遗址博物馆、北京十渡风景名胜区、圣莲山旅游度假区
	3A	3	韩村河景区、仙栖洞景区、上方山国家森林公园
	2A	8	富恒农业观光园、中华石雕艺术园、银狐洞、青龙湖水上游乐园、龙仙宫、北京鑫湖苑观光园、没有共产党就没有新中国纪念馆、白草畔自然风景区
	1A	3	将军坨风景区、西周燕都遗址博物馆、张坊古栈道
昌平区	3A	3	蟒山国家森林公园、菩萨山旅游区、北京沟崖自然风景区
平谷区	4A	2	京东大溶洞、北京平谷青龙山旅游区
	3A	2	京东石林峡风景区、京东大峡谷旅游区
	2A	2	湖洞水旅游区、老象峰旅游区
	1A	3	北京平谷挂甲峪旅游度假区、北京胜泉亲水湾旅游景区、北京丛海逸园休闲娱乐园
怀柔区	4A	4	慕田峪长城、红螺寺、雁栖湖旅游区、青龙峡旅游度假区
	2A	7	生存岛新概念旅游基地、幽谷神潭、神堂峪自然风景、响水湖旅游区、百泉山旅游区、云梦仙境景区、红螺寺圣泉寺景区
密云县	3A	3	黑龙潭旅游区、桃源仙谷自然风景区、云蒙山森林公园
	2A	4	清凉谷旅游风景区、九道弯大峡谷自然风景区、云岫谷游猎自然风景区、白云峡
	1A	1	云峰山自然风景区
延庆县	5A	1	八达岭长城风景名胜区
	4A	1	龙庆峡旅游区
	3A	4	八达岭水关长城景区、八达岭野生动物世界、八达岭温泉度假区、硅化木国家地质公园
	2A	5	康西草原、松山森林旅游区、古崖居原始部落旅游度假区、八达岭残长城、石京龙滑雪场
	1A	5	九眼楼自然风景区、莲花山森林公园、柳沟民俗旅游度假区、里炮红苹果度假区、岔道古城民俗旅游度假区
合计		74	

注：全市共有 154 个 A 级景区，其中 74 个位于规划区内。

附表 7　规划区中国传统村落名单

所在区域	乡镇	数量	村庄名称
门头沟区	斋堂镇	4	马栏村、灵水村、黄岭西村、爨底下村
	雁翅镇	1	苇子水村
	南窖乡	1	水峪村

注：全市共有 13 个村列入中国传统村落名录，其中 6 个位于规划区内。

北京市农村工作委员会
关于印发《北京市农业现代化发展规划（2014—2020 年）》的函

（2014 年 11 月 13 日）

郊区各区县政府，市各有关单位：

根据《中共北京市委北京市人民政府关于调结构转方式发展高效节水农业的意见》要求，为加快推进北京农业现代化发展，特制定北京市“十二五”时期都市型农业发展规划补充规划《北京市农业现代化发展规划（2014—2020年）》。现予印发，请结合实际贯彻落实。

北京市农业现代化发展规划

（2014—2020年）

第一章　北京市创建国家都市型现代农业示范区的背景和意义

一、背景

都市型现代农业的本质在于强调农业生产与城市发展以及与人和自然环境诸方面的和谐。它充分利用和依托都市圈，在城市资本、技术、人才、信息和市场强大经济和社会资源的支撑和带动下，运用现代生产方式和生产条件，对土地、森林等自然环境资源和社会文化资源进行综合开发利用，摒弃传统农业的生产模式，重点发展高效、集约的商品农业，并致力于延伸产业链，寻求农业产业化架构中的一、二、三产业融合，农业由单纯提供物质产品向物质产品和精神产品多样化供给转变，城乡经济社会二元结构向城乡一体化方向发展，农业单一生产功能向经济、社会、生态、服务等功能多元化拓展，具有先进的生产力和高度发达的生产经营方式，有着巨大的物流、商流和信息流。最终达到生态环境保护与产业开发的和谐统一，实现社会、经济、生态的可持续发展。

近年来，在党中央、国务院的总体部署和上级有关部门的指导帮助下，北京农业围绕“人文北京、科技北京、绿色北京”和建设“有中国特色世界城市”的目标，以都市型现代农业为发展方向，以“221行动计划”为指引，深入开发生态、生活、生产等多种功能，都市型现代农业取得了长足发展。2012年，北京市顺义区农业现代化建设水平在153个国家现代农业示范区中排名靠前，已与全国14个县区率先进入基本实现农业现代化行列，成为中国现代农业发展的“领头羊”。

北京市按照农业部要求，积极开展创建国家现代农业示范区的活动。覆盖北京市16个区县，包括：东城区、西城区、朝阳区、海淀区、丰台区、石景山区、门头沟区、房山区、大兴区、通州区、顺义区、昌平区、平谷区、怀柔区、密云县、延庆县，总面积16 410平方公里，覆盖人口2 115万。

二、意义

北京市创建国家都市型现代农业示范区是当前经济社会发展阶段的客观要求，对提升北京都市型现代农业竞争力，示范带动全国现代农业发展具有重要意义。

（一）创建国家都市型现代农业示范区，是服务首都“四个中心”和和谐宜居的内在需求

北京是全国政治中心、文化中心、国际交往中心和科技创新中心，建设国际一流“和谐宜居之都”是未来北京城市发展的战略目标。北京农业发展也应与城市功能定位和战略目标相一致，在服务城市中找准农业定位，寻求发展机遇和提升路径。现在的北京，是一个拥有2 000多万常住人口的国际化大都市，同时也是一个人均耕地占有量不足0.2亩、农业增加值占比不足1%、农业从业人员占比不足6%的城市。科学地按照世界城市要求定位农村、规划农业、发展农民，对北京农业进行再认识，进行顶层设计、做好规划很有必要。北京市的农业虽是少数但绝不等于小数，其不可替代的地位愈发明显。北京创建国家都市型现代农业示范区，有利于统筹协调农业与城市的关系，一方面整合利用首都丰富的要素资源和巨大的市场需求，推动都市型现代农业发展；另一方面通过拓展籽种农业、休闲农业、循环农业、会展农业实现形式，开发应急保障、生态休闲、科技示范等多功能，满足维持首都城市运行、保障重大活动、应对突发事件的基本要求，满足为市民提供物质产品、精神产品和环境产品的内在需求。

（二）创建国家都市型现代农业示范区，是服务京津冀协同发展和引领全国现代农业发展的客观要求

国家“十二五”规划指出推进京津冀区域经济一体化，“打造首都经济圈”，这标志着京津冀城市群协同发展已上升为重大国家战略。推动京津冀协同发展，是党中央在新的历史时期，从深入实施国家区域发展总体战略、加快构建新型城镇化战略布局出发做出的重大决策部署，既是一项面向未来的重大国家战略，也是实现北京可持续发展的必由之路。京津冀协同发展，农林水是起点，生态是终点，交通、城市群和产业是中间。没有农林水的协同，生态不和谐，京津冀区域发展将难以持续。同时，北京创建国家都市型现代农业示范区，有利于打造全国整市推进现代农业发展的样板，充分发挥典型示范、展示交流和引领辐射作用，带动周边区域及全国加快传统农业向现代农业转变。

（三）创建国家都市型现代农业示范区，是北京调整农业结构、转变农业发展方式的迫切需要

近年来虽然北京农业有了较快发展，但从总体来看制约都市型现代农业发展的各种矛盾依然存在：农业发展空间及资源的刚性约束越发凸显；农产品有效供给能力有待进一步增强；农业管理和服务面临严峻挑战；农民组织化程度亟待提高；农业国际化水平与建设世界城市的要求还有一定差距。要破解制约北京都市型现代农业发展的矛盾，实现跨越式发展，原有的传统农业办法行不通，必须要有新思路和新办法。通过创建国家都市型现代农业示范区，探索调整农业产业结构和用水结构的新途径，创新转变农业生产方式和经营方式的新道路，进而有利于推动北京都市型现代农业转型升级。

（四）创建国家都市型现代农业示范区，是深入推进“新三起来”、统筹城乡发展的重要途径

北京国家都市型现代农业示范区建设以整市推进方式开展，涵盖中心城、新城、小城镇、新型农村社区四级城镇体系。通过发展一、二、三产业融合的都市型现代农业产业体系和社会服务体系，全面深化农村改革，以提高农村资源要素的配置效率为导向，深入推进土地流转起来、资产经营起来、农民组织起来。以解决好地少水缺的资源环境约束为导向，加快推进农业发展方式转变。以优化城乡功能和空间布局为导向积极推进城乡融合发展，率先实现城乡发展一体化的战略目标。

三、北京市都市型现代农业发展的优势和问题

（一）优势分析

1. 区域优势。北京是国家的首都，是全国的政治中心、文化中心、国际交往中心和科技创新中心，处于中国经济发展较快并且最具发展潜力的环渤海城市群的中心地位，对推动京津冀优势互补、促进环渤海经济区发展、带动北方腹地发展，具有得天独厚的区域优势和无可比拟的枢纽地位，对全国乃至世界具有强大的辐射和示范作用。

2. 产业发展优势。

（1）籽种产业。籽种农业是北京农业的优势产业。目前，北京已初步形成全国种业科技创新中心，拥有种业研发机构 80 多家，专业育种者1 000多人；保存的国家级种质资源 40 余万份，列世界第二位；全国种业前 10 强中北京有 4 家，全球 10 强种业巨头有 8 家在首都建立研发或分支机构；通州区国际种业园区已吸引国内外知名企业及科研单位 50 余家，企业总投入超过 30 亿元，成为种业企业研发、试验基地；在全国率先建设北京农科城种业科技成果托管平台，加快种业科技成果产业化，吸引了 250 余家国内外科研单位和企业入驻。2012 年，北京种业销售收入达 102.8 亿元，销往外地收入占 60%，初步确立了全国种业科技创新中心、企业聚集中心、交易交流中心和种业发展综合服务平台“三中心一平台”地位。

（2）休闲观光农业。休闲观光农业是北京农业多功能性的重要体现。目前，已形成休闲农业与乡村旅游、会展农业等多种新型业态，为提升市民幸福指数、促进农民就业增收、支撑和谐宜居城市建设发挥了不可替代的作用。据北京市统计局、国家统计局北京调查总队、北京市园林绿化局、北京市水务局联合发布的数据，2012 年北京都市型现代农业生态服务价值年值为 3 439 亿元，贴现值9 182 亿元。

休闲农业与乡村旅游成为“服务首都、富裕农民”的重要载体。推出了“农业嘉年华”“休闲农业季”“农产品流通季”等特色农业节庆系列活动。开展了“北京最美乡村”评选、休闲农业与乡村旅游示范乡镇创建、星级园区（企业）评定等系列工作，创建了一批“全国休闲农业与乡村旅游示范县”“全国最具魅力乡村”“中国美丽田园”，北京休闲农业与乡村旅游品牌化、高端化、规模化发展水平显著提高。2013 年，全市农业观光园、民俗旅游共接待游客 3 751 万人次，同比增长 3.2%；实现总收入 37.6 亿元，同比增长 4.4%。

会展农业是北京农业的新亮点。近年来，陆续成功举办了世界草莓大会、国际食用菌大会、世界种子大会、世界葡萄大会、中国花卉博览会、中国北京国际园林博览会等具有国际影响力的农业会展。2014 年世界种子大会意向成交金额超过 30 亿美元。今后还将于 2015 年举办世界马铃薯大会、2016 年举办世界月季洲际大会、2019 年举办世界园艺博览会等，这些世界级大会将带动北京农业产业升级，提升了北京农业的开放性、影响力、融合性。

（3）生态健康种养业。

——生态健康种植业。生态健康种植业作为首都的生产性绿色空间，是“绿色北京”重要组成部分。北京立足有限资源做大文章，加快转变农业发展方式，通过资金、技术等优势资源投入，推动农业规模化发展、园区化建设、标准化生产，稳步提高农业综合生产能力。

持续加强“菜篮子”工程建设，设施农业总面积累计达到35.5万亩，形成了“两区、两带、多群落”① 的新格局，以大兴、房山、顺义、通州和平谷五个区为主的设施农业生产基地，有力保障了首都“菜篮子”市场供应。

实施“安全农业”品牌战略，健全农业标准化体系，建立了农产品质量安全保障体系、从农田到餐桌全过程监管控制体系、食用农产品质量安全追溯系统。北京“三品”（绿色、有机、无公害）认证产品占农产品生产量近40%，生产基地农产品合格率处于全国前列。

——生态健康养殖业。按照“高产、优质、高效、生态、安全”的标准，大力推进郊区畜禽规模养殖场改造提升。截至2013年，北京已建成畜禽标准化规模养殖场1 907家，规模化养殖比例分别为生猪70%、奶牛90%、肉禽85%、蛋禽80%。畜禽的规模养殖已经成为首都现代农业的典型，畜牧养殖业的总产值占到了全市农业总产值近半壁江山。

推进畜牧业品牌化发展，培育出了首农、顺鑫、正大等一批农业龙头企业，打造出“双大”“华都”“三元”“鹏程”“德青源”“大红门”等一批知名品牌，建立起多条畜牧业产业链条。2013年，北京市肉、禽、蛋、奶自给率已达31%、63%、54%、56%，控制率达83.3%、69%、67%、79.7%。

推进“三节两高”（节水、节地、节能，高端、高效）水产健康养殖模式，实施标准化池塘改造，全面提高渔业养殖的经济效益和环境效益，形成了以观赏鱼和冷水鱼为特色品种、增殖放流为特色的健康渔业养殖体系。如今，青鱼、草鱼、鲢鱼、鳙鱼“四大家鱼”以及罗非鱼、鲟鱼、虹鳟鱼等都已经成了市民餐桌上的常客。

加强动物疫病防控，构建重大动物疫情应急指挥平台，投资2亿元建设北京市动物疫病预防与控制中心，北京重大动物疫病防控工作步入科学化、规范化轨道。近年来，有效阻击高致病性禽流感，成功扑灭亚洲Ⅰ型口蹄疫疫情，连续多年未发生区域性重大动物疫情。北京市自产畜禽产品的瘦肉精等主要药残抽检合格率已连续6年保持100%。

（4）农业高新技术产业。近年来，北京依托优势资源，大力发展农产品精深加工、农业技术装备、农业信息技术以及生物农业等高新技术产业，对推动农业结构战略性调整、提高农业附加值和核心竞争力发挥了重要作用。

农产品精深加工业稳步发展。已建立15个国家级农产品加工业示范基地，13家农产品加工创业基地，42个重点农产品加工业小城镇，整体盈利能力、产业集聚效应进一步增强；知名品牌逐渐增多，品牌影响力逐步提高，获得国家工商行政管理局认定涉农驰名商标19件，北京市工商局认定涉农著名商标112件，华都肉鸡、鹏程肉食、三元牛奶、天安农业、德青源鸡蛋等品牌知名度不断上升。到2013年年底，北京市规模以上农产品加工企业共有304家，固定资产178.1亿元，销售收入1 069.2亿元，净利润43.4亿元。

农业智能装备产业链初步形成。形成了以整地、播种、施肥、喷药、喷灌、土壤水空气检测、智能嫁接、智能移栽及工厂化基质生产与应用为核心的智能装备产业链，打造出北京京鹏环球科技股份有限公司等一批技术水平先进、创新能力强劲的现代农业装备企业。具有自主知识产权的智能农机装备累计在全国推广应用面积达246万亩。

现代农业信息技术产业加快发展。以物联网技术为代表的现代农业信息技术产业在北京农业领域得到了快速发展。通过农业信息平台——“221信息平台”②，建立起生产者与消费者沟通的桥梁，让基地与市场间建立起动态对接的网络体系，从而使郊区的农业生产、农产品加工、流通和消费步入

① 两区：包括大兴区、房山区的南部设施生产区；两带：指横贯平谷、密云、怀柔、平谷4个区县的山前特色设施产业带；多群落：指分布于各区县的设施农业生产园区、生产基地。

② “221信息平台”即摸清市场需求和农业资源这两张底牌，建好科技和资金这两个支撑，在摸清两张底牌、抓好两个支撑的基础上搭建一个农产品信息平台，建立沟通生产者和消费者的桥梁。“221信息平台”是加速北京郊区率先基本实现农业现代化的至关重要的基础性工作，是指导农业发展的战略思路。通过“221信息平台”的建设，将显著提高郊区农业的科技含量、产业化经营和标准化生产水平，进一步推进农业结构调整，为建设国际一流的和谐宜居之都提供有力支撑和坚实保障。

现代信息化管理轨道。北京农科城网络中心聚集各类信息资源 100 多万条，为 20 多个省市提供冷链物流、农情监测、物联网技术等服务，与 67 个国家农业科技园区实现网联。

现代生物农业发展成效突出。以峪口禽业、伟嘉人生物科技公司、大北农集团、嘉博文公司为代表的，涉及生物育种、生物疫苗、生物饲料、生物化肥①、生物农药等共同构成的现代农业生物产业发展迅速，市场影响力、品牌知名度全国领先，总体规模近百亿元，占全国生物农业产业的 20%左右，北京已经成为农业生物技术科技创新的源泉和科技成果高端辐射的中心。

（5）沟域经济。沟域经济是北京山区产业发展的创新模式。近年来，北京根据山区自然地理和经济社会发展的特点，以沟域为单元，对山、水、林、田、路、村和产业发展进行统一规划、分步建设，做到了经济与生态和谐、一、二、三产业相融合、点线面相协调，涌现出百里画廊、四季花海、古北水镇、天河川、白河湾、十八弯等特色品牌沟域，带动了山区生态环境持续改善、基础设施不断提升、特色产业加快发展，市民沟域旅游活动持续升温，已经成为北京富裕山区农民、加快城乡统筹、建设生态文明的有效模式。3 年来，共实施五项工程项目 604 个，完成投资 87.2 亿元，其中公益性项目 451 个，完成投资 35.6 亿元，产业性项目 153 个，完成投资 51.6 亿元，惠及 7 个山区区县，24 个乡镇，292 个行政村，2 194 平方公里，21 万人。

3. 基础设施优势。北京市高度重视农业和农村固定资产投入，持续改善农业农村基础设施。2013 年，全市第一产业固定投资 175.5 亿元，接近“十一五”时期的投资总额，比 2012 年增长 20.6%。

（1）农业基础设施明显改善。实施《北京市农业基础建设和综合开发规划（2009—2012 年）》，重点开展了水利改善工程、农田培肥工程、田园清洁循环工程和沟路林渠配套工程建设，一期投资约 46 亿元，打造 113 万亩优质产业田、优良生态田和优美景观田，农田节水灌溉率超 90%，农业装备水平进一步提升，为发展高效农业打下坚实基础。

（2）农村基础设施比较完善。全面实施新农村建设“五十三”工程②，实现了村庄全覆盖，极大改善了农村的生产生活条件。根据统计，截至 2013 年年底，全市农村共硬化街坊路 7 000 余万平方米，改造老化供水管网 3.2 万余公里；更换安装节能路灯 26 万余盏，安装太阳能路灯 18 万余盏；建太阳能公共浴室近 1 500 座；新建、扩大中型沼气秸秆集中供气工程 260 处，雨洪利用工程 1 000 处，粪污治理工程 800 余处。

4. 科技创新优势。近年来，北京市深入推进农业科技体制机制创新，不断提高自主创新能力，研发出一批重大成果并实现产业化应用推广，对北京乃至全国农业转型升级发挥了重要支撑作用。据测算，北京市农业科技贡献率近 70%，高出全国平均水平约 16 个百分点，接近发达国家水平。

（1）农业科技基础牢固。北京农业科技资源丰富，创新基础条件全国领先。汇集了中国农科院、中国农大、北京农科院等国家级、市级农业科技创新机构 44 家，国家级涉农重点实验室 11 个，国家级涉农工程技术研究中心 7 个，农业科技人员近 2 万人，与农业相关的中科院院士、工程院院士 60 余人。

（2）技术创新体系不断完善。2010 年 8 月 16 日，与科技部和农业部共建北京国家现代农业科技城，推动农业科技网络服务中心、农业科技金融服务中心、农业科技创新产业促进中心、良种创制与种业交易中心和农业科技国际合作交流中心建设，致力于实现高端服务、总部经济研发、产业链创业和先导示范四大功能。成立国家农业科技园区协同创新战略联盟，重点推动园区产业协同创新发展。积极推进种业体制创新发展，支持企业成为创新主体，促进种业“育繁推”一体化发展。

（3）创新驱动作用显著。“十二五”以来，北京农业技术合同成交额累计达 148.9 亿元，部分农

---

① 育种：峪口禽业培育的“京红”“京粉”蛋鸡品种成为具有自主知识产权的优秀蛋鸡品种，入选农业部主导品种名单；疫苗：伟嘉人生物科技公司从药用植物中提取免疫增强剂和抗病毒新药研究被市经委认定为技术创新项目，被评为中国兽用制剂生产企业 30 强；饲料：大北农集团的福建漳州基地成为亚洲生产能力最大，技术水平最先进的预混合饲料生产基地；化肥：嘉博文公司开展餐厨废弃物资源化研发利用，并参与创制国家标准 1 项、行业标准 2 项、地方标准 1 项，创制企业标准 5 项，农产品生产技术操作规程多项。

② “五”是指街坊路硬化和绿化、老化供水管网改造和一户一表、污水处理、垃圾分类、户厕改造和公厕建设为内容的“五项基础设施”工程。“三”是指让农村“亮起来”、农民“暖起来”、农业资源“循环起来”的“三起来”工程。

业科技成果达到了世界领先水平。研制了世界首个水稻全基因组芯片，主导完成了世界首张西瓜序列图谱，建成世界最大的玉米标准DNA指纹库。“京葫36号”西葫芦新品种打破了国外的长期垄断；京红、粉系列蛋种鸡销量世界第一；京科系列玉米品种推广面积占全国玉米种植面积的18%。

（4）科技信息服务发达。北京市农业农村信息化发展水平高，有线电视、光纤入户、计算机、移动电话拥有量等基础资源丰富。已搭建起“221信息平台”，全面开通了“12396”北京新农村科技服务热线、“12316”农业服务热线和村党员干部现代远程教育平台，村基层各类信息服务站点已达10 680个。根据统计，北京农科城网络中心聚集各类信息资源100多万条，为20多个省市提供冷链物流、农情监测、物联网技术等服务，与67个国家农业科技园区实现网联。

5. 农业生产效率优势。随着新技术、新品种、新设备等广泛应用，北京农业生产率显著提高，土地、水、劳动力、化肥等传统生产要素投入总量下降，单位产出不断提升。农业用水从2006年的12.8亿立方米下降到2013年的9亿立方米，占全市用水总量的比重由37.32%下降到25%，每万立方米用水所带来的农业增加值从2006年的6.94万元上升至2011年的12.50万元；农业从业人员数量从2006年的60.3万人降至2011年的59.1万人，人均农、林、牧、渔业产值从2006年的3.66万元上升至2011年的6.26万元；化肥施用量从2006年的14.84万吨下降至2013年的11.5万吨，单位化肥施用量种植业产值从2006年的7.04万元上升至2011年的11.84万元。

6. 农村改革优势。近年来，北京坚持改革创新，成立了新型城镇化改革领导小组，出台了“新三起来”的指导意见及相关配套措施，激发了农村发展活力和内在动力。

（1）农村土地经营体制机制不断完善。一是集体土地确权颁证工作深入推进。农村集体土地所有权确权登记颁证工作全面完成，集体建设用地、土地承包经营权确权登记颁证工作加快推进。二是土地承包经营权流转有序推进。积极稳妥推进土地承包经营权、集体林地使用权向集体经济组织、专业大户、家庭农场（林场）、农民合作社、农业企业等新型经营主体流转，发展适度规模经营，截至目前，全市农村确权土地流转面积274.8万亩，占确权总面积的61.6%，比2010年提高了14.9个百分点。三是集体经营性建设用地集约利用取得新进展。大兴区西红门镇、海淀区东升镇实施“腾笼换鸟”，促进产业升级，集体建设用地乡镇统筹、集约高效利用试点进展顺利。

（2）集体经济产权制度改革全面深化。一是村级集体经济产权制度改革基本完成。截至2013年年底，累计完成改革的单位3 873个，其中乡级19个、村级3 854个，村级完成产权制度改革的比例达到96.9%，全市已有324万农村居民成为新型集体经济组织的股东。全面完成集体林权制度改革，确权生态林面积1 073万亩。二是集体“三资”经营和监管水平不断提升。创新农村集体资产经营机制，建立新型集体经济组织法人治理结构，开展集体资产信托化经营。强化集体资产监管，海淀区在全国率先成立农村集体资产监督管理委员会，在全市开展集体经济合同集中清查。三是农村产权交易体系不断健全。成立了北京农村产权交易所，并在13个区县设立分支机构，全市基本建成了农村产权交易信息化系统，推动了农村产权交易公开、规范、透明。

（3）新型农业经营体系基本形成。一是发展多种形式的合作与联合。出台系列扶持政策，大力发展示范社、联合社，成立了北京市农民专业合作社联合会。目前，全市各类合作社已达到6 286家，登记注册成员16.2万名，辐射带动近3/4的一产农户，培育了150个市级示范社。二是扶持发展农业龙头企业。目前，全市农业龙头企业达到204家，其中国家级38家。龙头企业固定资产1 105.9亿元，销售收入3 595.2亿元，直接带动本市49万农户，增收40亿元以上。扶持推动农业企业上市，打造北京农业上市板块。三是开展家庭农场试点。2014年已在通州区等开展了试点。

7. 农村金融服务优势。

（1）农村金融体系基本健全。依托首都金融资源优势，加快构建农村金融服务平台，目前已形成了农业信贷、农业保险、农业投资、农业担保、农业产业基金、农村信用、农村要素市场、涉农企业上市培育、农村金融改革试验区、农村基本金融服务村村通等“十农”金融服务体系。积极推进中小企业集合票据融资、林权抵押贷款、农业保险保单质押贷款，大力推进大兴区全国农村金融改革试验区建设，稳步开展农民专业合作社信用合作试点。

2013年，全市涉农贷款余额达2 319.8亿元，有力推动了郊区“三农”发展。

（2）政策性农业保险稳步推进。目前，农业险种达23大类，基本实现农业可保自然风险全覆盖。在全国率先推出生猪价格指数保险，实现了由自然风险保障向市场价格风险保障的延伸。据统计，2013年，全市农业政策性保险参保农户18万户次，实现保费收入5.48亿元，总保险金额142.9亿元，赔付农户14.6万户次、5.13亿元。

8. 农村经济基础优势。近年来，北京农村经济持续快速增长，农民生活水平持续提升，公共服务和社会事业加快发展。

（1）农民生活水平持续提升。2013年，全市农村居民人均纯收入18 337元，同比增长11.3%，扣除物价因素，实际增长7.7%，连续五年超过城镇居民收入增速，城乡居民收入比也由最高时期2006年的2.32∶1下降到2013年2.20∶1。农村居民人均消费性支出达到13 553元，增长14.1%，恩格尔系数为34.6%。

（2）农村社会事业加快发展。加大郊区教育经费投入，推进城乡优质教育资源共享，建设整合城乡一体化学校资源，提高远郊区县学校办学条件。实行城乡统一的就业失业管理制度和招用安置政策，健全农民就业服务平台，开展充分就业社区创建活动，将有转移意愿的农村劳动力全部纳入城乡统一的就业管理服务体系。推动医疗卫生服务资源均衡布局，健全三级卫生服务网络，逐步实现公共卫生服务项目覆盖城乡居民。制定《北京市基层公共文化设施规范》，建成村级多媒体综合文化中心和文化组织员队伍，实现农村地区文化设施全覆盖。

（3）城乡社会保障制度日趋完善。2009年，实施《北京市城乡居民养老保险办法》，本市居民实行统一的城乡居民养老保险待遇，在全国率先实现了全覆盖和城乡养老保障制度一体化，目前城乡居民基础养老金每人每月430元，老年保障福利养老金每人每月350元，全市农村居民参保率达到95%。2014年，按照国务院统一城乡居民基本养老保险制度的决定要求（国发〔2014〕8号），印发了《关于贯彻落实国务院统一城乡居民基本养老保险制度暨实施城乡养老保险制度衔接有关问题的通知》（京人社居发〔2014〕177号），进一步完善了本市城乡居民基本养老保险制度。

（二）问题分析

北京发展都市型现代农业既有难得的历史机遇，但也存在着不少问题：

1. 农业发展所需的资源和空间受到明显制约。北京市人均水资源占有量不足300立方米，仅为全国人均占有量的1/6，世界人均占有量的1/25；在降低输水损失的同时，在节水灌溉中仍存在输水损失偏大和田间漫灌现象；土地资源数量有限，质量不高，山地多，平地少，土地后备资源不足。随着城市化进程的不断加快，以及新城和小城镇的建设，农业发展空间及资源的刚性约束越发凸显，统筹安排农业大规模生产的难度越来越大，加快转变农业发展方式，推动农业集约化、节水化、高端化发展，成为今后农业发展十分紧迫的任务。

2. 农产品有效供给能力有待进一步增强。北京市农产品生产方面发展空间有限，加上气候条件和自然灾害的不确定性，需要不断从政策扶持、基础建设、技术支撑等环节挖掘潜力；在农产品市场供应和应急保障方面，加强农业区域合作、改善农产品的流通和市场调控，保障市场的稳定供应，特别是极端条件下和特殊时期的“菜篮子”主要农产品的应急供应，任务十分艰巨。

3. 农业管理和服务面临严峻挑战。一方面，食品安全受到前所未有的高度关注，特别是北京作为首都，农产品的质量安全问题极为敏感，而动植物疫病的发生和流行从时间和空间上存在极大的不确定性，面临的形势比较复杂。因此农产品质量安全监管和动植物疫病的防控难度比较高，压力比较大。另一方面，与都市型现代农业相匹配的现代农业服务体系还不健全，农业产前、产中、产后的多元化服务体系还不完善，需要切实建设好农业技术推广、动植物疫病防控、农产品质量安全、农资、农机等服务体系。

4. 农民组织化程度有待提高。现阶段农业的规模化程度较低，加上农业生产的高成本，使得农业在国内外市场竞争的优势不明显；与发达国家相比，农业劳动力趋于老龄化，农民整体素质有待提高；产业化程度及合作组织所发挥的作用不够，需进一步加强农民专业合作组织建设，不断提高农民经营管理、科技运用、抵御市场风险等方面的能力和水平。

5. 农业国际化水平有待提高。作为首都，北京的农业是对外展示的重要窗口。但现阶段，农业的国际参与度不高，国际竞争力还不强。需要不断深化国际交流与合作，提升农业的开放性水平，积极参与国际竞争，打造形成首都特色的农业国际品牌。此外，对比纽约、巴黎等世界城市，农业的生态价值和对宜居城市建设的保障作用的潜力有待进一步挖掘。

第二章　北京市创建国家都市型现代农业示范区的基本条件

一、自然基础条件

（一）地形及土质

北京市毗邻渤海湾，上靠辽东半岛，下临山东半岛，西部是太行山山脉余脉的西山，北部是燕山山脉的军都山，整体地形西北高，东南低，以山区地貌为主，面积 10 200 平方公里，约占总面积的 62%，平原区面积为 6 200 平方公里，约占总面积的 38%。北京市地区成土因素复杂，形成了多种多样的土壤类型，并随海拔由高到低表现了明显的垂直分布规律，各土壤亚类之间反映了较明显的过渡性。其分布规律是：山地草甸土—山地棕壤（间有山地粗骨棕壤）—山地淋溶褐土（间有山地粗骨褐土）—山地普通褐土（间有山地粗骨褐土、山地碳酸盐褐土）—普通褐土、碳酸盐褐土—潮褐土—褐潮土—砂姜潮土—潮土—盐潮土—湿潮土—草甸沼泽土。由于不同地区的成土因素的差异，土壤分布有明显的地域分布规律。

（二）气候特点

北京市为典型的北温带半湿润大陆性季风气候，夏季高温多雨，冬季寒冷干燥，春、秋短促。全年无霜期 180～200 天，西部山区较短。2007 年平均降水量 483.9 毫米，为华北地区降水最多的地区之一。降水季节分配很不均匀，全年降水的 80%集中在夏季 6、7、8 三个月，7、8 月有大雨；北京市的太阳辐射量全年平均为 112～136 千卡/平方厘米，年平均日照时数在 2 000～2 800 小时之间。

（三）地理交通

北京市位于华北平原北部，背靠燕山，有永定河流经老城西南，毗邻天津市和河北省，是中国最大的铁路、公路及航空交通中心，也是乃至整个东亚地区的重要交通枢纽，拥有完善的城市交通网，是一个完全国际化的大都市。

二、经济社会发展情况

北京市是中华人民共和国的首都、直辖市和国家中心城市，是中国的政治中心、文化中心、国际交往中心和科技创新中心。2013 年，北京市实现生产总值 1.95 万亿元，增长 7.7%，经济运行总体平稳；完成固定资产投资 7 032.2 亿元，增长 8.8%，其中民间投资增长 15.9%；实现社会消费品零售额 8 375.1 亿元，增长 8.7%；城镇登记失业率为 1.21%，始终处在较低水平；城乡居民收入分别达到 4 万元和 1.8 万元，分别同比增长 10.6%和 11.3%，扣除价格因素，分别实际增长 7.1% 和 7.7%；地方公共财政预算收入完成 3 661.1亿元，增长 10.4%；居民消费价格同比上涨 3.3%，涨幅控制在全年目标以内；万元地区生产总值能耗和水耗均同比下降 4%左右，降幅继续处在全国前列。

三、农业经济发展情况

北京市有 16 个区县，郊区县 13 个，182 个乡镇、3 945 个村，常住人口 2 069 万人，农业户籍人口 261.4 万人（2011 年数据）。北京市总面积 1.64 万平方公里，其中山区占 62%，平原占 38%。目前，北京市农用地 1 638 万亩，包括耕地 340.65 万亩（含基本农田 280 万亩），林果面积 240 万亩；人均耕地面积 1.27 亩（按 2011 年农业户籍 261.4 万人计算，按 2012 年常住人口 2 069 万计算人均耕地 0.164 亩），一产从业人员 46 万人。近年来，在党中央、国务院的正确领导下，北京市紧紧围绕首都城市功能定位和建设国际一流的和谐宜居之都目标，都市型现代农业加快发展，城乡一体化发展深入推进，农业农村经济保持平稳健康发展。“休闲”“籽种”“循环”“科技”“会展”多种形态农业蓬勃发展，国际间农业合作交往日渐频繁，开拓了北京市“小而全”“小而精”农业的实现方式，使区域农业品牌得到有力提升。

2013 年，全市农业继续保持平稳增长态势，实现农林牧渔业总产值 421.8 亿元，比上年增长 6.6%；第一产业实现增加值 161.8 亿元，比上年增长 7.7%。粮食播种面积为 238.4 万亩，产量 96 万吨；菜田面积 59 万亩，总产量 266.9 万吨；干鲜果品产量 79.5 万吨；肉类总量 41.8 万吨；禽蛋 17.5 万吨；牛奶 61.5 万吨；水产品 6.4 万吨。农田有效灌溉面积达 67%，设施农业实现收入 57.3 亿元，增长 10.3%。农产品加工业形成“三区、统筹发展、两环拓展提升、一带特色添彩”① 的空间发展格局。规模以上农产品加工企业产值突破 1 300亿元，年均增长 15%以上。

同年，科技对农业的贡献凸显，科技对第一产业的贡献率已接近 70%，高出全国平均水平约 16 个百分点，接近发达国家水平。籽种产业加速发展，作为国际农作物种业科技创新优势区之一，北京市拥有专业种业研发机构 80 多家，农业科技人员 2 万余人，院士占全国 50%，新育各类作物品种 400 个左右；保存的国家级种质资源达到 40.18 万份，位居世界第二位；籽种经营企业 900 多家，国内种业前十强有 4 家总部设在北京，全球前十强有 8 家在北京建立研发或分支机构。

2013 年，全市观光休闲及民俗旅游、设施农业实现收入 94.9 亿元，占农林牧渔业总产值的 22.5%。全市农业观光园 1 299 个，实现总收入 27.4 亿元，增长 1.8%。民俗旅游实际经营户 8 530户，实现总收入 10.2 亿元，增长 12.6%。特别是高端会展农业进入了爆发式增长期，总收入近 30 亿元。

第三章　指导思想、基本原则、发展思路与发展目标

一、指导思想

深入贯彻落实党的十八大、十八届三中全会和习近平总书记系列重要讲话特别是考察北京工作时的重要讲话精神，坚持农业的基础地位，紧紧围绕北京都市型现代农业生产、生活、生态、示范四大功能，以节水富民、提质增效为目标，正确处理好政府与市场、城市与农村、结构调整与农民增收的关系，创新体制机制，加快推进农业节水，调整农业结构，转变农业发展方式，着力构建与首都功能定位相一致、与二、三产业发展相融合、与京津冀协同发展相衔接的农业产业结构，为建设国际一流的和谐宜居之都提供有力支撑和坚实保障。

二、基本原则

（一）坚持量水发展

按照以水定城、以水定地、以水定人、以水定产的方针，大力推进农业种植结构调整，全面推广高标准节水技术，严格依法治水，实行取水许可，提高用水效率，为首都水安全做出应有贡献。

（二）坚持生态优先

在农业发展中更加重视农业的生态功能，大力发展休闲观光农业；更加重视农业减排循环技术应用，大力发展生态友好型现代农业；更加重视造林绿化，逐步形成山水林田湖自然景观和城乡环境相互融合、相得益彰的生态格局。

（三）坚持提质增效

围绕首都城市功能定位，合理有序统筹推进农业结构调整。压减高耗水的作物生产，调减达不到健康养殖标准的畜禽养殖，稳定蔬菜、渔业和林果生产，大力发展籽种农业。

（四）坚持农民增收

充分考虑产业调整疏解对农民收入的影响，坚持分业施策、综合施策，统筹研究制定转移就业、替代产业、扶持创业等多方面政策举措，确保农民就业增收。

三、功能定位

北京都市型现代农业具有提供物质产品、精神产品和生态产品的多重功能，肩负着减少农业污染、改善生态环境、促进农民增收等多重使命。北京市国家现代农业示范区具有四项基本功能。

（一）生产功能

围绕稳定和提高“菜篮子”自给率、控制率、合格率和应急保障能力“三率一能力”目标，按照“调粮、保菜、做精畜牧水产业”的要求，大力调整农业产业结构，积极发展籽种产业、生态粮经种植、高效设施蔬菜、有机特色水果、健康畜禽养殖以及农业精深加工等主导优势产业，强化农业综合生产能力，延长产业链条，提升农业附加值，保障农产品质量安全，打造高精尖的农业产业，使农业成为首都鲜活安全农产品供给的基础保障。

（二）生态功能

坚持农业作为“生产性绿色空间”的定位，强化都市型现代农业生态涵养、物质循环等生态功能，坚持生态保护优先，推动循环农业发展，积极

---

① 三区：中部农产品精深加工区、南部乳制品生产基地、蔬菜（食用菌）加工区和北部干鲜果品、饮品和新兴特色食品加工区；两环：技术密集型农产品加工环、“菜篮子”产品加工保障环；一带：生态涵养区特色农产品加工产业。

开展农业面源污染和畜禽养殖污染防治，不断提高农业减源增汇水平，提高农林水生态服务价值。

（三）生活功能

按照城乡互动、产业融合的要求，提升都市型现代农业生态、疗养、休闲、度假、教育、科技等生活功能，努力建设多元化休闲观光农业产品体系，提升休闲观光农业品质，为广大市民提供旅游、观光、体验、文化、休闲的场所。

（四）示范功能

发挥首都科技、人才等资源优势，以农业生物技术、农业信息技术和设施农业技术为重点方向，逐步建立起具有首都特色的技术创新体系和技术服务体系，示范推广农业新技术、新品种、现代农业管理模式，把北京农业打造为技术新、产出高、效益好的现代农业样板。

四、发展思路

根据北京市的地理位置、资源条件、气候类型、生态环境等实际情况，科学、合理布局主导产业和空间，充分发挥首都的地理优势、资源优势和人才优势，进一步健全适合农业发展水平和首都特点的都市型现代农业产业体系。

一是以"调粮、保菜、做精畜牧水产业"为核心，调整农业产业结构，开发农业生产功能满足城乡居民基本需求，发展"菜篮子"农产品生产，发展现代种业，打造高精尖的农业产业，使农业成为首都鲜活安全农产品供给的基础保障。

二是以农业的生产、经营和服务为对象，转变农业发展方式，开发农业生态功能传承农耕文化，培养职业农民，创新经营形式，完善服务体系，挖掘节水潜力，提升经济效益，实现农产品优质优价，使农业成为直接从事生产农民增收的基础保障。

三是以农业内涵和价值提升为内容，丰富农业发展内涵，开发农业生活功能诠释乡愁，发展休闲观光农业、景观农业、城市农业，让农业进城，让市民下乡，推进农业与都市深度融合，使农业成为首都和谐宜居之都生态景观的基础保障。

五、发展目标

（一）总体目标

按照京津冀协同、农林水结合、城乡互动、种养业协调的思路，通过调整农业结构，转变农业发展方式，全面提升都市型现代农业的应急保障、生态休闲和科技示范水平。经过5～7年的建设，以土地产出率、劳动生产率、资源利用率达到国内领先为主要标准，农业的多功能实现深度开发。通过发展籽种产业、休闲观光农业、生态健康种养业、农业高新技术产业和沟域经济，形成业态丰富、功能多样、环境友好、特色鲜明的都市型现代农业产业体系。探索一条具有首都特色、集高科技、高辐射、高效益、集约节约、生态环保与一体的都市型现代农业发展道路，推动北京市农业与农村经济全面发展。到2015年，使北京市在全国率先基本实现农业现代化，到2020年，北京市在全国率先全面实现农业现代化（表1）。

表1 北京市都市型现代农业发展重要指标表

指标名称	2012年	2015年	2020年
土地产出率（元/亩）	913.6	1 142.0	1 617.8
劳动生产率（万元/人）	2.67	3.5	6
水资源利用率（元/立方米）	16.15	23.98	50.65
农民人均纯收入（万元）	1.6	2.3	4
高标准农田面积比重（%）	56	60	75
农作物耕种收综合机械化水平（%）	85	87	90
土地适度规模经营比重（%）	52	55	70
农产品加工业产值与农业总产值比值（%）	2	2.7	3.5
农户参加农民合作社比重（%）	40	60	75
农林水事务支出占农林牧渔业增加值的比重（%）	12.3	15	20
万元GDP能耗（吨标准煤）	0.778	0.72	0.65

（二）主要目标

全面提升农业节水水平。农业用新水从2013年的7亿立方米左右下降到5亿立方米左右，农田灌溉水有效利用系数进一步提高，达到国际先进水平。

全面提升"菜篮子"保障水平。按照规模化发展、园区化建设、标准化生产的要求，稳定"菜篮子"自给率；深化区域合作，建立紧密型的"菜篮子"生产外埠基地，提高"菜篮子"产品控制率；强化质量安全，提高"菜篮子"产品合格率。加强农产品市场体系建设，切实提高首都鲜活农产品日常供应能力、应急保障能力、市场竞争能力。

全面提升现代种业发展水平。重点围绕农作

物、畜禽、水产、林果四大种业，发挥首都科技和人才优势，打造全国种业创新中心、交流交易中心和企业聚集中心，加快提升“种业之都”建设，发挥引领辐射作用。

全面提升生态建设水平。推动循环农业发展，积极开展农业面源污染和畜禽养殖污染防治，逐步降低化肥、农药使用量，不断提高农业减源增汇水平。因地制宜，大力发展观光休闲农业，为市民提供更多的休闲游憩场所。创新造林和管护机制，积极发展生态林、经济林、苗圃花卉与林下经济。平原地区森林覆盖率由目前的24.5%提高到30%以上。

（三）具体目标

以北京市的区域优势、产业发展优势、基础设施优势、科技创新优势、农业生产效率优势、农村改革优势、农村金融优势和农村经济基础优势为依托，以现代科技改造农业，以现代物质装备农业，以现代管理组织农业。实现土地产出率、劳动生产率、资源利用率全面提高，农业经营管理水平实现特色高端高效，农业生态服务水平国内一流，农业科技水平与社会化服务能力显著增强，农业基础装备国内领先，全面提升农业节水水平和生态建设水平，率先在全国实现由传统农业向现代农业的转变。

土地产出率以2012年的913.6元/亩为基数，到2015年达到1 142.0元/亩，2020年达到1 617.8元/亩；劳动生产率以2012年的2.67万元/人为基数，2015年达到3.5万元/人，2020年达到6万元/人；水资源利用率从2012年的16.15元/立方米为基数，2015年达到23.98元/立方米，2020年达到50.65元/立方米。

农业经营管理水平实现特色高端高效。农民组织化程度和规模化经营水平显著提高，其中农户参加农民合作社比以2012年40%为基数，2015年达到55%，2020年达到75%；提高规模化经营水平，土地适度规模经营比重以2012年52%为基数，2015年达到58%，2020年达到70%；畜禽规模化养殖比重以2012年76%为基数，2015年达到80%，2020年达到85%；农产品加工业总产值与农业产值之比以2012年2∶1为基数，2015年达到2.7∶1，2020年达到3.5∶1。农民人均纯收入以2012年的16 467元为基数，2015年达到23 000元，2020年达到40 000元。

农业生态服务水平国内一流。积极开展农业面源污染和畜禽养殖污染防治，逐步降低化肥、农药使用量，推动循环农业的发展。发展生态林、经济林、苗圃花卉与林下经济。平原地区森林覆盖率由2012年的24.5%，提高2015年的26%，2020年的30%；化肥施量从2012年的14万吨，下降至2015年12万吨以下，2020年降到10万吨以下；农药使用量从2012年的730吨，下降至2015年600吨以下，2020年下降至500吨以下；“三品一证”覆盖率以2012年23%为基数，2015年达到40%，2020年提高到60%。农业生态系统服务价值以2012年的1.27万亿为基数，2015年达到1.5万亿，2020年达到2.0万亿；农业废弃物综合利用率以2012年的87%为基数，2015年达到90%，2020年达到97%。

农业科技水平与社会化服务能力显著提高。以北京国家现代农业科技城建设为契机，显著提升农业科技创新能力、新型产业培育能力和社会化服务能力。科技贡献率以2012年68%为基数，2015年达到72%，2020年达到80%；建立完善的农业信息化服务体系，村镇农业社会化服务程度达到全面覆盖，具备农业综合信息服务能力的乡镇比重和“12316”等农业信息服务热线覆盖率以2012年100%为基数，到2015年和2020年继续保持在100%；持专业证书的农业劳动力占比以2012年46%为基数，2015年达到51%，2020年达到60%；大专学历以上农业技术推广服务人员占比以2012年87%为基数，2015年达到90%，2020年达到95%；农林牧渔服务业增加值占农林牧渔业增加值的比重以2012年3%为基数，2015年达到4%，2020年达到6%；大力促进现代种业的快速发展。全市种业年销售额以2012年的107.6亿元为基数，2015年达到115亿元，2020年达到150亿元。

农业基础装备国内领先。粮食作物生产全程机械化，农业物质装备水平实现现代化。其中高标准农田面积比重以2012年56%为基数，2015年达到60%，2020年达到75%。耕种收综合机械化水平以2012年85%为基数，2015年达到87%，2020年达到90%；第一产业万元GDP能耗以2012年0.778吨标准煤为基数，2015年降到0.72吨标准煤，2020年降低到0.65吨标准煤。

全面提升农业节水水平。农业灌溉有效利用进一步提高，达到国际先进水平。北京市农业年用清水总量以2012年7.09亿立方米为基数，2015年控制在6.5亿立方米以内，2020年控制在5亿立方米以内；农业灌溉用水总量以2012年5.2亿立方米为基数，2015年控制在4.5亿立方米以内，2020年控制在4亿立方米以内；全市农业灌溉水利用系数以2012年0.697为基数，2015年达到0.71，2020年达到0.75；农田有效灌溉面积比以2012年的67%为基数，2015年达到90%，2020年达到95%。

大幅度提高财政支农水平。加大现代农业建设的财政支持力度，为促进农民增收、现代农业加快发展发挥重要作用。农林水事务支出占农林牧渔业增加值的比重以2012年12.3%为基数，2015年达到15%，2020年达到20%。

六、发展战略

（一）高新技术驱动战略

坚持“科技兴农”的发展方向，高新技术是现代农业发展的第一生产力。北京农业依靠高新技术有了一个较快的发展、农民收入有了一个较大的增加；今后还要依靠农业高新技术的创新，使北京现代农业示范区有一个实质性的大提升。

（二）高效产业支撑战略

坚持以农为本、产业立园的指导思想，调整产业结构，依靠高效农业来支撑园区的发展。在确保农业基础地位的前提下，着力拓展农业功能，延长农业经营产业链，拓展农业发展新空间。同时，要大力引进人才，引进企业，引进社会资本，引进现代化的管理模式，破解园区发展的瓶颈。

（三）标准品牌提升战略

北京市国家现代农业示范区要制定品牌农业发展规划，依靠精细投入、精细定位、精细管理和精品销售网络链，提升产品标准，制定和完善农业的服务标准，大力提升生态农业和循环农业打造的环境标准，建立农业全产业链、服务链和科技链相结合的标准体系。加强品牌整合，鼓励企业、合作组织和农户等农业经营主体进行农产品商标注册。在创立名牌过程中，要做到产品有注册商标、有固定包装、有明确的与国际接轨的质量标准、有产地和规模的要求，形成规模化和专业化的名牌产品生产，提高市场占有率和农产品的国际竞争力。

（四）生态环境持续战略

坚持生态、经济、社会协调可持续发展的理念，引进吸收国内外先进的低碳环保技术和设备，推广生物农药和生物肥料，进行秸秆综合利用，推进农业安全化生产。农产品质量安全指标要与国际标准接轨，健全国际通行的农产品质量安全体系，进一步满足城乡居民不断提升的消费要求，逐步增加无公害农产品、绿色农产品和有机农产品的比重。加大对山区环境和河道的治理，注重生态环境保护，采取生态农业的模式，发展高效节水灌溉，努力缓解水资源紧缺矛盾，尽可能地逐步按绿色食品、有机食品的技术规范进行生产经营，以适应现代农业发展及更高层次的社会需求，确保农业可持续发展。探索循环农业模式。以资源的高效利用、循环利用和节能减排为目标，以“减量化、再利用、资源化”为原则，以低消耗、低排放、高效率为基本特征，科学地安排不同生物质在系统内部的循环利用或再利用，最大限度地利用农业生态环境条件，以尽可能少的投入得到更多更好更安全的产品。

（五）体制与机制创新战略

要对现有的北京农村组织制度进行创新，完善和改造农业产业组织结构，提高农户的组织化程度，加强农业经营的合作化水平，建立以管理企业化为特征的产业型组织。现代农业组织的构成主体具有跨越产业界限，活动空间突破城乡限制，运行效益体现综合性特点。这种组织，既包括以龙头企业为核心的企业组织，又包括以专业合作经济组织为重心的市场组织。在继续培育壮大企业组织的同时，按照“自我组织、自我管理、自我服务、自我受益”的原则，加大力度发展农民专业协会或农民专业合作社等市场组织，积极发挥龙头企业的示范带动作用，在农户与企业、农户与市场之间建起纽带与桥梁，不断提高农民的自我组织程度，使其在现代农业的产业联动中发挥重要作用。

（六）城乡一体融合战略

坚持在城镇化和新型工业化的过程中同步推进农业现代化。促进城乡要素有效流动和基础设施共建、共享、共管，积极转变农民居住方式、活动方式、消费方式和生产方式，缩小城乡差距，加快城乡公共服务均等化，建设要素互补、环境友好、产业融合的休闲观光农业支撑体系。

第四章 北京市都市型现代农业空间布局

北京市都市型现代农业必须根据城市居民的需要和北京市农业资源特点，对现有农业产业进行深层次的结构调整，发展节水农业，优化空间布局。要充分体现北京特色，发挥北京优势，体现北京作用，代表中国都市型现代农业的最高水平。

一、北京市农业结构调整方案

调结构，转方式，发展高效节水农业是深化农村改革、创新体制机制的重大举措，是促进生态文明、建设国际一流和谐宜居之都的内在要求，是发展都市型现代农业、提升农业核心竞争力的重大机遇。为促进北京市国家都市型现代农业发展，按照“调粮、保菜、做精畜牧水产业”积极推进农业种植结构调整，优化农业空间布局，促进农业提质增效，形成调整方案如下：

1. 粮食种植面积由 2013 年 171 万亩，调整至 2020 年的 80 万亩。退出高耗水作物，重点发展籽种田 30 万亩，旱作农业田 30 万亩，生态景观田 20 万亩。主要分布在 9 个区县的 61 个乡镇（表 2），其中：房山 13 个乡镇、大兴 5 个乡镇、通州 5 个乡镇、顺义 7 个乡镇、密云 10 个乡镇、怀柔 6 个乡镇、平谷 4 个乡镇、延庆 11 个乡镇。

表 2 2020 年北京市粮食占地面积计划表

单位：万亩

区县	2013 年占地	2020 年占地	减少面积
顺义	25.87	10	15.87
大兴	29.897	5	24.897
通州	18.707	8	10.707
房山	18.7	15	3.7
平谷	12.1	3	9.1
怀柔	10.42	5	5.42
密云	22.91	14	8.91
昌平	4.03	/	4.03
延庆	26.85	16.7	10.15
朝阳	0.087	/	0.087
海淀	0.47	0.3	0.17
丰台	0.37	/	0.37
门头沟	1.31	/	1.31
合计	171.72	80	91.72

2. 蔬菜种植面积由 2013 年 59 万亩，调整至 2020 年的 70 万亩。主要分布在 13 个区县的 154 个乡镇（表 3），其中：大兴 11 个、通州 9 个、顺义 17 个、房山 22 个乡镇、延庆 15 个、昌平 16 个、密云 15 个、平谷 15 个、怀柔 15 个、朝阳 5 个、海滨 5 个、丰台 1 个、门头沟 6 个。

表 3 2013 年与 2020 年北京市蔬菜占地面积计划表

单位：万亩

区县	2013 年占地	2020 年占地	增加面积
顺义	10.43	14.39	3.96
大兴	16.41	15.36	−1.05
通州	13.49	9.98	−3.51
房山	4.40	5.47	1.07
平谷	3.48	5.27	1.79
怀柔	2.11	2.85	0.74
密云	3.57	5.01	1.44
昌平	2.36	4.15	1.79
延庆	2.36	5.80	3.44
朝阳	0.20	1.34	1.14
海淀	0.78	0.50	−0.28
丰台	0.18	0.08	−0.10
门头沟	0.11	0.20	0.09
合计	59.88	70.40	10.52

3. 果园种植面积 2020 年维持在 100 万亩左右，其中升级改造 50 万亩低效果园。主要分布在 13 个区县（表 4）。

表 4 2020 年北京市果园占地面积计划表

单位：万亩

区县	2013 年占地	2015 年新建果园	2015 年改造果园	2020 年改造果园	2020 年占地
顺义	7.57	0.30	0.65	3.41	8.13
大兴	16.00	0.22	1.10	5.78	13.75
通州	6.34		0.60	3.15	7.50
房山	20.23		0.80	4.20	10.00
平谷	41.56	0.31	2.50	13.13	31.25
怀柔	36.56	0.06	0.45	2.36	5.63
密云	45.23	0.03	0.85	4.46	10.63
昌平	22.77	0.09	0.42	2.18	5.19
延庆	17.45		0.12	0.63	1.50
朝阳	0.33		0.11	0.59	1.40
海淀	4.82		0.04	0.18	0.44
丰台	1.30		0.05	0.25	0.60
门头沟	10.43		0.32	1.68	4.00
合计	230.60	1.00	8.00	42.00	100.00

4. 畜牧水产业控制新增规模，疏解现有总量，提高养殖水平。生猪年出栏量调减 1/3，稳定在 200 万头左右；肉禽年出栏量调减 1/4，稳定在 6 000万只左右；奶牛存栏量稳定在 14 万头左右，蛋鸡存栏量稳定在 1 700 万只左右；水产养殖面积稳定在 5 万亩左右，推广工厂化、温室循环、标准化的节水池塘养殖和生态养殖（表 5）。

表 5　2013 年与 2020 年北京市畜禽养殖计划表

区县	生猪出栏（万头）		奶牛存栏（万头）		蛋鸡存栏（万只）		肉禽出栏（万只）	
	2013	2020	2013	2020	2013	2020	2013	2020
顺义	95.11	68.00	1.74	1.70	133.80	600.00	1 020.88	133.90
大兴	49.21	20.00	2.86	2.50	122.56	500.00	1 295.23	122.60
通州	28.56	15.00	2.30	2.30	57.95	500.00	745.75	58.00
房山	43.35	25.00	1.41	1.40	108.56	600.00	876.11	108.60
平谷	38.31	30.00	0.08	0.10	584.16	576.00	725.09	611.20
怀柔	12.14	10.00	0.93	0.90	25.29	1 024.00	1 024.91	25.30
密云	22.27	15.00	1.88	1.90	228.03	1 200.00	1 710.66	288.00
昌平	10.58	6.00	1.08	1.00	80.57	100.00	122.22	80.00
延庆	11.54	10.00	1.69	1.70	271.60	600.00	688.55	271.60
其他区县	3.33	1.00	0.48	0.50	16.31	300.00	320.43	1.00
合计	314.40	200.00	14.44	14.00	1 628.83	6 000.00	8 529.83	1 700.20

二、空间布局

北京市都市型现代农业的空间布局，要充分体现北京特色，发挥北京优势，体现北京作用，代表中国都市型现代农业的最高水平，形成“一核、四大功能区”，完成农业结构布局，重点建设“百个示范乡镇、十大示范园区、十五大示范生产基地”。

（一）一核

北京市现代农业示范区核心区。位于北京市通州区于家务回族乡，辖 23 个行政村，总面积 65.7 平方公里，耕地面积 69 612 亩，其中粮食作物种植面积 23 000 亩，经济作物面积 46 600 亩。总户数 8 988 户，人口 22 602 人，其中农业人口 19 410 人，回族人口 2 780 人，占全乡总人口的 12.3%。为中国农业科学院新院址所在地，打造“中国种业硅谷”、北京市农业科技的总引擎、北京市新兴农业的孵化器、北京市都市型农业的展示窗口。

（二）四大功能区

根据北京市的地形地貌、资源禀赋、产业基础，以及区域特色、功能、发展预期和生态承载能力，区域产业发展布局分为四个特点不同的农业功能区。

1. 城市创意休闲农业区。包括东城区、西城区、石景山区、朝阳区、海淀区、丰台城乡结合部和新城的周边地区，重点发展农业高新技术研发、总部经济、会展农业、景观农业、创意农业、农产品流通业、农业主题公园和休闲观光农业，打造农产品展示交流平台，并为农业提供科技支撑和农业金融、保险等社会化服务，发挥城市农业的基本功能。

2. 平原供应保障农业区。包括顺义、大兴、通州和房山、平谷、昌平的平原地区，以绿色、无公害为重点，发展高效节水农业、籽种产业、设施农业和农产品加工物流产业，打造一批特色果品产业带和有机农产品生产基地，保障城区“菜篮子”工程的基本供应。

3. 山地生态服务农业区。包括房山、门头沟、昌平、怀柔、延庆、密云、平谷的山区，浅山地区，以绿色、有机农业为重点，发展特色农业、健康养殖产业，打造一批特色果品产业带和有机农产品生产基地。深山区以生态涵养为主，着重发展循环农业、低碳农业、有机农业和沟域经济，拓展农业功能，服务城区市民休闲需求。

4. 京津冀农业协同发展区。按照京津冀协同发展的思路，以实施京津冀农业合作项目为重点，建设蔬菜产业基地，更大规模地打造北京市的“菜篮子”。新发展 20 万亩农产品生产基地，外埠供应基地达到 80 万亩，并与城区“菜篮子”产品销售网络相对接，形成首都农产品外埠供应基地网络，逐步实施环首都现代农业带发展建设，疏解非北京核心功能业态。

（三）百个示范乡镇

为推进北京市国家现代农业示范区的创建，承接示范区现代农业产业发展与布局，按照《关于开展北京都市型现代农业（高效农业）示范镇创建活动的实施意见》（京政农函〔2012〕101号）要求，在已经建成的39个示范乡镇的基础上，2014—2020年间，北京市还将继续建设完成共100个，具有北京特色、区域特点，突出高端高效、绿色安全，能够引领示范、辐射带动的都市型现代农业示范镇，使之成为充分体现人文、科技、绿色特征的低碳农业先行区、现代农业生产与创新农业产业培育的样板区、农业科技成果和现代农业装备应用的展示区、现代农业功能拓展的试验区和农民接受新知识新技术的培训基地。2015—2020年，示范乡镇在各区的具体分布见表6。

表6　2015—2020年北京市各区创建国家现代农业示范区示范乡镇的情况

区县	2013年示范乡镇数量	2015年示范乡镇数量	2020年示范乡镇数量
顺义	6	7	14
大兴	3	4	7
通州	5	7	14
房山	5	6	12
平谷	2	2	5
怀柔	2	2	5
密云	4	5	10
昌平	4	5	10
延庆	3	4	7
朝阳	0	1	2
海淀	1	1	2
丰台	0	1	2
门头沟	4	5	10
合计	39	50	100

同时，通过编制考核指标体系，重点就编制规划情况、机构运行情况、人均农林牧渔总产值、亩均农林牧渔总产值、农民人均纯收入增速、蔬菜单产、设施农业产出率、户均经营土地面积、亩均化肥施用量、有效灌溉面积比重、节水灌溉面积比重、机械化率、农户参加合作组织比重、农产品抽检合格率、“三品”基地比重等重要指标，进行跟踪监测，推进示范乡镇的建设和发展。

（四）十大示范园区

1. 通州国际种业园区。规划面积5万亩，以于家务乡为中心，覆盖通州南部乡镇。目前，中国农科院、中国农业大学、北京农林科学院、中国林科院，以及法国利马格兰、北京德农、大北农金色农华、黑龙江垦丰种业、山东冠丰种业、内蒙古大民种业等已入驻园区。通过搭建物联网综合服务平台、高通量分子育种服务平台、种苗健康北京市工程研究中心以及作物种质资源共享交流平台等公共服务平台。优化种业产业资源配置，建设“育繁推”一体化种业产业链条，展现北京种业引领作用，推进国家“种业硅谷”的建设。

2. 房山“中国北京农业生态谷”。位于房山区琉璃河镇，占地总面积17 200亩，由中粮集团组织实施，是央企与地方合作统筹解决“三农”问题的一种模式创新。计划用3～5年的时间，规划建设一个集高端农产品加工、绿色种植示范、农业研发和创新、国际农业总部以及国际农业交流为一体的、聚集国内外农业高科技人才、世界领先的田园牧歌式的农业高科技示范园区。预计总投资280亿元。

3. 延庆世界葡萄博览园。世葡园位于燕山山脉前的平坦地带，延庆县张山营镇东部。核心区面积3 126.7亩，是举办世界葡萄大会的重要场所，是集葡萄品种展示、观赏采摘、生态体验、景区游览、科普教育、休闲娱乐等功能于一体的综合性博览园，也是目前国内最大的葡萄主题公园，不出国门就可品鉴36个原产地的1 014种优品葡萄。

4. 北京昌平国家农业科技园区。北京市首批的国家级农业科技园区，包括小汤山特菜大观园和昌平草莓园两大部分。核心区面积2 300亩，规划辐射面积111.4平方公里，涉及小汤山、兴寿、崔村、百善4个镇，初步形成了“七区一园”，即籽种农业示范区、花卉示范区、林木种苗示范区、设施农业示范区、水产养殖示范区、休闲度假区、发展预留区、北方国际高科技蓝田园。

5. 丰台种业科技展示园区。位于丰台区王佐镇，总占地面积300亩，包括约9 000平方米的展馆展示区、29 000平方米的温室展示区和54 000平方米的露地展示区等功能区，多年来连续成为北京种子大会的品种展示基地。特别是，借助世界种子大会举办契机，建立了先进的种子检测检验实验室，目前丰台区加快构建以种子检测公共平台为技术支持，以展示交流公共平台为特色，以金融服务机构为支撑，以种业交易、贸易为核心的种业发展体系。

6. **顺义金马农产品加工园区**。位于顺义高丽营镇，北邻六环高速路，东接京密公路，西为火寺路，南至首都机场5公里，地理位置优越，交通十分便捷，面积为307公顷，现已入驻北京艾莱发喜食品有限公司、北京恒慧通食品有限公司、北京大三环食品有限公司等46家企业，初步形成了科技含量高、外向型、多功能和综合性的现代化农产品加工业园区。

7. **北京庞各庄高科技农业示范园**。位于中国西瓜第一乡庞各庄镇，包括北京庞各庄高科技农业产业园和大兴西瓜博览园两大部分。北京庞各庄高科技农业产业园是北京市人民政府和新西兰惠灵顿市政府合作项目，基地位于大兴区庞各庄镇北曹各庄村，一期工程占地1 278亩，投资金额为11.8亿元，规划建设高效温室蔬菜栽培区、蔬菜加工物流区、技术展示示范区、检测办公服务区。大兴西瓜博览园集科研开发、实验示范、生产销售、观光采摘为一体，其培育的西瓜在历届全国西甜瓜评比中多次获得瓜王称号。

8. **密云酒香之路农业园区**。位于密云县巨各庄镇，近年来通过大力发展规模化葡萄种植基地，将红酒为代表的文化创意贯穿创意农业、工业和旅游业的整个脉络，形成以张裕爱斐堡国际酒庄为龙头，沿新密兴路沿线15公里巨龙河谷10平方公里的精品葡萄产业带。该产业带按照“一轴、一带、三区”的发展格局，沿途规划5～8家城堡酒庄。目前已建成葡萄基地近5 000亩，其中酿酒葡萄2 000亩，鲜食葡萄3 000亩。

9. **怀柔冷水鱼种业园**。以国家级鲑鳟鱼良种场、北京顺通虹鳟养殖中心和市级鲟鱼良种场、北京龙兴鲟鱼开发股份有限公司为龙头，带动怀柔区内19家有冷水鱼繁育条件的冷水鱼养殖场共同发展，共建成冷水鱼苗种繁殖场21家，苗种养殖企业68家，探索研发了“鲟鱼剖腹采卵亲鱼保活技术”“鲟鱼梯度控温多季节繁育技术”，推广应用了“虹鳟光控多季节采卵繁育技术”。

10. **北京德青源健康养殖生态园**。位于北京松山国家自然保护区延庆县张山营镇水峪村，拥有300万只蛋鸡，是亚洲单体规模最大的蛋鸡养殖场，占北京市场品牌鸡蛋50%的份额。德青源公司通过生态养殖、食品加工、清洁能源工业、有机肥料工业再回到生态种植业，是全球领先的生态农业企业，开创了可持续发展的生态农业模式，建立了全球领先的循环经济标准，成为了产业标准的制定者及引领产业发展的龙头企业，持续为消费者提供高品质的生态食品和清洁能源。

（五）十五大示范生产基地

1. **北京市都市型现代农业万亩示范基地**。位于顺义区赵全营镇，通过万亩示范基地的建设，促进粮食规模化生产、机械化作业、标准化建设和社会化服务，打造北京市高标准粮食生产农田，集成推广现代实用技术，打造优美农田景观，实现农田生态景观价值。粮食单产提高10%～20%，经济效益增加15%。

2. **大兴设施蔬菜示范生产基地**。大兴作为北京“南菜园”，包括“三乡、两带、十个千亩园”①，拥有8.9万亩设施农业，22万亩无公害、绿色精品蔬菜，10万亩“大兴西瓜”。沿庞采路贯穿庞各庄、魏善庄、安定、长子营、采育五镇，沿永定河畔连接黄村、北臧村、庞各庄、榆垡四镇各画一条线，初步形成了以田园风情为突出特色，集农业生产、市场开发、休闲观光于一体的“T”形都市型现代农业休闲产业观光带。

3. **延庆北菜园示范生产基地**。延庆北菜园示范生产基地由20余个成员合作社组成，涉及种植业、养殖业、农产品初加工等领域，实行种植规划、技术指导、品牌销售等“六统一”，目前已取得近百个蔬菜品种的有机认证，成为远近闻名的有机蔬菜生产基地。其中有机种植面积5 000余亩，其中蔬菜种植面积达3 000亩，无公害蔬菜种植面积达万亩。积极开展“农社对接”销售模式，创新农产品流通方式，在居民小区安装智能配送柜，与顺丰等快递公司联手，推出有机农产品快递专线。

4. **房山窦店食用菌示范生产基地**。位于房山区窦店镇，建有现代化冷房1.2万平方米、智能控制阳光温室6 000平方米，使用自创的无间断

---

① “三乡、两带、十个千亩园”是指黄村、芦城、礼贤三个蔬菜专业乡，魏礼路、青长路两个蔬菜带，十个千亩连片高标准蔬菜园。

周年生产珍稀食用菌及其深加工工艺，结合生物育种工程和人工智能控制系统。该公司获得EOURPGAP（欧洲良好农业操作规范）、有机食品、AA绿色食品等5项认证，其产品可顺利进入美国、澳大利亚、日本、韩国等市场。年产出白灵菇1 400吨、金针菇1 300吨，产值超过5 000万元，带动了当地2 000余户农民就业，户均增收1万元。

5. **顺义鲜花港示范生产基地。**位于顺义区杨镇，总体规划4平方公里，是北京市政府规划的北京市唯一的专业花卉产业园区，是北京市主办的各届中国花卉博览会的重要功能组团之一，是北京市花卉产业发展的窗口。目前，鲜花港正逐步发展成为北京市花卉的生产、研发、展示和交易中心，以及花卉的休闲观光和文化交流中心。

6. **平谷大华山大桃示范生产基地。**平谷区是全国大桃生产第一区，被誉为“中国桃乡”，面积达16.8万亩，产量超1.15亿千克，有3.5万户、10多万农民从事大桃生产，大桃面积、产量、品种居全国区县级首位，拥有黄桃、白桃、蟠桃、油桃四大系列218个品种，远销东南亚、西欧十几个国家。先后被国家林业局授予“中国名特优经济林桃之乡”，被国家质量技术监督检验检疫总局确定为“全国大桃标准化生产示范区”。

7. **平谷峪口蛋鸡养殖基地。**位于平谷区峪口镇，以峪口禽业、正大蛋鸡为主体。峪口禽业总投资3.06亿元，每年向社会提供商品代雏鸡的能力达到2.4亿只，是目前国内最具实力的集品种选育、良种繁育、示范推广于一体的现代化蛋种鸡企业之一。正大蛋鸡总占地面积779亩，总投资7.2亿元，其中蛋鸡场养殖规模300万只、年产鲜蛋5.4万吨，是亚洲养殖规模第一、世界养殖规模第二、世界首例一次性建成规模最大的蛋鸡生产项目，通过整合政府的政策资源、银行的金融资源、龙头企业的技术和市场资源、农民专业合作社的土地和组织资源，首创了“四位一体”产权农业模式。

8. **北京三元绿荷奶牛养殖基地。**北京三元绿荷奶牛养殖中心是国家奶牛养殖业的龙头企业，下设36个奶牛场和相关产业，分布在北京的六个郊区县，现有总资产10亿多元，奶牛总存栏4.5万头，其中成母牛存栏2.1万头，年产优质原料奶2.5亿千克，2012平均头年单产达10 947千克，创国内大群体奶牛高产之最，是北京鲜奶市场的主要组成部分，年经济总收入4亿多元。通过了国家良好农业规范（GAP）认证，是全国标准化良好行为AAAA级企业，荣获国家绿色食品A级证书。

9. **京东观赏鱼养殖基地。**由位于城市东部的朝阳区黑庄户、通州张家湾等观赏鱼养殖基地组成。北京市朝阳区黑庄户观赏鱼养殖基地占地500余亩，是专业从事中国宫廷金鱼及其他名贵观赏鱼的选育、制种、繁育、养殖和交易的综合性基地，拥有观赏鱼的进出口资格和海关自理报关权。通州区张家湾观赏鱼养殖基地占地270亩，2012年通过国家级良种场验收，成为全国首家国家级锦鲤良种场，是专门从事锦鲤、金鱼繁育、养殖及出口基地，年生产高质量宫廷金鱼30万尾，高级锦鲤5万尾，其他品种观赏鱼300万尾，具有年孵化优质锦鲤水花4 000万尾，草金鱼水花1亿尾的生产能力。

10. **朝阳区金盏休闲观光基地。**位于朝阳区金盏地区，地处温榆河畔，乡域内地热资源丰富，交通便利，分别与东苇路、机场高速路、京顺路、朝阳北路、朝阳路相连，北距首都机场7.7公里，南距京通高速公路9.3公里。水面9 300余亩，有温榆河、小北河、坝河三条河流流经乡域。近年来，该区域依托优越的区位条件和良好的自然环境，加快发展绿色休闲产业，做大做强农游合一生态旅游业，目前已拥有蟹岛度假村、郁金香花园、蓝调庄园等一批休闲观光园区，成为都市型现代农业多功能拓展的典型代表。

11. **密云古北水镇休闲观光基地。**位于北京密云司马台镇，包括老北京特色商业街、特色商铺、民间手工技艺作坊、非物质文化体验馆、北方景观民宿、户外露天剧场以及与华北地区相适宜的高品质的度假会议酒店和会所等；突出冷泉、热泉资源亮点，展示古北民间文化，塑造具有北方建筑特点的“亲水山坡型”明清风格的北方古镇，实现高端观光与休闲度假及会议结合的复合型经营模式。

12. **通州漷县镇节水示范基地。**区域面积113.7平方公里，辖61个行政村，是首批国家级小城镇综合改革试点。有耕地面积8万亩，规模化养殖场19个。以节水增效为目标，以配套完善农业灌溉、饮用水供应等设施为基础，以调结构和标准管理、以量计征、专业管护为手段，统筹推进农业用水和农村生活饮用水节水，并试点建立村民用水收费和设施管护长效机制。农业节水主要通过两项措施实现，一是计划调整种植品种和模式，发展旱作雨养农业，并减少畜禽养殖存栏数及水产养殖面积；二是配套相应节水灌溉措施，建立与水资源优化配置相适应的节水灌溉工程，包括水源、输水管网、水肥一体化和田间节水灌溉工程及农业用水信息化管理平台。

13. **燕山板栗示范生产基地**。主要位于密云县、怀柔区境内，种植面积60多万亩。燕山板栗属于华北品种群，栽培历史悠久，具有香、甜、糯的独特风味。示范基地积极推广嫁接换优、优质丰产栽培、标准化生产、无公害病虫防治技术等现代化生产新技术，为栗农提供板栗的收购、贮藏、加工、销售等一条龙服务；建有以加工干果为主的企业——北京红螺食品集团等，并出口到日本、韩国及东南亚等国家。

14. **大兴生物医药（动物疫苗）生产基地**。产业基地总体规划面积28平方公里，规划范围北起六环路，南至魏永路，西至永定河畔，东临京开高速公路。基地是北京市生物工程与医药产业重点基地，大力吸引国内外大企业和拥有自主知识产权、具有核心竞争力的企业入驻基地，目标是建设成为全国生物工程和医药产品研发、检定、评审、监管和临床应用的中心。基地已进入国家级开发区“中关村科技园区”，全面享受中关村的各项优惠扶持政策。

15. **北京农产品中央物流园**。位于朝阳区黑庄户，占地1 500亩，投资将达60亿元，建筑面积95万平方米，该市场可实现年交易量1 000万吨，年交易额450亿元，届时将占据北京市场四成左右的份额。中心主要包括安全检测区、交易区、仓储区、加工配送区、现代农产品展示区和农产品企业总部聚集区。整个园区采用绿色环保设施，最终打造成北京农副产品的“CBD”。

第五章　北京市都市型现代农业重点建设内容

坚持都市型现代农业的发展方向，按照三高并举（高端、高效、高辐射）、三产融合（一、二、三产业）、三生共赢（生产、生活、生态）、四化同步（城镇化、工业化、信息化与农业现代化）的理念，着力构建“现代农业产业体系、社会化服务体系、生态农业体系、现代生产经营体系、科技支撑体系”五大“纵向体系”和“区（县）现代农业示范区、乡（镇）现代农业示范区、村级现代农业示范基地、家庭农场和种养大户”四大“横向体系”，按照北京市农业产业结构调整的基本要求，推动“一核、四区、百个示范乡镇、十大示范园区、十五大示范基地”总体布局，重点完成“十项工程”，全面推进国家现代都市型现代农业示范区建设。

一、五大纵向体系建设

（一）现代农业产业体系

按照规模化发展、园区化建设、标准化生产思路，提升现代农业的核心竞争能力、城乡服务能力、生态涵养能力，打造管理服务精细、产业产品高端、田园乡村秀美、城市郊区共融的都市现代农业“升级版”，为建设北京为国际一流的和谐宜居之都提供有力支撑和坚实保障。具体抓好五大现代农业产业建设：

1. **籽种产业**。按照“一个核心、两大区域、三类基地、四级网络”① 的空间布局，加快种业发展方式转变，重点围绕农作物、畜禽、水产和林果花卉四大种业，发展籽种田30万亩。发挥首都科技和人才优势，强化种业公益性基础性研究，构建以产业为主导、以企业为主体、产学研相结合、育繁推一体化的现代种业体系，加强种业国际合作交流，加快建设国家种业综合改革创新试验示范区及种子品种权交易所，打造全国种业创新中心、交流交易中心和企业聚集中心，加快提升“种业之都”建设。

2. **休闲观光农业**。促进休闲观光和乡村旅游提档升级。以实现京郊旅游“资源多样化、服务便利化、管理精细化、市场多元化”为战略目标，通过培育休闲观光农业旅游综合体，加快发展休闲农业，大力发展乡村旅游，积极拓展新型业态，加快建设公共服务设施，提升休闲观光农业服务水平。城市中心区，包括东、西城区，以发展立体（垂直）农业、阳台农业、校园农业为主，向北京市民

---

① 一个核心为中关村国际种业园区；两大区域为丰台会展和总部功能区以及顺义和通州交易功能区；三类基地：为本市制种基地、南繁制种基地和外埠制种基地；四级网络分别为国家级和市级综合品种试验展示中心、区县级优势作物品种试验展示基地、科教机构品种展示孵化基地和企业级品种展示孵化基地。

大力推广“会行走农业”[1]。近郊区，包括朝阳、海淀、丰台及远郊区县六环以内地区，以观赏旅游、农事体验为主，重点发展农业公园、花卉观赏园、垂钓园及市民租赁农园等观光体验型农业。平原区，包括昌平、顺义、通州、大兴和房山等平原地区，以休闲、农作体验、教育为主，重点发展观光采摘园、瓜菜采摘园、教育农园、租赁农园、垂钓乐园、高科技园等体验、休闲型农业。远郊山区，包括平谷、密云、怀柔、延庆、昌平西北部、门头沟区九龙山以西部分、房山区山地部分，以观光旅游、休闲疗养、民俗文化体验为主，重点发展风景旅游、森林旅游、民俗旅游、果品采摘等生态、文化旅游、美丽乡村游型农业。

大力发展会展农业。依托首都独特区位优势，整合城乡优势资源，按照办好一个展会、拉动一个产业、富裕一方农民的宗旨，积极筹备世界马铃薯大会、世界月季洲际大会、世界园艺博览会等世界性农业盛会。继续举办农业嘉年华等各类农业节庆活动。发挥北京农业科技示范作用，引领全国农业转型发展，提高北京农业的核心竞争力和国内外的影响力、开放度。

3. **生态健康种养业**。大力发展高效节水农业。按照“调粮、保菜、做精畜牧水产业”的要求，大力调整农业结构，全面推进设施节水、农艺节水、机制节水、科技节水，提高农业用水效率。地下水严重超采区和重要水源保护区逐步有序退出小麦等高耗水作物种植，采用宜林则林、宜草则草、宜果则果、宜休耕则休耕的方式恢复水源涵养功能。

提升“菜篮子”保障水平。按照规模化发展、园区化建设、标准化生产的要求，建设高标准菜田，改造老旧设施，加强农产品市场体系建设，切实提高首都鲜活农产品日常供应能力、应急保障能力、市场竞争能力。果品产业按照“八带百群千园”的空间布局，加快发展特色、优质、安全、高效果品产业。蔬菜占地由 2013 年的 59 万亩增加到 70 万亩，果树面积占地稳定在 100 万亩左右，升级改造 50 万亩低效果园。

推进养殖业规模化发展。按照“三区四带”[2]的空间布局发展，引导畜牧业合理布局，促进优势产业向优势区域积聚。控制畜牧水产业新增规模，疏解现有总量，大力推动畜牧业规模化标准化发展。推广工厂化、温室循环、标准化的节水池塘养殖和生态养殖。生猪出栏量稳定在 200 万头左右，肉禽稳定在 6 000 万只左右，奶牛存栏量稳定在 14 万头左右，蛋鸡存栏量稳定在 1 700 万只左右。

4. **农业高新技术产业**。农产品精深加工产业。以打造一批领军企业、扶持一批上市龙头企业、发展一批示范基地、培育一批优质品牌、带动一批农户增收为目标，重点打造一批年销售收入超过 100 亿元的领军龙头企业，提高龙头企业整体带动水平；扶持一批具有上市潜力的龙头企业走向资本市场，扩大市场影响力；发展一批农业产业化示范基地，增强集聚效应；培育一批高端、优质、安全的农产品品牌，提升品牌知名度；带动一批从事农村生产、加工、服务产业的农户，促进农民增收。

农业高端装备产业。集成北京研发、智力优势，以企业为主体，深入推进科技、信息、资本等要素与农业产业链各环节的深度融合，强化以农用机器人、检验检测、智能嫁接、智能移栽、智能温室、物联网应用等为代表的农业智能装备产业链创新，打造北京农业高端装备产业品牌。

现代生物农业。重点发展生物育种、农用生物制品、生物制药、现代化中药、生物饲料、生物肥料、有机废弃物资源利用等产业。重点支持多功能生物肥料、农药降解生物肥料、超级固氮菌生物肥料和基因工程菌及其生物肥料的研究、开发与生产。扶持生物企业进入“国家生物产业基地”行列。

5. **沟域经济**。大力发展沟域经济。重点建设房山区南窖沟域、门头沟区妙甸沟域、昌平区高口沟域、延庆县珍珠山水—四季花海、怀柔区天河川、密云县雾灵香谷、平谷区十八弯风光旅游带等 7 条沟域。坚持山区生态涵养发展区的功能定位，以建设生态环境友好、产业特色突出、基础设施完备、农民安居乐业的沟域为目标，积极打造有地域特色、文化传承的沟域经济，重点发展文化创意、创意农业、旅游度假、休闲养生等高端产业，促进沟域经济集群发展、品牌发展、融合发展。扶持发

---

① 立体（垂直）农业：北京市怀柔区琉璃庙镇充分发挥空间资源优势发展种养业，水里养鱼、河面养鸭、岸边种菜、地里种果、林下养鸡，整个镇域形成了“立体农业”的大格局，有力地促进当地农业增效和农民增收；阳台农业也叫空间农业，是在一定高度的阳台或楼顶所进行的农业生产活动，目前北京阳台农业市场方兴未艾，阳台上的小菜园在料峭的春风中不但给不少家庭带来了新鲜蔬菜和一小片绿色，还创造了众多商家追逐的大商机。

② “三区”是指禁养区、限制养殖区、可持续发展区；“四带”是指生猪产业带、奶牛产业带、肉禽产业带和蛋禽产业带。

展林果业、林下经济，打造一批标准化农业生产基地，使山区成为安全有机农产品的重要供应地。继续完善生态补偿制度，建立系统完备的生态文明制度体系。

（二）农业社会化服务体系

围绕都市型现代农业优势主导产业，进一步发展形成市、区县、乡镇、村纵向到底，产前、产中、产后服务横向到边的便捷高效服务网络，公共服务需求得到普遍满足，社会化服务快速发展，有力促进农业提质增效和农民持续增收。

1. **农业技术推广服务体系。**整合中央在京有关科技机构和本市农业科研院所、大专院校优势资源，积极参与现代农业技术示范与推广服务。建立健全农村综合服务站点，完善乡镇或区域性农业服务中心，形成支撑优势主导产业的市、区县、乡镇、村四级农技推广全覆盖服务网。深入实施农民田间学校建设工程，培养农村各类乡土专家、种养大户，辐射带动农民采用新品种、新技术。

2. **动植物疫病防控服务体系。**建设市级和区县级动物疫病预防控制中心、畜牧环境质量监督检验测试中心和重大动物疫情预警与指挥系统，建成覆盖区县、市级铁路、航空部门的动物防疫监督检查站。建立覆盖动物疫病预防控制与监测预警、动物及动物产品检疫、重大动物疫情应急处理、兽药饲料使用、动物诊疗等方面公共服务与社会化服务相结合的多元化服务队伍，为养殖从业人员提供覆盖产前、产中、产后的全过程指导和服务。

3. **农产品质量安全服务体系。**建立市、区（县）、批发市场、配送企业、大型生产基地的检验检测体系，完善市级专业质检中心、农产品质量检测研究中心、产品流动检测实验室建设；加快推进区县级检测机构建设；建设重点乡镇和农产品生产基地速测点、大型农产品生产加工企业检测点、重点农产品批发市场农产品质量安全检测站（点）以及包装物流配送企业检测点。建立农产品质量安全的综合示范体系，强化农产品安全生产、加工、运输、贮藏关键环节的技术攻关和推广。

4. **农业信息化服务体系。**以“221 信息平台”“12316”三农呼叫中心和“一网一线”建设为核心，统筹农村数字家园、尚农网、爱农信息驿站等“三农”信息服务站点的服务资源，整合现有涉农信息的服务方式、服务内容和服务渠道，使信息在郊区农业生产和农民生活中的作用和影响显著提高。

5. **农村金融服务体系。**建立政策性金融、合作性金融、商业性金融相结合，资本充足、功能健全、服务完善、运行安全的农村金融体系；进一步完善“十农”金融服务体系，积极推动农村金融综合改革试验区建设，建立现代农村金融制度。

（三）生态保护体系

1. **推进节水生态循环农业发展。**全面推进设施节水、农艺节水、机制节水、科技节水、治污节水。粮田全面推广移动式喷灌、指针式喷灌等先进节水设备与水肥一体化技术；菜田以覆膜灌溉和水肥一体化两项节水技术为核心，实现菜田节水技术全覆盖；调减高耗水粮食生产面积，逐步有序退出生产性小麦种植，重点推荐“生态作物＋雨养旱作作物”“景观作物＋雨养旱作作物”“多年生越冬生态作物”和“休耕”试点 4 种农田种植模式。地下水严重超采区不再新建规模养殖场（籽种、科研除外），逐步疏导畜禽养殖量。大力推进生态循环农业发展，积极开展农业面源污染和畜禽养殖污染防治，实施清洁、循环生产，不断提高农业减源增汇水平。对在畜禽养殖及农村生产生活过程中排放的污水进行有效处理并再利用。

2. **实行最严格的生态资源保护制度。**划定耕地、森林、林地、绿地、河湖水系、湿地、物种等生态保护红线，饮用水源保护区以及南水北调工程管理和保护范围。创新“量水发展”的管水用水机制，全面实行水影响评价制度。健全生态保护激励约束机制，建立耕地保护责任落实和补偿制度，实施区域管理和流域管理相结合的区县跨界断面水质生态补偿，完善生活垃圾异地处理环境补偿机制，完善山区和水源涵养区生态补偿机制。以改善大气环境、水环境和土壤环境质量为重点，健全环境污染联防联控机制。

3. **严格农业投入品管理。**要在农作物种植的过程中，控制和减少农药及化肥的使用量，减少由此造成的水质污染物；加强对生物农药、生物防治等新型农业投入品和农业生产技术的研究，逐步降低化肥、农药使用量，支持新型有机肥和高效低残留农药使用，支持开展病虫害绿色防控。

4. **深化京津冀生态建设合作。**实施环首都生态防护林、水源保护林建设工程，推进湿地生态系统建设。成立京津冀及周边地区节能低碳环保产业联盟，探索建立生态补偿的长效机制。设立京津冀综合生态建设实验区，统筹植树造林、风沙治理等生态建设和产业发展，逐步实现生态建设的长期化、多形式、多元化。

5. **开展“生态服务价值”的测算与考核**。完善农业生态服务价值评价监测体系，科学确定评估内容，进一步完善评估方法，细化时间维度、空间层面评估。探索推进农业生态服务价值逐步显性化，促进生态建设与农民增收和谐共赢，为全国农业生态服务价值评估积累经验、探索路径。

6. **推动林权资产化**。完善集体林权确权方式，探索林地确权与生态保护相互促进的新机制。完善林权流转、金融支持等政策机制，鼓励林地使用权向新型农村集体经济组织等流转，积极探索林权抵押方式，大力发展碳汇交易市场。

（四）现代农业生产经营体系

以农民合作社、专业大户、家庭农场、社会化服务组织、龙头企业为重点，培育新型农业生产经营主体，着力构建集约化、专业化、组织化、社会化相结合的新型农业生产经营体系。

1. **鼓励发展专业合作、股份合作等多种形式的农民合作社**。加大对农民专业合作社的政策、资金扶持，支持财政项目资金直接投向符合条件的合作社，支持财政补助形成的资产转交合作社持有和管护。鼓励高校、科研院所、企业、社会组织等为农民合作社提供各类社会化服务。

2. **积极培育专业大户和家庭农场**。按照自愿原则开展家庭农场登记。加强对专业大户和家庭农场主的培训和教育，增强综合素质，提高成本核算、效益分析的本领和企业化经营能力，使之成为现代职业农民。

3. **加大农业龙头企业培育力度**。鼓励发展混合所有制农业产业化龙头企业，推动集群发展。鼓励龙头企业采取出资领办合作社、建立产销联合体等方式，与农户建立紧密型利益联结机制。鼓励社会资本投资适合企业化经营的现代种养业，凝聚各方力量，合力推进北京市国家现代农业示范区建设。

4. **建立健全现代农产品营销体系**。大力扶持农产品物流、连锁经营、直销配送、电子商务等现代流通方式发展，加快实现农产品交易方式的多元化和现代化。

（五）现代农业科技支撑体系

发挥首都科技、人才与资源优势，强化科技对现代农业的支撑作用，加快提升都市型现代农业发展水平。

1. **强化科技引领支撑作用**。加快农业高技术自主创新，发展高端、高效、安全农业等前沿技术，加大农业生物技术、信息技术和环境友好技术等高新技术领域的研发力度，带动现代种业、食品安全与物联网等产业发展。发挥首都科技资源优势，开展协同创新，打造全国农业科技创新源和辐射源。加强农业、林业、节水等重大关键技术研究与成果转化，大幅度提高机械化、精确化、标准化、信息化水平。大力发展农业低碳经济和农业循环经济，实现农业经济增长的循环化与低碳化，确保农业资源安全、能源安全与生态安全。

2. **推进农业科研体系创新**。完善农业技术推广服务体系，加快建设以公益性农业技术推广机构为主导，农业科研教学单位、社会化服务组织等广泛参与的“一主多元”的农业技术推广体系，健全市、区县、乡镇三级公益性农业技术推广机构，实施“村级全科农技员队伍建设工程”，建立村级全科农业技术员公益性岗位制度。推进现代农业产业技术体系，实施现代农业产业技术体系北京市创新团队项目，将科技资源优势凝聚成产业发展优势。进一步完善北京创新团队管理运行体系，实现与国家现代农业产业技术体系有效对接。根据产业发展需求，逐步优化调整北京创新团队结构，强化能力建设。

3. **加强农业科技人才培养**。推进新型职业农民培育，实行教育培训、认定管理和政策扶持“三位一体”。强化生产经营型、专业技能型和社会服务型新型职业农民“三类协同”培训，对符合条件者颁发新型职业农民证书，并配套创设相关政策予以扶持。广泛开展农村实用人才培养、农民田间学校、乡土专家培养等各类培训，每年组织农民参加各类科技培训 50 万人次以上。着力培养农业科技人才，实施“千名农业科技人才培养工程”，分行业、分领域、分批次开展各级农业技术推广人员知识更新培训和学历教育，每年培训各级农业技术推广人员 1 000 人次以上。完善农业技术推广专业技术人员职称评审体系，实行推广型教授、推广型研究员制度。力争到 2020 年，重点培养 100 名现代农业科技领军人才，新增一批农业技术推广高级人才。

4. **深化农业国际交流合作**。加强农业国际交流合作，引进消化吸收优良种质、先进技术、现代装备和发展理念，丰富首都农业科技资源。重点推进都市型现代农业海外人才创业园建设，积极吸引海外高端农业人才和团队来京创新创业。通过技术输出、人才培养、智力交流等方式，大力实施农业科技“引进来，走出去”战略。

二、四大横向体系建设

（一）区（县）现代农业示范区

北京市每个区（县）都要创建现代农业示范区，建立“目标考核、动态管理、能进能退”的管理机制和考核评价体系。区（县）现代农业示范区要具备规划编制科学、主导产业清晰、建设规模合理、基础设施良好、科技水平先进、运行机制顺畅等条件。做大政策支持平台，加强政策扶持。做通融资服务平台，强化金融服务。做强科技支撑平台，提升科技含量。做优品牌营销平台，促进产销对接。做深改革创新平台，增强发展活力。

（二）乡（镇）现代农业示范镇

深入开展都市型现代农业示范（乡）镇创建工作，围绕都市型现代农业建设的重点领域，进行全面的、综合的产业发展和体制机制创新。大胆试验、率先突破，为整个示范区的发展探索道路、提供经验。通过5～7年努力，使全市的示范乡镇达到百个，成为有北京特色、地域特点、突出高端高效、绿色安全，能够引领示范、辐射带动的都市型现代农业示范乡镇，使之成为充分体现人文、科技、绿色特征的低碳农业先行区、现代农业生产与新兴农业产业培育的样板区、农业科技成果和现代农业装备应用的展示区、现代农业功能拓展的实验区和农民接受新知识新技术的培训基地。

（三）特色产业村

根据当地特点和优势，发展“一村一品”，引进一批有较强实力和发展前景的龙头企业；围绕龙头企业建立一个或数个主导产业，吸纳一批种养大户和农业专业合作社进入现代农业示范基地，带动农民就业增收。围绕当地主要农产品生产，把农业向前后延伸，使农业成为整个产业链的一个中间环节，逐步形成以农业为基础，涵盖生产服务、加工、包装、仓储、流通、销售及出口的综合性农业生产体系，促进产业融合，逐步形成利益共享、风险共担的三次产业联动体制。

（四）家庭农场和种养大户

家庭农场和种养大户是发展现代农业的带头人和技术推广的领头羊。通过开展融资扶持、创业培训、技术服务等政策措施，为家庭农场和种养大户等创业型农户提供良好的创业环境，进而带动和造就更多的创业主体，带动农业产业结构调整优化，促进区域农业经济群体形成。

三、十项重点工程

（一）“新三起来”推进工程

进一步明晰农村集体资产产权关系，加快推进农村集体土地特别是农村土地承包经营权的确权登记颁证工作，进一步深化农村集体经济产权制度改革；加快引导土地流转发展适度规模经营，重点支持和鼓励农村土地向新型经营主体流转；加快培育和规范多种经营主体；创新农村经济经营方式，探索完善集体资产信托化经营方式，完善产权交易平台，总结和推广乡镇统筹利用集体建设用地的经验，探索农村宅基地的有效利用；进一步强化农村集体“三资”监管，加快北京市农经管理信息平台的升级改造；加大政府支持力度，加快调整村级公益事业补助资金标准，加大对各类经营主体的财政扶持，加大土地政策的支持力度。

（二）“高效节水生态环保”工程

坚持“先建机制，后建工程”的原则，确保农业节水落实到位以及农业节水灌溉工程有人管、能管好、运行好、出效益。试点“一区一镇多园”①，探索建立北京地区可推广、可复制的成套化、标准化高效农业节水推广模式。农业用水总量控制、定额管理、计量收费机制。节水设施良性运行管护机制以及农业节水奖励机制，提高农业用水效率和产出效益、增强农业综合生产能力，使试点区灌溉水利用系数达到0.85以上。以进一步改善农业、农村生态环境为目标，按照减量化、资源化、再利用的要求，总结推广节种、节肥、节能的农业技术，促进农业资源循环利用。集成、示范与推广低碳循环农业关键技术，探索农业碳排放强度计量和碳汇潜力评估体系和交易平台，加大林木培育力度，提

---

① “一区一镇多园”中的“一区”即指顺义区，主要开展：全区农业机井智能计量系统及农业用水收费、设施管护试点；“一镇”指通州漷县镇，主要开展：全镇农村用水计量系统及用水收费、设施管护试点；“多园”是指分布于大兴、密云、平谷、房山、昌平和延庆的共16个园区。

高林木固碳效益。开展土壤、水、大气环境质量的治理以及各种废弃物的资源化处理的研究，加强农业面源污染防控，建设资源节约型和环境友好型农业，助力“国家生态文明示范区”创建。

（三）“种业之都”建设工程

发挥首都科技、人才优势，不断提高作物籽种、水产种苗、种禽和种畜的科技含量，研究应用生物工程和其他高新技术，打造“种业之都”。重点包括：种质资源创新引进与保护利用、优良新品种选育、种业园区和新品种展示基地建设、良种繁育加工基地建设、种业服务平台建设等项目。

（四）新一轮“菜篮子”建设工程

按照北京市《关于统筹推进新一轮“菜篮子”工程建设的实施意见》精神，加快设施农业发展，大力发展有机蔬菜、设施蔬菜、特色瓜菜，建设工厂化育苗车间、蔬菜标准化生产园、蔬菜出口加工基地、食用菌产业基地，提升首都市场供应能力。

（五）农业基础设施建设与综合开发工程

以提升基本农田生产能力为目标，开展以山水田林路为重点的农业基础设施建设及综合开发工程，加强农业景观生态建设，提高农村水利、气象等设施的功效，降低农业经营成本，增强农业抵御风险能力，保障农业生产的稳定性，提升农业综合生产能力，构建田成方、渠成行、路成网、林成片、水相连、谷飘香的美丽田园画卷。

（六）农产品现代营销体系建设工程

培育壮大一批起点高、规模大、市场竞争力强、辐射带动面广的大型龙头企业，吸引国内外知名农产品加工企业总部在北京市聚集，扶持一批从事种业、农业旅游、农业园区重点企业，以及从事粮油、果品、蔬菜、动物产品深加工等的重点龙头企业，加大财政扶持、信贷支持、税收优惠力度，推进大型涉农企业上市；加快冷链物流、精益物流、应急物流、食品安全快速检测追溯等关键技术、设备的研发创新，建立农产品现代物流服务信息平台，利用物联网、互联网等信息化手段提高农产品批发市场、超市的物流管理水平和质量安全保障能力，提升“农超对接”效率，实现首都农产品物流供应的准确、快速、高效，培育一批专业化、社会化的农产品物流企业和农民合作组织，加强农产品物流技术的国际交流合作，建设国际化、现代化农产品物流体系。

（七）观光休闲农业提升工程

建设一批集聚连片的休闲农业示范区，打造一批优美景观农田与主题观光园、主题作物园和作物大观园，推进休闲农业创意产品与服务开发。引进优质果树品种，强化选育与储备，建设“北京名果”品牌。

（八）农产品质量安全体系建设工程

建立和推广农业标准化生产体系。重点做好产地环境治理和投入品控制，推广农资连锁经营，确保源头控制；推广标准化技术，提高生产过程规范化水平；制定本土农产品质量、技术、管理标准化生产技术体系；加大“三品”认证力度。建立健全农产品全程质量追溯体系，逐步形成产地有准出制度、销地有准入制度、产品有身份标识，信息可得、成本可算、风险可控的全程质量追溯体系；建立农产品检验检测及监测预警体系。加强农产品质量检验检测，形成标准统一、职能明确、运行高效、上下贯通、检测参数齐全的农产品质量安全检验检测体系。

（九）农村金融服务体系建设工程

围绕农业发展对金融产品的需求，着力构建和完善包括产业金融等方面的资金融通体系，重点开展农业保险、农业信贷、农业投资、农业产业基金、农业担保、农村信用、涉农企业上市培育、农村要素市场、农村金融综合改革试验区、农村基本金融服务村村通等建设工程，形成政策性、合作性、商业性金融相结合，资本充足、功能健全、服务完善、运行安全的农村金融服务体系。

（十）职业农民培养工程

充分利用现代化、信息化手段，提高职业农民文化素质、科技素质、信息素养，把生产经营型、专业技能型、社会服务型和引领带动型职业农民为培育对象，着力培养一支有文化、懂技术、会经营的新型职业农民队伍，为发展北京市现代农业提供强有力的人才支撑。每年培训新型职业农民5万人，并逐步认定一批新型职业农民。

第六章　加强城乡统筹，实施“新三起来”工程

城乡统筹是北京市都市型现代农业发展的一项重要工作，任何时候都不能有所放松。摆正北京市都市型现代农业发展在整个城市发展中的位置作用，牢记北京市的政治责任，加快城乡一体化的步

伐，担当起历史的重任。

一、城乡统筹工作取得的基本成绩

北京市上下按照党中央、国务院要求，深入贯彻落实科学发展观，不断深化城乡统筹方略，认真按照北京市“十二五”规划提出“四个延伸”要求：推进城市基础设施向农村延伸对接，最大限度提高农村基础设施的配置水平；推进城市管理向农村延伸，最大限度提高城市资源服务农村的能力；推进基本公共服务和社会保障向农村延伸，最大限度消除城乡社会发展差距；推进生产生活服务网络向农村延伸，最大限度让农民就地享受与城市相当的各项便利。“以工促农、以城带乡”长效机制初步建立，强农惠农政策体系基本成型，城乡一体化发展格局加快形成，推动农业发生了功能性变化、农民发生了观念性变化、农村发生了由表及里的变化、体制发生了融合性变化，呈现出城乡经济社会发展一体化新格局。

（一）现代农业发展步伐较快

开发农业的生产功能，大力发展籽种农业；开发农业的生态功能，大力发展循环农业；开发农业的生活功能，大力发展休闲农业和农产品加工业；开发农业的示范功能，大力发展科技农业。其次，加强都市型现代农业基础建设，都市型现代农业信息平台全面推广运行。农产品质量安全进一步提升，一、二、三产融合发展。再次，加快发展山区沟域经济。针对山区面积占北京市面积超过60%的实际，在全面关闭煤矿和整治非煤矿山的同时，大力推进山区产业转型，培育和催生了一批沟域经济，实现了产业发展和生态建设的统一。

（二）村庄基础设施全面改善

全面实施新农村街坊路硬化、安全饮水、污水处理、垃圾处理、户厕改造“五项基础设施”和“让农村亮起来，让农民暖起来，让农业资源循环起来”等工程建设规划，从2006年到2010年，政府投资200亿元，平均每个行政村500万元。共硬化街坊路7 600万平方米；改造老化供水管网8 000余公里，全面解决农村安全饮水问题；建设污水处理设施600余处，改造户厕70余万座；实施抗震节能型新民居建设9 789户，完成既有农宅节能增温改造18 552户，农村普遍安装了太阳能路灯、节能灯；铺设卫生节能吊炕38万多个；实施大中型沼气和秸秆气化工程266个。北京市农村基础设施面貌得到全面改观。

（三）加强农村公共服务设施建设

农村教育设施进一步完善。建成3 188个标准化卫生服务中心，实现城乡所有社区全覆盖。“村村通公交”“村村通邮”“村村通有线电视”“村村配置全民健身设施”“村村有超市”基本实现。村活动室、文化室、数字影院、数字家园或爱农信息驿站、农村文化信息共享工程基层服务站点基本实现全覆盖。在北京市农村范围内开展“暖起来、亮起来、循环起来”惠民工程，“三起来”工程，改变了农村地区的面貌，同时拉动了经济发展，给农民带来了实惠。

（四）加强生态环境建设

实施京津风沙源治理等重大工程，累计造林营林501万亩、人工种草34万亩、水源和节水工程4 742处、小流域综合治理1 715平方公里，北京市林木绿化率达到52.6%、森林覆盖率达到36.7%，分别比2005年提高2.1和1.2个百分点。农村环境整治与生态创建取得重大成效，新农村绿化面积完成3 690万平方米，累计创建园林小城镇66个、首都绿色村庄260个，环境优美乡镇117个、生态村956个，密云、延庆两县成功创建为国家生态县。

（五）加快推进农村城镇化进程

以中心城—新城—小城镇—新型农村社区为节点，建设现代城乡体系。全面修编新城和小城镇规划，新城规划修编全部完成，镇域规划修编完成109个；全面编制村庄建设规划，累计完成编制3 410个，年内实现全覆盖。高度重视城乡结合部建设，全面推进50个重点村的城市化建设工程，产权制度改革全部启动、上半年已完成改制村24个，启动搬迁或已完成搬迁村21个，启动或已建好回迁安置房的村17个，完成整建制农转居的村6个。截至2013年年底，12个市级新型农村社区试点全部完成社区规划，已建成住宅3 597套，入驻村民2 922户。新增36个市级新型农村社区试点。怀柔区北沟村成为全国第一批村庄规划示范，门头沟区马栏村、昌平区长峪城村等4个村列入第二批中国传统村落名录，组织门头沟区黄岭西村、苇子水村等第一批中国传统村落编制保护和发展规划。组织密云县古北口镇开展绿色低碳重点小城镇试点示范工作。门头沟潭柘寺、房山韩村河等6个镇已着手创建全国特色景观旅游名镇（村）。

（六）建立了城乡一体化的社会保障制度

农村公共服务均等化发展步伐加快。全年帮助 6.23 万名北京市登记农村劳动力实现二、三产业转移就业。提高养老金和低保标准，基础养老金、福利养老金分别提高到每人每月 390 元、310 元，增幅达到 9.1%、11.7%，受益人群为 29 万人和 55 万人。农村低保最低标准月人均达到 460 元，增幅 21%。打造示范社区，北京市农村地区社区服务站实现了全覆盖。创新卫生服务模式，公共卫生服务项目逐步实现覆盖城乡。建立城乡统一的养老保障制度。转移就业农村劳动力可以参加城镇职工各类社会保险，享受与城镇职工同等待遇。改革农保制度，建立城乡居民养老保险制度，实行个人账户缴费加每月政府补贴 280 元基础养老金的办法，农民参保率达到 92%。建立城乡无保障老年居民养老保障制度，对北京市男 60 岁、女 55 岁以上城乡无保障老人，政府统一补贴每人每月 200 元。建立城乡一体化的居民医疗制度。新型农村合作医疗制度全面建立，人均筹资标准提高到 520 元，政府承担的筹资比例达到 77%，农民参合率由 2005 年的 80.25%提高到目前的 96.74%；门诊补偿率和住院补偿率分别提高到 40%、60%。城镇居民基本医疗保险与“新农合”的制度整合年底前将完成。城乡最低生活保障标准开始并轨。近郊区城乡居民低保标准实现统一，标准最低的区为每人每年 5 160 元；远郊区县逐步提高，标准最低的区县达到每人每年 2 520 元。

二、实施“新三起来”工程

北京人均 GDP 达到 1.4 万美元之后，以城带乡的条件更加成熟，“三农”发展现已进入关键阶段。争取到 2015 年实现北京市城乡居民收入差距逐步缩小，20%相对低收入农户收入比 2008 年翻一番；城市化率达到 90%城乡基础设施和公共服务差距明显缩小，城乡就业与社会保障体系全面接轨，城乡社会管理实现无缝对接，城乡一体化发展的体制机制基本建立的目标。近年来，新农村建设虽然取得了可喜的成绩，但是从城乡统筹的角度看，二元结构的体制性影响比较深，发展还不平衡，差距比较大。据统计，2013 年城乡收入比是 2.20∶1。“三农”发展短板是目前的现实。由于城乡二元结构的长期影响，城乡要素的自由流动，有效配置与平等交换仍然存在重大的体制性障碍，北京农村有资源缺要素，农业有基础缺投入，农民有组织缺服务的问题还没有从根本上改变，这就要求我们加强生产关系调整，以适应生产力发展的需要。没有生产关系调整，就没有生产力的持续发展，没有制度改革体制机制创新，就没有城乡一体化的实现，调整生产关系要求在重点领域和关键环节上取得改革的新突破。北京将以“新三起来”（土地流转起来、资产经营起来、农民组织起来）为着力点，进一步激发“三农”活力，大力推进城乡发展一体化。

（一）土地流转起来

推动土地流转起来重点在处理好农民与资源的关系。将农村丰富的静态资源，变为农民可以支配的流动资本，完善农村土地经营体制机制，促进集体土地节约集约利用和适度规模经营，盘活农民的土地财产，不断增加农民的财产性收入。具体内容包括开展农村土地确权登记颁证工作；引导农村土地承包经营权有序流转；促进集体建设用地集约高效利用等。截至 2013 年 6 月底，北京市累计完成产权制度改革单位达到了 3 842 个，其中村级3 823 个，乡级 19 个，村级完成的比例达到 96.1%，北京市有 320 万农村居民成为农村集体经济的股东，其中 110 万农民股东获得了红利，改革的成效已经逐步显现出来。

（二）资产经营起来

推动资产经营起来重在处理好农民与积累的关系。通过发展壮大农村集体经济，建立健全新型集体经济组织的法人治理结构，创新多元化的农村集体资产经营方式和机制，实现农村集体资产保值增值，规范集体经济收益分配机制，切实保障农民的集体收益分配权。具体内容包括深化农村集体经济产权制度改革；创新农村集体资产经营机制；强化集体“三资”管理等。

（三）农民组织起来

推动农民组织起来，就是要处理好农民与市场的关系。创新农业经营体制机制，提高农民的组织化程度，使农民在参与市场的竞争博弈中，真正发挥主体性作用，真正拥有维护自身权益的组织资源。主要任务是着力提升基层组织引领发展能力，鼓励镇、村集体经济组织开展社会化服务；积极发展农村社区股份合作社、土地股份合作社；鼓励合作社承担各级政府投资的农业综合开发、绿化造林、农业科技等建设项目，继续为示范合作社配备大学生村官担任理事长助理；促进农民向二、三产业转移就业，提高农民在企业层面、社会层面的组织化程度。

第七章　组织保障机制

为了保证北京市农业现代化建设顺利开展，需要建立健全组织保障机制，创新管理模式，进行体制和机制的创新，以便对北京市用于农业现代化建设的资金、物资、人员进行管理，实现预定目标。

一、制度保障

市级建立北京市创建国家现代农业示范区工作联席会议制度，由主管副市长担任召集人，市农委、市农业局、市水务局、市园林绿化局、市发改委、市科委、市财政局、市国土局、市环保局、市统计局、市农经办等单位为成员单位。联席会议原则上每季度召开一次会议，研究示范区发展规划和重要任务落实，着力推进各部门强农惠农富农政策集成、资源整合，形成示范区创建工作合力。各区县根据实际情况，建立相应工作机制，贯彻落实农业部、市政府关于示范区创建的有关要求和部署，推进项目落地、资金落实。

创建国家现代农业示范区工作联席会议下设办公室，设在市农委，由市农委主管委领导兼任办公室主任，办公室的主要职责是：负责联席会议日常工作，对国家现代农业示范区工作中的重大问题进行调研，并提出建议；组织拟订国家现代农业示范区工作规划、计划并提交联席会议研究审定；承担联系会议会务和成员单位日常联络工作；协调督促有关单位落实联席会议议定事项，承担联席会议交办的工作。

国家现代农业示范区工作联席会议由召集人召集或委托有关领导召集。联席会议原则上每季度召开1次，邀请主管农业副市长参加。根据工作需要，也可不定期召开。各成员单位原则上每季度向联席会议报告一次工作情况，重大事项要及时报告。各成员单位要及时向联席会议及办公室、其他成员单位通报有关情况，加强信息沟通。定期不定期开展工作督查，各成员单位可自行开展工作检查。

二、资金支持

北京市加大对示范区创建的资金投入，在财政支农转移支付改革中，安排示范区考核奖励内容，对积极推进北京都市型现代农业示范乡镇、一村一品和北京特色产业村建设的区县给予考核加分，由市级财政以奖代补予以奖励。各区县积极安排配套资金，推进现代农业重大项目建设，同时强化整合本级有关政策资源，形成政策叠加、资金撬动的工作效应。市、区两级将加强与农业部有关政策对接，按照农业部要求做好创建有关工作，积极申请项目扶持，严格按照要求使用资金，更好地发挥财政资金使用效益。

第八章　实施步骤及保障措施

一、实施步骤

本着适度投入，先重点后一般、先易后难的原则，加快建设步伐，尽快见到成效。前期规划争取利用1年左右的时间（2014年10月—2015年12月）完成农业现代化基础设施建设，集中时间、财力重点优先建设五大体系：现代农业产业体系、农业社会化服务体系、生态保护体系、农业现代经营体系、科技支撑体系，建设好于家务北京市都市型现代农业示范区的核心区，重点发展籽种、休闲观光、特色种养业、农业高新技术产业、沟域经济等产业，抓好十大示范园区和十五大示范基地的建设，到2015年北京市基本实现农业现代化。后期规划再用5年时间（2016年1月—2020年12月），重点完善四个不同农业功能区的基础配套设施，使社会资本和涉农企业进入农业现代化建设之中，到2020年北京市都市型现代农业全面实现现代化。

（一）第一期规划阶段

建设启动阶段（2014年10月—2015年12月）。启动北京市都市型现代农业示范区核心区，五十个示范乡镇，十大示范园区、十五大示范生产基地和十项重点工程的建设。引导入园企业或种植大户按规划建设，进一步完善灌溉、示范生产基地给排水工程，道路、供电、通讯、绿化工程等基础设施以及各种档次的保护地栽培设施、自动施肥灌溉设施。消除制约发展的“瓶颈”，夯实基础；完善规划、理顺体制；制定优惠政策，搞好宣传与形象塑造，加快项目建设；逐步扩大规模效应，提高管理服务水平。

（二）第二期规划阶段

全面建设阶段（2016 年 1 月—2020 年 12 月）。根据北京市场的需求和北京农业的特点，本着先籽种、休闲观光，再特色种养业的产业发展次序，全面推进北京市都市型现代农业示范区建设。重点抓好百个乡镇级示范创建活动，各个功能区有机结合，形成“一核、四大功能区、百个示范乡镇、十大示范园区、十五大生产基地”互动发展的良好局面。各个主导产业发展迈向新台阶，沟域经济提高到一个新水平，农业高新技术产业成为北京市农业经济高速增长点，一批农业品牌驰名国内外，一批具有强大生命力的籽种农业、装备农业、信息农业、生物农业、循环农业、服务农业等现代化农业产业业态涌现，北京农业现代化的示范带动作用发挥更加充分，引领全国农业转型升级。

二、保障措施

坚持改革思维，创新体制机制，紧紧围绕“新三起来”，加快推进农业发展方式转变，保证北京市国家现代农业示范区高效运转、持续发展。

（一）规划先行

加快制定农业空间布局规划、地下水严重超采区和重点水源保护区农业结构调整实施方案、农业节水规划、造林绿化规划，进一步明确目标、任务、措施、责任与年度计划，确保各项任务得到全面落实。

（二）创新机制

深化农村改革，紧紧围绕“新三起来”（即土地流转起来、资产经营起来、农民组织起来），加快推进农业发展方式转变。

1. **转变农业生产方式**。塑造首都安全农业品牌，推进集约化、区域化发展，全面提高土地产出率、劳动生产率与资源利用率；提升农业科技和精细化管理水平，促进都市型现代农业向低碳、循环、可持续方向转变。

2. **转变农业经营方式**。发挥市场的主导作用，积极培育家庭经营、集体经营、合作经营、企业经营等新型农业经营方式，加快向农业输入现代生产要素。

3. **创新农民组织方式**。尊重农民的主体地位，鼓励和支持承包土地经营权、林地使用权通过公开市场，向新型经营主体流转，支持农民通过专业合作、股份合作等多种形式参与经营管理，切实有效提高农民的组织化程度。

4. **创新农业服务方式**。加强产前、产中、产后全过程、全链条的对接服务，推行合作式、订单式、托管式等服务模式，全面提升农业社会化、公益性服务水平。

（三）科技支撑

充分发挥科技对现代农业的支撑作用，发挥首都科技、人才与资源优势，加快都市型现代农业建设步伐。

1. 发挥科技的引领作用，加快农业高技术自主创新，发展高端、高效、安全农业等前沿技术，带动现代种业、食品安全与物联网等产业发展。

2. 发挥科技的支撑作用，加强农业、林业、节水等重大关键技术研究与成果转化，大幅度提高机械化、精确化、标准化、信息化水平，为现代农业奠定更加坚固的技术支撑。

3. 发挥科技创新的保障作用，大力发展农业低碳经济和农业循环经济，实现农业经济增长的循环化与低碳化，确保农业资源安全、能源安全与生态安全。

4. 发挥科技创新的带动作用，促进科技经济紧密结合，依靠农业科技带动区域农业与农村经济，鼓励扶持农产品物流、连锁经营、直销配送、电子商务等现代流通方式发展，加快实现农产品交易方式的多元化和现代化，加快城乡统筹发展。

（四）政策保障

1. **农业政策**。将粮田用地上图入库，建立补偿制度试点；扩大种业发展资金规模；开展农艺节水、水肥一体等技术研发、示范与推广；支持推进规模化养殖；加强农产品安全监管，建立健全农产品质量检测检验体系；研究制定促进家庭农场发展的扶持政策。

2. **林业政策**。在充分利用国家和北京市现有造林绿化政策的基础上，积极探索动员社会力量参与造林的投入机制；建立平原地区新增森林资源养护管理机制，组建以当地农民为主体的专业养护队伍。研究制定新增经济林扶持政策；探索制定果园改造扶持政策。

3. **节水政策**。健全最严格的用水及节水管理制度，通过发放取水许可证，严格农村机井取水总量和用途管理，推进地下水的涵养与保护；建立区县级灌溉用水计量收费与设施运行管护机制。

4. **就业政策**。按照“职业农民培养一批、二、三产业转移一批、公益岗位吸纳一批”的原则，切实做好农民就业创业促进工作；加强新型职业农民培养支持力度和非农职业技能培训和创业培训；大力发展农村社会公益性就业岗位。

北京市农村工作委员会
关于开展 2015 年农民专业合作社市级示范社培育创建工作的通知

（2014 年 9 月 11 日）

郊区各区县农委、经管站、农民专业合作社服务中心：

按照市农委《关于对本市农民专业合作社市级示范社实行监测考核及动态管理的通知》（京政农发〔2013〕26 号，以下简称《通知》）要求，本市从 2014 年开始对市级农民专业合作社示范社进行监测考核及动态管理。为进一步提高全市农民专业合作社发展建设水平，本市将继续开展农民专业合作社市级示范社培育创建工作，现将具体要求通知如下：

一、培育创建市级示范社的条件要求

（一）规范性要求

1. 依照《农民专业合作社法》登记设立，在工商行政管理部门登记满 2 年（联合社登记满 1 年），有固定的办公场所、组织机构代码证和税务登记证，实行独立的会计核算并具有专有银行账户。

2. 具有符合本社实际情况并且规范的农民专业合作社章程，除当年新发展的社员外，所有成员必须经工商部门正式登记注册，有健全的成员（代表）大会、理事会、监事会（执行监事）三会制度，能够按照章程的规定，定期召开理事会会议和成员（代表）大会，并保留有完整的会议记录。涉及到重大财产处置和重要生产经营活动等事项由成员（代表）大会决议通过。

3. 为每个成员设立成员账户，主要记载该成员与合作社的经济活动往来，主要记录成员的出资额、量化公积金份额、财政扶持资金及社会捐助资金形成资产平均量化份额，该成员与本社的交易和盈余返还等情况。

4. 建有完善的财务管理制度、财务公开制度、社务公开制度及处理社员意见的记录。建立良好的内部积累和风险保障机制，按照一定比例提取公积金、公益金和风险基金，具有较强的可持续发展能力。提取公积金的合作社，每年按照章程规定将公积金量化为每个成员的份额并记入成员账户。

5. 成员（代表）大会选举表决严格实行“一人一票”制度或“一人一票”和附加表决权制度（附加表决权不超过总票数的 20%），切实做到民主管理。

6. 主要为成员服务，与非成员交易的比例不高于合作社交易总量的 50%。按照交易量（额）比率分配给社员的盈余不得低于分配盈余总额的 60%。

7. 合作社有健全的服务设施，能够及时为成员提供服务。包括：统一开展技术培训、统一产品包装和农产品储藏或加工。

8. 有良好社会声誉，无违法违规行为、安全事故、行业通报批评和媒体曝光等不良记录。原则上，合作社或其主要负责人在金融机构无不良贷款信用记录。

（二）规模要求

1. **入社农户数量较多。**正式登记注册的农户成员平原区县应达到 150 户以上，山区县应达到 100 户以上。

2. **合作社发展规模大。**成员出资总额 100 万元以上，合作社固定资产达到 200 万元以上，2013 年经营收入达到 500 万元以上。

3. **统一服务水平较高。**合作社成员主要生产资料由合作社统一采购的比率达到 80%以上；合作社成员生产的主产品由合作社统一销售的比率达到 80%以上。

4. **标准化生产率高。**生产食用农产品的农民专业合作社，所有成员能够按照《农产品质量安全法》和《食品安全法》的规定，建立完整的生产记录制度，完整记录生产全过程，实现产品质量可追溯。合作社成员的标准化生产率达到100%。

5. **品牌建设工作好**。注重品牌建设，建立健全良好规范的信用管理制度，有自主注册商标。生产食用农产品的农民专业合作社产品获得无公害产品、绿色食品、有机农产品或有机食品认证1种（含）以上。

（三）其他要求

1. 接受相关行业管理部门管理和北京市农民专业合作社专家指导组的规范性指导，按时报送示范社相关监测材料及表格。

2. 对于农机、供销等行业国家级示范社，在合作社自愿的前提下，应纳入市级示范社培育创建工作。

3. 对于市妇联、团市委评选的市级先进或优秀合作社，在满足规范性要求的前提下，在规模要求方面可适当放宽条件。

二、培育创建程序及时间安排

1. **区县培育创建**。2014年下半年，各区县按照市级示范社培育创建要求，规范和指导有创建意愿的合作社，建立健全各项规章制度，规范合作社财务管理和盈余分配，完善成员账户，及时变更相关登记注册信息，登记固定资产，确保申报的合作社符合市级示范社标准。

2. **合作社申报**。2015年4月底前，由参与市级示范社创建活动的农民专业合作社按照要求，以书面及电子文档两种方式向区县农委进行申报。

3. **区县审核推荐**。2015年5月底前，由各区县农委会同本区县经管站、农合中心对申报合作社进行审核把关，在征求专家指导组专家意见并加盖公章后向市农委推荐上报。

三、其他要求

1. 本次市级示范社培育创建工作每个区县推荐名额原则上不超过7个，且应符合相关创建标准和要求。农机、供销等行业国家示范社，市妇联、团市委评选的先进或优秀合作社，在申报时应单独说明并提供相关证明文件或牌匾照片等。

2. 本次示范社培育创建工作，各区县农委、经管站和农合中心作为牵头部门要会同园林绿化、农机等部门共同组织好各类示范社申报工作；供销部门也从本系统组织推荐供销类示范社，各区县牵头部门应加强沟通，避免重复推荐。在培育创建工作中，要加强与本区县共青团和妇联等工作机构的协调沟通，重点培育一批青年和妇女带头人领办的示范社。

3. 请各区县于2015年6月1日前，由区县农委以书面及电子文档两种方式向市农委推荐上报（农业类、林业类和农机类统一由区县农委上报），其中书面材料一式3份。

请各区县农委会同本区县经管站、农合中心认真组织开展市级示范社培育创建工作，一方面结合本年度考核监测，加强对考核合格市级示范社的指导，加强规范化建设，引导其合理增加固定资产，加大项目支持力度，扶持示范社做大做强；另一方面，根据创建条件和要求，结合本地农民专业合作社发展实际，认真进行审核、推荐，切实培育一批优秀的市级示范社。

北京市农村工作委员会关于做好2014年度全市农村土地承包经营纠纷调解仲裁考核评价工作的通知

（2014年11月13日）

郊区各区县农委、经管站：

为贯彻落实中央综治办《关于印发〈2014年综治工作（平安建设）考核评价实施细则〉的通知》要求，农业部办公厅印发了《关于开展2014

年农村土地承包经营纠纷调解仲裁考评工作的通知》（农办经〔2014〕17号），首都综治办制定出台了2014年度综治工作考评细则，按照农业部和首都综治办要求，现就做好2014年度全市农村土地承包经营纠纷调解仲裁考核评价工作通知如下：

一、高度重视考核评价工作

农村土地承包经营纠纷调解仲裁工作，是解决农村土地承包经营纠纷行之有效的办法，也是新形势下化解农村社会矛盾、创新农村社会管理的有效形式。为此，将其列为综治工作的一项考核内容，各区县要高度重视考核评价工作，将此项工作作为贯彻实施《农村土地承包经营纠纷调解仲裁法》、推动区县调解仲裁工作依法规范开展的重要抓手，认真开展自查自评，及时向本区县政府报告，并根据自查结果进一步建立健全仲裁机构，强化工作人员和工作经费保障，推动农村土地承包经营纠纷调解仲裁工作依法依规开展。

二、考核评价的主要内容

1. **仲裁机构设立及经费保障情况**。仲裁委员会设立情况；聘用仲裁员情况；仲裁委员会办公室工作人员情况；仲裁工作经费纳入财政保障情况。

2. **仲裁能力建设情况**。仲裁员培训聘任情况；仲裁庭基础设施建设情况；仲裁规章制度建设情况。

3. **纠纷调解仲裁情况**。仲裁案件调处情况；仲裁工作实效。

三、开展工作的方式及时间要求

本次考核评价工作主要分为两个阶段进行：一是各区县根据《区（县）农村土地承包经营纠纷调解仲裁工作自评表》（见附件1）和《区（县）农村土地承包经营纠纷仲裁情况调查表》（见附件2）确定的考评标准及填报事项，认真开展自查自评工作，如实反映本区县仲裁工作情况。二是市农委将结合日常工作情况和自查自评情况，组织有关单位对区县随机进行抽查。

请各区县农委会同经管站于2014年12月31日前，将本区县自查自评报告（正式文件）、区（县）农村土地承包经营纠纷调解仲裁工作自评表（加盖农委公章）及相关证明材料、区（县）农村土地承包经营纠纷仲裁情况调查表（加盖公章）和电子版一并报送市农委。

附件1：区（县）农村土地承包经营纠纷调解仲裁工作自评表

附件2：区（县）农村土地承包经营纠纷仲裁情况调查表

附件1：

区（县）农村土地承包经营纠纷调解仲裁工作自评表

填报单位（盖章）：

序号	自评内容	评分标准	减分分值	减分原因	备　注
1	仲裁机构设立及经费保障情况（最高减0.1分）	聘用仲裁员少于20人的减0.03分；仲裁委员会办公室工作人员少于5人的减0.03分；仲裁工作经费未纳入区（县）财政预算予以保障的减0.04分。			提供仲裁员名单、仲裁办工作人员名单的电子扫描件或照片；提供仲裁工作经费纳入财政保障的相关证明文件电子扫描件或照片。
2	仲裁能力建设情况（最高减0.3分）	没有固定仲裁场所的减0.04分；没有必要办公办案设备的减0.04分；未制定仲裁员和调解员培训计划的减0.03分；未设立仲裁员和调解员培训资金的减0.04分；未组织开展对仲裁员和调解员培训的减0.04分；未组织开展仲裁员考核工作的减0.04分；未按照档案管理要求收集整理档案资料的减0.04分；未组织开展《农村土地承包法》《农村土地承包经营纠纷调解仲裁法》等相关法律法规学习宣传活动的减0.03分。			固定仲裁场所指固定的仲裁庭及其配套场地；必要办公办案设备指仲裁委员会专用的桌椅、计算机、打印机、传真机、摄像机、照相机、录音笔等开庭、取证、存档设施设备；提供仲裁员培训计划、培训通知、仲裁员考核工作方案等文件的电子扫描件或照片；提供档案资料和仲裁员教育培训、法律法规学习宣传活动现场照片。

（续）

序号	自评内容	评分标准	减分分值	减分原因	备　　注
3	纠纷调解仲裁情况（最高减0.6分）	按法定期限结案纠纷占受理纠纷数的比重100％不减分，95％～100％减0.1分，90％～95％减0.2分，低于90％减0.3分；本年度因农村土地承包经营纠纷引发重大群体性事件的减0.3分。			重大群体性事件是因土地承包经营纠纷引发200人以上的冲突事件、非法聚集造成严重危害和损失的事件，或造成人员死亡或10人以上受伤的群体性事件。
	合　计				
说明	农村土地承包纠纷调解仲裁工作为减分项目，分值为1分。请按照上述3类自评内容以减分形式打分，如不存在减分因素，以0分计。表格中各项数据统计时间段为2014年1月1日至2014年12月31日。在上报自评表时，一并报送“备注”栏中涉及到的相关证明材料。				

附件2：

区（县）农村土地承包经营纠纷仲裁情况调查表

填报单位（盖章）：

设立仲裁委员会情况					工作经费情况		仲裁培训情况		纠纷调处情况					
设立时间	组成人员数（人）	其中农民代表人数（人）	仲裁办公室工作人员数（人）	聘用仲裁员人数（人）	经费是否纳入财政预算（是或否）	仲裁工作经费（万元）	培训人数（人）	参与市级以上培训的仲裁员（人次）	纠纷发生总数（件）	调处纠纷数（件）	乡村调解数（件）	仲裁委受理纠纷数（件）	调解数（件）	裁决数（件）
填表说明：表格中各项数据统计时间段为2014年1月1日至2014年12月31日。														

区（县）农村土地承包经营纠纷仲裁体系建设情况调查表（续）

填报单位（盖章）：

基础设施情况													规章制度情况	
仲裁庭面积（平方米）	合议调解室面积（平方米）	案件受理室面积（平方米）	档案会商室面积（平方米）	办公桌椅（套）	计算机（台）	打印机（台）	传真机（台）	摄像机（台）	照相机（台）	录音笔（个）	电子经纬仪（台）	仲裁车（辆）	是否制定仲裁委员会章程（是或否）	是否制定仲裁工作规范（是或否）
填表说明：表格中各项数据统计时间段为2014年1月1日至2014年12月31日。														

北京市农村工作委员会关于开展农村土地承包经营权确权登记颁证试点工作的补充通知

（2014 年 7 月 11 日）

郊区各区县农委、经管站：

2014 年中央 1 号文件明确提出，农村土地承包经营权确权登记颁证，可以确权确地，也可以确权确股不确地。今年 3 月，农业部出台了《农村土地承包经营权调查规程》《农村土地承包经营权要素编码规则》以及《农村土地承包经营权确权登记数据库规范》等一系列国家行业标准。为此，本市 2013 年 10 月印发的《关于开展农村土地承包经营权登记试点工作的意见》（京政农发〔2013〕22 号）（以下简称《意见》）中的相关内容需按要求进一步完善。现就做好本市农村土地承包经营权确权登记颁证试点工作补充通知如下：

一、调整试点工作办法

按照农业部有关要求，本市采取影像图图解法和实测法相结合的办法开展农村土地承包经营权确权登记颁证试点工作。即，以国土等相关部门提供的卫星遥感影像图或高分辨率航空影像图为底图，对农户承包地块四至、面积、空间位置进行指界并通过图解计算承包地块面积，对图解法计算面积有困难的地块及老百姓要求进行实测的地块，辅以现场实测的办法。采取上述办法测得的面积统称为实测面积。

二、确保现有农村土地承包关系稳定，完善确权方式

此次登记颁证试点工作要在 2004 年全市农村土地确权工作基础上展开，以各村原有确权方案以及承包合同为基础，不是推倒重来，重新调整承包关系。按照 2014 年中央 1 号文件“可以确权确地，也可以确权确股不确地”的工作要求，原按照确利方式确权的土地，以原确权确利方案为基础，全部统一按照确权确股方式进行确权登记并颁发确权证书。

三、由区县自主选择确定测绘公司

此次登记颁证试点工作中涉及的影像图内业处理及外业测绘等业务需由测绘公司完成的，由各区县自主聘请。

四、试点工作经费由区县统筹安排

根据《意见》的要求，各区县试点所需工作经费由本区县财政予以安排，请积极做好有关协调工作，以保障试点工作顺利推进。

五、确保按时完成试点任务

各区县要进一步加大工作力度，加快推进试点，2014 年年底前，平谷区要完成全区 50％的登记工作任务，其余各区县要完成所确定试点的登记工作任务。同时，要认真总结工作经验，研究解决试点工作中遇到的问题，并于 2014 年 12 月 5 日前将试点工作书面总结报送市农委。

六、调整完善试点工作表格

依据国家最新标准，现对《意见》中的工作表格进行了调整、充实和完善（详见附件）。各区县试点工作以新表格为准，原《意见》中的表格一律作废。已使用原表格开展工作的，不再作变更调整。

附件 1：发包方调查表（样式）（略）

附件 2：农户承包地登记基本信息表（样式）（略）

附件 3：农村土地承包经营权清理档案登记表（样式）（略）

附件 4：农户承包地面积确认公示表（样式）（略）

附件 5：农村土地承包经营权要素编码规则

（略）

附件6：农村土地承包经营权登记申请书和农村土地承包情况登记表（样式）（略）

附件7：农村土地承包台账（样式）（略）

附件8：农村土地承包经营权登记簿（样式）（略）

北京市农村工作委员会关于建立农村土地承包经营权确权登记颁证工作进展情况上报制度的通知

（2014年9月28日）

郊区各区县农委、经管站：

按照《农业部办公厅关于建立农村土地承包经营权确权登记颁证工作进展情况上报制度的通知》（农办经〔2014〕16号）的要求，为及时了解和掌握本市试点工作进展情况，加强工作指导，按时完成农业部要求的上报工作，经研究，决定建立本市农村土地承包经营权确权登记颁证工作进展情况上报制度。现通知如下。

一、上报制度的主要内容

各区县要认真收集、整理农村土地承包经营权确权登记颁证工作开展情况，及时汇总、深入分析，建立定期工作动态信息报送制度。重点报送以下内容：

1. 工作进展情况。上报半年和全年工作情况报告。报告主要内容包括：工作总体进展情况、采取的主要措施、存在的突出问题和解决对策以及下一步工作安排等。各区县分别于每年6月20日、11月20日前上报半年和全年工作情况报告。

2. 填报工作进度表。《农村土地承包经营权确权登记颁证情况调查表》由各区县于每年12月30日前填报。《农村土地承包经营权登记颁证工作进展情况季报表》由各区县分别于3月30日、6月30日、9月30日、12月30日填报第一、二、三、四季度情况（具体指标分别见附件1、附件2）。

3. 有关规章制度。包括：出台的相关政策文件，制定的工作方案、规定和办法，建立的相关制度，印发的工作简报等，由各区县农委随时报送。

二、有关要求

本市农村土地承包经营权确权登记颁证工作进展情况上报制度自2014年10月1日起建立。各区县要高度重视此项工作，区县农委要认真加强组织领导，切实履行牵头部门职责，加强组织协调，明确责任，实行专人负责，及时上报相关情况。具体要求如下：

1. 半年及全年工作总结要简明扼要、数据详实、观点鲜明、分析准确，由各区县农委以正式文件形式上报市农委，同时将电子稿发送至tigaichu@bjnw.gov.cn。

2.《农村土地承包经营权确权登记颁证情况调查表》《农村土地承包经营权确权登记颁证工作进展情况季报表》由各区县根据实际工作情况，明确一个部门，由区县农委或经管站负责。两项报表均通过农村土地承包经营权确权登记颁证试点工作报送系统填报（域名：www.agriland.org.cn，登录名、密码及操作要求详见网页的填报须知），2014年第三季度工作情况季报表请于10月15日前填报完成。

3. 由各区县农委于2014年10月15日前，将具体工作人员及联系方式报送市农委农村改革与经营管理处。

附件1：农村土地承包经营权确权登记颁证情况调查表

附件2：农村土地承包经营权确权登记颁证工作进展情况季报表

附件 1：

农村土地承包经营权确权登记颁证情况调查表

填报单位：×××区（县）

指标名称	代码	计量单位	数量
一、总体情况			
县（区、市）	1	个	
乡（镇）	2	个	
行政村	3	个	
村民小组	4	个	
耕地面积（国土二调公布的最新数）	5	亩	
其中：1. 国有耕地	6	亩	
2. 集体耕地	7	亩	
归村级集体所有	8	亩	
归组级集体所有	9	亩	
二、家庭承包情况			
（一）基本情况			
承包农户数	10	户	
签订承包合同数	11	份	
承包合同面积	12	亩	
承包地块数	13	块	
颁发土地承包经营权证书	14	份	
（二）本次确权登记颁证情况			
已确权承包农户数	15	户	
完善订立土地承包合同数	16	份	
建立土地承包经营权登记簿数	17	份	
颁发土地承包经营权证书数	18	份	
实测承包土地面积	19	亩	
确认土地承包经营权面积	20	亩	
实测承包地块数	21	块	

附件 2：

农村土地承包经营权确权登记颁证工作进展情况季报表

填报单位：×××区（县）　　第（　）季度

指标名称	代码	计量单位	当季数量	当年累计
一、开展确权登记颁证工作的单位				
（一）已部署开展工作的单位				
其中：1. 行政村	1	个		
2. 乡（镇）	2	个		
（二）已完成权属调查任务的单位				
其中：1. 行政村	3	个		
2. 乡（镇）	4	个		

（续）

指标名称	代码	计量单位	当季数量	当年累计
（三）已完成审核公示任务的单位				
其中：1. 行政村	5	个		
2. 乡（镇）	6	个		
（四）已完成完善合同任务的单位				
其中：1. 行政村	7	个		
2. 乡（镇）	8	个		
（五）已完成建立登记簿任务的单位				
其中：1. 行政村	9	个		
2. 乡（镇）	10	个		
（六）已完成数据入库的单位				
其中：1. 行政村	11	个		
2. 乡（镇）	12	个		
（七）已完成颁证任务的单位				
其中：1. 行政村	13	个		
2. 乡（镇）	14	个		
二、完成土地承包经营权调查情况		—		
1. 清理土地承包档案	15	卷		
其中：其他方式承包	16	卷		
2. 调查承包方（人）户（人）数	17	户（人）		
其中：其他方式承包	18	户（人）		
3. 实测承包地块数	19	块		
其中：其他方式承包	20	块		
4. 实测承包地面积	21	亩		
其中：其他方式承包	22	亩		
三、完成家庭承包耕地确权登记颁证情况				
1. 完善土地承包合同	23	份		
2. 确认家庭承包耕地面积	24	亩		
3. 确认家庭承包耕地地块数	25	块		
4. 建立土地承包经营权登记簿	26	份		
5. 颁发土地承包经营权证书	27	份		
6. 完成确权登记颁证档案归档	28	卷		
7. 是否建立县级确权登记颁证数据库	29	是填 1、否填 0		
四、土地承包经营纠纷调处情况				
1. 受理数	30	件		
2. 村级调解结案数	31	件		

（续）

指标名称	代码	计量单位	当季数量	当年累计
3. 乡镇政府调解结案数	32	件		
4. 县级仲裁（含调解）结案	33	件		
五、各级财政安排工作经费情况				
1. 中央	34	万元		
2. 省级	35	万元		
3. 地市级	36	万元		
4. 县（市、区）级	37	万元		
六、培训宣传情况				
1. 培训工作人员	38	人		
2. 发放宣传资料	39	份		
七、调查精度及调查技术方法				
查田勘界成图比例尺	40	1比		
查田勘界底图比例尺	41	1比		
查田勘界主要技术方法				可文字说明

北京市农村工作委员会关于进一步规范政策性农业保险市场的指导意见

（2014年2月17日）

各相关区县农委（农业局）、保险公司：

近年来，为进一步促进市场竞争，提高服务水平，政策性农业保险协调小组办公室从市场准入、市场行为规范、监督考核等各个方面做出了一系列规定。总体来看，这些措施对于维护农民利益、规范市场行为，发挥了重要作用。同时，也应当看到，随着农业农村新情况、新形势的出现，需要进一步加强政策性农业保险市场规范工作，现将有关情况通知如下：

一、主要问题

当前政策性农业保险市场主要存在以下问题：市场竞争主要集中于养殖业，导致种植业保险不充分，没有做到“愿保即保”；市场竞争主要集中于种养大户，忽视了普通农户的保险诉求；部分大户滥用市场选择权，谋求过度赔偿；部分保险业务人员为获得保费收入，存在协议投保、理赔等违规行为。

上述问题的出现不利于保险工作的顺利开展，不利于保险体系的规范发展、不利于从根本上保护农民利益、不利于保险公司降低经营成本提高服务水平。这些问题的发生主要在于部分保险公司及其业务人员没有严格按照业务规范的要求开展工作，也同当前部分区县保险市场分配原则密切相关。

二、主要措施

为从根本上解决上述问题，在严格执行业务规范的基础上，对于区县保险市场布局问题提出以下要求。

1. 强化区县组织管理责任。按照中央“县级以上地方人民政府有关部门按照本级人民政府规定的职责，负责本行政区域农业保险推进、管理的相关工作。”的要求，区县作为组织工作的主体，要在已明确主管部门和负责人员职责的基础上，更多地承担起组织管理职能；加强制度建设，在符合全市统一要求的前提下，结合本区县实际制定具体的组织、推进、管理办法。

2. 以乡镇为单位划分市场格局。各区县原则上应以乡镇为单位指定一家保险公司承保政策性农业保险业务，不以险种或补贴份额为划分标准，补贴份额可以作为辅助管理手段。

市场格局的划定由区县农委（农业局），在充分听取乡镇意见的基础上，依据 2011—2013 年区域内各公司在该乡镇的人员情况、保费收入情况、保费结构、累计赔款金额、惠及农户数量、乡镇险种产值、乡镇所处地域、农民认可度，并结合各保险公司当前现实的机构设置、队伍建设、服务能力等情况确定。

布局的划分应坚持公开、公平、公正的原则，划分结果及详细依据应报政策性农业保险协调小组办公室备案。

市场格局划分一年进行一次。每年 3 月 1 日前，各区县农委（农业局）应将划分方案及依据报政策性农业保险协调小组办公室备案。2014 年市场格局划分从 3 月 1 日开始。

对于区域农业保险市场竞争程度有待提高的区县，可暂不进行市场划分，但应切实采取措施确保市场有序运行、确保不发生违规、违法问题。暂不进行市场划分的区县应向市政策性农业保险领导小组办公室提交书面报告。

3. 建立考核及区域市场退出机制。为避免市场格局确定后保险公司降低服务水平，建立分层级、多因素的考核机制及区域市场退出机制。

每年年初，市政策性农业保险协调小组办公室统一部署、区县农委（农业局）具体实施、乡镇政府参与，以乡镇为单位对保险公司上一年的工作进行考核。

以乡镇为单位的考核，综合考虑市级第三方审计、投诉情况、农户入户调查、乡镇认可度、保险公司服务质量、分险种保费收入结构等内容。在乡镇考核结果的基础上，通过简单平均的方法获得保险公司在该区县的考核结果。区县考核结果在农委（农业局）、各乡镇以及各家保险公司间予以公布。

考核结果排名后 2 名的乡镇，或保险公司发生有效投诉 2 起（含）以上且经查实的乡镇，承保该乡镇的保险公司应当退出该乡镇，由区县农委（农业局）将该乡镇的业务调整给考核结果排名靠前的保险公司承保。

行业检查发现违规行为的乡镇或第三方审计发现问题突出，尤其是不予补贴保费数额占该乡镇农险保费总额比重较大的乡镇，该乡镇的业务应当转交给无违规行为发生且区县考核结果排名靠前的公司承担。

除以上明确规定外，区县调整市场格局，应向相关保险公司说明详细原因，切实做到公开、公平、公正。

三、具体工作安排

1. 每年 3 月 1 日划定乡镇后，保险期限未结束的保单应当执行完毕。禁止保险公司提前与农户签订跨年度、超长期保单。一经发现，不予保费补贴。

2. 划定乡镇、及乡镇调整保险公司后，各保险公司应积极配合，做好承保理赔资料的交接工作，防止漏保，保障农民利益。各保险公司应积极配合乡镇的灾害预防、灾情统计等与保险有关的工作。

3. 处于保护期的区域特色险种的业务开展不受市场划分的限定。但有关保险公司只能在其他公司的业务乡镇从事该险种的业务，不得开展统颁条款险种的业务。

4. 区县农委（农业局）、各保险公司应当做好对农民的解释、宣传工作。

5. 市场格局划分限定为政策性农业保险，农房、农家乐等没有纳入政策性农业保险统颁条款的涉农保险业务不受市场格局的限定。

6. 保险公司应根据划定的市场格局，及时调整、充实基层队伍建设，着力提高业务乡镇的服务水平，切实做到各险种“愿保即保”，积极挖掘农户保险需求。

各区县、保险公司应切实增强紧迫感和危机感，高度重视保险市场无序竞争对政策性农业保险工作的危害、对保险公司以及农民利益的危害、对财政资金安全的危害，切实按照本通知的要求，针对问题实质，结合本地实际，做好规范政策性农业保险市场工作。

北京市农村工作委员会　北京市财政局　北京市农业局 关于2014年“菜篮子”工程生产建设工作的实施意见

（2014年6月16日）

郊区各区县政府：

依据《北京市人民政府关于统筹推进本市“菜篮子”系统工程建设保障市场供应和价格基本稳定的意见》（京政发〔2010〕37号）精神，就2014年工作提出如下实施意见：

一、工作思路

以科学发展观为指导，全面落实“菜篮子”工程区县负责制，围绕“三率一能力”建设目标，加快推进“菜篮子”规模化发展、园区化建设、标准化生产，切实增强都市型现代农业“应急保障”能力和“安全农业”发展水平。

二、工作目标

1. **提高生产能力，稳定“菜篮子”产品自给率。**稳定蔬菜生产用地保有量，稳步推进农业结构调整，积极开展高产高效示范创建，提高本市“菜篮子”主要产品综合生产能力，确保“菜篮子”产品自给率总体保持稳定。

2. **深化区域合作，提高“菜篮子”产品控制率。**围绕北京农业结构调整和京津冀一体化发展目标，着力推动京津冀农业产业协同发展。拓展外埠农业合作广度和深度，建设一批“菜篮子”产品外埠生产基地，稳步提高蔬菜、肉类、禽蛋、鲜牛奶、水产品的控制能力。

3. **强化质量监管，提高“菜篮子”产品合格率。**推进“安全农业”建设，深入实施农业标准化战略和“三品”认证全覆盖战略，强化“菜篮子”产品质量安全监管，提高质量安全水平。2014年，“菜篮子”建设项目补贴与“三品”认证挂钩，地产“菜篮子”主要产品质量安全抽检合格率达到97%以上。

4. **突出重大项目建设，提高应急保障能力。**引导和壮大一批“菜篮子”重点项目，提升现代农业技术装备水平，增强均衡生产水平和应急保障能力。

三、重点工作

（一）自给率提升工程

1. **稳步发展设施农业。**按照“三个一批”思路，新发展一批设施农业、改造一批老旧设施、提升一批设施蔬菜产业村，通过优化基础建设，加快蔬菜产业发展。支持设施蔬菜生产，对新建的符合要求的中高档日光温室和钢架大棚，市级每亩补贴3万元和1万元；继续支持蔬菜主产区老旧蔬菜设施改造提升。各郊区县要加强设施农业政策落实，引导农民、合作社、农业企业等主体理性发展设施农业。

2. **持续增强综合生产能力。**实施“菜篮子”新型经营主体科技能力提升工程，重点面向100个左右的种养大户、合作社、特色专业村开展有针对性的科技能力提升服务，进一步促进科技成果转化和实用技术应用推广。推进蔬菜产业区域化发展，新发展蔬菜集约化育苗场20个；以规模化发展、园区化建设、标准化生产为方向，引导区县开展蔬菜生产万亩示范乡镇和设施蔬菜产业村建设，提高蔬菜产业社会化、集约化发展水平和核心竞争力。进一步深化基本菜田蔬菜生产补贴工作，引导推进基本菜田划定工作，稳定蔬菜生产用地保有量。开展畜禽养殖业改造提升，完成规模化标准化养殖场改造提升60个（场）以上、养殖场节水集雨改造200个标准栋，优化提升一批现代化畜禽养殖基地，提高畜禽“菜篮子”产品综合生产能力和资源有效利用水平。加大在老旧鱼塘推广渔业“三节两高”技术应用的力度，改造标准化鱼池、循环温室1 200亩和工厂化水产养殖基地12家，提升渔业养殖技术水平，稳步提高水产品均衡供给能力。

各郊区县要结合实际加大生产建设工作力度，制定配套政策，增强市场供给能力。要加强设施农业政策指导和资金管理，引导农民、合作社、农业企业等主体理性发展设施；要认真落实《关于进一步加强设施农业监管工作的函》（京政农函〔2013〕83号）的要求，切实加强对设施农业（含种植业、养殖业）有效利用的监管，提高利用效率，杜绝非农利用；设施农业建成验收后长期（1年及以上）闲置的，不得安排政策补贴，已安排政策补贴的，区县农业部门要会同本级财政部门追回补贴资金；在城市规划建设用地区域内，不支持设施农业建设和发展；对擅自或变相将设施农业用于其他非农建设的违法违规行为，区县农业主管部门要及时通报同级国土部门加强整治。

（二）控制率提升工程

进一步强化与外埠地区的合作，深入推进“京张合作”战略，巩固长期而稳定的外埠“菜篮子”产品供应基地。采取多种形式鼓励和支持本市农业企业、农民专业合作社，到外埠建设“菜篮子”产品生产基地，新发展外埠蔬菜生产基地4万亩，建设一批畜禽和水产品生产基地，提高供京“菜篮子”产品的控制率。

（三）合格率提升工程

1. 深入推进“安全农业”战略。进一步完善“菜篮子”生产建设地方标准体系，抓好地方标准的制定与宣贯落实。推进标准化基地分级管理，以蔬菜生产为重点创建优级标准化基地130个。继续鼓励支持“菜篮子”产品开展质量安全认证，进一步提高“三品”覆盖率。推进“菜篮子”产品质量安全全程控制示范基地建设，探索建立农产品质量安全全程控制示范机制。继续推进农资服务体系建设，完善农资流通渠道，加强农资质量监管，为“菜篮子”生产提供质量安全可靠的农资产品。

2. 逐步完善质量安全监管体系。健全乡镇农产品质量安全监管机构人员和设备配置，强化“菜篮子”重点产品质量安全检测抽测和日常监管，把好上市“菜篮子”产品质量安全关。鼓励开展农产品质量安全监管示范区县（乡镇）创建，提高农产品质量安全监管水平。

（四）应急保障能力提升工程

1. 鼓励开展“菜篮子”特色产业村建设。落实农业部《关于推进“一村一品”强村富民工程的意见》《关于印发〈北京市特色产业村认定管理办法〉的通知》（京政农发〔2013〕23号）精神，围绕“菜篮子”主要产品，开展“一村一品”特色产业村创建，提高特色产业村农业综合生产能力。

2. 推进都市型现代农业示范乡镇创建。围绕“菜篮子”产品生产，以乡镇为主体开展都市型现代农业示范乡镇建设，形成一批具有北京特色、地域特点，突出高端高效、绿色安全，能够示范引领、辐射带动“菜篮子”产业发展的都市型现代农业示范乡镇，提高现代农业综合保障能力。

四、工作要求

一是加强领导，落实责任制考核。进一步落实“菜篮子”生产建设区县负责制和责任制考核，逐步完善“菜篮子”生产建设考核、通报、激励机制。各区县要强化主体意识，细化责任分解，完善工作机制，持续加大财政资金支持力度，确保工作有序推进。2014年“菜篮子”生产建设工作具体任务目标，将另行下发。

二是明确标准，强化考核验收。进一步明确“菜篮子”生产建设任务分工，细化项目建设标准，提高“菜篮子”建设质量水平。各区县要按照任务分工，制定工作方案，采取有效措施推进项目建设；同时，要加强资金监管，对虚报工作套取政策扶持资金的，要追回财政补贴资金。

三是加强组织宣传，进一步营造社会氛围。市、区县各有关单位，要高度重视“菜篮子”工作，自觉加大政策宣传力度，充分利用广播、电视、报刊、展会等形式，营造有利于“菜篮子”工作稳定发展的社会氛围，促进“菜篮子”生产建设工作稳步推进。

附件：北京市“菜篮子”生产建设工作责任制考核要点（2014年）

附件：

北京市“菜篮子”生产建设工作责任制考核要点

（2014年）

序号	考核内容	分值	评分标准	备注
1	制度建设	10	1．“菜篮子”生产建设领导机构健全分工明确2分。 2．制定年度“菜篮子”生产建设工作方案并推进落实2分。 3．“菜篮子”生产建设工作政策支持有力2分。 4．及时向上级主管部门报送“菜篮子”工作信息2分。 5．按要求报送半年小结、年度总结2分。	查资料并结合实际酌情评分
2	生产发展	55	1．蔬菜生产用地保有量（10分）：目标完成比例达到95%以上，未完成不得分。 2．“菜篮子”重点产品产量（35分）：目标产量较上年增长5%，按目标完成比例得分，负增长不得分，其中：蔬菜15分、肉5分、蛋5分、奶5分、鱼5分。 3．设施农业利用率（10分）：目标利用率在90%以上，无明显闲置情况或群众反映问题，根据总体情况打分。	根据相关部门数据及实际情况评分
3	质量安全	30	1．“菜篮子”产品生产的标准化覆盖率（10分）。 2．三品认证覆盖率（10分）：目标在36%以上，按目标完成比例得分。 3．“菜篮子”产品质量安全抽检合格率（10分）：目标97%以上，未达标不得分。 4．质量安全工作一票否决：发生质量安全事件，本项考核即零分。	根据相关部门数据及实际情况评分
4	财政投入	5	1．区县高度重视“菜篮子”生产建设工作，有区级财力支持和配套政策。 2．区县研究制定“菜篮子”产业发展的相关规划、布局等政策措施。	结合实际，酌情评分
小计		100	—	—
加分项				
1	生产贡献率	40	“菜篮子”重点产品生产贡献率（40分）：蔬菜20分、肉5分、奶5分、蛋5分、鱼5分。	计算公式＝区县产量/全市总量×分值
2	工作落实情况		1．获得农产品质量安全监管示范区县（乡镇）1（0.5）分/个。 2．获得全国一村一品示范村得0.3分/个；获得北京市特色产业村得0.1分/个。 3．获得农产品质量安全全程控制示范企业和无公害示范基地0.5分/个。 4．获得都市型现代农业示范乡镇0.5分/个。	
合计			—	—

北京市农村工作委员会　北京市农业局关于印发《2014年北京都市型现代农业服务体系建设重点工作分工方案》的函

（2014年7月24日）

郊区各区县人民政府，市各有关单位：

根据《北京市人民政府关于全面推进都市型现代农业服务体系建设的意见》（京政发〔2011〕8号）和《北京“十二五”都市型现代农业服务体系

总体规划》（京政农函〔2011〕50号）要求，为加快构建新型农业社会化服务体系，制定《2014年北京都市型现代农业服务体系建设重点工作分工方案》。现予印发，请结合实际贯彻落实。

2014年北京都市型现代农业服务体系建设重点工作分工方案

一、农业技术推广体系建设

建设内容：编制“十三五”新型职业农民培养规划，研究提出农业社会化服务体系建设意见，支持农民专业合作社、农业龙头企业、科技联盟、农业电子商务等新型社会化服务主体建设；加强现代农业科技试验示范基地建设，在10个远郊区县建设农业科技示范展示基地20个；实施专业技术人员知识更新工程，培训专业技术人员6 000人次以上；实施新型职业农民培育工程，培训农村劳动力3 500名左右；制定村级全科员队伍考核管理办法，完善补助标准，提高服务效能。

牵头单位：市农委

协办单位：市农业局、各相关区县政府

二、动植物疫病防控服务体系建设

建设内容：继续落实《北京市动物防疫体系建设规划》，启动二期项目建设，完善海淀、丰台、石景山、门头沟、怀柔、延庆6个区县和首农集团的防疫基础设施条件；完成东城、西城、朝阳、海淀、丰台、石景山、顺义、平谷8个区县和首农集团防疫设备的标准化配置；在7个蔬菜示范园内推广蔬菜病虫害全程绿色防控技术，绿色防控覆盖面积2 000亩以上；完成50支植保专业化服务组织的建设。

牵头单位：市农业局

协办单位：各相关区县政府

三、农产品质量安全服务体系建设

建设内容：开展农产品质量安全监管示范创建，评选监管示范区县1～2个、先进区县4个、示范乡镇8个；推进农业标准化工作，评定市级优级标准化基地100个；完善乡镇农产品质量安全管理站建设，提高管理站工作能力和水平；推进质检体系建设，完成海淀区、门头沟区农产品质量安全综合质检站建设。

牵头单位：市农委

协办单位：市农业局、各相关区县政府

四、农机服务体系建设

建设内容：研究提出《北京市关于扶持农机专业合作社示范社建设的意见》，制定全市农机合作社示范社建设标准和验收标准，组织开展全市合作社示范社创建达标评比活动；探索土地托管、机具租赁、农机订单作业等多种经营模式；试点“农业龙头企业＋农机专业合作社”联合互利发展模式；通过政企联动培训、局院合作培训，加快农机科技、管理、实用人才的培养。

牵头单位：市农业局

五、农业信息化服务体系建设

建设内容：开展北京涉农信息资源中心一期建设工作；实施农产品运输信息化的示范应用；继续推广“221”物联网应用；开展村级资源整合及信息化应用试点工作。

牵头单位：市农委

协办单位：市经济信息化委、市城乡信息中心

六、农资服务体系建设

建设内容：建设6个区域配送中心、500个农资连锁经营网点；建设农资智能化监管与服务平台（二期）；开展农资市场监管能力提升工程建设及农资打假专项整治行动。

牵头单位：市农业局

协办单位：市供销总社、市邮政公司

七、农业用水服务体系建设

建设内容：推进昌平、顺义和房山3个中央小型农田水利重点县建设，新增改善农业节水灌溉面积10万亩；建设农村雨洪利用工程100处；加强区县水务局和流域水务站相关人员培训，进一步提高基层水务管理水平。

牵头单位：市水务局

协办单位：市农委、市农业局、各相关区县政府

八、农产品流通服务体系建设

建设内容：推进农产品中央批发市场北京鲜活农产品流通中心项目建设，加快项目规划、土地出让、项目设计等各项工作进度；新增10家京郊骨干农村专业合作组织与超市、网络零售企业进行对接。

牵头单位：市商务委

协办单位：市发展改革委、市规划委、市农委

九、农村金融服务体系建设

建设内容：发展本市小额贷款公司达到80家以上，更好地发挥支农支小作用；开展农民专业合作社集合信托、中小企业集合票据发行工作；鼓励小额贷款公司创新业务经营模式。

牵头单位：市金融局、市农委

协办单位：市发展改革委、市财政局、人民银行营管部、北京证监局、北京银监局、北京保监局、各相关区县政府

总　　述

2014 年北京市农村经济运行情况总述

一、2014 年的运行特点

结合农村经管统计信息系统的初步统计数据和农村集体资产经营管理创新、集体土地清查等重点工作的推进情况看，2014 年，全市农村经济各主要指标运行态势总体平稳，并实现稳中有进。主要运行特点如下。

（一）农村经济保持稳定增长

全市农村经济总收入 5 527.6 亿元，增长 6.9%。其中，主营业务收入实现 5 280.9 亿元，同比增长 6.7%。

从产业收入构成看，三大产业收入全部实现增长，一产、二产比重略有下降，三产比重继续上升。一产实现主营业务收入 277.6 亿元，同比增长 1.6%，所占比重从去年占比 5.5%下降至 5.3%，下降 0.2 个百分点；二产主营业务收入实现收入 2 176.2 亿元，同比增长 6.1%，所占比重从 41.5%下降至 41.2%，下降 0.3 个百分点；三产实现主营业务收入 2 827.1 亿元，同比增长 7.7%，所占比重从 53%上升至 53.5%，上升了 0.5 个百分点。

从十大行业看，除农业略有下降外，其余九大行业主营业务收入同比均实现增长。其中，服务业主营业务收入增长最快，由上年同期的 1 036.9 亿元增加为 1 155.8 亿元，增幅 11.5%。工业主营业务收入绝对数额最高，达 1 509.8 亿元，占农村经济主营业务收入的 28.6%。农业主营收入有所下降，由上年同期的 116.9 亿元下降至 114.6 亿元，同比下降 2%。主要原因粮食收入同比减少 4.2 亿元，同比下降 13.6%。

从三大功能区看，主营收入均实现增长，生态涵养发展区比重略有下降，城市功能拓展区、城市发展新区比重有所上升。城市功能拓展区主营业务收入 1 785.9 亿元，同比增长 7.1%；城市发展新区主营业务收入 2 597.4 亿元，同比增长 8.6%；生态涵养发展区 897.6 亿元，同比增长 1%。城市功能拓展区、城市发展新区和生态涵养发展区主营业务收入占郊区农村主营业务收入的比重分别从上年同期的 33.7 ∶ 48.3 ∶ 18 变化为 33.8 ∶ 49.2 ∶ 17。

（二）农村集体资产经营效益有所好转

农村集体资产总额 5 207.9 亿元，同比增长 3.2%。集体资产增速缓慢的主要原因是，为举办 APEC 会议加大环境整治力度及京津冀一体化加快导致部分集体企业腾退外迁；2013 年，农村基层会计核算单位 13 855 个，2014 年 13 611 个，净减少 244 个。截至 2014 年年底，乡级集体资产 2 107.3亿元，同比增长 3.6%，所占比重 40.5%；村级集体资产 3 100.6 亿元，同比增长 2.9%，所占比重 59.5%。

郊区农村集体净资产 1 919.7 亿元，同比增长 9.6%，比农村集体资产总额增长速度高 6.4 个百分点，占资产总额的比重由上年的 34.7%提高到 36.9%。其中乡级集体净资产 508.8 亿元，同比增长 1.9%，所占比重 26.5%；村级集体净资产 1 410.9亿元，所占比重 73.5%。人均净资产 6.1 万元，同比增长 10.1%，比农村集体资产总额增速高 6.9 个百分点。

农村集体资产收益率保持基本稳定，总资产收益率3.79％，比2013年的3.75％高0.04个百分点。集体经济负债总额呈绝对下降态势，从2013年的3 297.4亿元下降为2014年的3 288.2亿元。总资产负债率从2013年的65.3％下降为2014年的63.1％，缩小了2.2个百分点。

全市资不抵债村304个，比2013年的313个净减少了9个；收不抵支村数量1 745个，占全市44％，比2013年的1 919个净减少了174个，近年来收不抵支村所占比例首次控制在50％以内。

（三）劳动力就业率稳定，人均所得增长较快

郊区农村参加分配的劳动力184.8万人，同比减少0.3％。其中，已就业劳动力173.2万人，就业率93.7％，与上年持平。就业劳动力中从事一产的劳动力44.5万人，占已就业劳动力的25.7％，同比降低1个百分点；从事二产的劳动力38.7万人，占22.3％，同比提高0.1个百分点；从事三产的劳动力90万人，占52％，同比提高0.9个百分点。就业劳动力中从事一、二、三产的劳动力所占比重由上年同期的26.7∶22.2∶51.1变化为25.7∶22.3∶52，就业岗位继续向第三产业转移。

郊区农民人均所得17 141.2元，同比增长8.9％。从产业看，农民从第一产业所得2 762元，同比增长3.6％，占农民人均所得16.1％；从第二产业所得3 385元，同比增长7.6％，所占比重19.8％；从第三产业所得10 994元，同比增长10.8％，所占比重64.1％，第三产业贡献最大。农民从第三产业所得数额比第一、二产业之和高4 847元。第一、二、三产业贡献比重从上年同期的16.9∶20∶63.1变化为16.1∶19.8∶64.1。第三产业贡献率持续增加，比上年同期第三产业所得额比重提高了1个百分点。14个区县中，石景山、朝阳、海淀及丰台4个区的农民人均所得超过了2万元，分别为37 702.1元、27 392.3元、21 946.4元、21 347.3元，位居郊区县前列。

（四）农村改革和机制创新有效推进

集体土地清查基本摸清了资源底数。在市、区县、乡镇、村的共同努力下，经过清查准备、清查实施和总结检查3个阶段，历时8个月，完成了全面清查、录入平台、清理规范和建章立制4项任务。初步清查结果表明，全市农村集体土地面积2 049.3万亩，其中农用地1 594万亩，占77.8％；建设用地261.1万亩，占12.7％；未利用地194.2万亩，占9.5％。按权属划分，乡级27.5万亩，占1.3％；村级2 021.8万亩，占98.7％。

集体建设用地乡镇统筹试点稳步推进。认真总结海淀东升、大兴西红门的经验，有序推进“五区六镇”集体建设用地统筹使用试点，编制了《乡镇统筹利用集体经营性建设用地试点方案》《乡镇统筹利用集体经营性建设用地试点工作指引》，提交了《试点乡镇农转居满意度调查分析报告》《统筹集约利用农村集体经营性建设用地，探索乡域均衡发展道路》等工作指导和调研报告。提炼了“乡村统筹、存量资产统筹、存量土地入股统筹、增量集体建设用地统筹、经营性物业信托统筹”等发展模式，总结了“腾笼换鸟、就地升级、重大项目带动”等建设用地集约利用类型。改革试点工作按照“市指导、区主导、镇主体”的工作机制有序推进，长辛店、青云店等镇试点已经启动拆除腾退，进入实施阶段。

集体资产信托经营试点进一步推进。北京信托为京郊农村集体经济组织量身打造了“富民”系列集合资金信托计划，到2014年年底，经监管部门批准，北京信托共发行了“富民”信托计划6期，为京郊农村集体经济组织管理资金总额17.926亿元，平均年预期收益率9.24％，累计为农民创造收益2.4亿元。2014年2月，土地信托“金色田野2014008号”正式落地。北京信托与密云县穆家峪镇水漳村签署协议，将水漳村1 680余亩土地统一流转给北京信托经营。按照土地信托方案设计，北京信托在水漳村土地信托的基础上配套1 000万资金信托计划，即水漳村土地信托承接方圣水樱桃专业合作社可以获得1 000万元的信托资金用于合作社农业经营。北京信托与门头沟区政府于2014年3月6日签订了农村集体资产信托经营的全面战略合作协议，重点就门头沟辖区内的农村集体产业预留用地的开发利用，开展信托经营。

农民专业合作社走向联合发展的新阶段。2014年3月，北京市农民专业合作社联合会正式成立。截至2014年12月底，北京市工商登记注册的农民专业合作社发展到6 044家（其中专业联合社22家），比2013年的5 666家增加378家。正式登记注册的合作社成员18.6万名，辐射带动农户25.3万户，占全市从事一产农户总数的近3/4。合作社资产总额70.7亿元，其中成员出资额29亿元。2014年，合作社总收入101.3亿元，实现盈余9.3

亿元，其中提取公积金1.1亿元，盈余返还总额4.3亿元，分红1.6亿元，成员户均纯收入1.3万元。

农村金融服务有所突破。市农经办与北京银行、北京国际信托有限公司、北京首都创业集团有限公司、中国农业银行北京分行、北京农村商业银行、中国邮政储蓄银行北京分行、中粮信托有限责任公司等多家金融机构建立了联系、沟通和合作的工作机制。3月，北京农商行、农行北京分行、北京银行与北京市农民专业合作社联合会签订了《关于金融助推农民专业合作社发展合作协议》，为农民专业合作社提供60亿元意向性信贷额度。2014年6月，北京银行郊区管理部选取北京荣涛豌豆产销专业合作社作为试点，以“对公”授信贷款和“社员保”贷款的两种形式，为荣涛豌豆产销专业合作社提供了共计500万元的流动资金贷款，其中，“社员保”贷款是该产品在北京郊区做的第一单。北京银行与合作的担保公司一起决定对荣涛豌豆产销专业合作社拟新上项目进行了前期调研，对同行业开展了实地考察，决定下一步解决该合作社该项目4 000万元固定资金贷款。北京银行开始与门头沟、怀柔的重点专业合作社进行对接，有针对性的提供金融服务。

农村集体资产产权流转交易继续推进。市农交所成交农村产权交易项目103宗，年成交金额9.26亿元，流转土地面积4.15万亩，促进了农村资源通过产权交易方式实现市场化配置。农村产权交易受让方中，通过农交所引进的工商企业占比28.3%，交易所资源整合功能初步实现。通州区宋庄镇集体资产交易市场截至2014年6月底，共完成招投标事项312宗，其中：工程类招投标163宗，为村集体节省资金546.5万元；盘活土地、场地出租招投标113宗，合同期限内为村集体增加收入1.62亿元；集体资产购置6宗，为村集体节省资金157.6万元；集体资产处置10宗，为集体增加收入104万元；平原造林施工标段20宗，涉及总投资5.98亿元。

新型集体经济组织股份分红水平持续增长。据初步统计，全市有1 332个村集体经济组织实现股份分红，分红村数量比上年增加65个，增长5.1%。分红村占已完成改制村集体经济组织的34.5%。股份分红总金额41.8亿元，比上年增加7亿元，增长20.1%。在改制村中有134万农民股东获得红利，人均分红3 108元，比上年增加497元，增长19%。

（五）低收入农户收入增幅高于全市平均增速

京郊22.9万个低收入农户人均可支配收入实现9 017.7元，同比增长11.7%，增速比全市农民人均所得同比增速8.9%高2.8个百分点。其中，低收入农户报酬性收入4 880.8元，增长15.2%；转移性收入2 211.6元，增长13.6%；财产性收入455.5元，增长14.3%；家庭经营净收入1 469.7元，下降1.5%；报酬性收入、转移性收入、财产性收入、家庭经营净收入所占比重从去年同期52.5∶24.1∶4.9∶18.5变化为54.1∶24.5∶5.1∶16.3。

京郊低收入农户劳动力35万人，低收入农户已就业劳动力29万人，就业率82.8%，同比提高0.8个百分点。低收入农户就业劳动力中从事一产的劳动力13.6万人，占已就业劳动力的47%，同比降低0.2个百分点；从事二产的劳动力4.1万人，占14.1%，同比降低0.5个百分点；从事三产的劳动力11.3万人，占38.9%，同比提高0.7个百分点。就业劳动力中从事一、二、三产的劳动力所占比重由上年同期的47.2∶14.6∶38.2变化为47∶14.1∶38.9，三产就业比例继续提高。

（六）各区县农村经济成长性有所不同

分析农村经济的成长性，就是从可量化、可对比的角度分析区域农村经济发展质量。根据农经统计监测的初步结果，选取了主营业务收入增长率、农村劳动力就业率的增长率、人均所得增长率、集体资产总额增长率、人均所有者权益增长率5个指标，对各区县的农村经济发展情况，以增长率代替分值进行简单汇总，得出各区县农村经济成长性的参考分值。详见表1。

表1 2014年各区县农村经济成长性分值表

区县	主营业务收入	劳动力就业率	人均所得	集体资产总额	人均所有者权益	综合得分
朝阳	7.2	0.33	8.6	4.5	7.9	28.53
丰台	5.3	0.11	11	−6.8	3.9	13.51
石景山	8.7	0.1	17	3.2	1.8	30.8
海淀	8.9	−0.1	9.3	14.4	19	51.5
门头沟	5.1	−0.22	8.5	8.4	35.3	57.08
房山	4.8	0.68	7.1	0.4	−1.2	11.78

（续）

区县	主营业务收入	劳动力就业率	人均所得	集体资产总额	人均所有者权益	综合得分
通州	6	0	12.4	9.3	21.8	49.5
顺义	12.8	0.1	9.7	－20.8	5.1	6.9
昌平	8.7	0.43	9.1	10.8	9.6	38.63
大兴	7	0.31	8.1	8.9	－0.2	24.11
平谷	－8.6	－1.57	7.7	－0.4	13.5	10.63
怀柔	－5	0	6.1	－3.2	－3.9	－6
密云	6.4	－0.31	11.1	10.2	8.4	35.79
延庆	9.4	－0.51	8.9	13.9	12.8	44.49

从5项指标的综合得分来看，超过50分的是海淀和门头沟，超过40分的是通州和延庆，30分以上的是石景山、昌平和密云。怀柔区因为是APEC主会场所在地，所以对当年该区农村经济发展的影响较大，其分值为－6分。

在农村经济总收入十强乡镇中，朝阳区占据前三甲，共有4个乡镇。丰台、顺义各有2个乡镇，大兴、房山各1个乡镇。全市农村经济总收入十强村中，朝阳区6个，怀柔2个，丰台、房山各1个。

二、2014年的主要矛盾和问题

在2013年的运行分析中，曾经就农业生产空间缩小问题、农产品市场波动问题、集体经济内生活力不足问题、农村产权交易市场发育问题进行过研究和探讨。从2014年京郊农村经济发展的实际情况看，这些问题还没有完全解决，仍然是制约农村经济健康发展的重要因素。下述困难和矛盾进一步突显。

（一）农业劳动生产率和农产品生产效益下降

据郊区7个区县450个农产品核算监测点显示，26种农产品平均单位产品收入14 506.2元，比上年下降5.2%；平均单位产品成本费用9 048.3元，比上年增长0.1%；平均单位产品利润5 457.9元，比上年下降12.8%。

26个农产品品种的综合“三率”水平同比下降，平均投入产出率（单位产品收入/单位产品成本）160.3%，同比下降5.3%；平均成本利润率（单位产品利润/单位产品成本）60.3%，同比下降12.9%；平均劳动生产率（单位产品收入/单位产品用工）290.6元/日，与上年的321.0元/日相比，降低了30.4元，同比下降9.5%。详见表2。

表2　2013—2014年农产品“三率”情况表

指标 \ 品种	投入产出率（%）			成本利润率（%）			劳动生产率（元/日）		
	2013	2014	±（%）	2013	2014	±（%）	2013	2014	±（%）
小麦	135.2	140.8	4.2	35.2	40.8	16.0	334.0	392.1	17.4
玉米	171.8	154.5	－10.1	71.8	54.5	－24.1	263.2	265.6	0.9
白薯	294.5	285.6	－3.0	194.5	185.6	－4.6	551.1	545.3	－1.1
花生	145.0	141.5	－2.4	45.0	41.5	－7.8	174.1	181.1	4.0
西瓜	251.4	234.3	－6.8	151.4	134.3	－11.3	345.2	337.8	－2.2
食用菌	160.6	153.8	－4.2	60.6	53.8	－11.2	303.5	278.6	－8.2
花卉	196.8	173.4	－11.9	96.8	73.4	－24.1	407.5	334.3	－18.0
西瓜苗	138.1	144.7	4.8	38.1	44.7	17.2	258.6	234.3	－9.4
草莓	168.5	148.8	－11.7	68.5	48.8	－28.9	321.6	281.1	－12.6
蔬菜	260.6	190.0	－27.1	160.6	90.0	－43.9	316.0	268.3	－15.1
苹果	172.2	167.4	－2.8	72.2	67.4	－6.7	183.4	193.9	5.8
梨	231.6	248.7	7.4	131.3	148.7	13.2	255.1	284.9	11.7
桃	181.7	191.1	5.2	81.7	91.1	11.5	231.2	244.4	5.7
葡萄	282.2	243.9	－13.6	182.2	143.9	－21.0	322.5	273.2	－15.3
柿子	259.8	191.2	－26.4	159.8	91.2	－42.9	448.5	221.0	－50.7
樱桃	386.3	334.2	－13.5	286.3	234.2	－18.2	499.1	413.9	－17.1

（续）

指标 品种	投入产出率（%）			成本利润率（%）			劳动生产率（元/日）		
	2013	2014	±（%）	2013	2014	±（%）	2013	2014	±（%）
生猪	119.3	106.6	－10.6	19.3	6.6	－65.5	740.9	931.3	25.7
肉牛	125.2	132.0	5.4	25.2	32.0	26.9	845.8	596.2	－29.5
肉羊	270.4	256.9	－5.0	170.4	156.9	－7.9	235.9	253.2	7.3
肉鸡	110.5	106.6	－3.5	10.5	6.6	－37.2	1 350.0	561.8	－58.4
观赏犬	320.5	274.0	－14.5	220.5	174.0	－21.1	287.2	220.6	－23.2
蛋鸡	116.0	125.8	8.4	16.0	25.8	60.8	570.8	597.4	4.7
淡水鱼	126.6	126.5	－0.1	26.6	26.5	－0.5	544.4	476.5	－12.5
观赏鱼	102.0	108.5	6.4	2.0	8.5	333.2	103.2	180.2	74.6
奶牛	169.3	161.4	－4.6	69.3	61.4	－11.3	572.2	534.4	－6.6
蜂蜜	193.8	157.1	－19.0	93.8	57.1	－39.2	135.1	192.3	42.3
平均	169.3	160.3	－5.3	69.3	60.3	－12.9	321.0	290.6	－9.5

（二）农村经济发展方式转变面临内外部的双重压力

从农村经济的内部构成看，城近郊区和边远地区的区域发展差距、集体经济与个体私营经济的实力差距越来越突出，进一步发展困难重重。党的十一届三中全会以来，农村改革深入发展，农村经济总量和规模空前壮大，但从经营结构和经营层次看，个体和私营经济发展最为迅速，集体经营萎缩趋势最为明显。到 2014 年，公有经济比重 17.4%，非公经济比重 82.6%。公有经济主营业务收入 918.3 亿元，同比下降 27.2%。其中，乡级组织收入 15.7 亿元，同比下降 3.4%；乡级企业收入 609.6 亿元，同比下降 29%；村级组织收入 61.3 亿元，同比下降 14.5%；村级企业收入 231.7 亿元，同比下降 26.7%；非公有经济主营业务收入 4 362.6 亿元，同比增长 18.3%；其中，农户家庭经营收入 1 711.4 亿元，同比增长 6.5%；私营企业收入 2 651.2 亿元，同比增长 27.5%。全市没有集体企业的村 3 577 个，占全市 90%；没有主营业务收入的村 3 056 个，占全市 77%。

从农村经济发展的外部环境看，在首都面临人口资源环境压力、迫切需要疏解非首都核心功能的新形势下，集体经济实力较强地区历史上形成的瓦片经济、租赁经营、村自为战、小散低劣的发展方式，正在进行“减量增效、优化布局、乡镇统筹”的试点改革。这项改革的影响之一，就是农村部分中小企业外迁，即期农村经济总量增长趋缓甚至下降。2012—2014 年期间，50 个重点村改造导致部分农村中小企业外迁，有据可查的农村基层会计核算单位减少 556 个，未在统计范围内的外迁企业可能更多。全市正在进行的“五区六镇”集体建设用地统筹使用试点，包括 189 个村级集体经济组织，涉及现状集体产业用地 54 435 亩，若按照西红门 283 的模式，需要拆迁腾退集体建设用地 43 548 亩，333 个农村企业外迁。改革从长远来说有利于农村经济总量和规模的增长，但在近期内则呈现绝对下降趋势，对乡村集体经济组织和农民来说是长远有利而短期不利。

（三）农村集体产权制度改革存在不彻底、不到位的问题

截至 2014 年年底，全市累计完成集体经济产权制度改革的单位 3 882 个，其中村级 3 863 个，乡镇级 19 个，村级集体经济组织完成产权制度改革的比例达到 97.1%。尽管这些改制单位基本都按照《关于积极推进乡村集体经济产权制度改革的意见》要求，制定了章程，建立了股东（代表）大会、董事会、监事会以及经理层。在实际运行过程中，不按章程办事、“三会”形同虚设、“穿新鞋走老路”等现象仍然普遍存在。重大项目投资、重大资产对外出租、重大开支项目等在签订经济合同之前未按照章程规定的权限履行合法审批程序，有的甚至没有相关文字记录，“先斩后奏”现象比较普遍；一些新型集体经济组织任意扩大董事会或者董事长的职权；有些新型集体经济组织未按照章程规定按时召开股东（代表）大会，有的换届选举迟迟不进行。

农村集体经济组织改制后还面临着一些问题，包括：①部分单位产权制度改革所涉资产并不包括土地。②部分改制后的新型集体组织未办理法人资格登记。③部分改制单位集体成员身份界定标准不确定，各区县、村对成员身份确定标准不一。④改制单位股权设置类型不统一。如，丰台区规定集体股不得低于30%；昌平区规定集体股不得超过30%。昌平区规定个人股由户籍股、劳龄股、独生子女奖励股构成，比例由村集体经济组织成员的村民大会或其代表大会确认；通州区规定个人股中基本股不得低于可量化资产的40%，劳龄股不高于可量化资产的30%；延庆县规定基本股不超过集体净资产量化到个人股份的20%。⑤改制单位股权内容规定不明。股东权利包括：表决权、查阅权、建议及质询权、选举权、股份转让权、股利分配权、剩余财产分配请求权。这些规定涉及农民的实体权利，是农民合法权益的集中体现。⑥新型农村集体经济组织和村委会交叉任职现象比较普遍。据统计，2012年，村级新型农村集体经济组织负责人单独任职71人，占1.9%，与村支书、村委会主任交叉任职3 718人，占98.1%，其中由村支书兼任2 071个、由村主任兼任164个，由村支书兼村主任兼任1 483个。新型农村集体经济组织和村委会长期不能实现分离，不利于充分发挥新型集体经济组织现代企业治理机制的作用。⑦2013年，全市村集体公益性基础设施投入和支付的公共服务费12.8亿元，村均32万元。许多本来应该由政府承担的农村基本公共服务转嫁由农民和集体经济组织承担，不但有损于政府提供公共服务的公平性，也加大农村社区合作经济组织的负担，制约其发展。

（四）农村金融服务存在体制性障碍与不足

北京初步构建了农业信贷、农业保险、农业投资、农业担保、农业产业基金、农村信用、农村要素市场、涉农企业上市培育、农村金融改革试验区、农村基本金融服务村村通“十农”金融服务体系。但总体看，现有农村金融服务模式不能有效满足农村金融服务需求。城乡金融倒挂现象依然存在，农村存贷比低、信用体系薄弱、金融辐射面狭窄等传统问题并没有根本解决。2013年，北京市涉农贷款余额2 288亿元，同年北京市金融机构本外币贷款总余额47 880亿元，涉农贷款仅占总贷款的4.48%。近年来，北京市中资银行人民币综合存贷比为45%左右，但生态涵养发展区的综合存贷比不到30%。农村贷款总额度有所增长，但农村资金缺乏问题并未得到有效解决。农户和农民专业合作组织等各类群体的贷款，存在需求大、额度小、风险高的特点，金融机构在选择涉农贷款目标客户时往往选择规避此类客户，而选择风险较低、贷款额度较大的龙头性农业加工及流通企业，农户和农民专业合作组织的资金供给不足问题依然存在，导致农村金融结构性供需矛盾。在信用体系建设上，农村信用是建立在熟人社会的基础之上的，与城市信用环境差别较大，如何完善农村信用评估体系，扩大信用评价的覆盖面，仍是发展农村金融亟待解决的问题。农业和金融在法律、监管方面存在“两张皮”的现象，二者未能实现有效结合。农村金融处于理论和政策上重视、法律和利益上分离的矛盾局面，现实中仍是农村资金大量流入信用高、风险可控的城市市场。各涉及农村金融业务的金融机构各自为战，难以形成合力。城市和商业金融产品与农村实际情况及需求不匹配，相同金融产品准入门槛千差万别，资源配置严重浪费。

（张文华　郄蕙　朱长江等）

大 事 记

2014 年大事记

1月，《品味京郊》系列片被中国广播电视协会评为一等奖。《品味京郊》十集专题系列片由市委农工委市农委拍摄，在一年一度的中国广播电视协会节目类型评选中，被评为对农宣传专题节目一等奖。该系列节目分为十个主题，从百姓关心的角度入手，真实的记录了北京"菜篮子"工程建设及农业产业化发展的进程。在中国教育电视台播出后，取得了1.6%的收视佳绩。

市农林科学院许勇研究员被评为2013年度"科技盛典"十大科技创新人物。许勇研究员团队绘制了世界第一张西瓜全基因组序列图谱及变异图谱，相关论文在国际学术顶级刊物《自然·遗传学》上发表，确立了我国在西瓜分子育种技术上的领先地位。同时在推广应用上，选育出了优势性状突出、综合性状领先的"京欣"系列西瓜换代品种，被农业部确定为西瓜主导品种，在华北、华东等保护地主产区占有率60%以上。累计推广京欣系列西瓜品种984.72万亩，为瓜农增收69.4亿元。

延庆县被农业部和国家旅游局评为全国休闲农业与乡村旅游示范县。延庆是继怀柔区、密云县之后第三个获此称号的区（县），同时，怀柔白河湾沟域经济产业带、门头沟妙峰山镇涧沟村被评为全国休闲农业与乡村旅游示范点。

1月11日，市新农村建设领导小组（扩大）会暨"新三起来"工作座谈会召开。市委常委牛有成、副市长林克庆出席并讲话。会议主题为"以'新三起来'为总抓手，全面深化农村改革"。会上，有成同志就如何认识"三农"、生态文明、"新三起来"作了重要阐述，就如何推进"新三起来"工作提出了要求。克庆同志就谋划好2014年重点工作提出了明确要求。市委农工委书记、市农委主任、市新农办主任王孝东通报了2013年新农村建设工作情况及2014年工作安排，中央农村工作领导小组办公室二组副组长（正局级）祝卫东对十八届三中全会关于农村改革及中央农村工作会议精神进行了解读。部分区县和市级部门围绕推进农村改革的重点工作作了主题发言。市委副秘书长赵玉金、市政府副秘书长赵根武参加会议。

3月8日，市委全面深化改革领导小组新型城镇化改革专项小组召开第一次全体会议。讨论通过了专项小组工作规则、办公室职责及工作细则，研究部署了2014年重点工作及工作计划，共确定34项重点任务，其中争取国家试点任务4项，启动市级试点14项，讨论修订了《关于深化农村改革的若干意见》等文件。会议强调，要把健全城乡一体化发展体制机制作为全面深化改革的一项重要任务，把新型城镇化作为治理"城市病"、实现城乡一体化的重要抓手，继续深化农村改革，深入推进"新三起来"，构建起城乡要素自由流动的体制机制，拓展可持续发展的新空间。专项小组组长牛有成、副组长陈刚、林克庆分别讲话对推进工作提出了要求，要求各成员单位要高度重视，进一步明确职责，强化统筹，完善机制，切实发挥好专项小组的作用，努力开创新型城镇化和城乡发展一体化改革工作新局面。

3月13日，市减煤换煤领导小组办公室（市新农办）召开专题会议，研究部署2014年"减煤换煤清洁空气"行动的优质燃煤供应保障工作，京煤集团、文新德隆、盛昌绿能、中国北车及西宝惠民公司等供煤企业参加会议。为做好 2014 年全市 120 万吨“减煤换煤”任务的生产和储备工作，京煤集团与外埠煤矿签订无烟原煤 60 万吨的供应协议，文新德隆公司在房山区大石窝选址新建年产 40 万吨优质型煤的生产线，盛昌绿能在通州建设年产 20 万吨生产线，其他企业也在加快生产基地建设、扩大产能。

3 月 14 日，“2014 年度北京市政策性农业保险培训会”日前召开。市农委、市保监局、区县农委、5 家保险公司负责人以及 300 名保险业务员参加了培训。会议通报了 2013 年北京市政策性农业专项联合检查问题及处罚意见，会议要求：一要以更加宽广的视野认识农业保险，政策性农业保险涉及“三农”问题，应站在政治的高度来认识，不能以营利为目的；二要以更严格的态度管理好农业保险，保险公司要建立专业和严格的岗位责任制，区县要负起职责加强监管，保障农民利益和公司收益；三要以更加坚定的决心推进农业保险，坚持北京模式，加强政府引导，强化管理措施，深化改革体系，使北京市农业保险投保量更加充分。

3 月 15 日，第二届北京农业嘉年华暨 2014 全国休闲农业创意精品展在昌平区兴寿镇草莓博览园开幕。本届嘉年华以“自然·融合·参与·共享”为主题，以“多彩农业，点亮生活”为宣传口号，向市民集中展示都市型现代农业发展的多彩魅力。市委常委牛有成、副市长林克庆，市委副秘书长赵玉金、市政府副秘书长赵根武，农业部农产品加工局（乡镇企业局）局长宗锦耀，和市级相关部门领导及昌平区四大班子领导出席开幕式并参观展区。本届活动按照“一展、两区、三乐园”的功能布局，分为六大板块：“一展”即全国休闲农业创意精品展；“两区”即农业艺术体验区、草莓科技博览区；“三乐园”即主题狂欢乐园、拓展休闲乐园、农事体验乐园。据统计，共有近 300 家国内外农业企业参与，集中展示 500 多个农业优新特品种、60 余项先进农业技术，展销 700 多种优质农产品。全国 29 个省市经过精挑细选的休闲农业创意产品、创意包装、创意活动、创意景观四类共 1 000 多件精品也会集中参展。

3 月 31 日，农业部韩长赋部长到北京市调研。林克庆副市长陪同，就节水型现代农业发展课题，先后考察了延庆县北菜园农民专业合作社、德青源生态园、希森三合马铃薯公司和昌平区国家现代农业科技城。在听取了全市农业节水工作进展情况汇报之后，韩长赋部长指出：①京津冀一体化发展是重大国家战略。习近平总书记指出，要谱写新时期社会主义现代化的京津“双城记”。这次到北京调研，就是研究京津冀一体化发展中如何实现农业协同发展，同时了解农业节水情况。②北京市委市政府高度重视、真正重视农业，虽然农业占 GDP1% 左右，但投入不断增加，在北京当农民幸福指数高。③北京是严重缺水城市，粮食可以减一点，但也要保留一点。习近平总书记指出，京津沪也得种粮食。农业调结构，也不能都栽树，可以搞乔木、灌木，还可以种牧草、苜蓿，发展畜牧业。北部地区，可以用天然雨水，发展青储玉米。北京农业应是大农业，农林牧，大模块，搞好精细化布局。④贯彻总书记关于推进京津冀一体化发展的要求，农业部将搞好规划对接，把农业结合起来，积极配合，做好服务，推进京津冀农业协同发展。农业协同发展，体制机制困难相对较少，基层组织比较健全，在京津冀一体化发展中农业有条件先行。

3 月 26 日，市农委系统召开党风廉政建设和反腐败工作座谈会。会议对 2013 年农委系统党风廉政建设和反腐败进行了回顾，并对今年工作进行具体部署。市纪委副书记杨逸铮出席，并提出要求：一要紧密结合“三农”工作的实际，强化对惠农资金、科研经费及行政审批等方面的监督，不断完善监督制度和措施；二是牢牢聚焦深化改革、作风建设、查办案件、教育监督、组织纪律等五个方面的中心任务，增强党性、遵守制度规定、加强组织管理和执行组织纪律；三是切实履行“两个责任”，通过监督、执纪、问责，努力形成党员干部“不想”腐、“不能”腐、“不敢”腐的机制。

4 月 8 日，牛有成同志为全市乡镇党委书记培训班作专题报告。市委常委牛有成同志出席开班仪式，并作了题为《有效履行乡镇党委职责，扎实推进农村改革发展》的辅导报告。有成同志强调，乡镇党委书记要增强履职意识，要着眼于巩固执政基础，搞好第二批党的群众路线教育实践活动；要着眼于改进执政方式，善于借助组织优势强化服务，利用民主的办法调动主体，运用法治理念规范行为；要着眼于提高执政能力，以推进“新三起来”为抓手，全面深化农村改革，不断激发农村发展活力。有成同志就提高履职能力对乡镇党委书记提出四点要求：一要增强自身素质，强化基层工作能力；二要树立开阔的视野，紧跟形势，更好地推动城乡互动融合发展；三要增强包容的气质，统筹协调，形成推动工作的整体合力；四要强化扎实的作风，建立健全联系服务群众的长效机制。

4月12日，林克庆同志为全市乡镇党委书记作专题培训。在日前举办的全市乡镇党委书记培训班上，林克庆同志作了关于《认真贯彻落实习总书记重要讲话精神，着力推进农村改革和城乡一体化发展》的辅导报告。克庆同志强调，要以习近平总书记重要讲话精神为指导，以钉钉子的精神抓好各项重点工作的落实。要推进城乡发展一体化，大力调整农业产业结构，发展以节水为重点的都市型现代农业，要加强水务工作，抓好造林绿化，推进京津冀在农林水领域的协同发展。克庆同志要求，全市各乡镇要坚持用习总书记讲话精神武装头脑、指导实践、推动工作，牢固树立进取意识、机遇意识、责任意识，切实把总书记的重要讲话精神转化为推动首都"三农"发展的强大动力，把中央和市委全面深化改革的部署转化为首都"三农"发展的生动实践，为加快推进首都城乡发展一体化进程做出应有的贡献。

4月9日，北京市召开农业产业化工作会议。会议总结回顾了2013年全市农业产业化工作，分析了当前新的产业形势，并提出了培育新型农业产业化经营主体、农产品产销流通体系建设、农产品质量安全和品牌建设、加强社会化金融服务体系建设、加快推进农业科技创新和现代种业建设、推进京津冀产业协同发展六方面2014年重点工作。12家农业产业化市级联席部门和13个郊区县的主管领导，170余家市级以上农业产业化龙头企业参加了会议。

4月13日，第四届农田观光季启动。活动以"游快乐农田、品瓜果鲜蔬"为主题，分为花海观赏、农田及草药采摘和农田景观三大类型，让市民在不同的时期感受不同的观光赏花或观光采摘乐趣。2014年本市重点打造密云人间花海、怀柔圣竹园、通州瑞正园、昌平鑫城缘草莓观光园、怀柔濒危植物园、海淀上庄京西稻种植园等6个园区，为市民京郊游提供更多好去处。

4月15—17日，本市举办传统村落保护和发展培训班。重点围绕乡土建筑及传统文化价值、传统资源档案制作、传统村落保护发展规划编制、文物保护利用、产业发展、防灾减灾以及相关案例分析等内容，对区县和乡镇的主管人员以及本市推荐的传统村落党支部书记（或村主任）等共计110人进行了专题培训。截至目前，本市向住房城乡建设部等部门推荐了52个传统村落，其中有13个村已列入中国传统村落名录，5个村被命名为中国历史文化名村。

4月22日，牛有成同志到门头沟区调研"新三起来"工作。在查看了王平镇韭园村新型农村社区建设和安家庄村四荒地市场化交易、区经管站产权交易平台和"三资"监管平台建设运行等情况后，有成同志强调一定要处理好山区保护与发展的关系，他说山区是大自然赋予人类的福利，一定要把生态放在首位，把山区保护好，一定要以城乡统筹的理念推进山区改革发展，冲破城乡"二元体制"障碍，打通城乡要素自由流通的渠道，把山区发展好。关于深化农村改革，有成同志强调要认真推进"新三起来"工作，实现从"授之以鱼"到"授之以渔"的转变。推进土地流转起来，要控制好规划和人口总量，保护好生态环境，保护好农民利益，解决好土地流转后农民的就业和社会保障问题。推进资产经营起来，既要发挥好市场的作用，又要发挥好政府的作用，促进农村集体资产保值增值，帮助农民理好财，宣传教育农民花好钱。推进农民组织起来，要采取多种形式，大力发展农民合作经济组织，提升农民的市场主体地位和市场竞争能力。同时，要推进基层民主政治建设，让农民树立起权利、责任和义务观念，规范决策程序，最终走向法治化轨道。

4月30日，北京市启动第一批农险理赔工作。自4月30日下午至5月4日12时，北京市11个郊区县大棚、小麦、樱桃、苹果、梨、杏等农作物受到不同程度的冰雹、雨灾、风灾影响，受灾面积1万余亩，涉及农户2 428户。各保险公司第一时间到达灾害现场，经过查勘定损程序，预计理赔200余万元，及时弥补农民受灾损失。

5月7日，北京市召开会议专题部署2014年农村地区减煤换煤暨美丽乡村建设工作。会议提出，北京市从2014年开始在全市农村地区开展美丽乡村建设，通过实施减煤换煤、农村电网增容改造、农宅抗震节能改造、村庄绿化、农村污水处理、村庄和田园环境综合整治、提高农村医疗健康服务水平、农村历史文化保护传承以及健全农村基础设施长效管护机制等九项重点工作，每年以不低于15%的村庄比例推进美丽乡村建设，力争到2020年郊区农村基本建成田园美、村庄美、生活美、人文美的美丽乡村，使郊区农村成为农民的幸福家园和就业田园，成为市民的休闲乐园。2014年，在巩固2013年换煤任务的基础上，再减煤换煤120万吨，累计减煤换煤150万吨。新增10万户以上电采暖供电能力，力争完成5万户农村用户煤改电，液化石油气覆盖40万户。确保完成8万户，争取完成10万户农宅抗震节能改造任务。建设首都绿色村庄80个。

5月9日，《美丽乡村》杂志选送的作品《古村风情话春秋》荣获第二届中国画报协会“金睛奖”摄影奖。本届“金睛奖”于9日在陕西西安隆重举行，评委会成员由中国画报界、摄影界、新闻界及相关领域的专家组成。共有43个画报、杂志社选送的480幅作品参评，共评选出专题奖、摄影奖、编辑奖各10名，设计奖、撰文奖各5名，这些作品充分体现了我国画报从业人员的专业水平、敬业精神和创新理念。

5月15日，北京市首次对生猪价格指数保险进行理赔。为了降低养殖户养殖风险，北京市在开展生猪、母猪死亡保险的基础上，于2013年5月，在顺义、延庆等5个区县试点推出生猪价格指数保险。投保农户143户，承保规模41万头，保费收入共计492万元，保险金额4.92亿元，保险期间为一年。鉴于近期猪肉价格一路走低，北京市召开生猪价格指数保险理赔现场会，对顺义、延庆等5个区县试点推出生猪价格指数保险进行理赔，按照实际价格走势，应赔付410万元，简单赔付率83.3%。会上，保险公司发放理赔款并对保险产品改进升级。如顺义区养猪户曹学义2013年共分三批投保生猪9 400头，自己缴纳保费2.2万元，此次收到理赔款9.4万元。

5月20日，郭金龙同志视察2014年世界种子大会筹备工作情况。主要察看了会议服务配套设施、服务保障及周边环境的规划建设情况，了解了品种展示基地的杂交小麦、椒类、番茄类等作物育种情况，对北京市蔬菜产业和农作物育种自主创新的成果表示满意，关于做好种业产业发展工作，他强调：一要全力办好世界种子大会，加强国际种业交流合作，完善种业发展服务平台，努力打造全国“种业之都”，为促进我国种业发展和粮食安全做出新贡献。二要继续加大种业研发力度，培育更多新品种，不断丰富市民的“菜篮子”“米袋子”和“果盘子”，更好地满足市场需求和市民需要。三要加强优良品种的推广和宣传，要研究探索运用农业保险等多种方式，大力推广优良品种，不断提升农业综合生产能力。要多渠道、多方式强化新闻宣传和社会宣传，充分展示北京种业的发展成果。牛有成、林克庆同志陪同视察。

5月22日，市农委举办全市农村土地承包经营权确权登记颁证工作培训班。为贯彻落实中央的统一部署及市委、市政府的工作安排，加快推进本市农村土地承包经营权确权登记颁证工作，市农委于5月22日在香山会议中心举办了全市农村土地承包经营权确权登记颁证工作培训班。培训邀请了农业部经管司以及农业部规划研究院的专家，解读了中央关于农村土地承包经营权确权登记颁证工作相关政策文件精神，讲解了农村土地承包经营权确权登记有关技术规程；平谷区作为北京市先行试点区交流了试点工作经验。各郊区县农委、经管站以及试点乡镇等共计112人参加了培训。

5月25日，第26届大兴西瓜节“美丹杯”全国西甜瓜擂台赛圆满落幕。来自江苏、山东、天津、北京等全国18个省市及地区的349名种瓜能手参加了此次擂台赛。江苏淮阴农科所以单瓜重43.18千克夺得了本次擂台赛西瓜重量组冠军，荣获2014年瓜王称号。大兴区庞各庄春华园程德龙获得了小果型西瓜综合组第一名。

5月26日，2014年世界种子大会正式开幕。主题为“小种子·大梦想”。共有来自美国、荷兰等60个国家的1 452名种业代表参会，为欧洲地区以外举办的世界种子大会参会人数最多的一次。大会建成国际ISTA标准检验室12个，可检测蔬菜、花卉、大田和牧草4类种子，新品种展示基地共展示作物品种1 200个。大会向世界宣传中国种业发展成就，展示了中国种业“十大功勋人物”及“十大企业”，共安排贸易洽谈、展览展示、品种展示等11项活动，召开种子应用技术委员会会议等7场内部会议、育种家委员会开放会议等8场公开会议；有5位中国专家在4个专业委员会上发言，参与度历届最高。国务院副总理汪洋，农业部部长韩长赋，副部长余欣荣，国务院副秘书长毕井泉，市委常委、常务副市长李士祥，市委常委牛有成，副市长林克庆出席开幕式。

6月17日，中国“美丽乡村”快乐行活动第三季在大兴区启动。活动由农业部科技教育司、本山传媒、市农业局和大兴区政府共同主办，邀请了农业专家结合当地主导产业和美丽乡村建设，向参加活动的 2 000 多名群众讲解农业科技知识，现场解答问题，并由本山传媒推出公益“大篷车”文艺演出。目前农业部已就“美丽乡村”创建工作，遴选并公布了 1 100 个试点村，活动将深入北京、天津、河北、山东等地的“美丽乡村”，送科技下乡，带动农技推广服务，促进增产增收；送戏下乡，带动美丽乡村文化建设，促进农村的精神文明和生态文明。

6 月 28 日，2014 年世界种子大会闭幕。大会发表《国际种子联盟 2014 年世界种子大会北京宣言》，倡导国际种业界建立合作共赢的发展模式，构建公平合理的市场秩序，坚持科技创新的发展道路。北京 4 家种子企业与 6 家国外企业签下 1 500 万美元进出口大单，相当于本市以往全年进出口总额的 1/4，涉及小麦、蔬菜、向日葵等多个品种。共举办 11 项活动 16 场会议，世界 1 400 余名种业代表交流良种培育技术和经验，就种子发展与粮食安全、食品安全营养等问题深入探讨。

6 月，北京市开设蜂业气象指数政策性保险。近年来，北京市养蜂发展较快，蜂产品生产已成规模。为满足北京蜂农的风险保障需求，北京市开发了《北京市蜂业气象指数保险条款》，并在密云县开展试点。截至 2014 年 6 月 30 日，人保财险密云支公司承保了密云县的北京京纯养蜂专业合作社、北京奥金达蜂产品专业合作社、北京黄峪口村养蜂专业合作社，参保蜂农 231 户，承保蜂群 24 082 群，承担风险保障 1 011.44 万元，实现保费收入 96.33 万元。

7 月 4 日，新型城镇化体制改革专项小组召开第二次全体会议。牛有成、陈刚、林克庆同志出席。会议听取了专项小组重点改革任务总体进展情况的汇报，讨论通过了《关于调结构转方式发展高效节水农业的意见》和下半年拟启动的四个改革试点方案。有成同志要求：专项小组各成员单位要按照郭金龙同志在市委全面深化改革领导小组第三次全体会议上的讲话要求，以敢于担当的精神、敢于啃硬骨头的精神、敢于创新的精神来推动改革。各项改革工作任务落实要以解放发展生产力为出发点，以创新体制机制政策为落脚点；要以调动主体积极性为出发点，以促进城乡要素自由流动为落脚点；要以发挥“两只手”的有效作用为出发点，以符合大自然的规范为落脚点。各成员单位要加强统筹协调，密切配合，站在统筹城乡发展一体化的全局高度，因地制宜推进各项改革工作。

7 月 17 日，牛有成到延庆县就“五十三”工程长效管护、“新三起来 ”和世葡会筹备工作开展调研。实地调研了八达岭镇石佛寺村、小浮坨村和延庆镇唐家堡村、世界葡萄博览园等地。就做好相关工作，有成同志提出要求：一是解放思想，统一认识，深入推进“新三起来”，不断提高土地产出率、资产收益率和劳动生产率。在推进过程中要统筹资源，细化管理，充分尊重群众意见，加强基层民主建设；要依靠科技，大力发展节水设施农业，促进适度规模经营，提高产业发展水平；要加强合作社建设，提升农民面对市场的能力，带动农民增收致富。二是要不断完善“五 十 三”基础设施的长效管护机制，管好用好已建设施，让农民持续享受新农村建设的成果。三是要精心组织，周密部署，做好世葡会服务保障工作，并借助世葡会契机，加快延庆葡萄及葡萄酒产业发展步伐，切实提升都市型现代农业发展水平。

7 月 17 日，北京市杂交小麦一揽子保险合作协议正式签署。这是我国首张种业领域综合保单，将为杂交小麦研发、制种、推广的各个环节提供综合性风险管理服务。根据该协议，人保北京分公司将为中种杂交北京公司提供 5 000 万元的风险保障，风险责任包括自然灾害风险、法律风险、产品质量风险、职业责任风险和市场推广风险五个方面。下一步，市农委将联合有关单位，开展玉米等优势品种保险的研发工作，进一步拓展种业保险范围和涉农风险防范体系。

7 月 23 日，张家口“坝上蔬菜”全面进京。由中国蔬菜流通协会、北京农产品流通协会主办的“张家口‘坝上蔬菜’进京启动仪式”在京举行。此次张家口坝上蔬菜与北京超市的“农超对接”活动将持续一个月，物美集团等 120 家超市将开展展销活动。近年来，张家口已成为保障北京“菜篮子”的重要供应基地，每年 7—9 月，坝上地区 6 个区县 31 个重点供京蔬菜乡镇供京蔬菜总量达 250 万吨，占当季北京市场四成以上。其中，张北大白菜、康保大萝卜、尚义芹菜等已成为供应北京的优势蔬菜品种。

7 月 31 日，北京市召开专题会议部署推进农村基层组织建设。市委常委牛有成同志主持会议，市委常委、组织部部长姜志刚，副市长林克庆同志出席。有成同志强调，基层党组织好比人体末梢神经，只有充分发挥循环作用，我们党的机体才能健康有活力。就如何做好农村基层党组织建设，有成同志提出三点要求：一是要把握基层服务型党组织的内在要求，把服务贯穿于基层党组织工作全部实践；二是要准确把握首都城市战略定位，以“新三起来”为农村改革总抓手，推动城乡发展一体化进程；三是要在指导思想上进一步树立群众观点，在思想作风上进一步增进群众感情，在工作内容上进一步反映群众愿望，使“三农”工作始终保持旺盛的生机活力。

7月29日至8月2日，2014世界葡萄大会于在延庆举办。①发布《“延怀河谷”葡萄及葡萄酒产区总体规划》，促进京冀产业协同发展。②34个国家和地区的358名代表参加学术会议，22位世界顶级专家完成特邀报告，从研发、技术、产业、投资等领域展示了世界葡萄科研最新成果，初步形成了从种业—种植—加工—销售的葡萄与葡萄酒全产业链。③世界葡萄博览园共接待游客2万余人，累计收入160万元；葡萄酒博览会达成交易意向4.5亿元；葡萄酒交易中心接待专业客商1 500余人，实现交易额15.5万元。④举办京剧、综艺表演等文化活动23场。经委员投票，法国波尔多获得下一届大会举办权。

8月，北京市联合开展粮食直补和农机购置补贴专项整治工作。市农委、市财政局、市农业局组成专项检查组，针对两项补贴中存在的弄虚作假、以权谋私、信访处理等问题，对13个郊区县进行抽查，对问题突出的村重点检查。对发现的问题采取取消补贴资格、退回补贴资金、党纪政纪处分、移送司法机关处理等措施。此次整治工作旨在进一步强化两项补贴工作的公平、公开和公正，严肃整治发生在农民群众身边的不正之风，切实落实强农惠农政策。

8月12日，北京市积极促进京津冀安全优质农产品供应商与北京市餐饮企业对接。为了落实京津冀协同发展战略，12日，以首农集团、二商集团、粮食集团、顺鑫农业、天津水产集团和河北汇丰源进出口有限公司等为代表的北京20家、天津7家、河北9家，总计36家安全优质农产品供应商，与23家北京市餐饮企业举办了“京津冀安全优质农产品供应商与北京市餐饮企业对接活动”，共同探讨“农餐对接”事宜。数家供应商和企业在活动中提出了明确的对接意向与需求，愿意在保持良好合作关系的前提下，拓展业务和合作渠道，希望参与到后续的系列对接活动中来。

8月12日，北京市首次对蜂业气象指数保险进行理赔。为推动蜂业健康发展，人保公司委托北京气候中心共同研发产品，于2014年6月经市农委批准进行了蜂业气象指数保险试点，密云三家养蜂专业合作社的231户蜂农、蜂群24 082群加入了保险，收取保费96.33万元。鉴于近期密云降水量低于气象指标水平，北京市召开了蜂业气象指数保险理赔兑现会，对密云县北京京纯养蜂专业合作社、北京奥金达蜂产品专业合作社、北京黄峪口村养蜂专业合作社赔款71.5万元。

8月26日，牛有成、林克庆同志组织召开“科技在农业结构调整中的支撑作用”座谈会。全市农业信息技术、林果、水利建设等方面的7位专家分别交流发言。有成同志强调：①围绕市委、市政府调整农业结构、转变发展方式、发展节水农业的战略，深入研究发挥科技支撑作用十分及时、必要。通过进一步细化“向观念要水、向机制要水、向科技要水”的具体举措，充分挖掘北京农业自身节水潜力。②“调转节”要遵循自然规律，适时适地；要遵循经济规律，分析成本；要遵循社会规律，从农民实际出发。克庆同志要求：①涉农科研单位、相关委办局要将认识统一到总书记在北京视察的讲话精神上，统一到市委、市政府的决策部署上，统一到都市型现代农业发展的信心上。②紧紧围绕“调转节”中心任务，相关委办局要充分履职，制定有具体目标、有具体任务、有具体效果的落实方案。涉农科研单位要主动承担任务，突出科研特点，联合攻关，要有自己的拳头产品、有特色项目、有实践基地，发挥好支撑作用。

8月26日，京张两市解决坝上蔬菜卖难取得成效 。针对张家口坝上蔬菜出现的价低卖难问题，市农委、市商务委、与张家口市农工委、市商务局共同组织京张蔬菜产销对接会，本市超市、批发市场和农产品经销商19家企业与张家口坝上的康保、沽源、尚义、崇礼、张北等县26家蔬菜专业合作社、9家重点农业产业化龙头企业进行了对接，取得了积极成果。自8月26日起至9月中下旬，本市相关企业在张家口坝上地区拟每天集中采购各类蔬菜近 200 吨，同比增加 20％，在增加本市蔬菜供应同时，将有效地缓解当地蔬菜积压压力。

8 月 27 日，牛有成、林克庆同志到海淀区调研农村集体资产监督管理工作。重点听取了海淀区及东升镇农村集体资产监督管理委员会运行情况的汇报，有成同志要求：一是准确把握当期农村改革和城乡一体化发展的背景。农村经营管理的体制机制和人员素质要和城市化发展相适应，要不断巩固城市化发展成果。二是加快推进政府职能转变。积极探索公有制前提下如何转变政府职能，加快研究集体所有制的实现形式。三是加强农村基层干部队伍建设。要适应形势需要，不断提升农村干部经营管理能力和社会治理能力，抓好农村各项基础工作。克庆同志要求：农资委是农村经营管理体系的积极探索，加强农村资产监管符合经济社会发展要求，市农委等部门要跟踪工作进展，继续加强对重大问题的调查研究，提高农村资产监督管理水平。

8 月 28 日，北京农业嘉年华座谈会召开。会议听取了昌平区第二届北京农业嘉年华总结及第三届北京农业嘉年华工作设想汇报，研究讨论了相关事项。市委常委牛有成、副市长林克庆出席。会议认为，第二届北京农业嘉年华成效显著，满足了市民观光休闲需求，传承了农耕文明，彰显了现代农业多彩魅力，进一步深化了都市型现代农业发展理念，创新了实现形式。关于第三届农业嘉年华，会议要求，要以满足市民需求为出发点，以实现农民增收为落脚点，坚持农业主题，强化科技和文化支撑，进一步丰富内涵、塑造品牌；要充分考虑首都城市功能定位，适应京津冀协同发展，紧密结合农业调结构转方式等重点，强化节水、环保、科技等元素；要探索创新运作模式，在政府支持的同时，突出企业运作，运用市场配置资源，在更大范围进行资源整合。市委宣传部、市财政局、市农委、市科委、市商务委、市旅游委、市文化局、市农业局等相关部门参加会议。

8 月 20—28 日，市新农办开展“迎国庆、备亚太”农村环境百日整治活动专项检查。对 13 个郊区县的 41 个乡镇、96 个村庄进行了环境专项检查，检查结果喜忧参半。喜的是各区县对此次整治活动高度重视，采取不同措施开展整治，提升农村整体环境面貌。怀柔区借助举办 APEC 峰会契机，全面落实农村环境精细化管理，完善各项规章制度，保证了村庄内外，铁路、公路、河道卫生保洁全覆盖；顺义区加快实施 APEC 会议沿线环境整治项目，对机场北线回民营桥两侧环境、高速路及京密路沿线环境进行了整治；大兴区投资 4 050 万元对安定、旧宫等四处非正规垃圾场进行了治理，并投入 7.5 亿余元用于“进京印象”的京开、京九等重点区域的环境整治。忧的是在检查中发现部分区县仍存在一些突出的问题，尤其是在城乡结合部地区，私搭乱建、乱写乱画、垃圾清运不及时等问题仍然较为严重。下一步，市新农办将根据此次检查发现的问题，进行有计划、有针对性地督查，督促各区县及时进行整改。同时继续加大检查和监督力度，查找村庄环境薄弱环节，不断提升农村生态环境水平，为新中国成立 65 周年和 APEC 会议的召开营造良好的环境氛围。

9 月 4 日，北京市召开农业结构调整工作部署会。有成同志在讲话中强调：一是要以市场为导向，以科技为支撑，以合作为纽带调出农业发展新方式；二是要以提高土地产出率、劳动生产率和资源利用率为目标，调出农业生产高效益；三是要以保护、发展和利用农业的生态和文化价值为传承调到农业发展的可持续。克庆同志围绕调结构、转方式、发展高效节水农业进行部署。关于调结构，明确重点调整地下水严重超采区和重要水源保护区农业产业结构，坚持“以水定地、以水定业”的方针，将全市粮田面积由 2013 年的 170 万亩调减到 80 万亩左右；增加菜田 11 万亩，观光采摘园占地稳定在 100 万亩左右；适度控制养殖规模，做精畜牧水产业。关于转方式，要实现两个“转变”和两个“创新”，要转变生产方式和经营方式，创新农民组织方式和农业服务方式。关于发展高效节水农业，要全面提升农业节水水平、“菜篮子”保障水平、现代种业发展水平和生态建设水平。关于抓好任务落实，克庆同志提出了几点要求：一是尽快传达学习会议精神，进一步统一思想，提高涉农系统干部队伍和广大农民的认识水平；二是明确各区县、各部门和各涉农企业的责任，坚持规划先行的原则，研究相关促进政策，强化科技支撑；三是加快制定农业空间布局、节水、造林绿化等一批专项规划，从试点做起，探索路径，逐步推开；四是将“调转节”与深化农村改革、深入推进“新三起来”紧密结合起来，充分发挥体制机制创新的推动力量，同时发挥好首都人才和技术的优势，推动都市型现代农业、现代林业、现代水务实现提档升级；

五是做好政策解读，加强宣传引导，营造良好的社会氛围和舆论环境；六是不断加大水务、园林绿化和新农村建设的投入力度，同时建立严格完善的监管制度，确保各项资金的安全有效和工程优良优质。市农业局、市水务局、市园林绿化局分别就相关政策进行解读。

9月15日，“北京农业在社区”活动正式启动。日前，主题为“让农业走进城市，请居民享受成果”的“北京农业在社区”系列公益活动，由北京市农业局牵头，市总工会、市共青团、市妇联联合在朝阳区安贞西里正式启动。首次活动组织了20多家京郊涉农企业和农民专业合作社，将新鲜蔬菜、阳台菜园、盆栽蔬菜、观赏鱼、蜂蜜、杂粮等京郊优质农产品带进了社区，现场，种植、畜牧、水产专家就阳台农业、宠物饲养、观赏鱼养殖等市民关心的问题进行了现场咨询解答。活动期间还将在多个社区就食品安全、观赏鱼养殖、阳台农业等市民关注和关心的问题，通过展览、讲座、现场咨询、答疑等方式与市民进行互动交流，推荐京郊农业合作社与社区进行对接，建立安全农产品长期供应合作关系，让社区居民享受到都市型现代农业发展的成果，使北京农业更加贴近市民生活。

10月7日，牛有成、林克庆同志到密云县调研“三秋”工作。先后考察了河南寨镇平头村秋种秋收工作情况和康顺达农业观光园区的农产品产销合作组织经营情况。林克庆对本市第四季度的农业工作进行了部署，要求各区县、各部门攻坚克难，全力推进农业结构调整，并提早谋划明年的工作安排。牛有成指出，各区县在农业结构调整中要把握三项规律：一是经济规律，要追求农业的经济效益；二是自然规律，发展种养业要适时适地；三是社会规律，农业要实现可持续发展，节水，防止污染，为市民提供安全农产品。市有关部门要围绕提高土地产出率、劳动生产率和资源利用率提供相应的政策扶持。

10月13日，《北京市农村经济薄弱地区发展规划（2014—2020年）》发布。市委农工委、市农委、市发改委联合编制了《北京市农村经济薄弱地区发展规划（2014—2020年）》。《规划》提出，到2020年，“规划区农民人均纯收入较2013年翻一番，农民人均纯收入年增长速度10%以上”“规划区农民人均纯收入占全市农民人均纯收入比例由2013年的75%提高到90%左右，与全市农民人均纯收入差距进一步缩小”“规划区现有低收入农户超过60%的村全部消除”“农村生产生活条件和生态环境显著改善，逐步实现城乡基础设施建设一体化和基本公共服务均等化”等目标。《规划》从特色产业发展、基础设施建设、基本公共服务、生态建设和环境保护、加强政策保障五个方面，提出了下一步推进农村经济薄弱地区发展的主要措施。

10月16日，本市召开京郊旅游发展大会。有成、程红同志出席会议。会上，市旅游委和市农委共同发布了《京郊旅游发展纲要》（2015—2020年）。有成同志强调：①旅游是农村富民、农民就业、农业升级的重要途径，不仅要注重提升京郊的生态价值，更要为首都市民提供休闲场所和服务。②各部门、各区县要全面贯彻落实科学旅游观，按照《京郊旅游发展纲要》明确任务分工，真抓实干。③市旅游委和市农委要加强对区县的指导、支持，监督各区县发展京郊旅游的效果，力争通过三年时间将旅游业培育成为京郊经济的重要支柱产业和惠及全市人民的幸福民生产业。

10月21日，贯彻落实农业结构调整工作会召开。牛有成、林克庆同志出席。会议就贯彻落实市委、市政府《关于调结构转方式发展高效节水农业的意见》，听取了市农委和农业局的情况汇报。有成同志要求：①要在城市化过程中认识“三农”。发展都市型农业要满足城市的需求，利用科技的力量提高农产品的质量安全，走高精尖发展路线；要立足于北京建设和谐宜居之都，保护和利用好都市农业的生态价值；要保护好农民的主体地位，赋予农民更多的财产权利。②在深化改革中推进“三农”。围绕提高土地产出率、资产收益率和劳动生产率，以“新三起来”为总抓手，认真研究农用地规模化经营，集体建设用地规范流转和闲置农宅盘活利用，通过政策引导破解三农问题。③在转变职能中服务“三农”。“三农”工作的核心是农民，要与农民建立更深的感情，深化群众路线教育活动成果，转变政府工作作风，深入调查研究，提高履职水平，真心实意地解决农民群众生产生活中的实际问题。克庆同志强调了农业结构调整的重要性，并就抓好贯彻落实工作提出要求：一是要科学规划。要充分听取区县基层干部和群众的意见，做到专家领先、科学制定，切合实际。二是要深入调查。充分“接地气”，到田间地头蹲点调查，一方面为“三农”工作宣传指导，另一方面为我们政策措施纠偏纠错。三是要抓好试点。无论种植业还是蔬菜、养殖业，都要试点先行，以点带面，形成有效推动农业结构调整的工作方法。四是要深入研究政策。要真正了解基层情况，摸清底数，积极与各部门沟通协调，整合资源，尽快将政策落地。

10 月 23 日，农村集体资产管理工作会议召开。牛有成、林克庆同志出席。有成同志提出：一是要用法治的方式把农民权益保护好；二是要靠改革的办法把集体资产经营好；三是从责任的角度把干部队伍建设好。克庆同志要求：进一步明确农村集体资产监督管理职责，切实加强农村集体财务规范化建设和集体资产审计监督管理，完善村级财务民主监督机制，加强农村集体经济合同管理和土地补偿费使用管理，继续深化农村集体经济产权制度改革，加强集体资产管理基础工作，促进农村集体经济健康发展。

10 月 23 日，金融支农工作座谈会召开。会议由林克庆副市长主持，牛有成常委出席。市农委、市园林绿化局、市水务局围绕"新三起来"和"调结构、转方式、发展高效节水农业"工作提出了金融方面的合作需求，国开行、农行北京分行、农商行、北京银行、人保北分、农担公司就金融在三农领域的工作进行了汇报。有成同志强调金融创新既要考虑农民需求又要兼顾金融机构的利益，找到贷款主体的需求，做到贷款成本可承受、监管部门风险可控、金融机构财务可持续。逐步建立资金的融通体系、风险防范体系和政策支撑体系，最终实现城乡之间的要素流动和价值交换，为"新三起来"和"调转节"提供更多的支持，为建设国际一流的和谐之都做贡献。

10 月 24 日，市农委系统深入学习宣传贯彻十八届四中全会精神。报告会邀请了国家行政学院法学部教授、政府法治咨询研究中心主任杨伟东同志，围绕"全面推进依法治国——十八届四中全会精神解读"作专题辅导报告，农委系统单位近 300 名同志参加。报告会要求，要把学习贯彻全会精神作为重大政治任务，全面深入学习领会《决定》和总书记的重要讲话，进一步增强贯彻中央决策部署的坚定性和自觉性；要紧密结合工作实际，把全会精神贯彻落实到服务农业、农村、农民工作的全过程；要把抓好全会精神的贯彻落实，与贯彻总书记系列重要讲话特别是考察北京时的重要讲话结合起来，不断深化农村改革，加快推进城乡发展一体化。

10 月，北京市 11 个村被认定为第四批全国一村一品示范村。农业部正式公布第四批全国一村一品示范村镇名单，北京市平谷区峪口镇西凡各庄村（蛋鸡养殖）、房山区窦店镇窦店村（肉牛）、门头沟区军庄镇孟悟村（京白梨）、大兴区长子营镇小黑垡村（肉鸽）、门头沟区雁翅镇泗家水村（香椿）、房山区大石窝镇南河村（蔬菜）、昌平区崔村镇真顺村（苹果）、顺义区李遂镇后营村（蔬菜）、平谷区马昌营镇王各庄村（蔬菜）、通州区永乐店镇孔庄村（食用菌）、大兴区魏善庄镇李家场村（香菇、平菇）获评。本次评选活动，突出特色优势产品，对申报单位进行了严格把关、创建辅导和择优推荐。下一步，将以四批共 35 个全国一村一品示范村镇为重要载体，引导村域农业产业向规模化、园区化、标准化方向深入发展，进一步发挥全国一村一品的示范带动作用。

10 月，北京市 3 个乡村、4 项景观分别入选 2014 年中国最美休闲乡村、中国美丽田园。在 2014 年农业部开展的中国最美休闲乡村和中国美丽田园推介活动中，密云县干峪沟村、门头沟区洪水口村、平谷区张家台村入选为 2014 年中国最美休闲乡村；海淀区稻香小镇稻田、平谷区桃花景观、房山区天开花海葵花景观、密云县蔡家洼玫瑰花景观入选为 2014 年中国美丽田园。

11 月 18 日，林克庆副市长主持召开二绿地区乡镇统筹利用集体建设用地试点工作研讨会。市相关部门讨论通过了长辛店镇试点实施方案，林克庆同志指出，长辛店镇统筹利用集体经营性建设用地试点工作实施方案更加成熟，方向、目标正确，方法符合北京市要求。该方案有三点可供借鉴之处：一是为城乡一体化发展探索了新路径，改变了以往全拆、全征、全转的改造模式，通过整合资源、优化区域功能，最终使农村人享受城市化成果，妥善解决了城市化进程中农民安置问题。二是由乡镇统筹集体经营性建设用地，通过变"土地统筹"为"利益统筹"，最终实现镇域范围内各村互动、利益共享，实现了农村地区集约节约利用。三是解决了城市用地高成本扩张问题。他强调，二道绿隔地区为全市城市化做出了巨大牺牲与贡献，今后要加大对这些地区发展的扶持力度，不仅要帮助提升该地区的"造血"功能，也要加大"输血"力度，将二道绿隔地区基础设施建设纳入全市统筹。对于下一步工作，克庆同志要求，市级有关部门要全力支持，丰台区要抓紧实施，争取试点工作尽快实质性启动。

11月26日，林克庆副市长到大兴区安定镇调研农村土地承包经营权登记颁证试点工作。现场查阅了安定镇徐柏村土地承包经营权确权登记成果资料，听取了工作进展情况。林克庆同志强调：一是要坚定不移地推进农村土地承包经营权确权登记颁证工作，落实中央工作要求和农民土地承包权益；二是朝阳、海淀、丰台、顺义等区县由于历史原因情况较为复杂，但一定要树立信心，做好打硬仗的准备，先期要尽快摸清底数；三是要加强政策研究，特别是主管区长要切实研究政策，并坚持试点先行，为深入推进积累经验；四是土地承包经营权登记颁证工作要与城市化进程、农业结构调整、产权制度改革、农村金融改革相结合。

11月30日，克庆同志调度农村地区减煤换煤工作。针对目前全市重点区域的优质燃煤替换难、劣质散煤治理任务重等问题，克庆同志要求：一是各区县要不退不让、迎难而上，确保完成全年任务；二是重点抓好区域、乡镇、村庄的整体覆盖，提高用煤住户的换煤比例；三是继续加强劣质散煤治理工作，在全市范围开展联合执法、深入重点地区进行专项执法等，坚决打击制售、使用劣质煤行为；四是早做准备、提前筹划2015年各项工作，进一步完善燃煤炉具更换政策，抓住机遇，推进煤改电、煤改气等减煤工作。

12月17日，新型城镇化体制改革专项小组召开第三次全体会议。牛有成、陈刚、林克庆同志出席。会议听取了专项小组2014年重点改革任务进展情况和2015年重点工作的汇报，研究讨论了本领域《重要改革举措实施规划（2014—2020年）》。牛有成同志就推进新型城镇化体制改革和做好明年改革工作提出了具体要求：一是要坚持正确取向，进一步保护和发展生产力，保护和发展农民利益，追求可持续发展；二是要明确改革路径，坚持依法推进，坚持城乡一体化考虑，坚持向存量要空间；三是要把握重点，进一步完善农村发展建设规划，推进土地制度改革，加快农村金融改革。陈刚同志强调，推进新型城镇化要体现首都特色，统筹解决好人口、资源和环境问题。要加大对农村的投入力度，抓好农村基础设施建设、村庄规划完善和农村生态建设工作。林克庆同志指出，推进新型城镇化体制改革要明确农村土地和资产的权能，加快推进确权登记颁证工作。改革工作要与国家推进新型城镇化工作部际联席会议明确的工作安排部署做好对接。

12月18日，市农委举办2014年度村镇建设统计年报培训班。部署了本年度村镇建设统计年报的工作，邀请了住建部相关专家对“城乡建设统计信息管理系统”的操作流程做了详细讲解，并对培训内容进行了同步录像，制作成视频文件后发送给各填报单位。各区县村镇建设统计工作主管部门负责人和乡镇基层统计人员约200余人参加了本次培训。

（陈思）

城乡发展一体化

综　　述

2014年，郊区农村城乡一体化建设全面推进。通过统筹城乡发展，继续加大对农村的投入，按照土地流转起来、资产运营起来、农民组织起来的思路，组织开展了一系列重点工作，强化了规划和调整，与重大基础设施建设和产业项目有机融合。决定68个乡镇纳入中心城、新城及城市组团规划范围，独立建设并编制规划的乡镇114个，明确42个小城镇作为本市小城镇建设发展的重点镇。21个镇被确定为全国重点镇。42个重点镇年内完成固定资产投资553.6亿元，新型城镇化建设和新型农村新区建设有序推进。开展了56个传统村落的保护。推进了农村地区“减煤换煤、清洁空气”行动开展，确定了558个“美丽乡村”重点村，农村物质文明、农村生态文明、精神文明持续推进，城乡公共产品供给均等化、城乡经济社会发展一体化，北京市率先实现城乡一体化的目标正在实践中。

新农村建设

【进一步推进农村基础设施长效管护工作】新农村“五十三”历年累计投入达到300多亿元，为进一步把这些已建设施管好用好，2011年市政府出台了《北京市人民政府关于加强农村基础设施维护和管理的意见》（京政发〔2011〕28号），但各区县在实施中仍存在资金不到位，职责不明确的问题。

为进一步推进基础设施长效管护工作，2014年，一是与市财政局共同制定下发了《进一步加强新农村建设专项转移支付资金和新农村“五项基础设施”建设专项转移支付资金使用管理监督考核的指导意见》（京新农办函〔2015〕2号），明确资金重点用于农村基础设施长效管护和美丽乡村建设。二是与市市政市容委、市水务局、市农业局等相关部门共同制定了农村基础设施管护考核办法，目前正在会签之中。

（汝利福）

【确定588个美丽乡村建设重点村】市统计局统计，截至2013年年底，郊区共有144个镇、38个乡、3 938个村委会，110.5万户，251.4万农业户籍人口。

2013年10月，国务院在浙江桐庐召开了全国改善农村人居环境工作会议，并下发了国办25号文件，提出了建设美丽乡村的要求。北京为全面贯彻落实中央和国务院精神，在前几年实施新农村建设“五十三”工程取得良好成效的基础上，进一步推进北京市新农村建设，提升农村人居环境水平，建设美丽乡村。制定了《北京市提升农村人居环境推进美丽乡村建设实施意见（2014—2020年）》（京政办发〔2014〕36号）。研究《考核办法》，制定美丽乡村建设标准。2014年，各区县确定了588个美丽乡村建设重点村按照美丽乡村建设标准，安排了相关建设项目，市区累计投入近30亿元，农民生产生活有了新的提升。

（赵亚男　刘京蕊）

【实施农宅抗震节能改造】 自2006年开始实施农村农民住宅抗震节能改造以来，到2013年年底全市累计完成农宅抗震节能改造38万户，其中新建翻建9.8万户、综合改造1.4万户、节能保温26.8万户，市区两级补贴70.8亿元，深受农民的欢迎。

2014年全市农宅抗震节能改造确户9.6万户，完成建设9.1万户，完成了市政府确定的8万户实事的任务要求。

【稳步推进本市48个新型农村社区试点建设】 2011年5月以来，按照市政府《关于开展新型农村社区试点建设的意见》（京政发〔2011〕22号）文件精神，2011年市新农办会同市试点10个联席会议成员单位确定了12个市级新型农村社区试点，2013年又确定了36个市级试点，全市共确定市级新型农村社区试点48个。48个市级试点共涉及12个区县、41个乡镇、82个行政村、4.3万户、11万人。

为推进本市48个新型农村社区试点建设，一是组织召开了北京市新型农村社区试点建设培训班；二是会同市各相关部门对48个试点逐一进行了现场指导和评估。截至2014年年底，48个试点中，有42个试点已完成规划编制，其中26个试点规划已通过区县政府审查，20个试点已由区县发改委立项。已有22个试点启动建设，18个试点已完成民居建设67.63万平方米，已投入资金16.6亿元，已有10个社区试点住宅建设完工并入住。48个试点建设预计总投资189.06亿元，其中已筹措到启动资金47.6亿元，占总投资的25.14%。

（汝利福　刘京蕊）

【传统村落保护】 2012年以来，按照住建部、国家文物局、文化部、财政部等国家4部局的总体部署，北京市农委会同市文物局、市文化局、市财政局、市住建委、市规划委等部门共同开展了本市传统村落调查工作，经专家评审推荐、市政府同意，向住建部推荐了52个村作为中国传统村落建议名单。目前，经国家4部局评审认定，北京市已有16个村被列入中国传统村落名录，房山区水峪村是这16个村落之一，2014年又获得了第六批中国历史文化名村称号。

为抓好郊区52个传统村落的保护，2014年，一是组织了北京市传统村落培训班；二是支持门头沟区爨底下村等12个村庄建立传统资源档案，支持门头沟区黄岭西村等7个村庄编制保护和发展规划；三是按照住房城乡建设部等部门的要求，组织列入中国传统村落名录的村庄编制保护项目申请中央财政支持。其中7个村通过专家审核，获中央支持2 100万元，平均每个村300万元。

（赵亚男　胡建华）

【2014年北京市社会主义新农村建设重点工作分工方案发布】

工作方案主要包括：深入推进“新三起来”，激发农村发展活力；加快转变发展方式，提升都市型现代农业水平；加强规划引领，有序推进农村城镇化；提升农村人居环境，建设美丽乡村；加强生态文明建设，建设绿色北京；推进城乡基本公共服务均等化，加快改善民生；改善乡村治理机制，提升农村社会治理水平；加强和改善对“三农”工作的领导。

【折子工程完成情况】

1. 以“新三起来”为抓手的农村改革全面推进

农村基本经营制度不断完善。土地承包经营权确权登记颁证在全市21个镇147个村开展，试点工作基本完成；集体建设用地使用权确权登记颁证完成发证6 615宗，占符合发证条件的宗地数比例的61.46%。

“三块地”的经营流转深入探索。推进适度规模经营，全市确权土地流转面积达到274.8万亩，土地流转率61.6%，比上年提高10.3个百分点；在通州区开展了家庭农场试点，在昌平区、房山区、怀柔区开展了家庭林场试点。探索乡镇统筹利用集体经营性建设用地，试点扩大到第二道绿化隔离带地区“五区六镇”。探索有组织地盘活利用闲置农房，怀柔区田仙峪村成立休闲养老农宅专业合作社，流转闲置房屋35处，养老试点进展顺利。

农村集体“三资”监管不断强化。深化农村集体经济产权制度改革，村级完成的比例达到97%，324万农民成为新型集体经济组织的股东；健全农村产权流转交易市场，累计成交187宗，总金额达到12.27亿元；加强合作社动态管理，141家示范社通过监测考核，65家被认定为国家级示范社。开展了农村集体经济组织立法工作的前期立法调研。

农村金融服务不断创新。在大兴区梨花村、东辛屯村试点开展了农村金融合作，在平谷区开展了土地承包经营权抵押贷款试点；开展示范社诚信奖励及贷款担保工作，给23家合作社贷款资金总额1.07亿元70%的贴息奖励，为37家（次）合作社担保金额11 288.5万元；推出了树体保险、生猪价格指数保险等特色险种，政策性农业保险险种达到23大类，覆盖率超过70%。

2. 都市型现代农业加快转型发展

农业结构深入调整。出台了《关于调结构转方式发展高效节水农业的意见》，配套制定了农林水三个方面的实施方案，全面启动了农业节水工作，今年地下水超采区冬小麦播种面积调减10万亩左右。

“菜篮子”保障能力稳步提升。新建和改造设施农业7 775亩，改造畜禽标准化规模养殖场70家，改造提升水产养殖面积5 517亩。开展了农产品质量安全专项整治，农产品质量安全合格率整体水平保持全国领先。北京鲜活农产品流通中心加快建设，一期融资10亿元到位。电子商务等农业新业态初露端倪。

会展农业持续发力。成功举办第2届北京农业嘉年华、第75届世界种子大会和第11届世界葡萄大会，推动农业全产业链加速升级，会展农业已经成为促进农业转型发展的有效载体和动力源泉。

休闲农业提档升级。推进休闲农业与乡村旅游的标准化建设，发布了《京郊旅游发展纲要》。全市民俗旅游接待游客1 914万人次、收入11.3亿元，同比分别增长6%和10.4%，京郊作为市民旅游“首选地”的地位进一步巩固。

“种业之都”加快建设。世界种子大会发表《北京宣言》，展示了北京“种业之都”建设成效。通州国际种业园区吸引国家农业科技园区协同创新战略联盟基金和54家知名国内外种业企业入驻，全市种业销售收入超过100亿元，种业总部经济特征更加突出。

气象防灾减灾工作稳步推进。平谷区被评定为标准化现代农业气象服务县，密云县巨各庄镇等6区（县）13个（乡）镇被评定为标准化气象灾害防御的乡（镇）。

3. 新型城镇化分类推进

重点小城镇加快建设。第一道绿化隔离带地区城市化建设朝阳区试点全面启动。全市42个市级重点镇中21个被确定为全国重点镇，金海湖等7个乡镇利用小城镇发展基金推动投资项目落地。2014年前三季度，42个重点镇完成基础设施和公共服务设施建设固定资产投资350亿元，同比增长13.5%。

新型农村社区试点顺利推进。48个市级试点中，42个完成规划编制、22个启动建设，已投入16.6亿元建成民居67.63万平方米，10个社区实现入住。

农村基础设施长效管护机制不断健全。在“五项基础设施”实现全覆盖，“三起来”工程继续深入推进的基础上，制定《北京市农村基础设施管理运行维护考核办法》，进一步明确了区县、乡镇、村的管护职责。

征地农转非工作力度不断加大。累计完成各类农转非71 642人，其中：征地农转非41 804人，整建制农转非17 675人。

4. 农村人居环境显著提升

美丽乡村建设启动实施。制定了提升农村人居环境推进美丽乡村建设实施意见，每年按15%的村庄比例推进美丽乡村建设，2014年启动的村庄近600个，市区两级累计投入近30亿元。加强传统村落保护力度，16个村入选中国传统村落名录，门头沟区爨底下村等12个村编制了传统资源档案和规划。开展了“北京最美乡村”评选，密云司马台村等20个村被评选为“北京最美乡村”。

“减煤换煤、清洁空气”行动深入推进。通过实施“五个一批”工程，在农村地区完成“减煤换煤”122万吨，惠及农户50万户。完成80万户炊事气化、56个村1.5万户“煤改电”、9.1万户农宅抗震节能改造。

山区建设持续推进。启动山区搬迁2 951户、6 471人，搬迁基础设施补助由4万元/户提高到6万元/户。实施沟域环境整治、生态建设、基础设施、村庄节点和特色产业等五项工程项目221个，投入资金22亿元，惠及 10.5 万人。

5. 加强生态文明建设

圆满完成 APEC 期间环境保障任务。实施雁栖湖生态示范区绿化美化建设和亚太经合组织领导人非正式会议代表驻地、公路沿线环境布置工作，APEC 领导人会议周期间空气质量天天达标，圆满完成了空气质量和环境保障任务。

河湖水环境整治工作稳步推进。全面完成清河、凉水河清淤工作，清理淤泥 760 余万立方米；制定了《北京市农村生活污水治理规划》。

生态保护约束机制逐步完善。制定了调结构转方式促进节水农业发展的意见，明确了“农林水”的红线目标；制定了《北京市水环境区域补偿办法（试行）》和《南水北调中线干线工程（北京段）用地控制及一期工程水源保护区划定方案》，完善了水源涵养区生态补偿机制，落实了区县水环境质量责任；划定了永定河、潮白河、北运河等 98 条河道行洪空间红线。

6. 农村民生持续改善

着力促进低收入农户增收。制定了《农村经济薄弱地区发展规划（2014—2020 年）》，安排 4 989万元对 66 个低收入村特色产业项目予以扶持。2014 年，低收入农户人均现金收入 9 068 元，增长 12.6%，增收速度快于农民增收水平。

加大各类事业保障力度。村级公益事业专项补助制度全面落实，补助资金在 2013 年的基础上增加 50%，总量达到 7.71 亿元；一事一议财政奖补覆盖面稳步扩大，资金达到 2.1 亿元。起草了新型农村合作医疗市级统筹工作意见，完成了新农合信息管理系统硬件系统升级改造。完成了 20 所城乡一体化学校招生计划，开展了“农村教师素质提升工程”，培训干部教师 6 100 余人次。

推进新型职业农民培育。培养生产经营型、专业技术型、社会服务型等生产一线农民学员 2.4 万人、培养骨干农民 1 184 人、农村实用人才 1 000 人，新型职业农民培养力度不断加大。

7. 农村社会治理不断加强

农村基层党的群众路线教育实践活动深入开展。摸排整顿了 402 个软弱涣散村，占全市农村基层党组织总数的 10.3%。

农村基层干部教育培训力度持续加大。以深化农村改革、推进新“三起来”为主题，培训全市乡镇党委书记、乡镇长和村党组织书记 5.2 万人次。

农村社会服务管理不断创新。全市完成社区化建设的村庄达到2 990个，占全市 3 637 个自然村的 82.2%。筛选确定了 122 个村务公开民主管理“难点村”，制定了治理方案和治理计划，按照三年循环治理的要求完成年度任务。

监测评估全面加强。完成了“三农”监测统计体系的优化整合，形成了城乡经济社会发展一体化进程、农业现代化、都市型现代农业生态服务价值、重点小城镇和低收入农户增收为内容的统计监测体系；开展了都市农业现代化监测研究，完成了农田、草地、湿地和森林四大系统服务价值数据的搜集和测算工作；完成了 42 个重点小城镇 2014 年 1～3 季度数据的采集、评估和监测工作；完成了前 3 季度全市和分区县农村住户 20% 低收入户监测调查工作。

（郑桐富）

重点镇建设

【加强规划调整和规划审批，制定实施发展重点小城镇政策，继续推进重点小城镇建设】全市郊区共有 182 个乡镇，其中有 68 个乡镇已纳入中心城、新城及城市组团规划范围，不再需要单独制定乡镇总体规划。独立建设并要编制规划的乡镇有 114 个，目前已审批规划 107 个。

2009 年 6 月，针对全市新型城镇化发展的要求，市政府办公厅印发了《关于本市重点小城镇建设有关工作的通知》（京政办发〔2009〕37 号），调整了重点小城镇的布局，研究确定了 42 个重点小城镇作为下一步本市郊区小城镇建设发展的重点。

42个重点镇共有行政村1 224个，户籍人口约127.6万人，其中农业户籍78.6万人。

【对重点小城镇开展监测评估，加强对小城镇建设的指导与督促】 2014年，市农委会同市发改委、市统计局等部门继续开展了重点小城镇的监测评估工作，对重点小城镇建设与发展起到了有效的指导和督促作用。按照国家住房城乡建设部等部门的要求，组织各相关区县开展了全国重点镇增减调整工作，截至2014年年底，全市有21个镇被确定为全国重点镇。协调指导全国绿色低碳重点小城镇示范工作，组织协调古北口镇实施污水处理工程建设。2014年，42个重点镇完成固定资产投资553.6亿元，同比略降4.1%。镇域企业达到1.47万个，同比增长12%。其中产业园区入区企业达到1 657个，同比增长7.53%。42个镇实际上缴税金179.2亿元，同比增长18.17%，实现公共财政收入61.9亿元，同比增长1.51%。其中台湖、采育、八达岭等镇小城镇形态初步形成，77个村、8.7万人实现集中上楼。重点小城镇基础设施和公共服务设施不断完善，39个重点镇建有污水集中处理厂，东交民巷小学马坊分校、人大附中永宁分校建成，未来科技城、中科院研究生院、古北水镇、华润希望小镇、中国农业生态谷等一批重大项目落地重点镇。

（胡建华　赵亚男）

【开展新型城镇化建设试点】 按照市委、市政府成立的《新型城镇化改革领导小组》《规划领域改革领导小组》的部署和安排，北京市开展了一道绿隔朝阳区6个试点建设乡镇和二道绿隔5区6镇建设方案的研究工作。2014年配合市发改委向国家发改委申报了通州区、房山区、平谷区金海湖镇三个试点方案，最后国家发改委批准通州区列为全国62个新型城镇化改革试点之一。

（赵亚男　刘京蕊）

减煤换煤　清洁空气

【继续推进农村地区“减煤换煤、清洁空气”行动】 2014年“减煤换煤”任务计划总量为150万吨，经市相关部门按照“五个一批”测算，2014年度全市累计完成163万吨，其中：优质燃煤替换49.3万吨；城市化改造上楼减煤15.2万吨；拆除违建减煤17.7万吨；炊事气化减煤64.3万吨；城市管网辐射减煤6.2万吨；农宅保温改造减煤10.8万吨。本年度取暖季超额完成年初计划任务的9%。主要措施如下：

1. 采取多种措施加大型煤更换力度。 2014年全市累计配送优质燃煤49.3万吨，其中煤球28.6万吨，占供煤总量的58%；蜂窝煤4.9万吨，占10%；无烟块煤16万吨，占32.4%。通过招标程序，全市有24家供煤企业参与了供煤。主要做法：

（1）加大宣传引导。一是通过电视台、京郊日报、广播、网络等媒体宣传。二是一些区县免费给农户配送少量优质型煤试用。三是部分供煤企业赠送少量型煤到居民家庭试烧。

（2）加大炉具补贴更换力度。为推进炉具更换，昌平、通州、顺义、海淀、怀柔5个区，炉具补贴比例由70%提高到90%。2014年共更换炉具9.3万台，有20家企业参与了供应。

（3）提高型煤补贴。加上市级每吨补贴200元后，有3个区县（石景山、延庆、大兴）达到每吨补贴400元，6个区县（房山、平谷、顺义、密云、昌平、门头沟）500元，4个（朝阳、海淀、丰台、通州）600元，1个区（怀柔）700元。延庆县还对“五保户”免费供应。

（4）压低企业供应型煤价格。延庆县对招标的企业定价为每吨880元，在全市最低，有6家当地企业进行了供应，除政府补贴后，农户只出每吨480元，低于烟煤的市场价格。

（5）加大劣质煤源头非法销售管控力度。一是市农委会同市相关部门对六个区县的煤炭销售点进行摸排暗访督查。二是各区县强化联合执法。一些区县的综治、城管、工商、派出所等部门联合采取查处、关闭、停产、清理等手段集中对各镇域的小煤厂进行了取缔。三是加大查处街头流动无照售煤力度。市、区城管执法机关共出动执法人员5.7万人次，巡查街头无照售煤易发点位。

（6）完善“供应、配送、质量监督”三个体系建设。一是企业保障供应。市新农办和市质监局牵头会同相关部门共同对24家供煤企业专门召开供应调度会，确保供应。二是优化配送方式。门头沟在各个乡镇、京煤集团在六环路附近建立了型煤仓库保证供应。大兴区在村级组成配送专业队，海淀利用不许经营煤炭的小煤厂负责送煤到户。三是严格质量检查。市质监局依法对煤炭生产、销售、使用单位监督抽查2 295批次，抽样总体合格率达到95%以上；对换煤的质量监督监测共2 047批次，合格率达到97.46%，依法对120家不合格煤炭销售和使用单位进行处罚，对问题较多的4家企业实施限期整改。

（李东伟　刘京蕊）

2. 继续推进“煤改电”“煤改气”工作。

（1）出台文件，明确全市“煤改电”任务。市农委会同市发改委下发了《关于加快推进北京市农村地区供电能力提升改造和“煤改电”工程的意见》，明确2014—2017年，每年新增10万户以上电采暖供电能力，在此基础上每年完成5万户的“煤改电”任务。

（2）推进外电网工程施工，努力完成“煤改电”试点工作。市电力公司加快对农村地区“煤改电”外网施工，新建改造10千伏线路461公里，新装配变压器392台，新建改造低压线路694公里；完成11个区县的56个村、13 207户的“煤改电”任务。

（3）认真组织村民选购电取暖设备。各区县认真组织25家企业到村内展示各类产品，有19 804个农户选购买3.5万台电取暖设备。

3. 加快推进“煤改气”工作。

（1）液化石油气“送气下乡”基本全覆盖。2015年为10个区县、68余万户配送煤气罐，提前完成40万户的全年计划任务，基本实现了农村住户液化石油气下乡全覆盖。

（2）“天然气入户”取暖试点工程建设稳步开展。2014年实施“天然气入户”工程14个村，涉及0.44万户。

（李东伟　王梁）

都市型现代农业

综　述

2014年，北京市深入贯彻落实十八大、十八届三中全会精神、中央农村工作会议精神，全面研究部署农业调整产业结构、转变发展方式，全面启动国家现代农业示范区创建，以服务城市、服务市民为出发点，以促进农民增收为落脚点，深入推进一、二、三次产业融合发展，不断提升都市型现代农业发展水平。

全面实施农业“调转节”。市委、市政府围绕首都战略定位和核心功能，深入研究北京农业发展的新方向、新目标和新格局，出台了《关于调结构转方式发展高效节水农业的意见》（京发〔2014〕16号）。文件明确“四个坚持”的基本原则，坚持量水发展，提高农业用水效率，为首都水安全作出应有贡献；坚持生态优先，更加重视和发挥农业的生态功能；坚持提质增效，合理有序统筹推进农业结构调整；坚持农民增收，综合研究制定转移就业、替代产业、扶持创业等多方面政策举措，确保农民就业增收。确立到2020年“四个全面提升”的发展目标，全面提升农业节水水平，农业用新水从2013年的7亿立方米左右下降到5亿立方米左右；全面提升“菜篮子”保障水平，强化首都鲜活农产品日常供应能力、应急保障能力、市场竞争能力；全面提升现代种业发展水平，打造全国种业创新中心、交流交易中心和企业聚集中心，推进“种业之都”建设；全面提升生态建设水平，平原地区森林覆盖率由目前的24.5%提高到30%以上。部署“调粮、保菜、做精畜牧水产业”的任务要求，经过调整，全市农业结构为：粮田80万亩，包括籽种田30万亩，旱作农业田30万亩，生态景观田20万亩；菜田占地由2013年的59万亩增加到70万亩左右；观光采摘果园占地稳定在100万亩左右，升级改造其中50万亩低效果园；畜牧水产业控制新增规模，疏解现有总量，提高养殖水平；生猪年出栏量调减1/3，稳定在200万头左右；肉禽年出栏量调减1/4，稳定在6 000万只左右；奶牛存栏量稳定在14万头左右，蛋鸡存栏量稳定在1 700万只左右；水产养殖面积稳定在5万亩左右。提出具体的保障政策，包括农业、林业、节水、农业就业四个方面26项保障政策，逐步建立北京农业“调转节”政策体系。文件出台之后，全市上下扎实推进各项基础工作，推进各项政策落地，取得了初步成效。高耗水作物播种面积大幅调减，粮食播种面积181.1万亩，同比减少24%；根据首都城市发展需要调减畜牧业，禽蛋产量增长12.2%，生猪出栏量、牛奶产量、家禽出栏量分别减少2.7%、3.2%、11.5%。

农业生产优化升级。实施蔬菜产业19个千亩村和1个万亩镇试点建设，新建设施农业3 921亩，改造老旧设施3 854亩，新建集约化育苗场20个。改造提升畜禽场70家，开展畜禽节水改造工程200标准栋。新认证350家企业和基地，新评定出市级优级标准化基地130家。海淀京西稻生态苑、通州金福艺农等八个农业园、房山国际葡萄酒庄、大兴西瓜博览园、平谷果品产业园区等一批农业产业项目加快推进。

社会化服务体系不断完善。开展都市型现代农业“221行动计划”，发送各类实用信息1 602.6万条。三级公益性农技推广体系日益健全，村级全科农技员实现了全覆盖，在岗人数达到2 578名。全市农村实用人才新增3 000人，培养新型职业农民3 124名，培养骨干农民1 184人。

农业区域化发展趋势日益明显。房山和通州的食用菌、平谷的禽蛋、顺义区的生猪、平谷的大桃、大兴的西瓜产量分别占全市比重达 65.4%、40.3%、28.7%、75.3%、52.5%。房山、通州、顺义、大兴、平谷五个区农林牧渔业总产值占全市比重达到69.1%。

农业区域合作稳步推进。加强“京张合作”，在张家口市建设2万亩蔬菜基地，支持8家企业在外埠建立3.63万亩蔬菜基地，支持5家企业在外埠建设生猪、禽蛋和奶牛外埠生产基地。

都市农业新型业态继续创新发展。乡村旅游保持快速发展，“北京最美的乡村”评选推介活动进一步提升了郊区旅游知名度。2014年，全市民俗旅游户接待游客1 914万人次，总收入11.3亿元，同比分别增长6%、10.4%；会展农业蓬勃发展，成功举办第二届北京农业嘉年华、第11届世界葡萄大会和世界种子大会。各区县共举办各类农事节庆活动27项，接待游客233.4万人次，经济收入1.8亿元；现代种业发展迎来新契机。以举办北京种子大会和世界种子大会为契机，依托通州国际种业园，加快打造北京种业之都。2014年，种业实现收入14亿元，同比增长0.4%，扭转了连续两年下降的趋势。

2014年，北京市向农业部申请整市创建国家现代农业示范区，全面启动“北京市国家现代农业示范区”创建工作。以“调转节”为标志，北京农业主动适应经济新常态，进入了转型节水、提质增效的新发展时期。

（李媛）

种植业

【调结构转方式发展高效节水农业】 2月25—26日，习近平总书记视察北京时，明确提出要努力把北京建设成为国际一流的和谐宜居之都，要求发展节水农业，推动京津冀协同发展。为贯彻习总书记考察北京时的重要讲话精神，市委、市政府出台了《关于调结构转方式发展高效节水农业的意见》（〔2014〕16号）。意见围绕北京都市型现代农业生产、生活、生态、示范四大功能，以节水富民、提质增效为目标，提出了坚持量水发展、坚持生态优先、坚持提质增效、坚持农民增收四个工作原则。要求按照“调粮、保菜、做精畜牧水产业”的思路调整农业结构，将地下水严重超采区和重要水源保护区确定为重点控制区域。到2020年全市农业结构为：粮田占地80万亩左右，菜田占地70万亩左右，观光采摘果园占地稳定在100万亩左右。意见强调要推进农业节水。按照“地下水管起来、雨洪水蓄起来、再生水用起来”的原则，全面推进设施节水、农艺节水、机制节水、科技节水，提高农业用水效率，提出了关于农业、节水、林业与农民就业的四个方面24项政策措施。

（张立新）

【深入开展农业节水工作】 5月16日，北京市农业局在小汤山特菜基地培训中心第一会议室召开北京农业节水工作会议，旨在深入贯彻落实习近平总书记考察北京时重要讲话精神，深入推进农业节水工作，全面启动农业节水工作。市及各区县农口相关单位共计100余人参加了会议。会议分析了北京水资源的严峻形势和北京农业节水的重要意义，提出北京今后一段时间农业节水工作的重点任务，一是加快调整农业结构，围绕“节水”这一主题，按照京津冀协同、农林水结合、城与乡互动、种养业协调的总体思路，调整农业结构，优化农业布局，全面实施节水农业，积极发展旱作农业；二是推广农业节水技术，构建现代农业节水技术体系，全面推广大田节水技术、蔬菜节水技术，加快农业节水技术试验研究；三是开展农业节水示范，推动节水技术的应用，粮经、蔬菜、水产和畜牧四大产业到2020年要实现全面节水。

为了解北京农业节水现状，9月，市农业局、中国农业大学和中农先飞（北京）农业工程技术有限公司成立联合课题组，对全市范围内的粮食和蔬菜用水和节水情况展开为期三个月的抽样调查，调查对象包括农业企业、种植大户、农业合作社等多种生产经营主体。通过调查，摸清了北京农业用水现状、采取的主要节水模式、节水技术和措施，查找了农业节水中存在的问题，并提出了北京今后农业节水对策和措施。

（张立新）

【北京小麦单产再创历史新纪录】 2014年全市开展粮食高产创建总面积50.4万亩，其中，建设部级万亩示范片16个，包括1个部级整建制乡镇，建设市级万亩示范片总面积34.4万亩。6月18日，北京市农业局组织专家对房山区窦店镇窦店村二农场高产示范点进行实收测产，小麦产量达681.8千克/亩，再次刷新北京市小麦单产纪录，小麦高产创建活动带动全市小麦在不利气候条件下实现丰收。

（张立新）

【加强农作物品种管理与种业发展】 品种审（鉴）定、退出机制。2014年是实施新审定办法的第一年，严格按照新办法组织品种审定工作，增加公示程序，全年共审定主要农作物品种35个（小麦品种5个、玉米品种10个、大豆品种3个，西瓜品种14个、大白菜品种3个）。共鉴定非主要农作物品种46个（包括茄子5个，辣椒1个，黄瓜6个，甜瓜3个，生菜4个，甘蓝4个，菠菜9个，胡萝卜1个，西瓜砧木1个，绿豆4个，花生1个，谷子1个，黍子1个，高粱1个，中草药3个，草莓1个），为京郊农业生产提供了丰富的可选品种，促进了我市优良新品种选育与推广。对17个品种（3个小麦品种、5个玉米品种、1个大豆品种、3个大白菜品种、1个西瓜品种、4个水稻品种）实行退出。

（张立新）

【成功举办2014年世界种子大会】 2014年5月24—28日，2014年世界种子大会在北京丰台成功举办。大会参会人数1 550人，其中1 200人为来自六大洲的近60个国家和地区国外种业界人士参会代表；会期内国内外种业代表进行贸易洽谈超过3 000场，现场签约成交金额1 500万美元，意向金额超过30亿美元。大会按照“体现国际惯例、彰显中国元素、突出北京特色”的原则，推出我国“十大种业功勋人物”“十大种业企业”“十大种业事件”，首次发表2014年世界种子大会北京宣言，发布“北京十强种业企业”，举办种业主题展览，展示世界种业、中国种业和首都种业发展情况。大会成为我市学习借鉴国际种业先进经验、引进技术、展示我国种业发展水平的交流平台。

主要农作物品种示范增效显著。为了尽快展示、推广新品种，依托粮食高产创建项目、北京市玉米品种更新换代项目和北京市农作物优新品种示范与推广项目，在昌平、通州、房山等9个区县建立玉米、小麦、蔬菜示范田31 994亩。其中，粮食高产创建项目建立示范田9 520亩，增产1 477吨，增效312万元；玉米品种更新换代项目建立玉米示范田12 070亩，增产2 472吨，增效563万元；农作物优新品种示范与推广项目建立玉米、小麦、蔬菜示范田10 404亩，增产1 982吨，增效275万元。

（张立新）

【完成北京景观农业调研】 为了解北京景观农业发展现状，5月，市农业局委托北京工业大学对朝阳、通州、房山、密云、延庆五个区县的景观农业发展现状展开调查，调查对象为农田景观观光园区。本次调研采取文献研究法和案例实地调研法相结合，通过调研，基本摸清了北京景观农业的发展现状和存在的问题，并从政策和技术角度提出了北京景观农业发展的对策和建议。

（张立新）

【蔬菜产销总体情况】 2014年全市蔬菜播种面积82.6万亩（不含西甜瓜，下同），较上年同期减少6.7万亩，减少幅度7.2%。全年蔬菜总上市量为236.1万吨，较上年同期减少30.8万吨，减少幅度11.5%。

（刘永霞）

【制定实施北京市基本菜田蔬菜生产补贴办法】 为进一步促进蔬菜生产，引导蔬菜生产规模化布局、标准化生产，稳定和增加蔬菜生产用地保有量，根据《中共中央办公厅国务院办公厅印发〈关于引导农村土地经营权有序流转发展农业适度规模经营的意见〉的通知》（中办发〔2014〕61号）精神，以及《中共北京市委北京市人民政府关于调结构转方式发展高效节水农业的意见》（京发〔2014〕16号）关于“建立基本菜田种植补贴制度”的要求，制定《北京市基本菜田蔬菜生产补贴办法（试行）》。该办法自2015年1月1日起施行，有效期至2020年12月31日。办法规定，从2015年开始，在全市范围内实施基本菜田蔬菜生产补贴政策。按照平均每年500元/亩的标准，依据划入北京市基本菜田信息系统的菜田面积，安排全市基本菜田补贴资金。菜田补贴实行“奖补结合、以奖代补”，由基础补贴、考核奖励两部分组成，补贴资金按照基础补贴60%、考核奖励40%的比例分配。

（刘永霞）

【推进设施农业新建及改扩建】为了提高设施农业生产效率，按照“总量控制、规模推进、项目管理、效率优先”的要求，稳步推进设施农业建设。在支持高标准新建设施的基础上，继续支持蔬菜主产区老（危）旧设施农业改造。2014年完成验收新建设施农业项目37个，验收面积为2 877.4亩，其中，日光温室1 104.5亩，钢架大棚1 772.9亩；验收老危旧设施农业改造项目23个，验收面积为3 615.3亩，其中，日光温室845.7亩，钢架大棚2 769.6亩。

（刘永霞）

【启动蔬菜专业镇和专业村工程建设】为进一步促进蔬菜产业稳步发展和转型升级，推进蔬菜区域化整体综合建设，北京市从2014年开始启动蔬菜专业镇、专业村建设工程。在蔬菜万亩镇和千亩村范围内，选取有一定基础的镇和村，通过整合资源、集中先进技术与装备，推进区域化整体综合建设，实现规模化布局、园区化建设、标准化生产、品牌化经营、企业化运行。经多次组织专家到密云、房山和大兴进行专题调研和现场观摩会，确定了“万亩镇、千亩村”整体建设实施方案。2014年已开展1个万亩镇和19个千亩村的创建。

（刘永霞）

【加快蔬菜集约化育苗能力建设】根据“菜篮子”工程蔬菜产业的整体安排，2014年全市共完成20个集约化育苗场建设项目，截至2014年年底，全市市级集约化育苗场总量达到55个，同时百亩规模以上蔬菜园区自用育苗点和育苗大户发展到80余家，全市集约化育苗生产面积达到21万平方米，蔬菜集约化育苗量达到1.8亿株，占到全市蔬菜生产用苗的10%以上。集约化育苗场的建设实现了种苗的规模化、专业化生产和社会化服务，种苗质量得以提升，生产效益进一步提高。

（刘永霞）

畜牧业

【畜牧业发展情况】按照节水农业的要求，畜牧水产业控制新增规模，疏解现有总量，提高养殖水平。生猪年出栏量调减1/3，稳定在200万头左右；肉禽年出栏量调减1/4，稳定在6 000万只左右；奶牛存栏量稳定在14万头左右，蛋鸡存栏量稳定在1 700万只左右；水产养殖面积稳定在5万亩左右，推广工厂化、温室循环、标准化的节水池塘养殖和生态养殖。2014年，全市肉类总产量达到39.32万吨，鸡蛋产量19.32万吨，生鲜乳产量59.48万吨，产值达到152.7亿元，占农业产值的36.35%。生猪、牛、羊、家禽出栏量分别为305.76万头、9.19万头、68.67万头、7 550.74万只；全年生猪、牛、羊、家禽存栏量分别为179.6万头、19.68万头、68.35万头、2 544.58万只。

2014年按照规模化经营，标准化生产模式，改造提升畜禽场64家，实施高效集雨节水工程200个标准栋，开展蛋鸡家庭牧场建设试点6个，共计540个规模养殖场得到了改造提升，占主要畜禽品种规模养殖场40%，高效集雨工程460栋，实现畜牧业年节水350万吨。

表 1　主要畜禽品种数量

区　域		生猪（出栏万头）	肉禽（出栏万只）	蛋鸡（存栏万只）	奶牛（存栏头）
全市		305.76	7 550.74	1 678.44	137 663
生态涵养保护区	平谷区	40.26	761.78	605.16	1 042
	怀柔区	11.97	861.93	24.74	8 664
	密云县	21.62	1 128.1	221.47	18 814
	延庆县	11.78	769.38	275.12	16 839
	门头沟区	0.52	350.69	9.66	29
	小计	86.15	3 871.88	1 136.15	45 388
城市发展新区	顺义区	87.83	1 072.11	140.97	16 672
	房山区	43.22	657.74	94.8	11 516
	通州区	25.18	977.82	69.63	22 786
	大兴区	50.55	866.83	123.71	27 087
	昌平区	10.46	92.59	103.3	10 459
	小计	217.24	3 667.09	532.41	88 520
城市功能拓展区	朝阳区	0	0	0	1 911
	丰台区	0.32	2.61	3.53	158
	海淀区	2.05	9.16	6.35	1 686
	小计	2.37	11.77	9.88	3 755

【启动市级种业项目北京市种质资源管理中心建设】从 2011 年种业规划执行至 2014 年，全市建成畜禽良种产业科技示范园区 7 座、提升了畜牧种业育繁推一体化能力。蛋鸡：构建了以华都峪口、北农大两家国家蛋鸡育种场为核心的良种蛋鸡繁育体系，蛋种鸡在全国市场占有率占 50%以上。生猪：形成了养猪育种中心、顺鑫小店良种场和六马养猪科技三家国家育种场为核心的生猪良种繁育体系，协同全市 91 家种猪场开展种猪生产经营，辐射全国各省市。奶牛：以首农畜牧、中地种业种子奶牛场为核心的奶牛良种体系。肉鸭：实现了北京鸭从品种选育到产业化。

【按优化布局、协同发展的原则，加快外埠基地建设的进程】年底，本市畜牧业外埠基地数量达到 53 个，其中生猪基地 27 个，年出栏 60 万头；肉禽基地 5 个，年出栏 6 500 万只；奶牛基地 6 个，年产牛奶 7.05 万吨；肉牛基地 9 个，年出栏肉牛 5.1 万头；种业基地 6 个，年产商品代雏鸡 9 600 万只。保障了北京市市场应急能力与控制力，提高了本市肉蛋奶的市场供应和应急保障能力。

【按照畜禽场污染物减量化、无害化和资源化综合治理的原则，治理畜禽养殖场】2014 年，共治理畜禽养殖场 198 家（其中北运河项目 30 家，环保项目 107 家，财政专项 61 家）。近几年，共完成 769 家畜禽养殖场治理工作，占全市主要畜禽品种规模养殖场 50%。通过治理，规模化猪场 COD 去除率达到 80%，牛场 COD 去除率达到 85%，禽场 COD 去除率达到 90%，畜禽污染实现了经济效益和生态效益的双赢。形成三种典型模式：一是牧菜结合，大兴礼贤奥天生猪循环农业科技园区粪污通过沼气发酵后，沼气为周边居民提供清洁能源，沼渣、沼液供设施蔬菜提供有机肥料；二是牧粮结合，北京中地种畜奶牛场（奶牛）粪污通过收集沉淀处理后，用于浇灌牛场周边玉米、小麦粮田，为牛场青贮饲料提供了充足保障；三是牧林结合，北京北务广峰奶牛场（顺义），粪污通过收集、沉淀处理，用于浇灌该场管护的 500 亩林地。

【加强饲料添加剂管理】2014 年是《饲料和饲料添加剂管理条例》实施的第二年，饲料行政许可审批由农业部下放地方第一年，全市重新调整饲料行政审批项目、核定许可程序，制定审核标准，审批通过企业饲料及饲料添加剂生产许可证申请 167 个，全市共有饲料生产企业 270 家。2014 年审批产品批准文号 6 650 个。同时组织实施饲料质量安全专项整治，制定全市饲料监测计划，实施检打联动。

【实现生鲜乳由奶畜养殖场到乳品加工企业的直通销售】优化生鲜乳收购站，全市41个生鲜乳收购站中，乳品企业和奶畜养殖场新办的达到24个，奶农专业合作社收购养殖小区和散养户生鲜乳性质17个。规范生鲜乳运输车管理，全市179辆运输车辆实现了许可运输，做到生鲜乳运输专用。

【种畜禽生产许可实行专家现场验收机制】种畜禽生产经营许可工作将种畜禽质量、疫病监测结果作为行政许可必备条件之一，实施专家现场验收机制，全年种畜禽生产经营许可45个、种畜禽进口审核23批，进口种奶牛1.1万头、种禽55万只，奶牛精液15万剂、胚胎450枚。

【草种规范管理】2014年承接农业部草种行政许可下放审批事项5项，规范了草种生产经营许可、草种进出口行政审批、草种质量检验机构资格认定、草种检验员资格认定；完成草种生产行政许可10个，全市草种生产经营单位达到18家；完成进出口审批481批次、进口草种2万吨。

【落实补贴政策，直对畜牧业养殖场户】畜牧良种补贴政策900万元，采取政府公开招标采购方式。其中生猪精液补贴600万元，采购良种精液60万剂；奶牛精液补贴300万元，采购良种冷冻精液20万剂。奶牛生产性能测定国家资金374万元，测定奶牛4.16万头，对提高奶牛科学饲养、生鲜乳质量安全、后备奶牛选育和精细化管理起到促进作用。

落实财政预算资金2 500万元，对全市25万头能繁母猪给予补贴，每头100元。落实2014年中央财政奖励年出栏生猪40万头以上的生猪调出大县1 658万元。

落实中央财政资金4 632万元。补贴全市17家祖代种鸡场，共计92.48万只，在产祖代种鸡，补贴标准为每只在产祖代种鸡50元。

（张保延）

【畜禽养殖与生产】继续开展畜禽养殖场（小区）登记备案工作，进行重点示范挂牌。2014年全市完成1 907个畜禽养殖场（小区）的登记备案，其中1 264个养殖场（小区）有GPS定位记录，特种养殖有59个。

继续开展畜牧生产形势分析和成本监测工作。推进网络信息平台建设，对全市10个区县68个标准化示范场年度数据进行收集、分析。2014年由市北京市畜牧总站承担北京市饲料工业统计信息填报工作，开展季报和年报工作，初步建立市区县及基层单位填报网络。

（张保延）

【良种繁育及推广】2014年加强对种猪联合育种数据库系统维护，上传数据信息300余次。全市有96个种猪场开展种猪品种登记和性能测定工作，品种登记个体数达200.55万头，同比增加18.20万头；生长性能测定25.15万头，同比增加2.93万头；总产仔窝数26.28万窝，同比增加2.32万窝。全年发放优良种猪精液60.79万剂，惠及11个区县205个猪场、4 434个养殖农户15.86万头母猪，平均受胎率达93.4%。

以奶牛生产性能测定为中心，2014年对全市62家奶牛场3.81万头奶牛开展测定，同比增加0.26万头，累计测定达14.48万头次，共完成560份奶牛DHI报告。参测牛群305天产奶量同比平均提高245千克，体细胞数同比下降4.45万/毫升，乳脂率、乳蛋白率、乳糖率、干物质均达到较高水平；奶牛定时输精繁殖率提高了17.11%。

（张保延）

【畜牧业科技推广】深入开展田间学校建设，培养新型职业农民。举办4期畜牧职业技能鉴定培训，其中中高级家畜繁殖员2期，鉴定合格44人；中高级种猪性能测定员2期，鉴定合格43人。指导组织初级动物疫病防治员职业技能鉴定2期，鉴定合格221人。

以中荷、中加合作项目实施为引领，完成“北京—荷兰农业科技合作研修团”赴荷兰研修任务；举办“动物产品质量安全和危机评估系统建立”专题交流，邀请意大利都灵大学兽医学院Maria Ausilia Grassi女士进行专题报告；举办“中—荷畜牧生产技术交流与培训会”，邀请欧盟畜牧协会、意大利都灵大学、荷兰瓦赫宁根大学和荷兰德赫斯公司的6名国际学者进行主题研讨交流，签订了《中—欧畜牧生产技术交流合作备忘录》，进一步加强了与欧盟畜牧协会的深度合作。

生猪产业创新团队。成立执行专家组，推行从首席专家到田间学校工作站长层层负责的项目型复合组织管理工作模式，重点加强种猪遗传改良繁育、节能节水、治污减排等畜牧技术研发示范和推广，完成第一个五年计划任务。示范场出栏率由163%提高到189%，肥育猪料重比由3.1∶1降到2.88∶1，产生直接经济效益3.15亿元，间接经济效益583亿元，产生显著的生态与社会效益。

研制出5套种猪自动化饲喂系统、1套自动化性能测定系统。推广初生仔猪干燥消毒粉剂、保育仔猪发酵薄床技术、仔猪标准化保温地板、新型碳纤维地暖保育技术，覆盖10个区县12万头仔猪，平均提高仔猪成活率9%以上，平均体重提高3.37千克，节能50.3%。

建立了北京地区藏猪高效饲养管理体系和藏猪生产性能测定体系，制定了《北京地区藏猪高效饲养管理规程》和《北京地区藏猪生产性能测定规程》，建立830亩的藏猪高效养殖示范基地。

2014年共研究推广新技术55项，新产品29项，新品种1个，覆盖规模达155.79万头，年增加养殖收益7 500余万元。技术培训332期次，培训12 839人次。发表论文67篇，主编论著9部，获得专利27项，获省部级奖2项。

家禽产业创新团队。以团队文化建设为抓手，自主设计开发团队综合管理信息系统，设计确立团队logo。举办“首届京津冀家禽产业发展科技协同创新座谈会”和“京津冀蛋种鸡技术交流会”，促进环渤海经济区家禽业协同发展，促进京津冀一体化建设。

2014年共示范新技术29项，推广新技术27项，推广新品种3个，推广新产品14个，累计覆盖蛋鸡1 001.93万只，肉鸡4 800万只，肉鸭520万只；开展技术指导475次；组织各类培训会173次，培训养殖户农民5 643人次，培训养殖场技术人员7 135人次；发表论文81篇、专著8本、获得软件著作权5项、专利12个。获得北京市农业技术推广奖二等奖1项，三等奖2项。

奶牛产业创新团队。技术成果覆盖示范牛场43个，牛群20 975头；培育进站后备公牛55头；开展试验研究113项，覆盖牛群173 323头次；主推技术49项，新产品10个，覆盖牛群172 669头次；技术培训539场（次），培训指导7 614次，组织观摩2 126人次，开展技术指导137次，农民活动260日次，培训学员3 319人次；开展对外交流151次，3 620人次参加；获奖29项（次），17项（次）为省部级以上奖励；编撰出版专著17部；申请专利19项，授权7项，受理12项；申报省部级以上标准5项；撰写论文130篇，发表96篇（其中SCI 7篇），撰写研究报告47篇。

规模牛场开展奶牛繁殖调控技术集成与推广应用，产犊率提高20%，母犊率提高9%，缩短配种期5～6天，奶牛早期妊娠诊断最高提前32天。肉牛短期育肥综合技术试验示范推广覆盖30 000头，为养牛场户增加经济效益3 000万元。

在18家规模养殖场示范推广“低蛋白日粮、饲料添加剂植酸酶降低磷排放、雨水收集利用、猪舍保温降低能耗”等6项低碳养殖技术，探索建立并在全市推广“三节、一高、一低”低碳养殖模式（节电、节煤、节水、高效能、低排放），节能减排最高幅度达65%。

（张保延）

【畜禽环境建设】开展全自动干清粪、猪场节水饮水、畜舍内空气净化等技术的试验示范与应用推广。以点带面、区域辐射带动影响力初步显现。全年累计新增技术示范点18家，覆盖7个区县，改造畜舍50余栋，覆盖规模4.4万头，现场技术指导50余次。示范技术应用年节省人力成本40余万元，节水3.5万吨，减排污水8万吨。

在养鸡场大力推广“禽舍环境智能化调控技术”“禽舍智能化节能光照技术”“畜禽场可调控无助力通风技术”“挂靠式喷雾消毒技术”4项技术。建设示范推广基地11个，示范技术节能效果达50%以上，肉鸡增重4.8个百分点，蛋鸡高峰期产蛋率增加约1个百分点。其中，集成优化的“一种通风系统”“禽舍的环境控制系统”“禽舍的光照系统”已获得国家知识产权局的实用新型专利批复。

（张保延）

【草原行政管理】2014年受理10家企业草种生产经营许可材料审核，审批2家草种生产许可证，1家草种经营许可证，完成7家草种进出口经营审核，审核上报通过率100%，使全市草种生产经营单位达到18家。完成9个企业草种进出口审批480批次，种植地覆盖京津冀以及内蒙古、青海、四川等广大地区。

2014年完成对本市9家草种经营企业的监督抽检，共抽检54个批次样品，涉及检验参数

216项，代表种子批525吨，抽检的草种涉及苜蓿、黑麦草、高羊茅、白三叶、鸭茅、早熟禾等9个种类，出据检验报告54份。

（张保延）

【畜产品质量安全认证】 2014年累计完成新认证的49家基地中已有20家基地取得无公害畜产品生产基地产地认定和产品认证证书，40家复查换证基地通过检查继续保留了产地认定和产品认证证书。截至2014年12月31日，全市共有无公害畜产品生产基地253家，获证畜产品265个，产地规模8 840.8万头（万羽、万只），产品产量达692 065.4吨。

（张保延）

【饲料安全监管】 针对饲料经营单位底数庞大、分布广泛隐蔽、法律意识薄弱的现状，适时开展跨省市、跨区县和跨部门联动监管，2014年全市开展饲料环节检查1 665次，出动执法人员5 387人次，立案查处违法行为27起，罚没款156.2万元，其中罚没款超10万元案件5起，罚没款超万元案件14起，没收不合格饲料近10吨。

完成饲料监督抽检样品1 302批次，其中部级监测任务592批次，市级监测任务710批次。抽检范围覆盖本市15个区县，样品来源涉及北京、河南、河北、天津、辽宁、广州、云南、上海、湖南、湖北、内蒙古、四川等十余个省市和部分进口产品，及本市133家饲料生产企业、18家经营企业、382家养殖场，检测项目包括：营养指标、微量元素、维生素、重金属、微生物、霉菌毒素、违禁添加物近40个参数共计4 500余项次。有11个产品不合格，合格率为99.16%，与上年基本持平，不合格项目为营养指标、维生素、重金属。

完成生鲜乳监督抽检样品458批次，其中部级监测任务157批次，市级监测任务301批次。样品来源涉及河北、天津等省市及大兴、昌平、密云、怀柔、顺义、通州、延庆、房山、平谷、朝阳等10个北京区县，涉及生鲜乳收购站206家次、运输车219辆、奶牛养殖场33家，检测项目包括黄曲霉毒素M1、三聚氰胺、革皮水解物、β-内酰胺酶、铅、总砷、汞等11个参数共计1 500余项次，样品合格率为98.91%，不合格项目均为β-内酰胺酶。

（张保延）

【畜禽产品质量安全监管】 规范监管对象生产经营行为，以打击无检疫证明、证物不符、非定点屠宰、无证生产等违法行为。2014年全市开展养殖、屠宰、运输、投入品（兽药、饲料）生产经营等环节检查活动1.2次，出动执法人员3.2万人次，下达笔录意见书5 267份，查办案件396个，罚没款263.8万，超10万元案件5起，查获动物产品34.6吨、饲料10吨、兽药9 446盒；办理行刑衔接案件3起，协助控制犯罪嫌疑人60人。

（张保延）

【畜禽资源保护】 继续推进北京市畜禽种质资源管理中心项目建设。基因诊断、奶牛性能测定、遗传材料检测、畜禽遗传资源保存与检测、饲料营养、畜禽产品品质和风险检测6个实验室改造装修完毕，配套仪器设备已安装调试。建立完善北京市种畜禽遗传资源管理信息平台，开发了畜禽遗传资源管理信息系统。

建立北京鸭特色品质相关分子标记，获得影响北京鸭及其他鸭种产蛋和产肉性状的重要基因和标记。首次在北京油鸡中找到了与多趾性状100%相关的SNP标记。确定8个区县46个乡镇作为北京鸭地理标志地域保护区域，8个区县26个乡镇作为北京油鸡地理标志地域保护区域。编制了《北京鸭、北京油鸡地理标志质量控制技术规范》。

北京地区油鸡保种继代繁育成功。对北京油鸡保种场的4个品系227个家系、1 800只保种群和北京鸭2个保种场14个品系680个家系、9 800只保种群实施场内保护。组建北京油鸡保种群下一世代的核心群，较好地保持了五趾及胡须等外貌性状。

建立北京市畜禽种质资源样本库，实现对北京乃至全国范围内各种畜禽精液、胚胎、血液、组织、DNA等遗传样本长期离体稳定储存及数据可追溯标准化管理。

（张保延）

【“瘦肉精”专项整治】 有效落实“瘦肉精”市级抽检和企业自检两级检测的工作制度。市级按照2014年度生猪屠宰环节“瘦肉精”部级专项监督监测工作方案共检测样品17 520份、52 560项次，项目完成率100%，全市生猪屠宰企业完成“瘦肉精”自检样品110余万份，不低于5%的抽检比例。对400个养殖场（户）的3 566头（只）生猪、肉牛和肉羊进行养殖环节“瘦肉精”专项监测，检测结果均为阴性。

（张保延）

【生鲜乳质量安全监管】 推

行行业自律与监督执法并重的监管模式，通过强化监管、重点约谈和督导落实等方式，强化大型乳制品企业生鲜乳质量安全第一责任人和依法自律意识，发挥其行业内话语权和市场调节作用，严格生鲜乳入厂检验标准，把控上游中小型生鲜乳收购站、奶牛养殖场（户）的生鲜乳质量。

（张保延）

【行业标准建设】 2014 年《肉鸽饲养行业标准》和《奶牛机械挤奶行业标准》通过论证。向农业部申报 4 个畜牧行业标准：《ω-3 PUFA 功能性鸡蛋标准化生产技术规程》《奶牛个体识别和生产性能测试标准》《猪子宫深部低剂量人工输精技术规范》和《肉鸽人工孵化技术操作规程》。

（张保延）

水 产 业

【渔业总产值保持增长】 2014 年，渔业总产值 24.6 亿元，同比增长 6.03%；水产品总产量 6.8 万吨，增长 6.25%；渔民人均纯收入 15 134.16元，同比增加2 217.58元/人，增长 16.8%。

（许中海）

【增殖放流实现渔业水域全覆盖】 全面完成 2014 年增殖放流任务。做到了科学放流、保质保量、认真督导、从严执法、养护资源。具体工作包括：制定《2014 年全市渔业资源增殖放流方案》；2014 年度增殖放流项目通过公开招标，3 家苗种供应单位（含联合体）中标；共采购 56.3 万千克（54.1 万千克鲢鳙鱼、0.8 万千克草鱼、0.6 万千克青鱼、0.8 万千克鲂鱼及 3 万尾细鳞鱼），投放到 11 个区县，15 个市级管控的公共水域，其他水面由区县渔业主管部门负责。共计完成中央财政支出 688.48 万元，其中细鳞鱼 80 万元；继续实行放流过程第三方监理制。放流过程由第三方过秤、计秤、打样、验收等工作；继续全程录像，精细管理；渔业资源保护工作进一步落实，依法打击违法捕捞行为的力度逐渐加大，全年各区县渔政执法部门开展执法巡视 500 多次，非法捕捞与垂钓得到管控，重要水域生态环境渐趋友好。

（许中海）

【稳步推进渔业高产高效生产基地建设】 全年共完成工厂化设施改造 9 家，具体制定了《2014 年渔业高产高效生产基地建设实施方案》和《北京市渔业高产高效生产基地建设项目管理规定》，对《2014 年北京市渔业高产高效生产基地工厂化建设与验收标准》进行修订；对申请改造的养殖场的主体资质、土地性质、承包合同进行审查；开展测绘与设计，进行项目评审；督促监理公司对建设工程进行从严监理，建立周例会和月通报制度；于 11 月 17—21 日采取实地勘察、现场质询等方法，进行了全面验收。

（许中海）

【渔业“调转节”初见成效】 在市场拉动下，全市渔业养殖规模由上年的 6.33 万亩减少到 5.88 万亩。其中，籽种渔业为 0.74 万亩，休闲渔业为 1.66 万亩，精品渔业调整到 3.48 万亩，正在向“调优做精”转变；水产品产量达到 6.82 万吨，比上年的 6.36 万吨增长 7.2%；渔民年人均纯收入达到 15 134.16 元，比上年的 12 961.58 元增长 16.8%；通过调整渔业内部结构、转变经营方式、推广节水技术，全年节约养殖用水 400 多万吨，相当于两个半昆明湖。

（许中海）

【渔业综合生产能力不断提升】 全年，开展了渔业高产高效生产基地建设，改造工厂化建设面积 3.7 万平方米，每平方米将新增产能 38 千克；循环温室 10 家，每亩新增产能 1 300 千克；改造标准化基地 11 家，每亩新增产能 330 千克。

五年来，全市共建设“菜篮子”工程渔业高产高效生产基地 136 家。改造的总占地面积 8 736.6亩，养殖面积 6 370.15 亩；改造前产能为 7 000 吨，改造后产能为 22 000 吨，新增总产能为 1.5 万吨，占上年养殖总产量的 22%。节水能力大幅提升。其中标准化池塘比传统池塘节水 20%，温室循环养殖模式节水 73%，工厂化养殖模式节水 95%。

（许中海）

【推广示范水产技术新成果】 组织开展了湿地生态净水循环、净水微孔增氧循环两项高效节水养殖技术规范标化工作；宣传、推广10家创新、高效、节水、生态的典型，使上千户主动登门，求经学艺；许多养殖大户自费到先进省市考察高效节水具体范例；全行业学典型、自觉“调转节”正在兴起。

（许中海）

【水产品质量安全长抓不懈】进一步强化了全市水产品质量安全、水生野生动物经营利用和水生生物资源保护执法。其中，水产品质量安全执法，全年开展渔业执法检查次数1 772次，检查养殖场（户）2 863个（户），出动检查人次5 268次，发放整改通知书113份，查处养殖场7个，罚款金额1 600元，无害化处理200千克。

（许中海）

【渔政执法保持高压态度】水生野生动物经营利用执法，全年共开展605次，立案31起，结案28个，罚没6.3万元；水生生物资源保护执法，全年共查处案件233起，没收鱼竿1 140根、非法网具4.3万米、船只64条、电捕工具36套，罚款2.6万元。通过强有力的执法行为，震慑了违法分子，维护了渔业安全。

（许中海）

【严格审批加强行政监管】渔业类行政审批共16个事项，包括：国家一级水生野生动物的捕捉、经营利用、驯养繁殖的审核；二级国家水生野生动物的捕捉、经营利用、驯养繁殖的审批等。全年共接受行政审批申请520件，其中，受理513件，不受理7件。在受理件中，涉及水生野生动物利用特许证件审核75件，审批47件，进出口水生野生动物及其产品审核61件，船舶检验330件。全年从美国、中国台湾等6个国家或地区进口红珊瑚159.5千克、各类毛皮（包括：海狮皮、海狗皮、水獭皮）8 509张、鲟鱼受精卵611.25万粒、哺乳动物（包括：水獭、海豚、海狗）22只、花龟109.5万只、欧洲鳗鲡750千克。向日本、中国台湾等4个国家和地区出口鲟鱼受精卵和苗532万粒、鱼苗5.17万尾；宫廷金鱼1 678万尾（含草金鱼），创汇1 694万元；海马制品580万片。另外，全年年审77个特许证件，涉及鲟鱼、大鲵、海狮及红龙等8个物种。

积极探索水生野生动物制品的全链条监管模式。制定并实施了《关于加强水生野生动物制品监管工作的通知》，明确了市区（县）渔业行政主管部门及所属渔政监督管理机构的职责，严格事前审批管理、事中现场审查及事后监管的工作内容及流程，确保监管措施得到全面落实。

（许中海）

【依法落实生态文明建设】贯彻执行《中华人民共和国渔业法》《中国水生生物资源养护行动纲要》和《北京市实施〈中华人民共和国渔业法〉办法》，办法中明确规定：“市和区、县人民政府及渔业行政主管部门应当加强渔业资源增殖工作，采取措施，促进渔业资源增殖”。为此，首次出台了《北京市农业局关于强化水生生物资源养护工作的意见》，强化了依法建设生态渔业的重要性，进一步明确了各级渔业主管部门的职责任务。

该意见的发布和实施调动了区县渔业主管部门的积极性，全年增殖放流资金达到了1 326.46万元。其中，国家财政688.46万元，市级财政338万元，密云县300万元。今年还将有5个区县积极争取将增殖放流所需经费列入本级财政预算，为在全市实现各级财政逐年加大投入制度化奠定了基础。

放是基础，护是关键。加大了自然水域的违法捕捞行为的监管力度，开展了有针对性的联合执法；启动了申报白河水生野生动植物自然保护区项目，初步明确了自然保护区范围、水域面积和主要保护物种种类。

（许中海）

【充分调研完善现代渔业发展思路】在主管局长的带领和组织下，重点学习国务院发布的《关于促进海洋渔业健康发展的若干意见》、农业部出台的《关于贯彻落实〈国务院关于促进海洋渔业健康发展的若干意见〉的实施意见》和北京市委、市政府出台的《关于调结构转方式发展高效节水农业的意见》等重要文件。同时，深入14个区县、60多个水产养殖企业，了解情况。分两次赴山东、广东、福建等8个省市的二十几家养殖场、加工厂、观赏鱼养殖基地考察、观摩和座谈。在认真学习、深入调研的基础上，有针对性地提出了以“调结构、转方式、发展节水渔业”为主线，以改造设施为抓手，以发展“生态、籽种、休闲、精品”为业态，为实现都市现代渔业创新的发展，提供了思想保证。草拟了《关于促进北京都市渔业发展的意见》、制定了《北京市渔业发展意见》、《调整农业结构发展高效节水渔业的实施方案》等一系列指导渔业发展的重要文件。

（许中海）

农　机　业

【全市农机总动力 195.76 万千瓦】2014 年内，拥有各类拖拉机 8 622 台，其中大中型拖拉机 6 649 台，小型拖拉机 1 973 台。拖拉机配套农具 13 451 部，其中机引犁 1 679 台，机引耙1 049 台，旋耕机 3 638 台，深松机 329 台，小麦播种机 1 946 台，玉米播种机 2 785 台，秸秆粉碎还田机 1 287 台。农用排灌动力机械 40 024 台，节水灌溉类机械 9 694 套。植保机械125 180 台，其中机动植保机械20 884 台。收获机械 2 088 台，其中小麦联合收获机 792 台，玉米联合收获机 1 026 台，青饲料收获机 117 台。大棚卷帘机 43 977 台。微耕机 18 122 台。农副产品加工作业机械 5 384 台，畜牧养殖机械 16 819 台，渔业机械12 967 台，林果业机械 4 734 台。农业机械原值 44.15 亿元。主要粮经作物耕种收综合机械化水平 87.5%。玉米机收面积占可机收面积的 91.3%，同比提高 1 个百分点。机电灌溉面积 8.39 万公顷，机械植保面积 8.61 万公顷。拥有各类农机服务组织和农机户 33 704 个，其中农机作业服务组织 413 个，农机专业合作社 157 家。拥有农机维修企业及维修点 307 个。2014 年全市发生一般农机事故 15 起，伤 3 人。

（杨帆）

【落实农机购置补贴资金 1.833 4 亿元】2014 年内，全年落实中央及市级补贴资金合计 1.83 亿元（中央 1.1 亿元，市级 0.733 4亿元）。全市新增农机设备 3 500 余台套，新增农机动力约 5.5 万千瓦，受益农户新增 5 000余户。“菜篮子”生产农机装备数量大幅增加，用于“菜篮子”生产农机装备补贴资金占到补贴资金总额的 90%，比 2013 年提高近 17 个百分点。通过农机贷款贴息政策新购置大型进口青贮收获机 5 台，全市进口大型青贮收获机总量达到 35 台。

（杨帆）

【各行业农机化水平全面提升】2014 年内，用于大田粮食生产机械补贴资金 1 910.5 万元，占补贴资金总额的 10%。更新 30 马力以上拖拉机 1 014 台，推进农作物秸秆综合利用，推广玉米秸秆捡拾打捆机 10 台；为推进粮食生产全程机械化，上半年购置中耕追肥机 100 台。用于畜牧养殖机械补贴资金 4 943.5 万元，占补贴资金总额的 27%，购置了种猪、蛋种鸡等种业生产养殖自动化设备 141 套，购置畜禽死体无害化处理设备 4 套，组合式挤奶设备 85 套。用于设施农业设备补贴资金 6 764 万元，占补贴资金总额的 37%。为解决设施园区有机废弃物处理问题，新购置发酵堆翻设备 5 台套。全市新增温室用拖拉机 400 台，微耕机 300 台，卷帘机 500 台，有效解决了设施园艺园区生产中劳动力短缺和劳动强度大的问题。用于水产养殖机械设备补贴资金 1 005 万元，占补贴资金总额的 6%，为推进工厂化养殖和水资源高效利用，新购置水循环过滤、净化处理等节水型水产养殖机械设备 6 套。用于农产品加工机械补贴资金共计 3 711 万元，占总补贴资金的 20%，围绕产后提升农产品附加值，推进房山果蔬脆片加工和门头沟干果加工两个农产品加工重点项目。

（杨帆）

【建设农机农艺融合示范基地】在延庆、密云、顺义 3 个区县分别建立试验示范基地，开展大田作物机械化作业技术模式、机具配套、质量标准、操作规范的示范推广。重点推广旱作农业农机农艺融合节水生产模式和高效机械化节水模式，集成示范推广保护性耕作（土壤深松、秸秆粉碎还田）、机械镇压、覆膜播种、中耕追肥、机施缓释肥、机械植保、化控防倒等 8 项蓄水保墒机械化节水技术，着力提高土壤蓄水能力和产出水平。针对玉米的机械化生产，开展玉米品种筛选、中耕追肥、精量播种、籽粒直收等关键环节机械化技术试验，提升玉米全程机械化作业水平。北京市农机试验鉴定推广站承担的《北京市深松机械化技术示范推广项目》，荣获 2011—2013 年度北京市农业技术推广奖一等奖，《农田秸秆资源清洁饲料化技术研究与示范推广项目》荣获 2011—2013 年度北京市农业技术推广奖三等奖。

（杨帆）

【提升畜禽产业节水生态发展机械化水平】在房山、怀柔、通州建立3个畜禽养殖机械化节水技术示范点，开展节水型饮水器、自动精量投喂、开展粪污干湿分离、污水处理、自动清粪技术、有机肥加工、动物尸体无害化处理技术的应用，实现畜禽废弃物资源化循环利用。

（杨帆）

【信息化技术大力应用】深度融合中国农机互联网和北京农机化信息网，构建新北京农机化信息网服务平台，形成了集农机管理、农机鉴定、农机推广、农机监理全系统，新闻、办公、交流、数据、监测、展示、培训等全功能、24小时全天候服务的“三全”新北京农机化信息网。借助于北斗卫星导航系统以及TD-LTE移动宽带通信技术，在密云、房山、通州3个区县示范推广北斗监控型和导航型2种终端100余台，实现了农机作业精细调度管理，有效提升农机服务组织的管理效率、作业效率，为农机作业调度和管理提供了信息化手段；可实时为农机管理部门提供机具作业情况统计，为政策制定提供数据依据。农机监理移动执法综合管理系统平台的成功研发实现了农机监理对农业机械及驾驶操作人员的自动化、电子化管理。

（杨帆）

【农机社会化服务能力提升】全市拥有农机服务组织和农机户33 704个，其中农机服务组织413个，在工商部门注册的农机专业合作社157个，同比增加6个。制定《北京市农机专业合作社示范社建设标准》，对全市大中型农机专业合作社的建设和布局进行顶层设计。与北京农担公司合作，采取以农机专业合作社“地产＋车产＋大型农机具”作抵押的方式获得流动资金贷款，为试点的两家农机合作社示范社争取流动资金贷款900万元。通过与首农集团签订《支持首农奶业发展提升畜牧机械化水平合作协议》，在农业机械化方面开展更加广泛、深入的合作，着力做优、做大、做强三元乳业，着力提升北京市奶牛养殖业机械化水平，着力提高北京市市农机社会化服务水平；鼓励引导全市农机专业合作社实施“走出去”战略，为首农集团外埠奶源饲料生产基地开展全程机械化作业服务，促进现有先进农机装备的高效利用。“三夏”期间，本市2家农机专业合作社赶赴河北首农奶牛基地进行小麦机收及秸秆打捆作业，迈出了农机合作社为农业龙头企业开展农机社会化服务的第一步。北京兴农天力农机服务专业合作社、北京互联农机服务专业合作社荣获第五届精耕杯“全国三十佳优秀创新示范农机合作社”。

（杨帆）

【加强各类农机化培训教育】全年共培训各类人员23 410人次，其中农机操作人员19 298人次，技术人员2 408人次，管理人员981人次，监理人员723人次。首次将农机安全培训对象扩展至农民机手的配偶和子女，以“小手拉大手”，长吹安全“耳边风”的形式提醒机手安全作业。组织北京农机职业技能竞赛，促进本市各区县农民机手在驾驶操作技能的沟通交流。组织本市农机操作人员，参加全国农机手大赛，2人进入10强。

（杨帆）

【全年发生一般农机事故15起】2014年内，发生一般农机事故15起，受伤3人，事故起数同比下降37.5%。北京市农机安全生产联合行动步入常态化工作，全市共出动执法人员6 876人次，依法开展检查1 011次，检查各类农机生产场所849个，检查农业机械及驾驶操作人员16 300余人（台）次，排查事故隐患306起。继续开展农机监理文明服务示范窗口创建活动，顺义区曾祥华、怀柔区杨军、延庆县纪成燕被评为全国农机监理“为民服务创先争优”示范岗位标兵。

（杨帆）

【农机政策性保险赔偿29.75万元】2014年内，全市投保农机745台次，保险费合计95.94万元，保险金额约1.74亿元，保险公司赔偿29.75万元。

（杨帆）

动物检疫防治

【“一案三制”应急管理体系建设不断推进】年内，一是以推进机构建设为核心，完善动植物疫情应急防控体系。已完成10个郊区县，尚有3个郊区（朝阳、大兴、通州）和3个城区重大植物疫情应急指挥部及办公室在筹备建设中。二是以预案建设为抓手，继续加强预案体系建设。制定《北京市突发小反刍兽疫疫情应急预案》，指导区县开展防控工作，推进疫情应急管理规范化。三是以完善法制为根本，加快配套法规制度的制定。先后《北京市动物防疫条例》和《北京市中长期动物疫病防治规划》配套制度、实施方案等规范文件10项。四是以应急演练为依托，强化专项培训和专业应急队伍处突能力。五是以应急保障为基础，加强物资储备。各区县积极争取财政资金补充购置消毒药、消毒机具、诊断试剂、防护用品等应急物资，保证应急物资及时有效到位，避免过期浪费。

（廉英隽）

【全面推进重大动物疫情应急指挥技术系统建设】2014年内，一是按照农业部《农业应急管理信息化建设总体规划（2014—2017年）》要求，起草制定工作方案，承担农业应急管理信息化建设领导小组办公室职能。围绕农业应急管理10项重点方面和12项重点建设内容，组织各行业谋划建设需求，推进《北京市农业应急管理信息化建设规划（2014—2017）》制定工作。二是全面启动北京市重大动物疫病防控信息平台，制定《北京市重大动物疫病防控信息平台使用制度》，规范区县管理使用北京市重大动物疫病防控信息平台。三是强化重大动植物疫情应急指挥系统日常维护工作，顺利承担11次农业部视频会议、36次市应急办视频会议和市防汛办视频会议的分会场任务。

（廉英隽）

【兽医实验室生物反恐工作有序开展】2014年内，一是全面强化兽医实验室生物安全监管工作。并对于实验室设立单位较多、风险较高区域，在“两会”期间开展专项执法行动，突出整治一系列不规范行为。二是强化生物反恐工作。加强对重点工作、重点岗位、重点人员摸底排查，及时发现并排查安全隐患，确保万无一失。

（廉英隽）

【重大动物疫情防控应急演练依法实施】2014年内，依法举办全市重大动物疫情防控应急演练活动。演练采用桌面推演的形式，由平谷区重大动物疫情应急指挥部应急专业队伍参与，以假定平谷区某生猪养殖户发生口蹄疫疫情为背景，真实模拟了重大动物疫情应急处置的全过程。演练分为疫情报告、诊断与先期处置，应急响应与应急处置，应急响应终止和善后处置三大科目。各参演单位密切配合，演练活动做到了统一指挥、反应灵敏、协调有序、运转高效，为建立健全应急处置联动机制奠定了基础，提供了成功的经验。

（廉英隽）

【应急物资储备充足】2014年内，全市县级储备狂犬病疫苗166 159头份，各种消毒药品243吨，消毒器械737台，防护服27 098套。市级储备消毒药155吨，消毒机具620台套，防护用品1万余套，动物扑杀器30套，发电机16台。

（廉英隽）

【进一步深入“泔水猪”专项清理行动】2014年内，印发《关于开展“泔水猪”专项整治行动的通知》（京防指办字〔2014〕12号），按照2014年北京市“安全生产月”主题“坚守红线意识，保障城市安全”的总体要求，开展为期2个月的“泔水猪”专项整治行动，进一步规范本市动物养殖行为，确保不发生重大动物疫病的爆发流行，保障动物源性食品安全。

（廉英隽）

【植物疫情应急管理有章可循】2014年内，重大动植物疫情应急指挥部办公室完善体制，推进应急防控体系建设。一是市区两级植物疫情应急防控体系建设稳步推进，针对个别区县出现职责分工有待明确，机制体制有待完善等情况，采取实地考察，开展座谈等形式，督促指导区县解决问题，开展工作。二是开展基层调研，提高疫情防控处置水平。

三是加强宣传引导，提升植物疫情社会认知。

（廉英隽）

【圆满完成“5·12”防灾减灾宣传活动】 2014年5月12—19日，以“严控重大动植物疫情，增强农业防灾减灾意识”为主题，组织开展了防灾减灾宣传周活动，按照“六进入”（即进社区、进农村、进学校、进场户、进市场、进企业）的要求，直接面向农副产品经营者、生产者和村民、市民进行宣传。主会场设在昌平区水屯市场。通过搭建宣传区，制作主题背板，发放宣传材料，进行实物展示，现场解答群众咨询等方式，普及预警常识、宣传疫病防治、介绍法律法规，营造良好的防灾减灾社会氛围。累计发放书籍、手册、挂图、明白纸、折页等宣传资料共计5大类25种，超过20 000份，宣传受众有近2 000人。

（廉英隽）

【深化兽医体系效能评估提升应急管理水平】 2014年内，在全国范围内统一开展此项工作，并列入延伸绩效考核的重要内容。通过制定全市兽医体系效能评估工作方案，推进区县开展自我评估，以此为契机，摸清辖区兽医体系效能水平，查找差距和不足，创新工作思路，谋划全局，促进兽医工作规范化，为进一步提升管理水平积累了经验，推进我市兽医体系与国际先进水平接轨。

（廉英隽）

【重大动物疫病强制免疫疫苗补助工作完成】 2014年内，市级采购疫苗7 606.85万毫升（万头份），经费2 194.034 8万元。其中，采购高致病性禽流感疫苗4 230.51万毫升，金额842.422万元；采购口蹄疫疫苗2 081.82万毫升，金额919.534万元；采购猪瘟疫苗862.2万头份，金额237.296万元；采购高致病性猪蓝耳病疫苗330万毫升（万头份）金额164.086 8万元；小反刍兽疫疫苗102.32万头份，金额30.696万元。

（廉英隽）

【强化动物疫情联防联控体系构建有效防控屏障】 2014年内，在现有的北京、天津、河北、山西、内蒙古和北京军区的大片联防和东南、南、西北、北、东五个区域相关区县与相邻的河北、天津的17县市建立了小片联防区基础上，以京津冀的协同发展为契机，丰富动物疫情联防联控体系，使工作交流更加顺畅，信息沟通更紧密，疫情防控联动效应更加突显。在原有内外5公里免疫隔离带的基础上，建设内外25公里动物疫情隔离墙建设，并做强做实“护城墙”，阻断各种疫情传入，力争将外来疫病拒于京城之外。

（廉英隽）

【开展全市植物疫情防治能力调研】 2014年内，为推进全市重大植物疫情应急体系建设，摸清各区县植物疫情防控能力水平，开展为期4个月的植物疫情除治能力调研。设计调查表8类、从机制、队伍、资金、技术等方面对13个郊区县进行了全面调研，完成《2014年北京植物疫情除治能力调研报告》，为下一步有的放矢提高全市植物疫情除治能力奠定基础。

（廉英隽）

【北京市突发重大植物疫情防控培训教材】 2014年内，拍摄制作“北京市突发重大植物疫情防控培训教材”光盘和教材，教材分为北京市重大植物疫情防控概况，植物疫情预案实战演练和点结篇三部分。

（廉英隽）

【落实各项措施确保重大动物疫情零发生】 对高致病性禽流感、口蹄疫、猪瘟、高致病性猪蓝耳病继续按程序实行强制性免疫，应免率达到了100%。全市累计免疫口蹄疫1 051.56万头/次；免疫高致病性禽流感8 573.46万只（次）；累计免疫高致病性猪蓝耳病600.42万头/次；累计免疫猪瘟755.8万头/次。全市共监测25 116个次场（户）；免疫效果监测样本366 305份次，高致病性禽流感、鸡新城疫、口蹄疫、猪瘟、猪蓝耳病5种疫病的免疫抗体合格率均高于农业部规定的70%；病原学监测样本554 370份次，重大动物疫病病原学监测结果均为阴性。全市共检测血清学样品11万余份，病原学检测样品3 800份，结果全部为阴性。

（张佳艳）

【稳步推进牲畜布鲁氏菌病与奶牛结核杆菌病净化工作】 按计划检测奶牛两病：奶牛布病共检测14个区（县）1 155个次场（户）样本111 165份，总阳性数348份，总体阳性率为0.31%，较上年同比下降0.05%。奶牛结核病方面，共检测14个区（县）1 371个次场（户）样本166 556份，阳性率为0，和上年相比继续保持零检出状态。

高度重视羊布病检测：全市共检测羊布病5 385个次场户，共65 349份样品，阳性数为174

份，阳性率为 0.27%。其中市级监测 116 个次场户的 1 435 份样品，阳性率为 0，区县级监测 5 269 个次场户的 63 914 份样品，阳性数为 174 份，阳性率为 0.272%。

有序开展奶牛布病疫苗接种：2014 年，批准在通州、密云、平谷、顺义、昌平等 9 个区县的 54 个场户实施了布病 S2 疫苗免疫，共免疫奶牛 22 499 头，约占总存栏量的 16.34%。

（张佳艳）

【扎实开展犬只狂犬病免疫工作】 2014 年本市犬狂犬病免疫工作的总体要求是：对于辖区内登记信息确实的犬，努力确保 100% 免疫；对于尚未登记的家养犬，千方百计实现最大程度免疫覆盖。

各级兽医部门通过定点免疫、提供登记年检免疫一站式服务、分片包干、进村进社区免疫、拉网式排查、强化督查等多种手段，落实免疫工作。截至 12 月，全市狂犬病免疫 68 万余只犬。

研究制定了符合北京市地方标准《狂犬病隔离检疫技术规范》的“伤人犬狂犬病隔离检疫工作规范”，进一步明确了有关机构的职责和工作程序。市疫控中心共出诊 15 次，接收 63 例伤人犬狂犬病病例，其中采集脑组织样本进行狂犬病病原学检测 23 例，隔离观察 40 例，最终确诊了狂犬病病例 14 例。

配套制定了《北京市犬只狂犬病强制免疫管理办法（试行）》，详细规定了执行层面的具体要求。目前，全市 15 个区县已经按照规定认定了 380 家免疫点；昌平区将在 1 月完成免疫点认定，目前的免疫工作暂由原免疫点承担；有 961 名技术人员通过专项培训并考核合格；建立了覆盖全市的狂犬病免疫信息系统；制定了 2015 年度犬只狂犬病免疫标识并已陆续配发到免疫点；2015 年 1 月 1—4 日，共接种 177 只犬并佩戴了免疫标识，发放了免疫证明。

配套制定了《北京市动物寄养防疫管理规定》，对依法登记注册从事动物寄养活动的单位和个人需遵守的防疫管理进行了规定，明确了其应具备的人员、设施设备条件以及健康检查、消毒、无害化处理制度等要求。

（张佳艳）

【继续开展动物检疫与动物卫生监管工作】 产地检疫：截至 11 月底，全市累计产地检疫动物 2.73 亿头只，其中禽 2.69 亿羽、生猪 147.7 万头、奶牛 4 776 头、羊 7 653 头、马属 3 280 匹；产地检疫动物产品 20.7 万吨，其中生皮 870.53 吨，种蛋 1.2 万吨。

屠宰检疫：截至 11 月底，全市累计屠宰检疫畜禽 6 370.7 万头只，其中生猪 804.3 万头、牛羊 1 万头只、禽类 5 565.4 万只，检出病害畜禽 46.27 万头（只）。

进京动物及动物产品监督：截至 11 月底，航空运输共检疫监督进京动物及产品 9 404 批次，其中检查动物 6 288 批次 20.199 万头只；动物产品 3 116 批次 988.123 吨，查处违法使用假检疫印章 2 起，罚款 4 000 元。

截至 11 月底，监督检查公路进京动物 2 748.7 万头只（羽、匹），其中禽 2 105.2 万羽、马属 8 140 匹、牛 79 740 头、羊 19 972 头、猪 615.5 万头；动物产品 67.2 万吨，其中猪肉 19.6 万吨、牛肉 7.3 万吨、羊肉 4.8 万吨、禽肉 31.3 万吨；监督消毒进京车辆 18.1 万辆次。劝返车 67 辆，劝返动物 1.3 万羽只，查扣未经指定道口进京、运输应当检疫而未经检疫动物及动物产品等案件 67 起，罚没 7.9 万元。

动物卫生监督执法：2014 年初至今，全市共组织监督执法 5 187 次，出动执法人员 1.7 万人次，联合检查 118 次。共查办案件 212 起，其中简易程序案件 54 起，一般程序案件 158 起，涉案金额 203.7 万元，罚没金额 29.7 万元。

病死动物无害化处理监管：印发了《关于进一步加强病死动物无害化处理监管工作的通知》，督促落实动物养殖、屠宰等生产经营者主体责任，督导辖区规模养殖场、养殖小区建立无害化处理设施设备，加强区域间和部门间的沟通协作，密切关注、排查河流和水库等水源地，坚决杜绝出现“死猪漂浮”等类似情况出现。2014 年年初至今，全市累计无害化处理动物 38.8 万头只，肉类产品 50.9 吨，病害组织及有害腺体 1 832.2 吨。

病死猪无害化处理补助资金管理：组织 10 个区县完成了 2013 年 11 月 16 日至 2014 年 5 月 31 日期间全市生猪规模养殖场（小区）病死猪无害化处理及处理数量的统计、报告和补贴资金申请工作，上半年度内 713 家生猪规模养殖场（小区）共无害化处理病死猪 36.830 2 万头，其中申请国家补贴资金

1 473.208万元，市级配套资金736.604万元，区县配套资金736.604万元，申请国家资金文件已报农业部和财政部。

（张佳艳）

【组织完成执业兽医考试任务】 4月，下发了《北京市农业局关于做好2014年全国执业兽医资格考试北京考区相关工作的通知》，就北京考区工作进行了具体安排部署。

5月，组织开展宣传。利用展板、橱窗、横幅、标语、宣传单等多种形式，面向动物诊疗机构、在校大学生、动物养殖场、兽药饲料企业等开展全方位、多层次的宣传告知。

6月，印发了《全国执业兽医资格考试北京考区领导小组通告》（第5号），向考生公布了本市各考点的地址、咨询电话、报名方式、报名时间、收费标准、缴费方式等。共设置2个考点，80个考场，2 370名考生参考。

（张佳艳）

【完成兽医人员考核授予执业兽医师资格工作】 对申请考核授予执业兽医资格的141人的个人信息进行了再次确认，6月中旬又对部分持军官证申请人员的身份信息进行了确认和上报。目前这部分人员的执业兽医资格证书已取回，已全部发放到位。

（张佳艳）

【强化兽医实验室安全监管工作】 全市共出动执法车辆40辆次、执法人员150人次，检查32家兽医实验室设立单位共计58个兽医实验室，排除13处隐患点，纠正了危险标识未悬挂、实验室档案记录不详细及菌毒种保藏双锁管理落实不到位等14项违规行为，提出28条整改意见，下达监督笔录67份，监督意见书53份，未发现违法行为。通过全面排查清理生物安全隐患，提高了实验人员的生物安全操作技能和生物安全意识，提升了实验室生物安全管理水平，为安全稳定的社会局面提供重要保障。

（张佳艳）

【推进全市动物防疫体系建设】 2014年，继续推进动物防疫体系建设，基本完成一期项目竣工验收工作，取得阶段性成效。

市级建设项目：按照“保竣工、保验收、保入驻”的工作要求，2013年年底，市动物疫病预防控制中心工程实现搬迁入驻和试运行。2014年1月7日完成了项目验收，目前正在开展竣工验收决算工作。市动物及动物产品留检中心、市非犬类动物收容中心项目建议书已编制完成，待一期项目全部完成竣工验收后，启动项目评审。

区县级建设项目：2014年，针对区县级项目建设主要抓好一期项目验收，二期项目启动评审等工作。3月6日组织召开了一期项目竣工验收协调会，要求一期完成建设任务的6个区县加快竣工验收工作步伐，并务必于6月底之前将竣工验收决算材料报区县发展改革委。截至目前，房山、顺义、通州、昌平、平谷、密云等6个区县已完成竣工验收，待发展改革部门批复决算。此外，涉及二期项目建设的大兴、海淀、丰台、石景山、门头沟、怀柔、延庆和首农集团已于2013年将项目建议书提交市发展改革委，并完成相关手续的办理工作，待一期项目全部完成竣工验收后，启动项目评审。

仪器设备资金预算：2014年，拟对朝阳、海淀、丰台、石景山、东城、西城、顺义和平谷等8个区县动物疫病预防控制中心、动物卫生监督所等实验室配置低于5万元仪器设备，预算采购资金为1 527.94万元。

（张佳艳）

【各区县生猪定点屠宰监管职能全面划转】 根据国务院机构改革和职能转变部署方案，原商务部门生猪定点屠宰监督管理职责划入农业部门。为进一步明确、规范和完善畜禽屠宰监管职责落实各项行业管理和推进措施，落实监管责任，按照《农业部关于做好畜禽屠宰监管职责调整过度期有关工作的通知》（农医发〔2014〕1号）精神，北京市农业局、市商务委、市编办进一步沟通协调，联合印发了《关于调整区县生猪定点屠宰监督管理职责有关问题的通知》（京编办发〔2014〕12号），进一步明确了各区县要按照农业部具体要求，按期完成生猪定点屠宰监督管理职责从商务部门向农业部门的划转，确保各区县相关职能、机构、队伍、装备等及时划转到位，配套政策措施落实到位。年内，全市14个区县全部完成了生猪定点屠宰职能划转，辖区内设有生猪屠宰企业的10个区县全部完成了职能交接。其中：延庆县农业局增加1个行政编制；门头沟区动物卫生监督所增加2个执法编制；昌平区动物卫生监督管理局内设“屠宰管理办公室”，区疫控中心增加3个事业编制；通州区疫控中心增加1个事业编制，1个副科级职数；大兴区动物卫生监督所成立“屠宰监督科”，增加1个副科级职数。

（张帅）

【严格行政许可审批事项】全年共依法办理行政许可申报材料727件，占北京市农业局行政许可受理数量的40.8%。其中，新兽药（非生物制品）临床试验审批9件、兽药（生物制品）经营许可证核发21件、进口兽药通关单核发330件、兽药广告（地方媒体）审查20件、兽药生产许可证审核11件、兽药产品批准文号审核313件、国外引进和向国外提供菌（毒）种或者样本审核2件、畜禽定点屠宰证核发21件。

（彭金山）

【开展兽药和屠宰行业日常监督检查】坚持标本兼治、打防结合、属地管理原则，做好源头治理，采取巡查、抽查、联合检查方式，重点检查生产经营假劣兽药、私屠滥宰等违法行为。全市共组织监督执法检查1 090次，出动执法人员3 139人次，联合执法检查19次，共查办案件27起，涉案金额17.8万元，罚没金额57.58万元，取缔非定点屠宰20个。

（张帅）

【开展兽用抗菌药物和产品标签说明书规范专项整治行动】为进一步规范兽用抗菌药物使用和规范产品标签说明书，印发了《北京市农业局关于组织开展兽药产品标签和说明书规范行动的通知》和《北京市农业局关于报送兽药违法案件查处情况的通知》，要求各区县及时报送相关处罚信息，将行政处罚与行政审批有机结合起来，并制定了《兽药违法案件报送程序》。向全市兽药生产、经营企业发放1.5万份宣传材料，检查中发现2家兽药企业生产的兽药标签存在擅自扩大兽药疗效违规行为，6家兽药生产企业库存旧版标签，监督销毁不合格标签5.76万余枚。

（彭金山）

【开展畜禽屠宰企业专项整治行动】根据《农业部关于做好2014年生猪定点屠宰质量安全监管工作的通知》等一系列文件精神，印发了《北京市畜禽屠宰专项整治行动方案》，组织优势执法力量成立8个督导组，采取企业自查、区县排查、督导组抽查的形式，重点对全市52家畜禽定点屠宰企业进行拉网式检查。活动期间，全市共出动执法人员1 920人次，开展各类执法活动465次，检查各类屠宰加工企业240家次，取缔非定点屠宰20个，查获各类动物963头只，动物产品1 183千克，立案5起，罚没款41 515元。

（张帅）

【提高畜禽屠行业准入门槛】为全面规范畜禽定点屠宰企业许可管理工作，提升行业标准，严格准入制度，经充分调研并结合实际情况，市农业局组织编写了《北京市畜禽定点屠宰管理办法》《北京市畜禽定点屠宰厂（场）审核验收程序》及畜禽定点屠宰厂验收标准。于2014年10月作为《北京市动物防疫条例》配套规范性文件颁布实施。新的管理办法及验收标准对企业的厂房与设施、设备、屠宰能力、人员、规章制度等提出了具体要求，使我市畜禽定点屠宰监管上了一个新的台阶。要求全市畜禽屠宰企业在2015年10月1日前完成换证工作，未通过换证工作的，将取消定点屠宰资格。

（张帅）

【开展兽药质量和兽药残留监控工作】2014年共组织完成兽药质量抽检样品300批，不合格样品6批，发现19批非标称企业生产样品及1批非法企业生产样品，检验样品合格率为97.9%（不包括非标称企业生产兽药产品19批、非法企业生产产品1批）。完成畜禽产品检测项目1 316项次，检测结果全部合格。

（彭金山）

【落实无害化处理补贴资金3 372万元】按照《生猪定点屠宰厂（场）病害猪无害化处理管理办法》《财政部关于调整生猪屠宰环节病害猪无害化处理补贴标准的通知》和《财政部关于拨付生猪的通知》要求，市农业局编写并印发了《北京市屠宰环节病害猪无害化处理补贴申报程序》。《程序》进一步明确了生猪屠宰环节无害化补贴申报、统计、配套、管理、发放等细节。2014年，全市共屠宰生猪876万头，无害化处理40 828头，发放补贴资金3 372万元（其中中央补贴经费1 243万元，北京市财政补贴2 129万元）。

（张帅）

【重大活动畜禽产品供应量达320吨】2014年，本市畜禽定点屠宰企业累计供应量达320吨。其中，猪肉30个品种，共计250吨；鸡肉9个品种，共计50吨；牛肉15个品种，共计16吨；羊肉5个品种，共计4吨。

（张帅）

【提升行业管理人员业务素质】组织行业专家，编制了《北京市兽药药政管理工作手册》《北京市畜禽屠宰管理工作手册》《北京市兽药行业监督检查操作规范》和《北京市畜禽屠宰行业监督检查操作规范》，印制手册和规范共计600册，均下发区县兽医行政主管部门。共组织召开了3次全市范围的培训班，全市16个区县的行政管理和执法人员、56家兽药生产企业和52家屠宰企业负责人共300多人次参加了培训。

（彭金山）

农产品质量安全

【突出“四个最严”，确保“舌尖上的安全”】按照“最严谨的标准、最严格的监管、最严厉的处罚、最严肃的问责”的要求，突出强化农产品质量安全监管体系建设、监管工作措施落实、生产源头管理、新增职能职责监管、应急处置与重大保障及工作保障措施等工作，切实提高农产品质量安全水平，确保农业产业健康发展与人民群众“舌尖上的安全”。2014年北京市农产品质量安全合格率水平稳定，未发生重大农产品质量安全事故。据农业部例行监测结果显示北京市蔬菜、畜禽产品、水产品检测平均合格率分别为97.1%、98.5%、96.9%，农产品总体合格率继续保持较高水平。

（葛建军）

【强化农产品质量安全监管体系建设】一是继续开展农产品质量安全示范区县、乡镇创建工作。结合农产品质量安全工作新的形势和上年度工作实践，调整完善了示范区县、乡镇考核打分表，突出了“四严”工作要求。通过区县互查、材料检查、工作汇报等多种方式结合，2014年评选出农产品质量安全监管示范区县2个（顺义区、昌平区）、优秀区县4个（延庆县、通州区、怀柔区、朝阳区）、示范乡镇8个（通州区西集镇、通州区永乐店镇、平谷区东高村镇、大兴区青云店镇、大兴区安定镇、延庆县康庄镇、房山区周口店镇、海淀区温泉镇）。二是完善区县农产品质量安全监管信息化系统建设。2014年在原有的市级监管信息化平台的基础上开发区县平台，完成市级平台与区县平台的对接；在房山、大兴、朝阳三个区县信息系统试点，为3个区县及30家乡镇农产品质量安全管理站配置信息化平台，开展系统试运行；开展农产品质量安全监管基础信息的采集工作，组织区县开展农产品质量安全生产主体普查工作。

（葛建军）

【稳步推进检测体系建设和检验监测工作】积极推进海淀区、门头沟区2个区县农产品质量安全综合质检站建设工作，确保按计划完成建设。完成了农产品质量安全风险监测能力提升与信息平台终端建设的中央投资预算草案申报工作。开展了市级、区县级检测单位、机构的情况调研，编写了下一阶段北京市农产品质量安全检验检测体系建设规划草案。完成了3家检测机构农产品质量安全检测机构考核合格证的换证考核。开展了对区县综合质检站的工作指导与人员培训，为进一步加强区县质检站建设与管理能力、履行机构对区县农产品质量安全属地监管提供技术支撑的职责，发挥了积极作用。

同时建立并完善了风险调查、风险评估、风险监测、监督抽查“四位一体”农产品质量安全监测工作机制。初步建立和完善了风险因素分析会商、问题主体重点约谈、行政监管挂牌督办、检测结果及时通报等工作机制。全年共抽检农产品样本14 977个，其中投入品类2 030个（其中农药300个、饲料700批次、兽药650批次、肥料380个），产品类11 447个（其中蔬菜产品2 410个、畜禽产品7 817批次、水产品1 220个）、环境类1 500个（其中种植环境样本300个、畜禽环境样本1 100个、淡水鱼养殖环境样本100个）。监测合格率分别为：投入品类（农药88%、饲料99.7%、兽药99%、肥料95.5%），产品类（蔬菜96.9%、畜禽100%、水产品99.6%），环境类（种植环境100%、畜禽养殖环境95.1%、淡水鱼养殖环境100%）。

（葛建军）

【完善本市现代农业标准体系建设】继续以农产品质量安全为重

点，进一步完善了我市都市型现代农业标准体系。已完成了《种植业生态农业园区评价规范》等7项农业地方标准的制定，另有23项农业地方标准已立项，正在制定过程中。围绕主要“菜篮子”产品的生产环节，开展农业地方标准的宣贯和培训3 000余人次。同时修改制定本市“菜篮子”工程农业标准化基地的等级划分与评定实施方案，突出节水和生态因素的考核。通过“区县建设、市级评定、优级奖励、动态管理”的工作方式，新评定出市级优级标准化基地130家。目前全市共建设市级优级标准化基地452家。

（葛建军）

【深入推进农产品质量安全整治】 根据农业部相关要求，以加强我市农产品质量安全监管，切实解决当前农产品质量安全存在的突出问题为目的，在巩固已有专项整治成果的基础上，结合我市农产品质量安全工作特点，积极开展农药打假、蔬菜生产环节农药使用、“瘦肉精”、生鲜乳违禁物质、兽用抗菌药、水产品违法添加禁用物质、农资打假、畜禽屠宰等八大专项整治行动。全市累计出动执法人员104 671人次，检查生产经营企业、种养殖户48 291家次，印发宣传材料37万余份，立案317起，涉案金额242万余元，罚没金额147万余元，取缔2家畜禽屠宰无证照企业，指导培训17 642人次。

（葛建军）

【强化“三品一标”工作】 以树立北京“安全农业”品牌为指导思想，一是严格准入门槛，有重点、有步骤推进认证工作开展；二是强化证后监管，全面落实属地管理责任；三是发挥体系职能，不断提升管理服务水平；四是加强政策扶持，带动更多主体积极参与认证。截至2014年12月10日，全市共有112家基地、273个产品首次获得了无公害证书，其中种植业产品220个，认定产地规模1 076.1公顷，批准年产量4.5万吨；畜牧业产品25个，认定产地规模27.1万头（只、羽、头），批准年产量1万吨；渔业产品28个，认定产地规模61.1公顷，批准年产量0.2万吨。全年应复查换证产品464个，实际进行复查换证产品335个，复查换证率为72.2%，略高于农业部制定的70%复查换证率目标。全市有效使用无公害农产品标志的企业943家，产品2 289个，种植业产地规模1.4万公顷，年产量130.1万吨。

（葛建军）

【全面部署本市农业生产主体普查工作】 以农产品质量安全监管内容为重点，利用现代化农产品质量安全信息系统对全市178个涉农乡镇开展《北京市农产品质量安全责任主体普查》工作。生产主体普查主要是摸清农产品质量安全监管对象底数，重点调查新增环节的生产主体情况，为实现全覆盖监管，不留监管死角提供支持；为全面排查风险隐患，及时发现问题，防患于未然提供支持；对监管对象划分风险隐患等级，为开展针对性监管提供支持；为今后相关政策、资金支持提供参考依据。普查工作由市农业局统一部署，各区县主管部门牵头，乡镇农产品质量安全管理站具体实施。

（葛建军）

【圆满完成APEC会议等重大活动农产品安全供应任务】 2014年，继续加强重大活动和重大节日农产品安全供应保障工作，完善预案、明确职责、责任到人。根据历年北京市重大活动农产品质量安全保障工作经验，编写了《北京市重大活动农产品质量安全保障工作手册》。完成了全国两会、APEC会议及国庆等重大节日期间的农产品安全保障服务工作，APEC会议期间，实行农产品质量安全服务保障每周两次例会制度、值班制度、每天零报告制度等工作措施。累计供应情况，活鱼产品共送货5车次，供应品种1个，供货总量684.35千克，供货总金额0.958 0万元；猪肉产品共送货43车次，供应品种19个，供货总量3 384千克，供货总金额11.055 0万元；牛羊肉产品共送货20车次，供应品种14个，供货总量4 487.04千克，供货总金额32.064 1万元；鸡肉产品共送货14车次，供应品种9个，供货总量8 910千克，供货总金额22.907 8万元。确保了在重大活动期间未发生产品质量安全事故。

（葛建军）

【探索开展农产品优质优价工作】 北京市第十一次党代会上提出要“树立北京安全农业品牌”，2014年将优质优价工作作为我局重点工作列入折子工程。为进一步落实关于促进本市农产品优质优价工作的要求，积极开展产销服务，预防滞销发生，带动农民增收和产业增效，根据市委、市政府《关于调结构转方式发展高效节水农业的意见》精神，市农业局印发《北京市农业局关于促进本市农产品优质优价工作意见》（京农发〔2014〕212号），主要开展了五个方面的工作。一是争取政策，大力推进农业标准化、“三品一标”认证、示范创建等工作。争取优质农产品政策支持（蔬菜的“三品”已按面积列入补贴），全力打造“安全农产品”品牌，提升产品市场竞争力。二是深入调研。选取不同行业、不同模式、不同主体的农产品企业，通过现场参观、电话沟通、集中座谈等方式进行了调研。三是加强宣传。宣传与体验结合、传统媒体与新媒体并重、网站建设与手机APP同步建设，有步骤地对北京农产品和生产、经销企业进行宣传推广。四是应急处置。积极探索和开展农产品应急销售协助工作。五是组织农产品新型销售模式现场会、优质优价工作培训会、座谈会等，推进我市优质优价工作的开展。

（葛建军）

【生态农业标准园建设启动会召开】 7月4日，市农业局能源生态处联合市植保站在密云召开北京市生态农业标准园建设启动会。在标准园内示范推广引进新型种植品种、水肥一体化、农业废弃物综合利用等实用及新技术，在保障农产品质量和数量的同时，大幅节约水肥药的使用以及采用病虫害绿色防控，对于创建和评出的核心生态示范园，市农业局优先给予政策倾斜、资金保障、技术聚焦。

（刘自飞）

【北京市农业局制定《北京市生态农业建设行动方案（2014—2016年）》】 为实现北京市生态友好型农业可持续发展，北京市农业局制定了《北京市生态农业建设行动方案（2014—2016年）》，提出了冬春季生物覆盖减少裸地扬尘、减施化肥农药、推广秸秆综合利用和禁烧、畜禽养殖场粪污资源化利用等十项具体措施；总结了农业观光、农林复合、种植业园区循环利用、蔬菜病虫害全程绿色防控技术、秸秆综合利用等十种生态农业发展典型模式；明确了局各相关处室、局属单位的职责分工。

（刘自飞）

【《种植业生态农业园区评价规范》正式出台】 为推进生态农业建设，北京市在政策上对种植业园区评价标准进行了详细规定，引导绿色生态农业向标准化、规范化的发展，正式出台了《种植业生态农业园区评价规范》（DB11/T1098—2014），对种植业生态农业园区的生产方式、农药肥料的施用、节水措施和农业废弃物循环利用等方面进行了规范，考核合格的园区将被授予“核心生态示范园区”标牌，便于市民识别。

（刘自飞）

【打造30处种植业生态农业园区】 年内，综合土肥、植保、能源、监测等多项技术，打造30处种植业生态农业园区。其中：首次结合《种植业生态农业园区评价规范》和物联网技术重点打造了11个核心生态园区，同时，结合北运河废弃物循环利用建立了19处普通生态农业园。重点通过“高精尖”种植、节水、土肥、植保、绿色循环等技术的有机耦合，使之成为展示北京农业科技的窗口，推进京郊生态农业建设和绿色农产品的生产。

（刘自飞）

【继续加大北运河流域水系农业面源污染防治力度】 年内，根据市政府《北运河综合治理规划（2009—2015年）》的要求，继续开展北运河农业面源污染防治工作。市财政支持资金6 900.88万元，开展规模化养殖场粪污治理与资源化利用工程15家，利用畜禽废弃物资源3万吨，削减COD 300余吨；推广有机肥、配方肥等科学肥料2万吨，测土配方施肥覆盖30万亩，年减少化肥达到25%，折合纯养分1 400余吨；推广生物、物理防治和科学施药技术11项，累计覆盖5万亩，每茬蔬菜减少打药3～8次，年减少化学农药20%以上；利用沼气综合利用技术，实施农业废弃物循环利用12处，年处理利用废弃物5 000余吨（主要是植株残体），从源头上控制了农业病虫害，并增加了有机肥料，降低了化肥农药的使用；开展种植、畜禽、水产三行业环境监测，监测数据1万余个，科学评价环境治理效果。北运河农业面源污染项目的实施有效的改善了流域周边农业生产生活环境，提升了农业标准化水平，降低了流域周边由于农业生产引发环境问题的可能性。

（刘自飞）

【北京市物联网生态农业园区建设工作会召开】 按照农业部在全国范围内开展物联网农业示范工程的要求，结合市农业局大力开展生态农业建设的实际，12月3日市农业局能源生态处联合信息中心召开了北京市物联网生态农业园区建设工作会。会议确定8个物联网生态园区名单，土肥、植保、环监等站所结合已形成的实施方案对拟建园区提出了技术和指标要求。

（刘自飞）

【完成农业生产过程中用能调研】 通过调查测算，全市畜禽养殖业和设施农业每年用煤量共计约为15.35万吨，其中畜牧业11.83万吨；设施农业3.52万吨。根据调研结果形成《关于全市畜禽养殖业和设施农业用煤调查情况的报告》，并对下一步减煤换煤提出三条建议：一是深入开展宣传工作，提升农户的环保意识；二是结合农业基础设施升级改造，加大对烟煤替换力度；三是开展太阳能集热采暖温室（顺义）、地源泵加温（大兴）等节能减排新技术的试验示范工作。

（刘自飞）

【积极参与农村“清洁空气、减煤换煤”行动】 为加快农村清洁能源改造，积极开展“清洁空气、减煤换煤”，从炉具推广入手，一是参与市新农办组织的“减煤换煤”督查行动，市农业局牵头对顺义、昌平、延庆进行督查；二是指导新能源与可再生能源协会提供《炉具生产企业推荐名单》（28家），供区县参考；三是联系、协调津、冀地区农口部门，开展了政策、技术交流与座谈，协同做好清洁能源推广工作。

（刘自飞）

【完成北京市循环农业发展调研】 年内，按照市农业局关于调研课题的统一部署和要求，市农业局能源生态处联合北京农学院一起开展了北京市循环农业发展调研，通过文献查询、典型调研、专家咨询、农户走访等方式，形成了《北京市循环农业发展研究报告》。报告总结了全市发展循环农业的八种典型模式，分析了在推进循环农业方面面临的问题，提出通过加强顶层设计、组织领导、技术创新、技术推广和宣传培训等保障措施，重点围绕生态循环园区、种养联动循环、跨区域和跨产业循环等方面，全面推进全市循环农业建设。

（刘自飞）

【加强农村能源安全监管】 根据相关通知要求，明确由市农业局负责农村可再生能源的安全监管，并承担相应的安全管理责任。年内，主要采取如下措施：一是做好专题调研，组织市农优站、中国农大、北京农科院等单位对全市264个“两气工程”进行了现场检查；对5 700个户用沼气、27万铺吊炕、1 200个太阳能浴室进行了典型调查，形成了《安全运行状况调查报告》，全面摸清了目前全市农村能源安全现状。二是编制下发多项管理文件，加强督导检查。联合市新农办下发《关于完善配套农村能源安全设施强力提升管理水平的通知》《北京市各类农村能源工程安全设施设备配套标准》（京新农办函〔2014〕11号），《北京市农业局关于印发〈农村能源工程设施安全责任管理办法〉的通知》（京农发〔2014〕63号）等。三是组织各区县完善农村能源安全设施设备，累计安装燃气报警器16 873户，覆盖在用“两气”工程用户超过70%。大兴、顺义等区县已实现报警、消防全覆盖。四是联合市农委探索开展政府购买服务实施监管，组织3家有资质的企业对所有沼气工程逐项安全检查。五是联合市农优站开展安全宣传，组织区县开展了能源安全赶集下乡宣传活动，印制并下发安全材料48万份。

（刘自飞）

【农村能源建设工作取得成效】 年内，新装太阳能路灯、LED节能路灯7 732盏；维护照明设施48 781盏；新建太阳能光伏发电站9座，生物质燃料工厂1处；推广太阳能热水器1.3万户；完善、升级现有两气工程43个。截至2014年年底，全市已建成农村能源项目年节约标煤50多万吨，年减排$CO_2$133万吨。

（刘自飞）

【农业科技示范推广成果显著】 根据产业需求，围绕“节水、生态、安全、高效”工作重点，精心遴选37个试验示范项目、20个科技新星项目、1个市科委绿色通道项目、2个农业部948项目和3个农业国际合作与交流项目。通过项目实施，集成、示范、推广了一大批先进实用的农业技术，解决了产业发展关键节点的技术难题，在推动产业升级发展和农民增收致富上取得了明显成效，为都市型现代农业发展提供了强有力的科技支撑。

2014年组织局属单位申报北京市科学技术奖6项，其中市植保站申报的《拟长毛钝绥螨和巴氏新小绥螨规模化繁育与田间应用技术研究》和信息中心申报的《北京市蔬菜价格短期检测预警系统研究与应用》分别获得2014年北京市科学技术奖三等奖。

（张猛）

【基层农技推广体系建设稳步推进】 依托中央基层农技推广体系补助项目，2014年本市加快贯彻《农业技术推广法》，农技推广体系建设得到强化。乡镇推广机构逐步完善，人员结构不断优化，大专以上学历占到人员总数的67.5%。专业技术人员1 647人，占到乡镇现有人员总数的60.8%。组织开展了基层农技人员分类分级技术培训，市级开展了骨干型高级研修班，组织29名基层骨干参加农业部万名骨干培训6期。区县级组织了补助项目技术培训班612期，培训基层农技人员9 246人次，培训团队人员3 084人次，每人年均接受培训4.2次。培训科技示范户（全科农技员）19 328人次，每人年均接受培训3.4次。为10个区县创建"农业科技网络书屋"账户2 675个，利用中国移动短信平台、移动飞信平台，为科技示范户发送病虫害防治、冬春果类蔬菜温室管理、应时应季生产要点、自然灾害预警等各类信息6万多条。组织推广法学习宣贯，积极参加农业部学习贯彻推广法主题征文活动，2个单位的农技人员征文分别获得了三等奖和优秀奖，基层农技队伍薄弱状况逐步得到改善。10个远郊区县围绕蔬菜、粮经生态经济作物、种业、生猪、奶牛、水产、家禽、果品以及特色经济作物（食用菌、中草药、西甜瓜、草莓、茶菊）等13个主导产业，10个项目区县共确定主导品种309个、主推技术239项，遴选本区县首席岗位专家39名、岗位技术指导员697名，培育科技示范户（全科农技员）5 713名，还选聘了国家级、市级42名专家任项目技术顾问。包村联户机制覆盖面提高，"五项制度"和"四统一"管理模式稳步推进，"一网两册三牌"标准规范，建立主导产业示范基地44个，依托基地本年度示范、展示的新品种、新技术项数399项，占当年推广主导品种、主推技术的72.8%。举办主导品种、主推技术培训班257期，组织周边农户集中培训或现场观摩展示10 890人次，辐射带动15万人次。据统计，2014年主导产业的主导品种、主推技术推广总面积达到78.9万亩，新品种、新技术的入户率、到位率达到95%以上，每名示范户带动周边农户10.9户，辐射带动农户总数6.25万户。示范户每户享受物化补贴标准200～300元，示范作物单产平均增长10%以上，单位面积效益提高10%以上，户均增收200元以上。

（张猛）

【村级全科农技员队伍综合服务能力得到提升】根据农业结构调整特点推进队伍调精调优。共设全科农技员技术岗位2 587个，比2013年减少244个。强化了高效生态节水技术、林下经济等技术培训，并纳入服务范围，进一步加强了动植物疫情、农业自然灾害、农情信息统计等公益性工作，全年共服务郊区农业乡镇130个，2 820个农业行政村，服务一产农户25.4万户，指导农民23.1万次，解决农民实际问题近3万个；直接服务设施面积26.4万亩，粮田面积111万亩，林果面积62.5万亩，水面面积3.9万亩，畜禽2 200万头只。为加强队伍建设，全年组织开展了2期、10个班培训骨干全科农技员，培训50天，培训骨干全科农技员196人，学员2015年将全部拿到农业中专学历证书。组织10个区县集成本地区现代农业产业技术体系综合试验站、乡镇农服中心、农民田间学校等资源，开展主要作物的应时应季专项技术培训，全年共举办培训班120期，培训6 500人次。对密云、大兴等7个区县的566名全科农技员和2013年阳光工程培训学员，在本人自愿的原则下，组织蔬菜、果树、动物、家畜、农艺工、植保工（以上为初级）和农业指导员（高级）的职业技能鉴定工作，508名全科农技员通过鉴定，鉴定合格率达到89.75%。通过招标采购分2期为10个区县的现有全科农技员配备了快速检测诊断工具箱，市农业局为每人订阅《农民日报》和《北京农业》杂志，组织拍摄系列专题片8部，组稿6期展示服务风采。区县借助多元平台组织征文、知识竞赛等活动，发挥人员特长。延庆县李宪荣在北京市读书益民杯主题征文活动中撰写的征文《乡亲们好、宪荣才真的好》荣获大赛一等奖。

（张猛）

【加快阳光工程转型培育新型职业农民】组织10个郊区县开展了包括蔬菜园艺工、果树园艺工、家畜饲养工、农艺工、农作物植保员、动物检疫检验工、农产品经纪人等7个工种的职业技能坚定考试，共设置考场43个。考核通过率为95%，通过后全部发放职业技能证书。按照《关于"十二五"期间推进农民田间学校建设的指导意见》，围绕蔬菜、瓜果、草莓、食用菌、生猪、奶牛、肉羊、鱼、粮食作物、花卉、中草药等主导产业，依托农民田间学校，重点抓30所市级示范校建设，开办农民田间学校和农民田间学校工作站共

829 所，培养学员 24 473 人，培养核心示范户 3 124 名。抓骨干农民培训，培训新骨干农民 767 人，共组织骨干农民培训 30 期共 1 956 人次。组织市内培训班 10 期，培养骨干农民 767 人，人均 40 学时；组织现场培训 8 次共 1 096 人次，人均培训 8 学时；组织了 4 次外埠培训共 110 人，人均培训 37.2 学时；完成了 4 个团组共 55 人赴台湾的培训任务，人均培训时间 112 学时。骨干农民已成了新品种和新技术在郊区的落脚点和传播者。

（张猛）

【继续开展北京市创新团队建设工作】对创新团队聘任人员进行调整的基础上，组建了果类蔬菜、生猪、观赏鱼、家禽、食用菌、奶牛、叶类蔬菜、鲟鱼鲑鳟鱼、粮食作物和西甜瓜 10 个创新团队。共遴选聘任首席专家 10 人，岗位专家 150 人，综合试验站站长 51 人，农民田间学校工作站站长 228 人。聘任的 434 名人员中，中央在京专家占总人数的 13%，市级专家占 24%，区县及以下技术人员占 63%，有效地聚集了首都农业科技资源。组织开展调研 986 次，召开了“节水农业、生态农业”技术研讨会 2 次，组织观摩交流 918 次，技术培训 1 956 次，培训 64 957 人次。推广新品种 514 个，新技术 414 项，新产品 617 个。编印《工作交流》13 期、录制创新团队宣传片 4 部、编印《北京创新团队专刊》一期，通过电视、网络、报刊、电台等媒体，宣传创新团队 1 717 次，各团队印制信息简报 817 期。出版著作 57 部，发表论文 559 篇，获得专利授权 27 个，获得奖励 75 项。

（张猛）

【农业国际科技交流与合作】针对调结构、转方式、发展高效节水农业的目标，继续推进中荷项目合作，开展番茄工厂化生产技术引进与转化。目前连栋温室和日光温室番茄生产综合技术均居国内领先水平。连栋温室番茄产量达到 31.5 千克/平方米，每千克番茄耗水量降低到 20 千克；日光温室番茄产量每平方米达到 18.7 千克，亩效益突破 13.9 万元，每千克番茄耗水量降低到 46.5 千克，同比节水 7%。

本着“以我为主、为我所用”的原则，积极开展各类交流合作与培训活动。“派出去”方面共组织境外培训、研修团 4 个，分别赴荷兰、加拿大、美国开展相关技术培训或研修，共计 35 人参加。“请进来”方面邀请外国专家来华指导共计 44 人次，涉及草莓种植、番茄工厂化、生物防治、畜禽养殖及质量安全等多个领域，专家来自荷兰、西班牙、意大利、爱尔兰、以色列、日本等 7 个国家（地区）。其中，畜牧总站成功举办“中荷畜牧兽医技术合作交流”，来自荷兰、意大利、爱尔兰的专家开展了奶牛、牛肉、生猪养殖技术、动物记录工作以及畜产品质量安全等内容培训；积极搭建中外交流对接平台，组织本市奶业专家及企业管理人员 18 人参加第十二届中国奶业国际展览会“中荷奶业研讨会”以及组织本市果类蔬菜、叶类蔬菜、西甜瓜创新团队成员 21 人赴青岛参加由荷兰驻华大使馆主办的青岛园艺博览会“荷兰日活动”。

（张猛）

【农业科技执法工作】2014 年年初召开工作部署会，制定方案，部署全市整体工作。依法依规办理行政审批 16 项，其中农业转基因生物安全评价试验审核 14 项、农业转基因生物标示审查认可 2 项。对在我市实施且处在监管期内的 121 项农业转基因生物安全评价试验项目全部进行了检查。全市组织农业转基因产品标识检查 56 次，出动执法人员 702 人次，确保了农业转基因产品标识率 100%。对在北京参加区试的大豆、玉米品种，我市流通领域玉米、大豆、大米及加工产品和世界种子大会新品种展示基地展示品种共计 664 份样品进行转基因成分抽检，抽检的样品未发现含转基因成分。

（张猛）

【开展立法工作】2013 年 11 月、2014 年 3 月，《北京市动物防疫条例》（以下简称《条例》）经市人大一次、二次审议，于 5 月 23 日经北京市第十四届人民代表大会常务委员会第十一次会议全票审议通过，《条例》于 10 月 1 日起正式实施。

（魏鹏）

【组织立法调研】《北京市耕地质量保护条例》《北京市农业机械监督管理办法（修订）》纳入 2014 年市政府立法调研项目。北京市农业局组织制定两个调研项目工作方案，成立起草小组，进行责任分工和工作任务分配；与相关处室、站所，通过召开座谈会、分发问卷、实地考察等多种形式进行开展立法调研，为下一步立法起草奠定扎实基础。

（魏鹏）

【组织开展“绿剑行动”品牌执法活动】市农业局继续在全市农业系统推进四个体系建设，即深化农业标规体系、强化农业执法体系、加强农法监督体系、推进农法文化体系，着力组织开展农资打假、农产品质量安全、动植物疫情防控、畜牧兽医、水生野生动物保护、农机监督等系列执法活动，确保农业法定职责的履行，提升农业依法行政水平。3月19日印发了《2014年全市农业系统农资打假专项治理行动实施方案》，4月1日印发了《2014年全市农业政策法规工作意见》部署全年的农业政策法规和农资打假工作。

（魏鹏）

【开展全市农业督导检查】10—11月，市农业局组织对区县农业政策法规工作的全面督导。全市成立五个考核小组，由区县主管局长带队，法制科长参加，对各区县、各部门执法基础保障、执法工作力度、普法宣传与监督、农资打假及行政审批制度改革等工作进行了重点督查。

2014年全市共出动执法人员69 417人次，组织执法活动20 089次（比上年增加了143次），检查门店（单位）35 249个次，做出行政处罚710次，罚款245.92万元，没收违法所得78.19万元，没收非法财物（货值）21.44万元，有力的维护了市场秩序和农民的合法权益，为首都农产品质量安全、动植物无疫安全、农业生产安全、农业生态安全的实现以及APEC会议的顺利召开做出了应有的贡献。

（魏鹏）

【梳理行政执法职权】北京市农业局在2011年梳理结果的基础上，根据农业法律法规的修订完善和各部门职能职责的调整，组织对农业部门执行的行政执法职权进行再次梳理，编制行政处罚等行政职权目录清单。目前，已完成梳理结果，目前农业部门执行的现行有效的法律法规规章有145部，行政执法职权共计768项，其中行政处罚379项，行政许可68项，行政确认12项，行政强制24项，其他类285项。

（魏鹏）

【推进行政执法规范化】在全市范围内深入开展农业行政执法规范化建设。完成了《全市农业行政执法技术操作规程》和《全市农业行政执法程序规范》的编制，两册书共计近35万字，已发放全市农业部门参照实施。

在全面梳理行政执法依据的基础上，编纂完成了3本农业法律法规规章汇编，即《农业法律法规规章汇编·综合编》《农业法律法规规章汇编·种植农机编》和《农业法律法规规章汇编·养殖业编》，成为全市农业执法人员的工具书。

（魏鹏）

【开展案卷评查】对2013年7月1日至2014年7月30日按照一般程序办结的行政处罚案卷进行评查。评查案卷共计68份，60分以上的合格案卷有66份（合格率97%），比上年提高了3%；90分以上的优秀案卷有60份（优秀率88%），不合格案卷有2份（不合格率3%）。参加农业部组织的案卷评查，选送的2个案卷均被评为优秀卷；组织5个案卷参加市政府法制办的案卷评查，均取得优异成绩。

（魏鹏）

【开展放心农资下乡进村宣传】3—4月春耕备耕、9—10月秋收时期，集中组织开展两次“放心农资下乡进村宣传活动”，通过开展“五进五送”，将解决农民最关心、最直接、最现实的问题列为工作重点，突出进村入户，定点定村，包干到户，讲求实效。据统计，活动期间共出动执法和科技人员4 046人次，印发宣传资料69.48万份，举办现场咨询培训385场次，接待咨询群众7.2万人次，受理投诉举报445人次，案件回访225余件。

（魏鹏）

【参加“政风行风热线”走进直播间活动】7月24日下午，按照市监察局的统一安排，由李全录副局长带队，法规处、农安处参加，走进直播间与网民互动，宣传农业依法行政和农产品质量安全，扩大北京农业执法工作的影响力。

（魏鹏）

【组织农业法制宣传月活动】9月到10月底，市农业局会同市法宣办、市农委、市司法局等单位，在全市范围内联合开展了农业法制宣传月活动。宣传月期间，重点开展农业依法行政工作成效的宣传；确保农业四个安全等重点领域热点问题解读；涉农法律法规规章和政策文件的解读等。借助市法宣办在首图的“市民普法讲堂”平台，组织了《北京市动物防疫条例解读》的专题讲座，并通过“首都法制宣传教育网”“首都政法综治网”及全市各区县委办局网站，举办了为期20天的“北京市农业政策法律法规网络知识竞答”活动。

（魏鹏）

【清理行政审批事项】按照国务院及北京市委、市政府的要求，继续开展行政审批事项清理，提出取消、下放、调整、保留的意见，同时做好农业部下放审批事项的承接。市农业局原有行政审批事项118项（行政许可79项，其他非许可审批事项38项），经过2013—2014年的清理，目前最终保留的行政审批事项74项（行政许可68项，其他审批事项6项），精简事项数量占原事项数量的38%。2014年全市市级农业部门共办理行政审批40.74万件。

（魏鹏）

【规范行政审批制度】市农业局提出各行政审批部门做到行政审批零违规，行政审批服务满意率不低于96%。对于下放的审批事项，做好对区县的指导协调；对于取消或精简的审批事项，研究制定并积极落实后续监管措施，防止出现管理漏洞。为适应新形势需要，特别是根据最新的行政审批目录清单，对原有网上审批系统进行升级改造，提高便民服务水平。安排部署农业部农业政策法规工作及市政府审改办行政审批制度落实情况的延伸绩效考核，完成自查工作。

（魏鹏）

【继续开展政策调研工作】2014年，市农业局机关各业务处室报送调研课题15个，数量较往年有所增加，局属各单位首次实现均有调研题目研究，共报送课题44个，涵盖了市农业局各项业务工作。各处室、各单位选定的调研课题均能围绕农业发展的关键问题、围绕当前重点、热点问题开展调研。各调研课题均完成整个报告的起草工作，同时提倡借助外脑，对各课题在委托和咨询方面予以资金支持，提高调研课题的科学性。并对经费拨付的合同、项目内容予以严格审核，保证资金使用合理到位。

（魏鹏）

【农产品市场总体行情】全市八个大型农产品批发市场监测数据显示：年内，农产品综合价格指数254.3，同比下降3.1%；5年来首次出现同比下降。分类来看，蔬菜、猪肉在供应量增加的情况下大部分时间低位运行，鸡蛋市场供应偏紧、价格水平高于往年。

（王晓东）

【蔬菜价格低位运行】2014年内，蔬菜上市量为89.6亿千克，同比增长5.6%；加权平均价格为每千克2.57元，同比降低10.8%。北京自产蔬菜在批发市场占比9.2%，较2013年略有减少。蔬菜市场价格低位运行，处于近5年来第二低位水平，仅高于2011年。供应量充足，上市量处于历史最高水平。从年度内价格波动来看，蔬菜价格平稳程度不如往年，价格高点和低点都比较显著。

（王晓东）

【猪肉市场供过于求，走势低迷】2014年内，猪肉上市量2.8亿千克，同比增长3.5%；加权平均价格为每千克16.94元，同比降低11.2%。猪肉市场走势低迷，生猪养殖亏损面大，猪肉价格一直运行在2011—2013年平均价格水平之下。规模较大养殖户抵抗风险能力强，希望熬过养殖的寒冬，保持正常补栏。生猪存栏水平保持高位，市场供应宽松。

（王晓东）

【鸡蛋价格高位运行】2014年内，鸡蛋上市量2.22亿千克，同比减3.8%，加权平均价格为每千克9.18元，同比上升17.8%。2013年蛋鸡养殖业不景气，补栏不积极，导致2014年蛋鸡存栏水平不足，市场供应偏紧，3—8月蛋价上升走势显著，同时补栏积极性提升，市场供应能力上升，供需由偏紧向宽松转变，9月鸡蛋价格开始回落。

（王晓东）

【鸡肉价格略有上升】2014年内，白条鸡上市量0.36亿千克，同比减少7.0%，加权平均价格每千克12.7元，同比上升5.5%。自2013年以来，受消费信心不足影响养殖补栏意愿不足，祖代和父母代存栏有所减少，一直持续到2014年3月。4月起，随着市场供应趋紧，价格开始上涨，肉鸡产业亏损局面得到改善，8月以来，进入行业明显盈利阶段。随着鸡肉行情走高，补栏意愿增强，市场供应偏紧局面逐渐宽松，下半年价格逐渐回落。

（王晓东）

【牛肉价格高位平稳运行】2014年内，牛肉上市量为0.73亿千克，同比持平，加权平均价格每千克50.9元，同比上升1.5%。牛肉市场经历了2011—2013年供需失衡，价格水平基本翻倍，近两年牛肉价格水平基本稳定在每千克50元左右的水平。牛肉市场供应与需求形成中短期均衡，牛肉价格全年高位平稳运行。

（王晓东）

【羊肉价格小幅下行】2014年内，羊肉上市量为0.57亿千克，同比减少11.3%；加权平均价格为每千克40.5元，同比上升1.0%。羊肉价格从年初开始基本呈下行走势，但下降幅度较小，与上年同期相比，月度价格互有涨跌，但基本围绕每千克40元的水平小幅波动。

（王晓东）

【淡水鱼价格先升后降】2014年内，淡水鱼上市量2.48亿千克，同比增长0.8%，加权平均价格每千克11.91元，同比上升0.8%。淡水鱼价格仍然呈现两头低、中间高的倒V形走势。1—4月淡水鱼价格偏低，主要是2013年年底淡水鱼价格低迷的延续，此外还有部分水面提前出塘增加了市场供应；5—7月，随着气温上升，外地淡水鱼进京成本上升，淡水鱼价格季节性上升。年内后期北方淡水鱼大量出塘，淡水鱼价格逐步下行。

（王晓东）

【粮油类产品供应充足、需求不旺】2014年内，东北大米、富强粉、食用油加权平均价格分别为每千克4.78元、3.33元和8.57元，相比上年同期，东北大米价格下降1.7%，富强粉价格上涨2.9%，食用油价格下降7.1%。2014年粮油产品的市场形势呈需求不旺、供应充足的局面。市场需求不旺主要体现在三个方面：一是宏观经济增速放缓；二是整体物价水平涨幅收窄；三是传统的消费旺季如节假日，也没有出现需求增加、价格上涨。供应充足主要是国内粮食生产形势良好，库存充裕。

（王晓东）

【《北京市主要农产品中长期（2004—2013年）价格变化规律分析报告》发布】8月19日，在北京市农产品新型销售模式经验交流会上，市农业局发布了《北京市主要农产品中长期（2004—2013年）价格变化规律分析报告》。报告分蔬菜篇、畜禽篇和水产篇，其中蔬菜篇包含了大白菜、番茄等北京生产量最大的10种蔬菜品种，畜禽篇包含了猪肉、鸡蛋、鸡肉，水产篇包含了鲤鱼、鲫鱼等五大淡水鱼。报告清晰展现了主要农产品过去十年的市场价格波动情况和年度内季节性变化情况，总结提炼了蔬菜价格季节性波动的典型模式、肉蛋价格的波动周期及淡水鱼价格季节性波动为主的特点。农业主管部门和生产者可以通过清晰的图表了解过去十年什么农产品贵、什么时候涨，为调整种养品种、规划上市时机提供了参考。该报告是北京市农口部门首次把农产品的市场数据、分析成果向农业生产者正式公开，北京电视台、北京青年报、北京晚报等新闻媒体进行报道。

（王晓东）

林产业

【概述】全市果树果品产量8.3亿千克，全市果品总收入达43.4亿元。全市花卉生产面积稳定在5 333.33公顷，产值突破14亿元，大中型花卉交易市场40个，花卉零售店1 500个，花卉生产企业250个。全市蜜蜂饲养总量为23.6万群，蜂蜜产量760万千克，蜂王浆产量8.8万千克，蜂胶产量3.6万千克，蜂蜡产量35.2万千克，全市共有蜂业专业合作组织79个，有蜂业产业基地60个，有养蜂户1万户，养蜂万元户超过3 000户，售蜂收入723.3万元，蜂授粉收入1 500万元，养蜂总产值1.6亿元，蜂产品加工产值超过12亿元，出口创汇超过1 500万美元。

（齐庆栓）

【推动果树产业优化升级】2014年内，北京市制定《50万亩低产低效果园提升改造工作方案》，全年新植优质高效果树661.93公顷、改造提升866.4公顷；建设高标准果品基地4 066.67公顷、更新老杂劣果树1 600公顷；优化果品结构，全市年产干鲜果品8.3亿千克，收入43.4亿元。观光采摘接待游客913.8万人次，采摘收入5.2亿元。

（齐庆栓）

【全市果树发展】2014年内，全市果树遭受旱灾，干鲜果品产量8.3亿千克，减产近9%，全市果品总收入达43.4亿元，仅降低1.3%。其中，大桃产量3.8亿千克，增长0.7%，收入达到16.7亿元，增长8.4%；梨产量达到1.5亿千克，增加1 000万千克，收入5.1亿元，增长3.2%；樱桃产量增长25%，达到735万千克，收入达到3.3亿元，桃、梨、樱桃产量、收入创历史新高。鲜杏在减产12%情况下，实现增收20%，首次突破亿元大关。收入过亿元还有葡萄3.2亿元，苹果6.2亿元，核桃2.3亿元，板栗1.9亿元。

（齐庆栓）

【设施果品产量收入再创新高】 全市设施果品总产量达到899.6万千克，总收入高达2.4亿元，同比分别增长15.7%和22.1%，均创历史新高。截至目前，全市共有设施果树面积817.47公顷，其中结果面积508.27公顷、6 119个棚室，同比分别增长6.1%、11.6%和8.3%。结果面积的平均亩收入达到3.8万元。

（齐庆栓）

【高效现代果园改造提升工程】 2014年内，北京市新建园采用矮化高密栽培技术，采用“宽行窄株”种植方式，由传统每亩种植44～70株改为每亩种植222～317株，便于机械化管理，实现省工、节本、增效，配合“五位一体”管理技术，做到三年收回投资；采用独干高光效树形，实现结果部位集中在冠周1米范围内，简化修剪技术；按果树生理需求科学灌水，根据果树生理发育期需求及土壤墒情确定是否需要灌水，且用水量仅有传统用水量三分之一，实现节水增效。采用生物动力有机农业技术调整地力调节树势，提高光合效率，实现果品优质安全生产。全市采用现代化高效果园更新与改造模式，新植661.93公顷（主要是苹果、梨、樱桃）、改造866.4公顷（以樱桃、桃、梨为主），实现早果、丰产、高效，安全、优质，80%以上果园达到欧盟有机认证标准，3～4年，亩产达5 000千克，收入达5万元。

（齐庆栓）

【标准果品基地建设成效显著】 2014年内，全市春季完成果树发展4 066.67公顷、504.5万株。其中，新发展果树1 600公顷、281.3万株，山区县1 266.67公顷，占到全市的79.2%。新植果树中近万亩按矮密高效现代化果园模式，每亩种植222棵或317棵，与传统大冠稀植或密植相比，单位面积种植株树大幅度提高；大树改造提质幅度较大，全市更新老杂劣果树1 600公顷、139.1万株，同比分别增长66.0%、14.0%。其中，鲜果更新力度较大，共更新1 400公顷、127.2万株。完成树体改造及品种改良、高接换优共完成866.67公顷、84.1万株（山区县占到488.13公顷、32.7万株），以鲜果为主达到733.33公顷、73.0万株。其中，梨树完成270.07公顷、18.0万株，集中在大兴；设施果树发展迅猛，各区县共新发展设施果树9.6公顷、104个棚室同比面积增长30.9%。总投资3 550.0万元，其中农民自筹618.0万元、市级补助2 932.0万元。

（齐庆栓）

【果园观光采摘】 2014年内，京郊采摘开放果园已达1 626个，面积2万公顷，同比分别增长25.1%、8.8%。京郊果园共接待游客913.8万人次，采摘果品总量达3 686.2万千克，采摘直接收入5.2亿元，比2013年增长6.1%。通过果园采摘促销果品5 585.1万千克，促销收入3.8亿元。百万市民观光采摘系列旅游文化活动精心策划宣传实施，在广大市民心目中春季摘樱桃、秋季摘苹果已成为固定郊游项目。号称“春果第一枝”樱桃栽培面积已达到3 800公顷，总产量587.4万千克，总收入2.8亿元。

（齐庆栓）

【扶持蜂业保障措施出台】 2014年内，北京市将蜂产业列为区县年度重点产业发展项目和重点发展工程，打造富有活力的“空中产业”。其中，密云县连续十年出台产业扶持政策，扶持蜂产业发展，该县养蜂业已由单纯的发展蜂群数量向扩大蜂场规模和蜂产品深加工方向复合发展，房山区自2011年“7·21”特大自然灾害后，将蜂产业列为“十百千”工程，加大产业扶持力度，2011—2014年，共投入资金2 100多万元扶持蜂产业发展，怀柔区连续3年将蜂产业列为区政府折子工程，并制定出台了相应的扶持政策。

（齐庆栓）

【国家蜂产业技术体系示范基地】 2014年内，北京市通过西方蜜蜂规模化转地饲养技术试验应用，形成示范蜂场蜂群管理技术规范，蜂场人均蜜蜂饲养量达118群，蜜蜂单产量提高15千克，群单产50千克提高到60～80千克，且全部达到成熟蜜标准；王浆产量提高60%，群单产0.5千克提高到0.8千克；平均生产效率提高40%。完成北京地区蜜蜂主要病虫害流行病学调查，协助开展小蜂螨采样，在本地区示范、推广绿色蜂药1 000群以上，每群蜂每年节约用药20元，产品达到无公害标准；投入质量可追溯蜂群2 000群，收集荆条蜂蜜样品30份以上，举办蜂产品溯源管理培训班 3 期。

（齐庆栓）

【**蜂产品安全可溯源监控技术示范基地**】2014 年内，在昌平、密云、门头沟、顺义 4 个蜂产品安全可溯源监控技术示范基地建立蜂产品产地信息溯源系统、蜂产品收购信息溯源系统、蜂产品加工信息溯源系统和蜂产品溯源查询网站等 4 个信息采集与查询系统。采用电子信息化手段对蜂产品开展质量可追溯技术研究，建立蜂产品质量溯源系统，对蜂产品开展实时跟踪、监测和查询，同时，在北京选取 2 家加工厂、4 个合作社和 200 户蜂农开展应用示范，采集溯源信息 200 条，基本实现蜂产品布局、生产、销售、流通、溯源等的全程数字化和智能化，完成蜂产品从“田间到餐桌”转变。

（齐庆栓）

【**优良蜂种繁育基地**】2014 年内，重点加强北京市 3 个蜜蜂种王繁育基地建设，实现年产优良种蜂王 15 000 只。从吉林省蜜蜂育种场引进良种蜂王 1 000 余只在全市进行推广，解决北京市种蜂王数量紧缺和种性退化问题。

（齐庆栓）

【**蜜蜂授粉富民工程**】2014 年，蜂农经济结构已由单纯销售蜂产品向“销售蜂产品＋蜜蜂授粉”方向转变。北京市开展设施农业授粉蜂群工厂化繁育与调度工作，建立 600 群以上集约化授粉蜜蜂繁育场 2 个，按不同作物授粉需求和时间提供授粉专用蜂群 5 000群。开展国产熊蜂周年继代繁育工作，建成半自动工厂化生产车间，形成大规模生产能力，实现年产熊蜂 5 万群。年内共建成熊蜂授粉基地 1 个，蜜蜂授粉基地 4 个。其中，在大兴区建成熊蜂授粉基地；在怀柔区建成 2 个蜜蜂授粉基地，基地规模 3 000群，年内对区内 33.33 公顷果树基地进行蜜蜂授粉试验示范。在顺义区李遂镇和杨镇建立蜜蜂授粉示范基地 2 个，共组织授粉蜂群 12 000 多群，熊蜂 5 000多群，授粉范围分布为顺义、昌平、平谷、通州、大兴等几个区县及河北省境内，主要为设施西瓜、设施大桃及露天樱桃授粉，授粉收入 200 万元。在昌平区南口、兴寿应用设施草莓蜜蜂授粉 200 公顷，每亩节约人工授粉费用 600 元，与人工授粉相比每亩提高经济收入 1 500 元。

（齐庆栓）

【**引进国外养蜂设备**】2014 年内，北京市引进土耳其梵谷蜂箱 2 000 套和意大利全自动蜂蜜切盖分离生产线 1 套，在密云县和顺义区养蜂示范基地进行示范应用。意大利全自动蜂蜜切盖分离生产线不仅能大幅度减轻养蜂员劳动强度，实现成熟蜂蜜生产机械化、集约化和标准化，生产线投入使用标志着北京蜂业与国际生产蜂蜜先进性接轨，促进北京乃至全国封盖成熟蜂蜜生产及推广。

（齐庆栓）

花 卉 产 业

【**花卉产业继续持续增长**】2014 年内，北京市推进花卉优良品种研发、新技术示范推广，培育花卉新品种 26 个、引进 200 多个，花卉生产面积达到 5 333.33 公顷，年产值突破 14 亿元。

（齐庆栓）

【**大力加强苗圃建设**】2014 年内，市园林绿化局会同市有关部门联合出台《加快平原地区规模化苗圃发展的意见》，并编制总体规划，制定相关配套文件。目前，大兴、通州、顺义、平谷、密云、延庆 6 个区县共建设规模化苗圃 49 个（参与企业 41 家），总面积 2 666.67 公顷，投资 43.3 亿元。2 666.67 公顷规模化苗圃全部建成后，将培育乔木 800 余万株，使平原地区森林覆盖率提高 0.4 个百分点；每年带动 7 500 人绿岗就业；吸引社会企业投入 35.76 亿元。

（齐庆栓）

【**林下经济发展**】2014 年内，全市新建林下经济 1.12 万公顷，其中平原造林工程下发展林下经济 5 933.33 公顷。涉及林药、林花、林粮、林菌、林苗、林蔬、林草、林下休闲游等模式，实现产值 3.04 亿元，参与农户 8 237 户，带动就业人数 1.9 万人，参与合作组织 56 个，企业数 154 个，户均增收 9 300 元。

（齐庆栓）

农业投入

【财政资金投入继续加大】2014年，全市地方公共财政预算支出中，农林水事务支出为343.6亿元，同比增长15.5%，占全市地方公共财政预算支出的比重由上年的7.1%提高到7.6%。

【固定资产投资略有下降】2014年，农村固定资产投资完成635.7亿，下降6.5%；第一产业完成投资163.9亿元，下降6.6%。近年来，受新农村建设"五十三"工程和百万亩平原造林等政策因素影响，农村固定资产投资和一产投资高速增长（表1）。2008—2013年，农村固定资产投资从293.7亿元增长到679.6亿元，增长131.4%；一产固定资产投资从28.1亿元增长到175.5亿元，增长524.6%。当前农村固定资产投资缺乏强有力的政策支持，同时农业农村产业结构加快调整，固定资产投资出现下降。

表1　2008—2014年农业农村固定资产投资情况

年　份	农村固定资产投资		一产固定资产投资	
	总额（亿元）	增长幅度（%）	总额（亿元）	增长幅度（%）
2008	293.7	−5.2	28.1	68.3
2009	480.2	63.5	57.4	104.3
2010	490.9	2.2	43.2	−24.7
2011	446.7	−2.9	47.2	9.3
2012	609.8	36.5	145.4	208.1
2013	679.6	11.5	175.5	20.7
2014	635.7	−6.5	163.9	−6.6

【集体经济组织资产投入】近几年，北京郊区深化农村改革、积极转变经济增长方式、盘活农村集体资产，郊区集体资产规模进一步扩大。截至2014年年底，乡村两级集体经济组织累计资产投资达5 207.9亿元，比2013年年底的5 049亿元净增158.9亿元，同比增长3.2%。

1. 固定资产投资。截至2014年年底，北京郊区集体经济组织累计固定资产投资达1 118.7亿元，占累计资产投资总额的21.5%。其中：乡镇级累计固定资产投资367.5亿元，占固定资产投资总额的32.9%；村级累计固定资产投资751.2亿元，占67.1%。

2. 流动资产投资。截至2014年年底，乡村两级集体经济组织各项流动资产总规模达到3 564.9亿元，占累计资产投资总额的68.5%。其中：乡镇级1 563.6亿元，占43.9%；村级2 001.3亿元，占56.1%。

【公益事业及基础设施投入】北京郊区公益事业与基础设施规划与建设迈出新步伐。郊区农村统筹安排水、电、路、通讯等基础设施建设项目，优化农村环境整治工作，重点建立完善农村信息网络体系，为农村经济发展和农民增收致富创造良好的环境条件。据北京市农村经济收益分配统计结果显示，2014年北京郊区乡村集体经济组织及其所属企业共获各级财政各种补贴达30.5亿元，有104个农民专业合作经济组织获各级财政扶持资金4 339.7万元。北京郊区乡镇级集体经济组织当年用于公益事业方面的支出为8.4亿元，用于村镇建设的有5.5亿元；当年财政对农业投入金额为0.7亿元，其中基础设施投入0.5亿元，生产性投入484.5万元。

（阎建苹）

郊区二、三产业

综　述

2014年，全市大力推进农业结构调整，提升都市型现代农业发展水平，郊区二、三产业快速发展。农业产业化龙头企业162家，实现销售收入4 100.9亿元，上缴税金152.1亿元。龙头企业提供的农产品及加工制品占“菜篮子”产品供给的2/3以上。规模以上农产品加工企业301家，营业收入为1 117.1亿元，实现利润总额42.3亿元。会展农业取得新成效，成功举办了世界种子大会、世界葡萄大会和第二届农业嘉年华，带动一批传统产业提质增效。乡村旅游、沟域经济、休闲农业实现品牌化发展，全年接待游客3 825万人次。

农产品加工业

【规模以上农产品加工业主营业务收入1 117.1亿元】2014年内，北京市农产品加工企业2 234家，规模以上企业301家，规模以上农产品加工业主营业务收入1 117.1亿元，同比增长2.7%。整体经济效益较好。

【农产品加工业带动本地农户35万人】各类产业化经营组织通过订单收购、利润返还、股份分红等方式，组织农户生产，吸纳农民就业，并为基地农户提供生产性服务，不断完善与农民的利益联结机制，带动农民增收，实现企业与农民共享产业化发展成果。年内，北京市农业产业化组织从业人数35万人，带动全国农户数712万户，同比增长2.3%，农户从事产业化经营增收总额93.4亿元。

【农业产业化经营组织总数达到3 688个】2014年内，农业产业化发展进一步增强了农产品应急保障能力，农业产业化组织快速发展，北京市有效运营的农业产业化组织总数为3 688个，其中销售收入1亿元以上的105个。龙头企业提供的农产品及加工制品占“菜篮子”产品供给的2/3以上，共涉及粮油、果蔬及花卉、林产品、畜禽产品、水产品和其他农加工产品等六大类农产品品种。其中，新发地批发市场是北京市最大的农产品交易市场，2013年交易额达到536亿元，供应的农产品占全市总量的80%以上；三元食品每年为北京市民提供了22万吨奶制品，二商大红门猪肉供应量占全市50%以上，切实保障了首都农产品的供应。农业产业化经营组织成为农业生产和农产品市场供应的重要主体。

【农业产业化龙头企业 188 家】 2014 年内，共有区级以上农业产业化龙头企业 188 家，其中市级 123 家，国家级 39 家。龙头企业固定资产 1 100.3 亿元，销售收入 4 100.9 亿元，净利润 96.3 亿元，出口创汇 15.1 亿美元，上缴税金 152.1 亿元。目前，全市已有 11 家农业上市企业，50 多家拟上市企业。

【产业融合互动进一步深入】 2014 年内，北京市农产品加工企业 2 234 家，规模以上企业 301 家，规模以上企业主营业务收入 1 117.1 亿元，同比增长 2.7%。全市民俗旅游户接待游客 1 914 万人次，实现收入 11.3 亿元，同比增长 10.4%。以吉奥金禾公司为代表的企业，在原有芽菜生产基础上积极融入三产，参与北京农业嘉年华的总体设计，推广自身的同时实现了跨产业发展。

【农业龙头企业科技示范功能增强】 2014 年内，北京市龙头企业积极开展科技创新，加大研发投入，不断加强知识产权和产品品牌建设。龙头企业中有 136 家建有专门研发机构，同比增长 83.8%，拥有农业科技人员 3.5 万人；企业年科技研发投入达到 27 亿元，同比增长 42.6%。龙头企业积极创新科技研发体制机制，顺鑫控股公司与农科院成立玉米种子育繁推一体化机构，探索科技成果产业化途径；汇源集团去年成立了“北京汇源生物农业研究院”，重点研究水果基因测序工程等国家重点项目，加快农业生物技术的研发推广。

【农产品质量安全水平提高】 2014 年内，全市各类产业化经营组织注重农产品质量和食品安全建设，建立最严格的覆盖全过程的监管制度，用最严谨的标准、最严格的监管、最严厉的处罚、最严肃的问责，塑造首都安全农业品牌，确保广大市民“舌尖上的安全”，全力推进农业标准化生产，健全完善产前、产中、产后全程有规范管理的标准体系，推进农产品“三品一标”认证，培育和争创企业名牌、产品名牌、地域名牌。全市农产品质检合格率连续多年居四直辖市首位。年内，北京市龙头企业获得“三品一标”认证的生产基地面积 47 万亩，占总面积的 5%；获得出口备案的生产基地 13 万亩，占总面积的 1.4%。龙头企业在质检、检疫等方面的投入 12.6 亿元，建有专门质检机构的龙头企业 151 个，占龙头企业总数的 80%；通过 ISO9000、HACCP、GAP、GMP 等质量体系认证的龙头企业 177 个；获得省以上名牌产品或著名（驰名）商标的龙头企业 69 个，同比增长 16.9%。

【开展家庭农场试点】 2014 年内，北京市创新农业经营体系，培育新型经营主体，在通州区黄厂铺村开展家庭农场试点。试点探索建立土地流转价格形成机制、家庭农场准入和退出机制、老年农民退养机制等三项机制，由村集体经济组织作为中介方，将耕地流转集中，划定成方连片的若干地块，通过民主程序择优选择家庭农场经营者。试点区域 1 359.64 亩，村集体将试点区域划分为 8 个地块，其中面积最大地块 240 亩、最小 140 亩，从本村招募 8 户农户经营家庭农场。试点实施以来，初步成效显著：原有一百多户承包地间的田埂夷平，亩均增加一分可耕种土地；土地平整后可实施平播，大机器收割可多收 20%用于青储玉米；农户规模经营后，加大投入，进行节水改造，进一步节水 10%以上。

【推动农业产业转型升级】 2014 年内，北京市按照“调、转、节”总体要求，推动产业转型升级。以制订北京市“十三五”农产品加工业发展规划切入点，就如何调整产业方向、产业布局出台相应政策措施。本市立足于“调”产业布局，通过政府引导，以企业为主导，调整农业生产和加工业结构，重点发展主食加工业和中央厨房模式，把高耗能、高污染、高耗水的农业生产加工业调下去；立足于“转”企业运行模式创新，鼓励本市农业生产、流通企业及农民合作社在周边地区建设农副产品生产和加工基地，继续支持已建或在建外埠生产基地、乳业奶源基地建设。

【推动农产品产销流通体系建设】 2014 年内，北京市加强促进农产品公平交易和提高流通效率的制度建设，构建顺畅的农产品产销流通体系，完善鲜活农产品冷链物流体系，加强社区零售终端网络建设和管理。鼓励区县试点建设农产品电子商务平台，支持供销合作社、邮政等完善乡村现代流通网络。支持有一定规模的合作社直接进入公益性的批发市场，与批发商合作开展农产品销售，主动发挥市场配置资源的决定性作用，支持企业搭建产销平台，构建立体式复合型新型经营体系。

【注重改善龙头企业融资环境】2014年内，北京市加大力度创新扶持农业产业化的金融产品，积极探索通过快速担保贷款等方式，加大对本市国家级、市级农业产业化龙头企业的金融支持力度，探索农业企业流转承包土地经营权抵押担保贷款，推进符合条件的涉农企业发行企业债、中小企业私募债和集合票据，拓宽融资渠道。采取措施支持发展混合所有制龙头企业，支持涉农企业上市，积极培育具有国际竞争力的企业集团。鼓励市农业融资担保公司与北京银行等金融机构加强协商合作，采取信用快速担保贷款方式，加大对市级以上龙头企业的金融支持力度。支持市农业龙头企业协会、市农业投资基金公司大胆探索，采取互助基金解决企业周转资金融资难问题。

【加大龙头企业对农民增收的带动作用】2014年内，北京市深化龙头企业在产业化进程中与农民的利益联结机制。引导农民、专业合作社以土地、资金、技术等要素入股农业龙头企业，形成利益共同体。将财政资金补贴重点向带动农民就业多，促进农民增收快，与农民利益联结机制建立得好的企业倾斜。鼓励企业重点在农业产前科研与供应，产后提供市场信息及畅通农产品销售渠道寻求价值增长点。鼓励和支持龙头企业领办合作社，开展“百企联百社”活动，构建新型紧密利益联结机制，真正实现农民增收与企业盈利的双赢。

【推动农业科技创新】2014年内，北京市完善农业科技创新平台建设，支持现代农业产业技术体系创新团队发展，组织重大农业科技攻关。加强科技成果的转化应用，推进农业科技成果托管和交易。将农业作为科技资金投入优先领域，引导金融信贷、风险投资等进入农业科技创新领域。

【加强京津冀产业对接】2014年内，北京市召开全市农业产业化工作会议，举办龙头企业专题培训班，充分发挥农业产业化龙头企业协会作用，积极搭建企业沟通交流平台，指导举办北京（国际）农业产业化展览会，组织企业积极参展，提高北京涉农企业知名度。积极开展外埠合作交流，和天津、河北、山东、西藏、贵州、湖北、山西等地开展合作交流，特别是与河北曹妃甸，签署共同打造北京农副产品保障供应基地建设合作协议，有力推动京津冀协同发展。

（李媛）

镇村企业

【基本情况】2014年北京市镇村企业139 809家，比上年减少6.5%，其中：规模以上企业3 067家，比上年增长22%；规模工业企业1 663家，比上年增长15.4%；从业人员1 073 852人，比上年减少12.7%；完成营业收入55 452 169万元，比上年增长5.2%；完成利润总额3 008 559万元，比上年下降2.5%；实现增加值10 021 747万元，比上年增长5.8%；实现工业增加值5 717 468万元，比上年增长8.4%；完成出口产品交货值1 138 012万元，比上年下降6%；上交税金2 391 783万元，比上年增长12.7%；提供劳动者报酬4 605 908万元，比上年增长30.9%；人均劳动者报酬42 891元，比上年增长49.9%；私营以上企业资产总额69 397 110万元，比上年增长4.6%；私营以上企业负债总额46 509 947万元，比上年增长4.6%；私营以上企业资产负债率67%，与上年持平。

【经济运行特点】

1. **经济总量稳步增长**。2014年京郊镇村企业经济总量总体保持稳步增长态势。全市镇村企业累计完成营业收入5 545.2亿元，比上年增长5.2%，其中工业营业收入2 939亿元，比上年增长8.5%；实现增加值1 002.2亿元，比上年增长5.8%，其中工业增加值571.7亿元，比上年增长8.4%。

2. **产业结构有所优化**。2014年，北京市镇村企业（私营以上）完成增加值885.5亿元，其中：一产增加值4.9亿元，占0.6%，所占比重比上年提高0.2个百分点；二产增加值644.2亿元，占72.7%，所占比重比上年降低1.4个百分点；三产增加值236.4亿元，占26.7%，所占比重比上年提高1.2个百分点。与上年相比，一方面，一产比重略有提高，二产比重下降，三产比重上升，产业结构有所优化；另一方面，二产各项主要经济指标所占比重均超过50%，仍然保持着较为显著的主体地位。

表 1　2014 年北京镇村企业（私营以上）主要经济指标产业分布情况

单位：个、人、亿元、%

	增加值	企业个数	职工人数	营业收入	利润总额
合计	885.5	21 431	704 208	4 982.7	241.7
一产	4.9	400	8 369	19.8	−0.3
比重	0.6	1.9	1.2	0.4	−0.1
二产	644.2	12 322	503 509	3 298.1	152.6
比重	72.7	57.5	71.5	66.2	63.1
三产	236.4	8 709	192 330	1 664.8	89.4
比重	26.7	40.6	27.3	33.4	37.0

3. **工业占据主导地位。** 2014 年京郊镇村工业企业18 960家，比上年减少 5.1%；职工人数 513 890 人，比上年减少4.7%；完成营业收入 2 939 亿元，比上年增长 8.5%；实现增加值 571.7 亿元，比上年增长8.4%；实现利润总额 144.9 亿元，比上年下降 9%。镇村工业企业数、职工人数、营业收入、增加值和利润总额分别占镇村企业总量的 13.6%、47.9%、53%、57% 和 48.2%，在镇村企业产业结构中继续占据主导地位。

表 2　2014 年北京镇村工业企业主要经济指标完成情况

单位：个、人、亿元、%

	企业个数	职工人数	营业收入	增加值	利润总额
私营以上	11 559	436 164	2 790.8	544.9	133.7
个体户	7 401	77 726	148.2	26.8	11.2
合　计	18 960	513 890	2 939.0	571.7	144.9
所占比重	13.6	47.9	53.0	57.0	48.2

4. **空间布局更加合理。** 2014 年，随着首都城市功能布局调整的深入进行，北京镇村企业空间布局和区域结构更加趋于合理。城市发展新区（通州、顺义、大兴、昌平、房山）作为全市镇村经济的主体，镇村企业营业收入、利润总额、增加值、工业增加值和出口产品交货值分别为 3 953.4 亿元、210.7 亿元、703.9 亿元、496.6 亿元和 95.1 亿元，分别占全市镇村企业的 71.3%、70%、70.2%、86.8% 和 83.6%，所占比重分别比上年提高 2.1 个百分点、0.9 个百分点、1.4 个百分点、6 个百分点和 1 个百分点，主导地位更加显著。

表 3　2014 年京郊镇村企业主要经济指标区域分布情况

单位：亿元、%

	营业收入	利润总额	增加值	工业增加值	出口产品交货值
合　计	5 545.2	300.9	1 002.2	571.7	113.8
城市功能拓展区	914.2	61.0	180.0	20.4	0.7
所占比重	16.5	20.3	18.0	3.6	0.6
城市发展新区	3 953.4	210.7	703.9	496.6	95.1
所占比重	71.3	70.0	70.2	86.8	83.6
生态涵养区	677.6	29.2	118.3	54.7	18.0
所占比重	12.2	9.7	11.8	9.6	15.8

5. **企业融资难有所缓解。**2014年，各级镇村企业主管部门与银行、担保公司等各类金融机构加强合作，积极搭建融资平台，多方拓宽融资渠道，千方百计解决镇村企业融资难问题。本年度镇村企业金融机构贷款总额230.1亿元，比上年增长43%；本年末金融机构贷款余额229.4亿元，比上年增长22.3%。企业融资难得到进一步缓解。

6. **外向型经济取得新发展。**2014年，北京镇村企业加强对外经贸交流与合作，大力发展外向型经济，取得显著效果。截至2014年年底，共有1 935家京郊镇村企业在境外创办企业，比上年增加1 802家，增长13.5倍；境外办企业累计投资额47 997万元，比上年增长39.9%。

7. **创新能力有所提升。**截至2014年年末，京郊镇村企业已建立技术创新中心和研发机构34个，比上年增加4个，增长13.3%，镇村企业技术创新能力有所提高。

8. **职工素质显著提高。**2014年，本市镇村企业积极开展素质提升工程，多层次、多渠道、多形式地开展镇村企业职工教育培训，职工素质显著提高。截至2014年年底，镇村企业职工中具有大专及以上文化程度的人数258 270人，比上年增加80 319人，增长45.1%；大专及以上文化程度的人数占镇村企业职工总数的24.1%，所占比重比上年提高9.6个百分点。镇村企业职工中具有中级及以上技术职称的人数103 447人，比上年增加34 778人，增长50.6%；具有中级及以上技术职称的人数占镇村企业职工总数的9.6%，所占比重比上年提高4个百分点。

9. **职工收入大幅增长。**镇村企业的发展有效带动了农民增收。2014年京郊镇村企业支付职工劳动者报酬460.6亿元，比上年增长30.9%；镇村企业职工人均劳动者报酬42 891元，比上年增加14 276元，增长49.9%。

10. **镇村经济实力增强。**2014年郊区镇村整体经济实力进一步增强。镇村企业营业收入超过10亿元（含）的乡镇106个，比上年增加4个，占全市189个乡镇总数的56.1%，所占比重比上年提高1.6个百分点；镇村企业营业收入超过50亿元（含）的乡镇36个，比上年增加2个，占全市乡镇总数的19%，所占比重比上年提高0.8个百分点；镇村企业营业收入超过100亿元（含）的乡镇14个，比上年增加1个，占全市乡镇总数的7.4%，所占比重比上年提高0.4个百分点。

11. **社会贡献不断加大。**镇村企业在自身规模实力不断增强的同时，对社会的贡献也进一步加大。2014年，京郊镇村企业上交税金239.2亿元，比上年增长12.7%；镇村企业支农建农及补助社会性支出总额3 895万元，比上年增加3 625万元，增长13.4倍。镇村企业税收和支农建农及补助社会性支出的增长有力地支援了郊区农业生产和农村各项事业的建设和发展，为社会主义新农村建设和推进首都城乡一体化进程做出了应有的贡献。

【镇村企业经济运行主要问题】经济增速趋缓。2014年，京郊镇村企业贯彻落实中央“稳中求进”的经济工作方针，大力推进产业结构调整，坚决淘汰落后过剩产能，积极转变经济增长方式，主动适应经济发展“新常态”。受其影响，镇村企业主要经济指标虽仍保持增长态势，但增速明显下滑。2014年镇村企业营业收入和增加值分别比上年增长5.2%和5.8%，增速分别比上年回落1.4和0.7个百分点，经济增速趋缓，下行压力增大。

经济效益下滑。受生产经营成本上升、市场需求不振等因素的影响，2014年镇村企业，特别是工业企业经济效益下滑明显，利润总额出现负增长，利润率下滑。全年镇村企业累计实现利润总额300.9亿元，比上年下降2.5%；镇村工业企业实现利润总额144.9亿元，比上年下降9%。镇村企业利润率为5.4%，比上年降低0.5个百分点；镇村工业利润率为4.9%，比上年降低1个百分点。

规模工业增长乏力。2014年京郊镇村规模工业企业增长乏力，在郊区工业经济中的主导地位和带动作用有所弱化。1 663家镇村规模工业企业全年完成营业收入2 270.5亿元，比上年增长4%，增速低于镇村工业营业收入增速4.5个百分点；占镇村工业营业收入的77.3%，所占比重比上年降低3.3个百分点。规模工业企业实现增加值424.8亿元，比上年增长5.1%，增速低于镇村工业增加值增速3.3个百分点；占镇村工业增加值的74.3%，所占比重比上年降低2.3个百分点。

外贸出口形势严峻。2014年，受国内外不利经济环境影响，京郊镇村企业外贸出口面临较大困难，全年出口企业数和出口产品交货值均呈现负增长，外贸出口下滑明显，形势严峻。2014 年北京市镇村出口企业 391 431家，比上年减少 40 家，同比减少 9.3%；其中，年出口交货值 500 万元（含）以上企业 230 家，比上年减少 25 家，同比减少 9.8%。全年累计完成出口产品交货值 113.8 亿元，比上年下降 6%；其中，年出口交货值 500 万元（含）以上企业出口交货值 100.6 亿元，比上年下降 9.5%。出口产品交货值占营业收入的比重为 2.1%，比上年降低 0.2 个百分点。

吸纳就业能力弱化。近年来，受宏观经济调控、经济结构调整、产业转型升级及首都城市功能布局调整等因素影响，京郊镇村企业数和职工人数呈现逐年减少趋势，在一定程度上造成镇村企业吸纳农村富余劳动力就业的能力和作用有所减弱。2014 年京郊镇村企业数 139 809 家，比上年减少 6.5%，其中工业企业数 18 960 家，比上年减少 5.1%；镇村企业职工人数 1 073 852 人，比上年减少 12.7%，其中工业企业职工人数 513 890 人，比上年减少 4.6%。

固定资产投资下降。受国家宏观调控和产业结构调整影响，2014 年京郊镇村企业固定资产投资大幅下降。本年完成固定资产投资额 167.8 亿元，比上年下降 17.9%；本年新增固定资产 67.1 亿元，比上年下降 58.9%。

（赵颖）

农产品流通业

【农产品流通体系建设】农产品市场“双核”保障格局建设稳步推进。推动新发地农产品批发市场加快调整升级，河北分市场建设稳步推进。北京鲜活农产品流通中心项目筹备工作取得新进展，项目融资已经完成。完成第二轮蔬菜零售网点建设区县绩效考核评价，督促区县政府深化“区抓零售”属地责任。截至 2014 年底，新建蔬菜零售网点 336 个，全市蔬菜零售网点累计 2 942个。

（丁颖）

【“农超对接”工作深入推进】贯彻落实京津冀地区协同发展战略，扩大超市、电商平台与农产品骨干合作组织、企业的对接，拓展农产品销售渠道，完善农产品流通体系。组织农产品流通企业赴外省市参加对接洽谈会，搭建超市和电商企业与外省市有机绿色农产品对接平台，丰富了市民的“菜篮子”和“果篮子”。支持超市企业和电商平台举办各地农产品展卖活动、开辟农产品专门频道，为市民提供优质、新鲜的果蔬。

（于文）

【完成 2014—2017 年度蔬菜政府储备资质招标工作】为有效应对突发事件造成的市场波动，确保应急保障能力，公开、公平、公正地做好冻猪肉的政府储备工作，完成北京市 2014—2017 年度蔬菜政府储备资质招标工作。

（邵兵）

【蔬菜产销合作机制完善】指导批发市场、连锁超市、直营直供企业加强与供京主产地农合组织对接，组织货源保障市场供应。1 月 27 日至 3 月 31 日，市商务委和市农委、中国蔬菜流通协会组织开展第四届“十三省区市服务产区菜农服务首都市民蔬菜保供联合对接行动”。活动期间，累计增加蔬菜供应总量约 18.08 万吨，日均增加 2 825 吨，增幅 10.23%，保障了春节和全国“两会”期间蔬菜市场稳定供给。

（王云峰）

【北京鲜活农产品流通中心项目获市政府决议通过】3 月 18 日，市政府召开第 34 次常务会议讨论通过市商务委关于加快推进北京鲜活农产品流通中心项目建设的请示，会议决定流通中心要坚持服务首都的功能，突出公益性质；要建立现代企业制度和灵活的运营管理模式；新流通中心要探索净菜进城的实现方式。

（褚志磊）

【肉菜流通追溯体系试点建设继续推进】继续推进北京市肉类蔬菜流通追溯体系试点建设，进行试点系统试运行，对系统加以改进和完善。项目范围覆盖全市 11 家生猪定点屠宰企业、8 家大中型批发市场、21 家大中型连锁超市旗下的 522 个超市门店、4 家餐饮集团旗下的 545 个餐饮门店、106个肉品专卖店、99家社区菜市场及17家便民菜店、1家车载蔬菜直销车。

（侯学群）

【蔬菜上市总量增加】2014年内，监测的8家批发市场蔬菜上市量达123亿千克，日均3 372万千克，同比增长8.4%。

（刘璇）

【生猪屠宰量持平】2014年内，监测的12家定点屠宰企业生猪屠宰总量909.6万头，日均屠宰2.52万头，与上年基本持平。

（刘璇）

【牛羊肉交易量增加】2014年内，监测的8家批发市场牛肉交易总量8 367万千克，日均交易量22.9万千克，同比增加13.1%。羊肉交易总量7 757万千克，日均交易量为21.2万千克，同比增加18.1%。

（刘璇）

【鸡蛋交易量持平】2014年内，监测的8家批发市场鸡蛋交易总量27 770万千克，日均76.1万千克，与上年基本持平。

（刘璇）

郊区旅游业

【乡村旅游收入36.2亿元】2014年，乡村旅游接待户1.7万户，同比增加652户，从业人员6.9万人，同比减少2%。接待乡村旅游人数3 825.4万人次，同比增长2%；乡村旅游收入36.2亿元，同比减少3.7%。市旅游委认定市级民俗村227个，共9 970户。

【2014年北京市休闲农业与乡村旅游示范乡镇公布】为促进休闲农业与乡村旅游的规模化、集聚化发展，推进休闲农业与乡村旅游集聚区建设，加快京郊旅游发展步伐，带动农民就业增收，市农委、市旅游委、市水务局、市园林绿化局、市农业局联合组织开展了北京市休闲农业与乡村旅游示范乡镇创建工作，并下发了《关于开展2014年北京市休闲农业与乡村旅游示范乡镇创建工作的通知》（京政农函〔2014〕16号）。经基层申报、现场考察、专家评审、网上公示、市有关部门认定，确定海淀区苏家坨镇、房山区张坊镇、昌平区流村镇、大兴区魏善庄镇、怀柔区琉璃庙镇、平谷区刘家店镇6个乡镇为2014年北京市休闲农业与乡村旅游示范乡镇。

（范子文）

【2014年度全国休闲农业与乡村旅游示范县、示范点名单公布】为促进休闲农业与乡村旅游产业发展，农业部、国家旅游局2014年继续开展了全国休闲农业与乡村旅游示范县和示范点创建活动。通过基层单位申报、地方主管部门审核、专家评审、网上公示、农业部和国旅游旅游局认定，全国有37个县（市、区）被认定为全国休闲农业与乡村旅游示范县（以下简称示范县），100家单位被认定为全国休闲农业与乡村旅游示范点（以下简称示范点），并以《农业部国家旅游局关于公布全国休闲农业与乡村旅游示范县和示范点的通知》（农加发〔2014〕5号）公布。其中，北京市平谷区被认为示范县，通州区第五季富饶生态农业园、延庆县四季花海农园、丰台区王佐镇南宫村被认定为示范点。

（范子文）

【海淀区稻香小镇等四家单位获“中国美丽田园”称号】为响应国家“建设美丽中国”的号召，培育中国美丽田园品牌，促进休闲农业健康发展，2014年农业部农产品加工局牵头组织开展了“中国美丽田园”推介活动。经过地方推荐、专家评审和网上公示等程序，共认定140项农事景观为2014年中国美丽田园。其中，北京市有4项农事景观榜上有名，分别是：海淀区稻香小镇稻田、平谷区桃花景观、房山区天开花海葵花景观、密云县蔡家洼玫瑰花景观。

（范子文）

【北京市密云县干峪沟村等3个村庄被评为中国最美休闲乡村】为促进休闲农业集中村的发展，农业部组织开展了中国最美休闲乡村评选活动。评选标准为：以农业为基础、农民为主体、乡村为单元，围绕农业生产过程、农民劳动生活和农村风情风貌，因地制宜发展休闲农业，功能特色突出，文化内涵丰富，品牌知名度高，具有很强的示范辐射和推广作用。魅力主要体现在：多元的产业功能、独特的村容景致、良好的精神风貌。经过地方推荐、专家评审和网上公示等程序，认定 100 个村为 2014 年中国最美休闲乡村。其中，北京市 3 个村榜上有名，分别是：密云县干峪沟村、门头沟区洪水口村、平谷区张家台村。

（范子文）

【《京郊旅游发展纲要（2015—2020 年）》印发】为贯彻落实《国务院关于促进旅游业改革发展的若干意见》（国发〔2014〕31 号）精神，进一步树立科学发展观，发挥旅游业作为首都功能性产业的作用，加快京郊旅游发展，促进农民增收致富，北京市旅游发展委员会、北京市农村工作委员会共同制定了《京郊旅游发展纲要（2015—2020 年）》（以下简称《纲要》）。《纲要》分 5 个部分，即明确指导思想与发展目标，优化京郊旅游空间布局，加快京郊旅游产品转型升级，推进京郊旅游五大提升工程，健全京郊旅游长效发展机制。《纲要》明确了京郊旅游要以“存量抓升级、增量重转型”为主线，推动京郊旅游从满足人民群众的一般观光游需求向满足休闲度假游需求转型；从简单追求接待规模向挖掘旅游消费潜能转型；从旅游产业单体开发和经营向京郊一体化开发和统一管理营销转型。

（范子文）

【野鸭湖被评定为 AAAA 级旅游景区】2 月 19 日，市旅游委负责同志为新评定的国家 AAAA 级旅游景区延庆野鸭湖景区授牌。

野鸭湖国家湿地公园位于世界文化遗产八达岭长城脚下，总面积 283.4 公顷，是北京唯一一家国家级湿地公园。

【北京市旅游委调研协调古北口旅游专列事宜】2 月 19 日，市旅游委委员负责同志赴密云县对古北口火车站、古北水镇大型旅游项目等地调研，推进古北口旅游专列事宜。针对开通古北口旅游专列涉及到的工程立项、车站改造、设施建设、运营方式、通达景区无缝接驳以及客源市场分析、资金安排和任务分工等问题与密云县旅游委、古北口火车站、古北口镇和公司等单位深入座谈，征集各方意见，明确后续工作基本思路，推进工作进展。3 月 13 日，市旅游委组织召开古北口旅游客运专列工作协调会。会议听取密云县政府、北京铁路局等相关单位关于开通古北口旅游客运专列的工作进展和有关问题的汇报，并就站台改造、候车室和旅游集散中心的设计建设、公路交通建设等方面深入讨论。

【北京市政府召开旅游市场秩序专项整治工作协调会】3 月 19 日，市政府召开旅游市场秩序专项整治工作协调会。会议旨在推进旅游市场秩序专项整治工作的开展，有效地提升相关部门联动执法工作效率，优化首都旅游环境秩序。协调会由市政府副秘书长马林主持，市旅游委负责同志通报旅游市场存在的问题及落实国家旅游局关于开展旅游市场秩序专项整治工作情况。市公安局治安总队、市交通执法总队、市城管执法局相关负责人先后就专项整治工作的协调配合情况，部门职责在旅游市场整治工作中发挥的作用、取得的成果及存在问题等方面作会议发言。市有关部门和西城区、朝阳区、海淀区、昌平区、延庆县六个区县政府相关负责人参加会议。

【旅游市场专项整治巡视检查行动】3 月，市旅游执法大队联合市公安局治安总队、市交通执法总队、市城管执法局组成巡视督导组分别对东城区、西城区、昌平区、延庆县旅游市场秩序，特别是“一日游”市场秩序进行巡视检查。重点对天安门和前门地区存在的散发非法“一日游”广告、非法揽客、“一日游”发车点、购物商店，故宫内散发小广告和揽客行为以及昌平区十三陵景区、居庸关长城景区和延庆县八达岭水关长城、八达岭长城景区的旅游环境秩序开展巡视检查。

【京津冀红色旅游联合推介活动在京举行】4 月 2 日，2014 年京津冀红色旅游联合推介活动在陶然亭公园举办。三地旅游部门以红色旅游为主线，连动其他旅游要素，整合三地旅游资源，形成优势互补、互利共赢，推动三地旅游协同发展，联合推出京津冀十大红色旅游经典线路和春季旅游产品，线路涵盖三地著名红色旅游景区及周边休闲旅游资源。在陶然亭公园中心广场，三地旅游部门代表以京津冀三地版图拼接的方式启动推介活动。国家旅游局、北京市旅游委、河北省旅游局、天津市旅游局代表出席启动仪式，京津冀三地红色旅游景区的代表、媒体代表、北京 16 个区县旅游咨询中心工作人员和志愿者参加推介活动。启动仪式后，“京津冀红色旅游首发团”的 200 名游客乘坐旅游大巴前往三地具有代表性的红色旅游景点及其周边景区参观游览。

【环运河潮白河绿道骑游活动举办】4 月 11 日，由北京市旅游委、北京高端旅游与会议产业联盟联合通州区旅游委共同主办的休闲通州——“环运河潮白河绿道骑游”活动通过州区漕运码头景区举行。骑游活动起点为漕运码头景区，途径阳光国际会议中心、吕家湾村委会、开新农场、减河公园、运河公园五个驿站，到终点运河文化广场，骑程60公里，骑行约3.5个小时，环运河和潮白河沿途水面平均宽200米，经过永顺、潞城、西集三个乡镇，串联起大运河森林公园、开新农场、快乐园农庄等30多个休闲景点，是距离市区最近的一条绿色休闲旅游走廊。

【第80届世界汽车房车露营大会暨首届中国汽车房车露营大会举办】5月31日，由国际汽车房车露营联盟（F.I.C.C.）主办，延庆县人民政府、首旅集团共同承办，国家体育总局汽车摩托车运动管理中心、中国汽车运动联合会汽车露营分会、中国旅游协会、中国旅游车船协会、北京市体育局、北京市旅游委提供支持，中国旅游协会休闲度假分会、中国旅游车船协会自驾游与露营房车分会、北京市旅游行业协会汽车露营旅游分会、北京金色向日葵户外休闲有限公司、华龙旅游实业发展总公司协办的第80届世界汽车房车露营大会暨首届中国汽车房车露营大会在延庆县北京龙湾国际露营公园开幕。国际汽车房车露营联盟主席佩雷拉，北京市副市长程红，国家旅游局副局长、中国旅游协会副会长吴文学，首旅集团董事长段强及国家体育总局汽车摩托车管理中心主任韦迪等有关领导等出席开幕式并致辞。来自39个国家和地区的旗帜在开幕式上入场，现场奏起中华人民共和国国歌和F.I.C.C.（国际汽车露营联盟）会歌。北京龙湾国际露营公园位于延庆县金牛湖畔，总占地面积约180万平方米，毗邻八达岭长城、龙庆峡等著名风景区，是国内首家国际标准的五星级特色露营地，集营位、住宿、娱乐、文化活动于一体，包括主入口广场区、主会场区、房车营位区、儿童游乐区、移动木屋区、帐篷区、篷房区以及服务中心等13个功能区。大会于6月8日结束。F.I.C.C.1933年成立于英国，总部设在比利时布鲁塞尔，其宗旨是提倡环保、节约、以自然和自由的方式度假休闲。目前，会员已覆盖39个国家和地区的69个俱乐部和协会，会员总数超过120万个家庭，350万露营者。世界汽车房车露营大会是F.I.C.C.每年最重要的活动，被誉为汽车房车露营界的“奥林匹克运动会”，本届露营大会是首次在中国举办。

【北京龙湾国际露营公园开园】5月31日，北京龙湾国际露营公园正式营业，国家体育总局汽车摩托车管理中心主任韦迪向北京龙湾国际露营公园授予“首都汽车露营旅游示范营地”金牌。北京龙湾国际露营公园坐落在北京延庆县旧县镇，园内分布有：木屋别墅区、可移动木屋区、水景篷房区、房车营位区、儿童服务区等区域，国内首座软硬件设施兼备的房车露营公园、满足房车露营功能和舒适度，配备充足的房车，自驾车泊位及高品质的木屋、棚房等住宿设施，每个房车营位均配备完善的上下水和电力设施。园中设有洗浴、洗衣、医疗急救等公共服务和垃圾分类、雨水收集等环保设施，配有观光电瓶车和自行车租赁点。

【《绿道旅游服务规范》通过专家评审】6月17日，市旅游委组织召开旅游行业标准《绿道旅游服务规范》专家评审会，中国标准化研究院、北京市园林绿化局、延庆县旅游委、北京联合大学旅游学院、首都经贸大学、延庆京西北旅行社等专家参加会议。与会专家听取《绿道旅游服务规范》编制情况汇报，并对标准征求意见稿进行逐项审查。

【京郊旅游专家入户诊断式培训启动】7月18日，市旅游委组织乡村旅游专家对京郊民俗旅游村、户开展入户诊断式培训，培训自7月开始，10月完成，对140个民俗旅游行政村户诊断培训。首批入户诊断培训时间为7月18—20日，培训对象16个村，包括怀柔长元村等12个村、密云梨树沟村、大兴求贤村、房山水峪村和门头沟赵家台村。每个专家组4名人员（1名工作人员）。48名从事旅游规划、餐饮、礼仪、营销研究的专家参与入户诊断培训。

【发布暑期旅游风向标】7月，市旅游委在暑期到来前，围绕“亲水乐游”策划8条精品旅游产品线路，同时推出《2014暑期北京旅游风向标》，涵盖暑假期。

【联合调研乡村旅游统计工作】9月4日，市旅游委、国家统计局北京调查总队和市统计局有关负责同志到大兴区调研区县旅游综合统计工作和乡村旅游统计工作。1月，大兴区旅游委与区统计局建立区内旅游数据管理平台。实现区、镇两级管理、各旅游接待单位网上直报体系。填报范围涵盖住宿、景区、旅行社、乡村旅游新业态、民俗旅游接待户、工农业旅游示范点等6部分。联合调研组肯定大兴区的工作方法，提出研究完善区县旅游综合统计标准和规范分类办法，指导区县开展旅游统计平台建设，做到市、区（县）数出一门。开展乡村旅游统计课题研究，重新界定范围，核定统计单位名录，全面准确反映乡村旅游对京郊农民增收致富和满足都市居民休闲需求作用。

【北京国际旅游节之延庆世界葡萄博览园活动】10月1日，第十六届北京国际旅游节系列活动在延庆世界葡萄博览园举行。活动以“为祖国干杯”为开场和主线，来自德国、意大利、新西兰、俄罗斯等多个国家的艺术家团队带着各自异域风采参加演出。活动主办方特别邀请的65位10月1日生日的中外代表，与游客欢庆生日。世界葡萄博览园位于延庆县张山营镇集葡萄品种展示、观赏采摘、生态体验、景区游览、科普教育、休闲娱乐等功能于一体，展示葡萄品种一千多种，是国内最大的葡萄主题公园，也是北京地区最大的葡萄采摘基地，被誉为“葡萄业博物馆”。

【第十六届北京国际旅游节启动大兴桃花园等系列活动】10月2日，第十六届北京国际旅游节之系列活动大兴区魏善庄桃花园举行。10月3日，第十六届北京国际旅游节之系列活动在园博园举行，活动以青春、活力、时尚为主题。北京的Power On乐队开启整场活动，由50名青年艺术家组成的来自南美洲智利巴福卡民间舞团通过土著舞表演传播南美智利的民间文化、氏族文化、纹身仪式和对和平的祈福。意大利古典旗舞团表演的举旗、挥旗、舞旗、抛旗，旗舒旗卷，队形变化，威仪豪迈，引得全场观众惊呼不已。10月5日，第十六届北京国际旅游节之系列活动在居庸关长城北关城楼下举行。来自中国的“国粹”京剧表演、俄罗斯萨马拉青少年艺术团、俄罗斯“惊喜与灵感”舞蹈团、意大利古典旗舞团、苏格兰布兰达高地舞蹈团、立陶宛瓦萨民族舞蹈团、印度民俗艺术团等众多外国表演团队进行精彩的环球风情巡游表演，并与各国各地游客零距离互动。10月6日，第十六届北京国际旅游节闭幕活动在京西植物园举行。《远方的客人请你留下来》拉开闭幕式帷幕。

【京郊旅游发展大会召开】10月16日，北京市政府在密云县古北口村召开京郊旅游发展大会。会议旨在贯彻落实国务院《关于促进旅游业改革发展的若干意见》（国发〔2014〕31号）、《国民旅游休闲纲要（2013—2020年）》（国办发〔2013〕10号）等重要文件精神，推动京郊旅游转型升级。副市长程红主持会议，北京市委常委牛有成出席并作重要讲话。市旅游委副主任安金明作题为《继往开来转型升级再创京郊旅游新篇章》京郊旅游发展工作报告，大兴区政府、昌平区旅游委、延庆县珍珠泉乡等相关领导和金福艺农农业科技集团公司等部分企业代表参加会议并作典型经验发言。会上，市旅游委和市农委共同发布《京郊旅游发展纲要（2015—2020年）》，明确推动京郊旅游转型发展的产品、环境、服务、品牌、素质等五大提升工程。市旅游委和北京市农业融资担保公司签订协议，启动全国首个旅游融资担保服务体系。

【APEC系列峰会环境整治工作协调部署会召开】为做好APEC会议接待保障工作，确保APEC系列峰会期间北京旅游市场环境秩序良好。10月24日，市旅游委组织召开旅游环境整治工作协调部署会，通报《2014年APEC会议旅游环境整治和运行保障工作方案》。

【首届金融推动北京汽车露营旅游发展研讨会召开】12月9日，由市旅游行业协会主办，市旅游行业协会汽车露营旅游分会承办的“首届金融推动北京汽车露营旅游发展研讨会”在京召开。研讨会旨在研究探索新形势下汽车露营旅游企业与金融机构的合作模式，推出露营旅游金融产品，建立和完善露营旅游金融服务支撑体系，以市场机制促进北京汽车露营旅游快速可持续发展。北京产权交易所、北京国资融资租赁股份有限公司和北京旅游发展基金3家金融服务机构分别介绍业务领域优势特点及服务对接模式，并与市旅游行业协会签订战略合作协议。市旅游委主任宋宇出席会议并致词。各区（县）旅游委、汽车房车露营旅游企业，北京产权交易所、北京国资融资租赁股份有限公司、北京旅游发展基金等有关部门和单位的负责同志，以及新闻媒体记者等近200人参加会议。

【京津冀旅游协同发展】12月12日，京津冀旅游协同发展第三次工作会议在河北省张家口市崇礼县召开。会议通报8月5日京津冀旅游协同发展第二次工作会议以来工作进展情况，讨论通过京津冀旅游局（委）协同合作设置交界处道路旅游交通标志牌、举办旅游投融资对接会、开展“旅游惠民大拜年”活动等6个具体工作对接方案，将京津冀旅游协同发展推进到“加速对接、项目落地”的新阶段。京津冀三地旅游局（委）主要领导、分管区域合作主管领导及相关业务处室负责同志，部分区县旅游部门负责同志，三地部分媒体代表出席会议。2014年，围绕习近平总书记关于京津冀协同发展的讲话精神，按照京津冀三地党委、政府工作部署，三省市旅游部门先后在北京和天津举行京津冀旅游协同发展工作会议，明确“旅游先行”的工作思路，确定并完善细化协调机制一体化、市场营销一体化、管理服务一体化、规划布局一体化的“四个一体化”举措，建立京津冀旅游协同发展工作协调机制，巩固提升三地已有旅游区域合作水平，开拓旅游协同发展新局面。5月和8月，北京旅游资源交易平台分别与河北省旅游局和天津市旅游局签署战略合作协议，津冀地区已经有90个项目上线，涉及投融资金额逾百亿元。北京市、天津市旅游集散中心已先后开通至避暑山庄、北戴河、白洋淀、野三坡、山海关等景区的旅游直通车专线10余条。建立网站联席会和旅游咨询服务合作机制，开设“京津冀旅游专栏”。利用“北方十省市旅游精品线路推介会”等平台，三地联合宣传精品旅游线路，鼓励区域内互游。按照依法治旅的要求，研究制定联合执法的长效机制。

【北京、张家口联合发布冬季冰雪旅游产品】 12月29—30日，2014—2015年度北京—张家口冰雪产品新闻发布会暨冬季旅游资源推广活动在河北省张家口崇礼举办。活动由北京市旅游委联合河北省张家口市旅游局及平谷、怀柔、延庆、密云旅游委共同举办，是京冀两地旅游部门首次联合组织的一次冬季冰雪旅游推广活动，发布十条冰雪旅游产品，两地媒体、旅行社对冰雪产品进行踩线，资源单位与旅行社、媒体之间实现直接对接。北京市旅游委，河北省旅游局，张家口市副市长出席发布会。冰雪旅游产品线路包括崇礼“京张携手申冬奥，万民畅游张家口”；平谷“走进冬世界，冰上过大年”；怀柔“登长城、品虹鳟、享文化”；密云“品味乡村，美食滑雪”；延庆“欢乐冰雪，五彩延庆”。

（杨慧艳）

【北京农业嘉年华】 第二届北京农业嘉年华。由昌平区政府主办、北京农业嘉年华组委会承办，于2014年3月15日至5月4日在昌平区草莓博览园成功举办。活动为期51天，累计接待入园游客98.5万人次，单日最高游客接待量突破7.57万人次，实现总收入2.73亿元，生动体现了“自然、融合、参与、共享”的主题，充分彰显了农业“用生态方式传承文化，用生活方式诠释乡愁，用生产方式满足消费”的理念，创新了都市型现代农业实现形式，正在成为首都农业发展的新名片。

场馆布置新颖别致。按照“一展两区三乐园”的活动规划，设置了全国休闲农业创意精品展、农业艺术体验区、草莓科技博览区、农事体验乐园、拓展休闲乐园、主题狂欢乐园六大功能板块。广泛应用现代科技和文化元素，精心布置“瓜样年华”“紫蔬探秘”“幽兰奇境”“五谷道场”“奇妙乐园”“草莓隧道”“草莓天瀑”“蜂彩世界”“蘑幻王国”等9大主题展区。

招展组展精品荟萃。来自全国29个省、市、自治区的近千种产品创意，近200种景观创意精品集中亮相，450多家农业企业参展，进一步提升了活动的层次。“优质农产品展销活动”吸引地标产品生产企业18家，食品生产企业48家，京郊特色农产品生产企业14家，实现了游客在园区“有得看、有得买”。

主题活动丰富多彩，举办了十余项主题活动。

抽样调查显示，市民以家庭成员或亲朋好友为单位直接参与活动的比例由上年的70%提高到90%，30%以上的游客参加过首届北京农业嘉年华，90%以上的游客反映第二届活动的展示效果和服务质量好于首届，95%以上的游客表示以后会继续参加类似活动。

各类团体赞许有佳。新闻关注热度不减。累计有境内外200多家各类媒体、800余名记者参与报道。

带动效应彰显。借力广泛的宣传报道，农业嘉年华集中展示了都市型现代农业的多种功能，吸引了更多人士关注农业。

经济效益显著。活动期间，园区实现直接经济收入3 510.47万元，比首届增长15.6%。其中：门票销售15.31万张，门票收入637.79万元，分别比首届增长5.8%和5%；园内各场馆销售收入2 872.68万元，比首届增长18.3%。

（范子文）

郊区生态与基础设施建设

农村生态环境建设

【努力做好元旦、春节、全国“两会”等节日期间农村环境保障】为认真做好“两节”期间的农村环境保障工作，提升农村环境建设水平，展示农村环境建设成果，营造“干净、整洁、欢乐、祥和”的节日气氛。市农委制定下发了《关于认真做好2014年元旦、春节期间农村环境保障工作的通知》，组织郊区各区县从加强重点区域环境治理、强化农村环境日常保洁、组织开展农村环境大扫除活动、做好公厕保洁和垃圾清运工作、健全环境保障应急反应机制、加强督促检查和落实等几个方面入手做好农村环境保障工作。根据《关于开展2014年全国“两会”期间农村环境检查工作方案》要求，2月中下旬，市农委以暗查的形式对各郊区县全国“两会”农村环境保障工作进行了检查。其中，把露天焚烧垃圾作为重中之重的内容进行了强化检查。涉及13个区县，63个乡镇，138个村庄。通过检查，各郊区县道路沿线及村庄周边白色树挂基本消除，村内街巷乱堆乱放、乱倒垃圾、乱倒污水、卫生清整不及时等问题得到有效治理。但也发现个别村庄存在外部周边垃圾积存较多、村内垃圾清运设施短缺、随意露天焚烧垃圾等问题，尤其是城乡结合部村庄更为突出。针对检查中发现的30处环境问题，市农委及时下发了9份环境限期整改督办单，要求相关镇村及时整改。

（诸葛绪光）

【部署郊区农村环境建设工作】4月11日，市新农办召开2014年郊区农村环境建设工作会议，总结2013年农村环境建设工作，部署2014年任务。会议指出，要继续巩固农村环境建设成果，切实加强农村环境建设工作，重点围绕2014亚太经合组织领导人非正式会议和国庆65周年活动，积极开展农村环境综合整治活动。会议要求，一是深刻领会、准确把握，进一步提高对农村生态环境建设重要性的认识。二是明确目标、突出重点，全力做好2014年农村生态环境建设工作。突出抓好垃圾乱倒乱烧、污水横流、私搭乱建、厕所脏臭“四大顽疾”的整治，做到“干净整洁、规范有序、优美靓丽”。三是完善机制，稳步推进，确保全年各项任务顺利实施。要加强领导，形成合力；明确任务，落实责任；加强督查，确保实效。13个郊区县农村环境建设主管部门负责同志参加了会议。

（诸葛绪光）

【开展五一节前后农村环境集中整治活动】为进一步提高农村环境管理水平，切实改善农村村容村貌，确保以干净、整洁、优美、有序的农村环境迎接五一国际劳动节，市农委于4月16日至5月5日，在郊区农村地区开展了五一节前后环境卫生集中整治活动。活动要求各区县严格按照《北京市市容环境卫生条例》《关于加强北京市农村地区环境卫生日常运行管理工作的指导意见》的要求，集中时间和力量，采取强力措施，突出抓好垃圾乱倒乱烧、污水横流、私搭乱建、厕所脏臭“四大顽疾”的整治。通过开展整治活动，达到环境卫生明显改善、农村形象明显提升、长效管理措施进一步健全的效果。

（诸葛绪光）

【全面部署“三夏”期间生活垃圾和秸秆禁烧工作】为防止“三夏”时节出现露天焚烧生活垃圾和秸秆的问题，6月11日，市新农办对做好农村地区禁止露天焚烧生活垃圾和秸秆工作做出全面部署。一是提高思想认识。从改善人居环境质量、促进农业和农村健康发展、建设美丽北京的战略高度，充分认识露天焚烧的严重危害性，增强工作紧迫感。二是加强组织领导。加强“禁烧”工作的领导、组织和协调，按照属地管理原则，落实责任，各相关部门要相互配合、齐抓共管。三是加强垃圾、秸秆清运工作。按照“户分类、村收集、镇运输、区（县）处理”的模式，实施农村地区生活垃圾规范化管理，加大重点区域垃圾清运作业次数，做到生活垃圾日产日清、密闭收运。督促农户及时清理堆积在田间地头、街边路旁、房前屋后的秸秆、生活垃圾，防止出现焚烧生活垃圾和秸秆现象。四是加大监督检查力度。对主要路段、敏感区域、农业主产区以及城乡结合部等重点区域和薄弱环节，采取全天候、拉网式巡查等方式进行不间断检查，对露天焚烧垃圾和秸秆的行为，发现一起，处理一起。五是加大宣传教育力度。广泛宣传露天焚烧秸秆、生活垃圾对首都空气质量、市民身心健康带来的危害；宣传《中华人民共和国大气污染防治法》《北京市大气污染防治条例》等相关法律知识，发放《农村地区禁止露天焚烧》等宣传材料，有效增强广大群众保护环境的责任意识。

（诸葛绪光）

【开展农村地区禁止露天焚烧专项检查】6月17—23日，市新农办组织人员对各区县禁止露天焚烧情况进行了检查。检查组先后深入到大兴、通州、顺义、平谷、怀柔等8个涉农区县的32个乡镇、65个村庄，查看村庄周边、田间地头等处有无露天焚烧生活垃圾和秸秆的问题。累计发现露天焚烧生活垃圾4处，露天焚烧秸秆1处。对检查中发现的问题，检查组及时通知相关区县进行了整改。同时，各区县主管部门也组织人员实行不间断巡查。通过各方努力，露天焚烧生活垃圾、秸秆的现象得到有效控制。

（诸葛绪光）

【部署“迎国庆、备亚太”农村环境百日整治活动】7月29日，市农委召开“迎国庆、备亚太”农村环境百日整治工作部署会，对国庆、APEC会议召开期间的农村环境保障工作进行全面动员和部署。会议强调，一是准确把握当前形势，克服倦怠松懈思想，切实增强做好整治活动的责任感和紧迫感。按照筹办2008年奥运的标准，高质量完成农村环境整治任务。二是坚持原则、注重细节，力求整治活动取得实效。要因地制宜、突出重点，有序开展、稳步推进，实事求是、务求实效。三是加强组织领导，密切部门协作，确保活动顺利进行。要加强领导，明确责任；广泛发动，积极参与；强化督查，狠抓落实。会前，与会人员实地观摩了APEC会场及周边设施的建设情况、雁栖湖周边的环境整治情况、怀柔区桥梓镇后桥梓、前茶坞等村及沿线环境建设情况。会上，怀柔区、朝阳区围绕APEC会议环境保障情况做了典型发言。首都环境办、市市政市容委、市环保局有关负责同志讲话并提出了有关要求。郊区各区县新农办、农村环境建设和生态示范创建工作主管部门负责人参加了会议。根据活动安排，从7月29日开始，至APEC会议结束，郊区13个区县全面开展了村庄环境整治活动，重点对进出京道路、铁路、河道两侧可视范围内的村庄、重点小城镇政府驻地、旅游景点周边村庄、民俗旅游村和新型农村社区等区域进行整治。主要包括清理积存垃圾、清理乱堆乱放、清理乱贴乱画、治理村管水系、治理私搭乱建、治理露天焚烧和提升农村环境管理水平等内容。通过整治，基本实现了脏乱现象有效遏制，村容村貌明显改善，农民文明素质有所提高的目标，为新中国成立65周年和APEC会议的召开营造了良好的环境氛围。

（诸葛绪光）

【开展“迎国庆、备亚太”农村环境百日整治活动专项检查】根据“迎国庆、备亚太”农村环境百日整治工作部署会安排，8月20—28日，市农委对13个郊区县的41个乡镇、96个村庄进行了环境专项检查。从检查情况来看，“迎国庆、备亚太”农村环境百日整治活动开展近一个月以来，郊区农村环境取得阶段性成效。各区县高度重视此次整治活动，区县、乡镇分别召开不同层次的专题会议，对活动进行层层动员和部署。同时，各区县按照活动要求，重点对主要进出京道路两侧村庄、APEC会议周边村庄、城乡结合部村庄、旅游景点周边村庄等进行大规模排查，并对排查出的环境问题建立整治台账，采取不同举措开展整治。怀柔区借助举办 APEC 峰会契机，全面落实农村环境精细化管理，完善各项规章制度，保证了村庄内外，铁路、公路、河道卫生保洁全覆盖；顺义区加快实施 APEC 会议沿线环境整治项目，对机场北线回民营桥两侧环境、高速路及京密路沿线环境进行了整治；大兴区投资 4 050 万元对安定、旧宫等四处非正规垃圾场进行了治理，并投入 7.5 亿余元用于进京印象的京开、京九等重点区域的环境整治。

（诸葛绪光）

【**首次针对农村大气污染防治工作举办培训**】9 月 16 日，市农委联合市城管执法局首次针对农村地区大气污染防治工作举办培训班，200 余名来自郊区各区县农村环境建设部门、乡镇的负责同志参加培训。培训班邀请了在大气污染控制、农作物综合利用和露天焚烧管理等方面有着深入研究和丰富实践经验的专家、教授进行专题授课。培训围绕农村地区大气污染的成因、治理的主要方法、措施、农作物秸秆综合利用与推广、农村禁止露天焚烧工作执法与处罚、“四公开一监督”实施细则以及各部门在实际工作中如何联合开展工作等内容进行了详细讲解。专家还现场解答了参训学员提出的问题，并提出了合理化建议，得到了学员的广泛好评。

（诸葛绪光）

【**积极落实国庆环境保障工作，全面开展农村地区环境检查**】按照《北京市庆祝中华人民共和国成立 65 周年环境保障工作方案》要求，市农委结合“迎国庆备亚太”农村环境百日整治活动，于 9 月下旬组织开展了农村地区环境检查工作。检查采取听取汇报、实地查看、拍照留档、现场打分等方式，重点检查了雁栖湖生态示范区周边、城乡结合部地区、旅游景区（点）周边以及主要进出京道路、铁路沿线等区域的村庄，涉及怀柔、顺义、朝阳、密云等区县的 67 个乡镇、212 个行政村。通过检查了解，郊区各区县在组织实施“迎国庆备亚太”农村环境百日整治活动过程中，思想重视、组织严密、措施有力，工作成效及特点明显。活动开展以来，郊区各区县严格按照工作要求，认真制定工作方案，层层进行动员部署，对垃圾乱倒乱烧、污水横流、私搭乱建、厕所脏臭等痼症顽疾开展了全面整治，解决了一大批环境脏乱差问题，农村环境面貌有了一定的改观，整治活动取得显著成效。据各区县统计上报，各区县累计出动农村保洁员和群众 30 余万人次，各类车辆 4.3 万余台次，清理乱堆乱放 2 万余处，清理乱写乱画 8 000 余处，清理卫生死角 5 000 余处。

（诸葛绪光）

【**紧急部署农村地区 APEC 会议环境保障工作**】10 月 11 日，市农委召开农村地区 APEC 会议环境保障工作紧急会议，传达学习 2014 年 APEC 会议北京市筹备工作动员大会精神，并对农村环境百日整治活动进行再动员、再部署。会议首先传达学习了 2014 年 APEC 会议北京市筹备工作动员大会精神、市农委王孝东主任有关做好 APEC 会议期间农村地区环境保障工作的指示。会议要求郊区各区县深刻领会会议精神，进一步增强责任感和紧迫感，集中精力抓好各项环境整治任务的落实，打好关键时刻的攻坚战。对于下一步工作，会议要求：一是区县要重视、镇村要行动、主管部门要督查。二是突出重点时段、重点地区和重点内容。三是通报表扬一批先进典型，批评查处一批反面案例，重点曝光一批突出问题。会议还通报了 8、9 月农村环境检查情况，并对下一步检查工作进行了部署。郊区 13 个区县的农村环境建设主管部门负责同志参加了会议。

（诸葛绪光）

【**北京郊区 APEC 会议环境保障工作总结交流会召开**】11 月 26 日上午，北京郊区 APEC 会议环境保障工作总结交流会召开。会议对 APEC 会议期间郊区农村环境保障工作情况进行了全面总结，并交流了经验体会。自 7 月 29 日开展 APEC 会议期间农村环境百日整治活动以来，郊区各区县、各镇村严格按照活动要求，精心组织，周密部署，真抓实干，攻坚克难，迅速掀起了整治活动的高潮。活动期间，各区县共有出动各类人员 35 余万人次，出动各类车辆 4.5 万余台次，清理积存垃圾约 10 万吨、乱堆乱放 2 万余处、乱贴乱画 2 万余处，私搭乱建 2 000 余处、捡拾白色污染 300 余千克。活动成效主要体现在四个方面，一是空气质量得到有效控制；二是会场核心地区环境优美靓丽；三是会议沿线无脏乱现象；四是农民素质显著提高。收获了四点启示：一是政府的组织号召能力是重要保障；二是群众的广泛参与是重要的基础保障；三是部门合作协调是重要的机制保障；四是资金投入力度是主要的支撑保障。与会人员认为，一要全面总结APEC会议环境保障新经验。认真地总结和归纳各区县在农村环境体制、机制建设等方面的经验和做法，进一步建立健全农村环境建设体制机制。二要准确把握农村环境建设新形势。牢固树立“环境建设没有最好、只有更好”“只有进行时、没有完成时”“环境建设永远在路上”等理念，把环境建设作为一项长期任务，常抓不懈。三要努力实现农村环境建设“新常态”。努力使农村环境建设工作走向规范化、精细化和常态化，实现“三个转变”：一是实现由突击整治状态向巩固保持状态的转变；二是实现由战时状态向正常状态的转变；三是实现由政府主导状态向群众自觉状态的转变。

（诸葛绪光）

绿化建设与管理

【概述】 2014年，全市新增造林绿化面积2.5万公顷，其中平原造林完成2.37万公顷（35.5万亩）、山区完成人工造林666.67公顷，新增城市绿化面积1 019公顷。全市林木绿化率达到58.4%，森林覆盖率达到41%；城市绿化覆盖率达到47.4%，人均公共绿地面积达到15.9平方米。全市320万人次以各种形式参加义务植树活动，植树360万株，认建认养绿地698公顷、树木6.8万株。深入开展绿化美化“六进”“六美”创建活动，全年创建花园式单位120个、花园式社区40个、园林小城镇5个、首都绿色村庄80个。积极推进“市花月季进社区”，通过多种方式投入资金近1 400万元，70个社区进行月季规模化种植。开展首个“世界野生动植物日”“国际森林日”和“北京湿地日”等生态科普宣传活动，弘扬生态文明新风尚。首次开展亚太经合组织（APEC）会议碳中和林植树活动，会议期间造成6 371吨二氧化碳排放将通过营造84.93公顷碳汇林以实现碳中和。

（齐庆栓）

【平原地区造林工程】 2014年内，按照“整体推进、突出重点、打造精品、彰显特色”的要求，北京市重点建设12处有特色、高品位、多效益的大规模城市森林区域，即“两园、两线、三带、五区”。“两园”，即：东郊森林公园建设，青龙湖森林公园建设。“两线”：围绕APEC会议，对京承高速、机场南线、雁栖联络线两侧绿化带进行加宽加厚和景观提升；南水北调干线—京密引水渠绿道建设、两侧绿化带加宽加厚和景观提升。“三带”，即：永定河、潮白河、北运河三条绿带建设。“五区”，即：在新航城周边、延庆世界园艺博览会、昌平西部风沙危害区、密云大沙河风沙危害区、顺义舞彩浅山重点区域。完成造林35.5万亩（2.37万公顷），植树1 800万株，完成东郊森林公园、青龙湖森林公园、APEC会议等重大活动生态服务保障工作，2011—2014年，全市完成平原造林95万亩（6.33万公顷），植树5 100余万株，平原地区森林覆盖率从14.85%提高到24.5%，净增9.65个百分点。其中在“两环、三带、九楔、多廊”空间布局规划范围内造林26.6万亩（1.77万公顷）；突出实施六环内造林绿化4.8万亩（3 200公顷）［其中利用拆迁腾退地造林1.4万亩（933.33公顷）］；利用废弃沙石坑和沙荒地实施造林7.34万亩（4 893.33公顷）；利用废弃坑塘藕地绿化2万余亩（1 333.33公顷）。在密云、怀柔、顺义等地下水严重超采区实施造林9万亩（6 000公顷）；在京密引水渠、南水北调干线两侧的水源保护区建设绿色保护带1.2万亩（800公顷）；在密云、怀柔、平谷和延庆等生态涵养区实施造林6.67万亩（4 446.67公顷）。加强京津保中心区生态建设，在房山长沟、小清河建设8 000余亩（533.33公顷）湿地森林，在北京新机场周边建设2.7万亩（1 800公顷）大片森林；加快连接三省市的重点河流、公路绿色通道建设，在永定河、潮白河、北运河两侧实施绿化3.7万亩（2 466.67公顷）和拒马河沿线造林3 800亩

(253.33 公顷)，在京津第二高速两侧实施造林 9 100 亩(606.67 公顷)、京港澳两侧 5 200亩 (346.67 公顷)。

(齐庆栓)

【山区营造林示范经营】 2014 年内，全市各级园林绿化部门把森林健康经营工程当作重点工程，成立 161 支专业施工队伍开展林木抚育经营，通过严把“六关”，即：方案编报审查批复关、经营技术培训交流关、督促检查关、施工组织管理关、舆论宣传关和工程核查验收关，保证森林健康经营工程的建设标准和质量。全市 2014 年度 4 万公顷森林健康经营任务圆满完成，其中重点抚育区完成 1.4 万公顷，一般抚育区完成 2.6 万公顷。共计投入资金 1.6 亿多元，完成补植补造 4 768.27万公顷 855 908 株、间伐定株 1.19 万公顷 1 122 452 株、修枝割灌 1.32 万公顷、除蘖 2 656.53 公顷、松土扩堰 9 674.87 公顷、涂白 255.2 公顷、平茬复壮 4.33 公顷、修建林间道路77 524延米、人工作业步道402 027延米、建设生态用水保障设施 6 处。

(齐庆栓)

【山区生态建设全面推进】 2014 年内，北京市完成京津风沙源治理、三北防护林建设、太行山绿化等国家级生态工程，完成人工造林 666.67 公顷，封山育林 2 000公顷，低效林改造 1 800 公顷，彩色树种造林 1 333.33 公顷。完成森林健康经营 4 公顷、建成示范区 22 处。完成公路河道绿化 300 千米。完成 95 个重点村绿化 593.33 公顷，建设村镇休闲绿地 200 余处，完成京冀生态水源保护林 6 666.67 公顷，栽植苗木 845 万株。

(齐庆栓)

【开展全民义务植树活动】 2014 年内，市区两级绿化部门继续坚持面向社会公布社会义务植树接待点做法。各区县共接待社会团体、家庭和个人达 6.1 万人次，植树 15.4 万株；各区县在义务植树新植地块主要安排在平原造林工程项目中，其中接待社会义务植树在平原造林范围内有 7 处、95.33 公顷，占全市公布接待总面积 56.5%；在平原造林中开展义务植树活动 112 次，接待社会义务植树 4.9 万人次，参与植树 280 公顷。

(齐庆栓)

【重大义务植树活动】 4 月 4 日，党和国家领导人习近平、李克强、张德江、俞正声、刘云山、王岐山、张高丽等来到北京市海淀区南水北调团城湖调节池参加首都义务植树活动。3 月 21 日，中央军委副主席范长龙、许其亮，国防部长常万全，总参谋长房峰辉、总后勤部长赵克石，空军司令员马晓天等军委领导、四总部领导和驻京部队各大单位领导等 96 名将军，来到北京市通州区宋庄镇东郊森林公园华北树木园南门区参加义务植树劳动。3 月 29 日，来自中共中央直属机关、中央国家机关各部委、单位和北京市 172 名部级领导干部，在北京市昌平区北七家镇未来科技城北京市平原造林工程项目区参加以“履行植树造林义务，实现美丽中国梦想”为主题的 2014 年共和国部长义务植树活动。4 月 10 日，全国人大常委会副委员长兼秘书长王晨、副委员长沈跃跃、吉炳轩、张平、向巴平措、艾力更・依明巴海和全国人大常委会、全国人大专门委员会部分人员，集体乘车来到北京市丰台区北宫国家森林公园参加首都义务植树劳动。4 月 11 日，全国政协副主席罗富和、张庆黎、李海峰、苏荣、卢展工、王正伟、马飚、刘晓峰和全国政协机关工作人员 400 余人，来到北京顺义区参加义务植树活动。

(齐庆栓)

【第 30 个首都义务植树日活动】 4 月 5 日是首都第 30 个全民义务植树日。以“弘扬生态文明、建设美丽北京”为主题，组织各区县、各系统、各部门干部群众开展形式多样的义务植树和绿化美化活动。据统计，在首都第 30 个全民义务植树日期间，全市有 163.1 万人次参加形式多样的义务植树劳动，栽植各类树木 142.4 万余株，挖坑 159.6 万个，动土方 181.2 万立方米，养护树木 664.8 万株，清扫绿地 1 311.1万平方米，发放宣传材料 488.8 万份，爱绿、植绿、护绿活动达到新的高潮。

(齐庆栓)

【完成节日庆典花卉布置】 2014 年内，圆满完成国庆 65 周年城市花卉景观布置和烈士纪念日敬献花篮活动服务保障任务，全市共摆放立体花坛近 500 处，地栽花卉约 40 万平方米，花钵、花箱 1 万余个，应用花卉品种 150 余个，总用花量超过 2 200 万盆(株)。国庆期间开展首都各界盛大游园活动，全市 373 家公园免费开放，举行文艺演出 21 场。

(齐庆栓)

【完成 APEC 峰会景观环境保障】 2014 年内，北京市推进雁栖湖生态示范区公共景观以及核心岛的绿化美化建设。完成绿化面积

400余公顷，栽植乔木14万株、灌木70万株、地被158公顷，打造“一核、一环（八景）、一带”优美生态景观。同时，结合平原造林工程，全力抓好京承高速、机场南线等主要联络线外侧原有林带的加宽加厚和景观提升工作，栽植乔木7 200多株、灌木4万余株、草坪地被25.3公顷，实现“绿不断线、景不断链、色彩丰富、景观优美”目标。着力提升奥林匹克公园及其周边道路绿化景观，栽植乔灌木9万株、花卉地被5万平方米、绿篱8 000平方米，确保会议期间园林绿化景观效果。

（齐庆栓）

【城市绿色空间持续拓展】2014年内，北京市建成朝阳弘善家园、海淀建西苑、丰台马家堡、郭庄子等30处休闲公园；完成200千米市级健康绿道建设，其中三山五园、环二环东西城段已全面开放；完成棚户区绿化改造和拆违建绿200余公顷、老旧小区绿化改造72处、胡同街巷景观提升49处，实施屋顶绿化18万平方米、垂直绿化61千米。

（齐庆栓）

【建设城市健康绿道】2014年内，市园林绿化局、市发展改革委、市财政局联合下发《关于加快北京市市级绿道建设工作的意见》和《2014年北京市绿道工程建设工作方案》，明确2014年全市绿道建设总体任务、时间安排、资金保障和项目实施保障措施。同时，编制下发《北京市区县绿道体系规划编制指导书》和《北京绿道规划设计技术导则》等技术文件，为绿道建设提供技术支撑。推进200千米市级绿道建设和398千米市级绿道前期立项工作。截至目前，全市市级绿道已完成212千米。其中三山五园绿道已全面开放；环二环绿道东、西城段已全面开放；丰台园博绿道完成开放。温榆河绿道昌平、通州段基本完成建成开放。

（齐庆栓）

【2019年世界园艺博览会筹办工作启动】2014年内，北京市国际展览局第155次大会一致表决认可2019年中国北京世界园艺博览会（以下简称世园会）并授予局旗，标志着北京世园会全面完成国际批准和认可程序，正式纳入认可类世博会范畴，上升为国家行为。世园会组织体系全面完善，在中国政府成立组委会、执委会的基础上，北京市正式组建并挂牌成立北京世界园艺博览会事务协调局。编制完成世园会园区概念性规划综合方案，京张高铁、国道110二期、兴延路等重大基础设施建设有序进行，世园会总体策划方案编制、宣传推介、招商招展等工作进一步加快。

（齐庆栓）

【完成APEC相关绿化美化工作】2014年内，北京市完成雁栖湖生态示范区绿化建设。该工程包括雁栖湖生态发展示范区公共区、雁栖岛绿化两部分，绿化面积395.5公顷。着力打造“一核、一环（八景）、一带”景观架构。“一核”，即雁栖岛绿化景观工程，工程建设包括会议中心、酒店、别墅等庭院及其周边绿化景观建设，绿化面积47.5公顷；“一环”，即沿范崎路、南环路、北环路沿线及雁栖湖东岸形成围绕雁栖湖的绿化景观工程，绿化面积293.6公顷，共建成松云邀月、五峰秋韵、翠荫掩黛、古槐溪语、雁坝览胜、柏崖印记、雁栖畅观、螺山霞妆八大景观节点，简称“雁栖八景”；“一带”，即西、北部生态山林修复工程，绿化面积54.4公顷，针对雁栖湖西侧、北侧山体视线节点进行景观提升和生态修复。共栽植乔木14万株、灌木70万株，花卉及草坪地被共158公顷。重点完成京承高速（太阳宫桥至怀柔桥段）护网内绿化景观提升工程。共栽植乔木7 206株、灌木39 679株、草坪地被25.3公顷。提升奥林匹克公园及其周边道路绿化景观。针对奥林匹克公园公共区，鸟巢、水立方、国家会议中心红线范围内，以及奥林匹公园周边道路绿地实施改造提升工程，即在原有绿化基础上增加常绿树和色叶树，保证APEC会期园林景观效果。共栽植乔灌木9万株、花卉地被5万平方米、绿篱8 000平方米。组织专业人员编制完成了APEC会议“三区、八线、四周边”花卉布置工作。

（齐庆栓）

【北京健康绿道建设】2014年内，以“服务市民健康生活，推进滨河、郊野公园绿道建设”议案办理工作为契机，北京市编制完成《北京市级绿道建设总体方案（2013—2017年）》，确定北京市级绿道“三环、三翼、多廊”的总体布局；起草完成《北京市绿道建设工作意见》《北京绿道设计建设导则》《绿道标识系统设计方案》等各类指导性文件；启动海淀三山五园绿道、丰台园博绿道、环二环绿道、温榆河滨水绿道等示范建设，其中三山五园绿道、园博绿道已获市发展改革委批复，开始施工建设；区县级绿道规划编制工作正在展开，其中顺义、丰台、大兴、通州等区级绿道规划区已率先完成。

（齐庆栓）

【圆满完成国庆游园活动】 2014年内，国庆期间天坛公园、朝阳公园、园博园、陶然亭公园、玉渊潭公园等5家集中游园公园文艺演出21场，摆放立体花坛30个，地栽花卉6万平方米，涉及150余个花卉品种，布置花钵花箱1 700个，用花总量约300万盆株，营造出浓厚的节目气氛。5个游园公园十一当天共接待游客17.8万人，4个热点公园接待游客15.6万人，全市387个公园共接待游客146万人。为确保集中游园公园的安全，全市373家公园免费开放。

（齐庆栓）

【打造公园风景区公众服务品牌】 2014年内，北京市扩大100条健康行走路线、100项文化活动、100片最美赏花区和赏彩叶区、100项园林文化创意产品和100张公园风景区美图影响力，开放更多公共资源。与体育部门合作公园风景区50条健身步道标识系统改造建设工作。与北京文艺广播共同搭建“北京公园风景区绿色播报”平台以及“北京公园和风景名胜区”官方网站、“北京公园和风景区”微博和微信等多种途径，向公众发布公园风景区动态信息，进一步打造“美丽北京，美丽园林”公众服务品牌。

（齐庆栓）

【开展首都群众性创建活动】 2014年内，北京市在城区广泛开展“花园进社区”“绿植进家庭”、胡同街巷绿化等身边增绿活动；推进绿化美化进单位、进学校、进社区、进乡村、进军营、进家庭等“六进”活动。引导市总工会积极开展“绿色进单位”绿化活动，市妇联开展“身边增绿”“绿色进家庭”主题绿化活动，市教委开展“弘扬生态文明，共建绿色校园”“绿色进校园”活动，团市委实施“绿色北京”——青年行动计划。加强与中央、市属、区属单位，企业等其他社会单位沟通联络，及时摸清、准确掌握各单位的绿化情况和创建意向，加强技术指导，跟踪做好创建服务，全年创建首都花园式街道1个、社区53个、首都花园式单位146个。

（齐庆栓）

【推进“市花月季进社区”工活动】 2014年内，北京市制定下发《关于进一步加强“市花月季进社区”工作的通知》。5月份与北京广播电台、北京花卉协会大兴区政府在大兴区林校街道举办市花月季进社区启动仪式，6月份先后在北京市翠微小学、北京市八一中学开展市花月季进校园活动，9月份组织“精品市花月季社区”创建工作观摩会。大兴区开展“市花我来学，月季文化进万家；市花我来种，月季花开进万家；市花我来护，文明礼仪进万家”等系列主题活动，东城、西城区分别开展“六美”创建和“美丽西城”建设，把万株月季送进居民家中，鼓励居民美化家庭，陶冶情操收到很好效果，丰台区“市花月季进社区，绿色植物进家庭”活动贴近市民，群众欢迎，市属媒体给予多方报道，影响强烈；海淀区、石景山区把市花月季推进中小学校园；通州区建立社区月季党员园、亲子园；怀柔区开展的让市花月季为APEC峰会服务保障增姿添美等活动，均收到非常好的效果。全市16区县通过政策引导，街乡镇扶持，企业赞助，居民多种方式参与等，投入资金近1 400万元，在70个社区进行市花月季规模化种植工作，新增月季种植面积近11万平方米，新栽植各类月季109万余棵，9月下旬至10月底，市对16个区县筛选上报符合申报“市花月季精品社区”条件40个社区进行评审，评选出东城国瑞城中社区、朝阳区和谐雅苑社区、大兴区永华南里社区、昌平区回龙观北二社区等30个“市花月季精品社区”。

（齐庆栓）

【全市推行公园精细化管理】 2014年内，在全市范围推行公园精细化管理，在2013年26家公园试点精细化管理工作的基础上，年内全市公园推行精细化管理，建立和实施“一制度六台账”，逐步提升全市公园管理水平和服务能力。市局对各区县精细化管理工作进行综合考评。考评包括统一汇报和实地考查两部分：由各区（县）汇报今年全区（县）精细化工作推进的整体情况及参评公园精细化管理工作实施情况。市局对参评公园进行实地检查，结合汇报和检查两方面情况进行打分排名。考评成绩纳入全年绩效考核。

（齐庆栓）

【加强森林防火】 2014年内，全市共接报火情103起，形成一般森林火灾1起，与上年持平；过火林地面积0.9公顷，同比下降86.0%。严格落实森林防火岗位责任制，全市签订各类森林防火责任书21万份。市园林绿化局领导班子2次分7组带队检查督导森林防火工作。市森防办7次共派出35个工作组。全市森林公安民警巡逻检查总里程超过130万千米，发现并消除隐患1 506起。全市统一开展“人人防火、珍惜森林、共享绿色”宣传月活动，以宣传《森林防火条例》《北京市森林防火办法》为主线，全市共开展各类宣传活动547次，发放宣传品104.2万份，设立固定宣传牌5 587块、电子宣传屏幕331块、语音宣传杆165个，悬挂横幅1.1万余条，发送手机短信242.9万条。森林公安机关加大火灾案件和违章用火查处力度，其中刑事立案2起，制止违章用火6 546起，罚款6.37万元。抓好专业森林消防队、防火巡查队和生态林管护员这三支队伍建设。全市新建和改建专业森林消防中队11支，达到113支2 580人。推进森林防火设施建设，全市新建瞭望塔22座，瞭望塔总数达到212座，瞭望覆盖率达到70%。安装45个400兆通信基站，完成全市森林防火数字通信主干网构架，通信覆盖范围达到65%。房山区新建森林防火公路15.8千米，石景山区投入1 800万元用于阻隔系统建设。

（齐庆栓）

【森林执法专项行动成效显著】 2014年内，在国家林业局森林公安局统一部署下，4月1日至6月30日在全市范围内开展一次破坏野生动物资源违法犯罪专项打击行动，代号“2014天网行动”。专项行动期间，全市出动警力4 139人次，出动车辆1 742台次，清查整治各类市场270处，开展普法教育94次；立案侦查刑事案件39起，侦破刑事案件17起，其中重大案件4起，特别重大刑事案件4起，抓获犯罪嫌疑人37人。9月15日至10月20日，在全市范围内开展打击破坏野生动物资源违法犯罪专项行动，共出动民警2 693人次，清查整治各类市场448次，共立案侦查刑事案件6起，破案6起，抓获犯罪嫌疑人9人。10月10日至12月10日，开展打击破坏森林和野生动物资源违法犯罪专项行动，代号“2014利剑行动”，打击成效显著。

（齐庆栓）

【林业有害生物防控】 2014年内，北京市累计完成防治作业面积63.05万公顷次，其中人工地面防控面积52.21万公顷次；开展飞机防治3 250架次，预防控制面积10.83万公顷次，无公害防治率达到100%；全市果树有害生物发生面积18.47万公顷次，防治面积34.02万公顷次；全年预计林业有害生物发生面积4.11万公顷，实际发生面积3.96万公顷，测报准确率96.38%；实施种苗产地检疫面积1.2万公顷，种苗产地检疫率达到100%；成灾面积33.33公顷，成灾率仅为0.04‰。测报准确率、无公害防治率分别比国家下达的指标任务提高7.38、16.0个百分点，成灾率比国家下达的指标任务降低1.16个千分点；共计监测诱杀越冬代、第一代和第二代美国白蛾成虫31 266头、4 017头、2 075头，分别是2013年同期的197%、84.57%和43.45%；共计在724株、565株和1 692株树木上查处第一代、第二代和第三代美国白蛾幼虫，分别是2013年同期的122%、22.48%和34.81%。全市美国白蛾发生面积266.67公顷，未发生美国白蛾灾害，全面完成国家林业局下达给北京市的“四率”指标和美国白蛾防控任务。

（齐庆栓）

【加大生态保护执法力度】 2014年内，森林公安局成功侦破一起跨省非法收购、出售象牙制品特大刑事案件，抓获犯罪嫌疑人14人，收缴象牙制品391千克，盔犀鸟和犀牛角制品143件，为保护国家珍稀濒危野生动物做出突出贡献，公安部部长郭声琨亲自签发命令，为市园林绿化局森林公安局“5·20”专案组记集体一等功。

（齐庆栓）

【加大生物防治工作】 2014年内，全市共计推广应用周氏啮小蜂30亿头，防治美国白蛾等林业有害生物1万公顷；赤眼蜂10亿头，防治美国白蛾、杨扇舟蛾等鳞翅目害虫3 333.33公顷次；管氏肿腿蜂150万头，防治双条杉天牛6.67公顷；春尺蠖核型多角体病毒5 000千克，防治春尺蠖幼虫3 333.33公顷；美国白蛾核型多角体病毒15吨，防治美国白蛾1万公顷；喷粉型400亿孢子/克球孢白僵菌4吨防治延庆腮扁叶蜂和美国白蛾等林业有害生物；向各区县发放粘虫胶带1 500卷，用于防治草履蚧和春尺蠖等林业有害生物，共计围环防治18.75万株，防治面积277.8公顷；开展光肩星天牛防治试验效果调查和释放麦氏蒲螨防治白蜡窄吉丁低龄幼虫试验，防治效果良好。

（齐庆栓）

【科技成果推广】2014 年，重点推广“金叶白蜡、金叶复叶槭两个彩叶树种良种在北京平原造林中示范与应用”“现代苹果园肥水一体化高效利用技术推广示范”等项目 12 项。建立森林培育和森林经营、湿地与自然保护区管理、园林绿化产业、林下经济、城市绿地建设、防沙治沙等 6 个类型的 23 处科技创新示范区，示范面积 4 700 余公顷。结合平原造林工程，建立平原区森林多功能经营、废弃地景观生态林、平原区沙地景观生态林健康经营、应对 PM2.5 的森林多功能经营、平原区高碳汇森林，以及高碳汇森林多功能经营等 6 处 207 公顷的示范区。主要示范推广了土壤改良、生态垫覆盖、节水灌溉、树木整形修剪、污染土壤微生物修复以及林下植被管理等新技术、新材料。

（齐庆栓）

【森林文化建设】2014 年内，北京市举办第二届森林文化节活动，3 月 29 日，以“体验森林，感知文化”为主题的第二届北京森林文化节在西山国家森林公园举办，全市森林公园举办 77 项丰富多彩的森林文化活动，包括森林音乐会、丁香节、红叶节、风筝节等。加强森林景观提升改造和森林文化设施建设完善。重点打造了西山森林公园的“西山晴雪”、百望山森林公园的“烂漫山花”、八达岭森林公园的“长城红叶”和松山保护区的“山地杜鹃”等特色森林景观，建设完成了八达岭森林公园的森林体验馆、西山森林公园的无名英雄广场、百望山森林公园的健康步道等设施并对外开放。据统计，电视台专题报道 52 次，电台报道 60 次，报刊、网络报道 520 余次，组织摄制《北京森林公园》专题宣传片 16 集，制定印发《2014 年森林文化建设实施方案》。

（齐庆栓）

【开展首个世界野生动植物日活动】3 月 2 日，北京市为配合国家林业局在北京动物园举办“世界野生动植物日”公益宣传活动。在全市 16 个区（县）配合全国的主题宣传活动同步组织开展主题为“加强野生动植物保护，建设鸟语花香美丽北京”的首个“世界野生动植物日”宣传活动。全市共悬挂横幅 90 条，摆放展板 221 块，发放各类宣传材料 5 万份，接受宣教 3.3 万人次。

（齐庆栓）

【加大湿地保护恢复】2014 年内，北京市完成汉石桥湿地恢复工程，恢复与建设湿地 53.33 公顷，使湿地总面积达到 586.67 公顷。建设湿地水循环系统，日循环量 8 000 立方米。开展野鸭湖湿地保护与恢复，恢复湿地 200 公顷；推进野鸭湖国家旅游生态示范区和市级旅游生态示范区标准化试点，建设智能监控管理系统。完成怀柔汤河口、大兴长子营湿地公园以及平谷城北湿地公园总体规划审查，通州台湖、平谷城北湿地公园建设工程有序推进。批准建立怀柔汤河口、大兴长子营 2 个市级湿地公园。开展长沟国家湿地公园申报及国家林业局专家考察论证。全市市级湿地公园达到 7 处，湿地公园总数达到 9 处。在房山、平谷、通州、大兴等区县，实施平原地区湿地恢复及建设 1 333.33 公顷。

（齐庆栓）

【开展全国第二次重点野生植物资源调查】2014 年内，北京市开展全国第二次重点保护野生植物资源调查北京地区调查。召开调查动员会议和调查技术培训，印发《北京市园林绿化局关于全面启动北京市第二次全国重点保护野生植物资源调查工作的通知》。截至年底，已经完成河北梨、核桃楸、紫椴、黄檗和刺五加等国家规定 5 个树种调查，完成北京水毛茛、槭叶铁线莲、百花山葡萄、款冬、轮叶贝母、大花杓兰、紫点杓兰、杓兰、珊瑚兰和裂唇虎舌兰等北京市增补物种的种群调查。参与调查 60 余人，野外调查 36 次，总体野外调查时间达 1 440 天，填写各类表格 700 余份，建立调查临时样地 250 个。截至 2014 年年底，正在对各类数据进行录入、整理。

（齐庆栓）

【成立世界园艺博览会事务协调局】1 月 5 日，中央编办正式批复北京市编委会《关于设立北京世界园艺博览会事务协调局有关问题的请示》，同意设立北京世界园艺博览会事务协调局（以下简称世园局），作为 2019 北京世园会执行委员会的办事机构。3 月 12 日，市政府办公厅印发了《关于设立北京世界园艺博览会事务协调局的通知》。截至年底，世园局已完成组建并挂牌成立，办公地址位于北京奥运大厦。

（齐庆栓）

【推动世园会园区规划工作】2014 年内，开始《2019 年中国北京世界园艺博览会园区概念性规划设计方案》征集。市筹备办与有关单位积极配合，完成《世园会园区概念性规划方案征集文件》编制，并确定10个应征人。8月29日，应征人已经提交应征文件。世园局正组织有关专家和部门，对应征人递交的文件进行评审，从10个方案中评出3个优胜方案，并开展园区方案公众展示工作；选取1～2个应征人配合市规划院对3个优胜方案进行综合、完善，并充分征求中国贸促会、中国花卉协会及市有关部门和领导的意见后，年底前形成世园会园区概念性规划综合方案，提请执委会审定。

（齐庆栓）

【世园会基础设施建设】2014年内，京张高铁已完成公司注册和项目初审，近期启动项目环评；国道110二期已完成施工总承包与监理招标，施工单位正在做进场准备；兴延路规划方案已获市规委批复，待市水务局等部门回复意见后报市政府审批，年底实质性开工。市发改委、财政局、筹备办、延庆县等单位就世园会建设需求、投融资机制和相关项目进行研究，形成投融资工作方案。延庆县从优化新城功能定位、完善功能布局等方面，对延庆县域进行整体研究和新城城市设计工作。

（齐庆栓）

【举办迎春年宵花展活动】1月21日至2月14日，北京市举办以“鲜花扮靓美好生活”为主题的2014迎春年宵花展。通过组合盆栽大赛、“幸福京蝶飞入百姓家”蝴蝶兰展卖以及蝴蝶兰、梅花、水仙花卉专项展览等系列活动的举办，弘扬花卉文化，丰富市民节日活动，促进花卉消费，满足人们精神文化需求，推动花卉产业发展。经统计，2014年新春北市重点花卉企业生产年宵花卉238万盆，其中主要年宵花卉品种为蝴蝶兰、红掌、竹芋、凤梨和长寿花。

（齐庆栓）

【举办第六届北京月季文化节】5月15日至6月15日，第六届北京月季文化节，在北京植物园、天坛公园、陶然亭公园、纳波湾园艺、繁华世金玫瑰谷、蔡家洼玫瑰情园和妙峰山森林公园七大会场同期举行，为期32天。文化节共组织主题活动50余项，包括月季主题展览、万盆月季进社区、玫瑰采摘等；展出月季2 500余个品种、272万株，展出面积462万平方米；接待游客164万人，收入380万元。

（齐庆栓）

【举办第六届北京菊花文化节】9月26日至11月16日，第六届北京菊花文化节在北京国际鲜花港、北海公园、北京植物园、世界花卉大观园、天坛公园和五棵松园艺体验中心六大会场举办。将组织十余项菊花专业评比，以及菊花擂台赛、全国菊艺大师作品展等主题活动。

（齐庆栓）

【征占用林地绿地规划审查和审批】2014年内，共办理树木移伐申请1 382件，许可移伐树木4.47万株；其中市局办理审批931件，许可移伐树木4.047万株（其中区县代受理730件，许可砍伐树木2 330株）。年内，全市审批采伐5 073件，241.8万株，采伐蓄积29.1万立方米，使用采伐限额8.58立方米。其中，区县审批5 050件，采伐林木240.2万株，采伐蓄积28.9万立方米；市局直接审批23件，采伐林木1.6万株，采伐蓄积2 450立方米；截至10月27日，全市审批林木移植497件，移植林木35.7万株。其中，区县审批492件，移植林木35.5万株；市局审批5件，移植林木0.2万株。年内，共审核同意征收占用林地99件，征收占用林地面积351.085 2公顷，其中年度定额内审核同意96件，310.886 9公顷；临时占用林地30件，临时占用林地面积35.732 1公顷；征收森林植被恢复费6 133.1万元。

（齐庆栓）

【开展第八次全市园林绿化资源普查】2014年内，开展第八次全市园林绿化资源普查。普查分为森林资源调查和城市园林绿化资源普查两部分。为保障工作开展，成立普查工作领导小组，确定机构人员、明确职责分工、制定工作计划。通过编制普查工作方案、普查技术细则，组织普查工作培训、模拟外业调查实践等工作高质量、稳步推进普查深入开展。组织市级技术培训4次，开展中期评估1次、赴区县指导8次。截至年底，普查工作按计划已基本完成外业调查，正在进行数据统计、汇总工作，年底可形成普查成果报告。经园林绿化局与市统计局对普查成果共同确认后，上报市政府审批，在市政府审批后向社会发布。

（齐庆栓）

【古树名木保护】2014年内，开展古树名木保护示范点创建和抢救复壮工作，在丰台区和海淀区完成15处30株古树保护示范点建设，主要进行生长环境改良、树洞修补、支撑加固、地被种植等示范。加强古树名木抢救复壮，在海淀区、石景山区、丰台区、门头沟区、东城区等区县共抢救复壮古树名木600余株。开展全市古树名木保护管理情况检查，对全市16个区县和市公园管理中心古树保护管理工作进行检查。

（齐庆栓）

水务建设与管理

【水资源概况】 2014年，全市平均降水量439毫米，比多年平均值585毫米少25%。水资源总量为20.25亿立方米，比多年平均水资源总量减少46%，其中，地表水资源量为6.45亿立方米，地下水资源量为13.80亿立方米。全市大、中型水库年末蓄水总量为13.93亿立方米，其中密云、官厅两大水库年末蓄水量分别为8.39亿立方米和2.69亿立方米。全市平原区年末地下水平均埋深为25.66米，比上年末下降1.14米。

（刘琼）

【水资源开发利用】 全市总供水量37.49亿立方米，比上年增加1.11亿立方米，包括地表水8.45亿立方米，地下水19.56亿立方米，再生水8.64亿立方米，南水北调水0.84亿立方米。全市总用水量37.49亿立方米，其中农业用水8.18亿立方米，占21.8%；工业用水5.09亿立方米，占13.6%；生活用水16.98亿立方米，占45.3%；环境用水7.25亿立方米，占19.3%。

（刘琼）

【节水型社会建设】 坚持“生活用水控制增长、工业用新水零增长、农业用新水负增长、生态用水适度增长”的原则，全年全市节水1.2亿立方米，万元GDP水耗下降至每万元17.58立方米，比上年下降4.3%。全年共创建市级节水型单位（企业）480个、节水型小区50个、节水型村庄26个。推动节水技术普及推广，组织16个区县完成近20万套件节水器具换装。新增改善高效节水灌溉面积6 667公顷，全市农业灌溉水有效利用系数达到0.705；落实《关于调结构转方式发展高效节水农业的意见》，按照“细定地、严管井、上设施、增农艺、统收费、节有奖”原则，重点推进“一区一镇多园”试点（一区指顺义区，一镇指通州区漷县镇，多园指特色农业产业园），编制完成试点方案。

（刘琼）

【污水处理和再生水利用】 落实《北京市加快污水处理和再生水利用设施建设三年行动方案》，截至2014年年底，中心城区再生水厂建设规划已全部落地，清河第二、槐房、定福庄、高安屯等城区再生水厂均已开工建设，亦庄经济技术开发区核心区、昌平未来科技城、丰台河西、顺义赵全营等26座再生水厂建成投入运行。全市污水处理能力达到440万立方米/天，其中，中心城区289万立方米/天，郊区县151万立方米/天；全市污水处理量13.91亿立方米，污水处理率86%，其中，城六区97%，郊区县66%；再生水利用量8.66亿立方米，其中，农业利用再生水1.84亿立方米，工业利用再生水1.80亿立方米，市政利用再生水0.20亿立方米，环境利用再生水4.82亿立方米，全市再生水利用率62%。

（刘琼）

【水环境综合治理】 开展河湖生态环境综合整治春季行动，全市共清理垃圾渣土5万立方米、水面漂浮物6 800立方米，拆除违法建设6 500余平方米。优化挖潜清河和小红门污水厂处理能力，实施清河、凉水河28.3千米清淤，完成清河、凉水河城区段55个主要排污口治理，拆除河道两侧私人洗车店和违法建筑物，清河、凉水河城区段水环境初步改善。实施了通惠河、萧太后河截污治污；完成运潮减河、故宫筒子河等河道清淤。结合国庆65周年和APEC会议水环境保障，开展了“三重点”（重点区域、重点时段、重点事项）河湖水环境秩序专项整治。落实《北京市地下水保护和污染防控行动方案》，封填废弃机井1 600余眼。

（刘琼）

【水环境区域补偿办法出台】 10月31日，市政府办公厅印发

《北京市水环境区域补偿办法（试行）》，提出按照化学需氧量、氨氮、总磷三项指标考核区县跨界断面水质达标情况，同时按照污水处理设施建设任务、污水处理率两项指标考核区县污水治理年度任务完成情况，并建立补偿制度，自 2015 年 1 月 1 日起实施。

（刘琼）

【密云水库水源保护工作意见印发】 6 月 12 日，市政府办公厅印发《关于进一步加强密云水库水源保护工作的意见》，开展密云水库“刷缸”行动，启动密云水库水源保护工程建设，库区 155 米高程以下 4 000 公顷耕地退耕禁种，155～160 米高程范围内一级保护区实施禁养，17 家养殖场全部关闭。

（刘琼）

【生态清洁小流域建设】 建设 32 条生态清洁小流域，治理水土流失面积 400 平方千米，促进 76 个村的生产生活条件不断改善。截至年底，全市建成生态清洁小流域 285 条，治理面积 3 632 平方千米。

（刘琼）

【防汛安全保障】 制定《北京市 2014 年防汛工作方案》，完善《北京市防汛应急预案》；落实全市抢险队伍 28 万人，市级专业抢险队伍 21 支；健全防汛抢险物资储备体系，重点增加防汛抢险救生、救灾物资，共落实冲锋舟、橡皮艇 1 200 余艘、救生衣 8.03 万余件、发电机 1 600 余台等 15 大类。巩固完善“1＋7＋5＋16”防汛指挥体系（市防指、7 个专项分指、5 大流域、16 区县）；强化城区防汛网格化、郊区防汛流域化管理；全面改造市防汛指挥调度中心，实现指挥系统实时视频会商，汛期启动异地会商 240 余次；市区两级共发布雷电黄色预警 631 次，暴雨蓝色预警 149 次，暴雨黄色预警 50 次，暴雨橙色预警 14 次，发布地质灾害气象风险蓝色预警 44 次，黄色预警 18 次，累计发布 5.15 亿人次，防汛“指挥决策、预报预警、社会动员”三个能力进一步提升，有效应对强降雨，实现了“确保城市运行安全、确保人民生命财产安全”。

（刘琼）

【雨洪利用工程建设】 完善中心城“西蓄、东排、南北分洪”的防洪排涝格局，推进西郊雨洪调蓄工程建设，已形成蓄洪能力 470 万立方米。按照建设自然积存、自然渗透、自然净化的“海绵家园”“海绵城市”的理念，在建筑小区、公园、道路、绿地等建设雨水利用工程 183 处，新增雨水集蓄能力 118.6 万立方米，雨水综合利用量 221.2 万立方米。

（刘琼）

【中小河道治理】 落实《北京市水利工程建设实施方案（2012—2015 年）》，完成第二阶段 72 条（段）500 千米中小河道清淤疏浚。

（刘琼）

【水务工程管理】 规范涉河工程建设管理，制定《北京市市属河道管理和保护范围内建设项目管理规定》；强化水利工程项目招投标管理，制定《北京市水务局水利工程运行维护项目管理办法》《北京市水务局水利应急工程管理暂行规定》；加强基本建设工程行业监管，印发《关于加强北京市水利建设市场主体信用信息应用及管理工作的通知》，在北京市水利工程招投标工作中，引入“信用标”；印发《关于加强北京市中小河道治理等水利工程质量》，加强中小河道建设工程质量管理，从建设程序、制度建设和完善、责任落实和追究等方面对工程设计、施工、监理及质量监督等提出明确要求，加强监督检查，建立挂牌公示和举报制度。

（刘琼）

【精简行政审批事项】 取消生产建设项目水土保持监测资质审核、建设项目水资源论证机构资质认定以及江河故道、旧堤、原有工程设施等填堵、占用、拆毁审批等 3 项行政审批事项，调出水利工程建设监理单位资格等级复查、水利工程建设监理单位资格等级复查、洗车服务用水单位登记、水利水电建设项目环境影响报告书（表）预审、用水指标核定等 5 项行政审批事项，将河道滩地种植树木批准、蓄滞洪区避洪设施建设审批、在水利工程管理范围和保护范围内进行建设审核等 20 项行政许可事项分类合并为 4 项。市级水行政审批事项由原来的 56 项精简为 25 项。

（刘琼）

【水影响评价制度试点】 将建设项目水资源论证（评价）、水土保持方案审批、洪水影响评价三项行政许可整合为“水影响评价审查”一项，并作为建设项目立项的前置条件。印发《建设项目水影响评价编报审批管理规定（试行）》《建设项目水影响评价报告编制指南（试行）》《北京市水务局关于进一步做好北京市建设项目水影响评价编报审批工作的通知》等文件，明确涉水行政审批事项设定依据、水影响评价报告编制范围、编制要求、审批权限及报批程序等。在海淀、朝阳等五区开展了试点，累计核减用水指标 406 万立方米、排水指标 230 万立方米。

（刘琼）

【水行政执法】组织开展水资源与节水、河湖水环境、排水等专项行政执法活动，共制止违法水事行为 4 609 起，立案查处 444 起，罚款 635.61 万元。其中市级查处违法水事案件 106 件，罚款 128.62 万元；区县查处违法水事案件 338 件，罚款 506.99 万元。立案数量、罚款数额分别比上年同期增长 30.6%和 26%，维护了正常的水事秩序。

（刘琼）

公路建设与运输

【大兴新黄徐路北延道路工程初步设计获批】1 月 9 日，大兴区新黄徐路北延（魏永路—环魏北路）道路工程初步设计获市规划委批复。新黄徐路北延（魏永路—环魏北路）道路工程位于大兴区魏善庄镇区北侧，规划魏永路南侧，是大兴区魏善庄组团中南北向的一条主要道路，北起魏永路，向南上跨大龙河后，终点至环魏北路，与现状道路接顺，全长 499 米。道路等级为城市主干路，设计速度为 50 公里/小时，红线宽 40 米。采用一幅路形式，中间路面宽 22 米，机动车道两上两下，机非混行；两侧人行道各宽 4 米，外侧绿化带各宽 5 米。该道路上跨大龙河新建桥梁 1 座。

（郭成建　孙璐）

【鲁坨路二期工程立项获批】1 月 17 日，鲁坨路二期（鲁家山生物质能源厂—羊圈头村）道路工程立项获市发改委批复。鲁坨路是鲁家山生物质能源厂的配套交通设施，也是连接门头沟东南部山区与丰台河西地区及房山区的重要道路。全长 7.8 公里，道路等级为二级公路，设计时速 60 公里/小时。鲁坨路一期（京原旧路—鲁家山生物质能源厂段）已于 2013 年 7 月竣工通车；鲁坨路二期（鲁家山生物质能源厂—羊圈头村段）全长 3.7 公里，路基宽 10 米，行车道宽 8.5 米。新建桥梁 3 座，隧道 2 座。

（郭成建　孙璐）

【兴 24 路公交车增设停靠站点】1 月 24 日，大兴区交通局对境内公交兴 24 路行车路线进行调整，增设礼贤镇王庄村停靠站点，方便礼贤镇王庄村居民日常出行。

（刘涛）

【顺义太阳村农场至昌平西关 962 路开通】1 月 26 日，962 路公交线路正式开通。公交集团八方达公司承运，首站顺义太阳村农场，进入昌平区境后，设有 31 站，经麦庄沿昌金路、昌崔路进入昌平城区，沿政府街到石油大学南行进入亢山路、南环路、西环南路至昌平西关终点站；首班 6：30、末班 19：30，早晚高峰发车间隔 30 分钟，平峰 2 小时。解决昌金路部分路段“有路无公交车”问题，方便沿线麦庄、东营、西营、南庄等近 10 个村群众出行。

（李娟）

【兴 16 路区间公交车开通】2 月 12 日，大兴区交通开通瀛祥路至亦庄交通服务中心的兴 16 路区间车，并对开发区 6 路进行线路调整，方便瀛海家园小区居民至亦庄开发区的日常出行。

（刘涛）

【891 路公交门头沟区段延长】2 月 26 日，门头沟区门城环线 891 路公交车延长绕行至龙门新区内。调整后首站河滩营运时间 6：00—21：00，末站河滩营运时间 6：00—21：00，路长 11.8 公里，共设 29 站，执行单一票价。线路配车 11 部，全天发车 176 班次，平均发车间隔 12 分钟。

（王元媛）

【965 路公交门头沟区段延长】2 月 26 日，965 路公交车由门头沟区中门寺生态园站至梧桐苑站，延长到近临华联、万达商圈的石景山区京原路东站。调整后首站中门寺生态园营运时间 6：00—20：00，末站京原东站营运时间 7：00—21：00，路长 23 公里，共设 32 站，执行分段计价。线路配车 16 部，全天发车 126 班次，平均发车间隔 16 分钟。

（王元媛）

【昌平李流路道路改建工程完工】 3月4日，昌平区李流路道路改建工程正式完工通车。李流路位于昌平南口工业区北端，西起白花路，东至南雁路，道路长2.86公里，路基宽16米，路面宽14米，建设等级为城市支路。

（郭成建　孙璐）

【延庆未通公交乡村公路安装安保设施】 3月28日，延庆公路分局在未通公交的乡村公路上安装凸面镜等安保设施，涉及大庙路等4条公路的10个隐患点。

（郭成建　孙璐）

【昌平公交线路调整增设站点】 3月，昌平区交通局协调市、区公交企业，将通达深山区羊台子村的昌12路由每天6班增至8班，643路增设兴昌佳苑站和景文屯站，昌51路增设张各庄北站，方便兴昌佳苑、金科廊桥水岸等小区居民出行。调整、错开北环早市公交站位，解决双向站位距离拥堵状况。

（李娟）

【密1路公交线路调整】 4月10日，密云县交通局组织宝城客运公司与开发区管委会进行实地勘察，将原有密1路向西延长3公里，增加班次20个，主要安排在早中晚高峰期。

（杨爽　高峰）

【门头沟石龙西临时公交中心站建成】 4月22日，石龙西临时公交中心站建设完成。车辆维修车间投入使用，为门头沟区八方达河滩分公司400多部车辆的高保作业、20余小项的总程修理以及150部车辆低保作业任务提供保障。981路公交车年底驻场运营。

（王元媛）

【密7路支线公交开通】 4月24日，密7路支线公交车正式开通，起点石桥小区，终点水泉村，运营里程13公里，日发10班次，有效解决1 500余人出行难。

（杨爽　高峰）

【昌55路增开车辆方便康陵村民出行】 4月26日，昌平区交通局应康陵村委会请求，协调公交企业万佳通客运公司，将途经昌赤路距康陵村约2公里的昌55路，每天中午调整增加2班车直接开到康陵村中，方便民俗旅游观光客人和村民往返。

（李娟）

【顺平南线七分干渠桥改建工程竣工】 4月30日，顺平南线七分干渠桥改建工程建成，工程起于顺平南线K0+035，终于顺平南线K0+035，全长0.1公里，技术标准二级公路。工程累计完成投资776万元。年内完成投资76万元。

（郭成建　孙璐）

【密云四条公交新线开通调整】 5月12日，970路快车开通，从密云汽车站出发经京承高速至城铁望京西站，进一步满足居民快速进城需求；868路公交车开通，起点云龙涧风景区，终点怀柔汽车站，运行里程47.9公里，填补到怀柔区公交直达线路空白；987路公交线路调整，解决溪翁庄镇和西田各庄镇乘客出行需求；970路公交线路调整，削减市区重复线路6.7公里，减少重复站点8个，终点站顺义奉伯，接驳地铁13、15号线，进一步缓解城区拥堵。

（杨爽　高峰）

【密云治理公路三乱责任书签订】 5月13日，密云县组织县域内7个局机关及18个乡镇签订公路“三乱”治理责任书。责任目标主要是治理并预防公路“三乱”；规范公路设站及执法行为；加强制度建设，提高管理水平；继续推动文明样板路建设。

（杨爽　高峰）

【延庆滨河南北路沿线村民实现出门上车】 5月15日，920川北小区南门至四司线、920川北小区南门至93762部队2条公交线路优化调整，投入运营。日发6车次。滨河南北路沿线12个村、7 000余名村民全部实现出门上车。

（王亚娜）

【延庆铁泰路一期主体工程完工】 5月20日，铁泰路一期工程完工。起点为延庆县大庄科乡铁炉村，终点为昌平区边墙子路，全长3.1公里，路面宽7米，路基宽8.5米，道路等级为三级公路，设计速度30公里/小时。该工程于2013年11月开工，历时6个月。铁泰路联接延庆县与昌平区，道路的建成对于完善区域路网结构、促进大庄科乡冶铁文化旅游和红色旅游发展、推动延庆“冰川绿谷”沟域经济产业具有重要作用。

（郭成建　孙璐）

【京新高速正式开通】 5月24日，京新高速（五环—六环路段）正式开通运行。该工程起点五环路箭亭桥，终点与110国道（德胜口—市界段）相接，路线全长37.56公里，设计速度100公里/小时，双向六车道（山区段为双向四车道），是国家高速G7的重要组成部分。全线贯通后成为北部出京的一条新路线，使北京与河北、内蒙古等地区的联系更为密切。

（吕方舟）

【昌平专 50 路微循环线路开通】 5 月 26 日，昌平区交通局协调公交集团公司开通工作日早晚高峰运营微循环公交专 50 路，线路始发小沙河，途经地铁朱辛庄站，终点史各庄，发车时间小沙河 6：00—9：00、17：00—20：30，史各庄 6：25—9：25、17：25—20：55，为上班上学族换乘地铁昌平线和 8 号线提供便利，缓解地铁 13 号线运营压力。

（李娟）

【昌平治超工作重点调整】 5 月，昌平区交通局针对公路超限超载治理工作中存在的问题，结合 2014 年市政府新考核标准，确定治超工作重点。加强重点货运源头末端管控，严格治超责任落实，严防超限超载车辆出入；加强流动治超，严查严处擅自改装和“百吨王”货车，强制改装车辆恢复原状。

（李娟）

【平谷胡关路水毁绿化恢复工程完工】 5 月，胡关路水毁绿化恢复工程完工。胡关路是平谷区重点旅游路线，也是许多影视作品取景地。“7・21”特大降雨水毁严重，平谷公路分局遵循“生态恢复”理念，选择乡土树种和自然式配置，种植银杏、油松、侧柏、山桃、山杏、碧桃等乔灌木 4 000 株、地被植物 4 700 多平方米。路侧绿化采用“借景”手法，结合原有地貌，减少人工痕迹，重塑为生态路、景观路形象。

（郭成建　孙璐）

【延庆完成国际自行车骑游大会赛道保障任务】 6 月 14 日至 15 日，第四届北京国际自行车骑游大会在延庆举行。赛道涉及妫川路、延琉路等 8 条公路。延庆公路分局赛前对赛道路线路域环境进行整治，更换损毁的防护栏和交通标志，修剪路树。比赛当日，每公里设 1 人养护，容易造成遗撒的路口设专人看护，并成立保障抢险小组随时待命，有效预防突发事件，为骑游大会创造优质的赛道环境。

（郭成建　孙璐）

【延庆世葡园区路新建工程建成】 6 月 15 日，世葡园区路新建工程建成通车。工程起点康张路，终点马坊，道路全长 3.6 公里，技术标准二级公路。

（郭成建　孙璐）

【平谷望马台桥改建工程建成】 6 月 15 日，望马台桥改建工程（南望路 K1＋086）建成，工程全长 0.232 公里，技术标准三级公路。

（郭成建　孙璐）

【桥梁养护应用水下机器人检测技术】 6 月 27 日，市交通委路政局通州分局首次引入水下机器人检测技术，对马驹桥水下不可见部分进行结构破损检测，进一步推动公路桥梁科学化养护发展进程。经检测，该桥梁的水下部分总体正常。检测人员通过水上控制平台操控潜器按照预定轨迹进行移动，实时观测墩柱结构缺损情况。当发现墩柱结构有破损、混凝土剥落或露筋等缺陷时，立即停止移动，对病害信息进行拍摄。同时根据控制平台显示的潜器深度、定位信息对病害进行详细的记录，进而建立起外观检测、承载力评估、水下隐蔽工程检测的全方位检测评价体系。

（郭成建　孙璐）

【怀长路联络线改造工程完工通车】 6 月 30 日，怀长路联络线改造工程完工通车。工程起点为怀长路与北台路相交路口，终点与京密路相接，道路全长 3.9 公里，设计标准为城市主干路，新建桥梁 2 座，于 2013 年 11 月正式开工建设。怀长路联络线是雁栖湖生态发展示范区的重要配套工程，将为 APEC 会议的召开提供重要的交通保障。道路建成后将缓解怀柔新城西部的交通出行压力，促进沿线区域的经济发展。该工程在全市首次大面积采用外掺防冰路面材料的沥青混凝土，将有效防止冬季路面结冰现象，降低交通事故的发生率。

（郭成建　孙璐）

【顺平密三路域环境综合整治工作完成】 6 月 30 日至 8 月 10 日，平谷公路分局对顺平路、密三路沿线开展环境秩序综合整治工作。执法人员克服高温酷暑天气，共拆除公路建筑控制区内违法建筑 41 处、2 500 平方米，清理违法广告牌 50 面、流动商贩 260 个，入户宣传 270 次，道路周边环境得到显著改善。

（郭成建　孙璐）

【门头沟清水斋堂两山村通达公交车】 7 月 1 日，892 路公交车正式通达门头沟区清水镇西达么村和斋堂镇张家村。发车时间为西达么村早 6：45，晚 18：05；张家村早 7：20，晚 18：10。

（王元媛）

【怀柔雁栖湖示范区交通标识指引工程实施】 7 月 5 日，雁栖湖生态示范区交通指示标识指引工程开工。首发集团、京承通达公司、机场高速及华北高速公司克服施工地点分散、带交通作业、高温酷暑等不利因素，于 8 月 16 日完成施工任务，共增设、改建交通标示牌 94 面。

（郭成建　孙璐）

【延庆三条公交线路开通】7月8日，延庆至西沟里村、延庆至康西草原、Y16路延庆至大庄科乡瓦庙村延伸三条公交线路同时开通，方便沿途及周边2 000余群众出行，同时带动当地旅游业发展。

（王亚娜）

【延庆铁泰路新建工程建成通车】7月15日，铁泰路新建工程建成通车。工程起点铁炉，终点与昌平相接，道路全长3.1公里，技术标准三级公路。

（郭成建 孙璐）

【昌32路公交车开进望宝川村】7月21日，昌平区交通局经实地调研并与望宝川村村委会协商，协调区内公交企业万佳通公司，确定调整距望宝川村2公里在怀长路运营的昌32路公交，每日7：00、17：00开进望宝川村，再返回原线运营，方便早出晚归村民出行。

（李娟）

【G110至延下路联络线建成通车】7月25日，110国道至延下路联络线新建工程建成通车。工程起点下芦凤营，终点延农路，道路全长3公里，技术标准三级公路。

（郭成建 孙璐）

【延庆世葡园区路道路工程全部完工】7月，延庆世葡园区路道路工程完工。工程包括世葡园区路主路、马庄联络线和马庄路南延三条道路，其中世葡园区路主路通往园区北门，全长2.18公里，路面宽20米，道路等级为三级公路；马庄联络线连接世葡园区主路和110国道，全长1.36公里，路面宽6米，道路等级为四级公路；马庄路南延通往园区东门，全长1.1公里，路面宽5米，道路等级为四级公路。世葡园区道路工程位于世葡会主会场北侧，紧邻迎宾区，是大会举办期间的重要交通路线。

（郭成建 孙璐）

【门头沟南雁路隐患治理工程实施】7月，门头沟公路分局对南雁路部分路段的边坡开展地质灾害隐患治理，共涉及13公里公路、9处地质灾害隐患点。治理工程共实施锚杆挂网860平方米、SNS主动防护网6 000平方米、机械削坡卸载1.6万平方米，修建拦渣墙305米。为实现与周边环境的自然融合，工程还通过设置花池、种植地锦，绿化边坡，营造“畅洁绿美”的山区公路环境。

（郭成建 孙璐）

【延庆完成全国公路自行车锦标赛保障任务】8月9—13日，2014年全国公路自行车锦标赛暨全国青年公路自行车锦标赛在延庆举行，赛道涉及康张路、妫川路、110国道等11条分局管养道路。延庆公路分局对所属赛道路线开展路域环境整治；比赛期间加强赛道保洁巡视，安排4个保障抢险小组，做到赛道无障碍、无落石，完成赛事保障任务。

（郭成建 孙璐）

【密51路增加运力供给】8月12日，密51路古北水镇旅游线路，增加车辆10辆，日发班次增至106班次，进一步满足古北水镇游客和景区职工出行需求。

（杨爽 高峰）

【京藏高速维修和京承二期整治工程开工】8月12—13日，京藏高速维修工程、京承二期整治工程相继开工。京藏高速维修工程起点三环路马甸桥，终点辛庄桥，全长15公里，计划工期60天，工程内容为路面维修、病害处理、附属结构物修复、健翔桥至西三旗段照明灯具更换等。京承二期整治工程起点六环酸枣岭桥，终点为怀柔出口，全长20公里，计划完工日期为8月底，整治内容为路面维修和交通标志施划。

（郭成建 孙璐）

【埃塞俄比亚来宾考察农村交通工作】8月27日，埃塞俄比亚阿姆哈拉州贸易与交通局代表团一行6人，在市交通委副主任孟桥陪同下考察北京农村交通工作，分别参观顺义区通顺路、白马路、左堤路、前礼务路，现场交流乡村公路建养资金来源、道路建设环保技术、城市公共交通车型选择、公交车安全运营等实际问题。

（印良智）

【房柳路道路工程获市发改委立项批复】8月29日，房柳路道路工程获市发改委立项批复。工程起点为柳沟，终点为房老营，全长3.8公里，道路等级为二级公路，设计速度60公里/小时。现在的房老营、石河、二司及柳沟各村之间依靠地方支路保持交通联络，居民出行不便，安全性较差。房柳路建成后，将与北西路构成井庄镇内环线，不仅能改善交通环境，还将推动旅游业发展，落实延庆“一轴、一川、一环、一山”产业格局。

（郭成建 孙璐）

【门头沟区乡村公路大修工程正式开工】9月4日，门头沟公路分局组织召开2014年乡村公路大修工程设计交底会暨首次工地会，标志2014年门头沟区大修工程正式开工建设。2014年门头沟区乡村公路大修计划里程30.6公里，共涉及13条乡村公路。

（郭成建　孙璐）

【房山保定公路对接座谈会召开】 9月12日，房山公路分局、房山区交通局与保定市交通运输局共同召开京保公路对接座谈会。双方介绍近年来公路及交通建设情况，交流经验，并对涉及跨区域的交通规划、项目对接、政策落实展开讨论。认为保定市与房山区地缘相接，风俗相近，有着良好的合作基础，应抓住京津冀一体化发展的历史机遇，共同推进项目建设，发挥交通先行作用。同意研究成立专门对接机构，建立对接机制，强化措施，把对接工作落到实处。房山公路分局、房山区交通局、瑞通七处负责人，保定市相关县（市）交通局、公路局领导参加座谈。

（郭成建　孙璐）

【大兴青吴路道路工程设计方案获批】 9月16日，青吴路（新黄徐路—104国道）道路工程获市规划委批复。该工程位于大兴区中部，是连接魏善庄镇与青云店镇东西方向的一条重要道路，也是2016年世界月季洲际大会暨第七届中国月季展的交通配套工程。道路西起新黄徐路，向东经京台高速、魏永路，终点至104国道，全长约6.38公里。道路规划等级为二级公路，设计时速为60公里/小时。

（郭成建　孙璐）

【昌487路调整延长线增设三站点】 9月22日，经昌平区交通局协调组织，地铁天通苑北站始发的487路延长2.5公里至海鶄落场站，增设北七家村南、海鶄落东、海鶄落村3站，其中北七家村南站设在未来科技城南区国核、华能2个国企门前，方便职工出行。

（李娟）

【平关路改建道路工程建成通车】 9月22日，平关路改造工程全部完工。起点为西峪水库副坝，终点为西峪水库东北侧的上镇村，道路全长1.7公里，道路等级为二级公路，路基宽10.5米，路面宽9米。全线新建桥梁2座，其中西峪水库1号桥全长305米，2号桥全长125米。工程于2013年9月底开工。平关路改建段位于平谷区大桃主产区，沿线民俗旅游点众多，改建后将完善西峪水库景区道路通行条件，提高行车安全性，促进民俗旅游，方便果品运输。

（郭成建　孙璐）

【平关路改建工程建成通车】 9月25日，平关路改建工程建成通车，工程起于西峪水库副坝，终点连接上镇，工程全长2公里，技术标准二级公路。

（郭成建　孙璐）

【怀长路改建工程建成通车】 9月25日，怀长路改建工程建成通车，工程起于桥梓，终点九渡河，道路全长25.7公里，技术标准二级公路。

（郭成建　孙璐）

【怀长联络线改建工程建成通车】 9月25日，怀长联络线改建工程建成通车，工程起于宽沟路口，终点与京密路连接，道路全长3.9公里，技术标准二级公路。

（郭成建　孙璐）

【昌21路日发两班车通达八家村】 9月26日，昌平区交通局协调八家村村委会进行穿村道路拓宽、增设减速带、加装凸面镜，达到公交车通行条件，区内公交企业万佳通公司调整昌21路每天发2班车通达八家村，方便村民出行。

（李娟）

【门头沟百年古桥修缮完工】 9月30日，门头沟水闸旧桥修缮工程全部完工。该桥位于石担路联络线中心，与河道正交，始建于1921年，是全国现存最老的现代公路大桥，也是第一座大跨径钢筋混凝土拱桥，代表当时最先进的桥梁水平，被评定为区级文物。桥梁全长253米，宽9.3米。工程于7月15日开工。采用防水、防盐蚀、防碳化、防紫外线的抗老化加固策略，维持原有结构造型，提高桥梁的耐久性，增强抵御环境侵蚀的能力。桥面宽度及桥面纵横坡度维持原设计。此外，还采用国内外先进材料，在施工工艺上也做了技术创新，使其成为永定河上一座拥有近百年历史的景观桥。

（郭成建　孙璐）

【门头沟石担路大修工程完工】 9月30日，门头沟石担路大修工程竣工通车。工程重点整治裂缝、网裂、龟裂、修补、沉陷等路面病害。项目分为两段：第一段石门营环岛终点至葡萄嘴环岛，两侧辅路终点至双峪路口，路线长3公里，辅路路线长4.9公里；第二段陈家庄桥至野溪新桥，长约1.2公里。此次大修实现旧路材料全部回收利用，采用温拌沥青新材料，改善作业环境，降低碳排放、减少环境污染。工程于8月15日开工。石担路位于门头沟东南部永定镇、龙泉镇内，是门头沟区重要的过境交通线路和中心城区主干路。

（郭成建　孙璐）

【房山羊南路G107两项大修工程主体完工】9月30日，房山区羊南路、G107两项大修工程主体完工。羊南路南起大件路（羊头岗村），终点交于万窑路，三级公路，道路全长约6.9公里，本次大修段全长3.8公里。G107现况道路等级为二级公路，全长13.8公里，沿线有琉璃河桥、琉璃河南桥、挟河桥三座桥梁，本次大修段长度13.1公里。本次大修主要对道路进行补强，翻建路面结构，主要工程内容包括路基、路面、排水及附属工程等。施工使用厂拌乳化沥青冷再生工艺及厂拌热再生沥青混合料，有效节能环保。

（郭成建 孙璐）

【怀柔APEC峰会道路及设施维护完工】9月，怀柔公路分局为保障国庆65周年和APEC峰会召开，组织公路养护单位，对111国道一期隧道周边设施进行维护。111国道一期总长一万余米，隧道11座，由于长期行车，隧道内部分设施老化，隧道内瓷砖表面污染严重，反光效能降低。分局对隧道内机电、通风、消防等设施进行逐项排查，对隧道内墙壁瓷砖进行集中清洗。同时，怀柔富密路石场斜桥和京加路莲石沟桥两项桥梁大修工程于国庆前夕完工，方便市民出行，将缓解国庆长假道路通行压力。

（郭成建 孙璐）

【平谷崔杏路东南路两项大修工程主体完工】9月，平谷崔杏路全线预防性养护大修工程、东南路大修工程主体完工。崔杏路起点京平高速出口，终点至平关路，道路总长14.77公里。此次实施预防性养护大修工程，包括对裂缝、龟裂等路面病害和主要交叉路口抗车辙处理、铣刨面层、沥青混凝土摊铺罩面等，工程使用温拌沥青和乳化沥青混凝土同步施工，有效减少对环境的影响，同时采用玻纤土工格栅新工艺，提高道路抗碱、耐老化性能。东南路大修工程起点平三路，终点夏鱼路交叉口，大修道路全长5.972公里。

（郭成建 孙璐）

【怀柔公路秋季补油工作完成】9月，怀柔区县级以上公路秋季补油工作全面完成。按照国庆65周年和APEC会议道路交通保障要求，怀柔公路分局对全区公路秋季补油工作提出“加大力量提前实施”的工作部署，共完成沥青路面修补24 600平方米。

（郭成建 孙璐）

【农村公路管理养护年活动结束】9月，市交通部部署的“农村公路管理养护年”活动结束。按照相关要求，市交通委组织开展全市乡村公路管理养护年活动成效评估，对各区县活动成效进行调研，督促区县按照活动方案查漏补缺，强化落实，加强乡村公路管养工作，确保达标，并对管理养护年活动进行总结，完成《北京市乡村公路管理养护年活动总结报告》，组织评选管理养护年先进单位和个人上报交通部。“农村公路管理养护年”活动为期三年，取得明显成效，乡村公路管理养护政策制度与技术体系进一步健全，管理养护水平显著提高，基本实现“五个到位”和“四个提高”目标，乡村公路管养工作逐步走向常态化、规范化。

（印良智）

【京密引水渠桥首次使用架桥机施工】10月10日，秦北路道路工程京密引水渠桥首次使用架桥机施工。截至10月13日，14片主梁全部安装完毕，各项技术指标均在受控范围内。京密引水渠桥是秦北路道路工程新建2座跨河桥其中的1座。京密引水渠水位较高，无法断流，上方有10千伏高压线及通讯线缆，施工场地狭小，桥梁跨径较大（1孔跨越京密引水渠），不宜使用常规吊车安装梁体。项目前期，昌平公路分局多次组织参建单位勘察现场，并于9月12日召开施工方案论证会，确定采用架桥机施工，以保证安全、质量、进度及京密引水渠水质不被污染。

（郭成建 孙璐）

【密三路改建工程初步设计获批】10月10日，密云县密三路（潮河右堤路—东白岩）改建工程初步设计获市规划委批复。密三路（潮河右堤路—东白岩）段为半幅一级公路。京承高速建成通车后，该路段交通量日益增大，交通拥堵严重。改建工程西起潮白河右堤路，与密兴路（新农村—潮河右堤路）段衔接，东至东白岩，道路全长1.3公里。道路设计标准为一级公路，设计速度80公里/小时。道路与潮白河相交处在现状桥梁北侧新建桥梁1座。

（郭成建 孙璐）

【延庆分局保障职业自行车环京赛举行】10月10—14日，2014年环北京职业公路自行车赛在河北省张家口市和北京市延庆县举行。比赛分5个赛段，其中，第二、三、四赛段途经延庆，县域内骑行总距离为177.3公里，涉及延庆公路分局管养路段13条，里程149公里。分局成立领导小组，提前两周对赛道路线开展路域环境整治，出动养护保障人员120人次，工程车18台次，清扫车6车次，增设防护设施2处，更换损毁的交通标志10余面。对容易造成遗撒的路口设专人看护，同时出动清扫车进行清扫，巡查车5辆对赛道进行巡视，在赛道沿线设立6处备勤点，防止突发事件发生。

（郭成建　孙璐）

【京沈路穆家峪路口路面遗撒及时处置】10月17日凌晨5时，京沈路穆家峪路口发生大货车撞坏交通设施事故，遗撒大量砂石。密云公路分局路政大队接到报警后立即组织人员赶赴现场疏导交通，通知养护作业单位对遗撒物进行清理，共清理遗撒路面300余平方米。当日8时道路恢复正常通行。

（郭成建　孙璐）

【延庆五项缺陷责任期满工程检查验收】10月23—28日，延庆公路分局分别对古龙路大修工程、八达岭收费站出口与110辅线连接线新建工程、110辅线应急线新建工程、八峪路提级改造工程、八峪路—机动技术侦查大队道路工程5条2012年施工道路进行缺陷责任期满检查，代建及监理、施工单位均派代表前往现场。对存在的个别问题，要求施工单位于一周内整改完毕，并由监理单位出具整改复查报告。

（郭成建　孙璐）

【密云古下路与西小路小水峪桥大修工程完工】10月23日，密云县古下路、西小路小水峪桥大修工程完工通车。古下路大修工程起于古北口镇古北口村，止于高岭镇下甸子村，全长8公里。小水峪桥大修工程起于西沙地村，止于小石尖村，全长3公里。工程的顺利完工方便了当地百姓出行，为沿线乡村经济发展提供了助益。

（郭成建　孙璐）

【密云平程路预防性养护工程完工】10月27日，密云平程路预防性养护工程完工通车。平程路连接平谷城区和密云县大城子镇程各庄村，全长5.16公里，技术等级为三级公路。此次施工是在处理旧路病害的基础上，对路面加铺微处理面层，相当于为道路穿上了一层超薄“防护服”，有效优化道路通行能力和使用性能。

（郭成建　孙璐）

【密云园林路大修工程完工通车】10月28日，密云园林路大修工程完工通车。该工程连接京沈路和水源路，全长1.216公里，道路为双向2车道，宽14米，两侧设置人行步道。工程提升园林路的通行能力，为沿线居民提供更加舒适畅通的出行环境。

（郭成建　孙璐）

【G109山体坍塌隐患排除】10月31日，门头沟公路分局分局组织养护公司、养护监理单位对109国道K72＋700处左侧山体出现的裂隙进行处理，排除坍塌隐患。通过加长臂挖掘机、破碎锤等设备破碎不稳定山体危岩，清理路面碎石，恢复正常通行。出动抢险人员30人，各类机械6台，清理危岩150立方米。排险过程中，抢险人员布置出安全作业区，派专人进行交通疏导，最大限度减少对社会交通的影响。

（郭成建　孙璐）

【G108二期门头沟段用地预审获批】10月，108国道二期（河北镇—南村）道路全长13.4公里，道路等级为一级公路，设计速度60公里/小时，路基宽23米，路面宽20米。其中门头沟段全长约7.1公里。该段用地预审意见获门头沟区国土资源局批复，用地总规模为47公顷。

（郭成建　孙璐）

【怀柔雁栖湖规划景观综合提升工程完工】10月，怀柔雁栖湖生态发展示范区规划景观综合提升设计工程完工。以导向功能为前提，以艺术表现为手法，制作40套单悬臂式标志，103套单柱式标志及11套附着式标志。展现中国特有文化背景，为APEC会场周边提供更加清晰明确的交通指引。154套标志杆都需要经过阳极氧化处理、腐蚀、拉丝、雕花套管等多项工序才能制作而成。

（郭成建　孙璐）

【平谷区乡村公路大修工程完工】10月，平谷区乡村公路面度大修工程历时三个多月全部完工。此次大修包括81条乡村公路，道路全长86公里，分布在7个乡镇。平谷公路分局严把方案设计关、招投标关、预算评审关、施工管理关、检查监督和检测关，确保工程质量和进度。

（郭成建　孙璐）

【怀柔雁栖湖规划景观综合提升工程完工】10月，怀柔雁栖湖生态发展示范区规划景观综合提升设计工程完工。以导向功能为前提，以艺术表现为手法，制作40套单悬臂式标志，103套单柱式标志及11套附着式标志。展现中国特有文化背景，为APEC会场周边提供更加清晰明确的交通指引。154套标志杆都需要经过阳极氧化处理、腐蚀、拉丝、雕花套管等多项工序才能制作而成。

（郭成建　孙璐）

【APEC 保障路线公路路铭牌增设完成】10 月，顺义公路分局辖区内 APEC 会议保障路线主要路口增设公路路铭牌安装工作全部完成。标志版面形式、内容与市区相关标志一致，版面颜色为蓝底、白字、白边框，版面内容包括路名信息（中英文）、箭头及方向信息（中英文），版面尺寸为 2.0 米×0.7 米。共计 378 套，其中单悬式 33 套，附着式 338 套，更换版面 7 套。

（郭成建　孙璐）

【大兴新黄徐路北延新建工程建成通车】11 月 24 日，新黄徐路北延新建工程建成通车。工程起点魏永路，终点环魏北路，道路全长 0.5 公里，技术标准一级公路。

（郭成建　孙璐）

【顺沙路改建工程建成通车】11 月 30 日，顺沙路改建工程建成通车。工程起于昌平区界，终于大汤山桥，全长 9.3 公里，技术标准一级公路。

（郭成建　孙璐）

【顺义打场晒粮专项整治行动启动】11 月，顺义公路分局启动打场晒粮专项整治行动。针对巡查发现和群众举报，辖区内左堤路、木邵路和龙尹路等多条县级公路存在打场晒粮现象，分局与木林镇、龙湾屯镇政府公路管理站和城管分队在上述路段开展联合执法。共出动路政、城管执法人员和农村公路养护人员 18 人，装载机和清运车辆各一台，发放宣传材料 30 余份，发放《责令改正通知书》5 份，清理晒粮路面 300 余平方米，经劝导行为人自行清除 800 余平方米。

（郭成建　孙璐）

【门头沟百花山路大修工程完工】11 月，门头沟百花山路大修工程完工。百花山路全长 16.56 公里，为县级公路，道路起点接 109 国道 K98＋200 处，终点位于百花山风景区，大修路段全长 7.959 公里，设计时速 30 千米/小时。工程克服道路坡陡、弯急、山区气温低等不利因素，针对车辙、沉陷、龟裂、纵横缝等主要病害，采用 8 厘米泡沫沥青冷再生＋5 厘米温拌沥青混凝土 WAC－16C 结构。这是门头沟山区公路大修工程中首次应用泡沫沥青冷再生技术，同时结合温拌沥青材料，实现旧路材料的全部回收利用，有效降低碳排放、减少环境污染。

（郭成建　孙璐）

【顺义乡村公路桥梁信息及限载标志设置完成】11 月，顺义公路分局开展乡村公路桥梁信息公开牌及限载标志牌设置工作完成。涉及 15 个乡镇的镇属产权乡村公路桥梁 84 座。信息公开牌内容包括桥名、路线名称、路线编号、桥型、养护单位、管理单位、监管单位、联系电话等。

（郭成建　孙璐）

【早鲍路道路工程初步设计获批】12 月 1 日，早鲍路道路工程初步设计获市规划委、市发改委批复。早鲍路西起顺义、平谷区界早立庄，东至赵鲍路，全长 11.6 公里，其中早立庄南路至云打路段、规划二路至平三路段为新建路段，按二级公路标准设计，全长 7.8 公里，设计速度 60 公里/小时；云打路至规划二路段为改建段，按城市主干路标准设计，全长 3.8 公里，设计速度 60 公里/小时。

（郭成建　孙璐）

【京密路道路工程设计方案获批】12 月 2 日，京密路道路工程设计方案获市规划委批复。京密路（三环路——机场南线）道路工程南起三环路，线位基本沿现状京密路向东北方向布设，经四环路、广顺南大街、五环路、京包铁路外环线，终点至机场南线高速公路，道路全长约 13 公里，按城市快速路标准设计速度为 80 公里/小时，采用高架桥形式，高架主路机动车道三上三下，桥下辅路三上三下（包含 1 条公交专用道）。

（郭成建　孙璐）

【顺义左堤路改建工程建成通车】12 月 20 日，左堤路改建工程建成通车，工程起于河南村闸桥，终点与木燕辅路相接，道路全长 13.9 公里，技术标准为二级公路。工程累计完成投资 1.369 0 亿元，年内完成投资 3 256万元。

（郭成建　孙璐）

【顺义白马路东延新建工程建成通车】12 月 20 日，白马路东延新建工程建成通车。工程起点与中干渠路相交，终点与峪杨路连接，道路全长 13.2 公里，技术标准一级公路，工程累计完成投资 2.807 0 亿元（含大秦铁路顶进箱涵投资 3 597 万元）。

（郭成建　孙璐）

【房山良常路改建工程建成通车】12 月 20 日，良常路改建工程建成通车，工程起于六环路，终点连接务滋村，工程全长 8.7 公里，技术标准一级公路。

（郭成建　孙璐）

【昌平七北路改建工程建成通车】12 月 20 日，七北路改建工程建成通车，工程起于七星路，终点与定泗路相接，道路全长 5.8 公里，技术标准为一级公路。

（郭成建　孙璐）

【平谷东长峪隧道改建工程建成通车】12月20日，东长峪隧道改建工程建成通车，工程起于熊东路终点，工程全长0.475公里，技术标准为三级公路。

（郭成建　孙璐）

【顺义裕安路北延新建工程建成通车】12月20日，裕安路北延新建工程建成通车。工程起点机场北线，终点顺沙路，道路全长2.2公里，技术标准二级公路。工程累计完成投资3 696万元。年内完成投资2 896万元。

（郭成建　孙璐）

【G111二期改建工程建成通车】12月24日，北京111国道二期改建工程（怀柔汤河口—市界段）正式通车，成为“京津冀协同发展交通先行”战略部署中首条通车的新改建道路。南起怀柔区汤河口镇，向北经过长哨营满族乡和喇叭沟门满族乡，终点与河北省承德市的丰宁满族自治县通过怀丰隧道相接，全长52.8公里，设有特大桥2座、大桥27座、隧道3座，建设总投资30.34亿元。工程于2010年10月开工，全部按照一级公路标准建设，路基宽24.5米，路面宽21米，双向四车道，设计速度80公里/小时。彻底打通河北丰宁地区进出北京的交通动脉“栓塞”，为怀柔北部山区、以及河北北部及周边省市经济发展提供一条新的“快车道”。

（郭成建　孙璐）

【通州永德路新建工程建成通车】12月25日，永德路新建工程建成通车。起点大德路，终点浦羊东路。路线长2.6公里，技术等级公路一级。年内累计完成投资3 391万元。

（郭成建　孙璐）

【京哈南辅线新建工程建成通车】12月25日，京哈南辅线新建工程建成通车。工程起点小老路，终点为运河左堤路，道路全长1.9公里，技术标准一级公路。年内累计完成投资3 175万元。

（郭成建　孙璐）

【密兴路二期改建工程建成通车】12月29日，密兴路二期改建工程建成通车，工程起于密云县巨各庄，终点与市界，道路全长5.5公里，技术标准二级公路。

（郭成建　孙璐）

【密云三项桥梁大修及乡村公路工程完工】12月，密云琉辛路西庄子桥、京沈路庄头峪3号桥、鼓楼西大街西门桥等3项桥梁大修工程完工。大修后改善桥梁使用性能，有效提升出行安全性和舒适度。此外，密云县年内首批开工的13项乡村公路工程全部完工，包括8条道路工程共14公里以及5座桥梁工程共317平方米，工程惠及西田各庄、溪翁庄、不老屯等6个镇13个村。

（郭成建　孙璐）

【顺36路区间新增公交站点】12月，顺义区交通局组织骏马客运公司调整顺36路区间（顺义二中—茶棚村）公交站点设置，调整后的线路新增峪子沟停车场、十二涧停车场两个站点，方便游客前往浅山旅游。

（白海鹏）

【顺义镇域微循环线路开通】12月，顺义区交通局组织开通木林1路（大林—业兴庄）镇域微循环线路。改善木林镇长林、蒋各庄、业兴庄等村居民的出行条件，形成“行政村—乡镇—顺义城区”三级公交换乘接驳体系。

（白海鹏）

【延庆四山村增设临时招呼站】2014年内，东洼村、石佛寺村、东小营村、西窑村增设公交招呼站，进一步改善候车环境，方便周边百姓日常出行。

（王亚娜）

【延庆完善公共交通基础设施】2014年内，延庆县交通局累计巡查线路9 700公里，新建候车亭25座，维修站亭16座，更换站牌256块，改善候车环境，方便百姓日常出行。在京藏高速出京方向八达岭山区段安装摄像头2个，规范客货车辆分道行驶管理。

（王亚娜）

【延庆大庄科乡摆渡小巴试行开通】2014年内，延庆县交通局经多次实地调研与多方协调，由政府出资购买2辆17座依维柯，在大庄科乡的黄土梁、东太平庄、台子沟、榆木沟、河南与河北6个行政村开通摆渡小巴，实施早、中、晚三次与公交车接驳，负责运送村民到公交车站乘车，有效解决当地2 000余个村民的出行难问题。

（王亚娜）

【延庆居民出行入户调查完成】2014年内，延庆县完成交通影响评价基础模型建设前期入户调查工作，累计调查2 000户6 000余人，是延庆县历年来规模最大的一次入户调查，为建设延庆县交通影响评价基础模式提供数据支撑。

（王亚娜）

【密云公交线网优化开调延长增设站点】2014年内，密云县调整密1、密27、密28、密12、

970、987 等 6 条公交线路；开通密 1 路支线、密 3 路支线、密 7 路支线、密 51 路、970 快、868 路 5 条公交线路；迁移密云六中和河南寨中学 2 个站点。

（杨爽　高峰）

【通州区乡村公路建设工程完成】 2014 年内，通州区共完成乡村道路大修工程 71 项 79 公里，桥梁改造 18 座 4 653 平方米，隐患治理 3 项，中央车购税补助改造项目 3 项。全年乡村公路建设养护资金为 1.8 亿元。

（郭成建　孙璐）

【房山 12 条公交线路优化调整】 2014 年内，房山区制定《公交线路优化调整工作方案》，调整、延长 12 条公交线路，其中区内公交 3 条为房 32 路、房 27 路和房 37 路，八方达客运公司线路 9 条为 831 路、833 路、836 路、971 路、956 路、832 路、896 路、837 快和 907 路。

（刘玉东）

【897 路、904 路公交新线开通】 2014 年内，八方达客运公司新开通 897 路、904 路 2 条公交线路，方便公交与轨道交通接驳换乘，减少重叠公交线路，缓解交通拥堵。

（刘玉东）

【通州区乡村公路建设工程完成】 2014 年内，通州区共完成乡村道路大修工程 71 项 79 公里，桥梁改造 18 座 4 653 平方米，隐患治理 3 项，中央车购税补助改造项目 3 项。全年乡村公路建设养护资金为 1.8 亿元。

（郭成建　孙璐）

【顺义木孙路新建工程立项获批】 2014 年内，木孙路新建工程立项获区发改委批复。该工程北起山丁路，南至麻张路，穿越木林、龙湾屯等四个乡镇，与京承高速、京平公路连接，共同构成顺义东北部公路环线，是顺义五彩浅山区建设的组成部分。道路全长 15.44 公里，其中山丁路至昌金路段为二级公路，设计速度 60 公里/小时，双向两车道，路面宽 12 米，路基宽 15 米；昌金路至麻张路段为一级公路，设计速度 80 公里/小时，双向四车道，路面宽 21 米，路基宽 25.5 米；道路沿线设置中桥 4 座、下穿铁路框架桥 1 座。

（郭成建　孙璐）

【多项公路养护大修改造工程竣工】 2014 年内，市交通委路政局完成 103 国道出京线、顺密路等 67 项 763 公里大修及预防性养护工程，维修面积 908 万平方米；日常养护维修 22 万平方米；完成琉璃河桥等 24 项旧桥隧改造工程；实施绿化造林 396 公里 69 万平方米，提前完成“十二五”造林任务；完成 6 条 73 公里公路地灾治理工程。在交通运输部组织的 2014 年国家干线公路网路况检测中，取得全国第二名的优异成绩。

（郭成建　孙璐）

【疏堵工程和微循环建设按计划实施】 2014 年内，市交通委路政局实施疏堵工程 147 项，紫竹院路潮汐车道开通，早晚高峰时段车辆通行时间缩短近一半；京开高速及西南三环公交专用道投入使用，公交车运行时间节省 50%左右。完成百子湾东路、金沟河路、体育场南街等 85 条微循环道路建设，畅通周边路网 101 公里，有效缓解交通热点区域拥堵现象。

（郭成建　孙璐）

【市交通委编制农村交通四项技术文件】 2014 年内，市交通委组织完成《乡村公路养护技术要求》《乡村公路养护年度消耗量计算标准及编制方法》《乡村公路路况评定标准》《乡村公路安全保障工程技术指南》等 4 项农村交通技术文件编制工作，标志着全市农村交通地方标准制定上了一个新台阶，实施后将对全市农村交通工作产生重要影响，促使农村交通管理工作逐步走上规范化轨道。

（印良智）

【农村交通综合指数考核指标体系建立】 2014 年内，市交通委根据 2013 年绩效考核结果，结合远郊区县实际，按照科学合理的原则，依托专业部门建立“北京市农村交通综合指数”考核指标体系，并据此对区县政府实施绩效考核，促进农村交通工作的整体提升。

（印良智）

【农村交通综合指数绩效考核工作完成】 2014 年内，按照市政府关于绩效考核要求，市交通委完善考核方案，制定考评细则，完成乡村公路及桥梁抽检工作，并依据乡村公路路面技术状况检测结果，对各区县乡村公路管养进行考核评价，制定专项考核报告并报市绩效办反馈至区县政府。经过三年的不断发展完善，“农村交通综合指数”绩效考核已成为远郊区县农村交通工作的重要抓手。

（印良智）

【农村交通统计与监管系统上线运行】 2014 年内，农村交通统计与监管系统建设项目获批建设，在完成项目论证、需求调研、系统开发等工作后，年底正式上线试运行，将有力促进全市农村交通工作的精细化、规范化管理。

（印良智）

【区县农村交通信息直报制度建立】2014 年内，市交通委建立区县乡村公路及郊区客运信息直接报送制度，全年累计编发各区县信息 200 余条，通过信息报送渠道，及时掌握一线工作动态，为农村交通工作的科学决策和管理提供有力依据。农村交通信息报送形成长效机制，进一步加强对农村交通的动态管控。

（印良智）

【乡村公路大修危桥改造完成年度计划】2014 年内，市交通委通过暗访、实地调研、定期督查等方式，会同路政局全力推进乡村公路危桥改造工作，全年共完成危桥改造 43 座，并按计划督促区县推进年度乡村公路大修计划，确保保质保量按时完成 584 公里、514 项大修工程。

（印良智）

【乡村公路安全防护设施建设加大推进力度】2014 年内，市交通委研究制定《乡村公路安保工程三年行动计划》，编制《北京市乡村公路安全保障技术指南》，出台乡村公路隐患点及隐患路段评定标准，为实施安保工程建设提供标准依据，为乡村公路安保工程实施提供有力支撑，进一步提升农村交通安全保障能力。

（印良智）

【乡村公路设桥梁荷载标志及信息公开牌】2014 年内，按照交通部关于设置乡村公路桥梁荷载标志牌和信息公开牌通知要求，市交通委督促 10 个远郊区县完成乡村公路桥梁荷载标志牌设置，部分区县完成乡村公路桥梁信息公开牌设置。

（印良智）

【郊区客运基础设施建设完成年度计划】2014 年内，按照市政府折子工程第 63 项要求，市交通委指导协调完成延庆县四西路、莲花山路、河石路和太平庄路沿线安保设施设置，完成仓米道、瓦庙、西大庄科掉头场及台自沟路错车港湾建设，完成千家店镇红水路拓宽工程建设及珍珠泉乡八小路拓宽前期设计工作，在瓦庙、西沟里两个行政村开通公交班线。加快郊区客运基础设施建设进度，进一步提升郊区客运服务水平。

（印良智）

【郊区客运场站建设完成年度任务】2014 年内，计划建设的 6 座五级客运场站全部竣工，延续上一年建设的 8 座五级郊区客运场站全部完工。

（印良智）

【市交通委推进新农村建设】2014 年内，市交通委协助市农委编制《2014—2020 年北京市经济薄弱地区发展规划》农村交通相关内容；参与全市少数民族乡村经济调研工作，发挥农村交通对于促进少数民族地区经济发展的纽带作用；通过与延庆大庄科乡瓦庙村党支部“结对子”，开展“三进两促”，实现党建工作与农村交通工作相结合。

（印良智）

【规范乡村公路监管】2014 年内，市交通委路政局完成全市乡村公路养护投资 6.86 亿元，养护里程 13 792 公里，实施路面大修 589 公里，改造桥梁 35 座；全年抽检里程 2 769 公里、桥梁 332 座，整体路况水平良好。系统总结评估乡村公路“管理养护年”活动成功经验，制定《乡村公路养护管理办法》，进一步明确乡村公路管养职责。

（郭成建　孙璐）

【下凹式立交桥区水位监测预警系统验收】2014 年内，顺平南线京承铁路桥水位监测预警系统通过验收，在北京地区普通公路下凹式桥区尚属首次应用。该系统包括桥下水位预警（雷达）设备、视频监控设备、可变情报板及相关配套软件。验收程序为水位设备厂家分别对高度为 1 厘米、3 厘米、5 厘米、10 厘米的水位进行模拟演示，水位监测预警设备捕捉到水位高度时，将高度对应的通行信息传输至桥区两侧情报板，提示过往车辆、行人行车安全，同时后台软件系统显示设备监测的积水深度。水位监测预警系统的投入使用将在积水发生时及时引导行人、车辆绕行，缩短应急抢险时间。

（郭成建　孙璐）

气候概况和气候评价

2014年北京气温偏高，是1951年以来最暖的一年；年内北京降水量比常年偏少2成，是2000年以来降水最少的一年；日照时数比常年偏少。2014年北京极端天气气候事件频发，降水日数、最早41℃高温日等均突破1951年以来历史记录，出现了局地大风、冰雹、高温、暴雨等天气气候事件。2014年气候条件对于冬小麦的生长较为有利，但对春玉米和夏玉米的生长较为不利，北京森林地区气候条件明显偏差，不利于森林生态环境的改善。

【气温】年平均气温偏高。2014年北京市20站平均气温为12.6℃，比常年偏高1.2℃，为1951年以来第一高值年，比近十年（2004—2013年，下同）平均偏高1.1℃，比上年偏高1.3℃。空间分布上，西部和北部山区气温介于6～11℃之间，其他地区气温在11～15℃之间；与常年相比，通州、石景山、门头沟、丰台、延庆、昌平、大兴、顺义、房山、朝阳、观象台和佛爷顶气温偏高1～2℃，其他地区气温偏高0.4～0.9℃不等。观象台极端最高气温为41.1℃，出现在5月29日，这是1951年以来的最早41℃高温日。

年内，除2月偏低0.5℃和6月偏低0.1℃外，其他月份气温均偏高。1月、3月、4月异常偏高。其中1月本市平均气温为－2.0℃，比常年（－5.0℃）偏高3℃，4月平均气温为15.9℃，比常年（13.6℃）偏高2.3℃，是1951年以来的次高值（1994年4月平均气温为16.0℃）。

冬季（2013年12月至2014年2月）本市平均气温为－1.9℃，比常年同期（－3.1℃）偏高1.2℃，比近十年同期（－3.4℃）偏高1.5℃，比2012、2013年同期（－5.2℃）偏高3.3℃。

春季（3—5月）平均气温为15℃，比常年（12.8℃）偏高2.2℃，比近十年均值（13℃）偏高2℃，比上年春季（12.2℃）偏高2.8℃，属异常偏高，为1951年以来同期最高。

夏季（6—8月）平均气温为25.1℃，比常年同期（24.4℃）偏高0.7℃。

秋季（9—11月）平均气温为12.2℃，比常年同期（11.6℃）偏高0.6℃，接近近十年同期（12.0℃），比上年同期（11.8℃）偏高0.4℃。

【降水】年内，北京市20站降水量为420.9毫米，比常年偏少22.9%，比近十年平均值和上年分别偏少23.1%和17.2%。全市各站降水量在264～561.5毫米之间，大部分地区降水量较常年偏少一至五成。

年降水日数偏少。观象台年降水日数为52天，比常年（69.6天）、近十年均值（66.2天）及上年（71天）偏少。其中暴雨日数1天，比常年（1.7天）和近十年均值（1.2天）偏少，与上年持平。观象台最大日降水量为106.0毫米，出现在9月2日。

年内多数月份降水偏少。其中1、3、7、11、12月的降水比常年偏少五成以上，6、9月降水偏多，2月、5月和10月正常。

冬季降水偏少。冬季全市平均降水量为5毫米，比常年（8.5毫米）和近十年平均值（9.6毫米）及上年冬季（15.5毫米）偏少。

春季降水偏少。春季平均降水量为58.5毫米，比常年（72.6毫米）及近十年均值（73.8毫米）偏少二成，但比上年春季（30.8毫米）偏多九成。

夏季降水偏少。夏季平均降水量为256.2毫米，比常年同期（379.6毫米）、近十年同期（368.3毫米）、上年同期（384.8毫米）均偏少三成，是近十年来同期降水最少的一年。

秋季降水偏多。秋季平均降水量为101.2毫米，比常年（85.4毫米）和近十年平均值（95.4毫米）及上年同期（86.1毫米）均偏多。

【日照】年内，全市20站平均年日照时数为2 331.3小时，比常年和上年均偏少。

其中冬季北京地区平均日照时数为479小时，比常年（553.7小时）偏少。春季平均日照时数为722.2小时，接近常年（719.9

小时）。夏季平均日照时数为657.9小时，与常年同期（624小时）基本持平。秋季平均日照时数为468.2小时，比常年（601.4小时）偏少。

2014年内观象台出现5天沙尘天气，比常年偏少一半。

【主要天气气候事件】年内，北京地区极端天气气候事件频发，年平均气温、降水日数、最早41℃高温日等均突破1951年以来历史记录。

1951年以来最暖的一年。2014年北京平均气温为12.6℃，成为1951年以来第1高值年和最暖的一年。除去20站平均气温突破极值之外，观象台、朝阳、丰台、顺义、通州、大兴、门头沟、房山、延庆、昌平、石景山的年平均气温均突破建站以来历史记录。

月最早41℃高温日。5月29日15时21分，观象台最高气温达41.1℃，是自1951年以来北京在一年中发生日期最早的41℃高温日，也是观象台的年度极端最高气温，仅次于1999年7月24日的41.9℃，为1951年以来第二高值。

月第6候高温极值。8月26日观象台极端最高气温为35.3℃，是1951年以来8月第6候（8月26—31日）出现的极端最高气温极值。1951年以来8月第6候仅有2年出现日极端最高气温≥35℃的高温日，另外一年是2012的35.1℃（8月29日）。

盛夏干旱。7—8月北京20站平均降水日数17天，为1951年以来历史同期最少年，与1951年、1968年、1972年、1975年、1997年和2007年持平，常年值为25.5天，近十年平均值为23.7天。期间北京20站平均降水量为139.0毫米，为1951年以来历史同期第二少值年，第一少值年为2003年（128.6毫米）。

秋季暴雨极值。9月第1候（9月1—5日）北京20站平均降水量为49.8毫米，比常年（12.0毫米）和近十年平均值（13.7毫米）偏多。期间观象台降水量为108.2毫米，为1951年以来历史同期最大值，最大日降水量出现在9月2日，为106.0毫米，是1951年以来9月第1候的最大值，也是1951年以来秋季的日最大降水量极值。

雷电灾害。年内出现雷电灾害36起，其中9月1日傍晚延庆县一位51岁男士下班途中骑电动车经滨河北路连家营村南十字路口时遭遇雷击身亡。

大风灾害。11月30日下午5点10分左右，朝阳大悦城外墙近30平方米的外墙材料被大风吹落，砸中行人造成1人死亡1人重伤。

【气候影响评价】年内，北京地区降水量偏少，气温偏高，蒸发较大，干旱现象较为突出，对水库蓄水非常不利。气候条件对冬小麦的生长较为有利，但对春玉米和夏玉米的生长较为不利，也不利于北京地区生态环境的改善。

气候与冬小麦。2014年气候条件对于冬小麦的生长较为有利。虽然1月气温明显偏高以及基本无降水导致土壤墒情持续下降，小麦处于轻度到中度青枯程度，对冬小麦安全越冬不利，但是2月上旬全市大范围明显降雪，改善了前期麦田墒情，麦田积雪对小麦起到一定的保温作用。2月下旬以后气温回暖，对小麦安全越冬及返青生长、后期分蘖和成穗非常有利。4月上中旬虽然降水持续偏少，土壤墒情持续下降，但大多数麦田由于前期及时浇灌，影响不大，加之4月下旬降水偏多，对小麦穗分化和籽粒形成有利，长势为近5年来最好的一年。5月轻旱、高温天气、干热风、大风天气陆续出现，影响了小麦生长，但是5月麦区气温偏高，对小麦抽穗扬花和灌浆都比较有利。至6月上中旬麦区气温偏高、降水偏多，光照条件较充足，有利于小麦后期灌浆成熟，收获进度较2013年提早7天。

9月气温略偏高、降水明显偏多，土壤墒情对于播种冬小麦非常有利。10月上旬气温偏低，降水偏多，土壤墒情适宜，对冬小麦播种后出苗有利，10月中下旬主产麦区气温偏高，对冬小麦苗期生长较为有利。虽然11月内无有效降水导致麦区土壤墒情下降，但因11月麦区气温偏高、日照条件较好，加之灌溉及时，对小麦冬前分蘖生长十分有利。至12月气温略偏高、降水明显偏少、日照充足，对小麦越冬总体有利。

气候与春玉米和夏玉米。2014年春玉米全生育期内降水偏少，有阶段性干旱发生，尤其是7月至8月春玉米关键生育期遭受干旱，导致减产严重。具体表现在5月降水分布不均，对春播作物出苗及苗期生长不利；6月上中旬气温偏高、降水偏多，光照条件较充足，大部地区土壤墒情适宜春玉米拔节生长，但是至7月气温偏高，降水偏少，旱象明显，加之不少地块因条件所限无法灌溉，不利于玉米抽雄吐丝和雌穗发育进而影响授粉，春玉米灌浆过程受阻。此后至8月依然气温偏高，降水偏少，旱情持续发展，对春玉米灌浆不利。

2014年气候条件对夏玉米生长也较为不利。6月上中旬气温偏高、降水偏多，光照条件较充足，土壤墒情适宜夏玉米播种出苗，但是至7、8月夏玉米的“大喇叭口”关键生长期，大部分地区遭遇严重干旱，严重影响了穗分化、雄穗抽出，造成“卡脖旱”。浇灌不及时的地块均受到不同程度的旱灾，导致植株矮小、生长缓慢、叶片卷皱发黄，造成较严重的减产。

强对流事件。2014年北京地区多次出现局地大风、冰雹、雷暴等强对流天气，多个区县受灾。据不完全统计，2014年北京受灾人口49 588人，转移安置人口84人，倒塌房屋753间，损坏房屋157间，农作物受灾面积17 861.6公顷，成灾面积12 900.02公顷，大棚损坏1 769座，直接经济损失达185 314.896 4万元。5月31日20时30分至6月1日6时，大兴区自南向北先后出现了强对流天气，涉及9个镇和1个街道受灾。6月22日15时45分至16时50分，平谷区罗营镇、大华山镇、熊儿寨乡等地出现不同程度雹灾，造成粮食作物受灾260.13公顷，果树受灾1 187.26公顷（62万株）。7月16日傍晚昌平区自北向南出现强对流天气，伴有雷电和局部冰雹大风，南口等4个镇遭受袭击，粮食作物受灾面积298.4公顷，蔬菜受灾面积16.1公顷，果树受灾面积782.4公顷。

气候与供水。年内，高温天气给北京供水造成很大压力。年内观象台高温（日最高气温≥35℃）日数为12天，比常年（8.3天）、近十年平均（9.3天）和上年（10天）偏多。5月高温酷热天气使得北京供水量加大，北京城区日供水量高达304万立方米，突破了百年历史纪录。7月10—15日，连续高温导致城区日供水量连破纪录。7月10日、11日、14日和15日城区日供水量均超过300万立方米，均超过上年最高日供水量298万立方米的历史纪录。

气候与森林。与上年相比，2014年气候条件明显偏差，不利于北京地区森林植被生态环境的改善。北京地区的森林对生态环境改善有着重要意义。北京已建立了15处以上国家森林公园及多处市级森林公园与林场等保护区，森林主要分布在延庆、怀柔、密云、平谷、昌平、门头沟、房山等地区，海淀和石景山也有小面积分布。森林覆盖率从高到低排在前四位的区县分别是怀柔、门头沟、延庆和密云，覆盖率均在60%以上。2014年北京地区林区气候湿润指数在0.20～0.61之间，较2013年明显减少，年最大植被覆盖度大部分在70%以上，叶面积指数绝大部分在4.0以上，气候生产潜力在每年737～879克/平方米之间，较2013年明显减少。

气候与生态环境。2014年北京气候条件对改善生态环境不利。2014年度北京市各区（县）生态质量指标平均值为41.2，比2013年有所减少，表明北京市2014年生态质量较差。2013、2014年冬季大部地区气温偏高，降水偏少，雾霾天气显著偏多，对交通运输和人体健康都造成了一定程度的不利影响，不利于生态环境改善。2014年春季北京市各区（县）生态质量指标平均值为33.8，比2013年春季略有改善。2014年夏季北京市各区（县）生态质量指标平均值为49.2，比2013年夏季下降明显。2014年秋季北京地区气候条件对生态环境的影响处于正常偏差水平。

（刘海涛　曹冀鲁）

山 区 建 设

综 述

2014年山区建设工作认真贯彻落实市农村工作会议精神，继续坚持生态涵养发展区功能定位，以沟域经济建设和山区农民搬迁为抓手，进一步改善山区农民的生产生活条件，山区农民收入快速增长，山区建设取得明显成效。2014年，重点建设的7条沟域实施环境整治、生态建设、基础设施、村庄节点和特色产业等五项工程项目221个，完成投资22亿元。从2011年开展沟域经济建设以来，累计实施项目696个，完成投资96.8亿元。扎实推进新一轮山区搬迁工作。全年市级补助资金2.79亿元，启动实施了32个村、2 787户、6 217人搬迁任务，目前18个村部分搬迁新居主体已完工，其他村正在抓紧施工建设。对搬迁新村基础设施建设补助资金从2014年开始由每户补助4万元提高到6万元。新一轮山区搬迁工作自2012年年底实施以来，已完成98个行政村、9 722户、20 875人的搬迁工作，市级财政、完成投入达到8.22亿元。

沟域经济

【基本情况】2014年沟域经济建设全面贯彻落实中央和市农村工作会议精神，按照“新三起来”的总要求，以环境整治和生态建设为基础、以产业发展为中心、以农民增收为根本，突出“四抓”，持续推动沟域“上层次、创品牌、出效果”。沟域范围涉及7个山区县、13个乡镇、142个行政村，总面积901平方公里，常住人口10.5万余人。沟域名单有：上方花海、妙峰山玫瑰谷、冰川绿谷、满韵汤河、舞彩浅山、酒乡之路和九里山桃花谷。各区县在沟域内主要实施了环境整治、生态建设、基础设施、村庄节点和特色产业等五项工程。7条沟域共实施各项工程项目218个，完成投资21.75亿元，超出2013年全年投资15.4亿元的41.2%。其中，公益类项目169个，完成投资15.73亿元，产业类项目49个，完成投资6.02亿元。

【工作举措】按照年初“两委”对“三农”工作的总体部署和沟域建设“上层次、创品牌、出效果”的要求，着力抓了以下四个方面的工作：

抓项目，发挥政府资金带动辐射作用。年初由市财政拨付专项资金3 500万元作为沟域项目建设的启动资金，带动各级部门和社会向沟域投资，公益性项目投资额已经超出2013年全年的

66.5%。投资1.97亿元用于村边路边河边等环境整治，投资3.59亿元完成了小流域治理、生态修复等生态建设工程，投资5亿元对道路、标识、停车场等基础设施进行了完善，投资5.16亿元进行新村民居建设。吸引社会力量广泛参与，酒香之路沟域投资3 000万元打造欧洲田园风格的8号葡萄庄园已对外营业；白桦谷沟域专门面向中高端游客的闲云山房度假村已完成投资5 000万元。

抓引导，督促区县加快沟域建设进度。坚持市、区县、乡镇分级负责，共同推进。3月举办沟域经济建设培训班，对区县、乡镇和重点村的负责人进行了培训。5月举办了沟域经济观摩拉练活动，组织区县、乡镇到怀柔和延庆的沟域学习交流。7月召开半年总结会，会前组织对古北水镇参观学习。组织人员编写沟域典型汇编。9月专门邀请区县农委主管主任一块参加考评，学习借鉴其他区县好的经验。

抓宣传，打造沟域旅游知名品牌。主题宣传：北京电视台《四海漫游》栏目对沟域经济进行了十集系列报道，《美丽乡村》杂志连续12期刊登沟域经济典型文章。信息发布：北京日报、中央电视台、新华网、千龙网、京郊日报等多家媒体多次报道沟域经济，在百度上搜索“沟域经济”显示网页42万多条。成果转化：在《前线》《农民日报》《北京农村经济》等报刊发表署名文章，阐述沟域经济发展的历程、内涵及发展经验。

抓考评，调动区县乡镇积极性。注重调动区县和乡镇主体的积极性。暗访摸底数：年初邀请专家和部门参加沟域发展联席会议，听取区县汇报工作计划。6月第一次组织专家对沟域建设情况进行摸底，不跟区县打招呼，掌握真实情况。考核评成效：9月中旬由市农委牵头，会同市相关部门和专家组成考评组，采取听区县汇报、实地检查工程、部门审核项目、专家打分汇总的方式，对沟域建设情况进行了全面考评验收。考评结果如下：怀柔区、密云县和延庆县获得了一等奖，二等奖是平谷区和门头沟区，顺义区和房山区分获三等奖。反馈查不足：将考评结果及专家评语及时向区县乡镇反馈，促进查摆工作中的不足。

【工作成效】通过“四抓”，沟域建设取得明显成效，集中在以下几个方面。

建设思路进一步明确。经过几年来的实践探索，逐步确立了沟域经济建设思路：既要把握沟域经济的地位，走高端发展之路；把握沟域经济的要义，走生态友好发展之路；把握沟域经济的生命，走特色发展之路；把握沟域经济的目标，走生态文明发展之路；把握沟域经济的推进方式，走聚力共建发展之路。充实并完善了沟域发展的六种模式：生态修复切入型、龙头景区带动型、自然风光主导型、特色产业发展型、民俗文化展示型和文化创意先导型。在环境整治过程中，突出了“三四五六”，即“三边”（村边、路边、河边）修饰、“四治”（治垃圾、治污水、治脏乱、治扬尘）修整、“五化”（绿化、美化、净化、亮化、硬化）修缮、“六护”（护山、护水、护林、护田、护路、护自然景观）修复。

建设合力进一步集聚。坚持由市农委牵头，年初听取沟域思路汇报、半年观摩指导、年终考评验收的沟域经济发展联席会议制度，市各职能部门在政策制定、工作谋划中注重向沟域倾斜。市财政每年拨付一亿元专项资金，市发改委重点支持“一环两镇”建设，市园林、水务、旅游、交通等部门也结合各自工作对沟域给予了重点支持。同时区县和乡镇在沟域建设中纷纷设立专项资金大力推进，形成了政策合力。四年来，通过两委规划引导、政策推动、统筹协调，沟域经济已经集成各项资金100多亿元。

建设成效进一步显现。生态环境改善。每条沟域平均投资7 940万元用于环境整治和生态建设，村庄道路周边脏乱差的局面得到根本转变。2014年评出的20个最美乡村中，7个位于沟域范围内。农民收入提高。2014年山区农民收入18 431元，同比增长12.5%，高于全市3.3个百分点。巨各庄镇农民通过土地流转和在葡萄庄园打工的收入，2014年人均纯收入将实现19 108.2元。旅游空间拓宽。新涌现出一批如酒香之路、白桦谷、冰川绿谷等小有名气的沟域，为市民提供更多休闲度假好去处。十一黄金周期间，白桦谷沟域接待游客8万人次，同比增长58.7%。

【工作特点】沟域经济是北京首创，没有经验可循，在推进过程中我们逐步总结出以下四个方面的特点，也是获得成功的经验。

领导重视，推进有力。市领导对沟域经济发展高度关注，在怀柔区群众路线总结大会上的讲话中专门提到白桦谷沟域有关情况。各区县均成立了沟域经济领导小组，并将建设任务纳入政府折子工程。密云县委、县政府多次召开会议对酒香之路建设进行专题研究。延庆县委常委陈合安每两周至少到大庄科乡调研一次，督导冰川绿谷沟域进度。

部门联动，产业融合。充分发挥市沟域经济联席会议单位作用，2014 年市发改、园林、水务、交通、旅游等多部门共安排资金 6 个亿支持沟域经济建设。白桦谷沟域打造 22 度的北极氧生风情地，沟域整体生态环境和民居环境提升快、品味高，民俗旅游快速发展。酒香之路围绕葡萄产业做文章，通过土地流转实现规模种植葡萄 7 000 亩，建设葡萄基地 15 个、中小型酒庄 4 个，推动了集观光休闲、精品加工、品味体验和科普教育等多功能于一体的都市型现代农业发展。

思路明确，特色突出。深入挖掘每条沟域自身的特色。冰川绿谷沟域以世界最大冰臼遗址为主打品牌，挖掘出了沟域内的冰川文化、慈孝文化、长城文化、冶铁文化、红色文化。九里山桃花谷围绕大桃产业，发展观光休闲、民俗旅游、桃文化等融合产业，促进大桃销售向观光休闲、旅游度假和文化创意升级转变。妙峰山玫瑰谷以生态环境建设、废弃矿山综合利用为基础，以产业园区为龙头吸引社会资本，促进了产业转型升级。舞彩浅山立足首都慢生活区功能定位，发展慢生活、运动健身、田园采摘为主要内容的休闲旅游产业。上方花海打造了韩村河天开花海景区、长沟水岸花田景观、周口店坡峰岭景区等节点。

农民主体，社会认可。沟域经济建设过程中，充分尊重农民意愿，满足农民需求，2014 年新发展民俗户 394 家。密云县酒香之路带动农民 5 200 余人实现本地就业。怀柔白桦谷沟域建设过程中，政府实施的各项工程均由当地村民参与施工。通过良好有序打造，山区生产生活生态环境根本改善，得到了山区农民群众的认可；通过依法合规、有序发展，沟域经济成为山区生态文明建设和产业转型的有效模式，得到了各级组织的认可；通过坚守生态底线，挖掘山区生态、人文、历史优势，满足市民休闲需求，得到了社会各界的认可。

【突出问题】沟域经济建设过程中也存在一定的问题：一是信息不对称。如市民需求和民俗村供给信息不对称，经常出现节假日车堵人满床缺的现象；沟域需求与资源要素不对称，社会资金投资渠道不畅，延寿沟域新建停车场却没有土地。二是同质化现象初显，如山区以大面积花卉为卖点招揽游客的地方就有十余处，吃农家饭、住农家院对市民越来越没有吸引力。三是区县发展不平衡。有的区县沟域道路交通承载力不够，有的公厕、停车场数量严重不足，有的标识系统尚待完善，有的民俗旅游接待水平还不高，连吃带住一天平均消费不到 150 元，亟待提升。

（王景辉）

山区地质灾害易发区及生存条件恶劣地区农户搬迁工程

【概况】2014 年山区农民搬迁工程列入了市政府折子工程，计划搬迁农民 2 787 户、6 217 人，涉及平谷、怀柔、密云、延庆 4 个区县、16 个乡镇、32 个行政村，所有搬迁村已全部启动，完成了市政府折子工程建设要求。

【工作特点】市里按 1.8 万元/人给予搬迁农民建房补助，按 6 万元/户给予基础设施建设补助，共拨付市级补助资金 27 912.6 万元。其中年初拨付启动资金 21 105 万元，年底根据各区县搬迁实际进展情况，拨付剩余资金 6 807.6 万元。2014 年在市和区县的共同努力下，搬迁工程又有了新的提高，主要呈现以下几个特点：

适应变化及时调整完善了搬迁计划。全市新一轮山区农民搬迁工程共计划搬迁 35 089 户、74 458 人。除房山外，2013—2014 年怀柔、密云、门头沟、延庆、平谷、昌平等 6 区县已完成 98 个行政村、9 722 户、20 875人的搬迁任务。

根据市国土最新调查报告情况，2014年7月30日市农委、市国土局联合下发了《关于统筹规划进一步推进山区农民搬迁工程实施方案的函》，怀柔、密云、门头沟、延庆、平谷、昌平，对本区县地质灾害易发区情况进行了核实，调整了2015—2017年的搬迁计划，6个区县共计划搬迁13 150户、29 087人，涉及34个乡镇，147个行政村。

补助政策标准提高。在调查研究基础上针对搬迁新村基础设施资金不足的情况，提出调整财政补助资金标准方案建议，经市政府2014年第50次常务会研究决定，市级财政对搬迁新村基础设施建设补助资金从2014年开始由每户补助4万元提高到6万元。

工作力度不断加大。区县不断加大工作力度，密云县财政专门拿出2 500万元资金用于搬迁新村基础设施完善；门头沟区区委主持召开全区搬迁村动员大会，推广法城经验，搬迁村积极性提高，搬迁工程逐步破题；延庆县常委陈合安多次协调相关部门解决遇到的问题。搬迁新村上下水、道路、供电、供暖、通讯、网络等基础设施配备齐全，实现建一个搬迁新村，形成一个美丽的乡村民俗村，打造一个乡村酒店。新产业的打造，促进了山区一、二、三产业相融合，加快了山区产业调结构、转方式、促发展的步伐。2014年刚刚评出的20个最美乡村中，有5个是山区搬迁新村。据统计以往的搬迁新村有30%发展成了民俗旅游接待村。

【工作举措】

领导重视，优化政策。市委、市政府高度重视山区农民搬迁工作，有成常委、克庆副市长分别在《北京信息》《新农村简报》上对搬迁工程做了重要批示。市政府2014年第50次常务会对山区农民搬迁和地质灾害隐患点工程治理进行了专题研究，并提出“要加大资金投入力度，提高搬迁补助标准；实事求是，因地制宜地采取搬迁或工程措施，消除地质灾害隐患”。为落实会议精神，一是市农委、市国土局联合印发《关于统筹规划进一步推进山区农民搬迁工程实施方案》的函（京政农函〔2014〕21号），市农委综合编制了全市未来三年（2015—2017年）的搬迁计划。二是从2014年起，市级山区农民搬迁工程基础设施补贴标准由每户4万元提高到每户6万元。

部门协作，保障有力。通过市、区搬迁联席会议加强相关部门的协调沟通，集中部门力量，共同推动搬迁工程进展。首规划为每个搬迁村提供了一套新农村民居建设设计图册，市旅游委可对搬迁新村旅游服务设施建设进行扶持，市水务局通过水库移民资金支持搬迁新村基础设施建设，市国土编制并下发了全市地质灾害隐患点一览表及地图，并向市政府申请了搬迁新村防护工程项目资金。

教育引导，典型带动。年初，市农委举办了为期3天的培训班，对搬迁工程涉及的乡镇主管领导、村主要负责人，进行政策讲解、培训指导。市新农村小组工作会上播放了门头沟区法城搬迁新村建设专题片。编制全市搬迁工作的宣传片、画册、典型汇编。通过典型的引导带动，调动了山区工作干部和搬迁农民的积极性，实现了由“要我搬”到“我要搬”的转变。

精心谋划，真抓实干。通过多年来的实施总结，各搬迁村在制定搬迁方案时日趋完善。在冬季取暖方式、土地利用、搬迁新居户型、分配方案、搬迁总资金与自筹资金平衡、农民原有资产处置等细节问题上进行不断的探索、实践和完善。密云县财政专门拿出2 500万元资金用于搬迁新村基础设施完善。

【典型】

密云县高岭镇界牌峪村。一是提高认识、统一思想、强化组织保障。成立了专门负责新农村建设领导小组，先后多次组织村干部、党员深入学习县、镇有关文件精神。把新农村建设作为对村干部和党员承诺履职任务的指标。落实制度促规范。二是抓规划、整资源、促村庄和谐发展。邀请专家精心编制《界牌峪村村庄建设总体规划》，确定了“集中翻建房屋，打造民俗旅游村，促进农民增收”的工作目标。三是不怕困难，迎难而上，积极解决问题。单就房屋户型格局就多次召开村民代表会、户代表会讨论研究。研究制定了《农村土地承包经营权流转管理办法》《界牌峪村房屋置换办法》，积极解决拆迁、搬迁过程中村民们的安置问题。四是突出亮点，发展民俗、促进农民增收。建立了有机板栗合作社，动员全村农户在生产过程中少用甚至不用农药和化肥，生产出优质、安全、无公害的农产品。组织有能力有条件有意愿的村民数十人参加了厨师、服务技能和新型农民综合素质等培训。充分利用新型民居和原有的生态资源吸引外来游客。

怀柔区宝山镇下坊村。位于怀柔区北部山区，宝山镇政府南岸，距城区 70 公里，距镇政府 1 公里，村域面积 8.35 平方公里，耕地 720 亩，山场9 912亩。村内 156 户，357 口人。2010 年实施山区搬迁后，后续产业发展迅速。一是发展鲟鱼养殖。与北京万泉渔业有限公司联系，流转 35 亩土地，投资 100 万元，修建鲟鱼养殖基地。该基地现雇佣专职养殖人员 2 名，解决村内 10 人就业。鲟鱼观赏成为民俗旅游观光一景，初步形成可持续发展生态产业，更为“白河鱼宴”提供了原材料，促进了下坊村产业结构优化，拓宽了村民增收渠道。二是开展村企共建。与首发集团下属公司北京蓬翰农业观光有限公司开展村企共建活动。通过不懈努力，最终双方达成协议，租用村里土地利用闲置厂房建设度假村及观光园，优先招收本村村民就业，并负责开展技能培训。三是研制“白河鱼宴”。围绕宝山镇“天河川”沟域经济建设项目，不断增强旅游产业竞争力。下坊村的白河水资源孕育的鲟鱼、草鱼味道鲜美、绿色健康，由此研制出旅游产品——“白河鱼宴”。承办宝山镇钓鱼节，成功推出了下坊村“白河鱼宴”品牌。此后，先后对村民开展民俗接待培训 10 余次，有效提升了民俗接待水平。村内民俗户达到 35 户。四是引进布糊画。建立滕氏布糊画制作中心下坊工作站。项目落地以来，积极组织村里妇女参加培训，累计培训 120 多人，吸纳 26 人就业，为村剩余劳动力提供了创业、就业平台。现村内妇女已完成布糊画制作 2 000 多幅，创收 30 多万元。布糊画的引进拓宽了民俗旅游新项目，收到较好的经济和社会效益。

（王景辉）

农 业 科 技

综 述

2014年，郊区农村充分发挥科技在农业上的驱动作用，全面加强农技队伍建设，科技队伍不断壮大，科研和农技水平明显提高，农业科技研究、实验、示范和农业科技推广工作有序开展，有效发挥了科技对都市型现代农业的推动作用。西瓜优异抗病种质创新、新产品选育推广等一批科研成果荣获国家或北京市科技进步奖，农业科技推广再创佳绩，促进了农业产业质量的提升和农业发展方式的转变，提高了土地产业率、资源利用率、劳动生产率、农田美化率和绿色竞争力，促进了农业增效和农民增收。

科技推广与科技成果

【农业科研取得优异成绩】仅北京市农林科学院2014年度就取得国家和北京市科技进步奖七项：

“西瓜优异抗病种质创制与京欣系列新品种选育及推广”获得2013年北京市科学技术一等奖及2014年国家科技进步二等奖。该项目针对我国西瓜育种血缘基础狭窄、技术滞后、突破性品种选育难等现状，以及当家品种易裂瓜、抗病与丰产性待提高等突出问题，以提高西瓜新品种的抗病、耐裂、丰产性为育种目标，通过育种技术创新与优异抗病种质创制，选育出优势突出的西瓜新品种，以实现品种更新换代与良种产业化。一是创新了西瓜分子标记辅助育种技术：率先开展第一代西瓜分子标记技术研究，首次绘制西瓜全基因组序列图谱与变异图谱，被国内外同行公认为西瓜基础研究里程碑式的成果。在此基础上建立了西瓜抗枯萎、病毒与白粉病的分子标记辅助育种技术与1 373个品种资源的核酸指纹库，显著地提高了育种效率。二是拓展了我国西瓜育种优异性状来源与血缘基础：首次系统引进和评价了国外西瓜资源2 000余份，获得100余份抗病及耐旱种质，部分结合分子标记辅助选择技术，创制出一批抗病优质育种材料及骨干亲本，全部进入北京农作物资源库共享平台，部分被同行利用。三是培育出优势性状突出、综合性状领先的京欣系列西瓜换代品种：京欣2号品质与早熟性突出，抗病、耐裂与丰产性提高10%，被农业部确定为西瓜主导品种。京欣4号增产13.5%，耐裂性大幅度提高，商品性突出。京欣3号嫁接后皮薄口感品质突出，连续8年获全国西甜瓜擂台赛中型西瓜综合组奖，是京郊观光采摘主导品种。项目实施以来，累计销售京欣系列西瓜良种 22.5 万千克，2010—2012 年推广 557 万亩，京欣系列西瓜品种在华北、华东等保护地西瓜主产区占有率 60%以上，实现了品种更新换代，社会经济效益显著。

在葡萄重要病害发生机理和控制技术的研究与应用方面取得重要进展。系统研究了严重危害我国葡萄生产的葡萄溃疡病、葡萄炭疽病、葡萄霜霉病和葡萄灰霉病的病原菌种类和发病机理，研制出了病害绿色综合防控技术并大面积推广应用。一是率先在国内系统鉴定了葡萄溃疡病和炭疽病的病原菌种类；证明了国内葡萄霜霉病菌和灰霉病菌存在种内遗传分化；明确了葡萄灰霉病菌的抗药性特点。二是率先在国内完成了我国 25 个主栽葡萄品种对溃疡病菌优势种的抗性评价；在国际上率先完成了葡萄溃疡病菌 3 个种的全基因组测序、组装和注释工作，并构建了其优势种最大的 REMI 转化子库，筛选获得了 164 个表型变异突变体；明确了毒素是葡萄溃疡病菌的重要致病因子，克隆了 2 个葡萄溃疡病菌致病相关基因。三是筛选和研制出了防治葡萄溃疡病、炭疽病、霜霉病和灰霉病的高效低毒环保药剂；研发出了适合我国不同葡萄产区的病害绿色综合防控技术。该技术在北京市累计推广应用 14.8 万亩，2013 年推广面积达到北京市葡萄种植总面积的 90%。制定的 6 个绿色防控规程在全国 11 个省市的 24 个主要葡萄种植区得到推广应用，2011—2013 年间累计应用 916.9 万亩。该研究成果因此获得 2014 年度北京市科学技术三等奖。

选育出系列专用青贮玉米品种。针对本市及我国养牛业及奶业迅速发展需求大量优质专用青贮玉米，而生产中专用青贮玉米品种缺乏，产量低、饲用品质难保证等突出问题，该院在青贮玉米种质创新、新品种选育及示范推广等方面开展研究并取得重要突破。一是创制选育出 10 个优良玉米自交系。具有配合力高、产量潜力大、品质优、耐密抗倒、持绿抗病等突出优点。二是创新和优化了青贮玉米育种杂优模式，育成 6 个专用青贮玉米新品种。具有生物产量高，蛋白含量高，青贮品质优良等特点。部分品种通过国家及北京、内蒙古等省市区审（认）定，获得农业部植物新品种权。三是研究建立了专用青贮玉米高产高效制种技术规程，实现大面积制种亩产 500 千克以上并创出百亩连片亩产 638.9 千克青贮玉米制种高产纪录。四是提出以“规模种植、订单生产、精量播种、合理增密、科学肥水、春夏播搭配、适时机收”为主要内容的专用青贮玉米配套高产栽培技术规程，实现良种良法配套。2004—2013 年在北京、河北、天津、内蒙古等地累计推广 800 多万亩。成为北京及我国青贮玉米生产主栽品种，并被多家企业指定为专用优质青贮玉米。该研究成果因此获得 2014 年度北京市科学技术三等奖。

低成本信息服务技术面向村镇推广应用。市农林科学院专家以低成本信息服务为重点，开发村镇信息化应用线上综合服务平台，承载社会管理、社区服务、产业发展等专业信息系统，解决了村镇信息入户门槛高、信息资源利用率低、信息技术产品实用效果差、业务扩展能力弱四大难题。研究创新了村镇自适应网络信息挖掘与多模态数据融合方法，解决村镇领域文本、图像、语音、知识等数据资源的“语义鸿沟”问题；创新了大面积村镇基础数据特征快速提取方法，从纹理、轮廓和光谱等方面建立解译标志；创新了基于便携式设备的村镇数字成图方法，在定位数据漂移处理、后差分校正等方面满足了村镇领域的精度要求；提出了信息服务终端快速开发平台，为微功耗、低成本系列村镇信息服务终端开发提供了一体化环境；提出村镇数字化云服务平台架构，构建村镇规划、经管、民政、人口、综治等核心业务对象模型，以多种终端接口池提供村镇社区数据存储和访问服务，最低可达到百万条数据持续并发存储访问无故障运行，通过将用户、市场、运营、业务接口、数据托管能力融合到一个在线的信息化生态框架中，实现农村信息资源的低成本、高效率、扁平化组织管理，优化农村信息系统业务流程，增强农村信息服务能力。该项目已经在全国 15 个省市的 23 个区县、122 个乡镇、1 063个村实现了应用，覆盖 149 万亩作物、4.6 万头（只）畜禽、35 个乡镇经济实体。该研究成果获得 2014 年度北京市科学技术三等奖。

二系杂交小麦品种产业化开发取得显著成效。为了推动二系杂交小麦品种快速产业化，该院专家建立了较为完善的产业技术科技创新体系，推动了产业配套政策制订，探索了产业发展模式。一是建立并完善了杂交小麦行比和混播规模化高产高效制种技术规程，混播制种产量提高到263千克/亩；二是研制了父本去除机，杂交小麦制种成本降低15%；三是构建了杂交小麦亲本及杂交种纯度的SSR分子标记检测方法及检测技术规程；四是形成了杂交小麦低播量高产配套和节水栽培技术规程，播种量降低40%；五是制定了“二系杂交小麦种子质量”企业标准和生产技术规程。以此为基础，该院专家建立杂交小麦千亩制种基地2个，累计制种1.2万亩；建立千亩示范方5个，百亩展示方17个，平均增产12.6%；推广二系杂交小麦21.3万亩；率先开拓巴基斯坦国际市场，产业开发快速推进。

玉米DH工程化育种研究取得进展。一是探索形成玉米DH工程化育种技术，创制改良单倍体诱导系6份，单倍体诱导率平均可达到10%以上，加倍率可达到15%以上；二是以DH单倍体育种技术为核心，集成“高大严”选系、IPT配合力测定、分子标记辅助选择、多年多点鉴定等技术方法，形成了一套适宜高效规模化操作的工程化育种规范和模式，创制DH系20 000多份；三是建立科研单位与企业合作的联合体，形成联合育种新机制，向合作单位协议发放有良好利用价值的DH系3 714份次；四是利用所创制的DH系选配杂交组合15 000多个，筛选出60多个组合比对照增产10%以上。在该项技术研究中，通过审定品种12个，其中京科665等3个品种通过国家审定。在国家现代农业科技城小汤山精准农业基地示范园区、通州国际种业园区等集中种植展示新品种（组合）400多个。京科665、京农科728等新品种布点示范15万多亩，起到了良好的示范和辐射带动作用。

在禽鸡新城疫、禽流感、传染性支气管炎、减蛋综合征和传染性脑脊髓炎等系列灭活联苗的研究与应用方面整体达到国际先进水平。由该院承担的“禽用系列灭活联苗的研究与应用”项目通过了中国农学会科技评价处组织的专家成果评价。评价组认为，该项目研发出禽用系列灭活联苗，获得了5项国家新兽药注册证书，优化了鸡胚接种与收毒自动化、病毒超滤浓缩、高效乳化工艺，解决了我国禽用灭活疫苗生产关键技术难题，提高了疫苗生产效率及质量。该成果已转让32家疫苗生产企业进行产业化生产，在全国推广应用10多亿羽份，有效控制了家禽主要传染病的发生与流行，经济、社会和生态效益显著，为保障养禽业健康可持续发展、增强我国兽用疫苗的市场竞争力作出了重要贡献。

（郭建强）

【农业科研推动了种业发展】

北京市农林科学院2014年度通过审定、鉴定或认定的新品种名录

序号	品种育出单位	品种名称	类别	主要完成人
1	蔬菜中心	华欣-8西瓜	市审	许勇、宫国义、张海英、郭绍贵、任毅
2	蔬菜中心	京秋701白菜	市审	张凤兰、张德双、余阳俊、徐家炳、赵岫云、于拴仓、汪维红、卢桂香
3	蔬菜中心	京葫33西葫芦	市审	李海真、张帆、张国裕、贾长才、姜立纲
4	蔬菜中心	京葫36西葫芦	市审	李海真、张帆、张国裕、贾长才、姜立纲
5	蔬菜中心	彩色马蹄莲“京彩粉韵”	市审	周涤、卫尊征、王贤、熊敏
6	蔬菜中心	京翠75号白菜	市审	张凤兰、张德双、余阳俊、徐家炳、赵岫云、于拴仓、汪维红、卢桂香
7	蔬菜中心	京阑	认定	许勇、宫国义、张海英、郭绍贵、任毅
8	蔬菜中心	翡翠2号西葫芦	认定	李海真、张帆、张国裕、贾长才、姜立纲
9	蔬菜中心	华玉西葫芦	认定	李海真、张帆、张国裕、贾长才、姜立纲
10	蔬菜中心	华欣1号西瓜	认定	许勇、宫国义、张海英、郭绍贵、任毅
11	蔬菜中心	仙客8号	鉴定	柴敏
12	蔬菜中心	绿精灵2号黄瓜	鉴定	张峰、刘立功
13	蔬菜中心	绿精灵4号黄瓜	鉴定	张峰、刘立功

（续）

序号	品种育出单位	品种名称	类别	主要完成人
14	蔬菜中心	绿精灵 5 号黄瓜	鉴定	刘立功、张峰
15	蔬菜中心	京研翠玉迷你 2 号黄瓜	鉴定	毛爱军、王永健、张丽蓉、丁海凤、张峰、温常龙
16	蔬菜中心	京研 108 黄瓜	鉴定	毛爱军、王永健、张丽蓉、温常龙
17	蔬菜中心	京研 118 黄瓜	鉴定	毛爱军、王永健、张丽蓉、温常龙
18	蔬菜中心	京欣砧 8 号砧木品种	鉴定	李海真、张帆、张国裕、贾长才、姜立纲
19	蔬菜中心	京茄 13 号	鉴定	崔彦玲、潜宗伟、陈海丽
20	蔬菜中心	京茄 32 号	鉴定	崔彦玲、潜宗伟、陈海丽
21	蔬菜中心	京茄 218	鉴定	崔彦玲、潜宗伟、陈海丽
22	蔬菜中心	京茄黑宝	鉴定	崔彦玲、潜宗伟、陈海丽
23	林果所	桃“瑞光 28 号”	市审	姜全、郭继英、赵剑波、任飞、王真，等
24	林果所	桃“晚蜜”	市审	姜全、郭继英、赵剑波、任飞、王真，等
25	林果所	葡萄“爱神玫瑰”	市审	徐海英、张国军、闫爱玲、孙磊
26	林果所	桃“瑞油蟠 2 号”	市审	姜全、郭继英、赵剑波、任飞、王真，等
27	林果所	桃“瑞蟠 24 号”	市审	姜全、郭继英、赵剑波、任飞、王真，等
28	林果所	桃“瑞光 35 号”	市审	姜全、郭继英、赵剑波、任飞、王真，等
29	林果所	葡萄“瑞都红玫”	市审	徐海英、张国军、闫爱玲、孙磊
30	林果所	草莓“京留香”	市审	张运涛、王桂霞、董静、钟传飞、王丽娜、常琳琳
31	林果所	草莓“京藏香”	市审	张运涛、王桂霞、董静、钟传飞、王丽娜、常琳琳
32	林果所	草莓“京承香”	市审	王桂霞、张运涛、董静、钟传飞、王丽娜、常琳琳
33	综合所	板栗新品种“良乡 1 号”	国审	兰彦平、刘国彬、王乐乐、曹庆昌、曹均、周连第，等
34	综合所	欧李新品种“夏日红”	国审	姚砚武、周连第、李淑英、兰彦平、彭薇、田茂永、李永利
35	玉米中心	京科 665	国审	赵久然、王元东，等
36	玉米中心	MC220	国审	赵久然、王元东，等
37	玉米中心	MC4592	市审	赵久然、王元东，等
38	玉米中心	京科甜 179	市审	卢柏山、史亚兴，等
39	玉米中心	京科糯 2010	市审	卢柏山、史亚兴，等
40	玉米中心	MC278	内蒙古审定	赵久然、王元东，等
41	小麦中心	京麦 8 号	市审	赵昌平、张风廷、秦志列、孙辉、叶志杰、任立平、廖祥政、高新欢、张胜全、王拯、王永波
42	小麦中心	京花 11 号	市审	张风廷、田立平、单福华、赵昌平、马锦绣、刘建平、唐益苗、庞斌双
43	草业中心	京草 2 号偃麦草	国审	孟林、毛培春、田小霞、郭强

（郭建强）

【北京市农技推广工作再获佳绩】 2014 年，市农业技术推广站围绕转变农业发展方式这条主线，坚持技术数字化、推广信息化、农民职业化、农田景观化、资源节约化，圆满完成了高产高效创建、科技创新驱动、新型农民培养、景观节水提升、产前产后促进五大任务，提高了土地产出率、资源利用率、劳动生产率、农田美化率和绿色竞争力，促进了农业增效和农民增收。

【高产高效创建实现四个突破】 一是创建规模有突破。2014 年建立了粮食、蔬菜、菌类、瓜类、果类等五大作物高产高效示范点 318 个，示范面积 16 313 亩，新增示范点 75 个，新增面积 5 768 亩，示范主导品种 79 个，新增 14 个，示范主推技术 123 项，新增 12 项。通过培训观摩、物化补贴、整村推进等方式辐射推广了103万亩。

二是产量效益有突破。示范点粮食、蔬菜、瓜类、菌类、果类五大类作物平均产量较2013年提高1.1%～34.2%。其中小麦较2013年增产19.0%，亩增收372元；果类蔬菜较2013年增产9.5%，亩增收8 746元；温室小西瓜较2013年增产10.9%，亩增收3 782元；甜瓜较2013年增产2.9%，亩增收570元；秋冬茬平菇较2013年增产10.7%，亩增收1 000元；秋冬茬香菇较2013年增产34.2%，亩增收2 400元；草莓较2013年增产2.5%，效益持平。示范点较2013年总增产245.7万千克，总增收524.9万元。

三是单产纪录有突破。示范点中有8个茬口作物创北京市单产纪录，部分达到国内领先或国际先进水平。小麦最高亩产681.8千克，较原纪录提高77千克；夏播青贮玉米最高亩产4 925千克，较原纪录提高475千克；日光温室越冬黄瓜最高亩产25 984千克，较原纪录提高2 011千克；日光温室越冬番茄最高亩产25 083千克，较原纪录提高1 171千克；塑料大棚越夏辣椒最高亩产17 192千克，较原纪录提高1 369千克；日光温室秋冬茬香菇最高亩产24 888千克，较原纪录提高5 882千克；春大棚小型西瓜最高亩产6 420千克，较原纪录提高910千克；春大棚中型西瓜最高亩产6 269千克，较原纪录提高769千克。

四是生产效率有突破。水分生产效率较2013年提高3.5%～26.6%，养分利用效率较2013年提高1.9%～26.2%。玉米籽粒直收技术首次在京郊成功应用，收获后直接销售，亩用工减少1.5个，劳动生产率提高24%。设施蔬菜应用振荡授粉器等省力化技术6项，番茄亩省工7个、黄瓜亩省工10个。西甜瓜采用物资包等轻简、省工栽培技术，亩减药2次、省工2.4个、节本314元。

【农业科技创新驱动有进步】 2014年，市农业技术推广站开展研究34项，完成试验143个。引进新品种221个，筛选出新品种59个；引进研发新产品23个、新设备19个。全年发表科技论文62篇，出版专著10本，获得科技奖项12个，获得实用新型专利10个，国家发明专利1个。

粮食作物。 引进新品种33个，筛选出新品种等13个，其中新品种紫小麦平均亩产480千克，每千克价格3.96元，较普通小麦高1.6元/千克，亩增收430.8元；引进新产品7个、新设备3个，其中玉米籽粒收获机一次性完成收割、摘穗、脱粒、秸秆粉碎、抛撒还田作业；开展整地方式优化等试验16项，其中明确了重耙＋翻耕＋旋地（或轻耙）整地方式较其他整地方式亩穗数增加4.5万穗，亩增产54.2千克。

蔬菜作物。 引进新品种37个，筛选出新品种8个，其中迪安娜番茄平均亩产4 675.8千克/亩，比对照提高23%；筛选出新产品、新材料9个，其中使用椰糠基质栽培番茄单果重较岩棉基质栽培提高6.4%，亩产增加29.5%；开展试验43个，其中现代化温室内番茄工厂化栽培，采用“封闭式”水肥一体化自动控制技术，每生产1千克番茄需耗水28.2千克，较2013年节水9.9千克。

瓜类作物。 引进新品种48个，筛选出新品种16个；引进研发新产品3个，其中施用“农家肥＋生物菌肥”底肥后果实糖度高，纤维少，口感好；引进研发新设备6个，其中瓜垫获得了实用新型专利；开展试验研究4项，筛选出一主一侧的西瓜栽培整枝方式，二茬瓜产量最高达到2 104千克/亩。

菌类作物。 引进收集食用菌品种82个，筛选出新品种11个，其中自制复壮菌种工厂化双孢菇平均单产32.09千克/平方米，接近国际最高水平；引进新产品2个，其中专用黑白耐用棚膜在高温期菇棚内温度比遮阳网覆盖的低2～3℃；引进新设备2种，其中定时微喷装置在高温季节每天亩用水2立方米，比管喷节水50%；开展栽培技术试验7项，其中采用杏鲍菇还原型液体菌种制作工艺，瓶栽转化率达到70%，产量超过日韩生产水平。

果类作物。 引进红茎番木瓜等新品种9个，筛选出1个“小白”草莓品种，并通过北京市品种鉴定；引进新产品2个，其中草莓垄上垫板隔离土壤，便于采摘；开展试验研究10项，确定10%福气多2.5千克/亩的番石榴线虫防治效果最佳。

【农业高效节水有创新】 开展高效节水技术研究10项，建设管理节水试点3个，建立高标准节水示范区100个，培训11 188人次，推广高效节水技术89万亩，总节水4 008万立方米。

开展节水试验研究，增强节

水科技支撑。完成节水技术试验10项。一是研发了依据光辐射的智能灌溉系统，实现了智能控制灌溉，成本降低10倍，节水20%。二是研发了适于分散生产的无变频无电力设施应用的微喷带+便携式电动注肥装置。灌溉速度快、投资低、安装操作简单。三是开展粮食、蔬菜、果树新型灌溉方式、需水耗水规律等试验，采集数据1.05万个。

建立高标准节水示范园，科技引领农业节水。2014年打造了100个高标准节水示范园区，其中蔬菜32个，粮食26个，西甜瓜17个，草莓12个，食用菌7个，果树6个。制定节水技术方案，升级改造节水设备，示范农艺节水技术，安装用水计量设备，准确计量园区用水。100个节水园区亩均节水66.9立方米，总节水173万立方米。

建立管理节水试点，变被动节水为主动节水。以"总量控制，定额管理""用水计量、量水计费""奖励物资、鼓励节约"为原则，建立了3个管理节水试点。房山窦店镇窦店村（冬小麦—夏玉米）4个农场1 160亩，密云古北口镇龙洋村（设施蔬菜）52户196.5亩，大兴庞各庄镇东义堂村（设施西瓜—蔬菜）15户120亩参与管理节水试点。

实施百千万培训工程，推广农业节水技术。2014年共组织节水专题培训18次，培训技术人员164人，全科农技员1 024人，科技示范户11 000人次。培训后成绩提高了28%。

开展定点用水监测，掌握全市用水数据。建立粮食、蔬菜、草莓、西甜瓜、食用菌用水监测点197个，新装水表602块。据监测结果统计，2014年种植业总用水3.29亿立方米，其中粮食用水1.06亿立方米，节水2 409万立方米；蔬菜用水2.04亿立方米，节水1 275万立方米；西甜瓜用水1 623万立方米，节水278万立方米；草莓用水72万立方米，食用菌用水115万立方米，节水46万立方米。

【景观农业建设有亮点】以"以农造景，以景促旅，三生结合，融合发展"的景观农业发展理念，面向农民推广景观和休闲农业技术、面向市民推介景观和休闲农业基地，重点打造了"一季、两庄、三沟、四镇、五村、六园"。

开展景观农业技术研究。以油料、花卉、药材三种作物为主线，引进新品种37个，筛选出新品种10个。开展试验27项，明确了播期、密度、人工辅助授粉3项鲜食向日葵生产技术；初步明确了黄芩的适宜播深与播量；形成了错期定植、适宜密度等4项色素万寿菊生产技术措施，延长花期10天；形成了基质筐栽、合理追肥2项彩色马蹄莲生产技术措施，提高子球周径7%。

打造景观农业示范样板。开展了"三沟、四镇、五村、六园"景观农业示范7 034亩，带动全市景观农业建设6.3万亩。"三沟"即延庆四季花海沟域、密云云蒙风情沟域和房山上方花海沟域。"四镇"即房山长沟、密云石城、延庆刘斌堡、密云新城子四镇。"五村"即围绕"一村一品，一景一业"打造了密云捧河岩、昌平太平庄、密云东葫芦峪、延庆大营和王仲营五个专业村。"六园"是集中对密云人间花海、通州瑞正园、怀柔圣竹园、怀柔濒危植物园、昌平鑫城缘草莓观光园和海淀上庄水稻观光园进行景观改造与提升。

推介景观农业观光休闲。一是举办了农田观光季启动仪式，以"游快乐农田、品瓜果鲜蔬"为主题，向市民推介京郊农业；组织了景观农业主题日活动和农田观光使者采风活动。全年120个农田观光点接待游客710万人次，增收2.85亿元。二是建立史家胡同小学和丰台太平庄小学2个空中小农庄。三是在朝阳区垡头、海淀知春东里社区等举办了6次农业进社区（校园）活动。

【育苗育种带动有提升】开展番茄等四种果类蔬菜育苗试验19项，集成穴盘集约化育苗标准化技术4项，填补了北京市此类技术的空白；主推优良品种12个，主推技术8项，示范点优良品种覆盖率100%，技术覆盖率96%；持续开展"育苗竞赛提升技术，嫁接比赛选拔能手"现场培训，选拔出60名优秀育苗技术人员。

育苗规模快速扩大。截至2014年年底，建成市级蔬菜集约化育苗场55个，标准园育苗点21个，百亩规模以上蔬菜园区自用育苗点和育苗大户80余家，生产面积达到25万平方米。北京市11种蔬菜集约化育苗量1.8亿株，占生产需要育苗的10.6%，比上年增加50%。北京市集约化育苗产业从无到有，用三年时间赶上了全国集约化育苗供给的平均水平。

育苗质量稳中有升。市级育

苗场、标准园育苗点番茄、黄瓜、茄子、甜椒四种主要蔬菜壮苗率分别达到85.4%、84.2%、86.8%、84.7%，其中茄子、甜椒壮苗率分别较2013年同期提高0.7和0.5个百分点，番茄、黄瓜持平。

育苗带动不断增强。一是生产经营向企业化发展。全市涌现出了一批年产蔬菜商品秧苗500万株以上的育苗场。二是呈现品种专业化生产趋势。形成一批专业生产嫁接茄子秧苗、甜椒苗、生菜苗的育苗场。三是育苗主推品种区域化逐步形成。四是嫁接技术覆盖率明显提高。大兴冬瓜嫁接率达到95%，茄子、黄瓜、椒类嫁接率分别达到19.7%、9.2%、3.5%。五是节能、节水技术示范推广加快。节能型加温循环系统降低了冬季加温成本，同比节能23%。六是菜农对集约化育苗方式生产的秧苗认知度明显提高。

育种成果进一步扩大。2014年引进玉米、西瓜、甜瓜、紫甘蓝4大类作物育种材料1 610份，创制出较优材料178份，筛选组合2 114对，获得优势组合59对，筛选效率2.79%，初步摸清了玉米、紫甘蓝、西甜瓜育种性状间关系。引进夏播青贮玉米品种6个。筛选出两个粮饲通用型青贮玉米新品种，比对照增产5.6%和4.7%；筛选出2个青贮玉米高产攻关种植品种，亩产分别为5 361千克和5 105千克，连续三年实现亩产5 000千克青贮的攻关目标。2014年北京市农业技术推广站7个新品种通过审（鉴）定。

【产品贮藏加工有发展】

开展新技术试验研究，提升产后技术推广水平。在保鲜剂应用、成熟度贮藏性、保鲜包装材料等方面开展了7项关键技术研究，浓度1×10^{-6}的1-MCP处理甜椒保鲜期延长15天；采用新型PEPO（聚乙烯和聚烯烃复合膜）保鲜膜，失重率和黄化指数比PE膜、PVC膜均降低了；将聚丙烯泡沫网套裹在冰袋的外面贮藏保鲜蔬菜，维持降温幅度为5℃的时间延长了225分钟，而且避免冰袋对蔬菜造成冻伤。

开展蔬菜产后技术示范，促进技术推广。建立了20个产后减损增值示范点，示范蔬菜减损增值技术2 500吨，使产后损耗率平均降低至12.4%，附加值增加18.7%，蔬菜效益平均每吨增加750元。夏季高温期蔬菜配送损耗降低46%，每吨蔬菜增加经济效益870元。

【农民科技培训有提高】2014年共组织技术培训和现场观摩232期（次），培训种植大户、农民专业合作社技术员和基层技术人员15 072人次。

加强职业农民培训。将骨干农民培训纳入职业农民培养计划，种植大户、专业合作社技术人员优先遴选。2014年组织骨干农民系统培训班、外埠培训班、台湾培训班共21期，培养骨干农民1 659人次，学员的新技术、新品种应用率达到87%。

加强田间学校指导。以创新团队为平台，指导粮食、果类蔬菜、西甜瓜和食用菌产业技术体系农民田间学校工作站97所，培养农民学员2 719人。组织新增的45名农民田间学校工作站站长参加农业技术推广方法培训，确保工作站站长尽快胜任工作。

（聂青）

【完善推广体系，优化村级全科农技员队伍建设】2014年，按照市农委、市农业局、市财政局《关于全面推进村级全科农技员队伍建设的意见》（京政农发〔2012〕32号）文件精神，进一步优化村级全科农技员岗位设置，设置总数为2 578个，比上年减少253个。根据上一年考核不合格人员情况，按照村级全科农技员管理办法（试行）调整岗位人员105人，优胜劣汰，进一步提高了在岗人员的素质水平。为改善村级全科农技员服务条件，配备了一套方便实用的检测工具箱，包括照明电光放大镜、刮树环刀、袖珍秤、影像采集系统、硬度测试盒、畜禽疾病和残留检测试剂盒等，提高了全科农技员的服务能力。据统计，2014年全科农技员服务乡镇数130个，服务村2 820个，服务农户25.4万户，指导农民23.1万次，解决农民实际问题近3万个。在人员减少的条件下，服务面积和农户没有大幅减少，进一步调高了工作效率。

（董艳华）

农业信息化建设

【信息化与农业现代化有机融合】　继续推动以物联网、云计算、移动互联、北斗导航为代表的信息技术在郊区农业生产各领域的广泛应用。基于云服务的理念，完善“221 物联网监控平台”，扩展服务范围，提供环境监测、农事管理、质量追溯等生产环节全过程管理功能，实现从监测展示到应用服务的转变。市农委、市农业局在大兴、顺义、通州、延庆、房山 5 个区县 8 个生产规模大、基础条件好、辐射带动作用强的设施蔬菜生产基地启动生态农业物联网园建设；启动 300 辆农产品运输车的信息化示范应用，实现运输过程智能化控制。顺义都市型现代农业万亩示范区，已将物联网、北斗导航、4G 通信等现代信息技术全面融入生产领域，搭建了综合信息平台，开展了节水灌溉和农机作业两项智能监控示范，亩均节水、节肥、节药、节能达 30%以上。

郊区各区县围绕主导、优势和特色产业，积极推广物联网等信息技术的应用。海淀区海舟慧霖农业发展有限公司在新建成的生态蔬菜观光园“田村墨蔬院”，全面安装了物联网设备和安防摄像机，实现整个园区无线网络覆盖和 24 小时无死角监控。平谷区大兴庄镇西柏店村在 40 座普通大棚和 2 座示范大棚建成智能监控系统，促进农业增产增收。朝阳区在蟹岛蔬菜种植基地、十八里店乡高标菜田、黑庄户乡都市农汇园区、崔各庄乡中农国信蔬菜基地等四个植物疫情阻截带监测点安装部署植物疫情智能监控与管理系统，有效监控有害生物，对植物疫情早发现早控制。大兴区在乐平基地和李家场蘑菇种植基地建设试点。

截至目前，全市 13 个郊区县已有 50 多家农业生产基地开展了物联网的应用，在设施农业、节水灌溉、农机作业、环境监测等方面取得突破性进展。根据金福艺农生态园区提供的数据，通过信息技术的应用，病虫害发生降低 50%，减少用工 70%，水、肥等投入品使用减少 60%，亩均节本增收 20%以上。

开展现状调研，积极探索农村电子商务。目前全市已有 200 多家农业企业、农民专业合作社通过自建电商平台、与社会化电商平台对接、微信、微博等多种方式开展农产品销售。延庆县北菜园农产品产销专业合作社 60%以上的订单通过网络渠道完成，2014 年网上销售额超过 500 万元。门头沟区与专业公司合作，开展特色农产品网上销售，通过定制服务，网络平台实现销售收入 100 余万元。房山区在中粮集团“我买网”上开设了房山特产专栏，销售具有区域品牌的系列特色产品。平谷大桃 2014 年约有 20%的产量实现网络销售。同时，在大兴、密云等郊区县开始出现农产品进城与农业生产资料和生活消费品下乡双向互动的局面。

市农委、市农经办组织开展北京地区农村电子商务的现状调研，对京东、沱沱工社等综合与垂直电商平台，以及阿卡农庄、天安农业等农业企业和部分农民专业合作社在农产品电子商务领域的做法和经验进行研究，总结模式，为下一步发展提供建设性思路。完成全国农产品电子商务研究课题工作。

【信息网络建设】北京农经网运行正常。截至 12 月底，北京农经网发布信息 4 534 条次，同比上升 27.2%。网站总点击量 864.3 万次，同比下降 30.8%；总页面浏览量 268.5 万页，同比上升 40%；总访问次数 55.1 万次，同比上升 39.7%；总访问者数 40.7 万人，同比上升 51.3%。

市农委政务网站运行正常。截至 12 月底，市农委政务网站共发布图文信息 10 169 条次，同比增长 6.9%，发布图片信息 528 条。网站总点击数为 13 611.3 万次，同比上升 95.6%；总页面浏览量为 9 337.3 万页，同比上升 192.4%；总访问者数为 50.6 万人，同比减少 72 万人；总访问次数 114.2 万次，同比下降 58.5%。2014 年，在全国省级农业政府农业网站综合绩效评估中，北京排名第三。

北京现代农业信息网运行正常。2014 年北京“221 信息平台”互联网公众服务版——新版北京现代农业信息网共注册会员2 408家，新增会员11家，共发布信息32 292条，日均页面浏览量35 124次。网站通用版、农民版、市民版三个版本近80个栏目，为不同群体提供了信息发布检索、基于BeijingMap的GIS地图展示查询、多媒体宣传等专题特色信息与服务，是全面展示北京都市型现代农业的窗口。其中，通用版以宣传展示北京都市型现代农业特色资源为主，发布资讯类信息3 815条。农民版以为生产经营者提供气象、市场、价格、供求等惠农信息服务为主，主要发布科技服务信息3 953条，农产品供求信息9 338条，农产品价格信息14 673条，市场分析预测信息513条。市民版以为公众提供农业休闲与乡村旅游信息服务为主，维护更新星级园区、小城镇、古村风情等栏目的GIS数据423个。

北京移动农网运行良好。截至12月底，北京移动农网共发送实用短信2 258.6万条次，同比增加50%。北京移动农网在提供气象预警预报、农情播报和防汛抗旱应急指挥中发挥着越来越重要的作用，全年发送此类专题信息67.5万条次。200个基层示范单位全年累计发送短信1 060.5万条，占全市的47%。

软、硬件环境建设。2014年，实现了农研中心办公楼无线信号覆盖；实现了农研中心办公自动化系统与“三资”平台、财务系统的单点登录，统一认证；构建机房内网数据存储备份域，确保关键数据的存储安全；“221信息平台”异地备份设备接入市灾备中心机房。

【舆情信息服务】2014年，梳理涉农舆情关键词500余个，采集抓取涉农舆情信息近20大类、4.6万条，制作“每日三农舆情快报”248期，收录涉农舆情信息3 449条，其中敏感信息242条，发送手机短信提示242条，完成涉农舆情月度分析报告12期，并结合社会热点，撰写舆情专题分析报告6期，包括新型城镇化、智慧农村、新三起来、休闲农业与乡村旅游、北京最美乡村建设、农村金融等。

【政府信息公开】截至12月底，市农委网站政府信息公开频道主动公开政府信息680条，市政府信息公开工作系统上主动公开信息566条。在政府信息公开接待大厅完成窗口接待125人次，主动公开文件移送23件。市农委政府信息公开工作共受理依申请信息公开事项29项，结转2013年跨年答复1件，均按《条例》规定予以答复，取得良好效果。市农委网站网络信箱（领导信箱、投诉信箱、咨询信箱、农村法律咨询信箱）共接收群众来信封69封，全部答复。

【221信息平台建设】数据开发与共享。新版“北京221应用平台”（内网平台）在服务器上进行部署，新平台共有系统模块138个，外部链接系统51个，进一步增强数据统计分析功能。市级涉农单位、区县部门开发建设的业务系统已纳入平台范围，在信息资源共享方面取得突破，包括市园林绿化局2010—2013年果园、苗圃、花卉基地、花卉市场四类数据共4 203条记录，其中果园2 298条记录，苗圃1 334条记录，花卉基地524条记录，花卉市场47条记录。

涉农数据资源服务中心启动规划设计。开展涉农数据资源中心建设前期调研。形成了以“221信息平台”“北京三资监管平台”数据资源为核心，以农委系统综合机房为基础搭建涉农云平台，以重点业务应用为突破点的涉农数据资源中心总体规划。并申报了涉农数据资源中心一期项目，重点建设内容包括以村为单位，进行数据融合；以开展村情展示服务、高效节水农业等协同业务，确定主体应用；以数据汇集、融合库、分发等核心技术构建数据中心基础结构。

【网络安全保障】完善网络与信息安全管理制度建设。按照信息系统等级保护二级的要求，建设完善以信息安全制度、信息发布管理制度、运行维护管理制度、信息化项目管理制度、信息资源管理制度、信息资产管理制度、政府信息公开制度等为主的网络与信息安全管理制度。

安全加固市农研中心局域网。对市农研中心局域网实行分段管理，计算机终端实行固定IP管理，无线局域网实行实名管理。

保障信息安全。截至12月底，完成25个系统的等级保护定级和备案工作。完成APEC期间信息安全保障工作。完成北京市国家保密局到农委实地检查；北京市公安局对农委信息安全等级保护监督检查；国家版权局对市农委软件正版化工作进行了实地检查。按照北京市网络与信息安全协调小组办公室、北京市公安局对市农委信息安全保障、信息系统安全等级保护中的问题的整改要求，进行认真自查和整改，形成整改报告。

【信息服务体系建设】美丽智慧乡村集成创新项目。2014 年，“美丽智慧乡村”集成创新建设项目在平谷区西柏店村实施。经过多方协作，完成了生活污水景观化处理工程、农村生活垃圾分类处理资源化利用工程，搭建了美丽智慧西柏店综合服务平台，设施大棚物联网智能监控系统、农产品溯源管理系统及数据采集终端 APP、村内视频监控系统等系统运行良好，基本完成了覆盖全村域的无线网络接入、村委会机房及局域网等工程建设。12 月 10 日，该项目通过了专家验收，并荣获第三届智慧北京大赛优秀示范工程奖。12 月 14 日，市委书记郭金龙，市长王安顺，市委常委牛有成，副市长程红、林克庆到西柏店村调研智慧农业和循环农业，认为该项目简单、可操作、效率高，可推广应用。12 月 29 日，国务院副总理汪洋，中央农村工作领导小组副组长陈锡文，农业部部长韩长赋等到西柏店村调研现代农业，各级领导对该项目做出充分肯定。

信息进村入户工程建设运营模式。2014 年农业部在全国十个信息化工作基础比较好的省份开展信息进村入户工程试点，北京是试点省份之一。北京市委市政府高度重视，成立了北京市信息进村入户工程领导小组，由市农委全面负责，市城乡经济信息中心（市农委信息中心）配合，市农业局具体组织实施，区县涉农单位共同参与，统筹、指导全市信息进村入户工程推进工作。按照农业部信息进村入户工程的总体要求，北京市立足实际，以帮助农产品实现优质优价、提高农民收入、保障消费者健康品质生活、推动北京农业产业的高效可持续发展为目标，初步探索出以智慧“农场云”管理、全程冷链直供、绿色履历质量安全追溯、智能配送、12316 服务热线为特色，以“特色农村资源＋智慧营销＋社区驿站＝品质生活”为运营模式的专业型和标准型益农信息社，全市共建设 350 余个益农信息社，并在大兴、密云两个区县进行了试点工作，初步探索出符合北京城乡特点的益农信息社建设、运营模式。

信息化建设与应用成果宣传推介。2014 年，围绕 26 家国家级、市级农业农村信息化示范基地为重点开展农业农村信息化建设和应用成果推介工作。组织编印了《北京市农业农村信息化示范基地风采》宣传画册；拍摄制作 26 部农业农村信息化示范基地宣传片；在《北京农村经济》杂志开辟“三农信息化”专栏，全年刊登发表了《农业现代化的翅膀——信息化》等 16 篇稿件；完成“物联网闪亮北京都市农业”的稿件采编，在《农民日报》2014 年 4 月 1 日农经周刊首期“信息化助力农业现代化”专题上发表。

“首都农经”官微活跃。截至 12 月底，“首都农经”官微发布博文 841 篇，粉丝 29 207 人，主动关注微博 229 个。健康食谱、文化农业、工作动态、农经知识 4 个栏目发布博文最多。其中，健康养生、食品安全类的内容最受欢迎。

（张秀莉）

农村改革与管理

综　述

2014年，郊区农村继续推进和完善农村改革，坚持和完善土地承包政策，依法保护农户家庭土地承包经营的合法权益。依据农民意愿，在做好全市土地清查工作、摸清底数、找出问题结合本市情况进行深入分析研究基础上，适应农民意愿和农业需求，继续引导农户土地承包经营权流转，发展适度规模经营。截至2014年年底，全市农村土地确权面积440.6万亩，其中，确权确地256.5万亩，确权确利134.5万亩，确权确股49.6万亩。土地流转总面积236.9万亩，占全市确权面积的53.8%，土地流转率首次突破50%。同时开展土地流转监测，进行土地承包纠纷仲裁培训与考核评价，继续做好确权颁证工作，开展土地信托流转经营试点，稳步推进农村产权制度改革，全市累计完成改革的单位已达3 882个，为巩固改革成果，开展了产权制度改革"回头看"活动。农民专业合作组织稳步健康发展，截至2014年年底，全市工商登记注册的农民专业合作社已达6 044家，比2013年增加了78家。通过每年培育发展，全市农民专业合作社已经具有一定基础和规模，并在发展过程中形成了自己的特色，发挥了合作社的组织功能。农村金融改革持续推进，打造推出"新农家"农户贷款产品体系，以"暖心、创业、便利、特色"四大系列、21款农户贷款产品为支撑，支持郊区农民增收致富，促进了都市型现代农业的发展。郊区私营个体经济发展和改革已呈现良好势头。

农村土地承包与管理

【全市土地清查工作圆满完成】为摸清以承包地、集体经营性建设用地和宅基地为核心的农村集体土地资源的基本底数，为管好用活这"三块地"、为推动"新三起来"打好基础，在近年开展清产核资、经济合同清理工作的基础上，2014年4—12月，市农经办组织各区县对全市乡村两级集体经济组织的农村集体土地资源进行了全面清查。在市、区县、乡镇、村的共同努力下，经过清查准备、清查实施和总结检查3个阶段，完成了全面清查、录入平台、清理规范、建章立制和提出对策5项任务。在清查准备阶段，市里统一制定了清查工作方案，设计了指标体系，在农经平台增加了土地清查模块，召开会议部署了清查工作，开展了业务培训。各区县成立了清查工作领导小组，特别是海淀、丰台、大兴、房山、通州、平谷、延庆等区县由主管区县长亲自挂帅。按照全市统一部署，各区县制定了具体的实施方案，层层进行了动员部署和业务培训。进入清查阶段后，各级经管部门深入一线，指导工作，督促进度，解决基层清查中遇到的疑难问题，对上传的清查数据严格把关。农委、国土、林业、规划等部门积极参与，密切配合，形成合力，有力推动了清查工作的开展。在总结检查阶段，各区县进行了自查，完成了总结报告和典型案例。市农经办组成7个检查组，由领导带队，对14个区县的清查工作进行了抽查验收。在此基础上，形成了全市农村集体土地资源清查工作报告，报市主管领导。编印了《北京市农村集体土地资源清查工作资料汇编》。通过清查，摸清了底数，发现了问题，完善了相关制度，提出了有针对性的建议，为各级党委、政府及有关部门指导工作和进行决策提供了重要依据。

（陈娟）

【全市农村集体土地面积 2 049.3 万亩】本次清查时点为2013年12月31日。据清查结果，全市农村集体土地面积2 049.3万亩，其中农用地1 594万亩，占77.8%；建设用地261.1万亩，占12.7%；未利用地194.2万亩，占9.5%。农村集体土地98.7%集中在村级。在农用地中，林地的面积1 019.1万亩，占63.9%，居首位；耕地293.7万亩，占18.4%。直接用于生产经营的农用地共637.1万亩，占40%，共有经营主体58.4万个，平均规模10.9亩。粮食、蔬菜、果品、林木以及养殖等其他品种比重分别为26.2%、6.1%、17.5%、32.6%、17.6%。其中，城市功能拓展区（近郊区）侧重养殖、设施农业，城市发展新区（平原地区）侧重粮食、蔬菜生产，生态涵养发展区（山区）侧重粮食、林果。建设用地主要分为经营性建设用地、公益性建设用地、宅基地，三者比重较为接近，分别占建设用地的31.1%、32.8%、36.1%。经营性建设用地中，对外租赁50.8万亩，占62.5%，乡村集体自营、对内承包及其他主体分别占13.4%、18.8%和5.3%。从经营期限看，多在20～50年，共36.4万亩，占44.8%；无期限约定的18.1万亩，占22.2%，以村集体经济组织为主；20年以下的20.4万亩，占25.1%；50年以上的6.4万亩，占7.9%。从经营内容看，工业是经营性建设用地的主要用途，共32.3万亩，占39.7 %；商饮、服务业、仓储物流、地产开发依次占8%、14.1%、11.9%和0.6%，其他行业占25.7%。2013年，全市乡村集体经营性建设用地净收入78.8亿元，其中：承包租赁收入61.7亿元，占78.3%；乡村集体自营净利润17.1亿元，占21.7%元。全市亩均净收入9 689元。全市农村宅基地面积93.9万亩（不包括乡级的0.2万亩），包括散居院落和农民住宅小区。拥有宅基地的农户129.1万户（含已转居在原村仍有宅基地的农户），涉及宅基地房屋142万处（套），每户平均1.1处，每处平均0.66亩。建筑面积2.5亿平方米，每处（套）平均176平方米。

（陈娟）

【完成农村土地确权与流转情况分析】到2014年年底，全市确权面积440.6万亩，其中，确权确地256.5万亩，确权确利134.5万亩，确权确股49.6万亩。土地流转总面积236.9万亩，占全市确权面积的53.8%，土地流转率首次突破50%。五河十路、一二道绿隔、平原造林等各类林地（工程）等生态林使用农民确权土地共72.9万亩，再加上果园、散生果树等经济林60.5万亩，各类林地共133.4万亩，占确权土地30.3%。对外租赁面积进一步增加，达到85.7万亩，占流转面积的36.2%，外部资本已成为家庭承包经营以外的第一大经营主体。在土地流转持续增长和工商资本不断进入农业领域的带动下，土地经营规模也在不断扩大，经营规模10亩以下（不含10亩）的233.7万亩，占确权面积的53%；10～50亩的51.8万亩，占11.8%；50～100亩的19.3万亩，占4.4%；100～200亩的24.3万亩，占5.5%；200亩以上的111.5万亩，占25.3%，其中，1 000亩以上的48.4万亩，占11%。200亩以上经营规模的土地主要集中在朝阳、丰台、海淀、昌平和顺义。合同管理工作进一步加强，确地、确利、确股合同共签订131万份，签订率98.7%，土地承包经营权及确权证书共发放124.1万份，发放率97%。

（陈娟）

【继续开展农村土地流转价格监测】全市53个监测点共上传土地流转信息19 045条，农地流转面积113 236亩，包括：已经约定了流转价格的土地

113 101.6亩，未约定流转价格的土地134.4亩，全市农村土地流转监测点平均价格1 677元。从土地流转用途看，林木105 488亩，占监测面积的93.2%，其中平原造林90 583.3亩，占林木流转面积的85.9%，占监测点流转总面积的80%，对全年土地流转均价水平起决定性作用。平原造林基本按市里统一标准执行，有条件的乡镇为推动这项工作顺利进行，有的向农民给付了更高的标准，比如大兴黄村、魏善庄，昌平兴寿，每亩2 500元，怀柔庙城，每亩2 000元。此外，用于种植业和其他业别的分别占流转面积的4.5%和2.3%。从接转方看，外部企业或单位52 212.2亩，占46.1%；村集体38 028.6亩，占33.6%；是土地流转后的主要经营主体。从价格看，外部企业或单位的租赁（流转价格）均价高于其他接转方，但用途也更趋向多元化，因此需要进一步加强对社会资本进入农业的监管。本次监测中村专业合作社流转价格偏高，主要原因是流转到专业合作社的面积相对较小、接转方相对集中，主要发生在大兴黄村镇，该乡镇的流转价格比较统一，不论接转方类型、土地用途、土地类型，流转价格均为每亩2 500元。目前，全市正在大力开展生态环境建设，加快林业发展，土地流转用于政府各项绿化工程、乡村绿化的越来越多，生态林面积不断增大。2014年流转用于生态林的土地105 112.1亩中，基本农田7 367.4亩，占7%；耕地63 560.9亩，占60.5%；果园153.2亩，占0.2%；其他农用地33 981.3亩，占32.3%。

（陈娟）

【开展农地适度规模经营监测培训】10月11日，市农经办农村土地承包管理处在平谷举办农地适度规模经营监测软件培训班。各区县经管站合同科长、负责人员和各试点乡镇经管人员参加。农地适度规模经营监测是市农经办农村土地承包管理处的一项重点工作。目的是通过开展对专业大户、家庭农场、农民合作社、农业企业等新型经营主体的监测，掌握郊区多种农地经营主体的规模、经营项目及经济效益情况，总结适度规模经营主体的发展经验和存在问题，为进一步明确都市农业发展方向和培育高效率的经营主体提供选择性建议。土地承包管理处设计了相关的监测报表及指标解释，并由金宇恒公司完成了软件设计。培训班上，土地承包处介绍了农地规模经营监测的范围、指标内容、填报要求，金宇恒公司的工作人员讲解了程序的使用，并现场对区县经管人员及试点乡镇工作人员进行了操作指导和答疑。

（陈娟）

【开展农业适度规模经营监测工作】2014年启动了农业适度规模经营监测制度，该项监测实行年报制。采集了2013年65个监测点和2014年71个监测点的规模经营数据。完成了《2014年北京市农业适度规模经营监测报告》。规模经营监测主体中农业企业、农民专业合作社、专业大户、家庭农场和村集体占监测样本总数的91.4%。监测主体的农地经营规模总计31 377.5亩。其中，耕地21 487亩，占68.4%；园地4 168.9亩，占13.3%；林地2 996.9亩，占9.6%；水面148亩，占0.5%；其他土地2 576.7亩，占8.2%。确权地30 733.1亩，占监测主体总经营规模的97.9%。设施农业用地7 376.7亩，占监测主体总经营规模的23.5%。按产业类型划分，种植业用地面积达到29 276.3亩，占总经营规模的93.3%。从生产情况来看，粮食、蔬菜、水果和花卉占监测总规模的77.3%。监测主体的平均经营规模为442亩，监测主体经营规模在300亩以下的有47个，占66%；300～1 000亩之间的有16个，占23%；1 000亩以上的有7个，占10%。2014年，监测主体的平均净利润为7.9万元，同比增加3.9%。超过六成的监测经营主体净利润未达到平均水平，其中，35.7%的监测经营主体的净利润为负值。监测主体的亩均净利润为1 510元，专业大户和农业企业的亩均净利润较高，2014年专业大户的亩均利润达到2 320元/亩，比2013年增加9.4%；农业企业的亩均净利润达到1 750元/亩，比2013年增加12.2%。从经营成本看，2014年，农业企业的亩均经营成本达到11 140元/亩，比2013年增加47.5%；农民专业合作社为5 540元/亩，专业大户为3 570元/亩，分别同比下降了9.8%和2.5%。

（王丽红）

【全年发生农村土地承包经营纠纷1 142件】2014年，全市共发生农村土地承包纠纷1 142件，当年底已调处完成1 137件。其中：乡村调处749件，区县调处167件，仲裁调处221件。共受理仲裁案件 221 件，目前已全部调处解决，其中，仲裁裁决 56 件，调解解决 165 件。具体案件类型包括，因订立、履行、变更、解除和终止农村土地承包合同发生的纠纷 88 件，因农村土地承包经营权转包、出租、互换、转让、入股等流转发生的纠纷 28 件，因收回、调整承包地发生的纠纷 48 件，因确认农村土地承包经营权发生的纠纷 49 件，因侵害农土地承包经营权发生的纠纷 8 件。从仲裁调处情况看，仲裁裁决 56 件，仲裁调解 165 件。仲裁涉及人数 380 人，其中农民 317 人。

（陈娟）

【举办全市土地承包纠纷仲裁培训班】为认真贯彻实施《农村土地承包经营纠纷调解仲裁法》，依法规范开展调解仲裁工作，不断提高调解仲裁工作水平，12 月 16—18 日，市农经办在顺义举办了农村土地承包经营纠纷仲裁培训班，各区县经管站主管站长、仲裁办工作人员、仲裁员 122 人参加培训。开班仪式上，首先举行了农村土地承包仲裁标识揭牌仪式，市农经办副巡视员熊文武、农业部经管司仲裁指导处处长刘玉萍为仲裁标识揭牌。农业部办公厅《关于启用农村土地承包仲裁标识的通知》下发后，为保证仲裁标识的统一规范，市农经办为 13 个涉农区县仲裁委员会的仲裁庭统一制作了仲裁标识，将于 2014 年年底前启用。熊文武在开班动员讲话中指出，《农村土地承包经营纠纷调解仲裁法》是继《农村土地承包法》后又一部有关农村土地承包的专门法律。这部法律从农村实际和方便群众出发，将调解和仲裁紧密结合，确立了农村土地承包经营纠纷仲裁组织的法律地位，明确规定了调解和仲裁的原则、方式和程序，为公正及时解决农村土地承包经营纠纷、维护当事人合法权益提供了法律依据。法律的颁布实施，对巩固农村基本经营制度，稳定和完善农村土地承包关系，保障农民土地承包权益，促进农村经济发展和社会稳定具有十分重要的意义。大家要进一步提高对农村土地承包经营纠纷调解仲裁工作重要性的认识，进一步加强对承包法、调解仲裁法的学习和实践，不断提高业务水平，进一步增强调处纠纷的能力，依法履职，更好地适应郊区农村经济发展和社会和谐稳定的需要。本次培训的主要内容包括：农村土地承包经营纠纷调解仲裁法和司法解释、证据运用与仲裁文书写作、农村土地承包有关典型法律问题等。市农经办向 89 名新仲裁员发放了《仲裁员资格证书》，保证了仲裁员持证上岗。

（陈娟）

【开展农村土地承包纠纷调解仲裁考核评价工作】为贯彻落实中央综治办《关于印发〈2014 年综治工作（平安建设）考核评价实施细则〉的通知》要求，农业部办公厅印发了《关于开展 2014 年农村土地承包经营纠纷调解仲裁考评工作的通知》（农办经〔2014〕17 号），首都综治办制定出台了 2014 年度综治工作考评细则，按照农业部和首都综治办要求，市农工委制定了《关于做好 2014 年度全市农村土地承包经营纠纷调解仲裁考核评价工作的通知》（京政农发〔2014〕22 号）。考核评价的内容包括：仲裁机构设立及经费保障情况，聘用仲裁员情况，仲裁委员会办公室工作人员情况；仲裁能力建设情况，仲裁员培训聘任情况，仲裁庭基础设施建设情况，仲裁规章制度建设情况；纠纷调解仲裁情况，仲裁工作实效等。考核评价工作主要分为两个阶段进行：一是各区县根据《区（县）农村土地承包经营纠纷调解仲裁工作自评表》和《区（县）农村土地承包经营纠纷仲裁情况调查表》确定的考评标准及填报事项，认真开展自查自评工作，如实反映本区县仲裁工作情况；二是市农委将结合日常工作情况和自查自评情况，组织有关单位对区县随机进行抽查。《通知》下发后，各区县针对扣分项目，积极开展整改工作。各区县普遍增加了仲裁员聘任数量，并将自评结果上报市农委。同时，按照文件要求，各区县还将仲裁庭建设情况、仲裁设施配备情况、仲裁员资格证书情况、仲裁规章制度建设情况以照片或扫描件形式交市农委备案。

（陈娟）

【统一制作农村土地承包仲裁标识】《农业部办公厅关于启用农村土地承包仲裁标识的通知》（农办经〔2013〕13 号）下发后，市农经办领导非常重视，及时转发了该文件，要求各区县认真贯彻落实，于 2014 年年底前全面完成此项工作。为保证标识的统一规范性，市农经办决定为 13 个仲裁委员会的仲裁庭统一制作仲裁标识及仲裁工作人员的服装徽章。

（陈娟）

【全面推开农村土地确权登记颁证工作】按照市农委的统一部署，从 2014 年起，平谷区作为全国农村土地确权登记颁证试点县，在全区范围内全面推开农村土地确权登记颁证工作，其余12个涉农区县也都普遍开展了试点。全市共有21个乡镇147个村开展了试点工作，涉及18.2万亩确权土地。其中，平谷区基本完成了6个乡镇的确权登记颁证工作，共涉及104个村12.4万亩土地，其余区县中除昌平区选择了4个乡镇的4个村开展试点外，都选取了1个乡镇进行试点：进行整乡试点的有怀柔区怀北镇、门头沟区雁翅镇，其余试点乡镇各选取了1～3个村进行试点。截至2014年年底，大兴区、通州区、顺义区、房山区、密云县、延庆县都已基本完成了试点村的确权登记任务；怀柔和门头沟两个整乡试点的区县分别完成了8个村和4个村的确权登记任务。

（王轶群）

【市农委举办确权登记颁证培训班】为贯彻落实中央的统一部署及市委、市政府的工作安排，加快推进本市农村土地承包经营权确权登记颁证工作，市农委分别于5月22日、9月23日、24日在香山会议中心举办了三期全市农村土地承包经营权确权登记颁证工作培训班。培训班邀请了农业部经管司以及农业部规划研究院的专家，解读了中央关于农村土地承包经营权确权登记颁证工作相关政策文件精神，讲解了农村土地承包经营权确权登记有关技术规程。平谷区作为全市先行试点区交流了试点工作经验。各郊区县农委、经管站以及试点乡镇等共计235人参加了培训。

（王轶群）

【全市召开农村土地承包经营权确权颁证工作推进会】2014年8月8日，全市召开农村土地承包经营权确权登记颁证工作推进会，市有关部门负责同志、各区县主管区县长和区县农委、经管站负责同志参加会议，副市长林克庆出席并讲话。此次会议旨在贯彻落实国务院在山东召开的全国农村土地承包经营权确权登记颁证试点工作座谈会精神，听取各区县试点工作进展情况以及意见建议，进一步部署和加快推进本市试点工作。林克庆副市长指出：农村土地承包经营权确权登记颁证工作是依法保护农民土地承包权益、维护现有土地承包关系稳定并长久不变的有力举措，是发展适度规模经营、加强承包土地流转管理和服务的前提基础。各区县要进一步统一思想、提高认识，切实加强组织领导，积极稳妥推进此项工作。

（王轶群）

【各区县推进确权登记颁证试点工作】全市召开农村土地承包经营权确权颁证工作推进会后，各区县高度重视，采取各种措施推进土地确权登记颁证工作：①成立组织机构，明确部门职责。按照会议要求，各区县都成立了区县领导任组长，相关部门为成员的农村土地承包经营权确权登记颁证工作领导小组，区县农委负责组织协调，区县经管站负责主要工作，其中，昌平、怀柔、通州等由区主要领导亲自挂帅，抓好落实；试点乡镇普遍成立了由乡镇长任组长，乡镇经管科等部门为成员的工作指导组；试点村成立了由老党员，老干部等组成的具体工作小组。各区县相关部门明确工作职责，区、乡、村三级工作组逐级落实工作责任，为完成试点工作提供了有力的组织保障。②出台相关文件，精心组织部署。怀柔、门头沟、密云等区县已先后召开了试点工作动员会。贯彻落实全市推进会的会议精神，对本辖区农村土地承包经营权确权登记颁证试点工作进行了部署安排。怀柔、延庆、大兴相继出台了开展试点工作的实施意见，海淀、通州、昌平、房山、门头沟、密云、顺义等都制定了试点工作具体实施方案，明确了工作流程，对工作进度做出了合理安排，对主要工作任务提出了明确要求，确保了各项工作有计划，有步骤，按程序推进。③加强业务培训，保证工作质量。怀柔、大兴、密云、门头沟等区县相继开展了试点乡镇村干部培训班，大兴、通州等还组织了区、镇相关业务人员到平谷区学习试点先进经验，进一步加强了对乡村基层干部及工作人员的业务培训和指导，使工作人员准确把握政策界限，明确操作规程，掌握工作要领，确保工作质量。④选定测绘公司，进入实质性操作阶段。目前门头沟，怀柔、密云、延庆等区县都已基本完成档案清理等前期基础性工作，并且选定了专业测绘公司，进入了实质性工作阶段，其他区县目前均正在抓紧落实确定专业测绘公司。存在的主要问题有：从全市总体情况看，由于涉及千家万户，情况极为复杂，推进难度较大，整体进展不快。全市农地确权工作下一步的工作安排是：①继续加大督导力度，市农委将会同相关部门继续深入区，乡镇村进行调研督导，共同研究解决问题，加快推进试点工作。②开展业务培训。开展市级培训，同时督促各区县加强对基层干部及工作人员的业务培训和指导。③加强政策研究。结合区县实际情况，针对实践中的具体问题，提出解决办法，同时积极争取农业部的指导支持，保障试点工作顺利开展。

（王轶群）

【大兴区率先完成2014年农确权登记颁证试点任务】按照市农委、市财政局、市国土局、市法制办、市档案局四家联合制发的《关于开展农村土地承包经营权登记试点工作的意见》（京政农发〔2013〕22号）文件要求和相关工作部署，大兴区在积极完成区镇两级工作实施方案出台、选定试点公司、建立区镇村三级领导及工作机构、确定工作流程等坚实准备工作基础上，积极启动了试点村安定镇徐柏村的确权登记颁证工作。在徐柏村开展的主要工作有：①宣传发动、业务培训。区镇村及公司四方对接，进村、入户，面对党员代表、成员代表开展了相关培训。②前期资料收集。利用一周时间，整理和分析试点徐柏村2008年分地资料、合同及台账和户籍资料等，其中合同和台账各177份，分地资料182户。③完成工作底图制作。完成了整个试点村小地块划分，共划定小地块11块。为更好的确定地块边界的准确性，采用了现场钉桩的方式确定小地块的整体范围和四至，并按小地块的范围进行了工作底图的制作。④完成外业调查与测量。在村集体6名指界人员的配合下，圆满完成外业调查与测量工作。⑤完成内业处理。已完成界线上图与面积统计，以及相关属性的录入工作。已将外业采集的界址点坐标数据展绘成图，录入地块编号及权利人信息，共计完成473块。⑥测量完成后，对测量成果进行编辑、整理，对清查核实的情况和对各种问题的处理意见，对承包地块实地调查与测绘的成果进行张榜公示，最终确认每一农户承包土地的地块位置、边界四至与面积，并形成全村的承包地块公示图、公示表。公示无异议后，由农户在公示表、农户承包地登记基本信息表上签字确认。第一轮公示在10月11—17日进行，第二轮公示在10月23—29日进行，全体农户都进行了签字确认。到11月初，徐柏村确权登记试点工作顺利结束。

（李丽）

【林克庆要求继续推进确权登记工作】11月26日，北京市副市长林克庆到大兴区安定镇调研农村土地承包经营权登记颁证试点工作。现场查阅了安定镇徐柏村土地承包经营权确权登记成果资料，座谈了工作进展情况，朝阳、海淀、丰台、顺义区相关负责同志参加了调研。他强调：一是要坚定不移地推进农村土地承包经营权确权登记颁证工作，落实中央工作要求和农民土地承包权益；二是朝阳、海淀、丰台、顺义等情况较为复杂，要尽快摸清底数；三是要加强政策研究，特别是主管区长要切实研究政策，并坚持试点先行，摸索经验；四是土地承包经营权登记颁证工作要与城市化进程、农业结构调整、产权制度改革、农村金融改革相结合。

（王轶群）

【门头沟区启动土地信托流转经营试点】2月12日，门头沟区委、区政府召开门头沟土地流转专题研讨会，讨论门头沟区农村土地流转工作特别是拆迁、搬迁村的土地流转利用的相关思路。市农经办主任郭光磊、副主任曹四发，门头沟区书记韩子荣、副书记付兆庚、副区长张永、区委办主任郑伟革，北京信托总经理王晓龙等领导参加了研讨会。市农经办土地承包合同管理处、门头沟区发改、国土、规划、人保、民政、农委、经管站等相关部门和永定镇、潭柘寺镇、龙泉镇等相关乡镇的以及北京信托房地产金融业务总部门头沟区主要负责人和业务人员也一并参加了会议。与会的领导和专家就相关土地的开发利用的思路以及信托化开发运营模式进行了集中讨论。韩子荣指出，农村土地流转和利用问题事关农民的根本利益，作为一级基层政府，有责任帮农民把土地管好、利用好，让农民受益，门头沟在集体资产信托化方面是有很好的基础的，未来要进一步推这项工作，形成全方位信托化经营格局，更多地为农民争取实实在在的利益。郭光磊主任指出，土地信托不仅是一种适应市场经济发展要求、代表农村土地利用发展方向的模式，还可以帮助我们解决当前的一些实际的问题，是符合中央近期一系列精神的创新。会议决定，正式启动门头沟区土地信托流转经营试点工作，并提出在市农研中心的指导和帮助下，门头沟区和北京信托正式启动战略合作。

（刘睿文）

【华北首单土地信托在密云县穆家峪镇水漳村落地】2014年2月27日，北京信托“金色田野2014008号”土地信托签约仪式在密云县穆家峪镇政府举行。北京市农经办副主任吴志强、密云县副县长蒋学甫、北京信托总裁助理、房地产金融业务总部总经理何晓峰、穆家峪镇书记李长全、镇长赵志政以及水漳村代表书记杨俊利等领导和代表出席了签约仪式。市农经办土地承包合同管理处、密云县农委、经管站、农合中心以及北京华联集团等相关部门、单位的领导一并参加签约仪式。仪式上，北京国际信托有限公司代表与密云县穆家峪镇水漳村代表签署协议，将水漳村现有的1 680余亩农地委托给北京信托开展土地信托经营。此次签约不仅标志着北京乃至华北地区首个土地信托项目正式落地，也标志着北京农村金融创新进入了全新的阶段。通过土地信托的开展，在确保土地不变性和农地农用的前提下，不仅使水漳村圣水樱桃合作社得到了急需的企业发展资金和完善的销售渠道，也可以带动农民增收村集体经济发展，降低了土地经营的风险，盘活了土地资源，同时还确保了农民在土地经营中的主导权，充分维护了农民的权益。

（刘睿文）

【北京市银监局局长阎庆民赴密云县调研】3月13日，中国银监会副主席、北京市银监局局长（兼）阎庆民赴密云县就金融支持新农村建设工作进行调研。北京银监局副局长向世文、纪委书记肖鹰，市农委副主任李海平，密云县县长王海臣、副县长王稳东、副县长蒋学甫，国开行北京市分行行长徐明、副行长马东祺，农发行北京市分行行长蔡志斌、副行长王建荣，北京国际信托公司董事长李民吉、总经理王晓龙、总裁助理何晓峰，北京银行行长张东宁等领导一同参加调研和座谈。考察组在县政府召开金融支持新农村建设座谈会，与会领导和专家围绕农村信贷、农村土地承包经营权抵押担保、农业保险、土地信托等问题进行了集中讨论。阎庆民局长指出，当前时期金融服务农村面对三大难题：一是政策对接难题；二是产品对接难题；三是服务对接难题。推动金融支持农村应当做到“三个结合”：一要政府引导与监管相结合；二要发展与防范风险相结合；三要金融创新与农村实际结合。阎庆民对于信托在推动金融支持新农村建设方面的作用予以了肯定。他指出，信托属新金融业态，全国各地积极开展土地流转信托，北京信托水漳村土地信托通过财产权信托＋资金信托的双合作社模式进行了探索，是一种创新，未来在市委、市政府支持下，集体建设用地也可以通过信托方式在法律上实践上予以探讨探索。北京的城乡结合部、农村、各类企业、农民、农户手中蕴藏财富，今后仍然有很大发展空间。

（刘睿文）

【市农经办赴密云县穆家峪镇调研土地信托试点】5月4日，市农经办主任郭光磊一行赴密云县穆家峪镇调研土地信托试点工作。北京市农经办副主任曹四发、副巡视员熊文武，密云县副县长蒋学甫陪同调研。市农经办金融处、农村土地承包合同管理处、密云县农委、经管站、农合中心、穆家峪镇以及水漳村、九松山村主要负责人一同参加调研。调研组首先前往水漳村土地信托项目实地进行考察调研，参观了蓝莓大棚、葡萄种植园和樱桃园等设施农业情况，并现场听取了水漳村土地信托情况以及项目落实情况的介绍。随后，调研组在穆家峪镇政府召开了土地信托试点工作座谈会，就开展土地信托的意义和功能、水漳村土地信托中存在的问题和困难等进行了深入坦诚的研讨。郭光磊指出，当前农业现代化面临土地经营的碎片化和农业生产的兼业化两大困境，可以从两个方面入手突破这两大困境：一是固化农民的土地权益。二是推动农业产业的现代化升级。通过类似信托的权能分离机制，分离土地“三权”，并利用金融机构的平台优势，将农村土地资源与外部资源要素大市场对接起来，推动农业产业现代化升级，这是一条符合趋势的路子。土地信托带来了农业产业化全新的模式和理念。对于土地信托，一要看法律支持不支持；二要看农民欢迎不欢迎；三要看市场接受不接受，从这三个维度可以更客观地判断它是不是一项好的改革。他要求，下一阶段要进一步完善土地信托的各项机制，充分发挥效能，推动农业现代化。

（刘睿文）

【市农经办领导赴山东考察土地托管工作】6月12—14日，市农经办主任郭光磊一行赴山东考察土地托管工作。考察组由市农经办主任郭光磊、市供销社理事长高守良带队，市农经办副主任曹四发、山东省供销社联合社监事会主任史进、山东省供销社联合社理事会副主任孙国伟等领导陪同调研，市农经办土地承包合同管理处、北京市供销社投资发展部、山东省供销社、山东省农资公司相关负责人等一同参加调研。6 月 12 日，考察组首先来到山东省供销社联合社调研。各位领导就“土地托管”工作的相关问题进行了坦诚、深入的交流。郭光磊指出，当前制约我国农业现代化最关键的问题在于农业社会化服务体系不完善，山东省依托供销社系统开展“土地托管”工作，为山东省构建完善的农业社会化服务体系、进而推动实现农业现代化提供了一条全新的、切实可行的思路，相关工作将不仅给山东农业的发展带来深刻的影响，也对包括北京在内的全国各地农业发展具有借鉴意义。在推动完善农业社会化服务体系的过程中，应当摒弃行政管理的传统思维，善于发掘市场机制的内生动力，选择更加适应市场、并且真正有积极性的主体来承担这一功能，这将是未来构建完善农业社会化服务体系、推动农业现代化的正确方向。会后，考察组一行历时 2 天，分别赴桓台县、潍坊市、高密市等地开展实地考察，对山东土地托管的各种模式、环节、网络和运营主体进行了系统地了解调研。

（刘睿文）

【密云水漳土地信托获评 2013 年度“诚信托”价值产品奖】 6 月 27 日，由上海证券报·中国证券网主办的、目前信托业内的最具权威性的奖项评比之一，第八届“诚信托”奖颁奖仪式在北京举行。会上，由市农经办指导、北京信托负责的华北首单土地信托——北京信托·金色田野土地信托密云水漳村项目获评 2013 年度“诚信托”价值信托产品奖，全国仅有五款信托产品获得该奖项，“三农”领域的信托产品仅此一项。

（刘睿文）

农民专业合作组织

【全市农民专业合作社稳步健康发展】 近年来，全市认真贯彻《农民专业合作社法》，在各级党委、政府的引导扶持下，农民专业合作社持续稳步健康发展。截至 2014 年 12 月底，全市工商登记注册的农民专业合作社发展到 6 044 家（其中专业联合社 22 家），比 2013 年的 5 666 家增加了 378 家。在 13 个区县中，密云、平谷两县区最多，分别达到了 1 199 家和 1 107 家，其余分别为：怀柔区 783 家、大兴区 604 家、延庆县 599 家、房山区 562 家、昌平区 433 家、门头沟区 274 家、通州区 271 家、顺义区 200 家、朝阳、海淀、丰台三个区 12 家。合作社正式登记注册的合作社成员 18.6 万名，辐射带动农户 25.3 万户，占全市从事一产农户总数的近 3/4。合作社资产总额 70.7 亿元，其中成员出资额 29 亿元。2014 年合作社总收入 101.3 亿元，实现盈余 9.3 亿元，其中提取公积金 1.1 亿元，盈余返还总额 4.3 亿元，分红 1.6 亿元，成员户均纯收入 1.3 万元。

经过多年的培育发展，全市农民专业合作社已经具有一定的基础和规模，在发展过程中形成了自己的特色：①以种植业和畜牧业为主，多元化产业共同发展。6 044 家合作社中，以种植业为主业的 3 547 家，占 58.7%；以畜牧业为主业的 1 508家，占 25%；以服务业为主业的 346 家（其中农机服务 149 家，民俗旅游 156 家），占 5.7%；以渔业为主业的 128 家，占 2.1%；以林业为主业的 169 家，占 2.8%；以手工业为主业的 59 家，占 1%；综合性合作社 287 家，占 4.7%。②以农民领办为主体，多方带动促进发展。6 044 家合作社中，领办人为农民的合作社有 5 453 家，占 90.2%；领办人为企业法人的有 327 家，占 5.4%；领办人为村集体经济组织的 190 家，占 3.2%；领办人为事业和社会团体代表的有 74 家，占 1.2%。③成员以村域内为主，跨乡镇、区县的合作社略有增加。成员分布在村域范围内的合作社 3 470 家，占 57.4%；成员分布在乡镇域范围内的 1 748 家，占 28.9%；成员分布在区县范围的有 707 家，占 11.7%，比上年同期的 554 家增加了 153 家，占总数的百分比提高了 1.9 个百分点；成员分布在全市以及跨省范围的有 119 家，占 2%，比上年同期的 114 家增加了 5 家。④以产加销一体化服务为主，服务功能日益增强。实行产加销一体化服务的合作社5 298家，占总数的87.7%；以生产为主的合作社374家，占6.2%；以信息技术服务为主的合作社201家，占3.3%；以购销服务为主的合作社136家，占2.2%；以农产品加工为主的合作社35家，占0.6%。2014年，合作社为成员统一购买农业生产投入品总值23.5亿元，统一销售农产品总值62.6亿元。有89家合作社开展内部资金互助服务，互助资金总额5 477.29万元。通过集中授课，观摩学习、示范指导等方式培训成员37.9万人次。⑤生产规模逐步扩大，农业标准化生产水平不断提高。2014年，合作社种植农作物总面积177.2万亩，比上年同期的168.6万亩增加了8.6万亩，增长了5.1%。全市拥有注册商标的合作社334家，比上年同期的308家增加了26家，增长了8.4%；实施农产品生产质量标准的合作社202个；21家合作社获得专利技术；全市合作社拥有各类农产品质量认证达552个，其中得到有机产品认证134个、无公害产品认证255个。⑥示范社带动作用明显，规范化程度不断提高。截至2014年，全市共培育创建市级示范社141家，占全市合作社总数的2.3%。示范社成员总数29 188个，社均207个；带动社外农户55 414个，社均393个；资产总额9.7亿元，社均685.3万元；经营收入34.1亿元，社均2 415.5万元。比非示范社分别高5.7倍、10.2倍、4.9倍和13.4倍。示范社在建立健全“三会”制度，规范财务管理、生产基地建设、标准化生产、统一各项服务等方面规范程度高，引领作用显著，大多数示范社达到了“可学、可看、可比”的示范标准。

（王宇新）

【北京市农民专业合作社联合会成立大会召开】3月29日，北京市农民专业合作社联合会成立大会在北京会议中心隆重召开。来自北京郊区的200个农民专业合作社示范社、专业合作社联合社的代表，合作社领域的专家，以及市农委、市农经办、市社工办、市民政局、市工商局、市财政局、市金融局等相关单位的领导等350人参加了会议。农业部副部长陈晓华、北京市委常委牛有成为联合会揭牌并发表讲话。大会通过了联合会章程，选举产生了第一任理事会、监事会，北京乐平西甜瓜专业合作社理事长冯乐平当选为联合会第一任会长。联合会将坚持“自主办会、开放办会、公益服务”和“民办、民管、民受益”的原则，充分发挥协调、代表、服务、自律、维权的作用，整合政策、社会、市场资源，为全体成员提供多元化的服务，同时，在贯彻落实党和政府“三农”政策，协助政府指导扶持服务合作社搭建起一座重要的桥梁。在成立大会上还举行了联合会与合作机构的签约仪式。中国农业银行北京分行、北京银行、北京农村商业银行为联合会及其会员提供总计60亿元的意向信贷额度，北京市农业投资有限公司将为联合会提供融资担保、融资租赁、小额贷款等支持。

（王宇新）

【北京市农民专业合作社联合会基础性工作完成】联合会成立后，年内主要做的工作有：①联合会自身的建设。联合会成立后，先后召开了3次理事会、监事会全体会议，对联合会初期工作进行了研究和规划。制定了财务管理办法、理事会监事会工作制度、秘书处工作制度等多项日常工作制度。初步建立了联合会机构队伍，设立了办公室、财务部、综合业务部、市场营销部等机构，招聘了包括2名副秘书长在内的20名工作人员。编发了2期会刊。②完成了市级“枢纽型社会组织”认定。7月21日，联合会被北京市社会工作领导小组认定为市级“枢纽型社会组织”，其职责是负责全市农民专业合作社及涉农领域社会组织的联系、服务和管理。③信息化建设。制定了合作社信息化建设方案，与北京金农合现代农业有限公司合作，开发完成了联合会官方网站。开通了联合会微信号，编发信息60余条。建立了会员门户群，为每个会员开发了个性化网站。组建了联合会网站客户服务中心。组织了11期网站功能使用及会员门户群资料收集工作培训班。组织了10个区县共22名合作社管理人员赴遂昌考察培训新了农村电子商务建设。④营销工作。先后与奥科美公司、北京邮储物流、京东商城等企业进行洽谈对接，与市农业产业化龙头企业协会签订合作协议。组织了11家合作社参加了第三届“京交会”。组织了9家合作社参加2014年北京国际农业产业化展览会。⑤涉农领域社会组织党建工作和公益事业建设。对市、区县两级示范社党支部建设、党员情况进行了调查摸底和统计汇总，在市、区县两级示范社中，有16个合作社建立了党支部，合作社管理人员中党员总数441名。与北京农产品流通协会、龙头企业协会、北京观光休闲协会建立了工作联系。结合联合会网站建设，初步组建了一支专家、辅导员、志愿者团队。⑥落实与三家银行签订的贷款意向协议。对全体会员资金需求进行了调查摸底和统计汇总，会员资金需求合计7.9亿元。同北京农村商业银行、北京银行重点研究了“合作社资金互助＋农商行放大10倍＋合作社联保”的贷款方式。

（王宇新）

【北京市农民专业合作社专家指导组换届改选及工作会议召开】 2月27日，市农委、市农经办组织召开了北京市农民专业合作社专家指导组工作会议。会议对郊区农民专业合作社建设发展进行了认真研究和总结分析，对专家指导组3年来的工作进行了全面总结，制定了新一届专家指导组工作方案，并向新一届专家指导组9名专家颁发了聘书。

9月4日，再次召开北京市农民专业合作社专家指导组工作会议。会议总结了郊区合作社建设情况，对当前合作社发展中面临的新形势、新问题、新对策以及工作重点进行了深入分析和研究。

（王宇新）

【开展北京市农民合作社信用合作调研】 6月，按照农业部统一安排部署，进行了北京市农民合作社信用合作调研工作，对北京市开展内部资金互助的31家农民专业合作社的情况进行了摸底调研。截至2014年3月底，全市共有31家农民专业合作社开展信用合作，参与农户1 501户，占31家合作社成员总数的38.1%；信用合作累计筹资额达到8 530.2万元。开展信用合作的31家合作社中，有9家是国家级示范社，8家是市级示范社，2家是区县级示范社。合作社产业主要分布为：种植业13家，占41.9%；畜牧业9家，占29%；林业2家；渔业1家；其他5家。开展信用合作6年来，信用合作累计发放资金3 105笔，总额达到10 594.1万元。2013年全市信用合作收益74万元，累计收益达232.86万元。

（王宇新）

【召开农民专业合作社半年工作总结会】 8月12—13日，北京市农经办组织召开了农民专业合作社发展和建设工作半年总结会，各区县经管站、农合中心主管站长（主任）、合作社科科长（部长）共40余人参加了会议。各区县经管站、农合中心分别汇报了半年来农民专业合作社工作进展情况，交流了促进和推动合作社规范管理、做大做强的具体做法，讨论了合作社发展和建设工作中存在的主要问题，研究和探讨了下半年的工作思路。

（王宇新）

【指导基层合作社特别是联合社、联合会的组建】 深入房山区首个农民专业合作社联合社——北京龙乡腾飞种植农民专业合作社联合社、昌平区规模较大、发展势头良好的种植合作社——北京海疆栗蘑产销专业合作社、北京市流村田园盛业农业专业合作社等合作社调研，为其提供政策咨询和业务指导。参加了怀柔区渤海镇板栗联合会成立大会和门头沟区农民专业合作社联合会成立大会，并对联合会运行及发展情况进行跟踪调研并做好指导服务。与市农经办金融处合作，通过北京银行为平谷区荣涛豌豆合作社贷款500万元，解决了合作社流动资金短缺的问题。合作社处部分同志还为怀柔、房山、平谷等区县合作社辅导员培训班进行了辅导授课。组织了10个远郊区县的合作社辅导员赴陕西、湘西等地考察合作社建设工作及联合会运行机制，使大家开阔了眼界，为全市农民专业合作社发展和建设工作提供了借鉴参考。

（王宇新）

【进行“新三起来”案例总结】 按照市农委和市农经办总结一批“新三起来”典型的要求，5月和7月两月内三次赴通州区对北京聚隆农业农民专业合作社联合社进行调研，撰写了《宣传为媒营销为本 架起农民与首都大市场的桥梁》调研报告。7月底赴通州区北京专平林下农业专业合作社进行调研，撰写了《农民致富新思路 林下经济有“钱”途》的调查报告。

（王宇新）

【开展农民专业合作社的统计监测和汇总分析工作】 组织各区县对2014年农民专业合作组织情况进行了2次网上统计，撰写了《2014年北京市农民专业合作社统计分析报告》，为各级领导和有关部门制定政策提供了决策依据。

（王宇新）

【完成“北京市农民专业合作社‘三品一标’认证情况调查报告”课题】 该课题聚焦于“三品一标”（无公害农产品、绿色食品、有机食品和农产品地理标志）认证实施的关键主体——农民专业合作社进行“三品一标”认证行为的研究，采取统计数据分析和实地走访等形式，对北京市农民专业合作社开展“三品一标”认证的现状进行系统地研究，总结目前北京市农民专业合作社开展“三品一标”认证取得的成效及存在的问题。课题研究表明，北京市农民专业合作社开展“三品一标”认证还处在较低的水平，覆盖面还很低，究其原因，既有合作社人才匮乏带来的对“三品一标”认识不到位的主观原因，也有合作社规模较小、运作不规范以及资金不足等的客观原因。对此，提出了进一步引导北京市农民专业合作社开展“三品一标”认证的政策建议：加强规范建设，奠定坚实的组织基础；加大培训力度，提供有力的人才保障；广泛宣传发动，营造良好的舆论氛围；强化政策倾斜，创造优越的政策环境。

（王宇新）

【完成“北京市农民专业合作社联合会跟踪调查研究”课题】该课题通过文献研究、实地调研和系统分析的方式，梳理了联合会成立、发展和运行的基本情况，运用 SWOT 分析法对其所处形势进行了分析，并借鉴兄弟省市联合会运营的成功经验，得出了五点具体的运作建议：理顺政府部门与合作社联合会的关系、加大财政扶持和补贴力度、逐步扩大会员类型和种类、尽快健全内部组织机构和搭建统一的服务平台，增强服务会员的能力。

（王宇新）

【举办北京市农民专业合作社理事长培训班】10 月 28—30 日，在密云举办了农民专业合作社理事长培训班。参加培训的有 10 个远郊区县经管站、农合服务中心合作社辅导员、市级示范社理事长以及在工商局正式登记注册的联合社理事长，共 164 人。培训班邀请中国农业大学、北京奥科美技术服务有限公司以及市农经办的有关领导和专家，就当前农民合作社发展与规范、休闲农业和乡村旅游、自产品营销和第三代生鲜电商以及合作社内部信用合作与外部融资等内容进行了专题讲座。

（王宇新）

集体经济管理

【农村集体资产稳步增长】截至 2014 年年底，郊区农村共有账内集体资产 5 208 亿元，同比增长 3%。其中，乡级集体资产 2 107.3亿元，所占比重 40.5%，比上年增长 3.6%；村级集体资产 3 100.6 亿元，所占比重为 59.5%，提高了 2.8%。农村集体净资产 1 919.7 亿元，比 2013 年提高了 9.6%。其中，乡级集体净资产 508.8 亿元，所占比重为 26.5%，增长了 1.9%；村级集体净资产 1 410.9 元，所占比重 73.5%，比上年增长了 12.6%。

【开展农村财务管理专项检查】2014 年 5 月至 8 月，按照《农业部办公厅关于组织开展全国农村财务管理专项检查调研的通知》（农办经〔2014〕11 号）的要求，组织开展了农村财务管理专项检查调研。重点就农村财会基础工作开展情况、农村审计工作开展情况、村级财务民主监督工作情况、农村财会队伍建设情况等内容，采取听取汇报、查阅资料、实地查看、翻阅账簿、走访座谈等形式，分全面自查和市级抽查两个步骤进行了检查。

【扎实推进农村集体“三资”管理规范化】积极开展农村集体“三资”管理示范县创建工作，全面加强农村集体“三资”管理，海淀区入选第二批全国农村集体“三资”管理示范县。全市已有 141 个乡镇、2 967 个村完成了规范化建设任务，完成比例分别达到 73%和 75%，较上年增加了 3 个乡镇和 54 个村。全市村级普遍实行了财务公开，其中按月和按季公开的比例达 76%。实行村级会计委托代理的村 3 842 个，占总村数的 96.7%，其中实行财务与资金双代理的村 2 969 个，占总村数的 74.7%。

【集体资产经营方式创新取得新进展】乡镇统筹集约利用集体经营性建设用地试点稳步推进，长辛店、青云店已进入试点方案实施阶段。农村集体资产信托化经营试点实现新突破，2014 年 2 月，华北首单土地信托“金色田野 2014008 号”落户密云县穆家峪镇水漳村，该项目荣获“诚信托”价值产品奖。全市农村集体资金“富民”系列信托计划总规模达到 17.926 亿元，累计为农民创造收益 2.4 亿元。通过农交所完成成交集体资产项目 103 宗，成交额 9.26 亿元，流转土地面积 4.15 万亩。

【召开加强农村集体资产管理工作会议】10 月 23 日，北京市召开加强农村集体资产管理工作会议，深入贯彻落实中央和市委关于深化农村改革的总要求，部署当前和今后一个时期加强农村集体资产管理工作。会议由市委常委牛有成同志主持。海淀区人民政府、门头沟区人民政府、房山区琉璃河镇党委分别介绍了加强农村集体“三资”管理的经验做法，林克庆副市长从九个方面部署了工作。会议印发了关于对《关于加强农村集体资产管理的若干意见（征求意见稿）》和 2014 年北京市农村集体资产管理工作会议典型材料。

【深入开展农村集体经济审计监督】2014 年，全市经管系统共对 9 035 个单位进行了审计，审计金额 2 184 亿元，查出违纪违规金额 527 万元，促进增收节支 444 万元。为了提高审计工作效率，减少审计滞后影响，在全市 9 个区县全面推广农经在线审计系统，在昌平区试点推行实时监控预警系统。

（吴汝明）

集体经济产权制度改革

【稳步推进产权制度改革工作】截至 2014 年年底，全市累计完成改革的单位达到 3 882 个，其中村级 3 863 个，完成比例达到 97.1%；乡镇级 19 个，完成比例为 9.7%。正在进行改革的单位有 89 个，其中：村级 77 个，乡镇级 12 个。总体进展是：处于改革起步阶段 15 个，清产核资和成员身份界定阶段 46 个，资产量化和登记注册阶段 28 个。城乡结合部 50 个重点村完成产权制度改革的村 44 个，完成比例为 88%。

【宣传推广股份分红成果】产权制度改革后，新型集体经济组织不断提高股份分红比例，呈现农民收入连续增长的良好态势。2014 年 1 月，组织召开东升镇博展股份经济合作社召开 2013 年度分红大会，市委常委、市委统战部部长牛有成、副市长林克庆等领导到会表示祝贺，并就进一步推进“新三起来”工作提出要求。

【开展产权制度改革“回头看”活动】2014 年上半年，在全市范围内开展了产权制度改革“回头看”活动，各区县对清产核资、民主管理、内部规范运营、收益分配、档案管理等重点内容及关键环节进行全面自查，对存在的问题进行梳理总结。市农委和市农经办抽调专人，对各区县自查整改情况进行了全面检查。针对推进改革中存在的一些新型集体经济组织运行管理不够规范、改革手续不够完善、股权证发放不到位等问题加大督促力度，制定整改方案，加快整改落实。

【研讨深化产权制度改革的重大问题】组织召开深化农村集体产权制度改革研讨会，邀请在京的各大专院校、科研机构 12 位专家围绕如何确定集体资产的范围、集体经济组织立法、集体经济组织成员身份界定、股权流转和股东进退机制、财务管理和资产评估及监管机制等问题，展开了深刻的讨论，重点研讨了土地资源如何纳入产权改革范围，探索将土地资源纳入改革范围，确保改革的完整性和关联性，保证集体资产的完整性。

【开展农村集体经济组织立法调研】市人大农村委、市农委、市农经办针对农村集体经济组织面临的法律地位缺失、市场主体地位不充分的现实情况，前往房山、大兴、石景山、通州、延庆、怀柔、平谷、昌平等区县开展了前期的立法调研工作，就集体经济组织立法广泛征求广大基层干部群众的意见和建议。

（吴汝明）

农村金融创新

【首都“十农”金融服务体系不断深化发展】党的十七届三中全会提出建立现代农村金融制度以来，在国家金融管理部门的支持下，在市委、市政府的正确领导下，北京市农村金融工作按照加快城乡发展一体化的总要求，坚持以科学发展为主题，以加快转变农村经济发展方式为主线，大力加强农村金融服务体系建设，深入推进土地流转起来、资产经营起来、农民组织起来，不断激发农村发展活力，在全国率先构建了农业信贷、农业保险、农业投资、农业担保、农业产业基金、农村信用、农村要素市场、涉农企业上市培育、农村金融改革试验区、农村基本金融服务村村通“十农”金融服务体系。这个适应“三农”特点，多层次、广覆盖、可持续的农村金融体系得到了国家发展改革委、农业部的高度认可。

【农村信贷体系支持农业农村发展】切实推进农村新型金融组织设立，构建多元化、多层次的农村金融组织体系。在鼓励引导政策性金融、商业性金融、合作性金融支持“三农”发展的基础上，着眼农村金融市场实际情况，加快新型农村金融组织的设立进程。截至 2014 年年底，本市已批准设立 10 家村镇银行、89 家小额贷款公司、1 家“三农”信贷专营机构。针对农村金融需求的结构性特点，建立起了针对农户、农民合作社、涉农企业的有区别、分层次的涉农贷款支持体系，全市涉农贷款余额 2 595.25亿元，有力支持了城乡经济社会一体化的发展。

【政策性农业保险为“三农”发展提供风险保障】自 2007 年开始，北京市采取“政府引导、政策支持、市场运作、农民自愿”的方式全面推进政策性农业保险，农业保险管理体系日臻完善，涉农保险稳步发展。截至 2014 年年底，政策性农业保险险种增加到 23 大类，承保金额 4.4 亿元，参保农户 12.5 万户，保险金额 101.1 亿元，理赔额 4.5 亿元，理赔农户 12.3 万户次。5 月试点推出了生猪价格指数保险，为全国首例。

【农业投资平台引领社会资本支持“三农”发展】为构建农业投资体系，市财政出资 10 亿元设立了市农业投资公司。市农业投资公司将创新型农村金融服务作为第一主业，坚持探索政府支农资金“企业化管理、市场化运作”的新模式，财政资金撬动社会资金效果明显。截至 2014 年年底，市农业投资公司注册资本 28 亿元，已经拉动社会资金 91.45 亿元，预计未来还将拉动 106.55 亿元。截至 2014 年年底，累计完成投资 24.71 亿元，参与设立 17 家小额贷款公司，设施农业项目生产状况良好。

【农业产业基金促进龙头企业做大做强】市农业投资公司出资 2 亿元与中石基金共同设立了农业产业基金，主要投资于农业现代化、产业化和新农村建设所涉及的相关产业链。截至 2014 年年底，农业产业基金募集资金合计 8.95 亿元，已投资北京中地种畜有限公司等 9 个农业龙头企业，投资额 5.3 亿元，无项目退出，有力支持了农业龙头企业发展。

【农业担保架起“三农”融资桥梁】为解决“三农”贷款担保难问题，2009 年 3 月，市农业投资公司和门头沟等 8 个区县共同出资组建了市农业担保公司，注册资本 6.1 亿元。通过开发丰富多样的融资服务产品，涉农增信服务效果显著。截至 2014 年年底，政策性农业担保公司在保项目 991 个，在保余额 39.57 亿元，持续改善“三农”融资条件。

【农村“三信”工程改善农村金融生态环境】加强农村信用体系建设，积极开展“信用户、信用村、信用乡镇”评定。截至 2014 年年底，北京市信用户评定面达到 28.81 万户。共评定信用户 13.41 万户，信用村 284 个，信用乡镇 12 个。组织区县乡镇领导干部金融培训，实施农民观念提升工程，鼓励开展农民专业合作社信用合作，农村金融发展生态环境持续改善。

【资本市场引领涉农企业发展】对拟上市企业实行动态管理和分类指导，支持涉农企业做大做强，倾力打造资本市场“北京农业”板块。北京地区 A 股上市涉农企业 52 家，其中，农业企业 11 家，镇村企业 41 家，首发募集资金 466 亿元。12 家涉农企业在全国中小企业股份转让系统挂牌，3 家涉农企业在北京股权交易中心挂牌展示。

【涉农要素市场优化农村资源配置】北京已初步建立了北京全国粮食交易中心、全国棉花交易所、中国林权交易所、北京农村产权交易所、北京农副产品交易所等涉农要素市场体系，引导社会资本向农村流动。农村产权交易所成立以来累计成交项目 216 个，总金额 10.77 亿元，项目涉及农村土地承包经营权流转、集体林权、实物资产等。北京农副产品交易所成立以来累计完成货押融资总额 4 007.9 万元，积极开展现货交易及货押速效、仓储服务、资讯服务等增值服务。农村资源市场化配置机制日趋完善，成效凸显。

【农村金融改革试验区成效明显】大兴区着眼构建适应新型城镇化和城乡发展一体化需求，深化农村金融制度改革，突破体制机制障碍，在显著增加农村金融供给、鼓励创新农村金融产品、全面提升金融服务水平、建立健全政策支持体系、优化提升农村金融生态环境等五大类 17 个方面进行了积极探索，其中，通过设立集体联营公司等服务平台，实现农村集体资产的统筹经营管理；通过委托贷款、集中理财等模式，实现区域资金循环；“流转贷”“租益贷”等创新担保方式，解决了缺乏有效担保物的融资难题；在集体建设用地集约经营融资方面进行了积极尝试，提升了产业发展速度，促进了城乡面貌改善。

【农村基本金融服务“村村通”工程惠及万户千村】北京市自 2012 年开始在农村地区组织实施农村基本金融服务村村通工程，为农户提供小额取款、账单查询、汇兑、结算、缴纳公共费用等基本金融服务。截至 2014 年年底，“村村通”工程惠及 752 个行政村，为农民提供取款、查询、转账、缴费等基本金融服务，共发生交易 11 万笔，金额近 4 亿元。切实满足了当地农户的基本金融服务需求，方便了群众的生产生活，受到农民的普遍欢迎。

【农村金融服务改革试点先行先试】以市农业投资公司作为农村金融服务改革试点单位，探索适应都市型农业发展方向和运行规律的金融产品和金融服务先行先试。2014 年试点以来，市农担公司与市旅游委合作，搭建全国首个“京郊旅游融资担保平台”，为全市所有中小微旅游项目提供融资服务。农村产权交易所与邮储银行北京分行合作，探索“借款人+交易所+银行”的交易模式，在平谷区开展土地承包经营权抵押贷款试点（用承包合同做质押）。农业融资租赁公司成立仅 1 年，积极面向鲜蔬种植、蘑菇栽培、饲料加工等农业企业和农村合作社提供服务，截至 2014 年年底，已经签约近 3 亿元。

【印发《关于进一步加强金融服务“三农”发展的若干举措》（京政办发〔2014〕60 号）】根据中央 1 号文件和《国务院办公厅关于金融服务“三农”发展的若干意见》精神，重点推动政府及金融机构加大支持“三农”发展力度，创新金融支持农村土地改革方式，大力发展普惠金融，推动农村基础金融服务全覆盖，完善农村金融风险补偿及防范机制等工作，切实把金融服务支持“三农”工作落到实处，着力打造北京特色的城乡一体化金融服务体系 。

（徐菁）

【北京农商银行持续加大涉农贷款投放力度】2014 年，北京农商银行积极支持首都新农村建设、现代农业发展、农民增收致富的相关资金需求，继续加大涉农贷款投放力度，全年累计投放涉农贷款 457.31 亿元，截至 2014 年年末，涉农贷款余额为 677.47 亿元，较年初增加 85.63 亿元，涉农贷款增速为 14.47%。其中，农户贷款全年累计投放 3.13 亿元，贷款余额 12.8 亿元。

北京农商银行结合首都新农村建设进程中的新变化和新需求，推出了“新农村”建设贷款产品系列，包含集体产业建设贷款、资产量化贷款、“重点村”改造贷款、旧村改造贷款和保障性农民回迁安置房建设贷款等 5 款特色产品，形成了支持首都新农村建设的特色产品优势，择优支持新农村建设项目。截至 2014 年年末，北京农商银行新农村建设贷款余额为 241.49 亿元，为城镇化建设的不同阶段、不同需求，提供了全方位的资金支持。

北京农商银行打造推出了“新农家”农户贷款产品体系，以“暖心、创业、便利、特色”四大系列、21 款农户贷款产品为支撑，积极支持京郊广大农民增收致富。其中，为产业化程度高、经营效益好的新型农业经营主体创新开展的“新型农业经营主体+农户”贷款方式，已经成功支持了御食园、大北农、康贝尔、新发地农产品批发市场等一大批农业产业化龙头企业。

北京农商银行积极跟进农村土地改革、“新三起来”、农村环境整治中的市场机会，探索担保方式和融资模式的创新途径，着手研究农村土地流转贷款。结合北京市林权改革工作进展，与园林管理部门深入磋商，并多方探索林权抵押贷款的担保创新模式，为下一步积极参与京郊地区高效果林改造、生态林补贴资本化、景观园林产业发展等创造业务条件。

北京农商银行持续加大对国有大中型涉农企业的信贷支持力度，并逐步拓展业务合作的广度和深度，提高客户黏性和综合贡献度，同时围绕其产业链和供应链进行拓展营销，挖掘新的优质客户资源。截至2014年年末，城市涉农企业及农村涉农企业贷款余额为664.1亿元，占北京农商银行涉农贷款的九成以上。

北京农商银行与北京市农委等部门合作，在京郊连续开展了10余年“三信”工程评定工作。截至2014年年末，农村信用户评定面已达28.81万户，共评定出信用户13.41万户、信用村284个、信用乡镇12个。配合人民银行个人征信工作的不断推进，在全市16个区县布放了18台个人征信自助查询机，实现了各郊区县的全覆盖。

【北京农商银行实现物理渠道所有乡镇全覆盖】在其他商业银行纷纷撤并郊区、山区网点的情况下，北京农商银行克服农村地区金融服务成本高、收益低和自身发展包袱重等现实困难，始终坚持“一乡一镇一网点”的政策底线，确保支农服务力度不下降，是北京地区唯一一家网点覆盖全部182个乡镇的金融机构，在10个郊区县共有营业网点407家。同时，为满足经济资源少及人口规模小的偏远地区农民金融服务需求，推出分时服务，确保金融服务辐射京郊。

创新“两店一点”金融服务渠道模式，弥补农村地区金融服务空白。在“一乡一镇一网点”基础上，北京农商银行不断探索农村地区新的渠道建设模式，承担了“农村地区基本金融服务村村通”工程建设，在金融空白行政村，根据不同规模、不同金融需求，分类推进“乡村便利店”“乡村自助店”和助农取款服务点等三类全新金融渠道模式，有效满足了京郊地区无金融服务覆盖自然村农村居民的金融需求，使居民“足不出村”就能享受到高效便捷的金融服务，极大改善了偏远农村地区基本金融服务环境。截至2014年年末，已建成“乡村便利店”138家、“乡村自助店”21家、助农取款服务点478个。

【北京农商银行构建全天候便捷化农村电子渠道服务体系】截至2014年年末，北京农商银行在农村地区累计布放ATM和POS机具分别达到1 014台和1.24万台，农村地区刷卡消费额从2009年的9.48亿元提高到2014年年末的45.84亿元。特别是连续开展八届深受首都市民欢迎的“凤凰乡村游”活动，在郊区农家乐旅游接待户、农产品专卖店等安装POS机，将现代支付理念和工具引入农村，成功打造北京郊区旅游服务平台，构建了贯通城乡的金融支付渠道，累计引领5 500万人次通过乡村旅游刷卡消费135亿元。

北京农商银行着力开展网上银行、手机银行、电话银行等现代电子银行业务在农村地区的普及和推广，有效突破物理网点时间和空间限制，极大提高了农村居民金融服务的可得性和便利性。截至2014年年末，网上银行和手机银行客户数分别达到121.3万户和46.12万户，其中涉农地区客户占比分别为44.09%和46.71%。

北京农商银行与歌华有线电视合作开发了电视缴费平台产品。农户通过家中的电视即可完成手机费、固话费、燃气费、水费、供暖费等多项费用的缴纳，操作简单、快捷方便，为操作网上银行和手机银行有困难的农村居民办理业务提供了新渠道。

北京农商银行创新开发“金凤凰掌上交易宝”，为广大批发市场、零售市场小微企业农户定制专属支付工具，提供实时资金结算服务。开发“惠商宝”和“手机交易宝”两款专用结算产品，其中“惠商宝”用于满足农贸市场商户集中收款结算和结算后的实时用款需求，“手机交易宝”用于满足农贸市场个体农户收款结算需求，两款产品组合推出，为广大农村地区农贸市场商户提供方便、快捷、安全的资金结算服务，有效降低农村地区现金收付压力。

【北京农商银行推出多功能专属化利农惠农特色产品介质】为解决农户多账户对应养老保险、医疗保险、财政补贴等多项代理业务的不便，北京农商银行独创银政惠民账户，将40余项财政补贴和社会保障补贴等集中代发至同一专用账户，惠及近300万农村居民，并开发配套凤凰惠民卡，大大提高了账户资金使用的便利性。截至2014年年末，“银政惠民账户”累计开户268.83万户，累计代发各类资金7 027.32万笔，金额189.96亿元。

北京农商银行为京郊生产经营者量身打造集贷款、保险理赔和涉农补贴款代发等特色专属服务以及联盟商户专享优惠等增值服务于一体的凤凰福农借记卡，同时开发了具备借贷合一、用款灵活、快捷方便、资金使用成本低等优势的凤凰福农信用卡，有效满足首都生产经营性农户、涉农小微企业主“短、频、快”的小额融资需求，实现了涉农小额贷款便利化的创新突破。截至2014年年末，福农借记卡实现发卡92 666张，福农信用卡实现发卡2 708张，累计授信5.02亿元，累计用信10.03亿元，用信余额2.47亿元。

针对民政抚助人群，北京农商银行与顺义区民政局联合发行集医疗结算、优抚助残资金补偿发放、电子现金功能于一体的凤凰民政社保卡，仅顺义地区就有约2万人受益。针对怀柔区居民，北京农商银行与怀柔区卫生局联合发行包含自助挂号、缴费、查询电子病历等功能的健康卡，已覆盖19家医院，切实为郊区百姓提供便利高效的民生金融服务。针对全市40万80岁以上的老年人、10万重度残疾人的养老（助残）券变卡、28万军休/低保/优抚对象的补贴发放，北京农商银行与北京市民政局、北京市残疾人联合会等市政服务单位联合开发养老助残卡。截至2014年年末，民政社保卡累计发卡6 461张，健康卡累计发卡113 047张。

（郑海峰）

私营个体经济发展和改革

【综述】2014年，北京市私营企业和个体工商户登记注册的户数累计150.14万户，其中私营企业84.81万户，个体工商户65.33万户。私营企业和个体工商户从业人员累计828.59万人，其中私营企业725.59万人，个体工商户103万人。私营企业和个体工商户注册资本金累计43 507.39亿元，其中私营企业43 289.31亿元，个体工商户218.08亿元（从8月开始，市工商局对私营经济统计范围有调整，将“法人独资”企业类型由内资非私转入私营经济）。

（李萌垚）

【私营企业户增长25.94%】截至2014年年底，全市私营企业户累计84.81万户，比上年增加17.47万户，增长率25.94%；私营企业从事第一产业的有4 132户，占总户数的0.49%；从事第二产业的有57 317户，占总户数的6.76%；从事第三产业的有786 650户，占总户数的92.75%。户数在前三位的分别是朝阳区（19.63万户）、海淀区（17.47万户）、丰台区（9.3万户）。

（李萌垚）

【私营企业从业人员增长37.45%】截至2014年年底，全市私营企业从业人员累计725.59万人，比上年增加197.7万人，增长率37.45%。

（李萌垚）

【私营企业注册资本金增长142.45%】截至2014年年底，全市私营企业注册资本金累计43 289.31亿元，比上年增加25 434.13亿元，增长率142.45%。

（李萌垚）

【个体工商户减少1.66%】截至2014年年底，全市个体工商户累计65.33万户，比上年减少1.1万户，减少率1.66%；个体工商户从事第一产业的有32 739户，占总户数的5.01%；从事第二产业的有21 587户，占总户数的3.3%；从事第三产业的有598 993户，占总户数的91.69%。户数在前三位的分别是朝阳区（8.46万户）、丰台区（7.26万户）、昌平区（7.79万户）。

（李萌垚）

【个体工商户从业人员减少8.35%】截至2014年年底，全市个体工商户从业人员累计103万人，比上年增加9.38万人，减少率8.35%。

（李萌垚）

【个体工商户注册资金增长17.61%】截至2014年年底，全市个体工商户注册资金累计218.08亿元，比上年增加32.66亿元，增长率17.61%。

（李萌垚）

【支持便民商业服务体系建设】2014年内，市财政局投入资金2 531.11万元，支持便民商业服务体系建设。其中投入资金587万元用于支持再生资源回收企业，共新建了183个回收站点，方便居民交废品，促进再生资源回收。投入资金900万元用于规范全市清真食品专柜数量达到182个，35个清真牛羊肉直营直销店（点）得到巩固，方便少数民族群众购买清真肉类。投入资金347万元，支持冷链物流建设项目，进一步提升全市冷链物流设施设备及技术应用水平，提高城市运行保障能力。

（李萌垚）

【搭建中小商贸企业转型发展平台】2014年内，市财政局投入资金5 236.59万元，促进中小商贸企业转型发展。其中投入资金1 247万元用于搭建公共服务平台，支持商务楼宇公共服务平台升级改造项目，共为523家驻楼企业提供服务，商务服务业企业占企业总数比例达到65.62%；另投入3 000万元打造"国际化、专业化、市场化"服务贸易交易平台，利用中国（北京）国际服务贸易交易会为1 700余家中小企业提供展示自主创新和先进技术的机会，同时也为中小企业搭建了开拓国际服务贸易市场的交易平台。其余资金用于包括支持商业品牌创新、支持老字号企业发展特色品牌和工艺技术改造等方面。

（李萌垚）

【支持中小企业发展基金扩大规模及创新融资】2014年内，市财政局在2013年整合已有中小企业创业投资引导基金、中关村现代服务业中小微投资基金等资源的基础上扩大基金规模。全年共投入资金3亿元，扩大基金规模至19.2亿元。基金主要用于引导社会资本等各类资金支持初创期、成长期的小型微型企业。基金主要以股权、担保、引导基金等参股支持方式按照市场规则与社会资金开展合作，根据小微型企业需求和社会资金特点创新资金使用方式，按照市场化运作组织基金的运行和管理。另外投入资金9 854万元，支持中小企业创新融资。其中贴息中小企业354家；奖励服务中小企业的金融机构13家。

（李萌垚）

【支持中小企业服务体系建设】2014年内，市财政局投入资金8 922万元，支持中小企业服务体系建设项目40个。其中，中小企业公共服务平台建设项目18个，小企业基地建设项目2个，小企业创业基地奖励项目20个。带动社会投资7亿元以上，新增及改造中小企业公共服务平台面积30 000平方米，年服务中小企业3 800家/次。

（李萌垚）

【支持中小企业重点产业项目】2014年内，市财政局投入资金14 638万元，支持中小企业重点产业项目。重点推进中小企业以科技创新自主知识产权应用引领的产业升级项目，培育中小企业与全市高精尖产业龙头企业形成专业配套发展，鼓励中小企业开拓新型生产和发展模式，走"专精特新"发展道路。

（李萌垚）

【稳妥推进营业税改征增值税试点改革】2014年内，全市46.3万户试点纳税人顺利完成税制转换。一般纳税人9.6万户，占21%；小规模纳税人36.6万户，占79%。试点改革以来，北京地区总减税679亿元，其中全市负担466.4亿元。年内，北京地区总减税376.5亿元，其中全市负担246.5亿元。试点纳税人总体税负下降43.3%，约96.9%的试点纳税人税负下降或持平。试点改革实施后，小规模纳税人按3%征收率简易征收，与原来相比税负普遍下降。试点改革惠及了众多中小企业尤其是微型企业，对推动就业和创业，促进大中小企业配套协作，增强整体竞争力和活力起到了积极的推动作用。

（李萌垚）

【积极落实国家各项税收优惠政策】2014年内，市财政局调整小型微利企业所得税和减免部分小微企业增值税、营业税政策。自1月1日起，将享受减半征收企业所得税优惠政策的小型微利企业范围，由年应纳税所得额低于6万元（含）提高至年应纳税所得额低于10万元（含）。此政策实施后，全市38.79万户小型微利企业享受减半征收企业所得税优惠政策，减税规模约为3.44亿元。同时按照国家要求，自10月1日起，对月销售额或营业额不超过3万元的小微企业免征增值税和营业税。该免税政策范围涵盖小微企业、个体工商户和其他个人，有利于稳增长、促就业、保民生。另外，及时根据中央支持和促进重点群体创业就业的税收政策，完善税收政策支持创业就业，对符合条件的自主创业人员，按每户每年9 600元为限额依次扣减其当年实际应缴纳的营业税、城市维护建设税、教育费附加、地方教育附加和个人所得税。

（李萌垚）

【强化企业联系制度促发展】 2014年内，市规划委邀请部分民营设计企业的负责人就企业发展和设计市场等问题进行座谈，针对民营企业提出的建议、意见，以及设计市场规范与开放、民营企业生存和壮大发展等问题，加强调查研究，研究解决办法，加强政府、协会、企业间的沟通与合作，推动勘察设计、地理信息行业科学发展。

（李萌垚）

【提高规划管理效率，优化项目审批流程】 2014年内，市规划委全面落实市政府关于进一步优化投资项目审批流程的要求，提出"减、放、优、畅"4类举措，采取多项实际优化措施，将155项专业资质削减至90余项，压缩8项专项资质和装饰装修一体化资质审查环节，减少工作时间15个工作日，将图纸报审专用章的有效期由1年调整为2年等。

（李萌垚）

【加强勘察设计资质相关服务】 市规划委在勘察设计行业管理方面，主动加强设计资质审批和从业人员注册服务，积极受理私营个体企业设计资质申请审批。全年受理行政许可事项2 000余件；受理各类注册办理事项约7 000件；受理建设工程招投标项目约1 300项，涉及总投资6 244亿元；完成房屋建筑施工图设计文件审查约1 600项，共约6 000万平方米；786个项目，约3 700万平方米的新建建筑达到一星级标准；提供北京市各类电子地形图约15 000幅（与上年同比增长约30%）。接待咨询人员3万余人次，网上办理诚信证明约4 000件。

（李萌垚）

【实行税收专业化管理模式】 市国税局根据个体集贸征收管理工作的特点，建立个体、集贸专业税务所15个，税务干部256名；管理所30个，专司个体集贸工作税务干部82人；集贸市场委托代征人员4 838名，担负全市个体工商户和集贸市场的税收征管工作。全市个体集贸年增值税税收收入48 054万元。

（李萌垚）

【推广使用集贸市场网络开票系统】 自2011年全市推行使用集贸市场网络开票系统以来，市国税局通过推行网络开票系统，将开票信息实时传送，实现了对开票环节的实时监控和事后监督管理的双轨并行，解决了"假发票、大头小尾、真票假开"的管理难题，进一步规范了市场代开发票行为，防止了超经营范围虚开发票，提升了税源监控能力和工作效率。年内全市已在643个委托代征市场中使用集贸市场网络开票系统。全年全市各局通过集贸市场网络系统代开发票代开发票共计1 498万份，代开发票金额191亿元，集贸市场代开发票超定额补税24 800万元。国税局还认真听取了总参、神州数码、浙科、中兴通等公司各自介绍了网上开票拓展情况、业务流程和实现的功能，通过税务干部和市场操作系统人员使用集贸市场网络开票系统反馈，完成集贸市场网络开票系统10大项功能拓展和升级完善系统工作。

（李萌垚）

【实行进一步支持小微企业的税收政策】 2014年内，全市实行进一步支持小微企业的税收政策，市国税局认真贯彻执行财政部和国家税务总局发布的《关于进一步支持小微企业的增值税和营业税政策的通知》，自2014年10月1日至2015年12月31日，对月销售额2万元至3万元的增值税小规模纳税人和营业税纳税人，暂免征收增值税和营业税；市地税局认真落实《财政部、国家税务总局关于小型微利企业所得税优惠政策有关问题的通知》，对年应纳税所得额低于10万元（含10万元）的小型微利企业，其所得减按50%计入应纳税所得额，按20%的税率缴纳企业所得税，减轻小型微利企业负担，促进小型微利企业升级发展。

（李萌垚）

【推进科技成果转化和产业项目统筹支持】 年内，市发改委、市经济信息化委、市科委等单位深入推进全市重大科技成果转化和产业项目统筹支持工作。全市全年共统筹财政资金95亿元支持了86个重大科技成果转化和产业项目，其中支持民营企业项目数占一半左右，包括中芯国际32纳米产品工艺开发、北方微电子32～22纳米栅刻蚀机产品研发及产业化、百度公司百度健康云一期、用友软件支撑行业大数据应用的软件平台研发与产业化、京东商城总部平台建设、北京优联实科公司IPv6

根服务器实验验证公共服务平台等。

（李萌垚）

【参投新兴产业创投基金】全市已在电子信息、生物医药、云计算、物联网、高技术服务业等战略性新兴产业领域获批参股设立26支创业投资基金，基金总规模69.2亿元，是国家实施新兴产业创投计划以来联合设立基金数量最多、投资项目最多、投资进度最快、组织效果最好的省市。年内累计投资项目138个，投资金额约20亿元，投资于初创期、早中期企业的资金达到75%。

（李萌垚）

【推进新技术新产品政府采购工作】2014年内，市发改委会同中关村管委会等单位继续深入推进中关村新技术、新产品政府采购工作，全年采购金额113.6亿元，共有2 473个项目应用了新技术、新产品，项目总投资214.5亿元。新一代信息技术、高端装备制造、新能源汽车等领域一大批私营企业的新技术新产品在轨道交通、污水处理、垃圾处理、城市应急管理等领域重点建设项目中得到应用推广。

（李萌垚）

【开展专项整治和产品质量监督抽查】2014年内，市质监局组织开展了“质检利剑”食品用纸制品集中打假，刀具、电视购物、农资、农机安全、消防产品、非法卫星电视接收设施专项检查和机动车安全隐患、京津冀地区车用燃油、交通秩序大整治活动等一系列专项整治活动，并组织对全市公共安全防护产品、日用消费品等六大类70种产品开展了产品质量监督抽查，保障产品的质量安全。

（李萌垚）

【加强煤炭和燃油质量监督】2014年内，市质监局围绕大气污染防治，组织开展了煤炭生产、销售企业和常年使用单位监督检查、抽查工作，督促企业建立健全内部煤炭质量管理制度，落实质量责任制。累计抽查、检查企业1 134家次，依法对不合格煤炭销售和使用单位进行了处罚，并将汽油、柴油、车用油品清净剂和车用氮氧化物还原剂等产品作为重点，组织对全市生产企业产品质量监督抽查。

（李萌垚）

【建立诚信计量管理示范单位】市质监局继续推进“计量惠民生，诚信促和谐”工程建设，在集贸市场、加油站、餐饮、商场超市、医疗卫生等的十大领域完善诚信计量体系，2014年内发布了《农贸市场公平秤设置管理规范》地方标准，明确了农贸市场公平秤的选型、设置及管理要求。到年底，已有1 700余家单位开展诚信计量公开自我承诺，建立了一批诚信计量管理示范单位。

（李萌垚）

【实施科技型小微企业融资行动计划】2014年内，市科委通过开展“科技型小微企业融资行动计划”引导担保机构为科技型小微企业提供贷款服务。全年为科技型小微企业争取贷款799笔，金额达23.4亿元，贷款额同比增加76%，其中300万元以下的贷款占比50%，政策导向更加趋向科技型小微企业。同时与人民银行营业管理部共同推动支持创新创业发展的科技信贷工作，建立风险备偿金、业务补助金、科技企业贷款贴息的机制推动科技创新和成果转化。

（李萌垚）

【落实科技型中小企业技术创新专项资金】科技型中小企业创新资金通过对企业创新项目的支持，缓解其融资不畅、创新投入不足的难题。全年创新资金立项共支持519项中小企业技术创新项目，支持金额1.5亿元。自2006年设立科技型中小企业技术创新资金以来，累计对3 034家科技型中小企业进行立项支持，支持资金总额10.3亿元，争取国家资金投入11亿元，带动社会资金投入120亿元。

（李萌垚）

【落实企业研究开发费用加计扣除政策】2014年内，市科委落实企业研究开发费用加计扣除政策，引导企业加大技术创新投入。为2 342家单位的12 439个项目开具项目鉴定意见书，较2013年同比上涨29%，根据企业申报材料统计，企业上年度投入研发金额353.4亿元，预计减免税额超过44亿元。

（李萌垚）

【完善就业政策服务体系】2014年内，市人保局出台了社会公益性就业组织政策，面向社会征集公益性岗位，将托底安置政策延伸到农村，全年城镇新增就业40.5万人，失业人员和农村劳动力就业21.5万人，城镇登记失业率为1.39%，全市就业局势基本稳定；扩大失业保险支持企业培训试点范围，启动稳定岗位补贴试点，惠及职工40.5万人次。推进绿色就业、一产员工制，促进农村转移劳动力就业5.1万人；鼓励单位优先招用、开展充分就业创建工作，帮扶城乡就业困难人员就业 14 万人。

（李萌垚）

【加强社会保障制度建设】 2014 年内，市人保局大力推进可持续的社会保障制度建设，完善全市城乡居民养老保险制度，健全与职工养老保险衔接机制。一是完善了全市农村劳动力转非和转居养老金计发办法，填补政策空白；二是深化了医保付费方式改革，完善总额预付、总量控制激励约束机制和过程监控机制，将总额预付定点医疗机构由 196 家扩大到 263 家；三是研究制定了职工医保个人账户封闭管理办法，推动医保基金规范管理。建立财政补贴与个人缴费同步增长的城镇居民医保筹资标准动态调整机制，促进制度可持续发展。

（李萌垚）

【初步形成企业、街乡和社会多元化调解格局】 2014 年内，市人保局加强争议源头预防化解，初步形成企业、街乡和社会多元化调解格局。全年受理涉及个体私营企业劳动争议案件 17 852 件，同比增长 9.9%，其中因劳动报酬发生争议的占 63.1%，高于全市各类经济组织劳动报酬争议案件平均数 7.1%。在 330 个街乡推进劳动保障监察“两网化”管理，在 275 个重点区域开展用工规范一条街活动。完善“五位一体”企业工资宏观调控体系，保障和提高劳动者收入。

（李萌垚）

【推动小微企业金融服务拓展活动】 2014 年内，人行营管部通过发布工作方案和无贷款卡企业名录，推动各银行及担保公司以名录内企业为目标客户加大业务拓展力度，重点提升科技型小微企业的贷款覆盖率、服务覆盖率和申请贷款获得率。年内“零信贷活动”累计为 1 108 家科技型小微企业办理了贷款卡，发放贷款 8.6 亿元。同时，在中关村自主创新示范区远郊区县分园组织五场“零信贷”专项银企对接活动，服务企业超过 200 家。

（李萌垚）

【编制非公有制经济发展政策环境评估报告】 2014 年内，市工商联编制了《北京非公有制经济发展政策环境评估报告》，形成了《贯彻全面深化改革总体部署加快北京民营经济发展的几点建议》，反映了制约非公济发展的体制机制问题，为进一步发展非公有制经济方向提供决策参考的作用。

（李萌垚）

【召开非公有制经济人士服务首都发展专题座谈会】 7 月 23—24 日，北京市召开非公有制经济人士服务首都发展专题座谈会。市委书记郭金龙听取副市长程红作的工商联工作情况汇报，市长王安顺为企业家作了首都经济社会发展形势的报告，市人大常委会副主任牛有成主持会议。市委书记郭金龙和市长王安顺对首都非公有制经济人士如何围绕首都工作大局，加快转型升级，助力首都科学发展，提出了明确的希望。11 月 18 日，郭金龙等市委、市政府主要领导深入奇虎 360 等非公企业开展调研，强调要加快实施创新驱动发展战略，让企业真正成为技术创新主体，更好释放科技创新潜力，不断增强经济发展内生动力和活力。

（李萌垚）

【通过传播媒介平台发布非公经济发展资讯】 2014 年内，市工商联充分利用传播媒介平台，在“商汇北京”微博上发布政策、投资项目、海外商机等信息，粉丝数超过 130 万，“商汇北京”影响力在人民网舆情监测影响力排行中进入前十名。改版《工商界》杂志，加大政策服务和项目信息推介力度，并首次发行“京津冀一体化”“中关村高科技企业”“亦庄”专刊，为非公企业转型升级提供务实服务。

（李萌垚）

【建立企业外埠发展基地】 市工商联建立了企业外埠发展基地，为实现首都部分产业向河北、天津疏解转移，推动京津冀三地协同发展创造了条件。2014 年内，市工商联与天津、河北相关市县政府、产业园区对接，初步达成建材物流等合作产业用地的意向；举办了外埠产业项目信息发布会，天津、河北、山东、新疆等地区的 60 多家经济技术开发区产业园、招商局、投促局来京进行项目发布，北京市 500 多家企业参与了项目对接；利用长期积累的外事资源与境外商会、企业合作，在欧美、澳洲等境外投资热点地区，建立海外投资发展基地，为首都非公企业开拓国际市场提供会计、咨询、法律等服务，建立企业走出去风险防范机制，维护企业合法权益。

（李萌垚）

【引导非公企业守法诚信经营】 2014 年内，市工商联引导非公企业践行社会主义核心价值观，广泛开展了“诚信经营”主题教育活动，发布了由首都民营企业家和行业商会总结提炼、形成共识的《诚信宣言》和《商会宣言》，举办理想信念大讲堂等各类活动 257 场次，63 290 人次参与了相关活动。并推出首批百家

"诚信经营承诺示范单位"。

（李萌垚）

【推进工商注册便利化】 十八届三中全会提出了"推进工商注册制度便利化，削减资质认定项目，由先证后照改为先照后证，把注册资本实缴登记制逐步改为认缴登记制"的改革要求后，市工商局及时出台了《关于贯彻落实注册资本登记制度改革做好登记注册工作的若干意见》《关于落实先照后证改革要求加强工商登记与许可审批衔接的工作意见》，根据国务院决定调整了两批共113项"先照后证"事项的登记流程，并做好了相关主体登记和企业告知提示工作，有条不紊推行"三证合一"登记制度。改革有力促进了私营经济发展，民间投资活跃，企业快速增长。3—12月，全市新设私营企业14.63万户，同比增长64.17%，远高于2013年13.75%的增长水平。改革刺激投资者加大了注册资本认缴数额，新设公司户均注册资本686.88万元，同比增长33.2%。

（李萌垚）

【社会资本医院资源明显增长】 2014年内，市卫生局制定下发了《北京市医疗机构许可管理办法》，进一步统一医疗机构审批材料和审批程序，发布了《社会办医疗机构成立工作指南》和《北京市医疗机构许可办事指南》，从社会办医疗机构成立过程中的各个环节，详细指导社会资本如何利用投资举办医疗机构。全年社会办医院比上年增长35家，增长了9.4%，总数达到409家，占全市医院总数的62.3%；床位数增长3 233张，增长了18%，床位总数达到21 078张，占全市医疗机构床位的19.6%；总诊疗人次和出院人数分别为1 585万人次和29万人次，分别比上年同期增加21.1%和23.3%（分别占医院总量的10.1%和9.4%）。

（李萌垚）

【成立北京市非公立医疗机构协会】 2014年内，市卫生局筹建成立北京市非公立医疗机构协会，积极支持社会办医疗机构通过行业协会加强行业的自我管理和自律，配合政府做好行业健康发展的引导工作。北京市非公立医疗机构协会已于11月召开了首次会员大会，制定了协会章程。

（李萌垚）

【发展乡村旅游促农户就业致富】 2014年内，市旅游委为贯彻落实《关于促进旅游业改革发展的若干意见》，以科学旅游观为指导，与市农委共同起草了《京郊旅游发展纲要（2015—2020年）》，明确把发展乡村旅游作为农户就业致富的第一抓手，点打造800余个京郊旅游新型业态；将改造升级现有京郊旅游产品，大力发展乡村酒店、国际驿站、采摘篱园、生态渔村、休闲农庄、山水人家、养生山吧、民族风苑、葡萄酒庄、汽车营地等京郊旅游10种特色新业态，打造一批新的郊区旅游综合体。

（李萌垚）

【推进市政市容管理领域向社会资本开放】 2014年内，市市政市容委完善许可制度，推进社会资本加入市政市容管理领域。全市已取得燃气经营许可资质的燃气供应企业共有394家，其中私个经济在天然气供应企业中占56%，液化气供应企业中占90%以上；对供热行业管理实行备案登记制度，对供热单位的性质没有限制，只要愿意参与供热服务工作，就可以进行供热单位的备案登记；在环境卫生行业约有42家私个经济获得行政许可资质，337家私个经济取得了建筑垃圾运输企业经营许可资质。

（李萌垚）

【立足龙头企业带动发展】 2014年内，市农委积极支持龙头企业"菜篮子"大宗农产品产业化建设，对7家企业投入较大的新建、改建、扩建固定资产建设项目，给予1 491.6万元的贴息奖励支持；支持34家农民专业合作社发展农产品加工，对当年新建、扩建的农产品加工项目，给予900万元的政策补贴；实施"双百双促"工程，通过采购农产品、投资农产品加工项目、捐助等形式，组织龙头企业与低收入村对接，实现双赢共同增收的目的，共对22家企业给予1 094万元的政策补贴；开展龙头企业认定监测工作，完成39家国家级龙头企业监测；修订《北京市农业产业化重点龙头企业认定和动态监测管理办法》，新认定31家市级龙头企业，完成101家市级龙头企业监测，全市市级以上龙头企业达到171家，其中国家级39家。

（李萌垚）

【优化建设工程企业审批工作流程】 2014年内，市住建委及时转发住房和城乡建设部《关于建设工程企业发生重组、合并、分立等情况资质核定有关问题的通知》（建市〔2014〕79号），将企业全资子公司间重组、分立以及外资转内资等重新核定流程简化为简单变更流程；针对工程监理甲级企业资质延续的特点，简化审批程序，方便企业办事，共审查工程监理甲级企业 180 家，100%通过住房城乡建设部的审批。同时完成了设计与施工一体化审核系统与市规委审核系统链接工作。

（李萌垚）

【打击侵害私营个体经济的各类犯罪】 2014 年内，市公安局刑侦部门依托打击有组织犯罪“惊蛰行动”“14 工程”“京郊利剑”等专项工作，重点对侵害个体经营的秩序类犯罪、寻衅滋事犯罪等有组织犯罪开展重点打击，促进个体私营经济健康、有序发展；经侦部门继续保持对加盟诈骗、合同诈骗、职务侵占、侵犯知识产权等涉及侵犯私营企业和个体工商户的经济犯罪案件的高压打击态势。

（李萌垚）

【加强旅馆业行业管理】 2014 年内，市公安局组织开展了旅馆前台从业人员身份证件识别，可疑人、可疑物、可疑行为发现等方面的培训，2 万余人取得了《旅馆业前台从业人员培训考核合格证》，全面提升了旅馆前台登记人员治安防范业务能力；强化违法违规问题查处，严厉打击“黑开”旅馆违法问题，开展了网上网下严厉打击取缔“黑开”旅馆整治工作，对互联网携程、艺龙两家知名酒店预订网站发布信息进行了梳理，发现黑开旅馆线索 80 条（含重复线索 4 条），打击取缔 76 家，行政拘留 29 人。全年共取缔“黑开”旅馆 191 家，行政拘留 127 人。

（李萌垚）

【加大黑开场所取缔力度】 2014 年内，市公安局加强娱乐服务行业管理，取缔黑开场所 795 家，函告工商、文化部门依法取缔 2 家，其中歌舞娱乐场所 12 家，游艺娱乐场所 785 家；保护合法经营企业，加大对违法经营场所的处罚力度，对违反相关规定的场所依法上限处理，全年查处存在涉黄、涉赌、涉毒问题场所 239 家（歌厅 4 家、电子游戏厅 235 家），其中停业整顿 145 家（歌厅 4 家、电子游戏厅 141 家），其他均已依法予以取缔；强化阵地控制，最大限度杜绝场所内安全隐患，在日常检查和专项检查相结合的基础上，全年共检查娱乐场所 31 736 家次，发现存在安全隐患问题 1 343 家次，其中责令停业 633 家，限期整改 621 家，警告 89 家。

（李萌垚）

【开展走进私营个体运输企业宣传活动】 2014 年内，市公安局针对私营个体运输单位的特点，采取“按需授课，送宣上门”方式，开展交通秩序大整治宣教活动，通过播放交通事故警示教育片、讲授交通安全课、交通安全知识互动问答、车务手续现场咨询、首都交警乐团表演等丰富的宣传内容和形式，对私营个体单位的驾驶人和管理人进行宣传教育。

（李萌垚）

【出台淘汰高污染能耗工业政策】 2014 年内，市环保局配合市经信委加大产业结构调整力度，于 10 月 23 日报请市政府办公厅发布了《北京市人民政府办公厅关于印发市经信委等部门制定的〈工业污染行业、生产工艺调整退出设备淘汰目录（2014 年版）〉的通知》（京政办发〔2014〕56 号），在该指导目录（2013 年本）的基础上，进一步加大了淘汰退出的力度。目录（2014 年版）共涉及 11 个工业大类行业，共 155 项，其中行业及生产工艺 105 项，落后设备 50 项。该目录对所列的行业、生产工艺及设备均提出了退出年限。其中，国家和北京市已有相关规定明令淘汰的，要求立即退出，共 113 项；2015 年年底前退出的共 17 项；对涉及企业数量较多、行业调整需要一定时间的，要求 2016 年年底前退出，共 23 项；配合市发改委印发《北京市人民政府办公厅关于印发市发展改革委等部门制定的〈北京市新增产业的禁止和限制目录（2014 版）〉的通知》（京政办发〔2014〕38 号），将污染严重的制造业列入新增产业的禁止和限制目录；继续落实《北京市环境保护局关于加强挥发性有机物使用行业环评审批工作的通知》，对涂装行业清洁涂料使用做出明确规定，引导私个企业使用低挥发性涂料，在积极支持私个企业发展的同时，减少对环境的污染。

（李萌垚）

【扶持优秀动漫企业】 2014 年上半年，市文化局会同财政、国税、地税共同完成了年度动漫企业认定和年审工作，共有 41 家动漫企业通过了年审，另有 9 家新申请认定的企业通过了认定小组的初审，并向全国动漫企业认定管理工作办公室进行了推荐。此外，市文化局还完成了对 3 家企业的动漫企业进口动漫开发生产用品进口税收免税资格年审和 1 家企业的资格认定初审工作，所有经认定或年审合格的动漫企业都将享受到相关的税收优惠政策。

（李萌垚）

【举办艺术北京活动】艺术北京活动是国内艺术品行业最具影响力的展会，五一期间在农展馆举办，活动规模和影响力较上年有了进一步提升，得到了《北京日报》《北京晚报》以及北京广播电台等多个媒体的专题报道。据统计，活动共有来自国内外的180余家艺术机构和3 000余件艺术品参加。累计参观人数超5万人次，96%的展商有成交，1/3的艺术品售出。

（李萌垚）

【举办第三届动漫北京活动】2014年内，市文化局对“动漫北京”活动和“中国国际网络文化博览会”进行了合并，主办了第三届“动漫北京”活动，活动于10月17—20日在北京展览馆举办，展览面积共计1.5万平方米，参展企业达175家，包括腾讯、完美世界、盛大网游、网易等国内领军网络文化企业，以及EA、DENA等国际知名企业。4天的展览活动共吸引了来自社会各界媒体记者近500余人次，专业观众2 000余人次，社会参观观众约50 000余人次。

（李萌垚）

【参与中国北京国际文化创意产业博览会】12月11—14日，第九届中国北京国际文化创意产业博览会在北京国际展览中心举行。市文化局组织了200余家企业参加了主会场、分会场的展览、推介及签约活动。其中主会场5 000平方米，动漫游戏嘉年华分会场11 000平方米；文化局在本次展览会中还举办了动漫游戏产业发展国际论坛、中国艺术品产业高峰论坛、国际文化艺术投融资推介会等活动。此次文化展区的主展馆分为演出、艺术品、动漫授权、文化创意、传统文化和非物质文化遗产五个板块。开展首日，市文化局举办了“产品推介暨项目签约仪式”。《北奥集团注资水晶石合作项目》《舞台剧战马合作项目》等10个在全市具有重大影响力的文化项目进行了现场签约，签约涉及精品剧目、动漫授权、产品开发、非物质文化遗产传承等领域，签约额共计7.3亿元。

（李萌垚）

【建立中小微型企业统计会商制度】2014年内，为建立全市中小微企业统计监测制度，充分发挥政府各部门在中小微型企业统计工作中的职能和作用，解决政府部门之间中小微数据指标口径范围不一致的问题，推进部门数据资源共享，力争从多角度反映全市中小微企业的发展情况，市统计局牵头组织召开了由市经信委、市地税局、市工商局、人民银行营管部、北京海关、市工商联6部门参加的会商会议，正式印发了《中小微型企业统计部门会商制度》，该制度对会商内容、会商频率、会商主体、会商形式、职责分工等内容都做了明确规定。市统计局相关专业处通过定期或不定期的会商工作，围绕中小微数据趋势变化、企业规模认定、调查口径的变化等，结合各专业掌握的有关情况进行充分沟通，确保最终提供和发布数据的真实、准确、客观。

（李萌垚）

【制定非普查年度全口径中小微型企业主要指标推算办法】近年来，中小微企业的发展备受各级政府和社会各界的高度关注，对中小微企业的数据需求不断增加。鉴于非普查年份现行统计制度很难对全部中小微企业进行常规监测，经济普查需要五年进行一次的现实，年内，市统计局将“非普查年度全口径中小微型企业主要指标的推算方法研究”纳入全面深化统计改革任务，以第三次全国经济普查为契机，加强与相关部门沟通合作，召开部门会商专题会议，研究制定了非普查年度全口径中小微型企业主要指标推算办法，并根据第二次全国经济普查以来的数据进行了试算和评估。

（李萌垚）

【完成三经普个体经营户抽样调查工作】2014年内，市统计局结合北京实际情况，制定《北京市第三次全国经济普查个体经营户抽样调查工作细则》，同时充分考虑北京市个体户地域分布特点，对国家抽样方法进行了优化，在不违反国家抽样原则的基础上提高了样本的有效性；赴区县开展现场调研，了解工作进展和工作中存在的主要问题，在调研的基础上整理出数据质量控制要点；在现场调查结束后，对基层数据和汇总数据进行了严格审核评估，并完成对总体数据的初步测算工作。

（李萌垚）

【融资贷款担保工作再上新台阶】2014年内，北京市私营个体经济协会立足自身职责，利用多方渠道积极开展融资服务，一是发挥贷款担保公司作用，深入企业，加强对私营企业、个体工商户的诚信教育和培训，进一步完善制度，避免风险发生，全年共为209户提供贷款担保，担保金额 6.05 亿元。二是积极与邮储银行合作，通过开展多样的活动强化与邮储银行的沟通和联系，与邮储银行合作，为 5 466 户企业提供贷款金额 84.05 亿元。与其他金融机构合作为 1 594 户，提供贷款金额 32.54 亿元。

（李萌垚）

【积极争取政府专项资金支持】 2014 年内，各区县私个协积极主动与区县财政局、发改委、科委等政府有关部门取得联系，及时掌握政府相关扶持政策的申请程序、条件和标准，对符合政府专项资金支持条件的会员企业积极推荐，全年全市私个协系统共完成贷款户数 7 269 户，贷款金额 122.64 亿元，比上年增加 21.41%。

（李萌垚）

【深入开展法律服务工作】 2014 年内，市私个协继续开展法律服务中心的工作，向会员普及法律知识，开展法律培训，了解掌握会员的法律服务需求，集中反映会员诉求，利用北京个体报、区县有线电视、广播等媒介，广泛宣传私个协在法律服务工作中的作用和成果。截至 11 月底，法律法规培训 17 623 人次。

（李萌垚）

【积极组织会员开展志愿者服务】 2014 年内，市私个协扎实推进私营个体从业人员思想道德建设，积极贯彻《关于组织全市共产党员、共青团员积极参加学雷锋志愿服务活动实施意见》，组织引导会员开展“3 月 5 日学雷锋日”“10 月 18 日光彩服务日”等扶贫济困、回报社会的系列公益活动，在 16 个区县同时举行了各种公益活动，涉及扶困助残、科普知识宣传、义务维修常用家电、立法、按摩、体检、医疗保健等多个服务领域。全年私个协系统共有 66 个社会组织参与公益活动，活动达 881 场次，受益群众包括社区居民、养老院老人、军营、残疾人、贫困学生等，共达 48.8 万人次。

（李萌垚）

【助推首都经济发展转型升级】 为实现首都加快转变经济发展方式，实现“调结构、促转变、上水平”的目标，市私个协继续积极推进个体工商户向公司制企业转型升级，各区县通过各种会议等途径，进行多方面、多时机的宣传教育和引导帮扶，着力从思想上扭转个体工商户的传统观念，并对有一定规模的科技型企业和有自主知识产权、有发展前景的个体工商户进行重点引导，并帮助他们争取政府和相关部门支持，年内共完成个体工商户转型升级 5 357 户。

（李萌垚）

【积极参与政府购买，支持优秀项目发展】 2014 年内，市私个协积极申请政府购买项目，支持系统内优秀项目的成长发展。其中“购买管理服务”获得市级“枢纽型”社会组织“管理服务”经费拨款 30 万元。大兴区学雷锋志愿者服务队申报政府购买服务项目获批 8 万元的资金支持；良乡个体工商户学雷锋小组开展的“私营个体学雷锋”活动获得北京市社会组织公益服务品牌铜奖，获得奖励 1 万元；海淀正元伟业科技有限公司党支部获得党支部“五个好”示范点建设经费 0.5 万元。

（李萌垚）

【积极参与市养老助残券变卡项目】 2014 年内，市私个协加强对私营企业和个体工商户的服务创新工作，组织区县协会加入北京市养老助残服务体系，积极参与北京市养老助残券变卡项目，从百货购物、家政服务、立法餐饮、社区便利店等行业中，挑选信用好、服务好的私营企业和个体工商户 2 130 户，积极投入到养老助残券变卡服务中。

（李萌垚）

【组织非公企业党支书参加红色教育活动】 6 月 22—25 日，市私个协组织带领了朝阳、海淀、丰台、房山、密云 5 个区县的工商系统非公党建工作联系点的企业支部书记，参加了中个协举办的《非公企业党建工作骨干弘扬井冈山精神红色主题教育活动》。活动涵盖了冈山斗争史与井冈山精神、井冈山时期党的建设及其现实启示讲座、非公党建工作心得交流、学员与革命烈士和红军后代进行座谈互动的特色教学和革命旧址参观等多项丰富内容，并将专题报告、座谈交流与体验教学、现场教学的形式相结合。北京伊利特保洁有限公司党支部书记丁捷代表全市非公企业在活动中进行了非公党建的经验交流。

（李萌垚）

【组织私企参加“知名民企泰和行”活动】 为落实国家工商总局举办的对口支援泰和县“知名民企泰和行”活动的要求，6 月 25—27 日，市私个协组织北京十渡东湖港旅游开有限公司、北京金洲物资有限公司、中传北广文化传媒产业有限公司、北京正元伟业科技有限公司等四家企业的企业家，参加国家局在江西省吉安市泰和县举办的“知名民企泰和行”招商推介活动。泰和县委、县政府带领企业家们考察了江西合力泰科技股份有限公司、新界机电、易路泰科技、和泰实业等19家企业及园区，使来访企业家对泰和县的资源、经济条件有了全方位的了解，有助于推动泰和的经济社会发展。

（李萌垚）

【组织企业参加招商推介活动】 2014年内，市私个协系统积极组织企业参加招商洽谈等商贸活动。其中东城区全年开展经贸洽谈活动2次，累计参与商户数150户，其中与贸促会合作，共有5家商户参加韩国首尔商品参展会。西城区组织12户从事文化和科技企业，召开文化科技企业融资与发展座谈会，并邀请30名会长企业赴天津河北区，与当地企业在金融、科技、文化创意、商贸、旅游、房地产开发等领域进行了参观学习和经验交流。

（李萌垚）

【举办市私个协系统第三届乒乓球、羽毛球团体对抗赛】 2014年内，市私个协分别举办了“第三届市私个协系统乒乓球团体对抗赛”和“第三届市私个协系统羽毛球团体对抗赛”。来自全市区县协会和直属分会共计18支团队的代表队踊跃参赛。这届的乒羽团体对抗赛中新设“企业家”级别比赛，要求必须为私营企业负责人或个体工商户照主参加。使得比赛更具协会特色，更具重在参与的“群众性”。

（李萌垚）

【全市私营个体企业党建宣讲大会召开】 为贯彻落实国家关于积极引导非公有制经济组织服务型党组织建设精神要求，市私个协把近4年来市私个协非公党建工作与企业实际相结合进行了梳理，编辑印刷了《北京市私营个体经济协会系统非公经济党建工作文集》，并在此基础上，于11月20日举办了全市“让党旗在非公经济领域高高飘扬”党建宣讲大会。来自各工商分局推进非公经济党建工作领导小组组长，各区县协会及直属分会会长、秘书长，非公经济组织党支部书记、党员骨干近300人参加了宣讲大会。会上，11名先进个人和支部的典型先进代表进行大会宣讲，展现了近几年来非公党建的建设成果。

（李萌垚）

【开放多种平台加强舆论宣传引导】 2014年内，市私个协主办《北京私营个体经济》报围绕市局的中心工作和市私个协会年度工作计划，展现私营个体经济发展状况，及时报道区县私个协会、直属分会举办的组织建设、贷款担保服务、精神文明建设、健康向上的文体竞赛演出等活动，全面深入地反映了区县协会和直属分会的工作状态。报纸内容涵盖了从国家政策、经济形势、法令法规以及市场经济发展准入等与私个经济发展相关方面给予大量深入的信息服务；党的十八届四中全会召开后，《北京个体私营经济》大量刊登了依法治国的文章，帮助会员解读中央的大政方针。全年《北京私营个体经济》报发刊33期近20余万字。

（李萌垚）

【开展红盾护农工作】 3月3日，制发《北京市工商行政管理局关于深入开展2014年红盾护农行动的通知》（京工商发〔2014〕16号），部署安排红盾护农工作。各涉农分局根据季节特点和辖区实际部署红盾护农工作，相继制定符合辖区特点的红盾护农措施。联合农业部门，通过农资抽检，与农资经营主体签订《农资商品经营管理责任书》《农资商品质量承诺书》，在现场开展宣传活动，通过媒体播放科普访谈节目等方式大力开展红盾护农行动。2014年内，共检查农资经营主体7 902个（次），取缔无证无照经营35户，立案查处25起，罚没金额6万余元；组织抽检样品398个，其中不合格22个，已立案调查。为农民挽回经济损失7.9万元，净化了农资市场的经营环境。

（汪凌波）

【支持首家农宅专业合作社在密云成立】 7月29日，北京市成立首家农宅专业合作社，通过农民专业合作社形式将农村闲置农宅资源统一管理和经营，促进农村资产增值，满足了农民创业就业、致富增收的愿望。

（汪凌波）

农民生活与农村社会保障

综　　述

2014年，京郊农村按照率先形成城乡发展一体化新格局的战略部署，通过加快农民转移就业、推进"新三起来"、提高农村社会保障、促进低收入农户增收等方式，发展农村经济，增加农民收入，提高农民生活水平。2014年，全市农民人均纯收入达到20 226元，同比增长10.3%（扣除物价因素实际增长8.6%），增速高于城镇居民1.4个百分点；低收入户收入9 068元，增长12.6%，高于全市农民平均水平2.3个百分点。圆满完成农民增收"两个高于"的目标，城乡收入差距进一步缩小。

1. 加快农民转移就业，增加农民工资性收入。2014年，全市帮助6.3万名本市农村劳动力实现就业或转移就业，其中就业困难人员4.3万人。一是推进就业失业管理制度城乡统一。将全市836个行政村的38.4万多名农村劳动力纳入城乡统一的就业失业管理制度，农村劳动力失业登记后可按规定享受与城镇失业人员相同的公共就业服务和就业帮扶政策。二是加大转移就业政策扶持力度。在继续实行城乡统一的鼓励单位招用补贴、鼓励自主创业小额担保贷款、鼓励提升技能的培训补贴等政策的同时，将公益性就业组织"托底"安置政策向农村延伸，通过设立社会公益性就业组织、建立公益性岗位征集评估机制，将政府出资的社会公共管理服务和绿色生态建设等公益性岗位，优先用于安置城乡就业困难群体，提高"托底"安置的帮扶力度。三是强化农村转移就业服务。先后开展"春风行动"、城乡"手拉手"就业协作等专项活动，集中为农民送政策、送岗位、送培训进村入户，并依托基层就业服务组织，强化日常就业管理服务，对就业困难群体实施重点援助。四是着力缓解重点区域就业压力。将大兴国际机场建设涉及的榆垡镇、礼贤镇无业农民纳入失业登记范围，在享受全市统一的鼓励用人单位招用补贴政策基础上，再给予用人单位一定的岗位补贴和社会保险补贴。将全市矿山关闭、水资源保护涉及的1 555个行政村和平谷区255个行政村纳入农村就业困难地区，招用此范围内的农民就业可最长享受5年的岗位补贴和社会保险补贴。2014年，农民人均工资性收入13 072元，同比增长8.6%。

2. 深入推进农村改革，增加农民财产性收入。一是积极探索"三块地"的经营流转。稳步推动农用地适度规模经营，目前全市已流转土地面积274.8万亩，占确权总面积的61.6%，比上年提高10.3个百分点。在总结西红门镇、东升镇试点经验的基础上，逐步扩大乡镇统筹、集约节约利用集体经营性建设用地的试点范围。试点探索闲置农房盘活利用，通过成立农民专业合作社，引入社会力量对农村闲置房屋统一改造、统一经营，发展乡村旅游和健康休闲养老产业。二是深化产权制度改革，推动资产经营起来。全市累计完成产权制度改革的单位达到3 878个，其中村级3 859个，乡级19个，村级完成比例达到97%，324万农民成为新型集体经济组织的股东。据初步统计，2014

年全市集体经济组织分红41.8亿元，同比增长20.1%；134万农民股东获得红利，人均分红3 108元。2014年，全市农民人均财产性收入达到2 452元，同比增长21.2%。

3. 农村四项保障水平同步提高，增加农民转移性收入。一是农村最低生活保障标准大幅提升了21.74%。家庭月人均标准从460元调整为560元，上调了100元，涉及农村低保对象6.36万人，城乡低保差距由上年的120元缩小到了90元。二是城乡居民养老保险标准稳步提升了10.26%。基础养老金从每人每月390元提高到每人每月430元，增加了40元，涉及农业户籍人口29万人。三是城乡福利养老金稳步提升了12.9%，从每人每月310元提高到350元，增加了40元，受益人群50.56万人。四是新农合筹资标准大幅提升47.1%，人均筹资标准由2013年680元/（人·年）提高至2014年不低于1 000元/（人·年），其中政府补助不低于900元，个人缴费不低于100元/（人·年）。2014年新农合参合人数为242.4万人，参合率保持在98%左右，基本实现了应保尽保。2014年，农民人均转移性收入达到3 835元，同比增长11.3%。

4. 发布实施《北京市农村经济薄弱地区发展规划》，促进低收入农户收入快速增长。一是进一步加大产业扶持力度。2014年市财政安排资金4 989万元，对66个低收入村进行特色产业专项扶持，惠及农户20 815户，低收入农户12 531户。共发展特色种植项目21个、果园建设项目20个、休闲农业项目25个。二是加快低收入村搬迁。启动实施了12个低收入村的搬迁工作，涉及1 525户3 395人，占总搬迁计划的55%，比2013年提高了19%。三是"一事一议"财政奖补政策重点向低收入村倾斜。扶持了123个低收入村（约占"一事一议"全部扶持村庄的31%），建成田间路、村庄排水等123个村级公益项目，改善了低收入村生产生活条件。四是加强对低收入村帮扶工作。各区县结合群众路线教育活动，立足本区实际，积极开展帮扶活动。如昌平区在"对口支山"活动中，将全区所有山区低收入村纳入重点帮扶范围。门头沟、密云、延庆等区县组织县直机关建立了低收入村帮扶工作队，实现了低收入村帮扶全覆盖。据不完全统计，各类社会力量与全市近300个低收入村建立了结对帮扶关系，帮扶资金达到8 300多万元，安置600余名低收入村劳动力就业。2014年，低收入户收入9 068元，增长了12.6%，高于全市农民平均收入水平2.3个百分点。

（尹博）

农村劳动力就业

农村参加分配劳动力包括农业户籍劳动力和虽然已转为居民户，但国家未分配工作，仍在乡、村集体经济组织和企业工作或从事农户经营的劳动力。

【农村参加分配劳动力基本状况】2014年，郊区农村参加分配劳动力184.8万人，同比减少5 059人，下降0.3%。其中，已就业劳动力173.2万人，同比减少4 619人、下降0.3%。已就业劳动力占劳动力总数的93.7%，就业率与上年同期持平。

【农村参加分配劳动力就业产业】郊区农村从事一产的劳动力有44.5万人，占已就业劳动力的25.7%，同比降低1个百分点；从事二产的劳动力有38.7万人，占22.3%，同比提高0.1个百分点；从事三产的劳动力有90.1万人，占52%，同比提高0.9个百分点，郊区农村参加分配劳动力就业岗位继续由一产向三产转移、就业结构进一步优化。

【农村参加分配劳动力就业行业】郊区农村从事农业的劳动力有31.2万人，占已就业劳动力的18%；从事林业的劳动力有6.7万人，占3.9%；从事牧业的劳动力有5.8万人，占3.3%；从事渔业的劳动力有0.8万人，占0.4%；从事工业的劳动力有24.2万人，占14%；从事建筑业的劳动力有14.4万人，占8.3%；从事交运业的劳动力有14.8万人，占8.5%；从事商饮业的劳动力有14.2万人，占8.2%；从事服务业的劳动力有

48 万人，占 27.7%；从事其他行业的劳动力有 13.1 万人，占 7.7%。

【三大功能区就业产业】城市功能拓展区农村从事一、二、三产的劳动力分别为 2.2 万人、3 万人和 18.5 万人，所占比例分别为 9.2%、12.5%和 78.3%；城市发展新区农村从事一、二、三产的劳动力分别为 24.6 万人、25.9 万人和 45.3 万人，所占比例分别为 25.7%、27% 和 47.3%；生态涵养发展区农村从事一、二、三产的劳动力分别为 17.7 万人、9.8 万人和 26.3 万人，所占比例分别为 32.9%、18.2%和 48.9%。城市功能拓展区第三产业就业比例高出城市发展新区 31 个百分点，高出生态涵养发展区 29.4 个百分点。

【农业户籍劳动力基本状况】2014 年，郊区农业户籍劳动力共计 163.3 万人。其中，男性劳动力 86.9 万人，女性劳动力 76.4 万人。农业户籍劳动力中，具有就业能力的劳动力 140.4 万人，占农业户籍劳动力总数的 86%；学生、现役军人、残疾、两劳人员为 22.9 万人，占 14%。

【劳动力就业率同比提高】郊区积极开展劳动力培训，引导劳动力向二、三产业转移就业，政府出资购买公益性就业岗位，新农村建设优先安排本地劳动力，这些助农就业措施促进了劳动力就业率的进一步提高。2014 年全市已就业劳动力 127.1 万人，就业率（即已就业劳动力与具有就业能力劳动力的比值）为 90.5%，同比提高了 0.4 个百分点。

【劳动力文化程度】劳动力中，具有初中学历的最多，占 72.9%；本科及以上学历的占 0.3%；大专学历占 1.7%；中专和中技占 4.1%；高中学历占 12.5%；小学及以下占 8.5%。由此可见，郊区农村劳动力文化素质普遍不高，与建设世界都市的要求还有一定差距，应进一步完善职业教育工作体系、加大农村劳动力免费职业技能培训力度，提高其文化素质。

【劳动力就业产业】随着农业劳动力向非农产业的逐渐转移，郊区农村劳动力就业结构逐渐优化。2014 年，已就业劳动力中从事第三产业的劳动力最多，为 69.1 万人，占 54.4%；其次是第一产业劳动力，数量为 33.5 万人，占 26.4%；从事第二产业的劳动力数量和比例分别为 24.5 万人和 19.2%。

【劳动力收入情况】劳动力年均收入与文化程度呈正相关，即学历越高，收入水平越高。本科及以上学历的已就业劳动力年均收入为 21 630 元，大专学历的为 19 373 元，中专（含中技）学历的为 16 037.9 元，高中学历的为 15 025.3 元，初中学历的为 13 229.5 元，小学学历的为 11 108元，文盲的为 8 468.1 元。本科及以上学历的年均收入是文盲的 2.6 倍。

从事二、三产业的劳动力收入高于第一产业。从事第三产业的劳动力年均收入最高，为 15 371.7元；第二产业次之，为 14 997.2元；第一产业劳动力年均收入最低，为 8 776.1 元，与第二、三产业的差距分别为 6 221.1元和6 595.6元。

【未就业劳动力就业意愿】2014 年，全市农业户籍劳动力中未就业劳动力共计 11.5 万人。其中，就业意愿强烈的有 1.8 万人，所占比例为 15.7%；就业意愿一般的有 4.6 万人，占 40%；无就业意愿劳动力为 5.1 万人，所占比例达 44.3%。未就业劳动力就业意愿不强，一方面是由于各种原因客观上无法就业，但也有相当一部分人就业意识淡薄，小富即安思想严重。

（阎建苹）

农村居民人均纯收入

【总体概况】2014 年，郊区全年农村居民人均纯收入 20 226 元，同比增加 1 889 元，增长 10.3%，扣除物价因素后，实际增长 8.6%。

【收入构成情况】工资性收入 13 072元，同比增长 8.6%，占人均纯收入的 64.6%；家庭经营纯收入 867 元，同比增长 4.1%，占 4.3%；转移性收入 3 835元，同比增长 11.3%，占 19%；财产性收入 2 452 元，同比增长 21.2%，占 12.1%。

【积极的就业政策和劳动力价格

提高带动工资性收入增长】2014年，农村居民人均工资性收入13 072元，增长8.6%，在农村居民人均纯收入中所占比例最大。工资性收入的增长主要有以下原因：一是各区县积极安排低收入农户劳动力就业。如密云县大力开发公益性就业岗位，抓住在保护水源、改善环境、平原造林等公益岗位方面的用工需求，优先安置当地农民就业。二是加强培训，提高劳动力的竞争力。如门头沟区充分整合教育培训资源，实施“阳光培训工程”，举办厨师培训班、面点制作培训班、手工编织培训班以及民俗旅游培训班等，提高劳动力的就业技能。怀柔区九渡河镇结合当地实际，针对当地农民开展了蓝莓种植管理技术、板栗生产实用技术、菌类种植与管理等实用技术的培训；此外还进行职业技能培训。三是劳动力价格的提高，这也是工资性收入增加的重要原因。据全市450个农产品成本核算点监测数据显示，郊区小麦种植的一个工人工资由上年的75元增加到100元，涨幅达33.3%。另外，工资性收入增长较快也与北京市最低工资标准逐渐提高有关。2014年最低工资标准从1 400元上升到1 560元。

【社会保障水平的提高拉动转移性收入较快增长】2014年，农村居民人均转移性收入达到3 835元，增长11.3%，高出人均纯收入增速2.7个百分点，其比例占人均纯收入的近1/5，转移性收入已经成为农民居民收入增长的第二主力。具体来看：一是低保标准大幅增加。2014年，全市农村低保最低标准从家庭月人均460元调整为560元，增加100元，增长21.7%，一些区县比全市标准还要高，如海淀、丰台、顺义、通州、大兴和延庆等区县低保标准达650元。二是基础养老金日益提高。2014年，城乡居民基础养老金由每人每月390元增加到430元，增加40元，增长10.3%。三是福利养老金逐年上升。2014年，无社会保障老人领取的福利养老金由每人每月310元提高到350元，增加40元，增长12.9%。

【设施农业和发展方式转变带动人均家庭经营净收入增长】2014年，农村居民人均家庭经营纯收入867元，增长4.1%。人均家庭经营纯收入实现增长，主要原因如下：一是大力发展设施农业。如昌平区流村镇老峪沟村利用天然环境优势，成立食用菌有限公司，建立了10个食用菌大棚，经济效益显著提高。二是转变发展方式，发展优质高效农业。如延庆县大力发展有机循环农业、高效设施农业、生态景观农业、休闲创意农业等，形成了蔬菜、花卉、果品等特色农业。三是农村居民的创业能力也有所提高。如大兴区安定镇通过对碾子、石磨等传统农具的展示，加上小米粥、棒子面等“忆苦饭”的体验，发展特色民俗旅游，家庭经营纯收入也随之增长。

【农村产权改革分红及土地流转收益助推财产性收入增长】2014年，农村居民人均财产性收入2 452元，增长21.2%，高出人均可支配收入增速12.6个百分点。一是随着农村集体经济产权制度改革的推进，农村居民逐渐从改革中获得了持续、稳定的收益。如昌平区2014年分红村数达到292个，占全区农村股份经济合作社总数的95.7%，分红金额9.78亿元，比上年增加19.7%。二是土地流转收入有所增加。如门头沟区斋堂镇柏峪村从230户农户手中流转土地292.6亩，用于发展玫瑰产业项目，每户获得土地流转收益8 087元。另外，平原造林工程的推进，也促进了农村居民财产性收入的增加。三是出租房屋的租金较上年也有大幅的上升。

农民人均所得

【总体概况】2014年，郊区农民人均劳动所得为17 141元，同比增长8.9%。

【产业构成情况】2014年，农民人均从第一产业获取的收入为2 762元，占农民人均劳动所得额的16.1%，同比下降0.8个百分点；从第二产业获取的收入3 385元，所占比例为19.8%，同比下降0.2个百分点；从第三产业获取的收入为10 994元，所占比例为64.1%，同比提高1个百分点。

【不同功能区情况】从三大功能区看，城市功能拓展区的农民人均所得突破2万元大关，为21 795元，比北京市平均水平高出38.5%。城市发展新区为14 891元，相当于北京市平均水平的94.6%。生态涵养发展区为14 604元，相当于北京市平均水平的92.8%。三大功能区中，城市功能拓展区和城市发展新区增速持平，均为9.3%，生态涵养发展区增速为8.6%。

【14区县情况】从各区县看，14个区县的农民人均所得均在万元以上，其中，石景山、朝阳、海淀和丰台四个区的农民人均所得超过了2万元，分别为37 702元、27 392元、21 946元和21 347元，位居郊区县前列；农民人均所得增速最高的是石景山区，达17%；增速在10%以上的有石景山、通州、密云和丰台四个区县。

【乡人均劳动所得分组情况】通过对195个乡镇级集体经济组织的农民人均劳动所得分组显示，人均劳动所得低于5 000元的有2个，占乡镇级集体经济组织总数的1%；位于5 000～10 000元的有14个，占7.2%；位于10 000～15 000元的有50个，占25.6%；位于15 000～20 000元的有82个，占42.1%；位于20 000～30 000元的有35个，占17.9%，30 000元以上的有12个，占6.2%。

【村人均劳动所得分组情况】3 967个村级集体经济组织人均劳动所得的分组显示：人均劳动所得低于5 000元的有50个，占村级集体经济组织总数的1.3%；位于5 000～10 000元的有392个，占9.9%；位于10 000～15 000元的有1 147个，占28.9%；位于15 000～20 000元的有1 586个，占40%；位于20 000～30 000元的有666个，占16.8%；超过30 000元的有126个，占3.1%。

【低收入农户收入概况】2014年，北京市推进农村经济薄弱地区发展及低收入农户增收工作取得了显著成效，据全市229 437户（比当初确定的233 333户减少3 896户，原因是全户死亡、迁出和转居）低收入农户监测数据汇总结果显示，低收入农户人均可支配收入达到9 017.7元，增长11.7%，比全市郊区农民人均所得增速高出2.8个百分点。

【低收入农户人均可支配收入增速高于全市平均增速】2014年，低收入农户人均可支配收入达到9 017.7元，增长11.7%，比全市郊区农民人均所得增速高出2.8个百分点。其中，报酬性收入实现4 880.8元，增长15.2%；转移性收入2 211.6元，增长13.6%；财产性收入455.5元，增长14.3%；家庭经营净收入1 469.7元，下降1.5%；报酬性收入、转移性收入、财产性收入、家庭经营净收入之比为54.1∶24.5∶5.1∶16.3，与上年同期的52.5∶24.1∶4.9∶18.5相比，报酬性收入提高1.6个百分点，转移性收入提高0.4个百分点，财产性收入提高0.2个百分点，家庭经营净收入下降2.2个百分点。

【半数以上的低收入农户已脱离7 750元低收入标准线】2014年，低收入农户中人均可支配收入超过7 750元的有134 256户，占低收入农户总数的58.5%。从收入分组看，人均可支配收入低于4 500元的有14 029户，占6.1%；4 500～7 750元的有81 152户，占35.4%；7 750～10 000元的有71 433户，占31.1%；10 000～15 000元的有48 263户，占21%；15 000～20 000元的有10 262户，占4.5%；20 000元以上的有4 298户，占1.9%。

【郊区12个有低收入农户的区县人均可支配收入全部实现正增长】2014年，郊区低收入农户人均可支配收入实现9 017.7元，同比增长11.7%。其中，海淀区增速最快，达137.8%，原因是有些农户获得了较多的分红收入和拆迁收入；丰台区紧随其后，为40.6%；增速位于20%～30%的有密云县和大兴区；增速位于10%～20%的有延庆县、通州区、顺义区和门头沟区；增速位于0%～10%的有房山区、怀柔区、昌平区和平谷区。

【有劳动能力与无劳动能力低收入家庭之间收入结构差异显著】2014年，低收入农户中有劳动能力的家庭有173 172户，占低收入农户总数的75.5%，其人均可支配收入为9 134.4元，其中报酬性收入最多，为5 533.8元，占60.6%。无劳动能力家庭有56 265户，占低收入农户总数的24.5%，人均可支配收入为8 309.7元，与有劳动能力家庭的差距为824.7元。无劳动能力家庭收入中，转移性收入最多，为6 212.7元，占74.8%，说明转移性收入是无劳动能力家庭主要收入来源。

（阎建苹）

农村消费

近年来，随着郊区农民收入水平的增加，农村消费水平也日趋提高，呈现新特点。

【农村居民收入水平和消费能力提高】据市农调队农民家计调查资料显示，2014 年农村居民人均纯收入为 20 226 元，比上年增长 10.3%。其中，20%低收入户实现人均纯收入 9 068 元，同比增长 12.6%；20%高收入户实现人均纯收入 34 796 元，同比增长 8.6%。收入水平的高低和前期收入积累的多少是决定消费能力高低的最直接因素。因此，收入水平的提高无疑会使农村居民的消费能力得到相应的提高。

从消费支出看，2014 年农村居民人均生活费支出 14 529 元，比上年增长 7.2%，比农村居民人均纯收入增速低 3.1 个百分点。农村居民恩格尔系数为 34.7%。

【农民人均生活消费支出同比增加 976 元】2014 年，农村居民人均生活消费支出为 14 529 元，增长 7.2%。其中，服务性支出 4 193 元，增长 9.8%；食品支出 5 043 元，增长 7.4%；衣着支出 1 251 元，增长 6.6%；居住支出 2 310 元，下降 3.2%；家庭设备用品及服务支出 1 069 元，增长 19%；交通和通信支出 1 583 元，增长 9%；文教娱乐用品及服务支出 1 454 元，增长 9.2%；医疗保健支出 1 289 元，增长 10.5%；其他商品及服务支出 530 元，增长 18%。

（阎建苹）

农村社会保障

【调整城乡居民养老保障相关待遇标准】2014 年 1 月 1 日起，调整城乡居民养老保险基础养老金和城乡居民老年保障福利养老金标准。基础养老金从每人每月 390 元提高到每人每月 430 元；福利养老金从每人每月的 310 元提高到 350 元。基础养老金、福利养老金待遇调整部分，纳入享受最低生活保障待遇人员家庭收入核定。

（冯晓晴）

【确定和发布 2014 年缴费标准，实行定额缴费机制】2014 年内，根据本市确定的城乡居民基本养老保险实行定额缴费机制的相关要求，结合全市城乡居民收入实际情况，考虑参保人经济承受能力，城乡居民基本养老保险仍维持最低缴费标准，为年缴费 1 000元，最高缴费标准为年缴费 7 420 元。

（冯晓晴）

【进一步强化城乡居民养老保险基金管理】为了进一步加强城乡居民养老保险管理，结合全市实际，年内制定和印发了关于进一步加强城乡居民养老保险管理的通知，人力资源和社会保障部检查组和市审计局对本市城乡居民养老保险在全国率先实行统一的城乡居民养老保险制度，实现制度全覆盖，建立待遇正常调整机制，不断完善工作机制，基金管理和使用情况比较规范等方面，给予充分肯定。各区县对于基金结余，除按照要求预留一定的支付费用外，全部用于购买国债和转存定期存款，以提高基金的整体收益水平。同时，加强与财政专户管理部门的对账工作，规范会计核算，建立基金管理的长效机制。在业务经办过程中规范了基础资料的填写标准和初审、复审手续，确保了存档基础资料的完整、规范，加强了档案资料的归集和管理工作。各区县完善了内部控制机制，加强了对街道乡镇基层经办部门的工作指导和监督。街道、乡镇社保所办理城乡居民养老保险现金业务作为暂存款入账核算时，对交款个人开具北京市行政事业单位资金往来结算票据。城乡居民养老保险现金业务由区县经办机构直接办理的，由经办机构按规定对交款个人开具基金专用票据。同时，各区县加强了和相关部门的信息共享、比对，完善享受待遇人员的认证及公示方式，及时有效地规避了冒领情形的发生，不断强化源头治理，进一步完善了城乡居民养老保险管理，提高了服务水平，确保了基金的安全。

（冯晓晴）

【贯彻落实国务院统一城乡居民养老保险制度决定，进一步完善城乡居民养老保险政策】 2014年内，按照国务院统一城乡居民基本养老保险制度决定精神，结合本市实际，按照全覆盖、保基本、有弹性、可持续的方针，以增强公平性、适应流动性、保证可持续性为重点，全面推进和完善覆盖全体城乡居民的基本养老保险制度。继续坚持和完善社会统筹与个人账户相结合的制度模式，巩固和拓宽个人缴费、集体补助、政府补贴相结合的资金筹集渠道，完善了基础养老金和个人账户养老金相结合的待遇支付政策，强化了长缴多得、多缴多得等制度激励机制，健全并完善了基础养老金正常调整机制。制度规定，本市户籍人员年满16周岁（不含在校生），非国家机关和事业单位工作人员及不属于职工基本养老保险制度覆盖范围的城乡居民，可以参加城乡居民基本养老保险。参加城乡居民基本养老保险的人员实行定额缴费，政府对参保人缴费给予适当补贴。参保人最高缴费档次标准原则上不超过本市灵活就业人员参加职工基本养老保险的年缴费额。有条件的村集体经济组织应当对参保人缴费给予补助，鼓励有条件的社区将集体补助纳入社区公益事业资金筹集范围。鼓励其他社会经济组织、公益慈善组织、个人为参保人缴费提供资助。补助、资助金额不超过本市设定的最高缴费档次标准。参加城乡居民基本养老保险人员仍按照《关于对参加城乡居民养老保险的人员给予缴费补贴的通知》（京人社居发〔2009〕191号）规定范围享受缴费补贴，对选择最低缴费至2 000元以下（不含2 000元）标准的，每人每年补贴60元；选择2 000元至最高缴费标准的，每人每年补贴90元。本市为每个参保人员建立了终身记录的养老保险个人账户，个人缴费、各级政府对参保人的缴费补贴、集体补助及其他社会经济组织、公益慈善组织、个人对参保人的缴费资助，全部记入个人账户。个人账户储存额按照《人力资源和社会保障局关于印发城乡居民基本养老保险经办规程的通知》（人社部发〔2014〕23号）规定计息。本市户籍人员在2009年1月1日超过45周岁，外埠户籍进京人员在2013年1月1日超过45周岁的，应逐年缴费。也允许一次性多缴，累计缴费年限不超过15年。本市户籍人员在2009年1月1日未达到45周岁，外埠户籍进京人员在2013年1月1日未达到45周岁的，应按年缴费，累计缴费不少于15年。参加本市城乡居民基本养老保险的参保人，待遇由基础养老金和个人账户养老金构成。个人账户养老金月计发标准与现行职工基本养老保险个人账户养老金计发系数相同。参保人死亡，个人账户资金余额可以依法继承。至此，对现行城乡居民养老保险政策按照国家统一要求进行了完善，既对原有的惠民措施予以保持，又结合国务院统一要求进行了规范，对涉及参保人切身利益的重大问题，采取了“新人新办法、老人老办法”的过渡性措施，确保了政策调整和改革的平稳进行。

（冯晓晴）

【进一步完善城乡养老保险制度衔接政策】 2014年内，按照人力资源和社会保障部、财政部关于做好城乡养老保险制度衔接的相关规定，本市对城乡养老保险现行政策进行了完善，参加城乡居民基本养老保险的人员，在缴费期间户籍迁移、需要跨地区转移城乡居民基本养老保险关系的，可以申请转移其养老保险关系，一次性转移个人账户全部储存额，并按规定继续参保缴费，缴费年限累计计算；已经按规定领取城乡居民基本养老保险待遇的，无论户籍是否迁移，其养老保险关系不转移。参保人在职工基本养老保险和城乡居民基本养老保险均有缴费的人员，可以办理两种制度的衔接手续。本市户籍参保人符合职工养老保险待遇领取条件时，可以申请将居民养老保险转入职工养老保险，按照职工养老保险办法计发相应待遇。居民养老保险个人账户全部储存额并入职工养老保险个人账户，其中2014年12月31日以前的居民养老保险缴费可按《北京市人民政府关于印发城乡居民养老保险办法的通知》（京政发〔2008〕49号）文件执行。本市户籍参保人达到职工养老保险法定退休年龄时，职工养老保险缴费不满十五年的，可以申请从职工养老保险转入居民养老保险，待其达到居民养老保险规定的领取条件时，按照居民养老保险办法计发相应待遇。职工养老保险缴费年限合并计算为居民养老保险缴费年限，职工养老保险个人账户全部储存额并入居民养老保险个人账户，其中2014年6月30日之前的缴费按照《北京市人民政府关于印发城乡居民养老保险办法的通知》（京政发〔2008〕49号）文件执行。本市户籍参保人将居民养老保险关系转入外省（区、市）的，其衔接办法按照转入地规定执行。参加本市职工养老保险的外埠户籍人员，需办理制度衔接手续的，先按职工养老保险有关规定确定待遇领取地，并将职工养老保险关系归集到待遇领取地，再办理两种制度衔接手续。职工养老保险待遇领取地确定为本市的，可以申请将居民养老保险转入职工养老保险，按照职工养老保险办法计发相应待遇。居民养老保险个人账户全部储存额并入职工养老保险个人账户，居民养老保险缴费年限不合并或折算为职工养老保险缴费年限。参保人在两种制度衔接前，需要清算居民养老保险个人账户资金的，应在办理职工养老保险衔接手续前进行清算。在清算个人账户资金时，核减本市市级统一规定的财政补贴（残疾人及乡村医生的缴费补贴除外）。参保人不得同时领取职工基本养老保险和城乡居民基本养老保险待遇；同时领取的，终止并解除城乡居民基本养老保险关系，除政府补贴外的个人账户余额退还本人，已领取的城乡居民基础养老金予以退还。

（冯晓晴）

【本市参加城乡居民基本养老保险人员的丧葬补助金纳入城乡居民基本养老保险基金支出项目】 1月1日起，将参加本市城乡居民基本养老保险人员以及领取老年保障福利养老金人员的丧葬补助金，纳入城乡居民基本养老保险基金支出项目。即今后参加城乡居民基本养老保险的人员，其丧葬补助金由社保经办机构支付。丧葬补助金由区县财政足额安排，纳入区县社会保障基金财政专户城乡居民基本养老保险基金账户，财政部门划拨的丧葬补助金记入政府对基础养老金的补贴收入，支出的丧葬补助金记入基础养老金支出。参保人或老年保障待遇领取人员死亡的，其指定受益人或法定继承人应在一个月内到村（居）委会提出注销登记申请，并提供医院出具的人员死亡证明（非火化区除外）、户籍注销证明；人员失踪宣告死亡的，应提供司法部门出具的宣告死亡证明。经办机构复核无误后，结算参保人个人账户资金余额或老年保障待遇领取人员注销登记信息录入信息系统。按照《关于丧葬补助金纳入城乡居民基本养老保险支出项目的通知》（京人社居发〔2014〕203号）及《北京市城乡无丧葬补助居民丧葬补贴办法》（京民殡发〔2009〕107号）规定，符合丧葬补助领取条件的，同时计算参保人或老年保障待遇领取人员的丧葬补助金额。其中，参保人在城镇职工养老保险也有缴费或同时领取城镇职工基本养老保险待遇和城乡居民基本养老保险个人账户的，应在城镇职工基本养老保险申领丧葬补助金。参保人或老年保障待遇领取人员死亡无指定受益人或法定继承人的，由村（居）委会在一个月内向社保所提出注销登记申请，参保人账户余额并入城乡居民基本养老保险基金。该项政策的实施，进一步完善了城乡居民基本养老保险制度。

（冯晓晴）

【城乡居民养老保险工作运行正常】 2014年内，城乡居民养老保险参保累计人数186.3万人，比上一年净增6.2万人，增长幅度为3.4%；其中参保农民173.5万人，城镇居民12.8万人。其中领取养老金人数37.9万人，包括农村户籍34.8万人，城镇居民3.1万人。享受待遇人员月平均领取养老金484元，其中基础养老金430元。

（冯晓晴）

【城乡无保障老年人养老制度实施平稳】 2014年内，领取老年保障福利养老金人员48.9万人，呈逐年递减态势，其中农村户籍36.4万人，城镇居民12.5万人，每人每月领取福利养老金350元。

（冯晓晴）

【全面超额完成城乡居民养老保险续保率指标】 2014年内，各区县以贯彻落实国务院统一城乡居民基本养老保险制度为契机，强化宣传，广泛动员，超额完成全年续保率95%的工作目标，全市综合统计续保率达到99%，实现了城乡居民养老保险更广泛的覆盖。

（冯晓晴）

【农村社会救助成效明显】 2014年，北京市社会救助工作以党的十八大和十八届三中、四中全会精神为指导，认真贯彻落实国务院《社会救助暂行办法》，紧紧围绕《首都民政事业改革发展纲要》确定的发展目标和发展任务，创新社会救助工作机制，完善救助政策，提升规范管理水平，努力构建城乡统筹的具有北京特色的社会救助体系，保障了困难群众的基本生活需求。

1. 认真做好《社会救助暂行办法》的贯彻落实。一是市委、市政府将贯彻实施《社会救助暂行办法》列入重要议事日程。2014年4月22日国务院召开全国贯彻落实《社会救助暂行办法》电视电话会议后，及时召开全市贯彻落实会议，进行工作部署；市长王安顺带领各部门亲自调研指导工作。建立健全了以主管副市长为召集人、32个成员单位组成的社会救助联席会议制度，明确各成员单位的职责，强化部门协作，加强组织领导。7月初，市民政局会同市卫生计生委、市教委、市住建委、市人保局等五个部门联合在全国率先出台了《关于开展“救急难”工作的实施意见（试行）》，要求各部门按职责完善现有各项救助制度，健全社会救助工作统筹协调机制，落实部门责任，强化工作保障，确保《社会救助暂行办法》各项政策措施落到实处。二是全面推进“救急难”工作试点。按照民政部“救急难”工作试点要求，为使突遇不测、因病因灾陷入生存困境的居民得到及时救助，综合考量北京市社会救助发展现状和水平，发扬首善精神，在全市全面推开“救急难”试点。全市16个区县都制定了工作方案，建立定点联系制度，将“救急难”工作落实纳入绩效考评范围，加大对“救急难”工作督查督办和责任追究力度，特别是对一些影响较大和带有苗头性的急难事项进行督办，避免出现求助无门的现象。三是建立快速处置机制。畅通完善各救助管理部门的救助渠道，及时救助受助人；对因遭受突发事件人员（包括外省户籍）依托民政救助机构给予临时性、过渡性救助；针对现有救助政策和资源无法解决的急难事项，通过建立全市慈善救助信息平台，实现慈善需求与供给信息的对接与共享；对于主管部门不明确且现有制度无法解决的急难事项，提交联席会议协调有关部门合力解决；对于情况紧急且救助金额较小的给予先行救助；对紧急情况下失去主动求助能力的危重病人，主动核查并按照规定予以救助。四是建立工作保障机制。配备专门人员或政府购买服务等充实基层社会救助工作力量，顺义、海淀等区县采取委托第三方、聘请专业社工和协管员开展社会救助事务性工作。鼓励引导慈善组织设立“救急难”公益基金，在乡镇（街道）层面设立专项基金，积极拓展资金筹集渠道。构建社会救助信息共享平台，为主动发现救助对象和准确判断急难情形提供依据，实现救助资源与救助需求的有效对接。五是开展市、区县、街道（乡镇）各层面的工作人员培训。一方面，组织北京市民政局局级领导干部，区（县）民政局主要领导、救助工作主管领导和救助工作负责人，市民政局系统副处级以上干部，以及北京市社会救助工作联席会议成员单位的领导近500人集中学习《社会救助暂行办法》。邀请民政部政策法规司负责同志，全面介绍了办法的立法背景和创制亮点，并对“一门受理”“转办义务”“告知程序”“救急难”等条款进行了重点解读。另一方面，对全市16个区县、329个街道（乡镇）主管民政工作的领导450人开展了《社会救助暂行办法》政策培训，对《社会救助暂行办法》的出台背景、体系框架和重点条款进行了解读，强调了贯彻落实《社会救助暂行办法》的重要性和紧迫性，对全市街道（乡镇）做好社会救助工作提出了新要求。之后，组织区县及街道（乡镇）社会救助工作人员培训，提高基层对办法的理解和实际运用水平。邀请民政部社会救助司领导，介绍了立法过程，讲解了《办法》的几项重点制度，以及“救急难”工作。329个街道（乡镇）的民政科、社保所工作人员共计670人参加了此次培训。

2. 扎实开展农村低保和农村五保工作。一是适时调整农村低保和农村五保供养保障标准。按照现行社会救助相关标准调整机制，经市政府批准，从2014年1月1日开始，全市农村低保最低标准从家庭月人均460元调整为560元，增幅达21.7%；各区县政府在此基础上制定了本区县农村低保标准调整方案，其中，继朝阳区、海淀区、丰台区、大兴区、顺义区、通州区实现城乡低保标准并轨之后，2014年密云县、昌平区也实现了城乡低保标准统一，农村低保标准均为家庭月人均650元；门头沟区、房山区、平谷区、延庆县为家庭月人均600元；10月，怀柔区农村低保标准从家庭月人均560元调整为620元。截至2014年年底，全市13个涉农区县中已有8个区县实现城乡低保标准统一，农村低保最低标准占城市低保标准的比值超过92%。依据《北京市实施〈农村五保供养工作条例〉办法》，全市各区县农村五保供养标准从2014年7月1日起按照上年度本地区农村居民消费性支出水平统一上调，全市13个郊区县农村五保供养标准最高为年人均19 307元，最低为年人均10 091元，平均供养标准为年人均13 553元。其中朝阳区18 593元、海淀区19 307元、丰台区16 896元、门头沟11 456元、房山区11 840元、通州区11 625元、顺义区11 634元、昌平区13 954元、大兴区11 523元、平谷区11 867元、怀柔区10 167元、密云县11 153元、延庆县10 091元。截至2014年年底，北京市共有农村低保对象35 091户、55 468人，其中含农村五保对象4 151人（集中供养2 215人、分散供养1 936人），全年共支出资金3.46亿元。二是完善社会救助标准与物价上涨挂钩联动机制。2014年5月，市发改委、市财政局、市民政局、市人保局、市统计局、国家统计局北京调查总队联合印发《北京市城乡居民基本生活消费品价格变动应急救助预案》，将保障对象范围扩大到城乡低保对象、农村五保对象、享受定期抚恤补助的优抚对象、孤残儿童、领取失业保险金人员，规定当城乡居民基本生活消费品价格上涨到一定程度时，启动预案发放价格临时补贴，确保困难家庭生活水平不因物价上涨而降低。

三是完善分类救助制度。制定出台《关于规范和统筹本市城乡居民最低生活保障分类救助制度的通知》，根据低保对象身份类别、年龄结构、劳动能力等情况，对低保对象进行科学分类，适度降低救助准入门槛，扩大救助范围。同时对低保对象进行科学分类，将救助系数由原来的1.15、1.10、1.05、1.0四档提升细化为1.4、1.35、1.30、1.25、1.20、1.15、1.0等七档，通过收入核减、标准上浮、就业奖励、救助渐退等措施，提高救助水平，进一步增强了救助的针对性。

3. 农村低收入家庭认定工作稳步推进。从2014年1月1日起，城乡低收入家庭认定标准从家庭月人均740元调整为850元，增幅达14.7%。各区县依据《北京市低收入家庭认定暂行办法》开展低收入家庭认定的具体工作。并按照救助对象的救助申请需求，民政、住房、教育等部门均及时按照程序给予救助，缓解了低收入家庭面临的临时性和暂时性生活困难。截至2014年年底，全市经认定的城乡低收入对象共1.6万人。

4. 调整完善医疗救助政策。2014年6月，市民政局与市卫生计生委、市人保局、市财政局联合印发《关于调整完善城乡医疗救助制度的意见》（京民社救发〔14〕219号），从救助范围、救助政策、救助程序、结算方式和资金管理等方面做出了具体规定：一是对现行的医疗救助政策进行全面梳理整合，将现行的医疗救助政策全部归纳在一个规范性文件中。二是将资助参加城镇居民基本医疗保险和新农合的范围，由城乡低保人员扩大到城乡低收入人员；同时鼓励有条件的区县将医疗救助范围扩大到因灾难性卫生支出造成家庭生活困难的人员。三是将门诊救助和住院救助比例由60%提高到70%，门诊救助封顶线由2 000元提高到4 000元，住院救助封顶线由30 000元提高到40 000元。重大疾病救助比例由70%提高到75%。四是将重大疾病救助病种由原来的9类、80多种扩大到15类、134种，加大了重大疾病救助力度。五是将医疗救助受理审批时限由按季度办理调整为按月办理，缩短了审批时限。六是在区县设立3～5所定点医疗机构，由机构按照70%的比例减收特困人员住院押金并垫付相关治疗费用；鼓励区县将因灾难性卫生支出造成家庭生活困难人员纳入医疗救助范围，切实缓解“因病致贫、因病返贫”家庭实际困难。七是要求区县财政部门根据上年度末享受城乡低保和低收入的人数，按照上年城市低保年保障标准的15%单独安排医疗救助资金。对于资助参保参合的资金和定点医疗机构垫付的资金，也由民政部门审核确认后统一拨付，规范了资金拨付方式。八是加强与大病保险和慈善医疗救助的衔接。社会救助对象在享受基本医疗保险和医疗救助后，符合条件的还可享受大病保险和慈善医疗救助，提高了综合保障水平。《关于调整完善城乡医疗救助制度的意见》自2014年8月1日起正式实施。经统计，截至2014年年底，全市享受医疗救助为17.81万人次，支出医疗救助资金9 973.25万元。其中，共有60 929名农村特困人员分别享受了资助参合待遇；享受门诊救助41 254人次，支出资金

2 410.2 万元；享受住院救助 9 294 人次，支出资金 2 980.05 万元；享受重大疾病救助 3 784 人次，支出资金 1 704.29 万元；全市定点医疗机构共为特困群众减免住院押金 291.56 万元；通过“一站式”服务获得医疗救助 749 人次，支出医疗救助资金 253.91 万元；全市共有 38 名贫困孕产妇享受了孕期检查、剖宫产等生育救助，支出救助资金 12.93 万元。

5. 继续开展教育救助工作。认真落实《北京市学前教育资助管理办法》，低收入家庭中的子女进入公办和民办普惠幼儿园，可获得政府资助。其中，低保家庭的儿童，免交保教费。低收入家庭的儿童，免交 50% 的保教费。继续开展高等教育新生入学救助工作，全年共救助贫困大学生 2 610 人，支出救助资金 1 152.98 万元。

6. 继续开展农村困难家庭住房救助工作。全年为 1 207 户农村住房困难的社会救助家庭翻建维修危旧房屋 4 171 间，支出救助资金 4 616.1 万元。

7. 实施冬季燃煤自采暖和清洁能源分户自采暖救助。当年救助依靠燃煤自采暖过冬的城乡低保家庭 47 665 户，支出资金 2 990.69 万元。同时为依靠清洁能源分户自采暖过冬的城乡低保家庭发放补贴 630.74 万元、惠及 4 957 户。

8. 开展“两节”走访慰问送温暖活动。走访慰问继续采取普遍走访与重点慰问相结合的方式。各级民政部门对辖区所有享受城乡低保待遇的困难家庭进行了普遍走访慰问；市民政局、市残联组成联合慰问组重点走访了城乡低保家庭中的 200 户特困家庭。城乡低保对象慰问金按户发放，单人户每户 400 元，2 人以上户每户 800 元。所需资金由市、区县财政各负担 50%。同时，各区县根据不同情况，还购发了形式多样的慰问品。截至春节前，全市各级走访慰问城乡低保对象及困难家庭 103 994 户、166 179 人，发放慰问金及慰问品折款累计 7 195.2 万元，确保了城乡低保对象及困难群众过上祥和快乐的节日。

9. 加强规范管理督促工作落实。一是严格低保审核审批程序。印发《北京市城乡居民最低生活保障审核审批办法（试行）》（京民社救发〔2014〕182 号），规范了城乡低保审批程序和流程，明确了各级民政部门特别是街（乡）主体职责，增加了家庭经济状况信息核对内容，细化了书面告知程序，加大了信息公开和监督检查力度。二是实施绩效考核。印发《北京市社会救助工作绩效评价办法》（民发〔2014〕285 号），从社会救助政策落实、工作保障、工作管理、工作效果等方面，全面、科学地衡量区县社会救助政策落实情况，严格绩效管理，突出责任落实。同时，市民政局委托北京正弘公共绩效评估管理服务中心在全市开展社会救助绩效评价工作。通过考评，进一步推进社会救助工作的科学化、规范化、精细化管理，提高管理服务水平和资金使用效益，切实维护困难群众基本生活权益。三是开展专项整治。根据《民政部办公厅关于河南省息县五保事件的情况通报》精神，从 2014 年 1 月到 3 月底，对北京市五保供养政策落实情况进行了阶段集中整治排查。同时，下发《北京市民政局关于开展社会救助专项整治提高为民服务水平活动的通知》（京民社救发〔2014〕278 号）。专项整治工作，以解决社会关注的“人情保”“错保”“漏保”问题和推行“阳光低保”为重点，向社会公布电话、互联网、信件等投诉举报方式，对全市低保对象开展全面排查，有效促进社会救助公平公正实施。四是开展专项资金审计。通过专项审计，摸清各区县城乡低保申请审核批准和资金发放流程与信息系统存在的问题，查找实际发放数据与系统数据不一致情况产生的原因，规范和完善相关工作，确保城乡低保信息的准确性和一致性，杜绝发生冒领、挤占和挪用城乡低保资金问题。五是开展城乡低保人员信息公开工作。按照《北京市民政局关于开展城乡低保相关信息公开工作的通知》（京民社救发〔2013〕395 号）要求，进一步对公开方式、公开范围、公开期限、信息更新和工作要求进行规范，确保城乡低保人员信息数据网上公开工作顺利推进。

（张贵国）

【农村社会福利事业深入发展】

1. 养老机构建设。2014 年，继续将养老床位建设纳入北京市民政工作折子工程，全市新建和改扩建养老机构 104 家，新增养老床位 16 601 张，其中：新建和改扩建政府办养老机构 37 家，新增养老床位 7 541 张；新建和改扩建社会办养老机构 67 家，新增养老床位 9 060 张。全市养老床位总数达到 109 380 张，每百名老人拥有床位达到 3.7 张。

2. 养老照料中心建设。

2014年，大力加强街道乡镇社区层面养老设施建设，将镶嵌在社区内的养老照料中心作为服务平台，使之实现机构养老、居家助老、社区托老、专业支撑、技能实训和信息管理等六大功能，形成居家社区和养老机构相互依托、资源共享、融合发展的新型社会养老服务体系。市政府将建设80个养老照料中心纳入年度市政府折子工程和为民办实事重要事项，对养老照料中心建设用地、房产证办理、消防验收、工程建设、财政补助等热点、难点问题进行重点督办、高层推动。市民政局会同相关部门制定了《关于进一步做好2014年街（乡、镇）养老照料中心建设工作的通知》等6个政策文件，给予养老照料中心设施建设支持和购置设备补贴，最高补助标准450万元。通过新建、改建、扩建等手段共建设养老照料中心104个，使全市96个街道乡镇近120万名老年人就近享受方便快捷的助餐、助浴、助洁、助急、助医、康复护理、精神慰藉等居家养老服务。

3. 国家级养老服务试点工作。积极申报和创建西城、朝阳两区为国家级养老服务业综合改革示范区，联合市级相关部门与示范区在财政、金融、用地、税费、人才、技术及服务模式等方面制定促进养老服务发展的政策措施，特别注重城乡结合部、城中村地区和近郊农村、城区户籍居民行政迁移到其他区县的养老服务工作创新，组织开展先行先试。

4. 社会福利机构运营资助补贴。市民政局、市财政局、市残联印发《北京市社会力量兴办非营利性社会福利机构运营资助办法》（京民福发〔2014〕274号），将社会办养老机构和公办民营机构运营资助标准由每床每月200～300元，调整为300～500元；明确运营补贴审核权限由市民政局下放至区县民政局，审批周期改为半年，提高资金利用效益。全年资助养老机构216家，资助服务量254 496个（其中生活不能完全自理服务量135 274个、生活自理服务量119 222个），资助金额共计7 497.89万元。

5. 养老机构综合责任保险工作。全市养老机构积极参与投保，养老机构安全防范意识显著提高，意外风险应对能力显著增强，责任纠纷信访率显著下降。2013—2014年投保周期内，全市共有343家养老机构参与投保，投保床位共计34 043张，财政补贴435.8万元。协调市社会福利行业协会、保险顾问机构、保险公司等社会组织做好养老机构参保后的宣传教育、风险管理、服务保障和保险赔付工作。全年养老机构出险375起，赔付金额预计达450多万元。

6. 养老机构服务质量星级评定。2014年，对申请参评的61家养老服务机构，从机构环境、设施设备、经营能力、服务管理、服务项目、服务质量、管理制度等方面，进行了系统、科学、公正的考核，评出一星级15家，二星级41家，三星级2家，四星级3家。截至2014年底，全市共有218家机构评定星级，其中一星级58家，二星级146家，三星级6家，四星级6家，五星级2家。

7. 养老服务从业人员队伍建设。根据《北京市民政局、北京市人力资源和社会保障局关于加强养老护理员培训管理的通知》要求，协调人保局落实养老服务从业人员队伍建设，并借助北京养老服务人才队伍联盟和职业培训学校，加强养老服务队伍培训，提高培训和职业鉴定质量，扩大参训人员范围。全年共培训初级养老护理员930人，中级养老护理员200人，评估员550人，养老机构院长540人。全市养老护理员持证上岗率达到88%。

8. 养老服务标准化建设。2014年，会同市公安局出台《北京市社会福利机构消防安全管理标准规范》，制定和出台了《养老机构综合评价指标》《养老机构社会工作服务管理规范》《养老机构符号与标志》《养老机构老年人健康档案技术规范》《儿童福利机构儿童常见病患儿养护技术规范》《儿童福利机构儿童意外伤害防范》等6项地方标准。修订《养老机构院内感染控制规范》《社会福利机构安全管理规范》《养老机构服务质量规范》3项标准。

9. 推进养老服务“医养结合”。统筹医疗资源与养老服务设施总体布局，探索“医养结合”养老服务模式发展，建立联合会商机制，推进养老机构医务室建设。截至2014年年底，全市养老机构经卫生部门批准独立建设医疗机构105家，其中54家已纳入医保定点单位，51家正在申请办理过程中；纳入医疗分支机构设置的有23家，与周边医疗机构签订紧密合作协议的有272家。

10. 深化养老服务行业规范

发展。推进全国“公办民营”养老机构试点建设，落实门头沟区社会福利院、顺义区赵全营镇养老院改革试点，规范“公办民营”机构资产清算、招标流程、管理经费缴纳与管理、产权方与运营方权责界定、合同文本、准入退出等，为全国和北京市公办养老机构社会化改革积累了经验。推进西城、朝阳、石景山、门头沟、房山区“一区一品”建设，规划发展养老服务区域性特色布局，推进养老服务产业化、社会化发展。

11. 开展利用农村闲置房产开发经营养老服务设施问题调查研究。向市政府专题上报《关于利用我市农村闲置房产开发养老服务设施情况的调查报告》《关于利用农村闲置房产开办养老设施的试点方案》，提出“集中+分散”式养老服务设施建设模式，并指导怀柔区利用农民闲置房屋开展养老服务工作。

12. 儿童福利机构建设。2014 年，孤残儿童福利事业继续深入发展。儿童福利机构建设取得新进展，房山区、大兴区分别建设完成区属儿童福利院，并陆续投入使用，实现了从儿童部向独立运作儿童福利院发展转型，市属第二儿童福利院按计划推进改造扩建工程。截至 2014 年年底，全市共有儿童福利机构 16 所，其中包括 3 所市属机构，实现独立运作的区县儿童福利院 8 所，尚未独立运作的区县属儿童福利部 8 所，全市儿童养育总床位约 1 800 张。

13. 儿童福利制度建设。2014 年 4 月，房山区纳入全国普惠型儿童福利制度建设扩大试点范围，先后开展了全区困境儿童调查统计摸底、儿童福利项目需求调研及补贴标准测算论证等基础工作，并以房山区政府办公室名义印发出台普惠型儿童福利制度建设试点实施方案，儿童福利工作以房山区试点探索为契机，开始向构建适度普惠儿童福利制度加快发展转变，全市层面启动儿童福利分类保障制度研究制定工作。

14. 孤残儿童医疗康复。2014 年完成包括儿童福利机构孤儿弃婴、城乡低保和低收入家庭儿童在内的“明天计划”孤残儿童手术 13 例，支付手术和康复费用 17.7 万元。

15. 孤儿送养与安置。2014 年完成办理涉外收养登记 54 件，涉外送养儿童涉及北京市儿童福利院等 4 所儿童福利院，收养人分别来自美国等 5 个国家，登记合格率 100%。北京市儿童福利院、丰台区儿童福利院和通州区儿童福利院作为年度全国涉外收养工作先进单位，得到民政部通报表扬。2014 年开展了儿童福利机构成年孤儿安置评估工作，全年共安置成年孤儿 11 名，涉及东城区等 7 个区县。

（李树丛）

【北京农村居家养老服务工作进一步加强】2014 年，根据国务院和北京市政府提出的加快养老服务业发展工作要求，重视农村地区养老服务发展，进一步鼓励和引导区（县）发挥属地主体责任，加大对农村地区、经济薄弱地区的扶持，充分整合利用农村现有的公共设施，提高农村老年人口养老质量，推进全市养老服务均衡发展。

1. 落实老年人社会优待。2014 年内，在 10 个郊区县共办理老年人优待卡 96 417 张，办理老年人优待证 29 360 张，其中，为常住外埠老年人办理了优待卡 28 469 张，办理优待证 3 911张。

2. 印发实施《社会办全托型托老所床位补贴办法（暂行）》。办法对为老年人提供 24 小时托养服务的民办或公办民营的托老所中的运营床位，收住生活不能完全自理老年人的，按照每床每月 500 元予以资助；收住生活自理老年人的，按照每床每月 300 元予以资助。2014 年内，共向 10 个郊区县的 50 家社会办全托型托老所发放补贴 523 万元，共计 17 441 床次，进一步加大对社会力量投资社区托老服务领域的引导和扶持力度，完善社区托老所运营资助政策，优化资助拨付程序。

3. 落实、规范农村幸福院项目。2014 年，根据财政部、民政部《关于印发〈中央专项彩票公益金支持农村幸福院项目管理办法〉的通知》（财综〔2013〕56 号）的有关规定，市民政局、财政局、老龄办制定了《北京市使用中央专项彩票公益金支持农村幸福院项目申报实施办法》下发至各区县，规范和加强中央专项彩票公益金支持农村幸福院项目管理及开展农村幸福院设施修缮和设备用品配备等工作。2014 年内，对全市 337 各项目点拨付中央专项彩票公益金 1 011 万元。

4. 建设街乡镇养老照料中心。截至 2014 年年底，全市建设 104 个街乡镇养老照料中心，其中，10 个郊区县建设 29 个。政府共投入建设补助资金 2.4 亿元，撬动社会直接投资约 20 多亿元，新增床位 9 550 张，提供居家助老、社区托老、机构养老、技能培训、信息管理等服务。

5. 实行老年人社会保障。2014 年内，在 10 个郊区县，向 11.8 万名老年人发放 1.58 亿元养老（助残）券。加大对特殊困难老年群体的专项救助力度，重阳节期间开展慰问活动，为 10 个郊区县的 2 139 名高龄困难老年人发放 128.34 万元救助金。

6. 继续做好 95 周岁以上老年人医疗补贴制度的落实工作。督促指导区县严格按照政策规定落实补贴制度，按时上报相关信息。2014 年内，为 10 个郊区县 589 人次 95 周岁及以上老年人补助医疗费用 144.9 万元。

7. 加强基层老年协会建设。2014 年内，出台了《关于加强基层老年协会建设的意见》，以及关于基层老年协会建设参考规范、章程文本以及政府购买服务参考目录等文件。加强基层老年协会建设以服务老年人为宗旨，以推动老年群众组织开展自我管理、自我发展、自我服务和服务社会活动为重点，在充分考虑和尊重老年人意愿的前提下，依据城乡社区老年人口的规模、分布，按照便于组织、服务老人的原则，建立区（县）、街（乡镇）、居（村）三级老年协会，鼓励和扶持以社会团体登记注册，探索多种形式的老年协会组织方式；到 2020 年年底前，区（县）和街（乡镇）均成立具有独立法人资格的老年协会；居（村）按照试点先行、典型示范、逐步推广的原则，成立和规范管理老年协会。

（赵琳琳）

【加快推进农村殡葬改革　促进殡葬事业深入发展】2014 年，在全市农村地区以宣传殡葬改革为主题，加强殡葬管理，推进农村殡葬设施建设，实施有效的殡葬改革，各项殡葬工作均取得了明显成效，积极配合和有效促进了新农村建设。

一是积极宣传贯彻《关于党员干部带头推动殡葬改革的实施意见》。为落实 2013 年 12 月 19 日中共中央办公厅、国务院办公厅印发了《关于党员干部带头推动殡葬改革的意见》要求，4 月 3 日以市委、市政府两办名义联合印发了《关于党员干部带头推动殡葬改革的实施意见》，强调了党员干部带头推动殡葬改革的重要意义，提出了党员干部要自觉做到“四禁止”“五提倡”，明确了全面推进殡葬改革的各项任务，提出了营造有利于殡葬改革良好环境的具体要求，并积极利用清明节的有利时机在全市农村地区进行宣传落实，做到村村知晓，党员干部积极带头。二是清明节群众扫墓服务工作安全圆满。从 3 月 22 日开始到 4 月 7 日，全市 163 处扫墓点，其中大部分墓地在农村地区，共服务扫墓群众 345.9 万人次，疏导机动车 63.6 万辆次，同比分别增加 2.67%和 2.91%，祭扫人数和车辆数均创历史新高，清明节群众扫墓期间，广大农村墓地环境整洁，秩序井然，安全平稳，未发生火情和安全事故，顺利实现了“绿色·文明·平安”的工作目标。三是加强规范农村公益性公墓建设和管理。结合全市城镇化发展实际，各区县进行农村公益性公墓建设，现全市已经建设有农村公益性骨灰安置设施 116 处。加强农村公益性公墓管理，积极制止和处理农村公益性公墓建造大墓和非法对外经营行为。昌平区政府组织了对区域内非法公墓和农村公益性公墓对外经营的专项整治活动，有效地打击了非法公墓和农村公益性公墓的对外经营行为。房山区政府制定出台了《房山区农村公益性公墓建设管理办法》。其他相关区县积极加强对农村公益性公墓的管理，从严打击非法公墓，全市农村地区实现了非法公墓的零增长。四是全面启动新型生态节地安葬方式农村公益性公墓示范墓园建设。在平谷区南独乐河建设农村公益性生态公墓。已完成招投标、项目预算等相关手续，确定了建设方案规划并动工建设。同时要求全市农村公益性公墓积极推行生态节地安葬方式，推动生态殡葬创新发展，美化乡村乡貌。五是改造殡葬设施，减少对农村环境的影响。完成了昌平区殡仪馆火化机尾气处理设施设备改造安装，启动了平谷区、延庆县、顺义区殡仪馆尾气处理设施设备的改造工程，进行了相关资金的筹措，制定了全市殡仪馆尾气改造的相关计划。通过殡仪馆火化设备的改造，有效地改善了殡仪馆周围农村地区的生活环境。六是“零百千万工程”继续实施，惠民殡葬实惠百姓。2014 年，持续推进“零百千万”工程，全年办理零付费骨灰撒海 1 704 份、销售百元类骨灰盒 2 612 个、办理千元殡仪服务 17 538次、办理万元以下骨灰安置 4 810 份，“百千万”工程和去年基本持平，并略有增长，骨灰撒海份数达到年火化量 2%以上。长青园城市公益性公墓立体安葬补贴 125 份。

（李勇）

【农村防灾减灾和救灾工作进一步加强】 2014 年，北京市自然灾害共造成大兴、平谷、怀柔、房山、延庆等 9 个区县 32.12 万人受灾，因灾死亡 1 人，农业受灾面积 69 866.24 公顷，其中，绝收面积 25 365.6 公顷，严重损坏房屋 22 间，全年共造成直接经济损失 10.5 亿元。为妥善应对各类自然灾害，农村防灾减灾和救灾工作以完善防灾减灾救灾工作体系为中心，圆满完成汛期综合保障、应急物资储备体系建设、防灾减灾培训演练、综合减灾示范社区创建等重点工作，市级财政共下拨 600 万元用于应急救助。市级财政投入 900 万元、中央财政投入 500 万元用于冬春临时生活救助，有力地保障了受灾群众的基本生活。

1. 建立健全综合保障管理机制，圆满完成各项防汛工作。 一是加强对全市防汛综合保障工作的领导，建立与各成员单位的协调联动机制，构建上下贯通、左右联动、职责分明、运作有序、全民参与的防汛综合保障管理机制，形成防汛综合保障工作的强大合力。加强与气象、国土、农业等部门的汛情会商，及时掌握汛情发展趋势。印发《北京市防汛综合保障分指挥部工作方案》《关于做好 2014 年度安全度汛工作的通知》，召开区县防汛工作会议、签订了《北京市安全迎汛责任书》，明确防汛责任，扎实稳妥地做好各项防汛救助准备工作。全面发挥分指挥部统筹协调职能作用。防汛期间，定期召开防汛综合保障工作联席会议，协商研究综合保障工作存在问题及应对举措，圆满完成防汛综合保障各项工作。在区县层面，门头沟区、西城区等区县高度重视防汛综合保障工作，修订了《防汛综合保障专项分指挥部工作方案》《防汛救助预案》等制度，确保各个区县能安全度汛。

二是制定《北京市因灾死亡、失踪人员认定和统计报送管理办法（试行）》。为进一步规范本市因灾死亡、失踪人员认定和统计报送工作，保证灾情信息的准确和统一发布，根据国务院《自然灾害救助条例》（第 577 号令）、民政部《自然灾害情况统计制度》（2013 年 12 月版）和本市相关配套制度规章，按照北京市委、市政府、市应急委相关要求，在市公安局、市卫计委北京铁路局、首都机场公安分局和朝阳区、顺义区民政局等部门的密切配合下，起草制定了此管理办法。

2. 提升全市综合防灾减灾能力，积极开展示范创建工作。 一是积极推进“综合减灾示范区县”建设工作。市局与西城区、延庆县认真贯彻落实《共建综合减灾示范区县合作框架协议》，积极协助区县成立综合防灾救灾机构，完善防灾减灾救灾政策，积极推进灾害信息综合减灾示范社区建设，着力打造富有北京特色的综合防灾减灾体系，在综合防灾减灾工作领域发挥引领示范作用。尤其是延庆县编办印发的文件，在全市率先成立了区县级的突发事件应急救助指挥部。二是完成国家级和市级综合减灾示范社区创建任务。各区县积极成立综合减灾示范社区创建工作领导小组，认真贯彻落实《关于加强本市城乡社区综合防灾减灾工作的指导意见》（京政发〔2012〕24 号）、《北京市综合防灾减灾社区标准（试行）》的有关规定要求，积极推进综合减灾示范社区创建工作，健全综合减灾工作机制，加大资金投入。在各级民政部门认真组织、自评、推进和检查的基础上，经严格评审和社会公示，创建 50 个“全国综合减灾示范社区”，168 个“市级综合减灾示范社区”。全市各区县在综合减灾示范社区创建工作中成绩显著，有力地提升了全市社区综合防灾减灾能力。

3. 加强培训和信息员队伍建设，提升基层灾情报送能力。 按民政部工作部署，市局积极推进由区县扩展到乡镇（街道）的网络报灾试点工作，为确保上报的灾情数据及时、准确、完整、详实，市区两级共投入经费 100 万元，专门组织 10 期乡镇（街道）级的汛情培训，总计培训 2 000余人；门头沟区、怀柔区、平谷区和密云县等专门组织了基层灾害信息员培训。截至目前北京市已培训灾害信息员 12 000 余人，超额完成“十二五”期间培训 7 000 名灾害信息员的任务目标，显著提升基层灾情报送能力。同时，专门会同市公安局治安总队组织全市各区县民政救灾和治安工作负责人及工作人员举办救灾防汛业务培训班，重点围绕《北京市因灾死亡、失踪人员认定和统计报送管理办法》的制定工作进行政策解读和广泛征求意见，并就有关信息和数据统计报送等进行业务培训。

4. 举办防灾减灾宣传演练活动，提升社会公众防灾意识。 一是圆满完成国家防灾减灾日宣传演练活动。5月12日，王勇同志出席西城区什刹海街道防灾减灾宣传演练活动，对北京市的防灾减灾各项工作给予高度肯定。按照市应急委要求，在防灾减灾周期间，积极推进“应急管理进社区、进农村、进学校、进企业、进机关、进部队”，开展了贴近群众、形式多样的应急管理和防灾减灾系列宣传教育活动。据初步统计，全市共组织专场活动200多场次，参与活动的市民超过300多万人，展出防灾减灾展板5 000余块，悬挂横幅1 000多条，发放各种宣传资料50 000套、张贴防灾减灾挂图200多万份，播放宣传教育片200余场次，全市各大媒体组织采编、刊发、播出相关稿件、专题200余条，营造了浓厚的防灾减灾救灾氛围，取得良好的社会效果。二是顺利完成国际减灾日演练活动。2014年10月28日，市民政局在西城区白纸坊街道办事处市民中心开展关于正确使用家庭应急储备物资培训演练活动。演练活动以发生火灾为背景，演练组指挥员在第一时间使用对讲机对受灾群众发布火灾信息，受灾群众按照正确的逃生方式和逃生线路紧急转移。在转移过程中展示运用逃生绳从楼房安全落地、使用灭火毯熄灭油锅着火、使用破拆工具破窗等现场教学，并由中关村智慧减灾救灾产业技术创新战略联盟和北京金广通科技有限公司、青岛亿和海丽安防科技有限公司工作人员向社区居民详细介绍应急包、多功能老年防灾手杖、救灾应急包内救灾产品的使用方法，在讲解过程中与会居民群众、媒体记者和企业单位工作人员等分成8组进行了互动，交流防灾产品的使用方法、经验心得、征求了居民对救灾产品的意见和建议，达到了增强居民的防灾意识，提升自救互救能力的效果，受到了新闻媒体的高度关注和社区居民的热情响应。三是会同市教委共建本市防灾减灾宣传教育培训体系。加强与市教委、市紧急救援基金会合作，建立应急救援培训基地，结合大专院校军训进行紧急救援队伍及技能的培训工作，提升教育部门全体师生防灾减灾意识和自救互救能力。制作《儿童及小学生紧急自救逃生画册》，将尽快在小学开展画册涉及课程的试点培训工作。

5. 推进家庭应急储备体系建设，提升应急避险救助能力。为提升社会及家庭防灾减灾意识和自救互救能力，积极采取社会化和市场化思路推进家庭应急物资储备体系建设，统合政府、社会、企业和商家多方之力构建了家庭应急储备物资“产、学、研、销、用”一体化服务网络，先后召开3次新闻发布会，陆续向社会发布《北京市家庭应急储备物资建议清单》《北京市家庭应急储备物资产品标准》《北京市家庭应急储备物资供应网点分布图》及家庭应急储备物资样品包，被《人民日报》《央视新闻1+1》《北京日报》《中国社会报》等传统媒体及光明网、中新网、新华网等网络媒体进行深入报道，并于10月13日“国际减灾日”实现上市供应销售，全年共卖出6 000多套，满足了广大市民购买防灾减灾产品的基本需求，实现了专业机构学术研究、防灾减灾企业产品供应、商家定点供应销售、满足市民购买家庭应急储备物资产品需求的无缝衔接，对于唤醒市民防灾减灾意识、提升自救互救能力、完善社区应急救援体系、培育新的经济增长点等方面具有显著作用。

6. 促进救灾物资储备体系建设，提升物资应急保障能力。一是积极推进市级救灾物资储备体系建设。圆满完成可应急保障4万人救灾物资入库扫尾工作。编制《救灾物资储备库“十三五”建设规划》，完成中心库及西南分库建设项目的立项工作，已经列入发改委2015年重点建设项目。二是提升救灾物资紧急运送能力。为减少或避免救灾物资因人为因素造成的功能丧失或减退，市民政局积极实施救灾物资单元化储备保障工作，提升应急物资救助的实效性。修订完善《救灾物资应急发运预案》，根据北京市10个远郊区县的地理特点和道路情况，分别设计规划了4～5条紧急运输救灾物资的线路和备用线路，设定2～3个救灾物资集散点，编制《救灾物资运输路线实用操作手册》，确保救灾物资能够及时送达到受灾一线。三是区县救灾物资储备工作成绩显著。各区县积极加强救灾物资储备库建设，采购充实救灾物资，完善库房管理制度，区县的应急物资保障能力得到显著提升。如顺义区、房山区已投入资金并建成高标准救灾物资库房。西城区积极推进街道救灾物资储备工作，在街道物资储备工作方面走在全市前列。门头沟区、海淀区和密云县等积极采购救灾储备物资，保障标准均超过2 500余人。

7. 完成自然灾害季度形势分析，按时汇总提供相关材料。根据市应急办的工作要求，从 2014 年开始，由市突发事件应急救助指挥部（市民政局）负责汇总全市自然灾害情况及分析工作，此项工作在市民防局的积极配合下，实现了顺利平稳交接。同时，在气象、地震、国土、园林等部门的大力支持下，自然灾害季度形势分析的相关工作圆满完成。

（许林）

【农村社区建设深入发展】 2014 年全市农村社区建设以农村典型示范社区为抓手，以新型农村社区试点建设为重点，加强农村社区典型培育和模式探索，加快推进农村地区社区管理服务工作，努力推动城乡社区一体化发展。在区县层面，以“一区一品”建设为重点，加强对通州区、怀柔区等区县农村社区建设的工作指导，创新农村社区管理服务体制机制，健全农村社区基层民主制度，完善农村社区服务体系，探索多元协商共建的新型农村社区治理模式，打造一批具有代表性和影响力的农村社区建设示范区。在社区层面，继续开展市级农村典型示范社区创建工作，加强自查自评和整改落实，以创建活动为抓手，解决了一批农民群众普遍关心的社区管理服务难题。截至 2014 年年底，共建成 374 个市级农村典型示范社区，探索形成了城乡结合部农村社区、乡镇中心村社区、传统农村地区等不同类型的农村社区建设模式。会同市农委、市财政局等部门加强对 48 个新型农村社区试点建设的工作指导，协调解决试点建设中存在的困难，加快推进试点建设任务。

（冯斌）

农村社会事业

综　述

2014 年，农村社会事业又有进步。对党和国家的方针政策以及以改革为核心的“三农”各项重点工作进行了广泛宣传和舆论引导。特别是对“新三起来”工程和“北京最美乡村”的宣传，收到了良好的社会效果。全市农村文化公共设施、公共文化产品供给、公共文化服务、公共文化政策实施、公共文化体系建设等诸多方面都有新进展。通过建机制、出政策、搭平台、树品牌等方式，推进了全市公共文化服务的标准化、均等化、社会化和数字化，进一步满足了农村居民的基本文化需求。农村人才培养贯彻《首都中长期农村实用人才发展规划纲要（2010—2020年）》精神，有针对性地开展农村实用人才培养，力度加大，范围拓展，实效突出，提高了农村人才工作水平，实用人才队伍继续壮大。农村卫生和新型农村合作医疗惠及郊区农民。2014 年，全市新农合统一人均筹资标准为年人均不低于 1 000 元，较上年提高 320 元。全市共参合 242.59 万人，农业人口参合率达到 98.9%。农村计划生育、农村教育、少数民族乡村工作也都迈上新台阶。

宣传工作及精神文明建设工作

【围绕“三农”中心工作，加强新闻宣传和舆论引导】 一是召开新闻发布会，做好集中宣传。结合全市改革发展重点任务，尤其是“三农”领域重点、亮点工作，坚持每季度召开一次新闻发布会，2014 年共组织召开了五场新闻发布会，包括北京市“两会”期间召开的“推进首都改革发展新闻发布会”，会上对 2013 年全市“三农”改革发展工作进行了专题通报，并对下一步郊区“三农”发展重点工作进行介绍；北京市农村工作会前召开了“北京市农村工作会新闻通气会”，对 2014 年全市农村工作会议筹备情况和 2013 年全市农村工作的主要成果进行了通报介绍；在新中国成立 63 周年来临之际，组织参加了“辉煌 65 周年——北京市经济社会发展成就”系列新闻发布会，对近五年来新农村建设和城乡一体化发展成就进行了通报；落实习近平总书记在北京考察调研时的指示精神，组织召开了“调结构转方式发展高效节水农业”（简称“调转节”）新闻发布会，对全市“调转节”工作进行了政策发布和相关情况通报；按照市主要领导批示，围绕全国首个“扶贫日”活动，组织召开了“北京推进经济薄弱地区发展及低收入农户增收新闻发布会”。五场发布会累计邀请中央、市属及港澳地区媒体200余家，累计播发重要报道上百篇次，网络转发近千条次。

二是服务中心工作，做好重点宣传。牢牢把握以改革为核心的“三农”各项重点工作，围绕“新三起来”工程、美丽乡村建设、“菜篮子”工程、节水农业、“北京最美的乡村”宣传评选活动等，策划主题宣传活动，协调主流媒体进行深度挖掘，开设专栏，刊登重头报道，其中《新闻联播》以“农民上楼有家有业”为题，播发了海淀区在改造“城中村”的过程中，创新城乡规划模式，推进集体产业升级，让进城农民成为有产者的相关报道，时长2分5秒；《人民日报》以《城区告别小煤炉　农村改用优质煤》为题刊发2 000余字文章，对全市减煤换煤工作进行详细报道；《农民日报》在头版刊登文章《北京全面启动美丽乡村建设》和《“有啥吃啥”到“啥好吃啥”——北京“菜篮子”越提越稳》，并以“调转节”为重点，在头版刊登7 000字长篇报道《定向高效　水润京华》一文；在北京电视台、北京晚报和京郊日报开设专栏，对全市2013—2014年度“北京最美的乡村”32个候选村通过图文并茂的形式进行逐一宣传，吸引广大市民走进美丽乡村、共享美好生活。

三是推动工作进展，做好动态宣传。及时跟踪报道了“三农”工作的进展情况，邀请中央及市属主要新闻媒体，围绕都市型现代农业发展、沟域经济建设、金融支农、京郊休闲旅游、会展农业等进行了近20次集中采访，累计播发稿件200余篇次（不含网络转载）；围绕农业科技推广、农村改革、农业节水、美丽乡村建设中的感人故事，挖掘基层典型经验和成果，推出系列典型报道，弘扬社会主义核心价值观，为农村经济社会发展营造良好的舆论环境。

四是开发新媒体，做好阵地宣传。充分利用新媒体，加强网络宣传，进一步巩固宣传阵地。2014年年初开通了市委农工委、市农委政务微博“北京美丽乡村”，目前已经拥有粉丝超过20万，在第一时间宣传报道“三农”各项工作进展的同时，还开设了“周末去哪儿”专题，每周及时为市民推荐更新京郊旅游好去处。同时，在继续做好自有媒体“北京美丽乡村”网站和杂志的基础上，设计开通了以“北京美丽乡村”为主题的微信公众账号和手机APP软件，随时随地为市民提供美丽乡村的咨询服务。

继续巩固固有宣传阵地，与《农民日报》合办“都市型现代农业”专版（全年刊发48个专版，每周六第八版），与北京电视台合办《美丽乡村》栏目，全年由周播变成周双播节目（全年播出约100期），与北京人民广播电台合办《生态北京》栏目，（全年播出104期），常年为北京“三农”工作提供舆论支持。

五是加强舆情监控，做好信息搜集工作。进一步优化“舆情监控”系统，着重突出“敏感信息”部分，将敏感信息短信提醒范围扩大到信访、纪检监察等部门。全年形成《每日“三农”舆情快报》248期，收录涉农舆情信息3 449条，其中敏感信息242条。加强与新闻舆情监测服务系统的联系，随时抓取到的敏感信息内容，以短信形式第一时间通知相关负责领导和同志，做到舆情监测的实时化、常态化。同时，结合各阶段重点工作，每季度对涉农新闻报道进行搜集整理，形成“调结构转方式，发展高效节水农业”“北京市农村地区减煤换煤暨美丽乡村建设工作”等专题新闻报道汇编五册，搜集整理重点新闻报道200余篇。

全年共提供新闻报道线索160余条，直接提供服务的新闻报道达1 200多篇次（不含网络转载）。

【持续扩大“寻找‘北京最美的乡村’宣传评选活动”品牌优势】年内完成了2013—2014年度寻找“北京最美的乡村”评选工作。通过四种渠道对32个候选村庄进行了集中宣传：一是媒体集中采访新闻性宣传，BTV北京和BTV新闻并机直播的《北京您早》栏目、北京人民广播电台《生态北京》和《整点快报》栏目、《北京晚报》《京郊日报》《美丽乡村》杂志等媒体以专栏、专版等形式对32个候选村进行了集中报道。二是邀请市民参观体验性宣传，在各候选村自愿做出优惠承诺的基础上，精心设计印制了2万册《“北京最美的乡村”候选村体验评选套票》，通过北京农商银行免费赠送给市民，同时在活动官方网站“北京美丽乡村网”上刊发电子套票供市民免费下载，受到了广大市民的热烈追捧和普遍好评。

三是完善官方网站常年性宣传，在活动的官方网站“北京美丽乡村（www.bjmlxc.cn)”对32个候选村庄进行了突出宣传，通过视频、音频、图片、文字等形式充分展示了每一个候选村庄的风采。四是开通官方微博互动性宣传，开通市农委官方微博“北京美丽乡村”以及活动官方微博“北京最美的乡村”，利用新媒体及时有效地将32个候选村的“四美”展示给广大市民，受到了广大网民的热情关注和积极转发支持。

按照网络评选：报纸评选：体验评选：专家评选的比例为5：25：35：35进行综合评选。本届评选经剔除无效选票后，共确认了259 440张有效网络选票、769 920张有效报纸选票、82 500张有效体验选票。总成绩第1～20位的候选村庄被授予“北京最美的乡村”称号，其余的候选村庄被授予“北京最美的乡村（提名)”称号。《北京日报》《北京晚报》《京郊日报》刊发专版，对获奖村庄进行了表彰。

2013—2014年度“北京最美的乡村”：

1. 古城墙下的小村落——长峪城村（昌平区流村镇）。长峪城村春夏秋冬景色各异，素有昌平“小西藏”之称，平湖景观、“昌平第一峰”黄花草甸景观引人入胜；明代古城墙、永兴寺、热闹的社戏台体现其深厚的文化底蕴；肥而不腻的猪蹄宴配上黄芩玫瑰茶，爽口去火又美容养颜。

2. 山水画廊徽派诗意——下湾村（延庆县千家店镇）。村域内山峦重叠，湖、泉、瀑、溪等水景众多，坐拥优越的生态环境和地质景观，其中国家4A级风景区百里山水画廊的滴水壶景点就坐落于村内，还是中央美院学生最爱的写生基地。

3. 四季常“绿”的村庄——史东仪村（通州区）。史东仪村位于潮白河与侯肖沟西侧，发展了设施农业、循环农业，建立了农业观光园。308位村民共拥有土地589亩，其中蔬菜大棚62个、葡萄园41亩、桃园134.1亩、防风林51亩、樱桃园35亩、高效樱桃示范园100亩。

4. 潭柘寺旁古村落——赵家台村（门头沟区潭柘寺镇）。赵家台村坐落于千年古刹潭柘寺与“神州第一坛”戒台寺之间，村内崇祯年间的古钟、明清时期的地道保存完好；核桃、樱桃、白杏、柿子等树立成林，中西结合式小别墅整齐有序地坐落其中。旧景、新景交相辉映，显现出独特的美丽气质。

5. 萧太后的赏花之地——花园村（怀柔区杨宋镇）。5月至初冬的赏花季，花园村里外都是花的海洋，万寿菊、串红、牵牛花、海棠、薰衣草、百合……多种花卉争奇斗艳。村里还发展多种种植业，将四季花卉产业园区打造成多位一体的新型农业旅游观光园。

6. 京白梨的故乡——贾河村（房山区琉璃河镇）。300户的小村，拥有3 000多亩梨园，依托梨园贾河村走上了致富路。从2008年起，举办“梨花文化周”和“生态采摘节”，年均接待游客总量超过15万人次。京白梨曾经连续5年在全国梨王擂台赛上获得金奖，还是乾隆爷的最爱。

7. 天然动植物园——八亩堰村（门头沟区清水镇）。八亩堰村位于风景如画的京西国家级自然森林保护区百花山脚下，清水河支流划村而过，是经营历史最长的民俗旅游专业村；国家级保护动物有金钱豹、斑羚、褐马鸡、勺鸡、黑鹳、金雕等，市级保护动物有50余种。

8. 城乡结合部的一片“净土”——郎各庄村（朝阳区黑庄户乡）。郎各庄村闹中取静，道路整洁，绿草鲜花处处可见，毫无杂物。村里的文化活动广场紧靠红军公园，被一片郁郁葱葱的杨树包围。村民活动室内，书屋、舞蹈室、乒乓球台、音响设备样样齐全；村里的“快板刘”说身边人、身边事，原创幽默、远近闻名。

9. 郊野公园处处鲜花——朱庄村（大兴区长子营镇）。朱庄村生态资源丰富，“郊野公园”环境优美；保留古梨树群，发展林果业；建设蓝莓、花卉、叶类菜为主的设施农业；发展玉文化园、房车公园为主的旅游业；有以黎明、世纪红星为主的家具、餐厨等文化创意产业；700亩平原造林即将成为林下经济的重要载体。

10. “老娘们”手擀面——东辛屯村（大兴区青云店镇）。用当地生产的优质小麦，加工成原生态石磨面，制作出口感劲道的手擀面，这就是《舌尖上的中国2》推火的“老娘们”手擀面，村民们趁热打铁，将东辛村打造成“吃、住、游、采一体化的休闲旅游目的地”。

11. 特色民族村——窦店村（房山区窦店镇）。多民族风情村，不得不吃的是当地的牛羊肉，不得不看的是气派的清真寺；“一湖两带两区八景”主题公园内，展现“三季有花、四季常青、乔灌结合、错落有致”的美丽风景；村民拥有3 200亩耕地、500亩黄金梨园、1 200亩苗圃。

12. 汽车露营风情小镇——南苑村（丰台区南苑乡）。一个隐秘在城市周边的乡村田园，先后落地的一分地农民公社、创意农业观光园、生态草莓采摘园、宝贝当家体验农场、世界风情小镇、国际汽车露营公园等项目圆了都市人的田园梦，也富了村里的老老少少。

13. 汉钟离的故乡——慈母川村（延庆县大庄科乡）。依托慈孝文化底蕴，发展特色旅游，修建了汉钟离雕像、慈孝文化广场、“慈孝”单字解说、老二十四孝浮雕、新二十四孝彩绘等砖雕和彩绘、满族风情展室；组建了慈母情文艺演出队，编排节目传唱慈孝文化；发展了山间林地复合型生态农业，使村民“种一块地，收三份钱”。

14. 念活绿色“生态经”——东华山村（顺义区大孙各庄）。东华山村水质甘甜、土壤肥沃，有机肥料种植的“东华山牌”果品远近闻名；是顺义5个农宅节能保温改造试点村之一，并建有沼气站、污水处理站、雨洪利用工程、农村公厕、太阳能浴室等公共设施。

15. 循环经济先行村——兰家营村（顺义区牛栏山镇）。北京有名的生态绿树村庄，建有欧式公园、万米排污管、分类垃圾筒，现有金娃娃、金叶榆等苗木共600亩；村内的二、三产业发展迅速，建有北京鑫竺绿园食品有限公司、北京金顺出租汽车公司、北京深顺出租汽车公司等16家企业。

16. 邀您体验田园之乐——大庙峪村（平谷区镇罗营镇）。3 200多亩山地，酸枣、核桃、野菜是大山的馈赠，年产各种干鲜果品65万千克。村里着力打造“耕种＋餐饮＋住宿”一体式的新村居，每栋村居前面都配有一片菜地，不出农家院，就能在小菜园里享受耕种之乐。

17. 主打长城特色——司马台村（密云县古北口镇）。既有传统景区司马台长城，也有新建的古北水镇景区，民俗户达215户。村里专门成立民俗旅游专业合作社，实行“酒店式”管理模式，树立民俗旅游品牌。如今，正计划开放主打天然原生态特色的森林公园景区。

18. 山水画里的“不老”村庄——史庄子村（密云县不老屯镇）。利用不老湖的自然资源，结合“不老”特色，发展民俗旅游和林业果业，新建148户欧式别墅新居，不仅让村民生活富裕了，也让更多人体验到当地优美的环境和“不老”文化，更是新农村建设的代表。

19. 曹氏风筝栖身处——李家坟村（海淀区上庄镇）。这里有翠湖农业观光园和尚庄度假村，采摘休闲两不误；这里更有入选北京市非物质文化遗产名录的“曹氏风筝”。跟着“曹氏风筝工艺坊”的代表性传承人，亲手做风筝。说风筝、做风筝、放风筝，是村里一道独特的风景线。

20. 白桦林最佳驿站——中榆树店村（怀柔区喇叭沟门满族乡）。通往白桦林景区必经之地的市级民俗村，满族人口约占67%，林木覆盖率高达93%，可谓天然大氧吧。地道的满族小吃，街上的满族特色装饰……走在村里，处处尽显满族风情。

【继续开展第二届“北京最美乡村故事”主题征文展播活动】 在总结了2013年首届“北京最美乡村故事”主题征文展播活动成功经验的基础上，继续围绕“聆听最美乡村故事、品味美好幸福生活”的主题，从“最美乡村里的美好生活”“城市人眼中的最美乡村”“乡村里的美丽传说”“美丽乡村追梦人”四个角度广泛征集乡村故事。

活动自2014年6月6日启动以来，得到了13个涉农区县和广大市民的积极支持和踊跃投稿，收到稿件近2 000篇。2014年11月1日起，每天19：30至19：55，在北京故事广播（AM603）播出优秀稿件，将累计播发100篇，同时这些展播音频还在北京故事广播网、北京美丽乡村网上持续展播，不断传递“共建美丽乡村、共享美好生活”、践行社会主义核心价值观的正能量。

【继续开展第三届北京“‘三农’新闻人物”评选活动】 继续与《京郊日报》合作，主办第三届（2013年度）北京“‘三农’新闻人物”评选活动，以在基层工作中为“三农”默默奉献的先进人物为评选对象，通过区县推荐和市民投票，评选出在北京“三农”工作领域群众声望较高、示范带头作用明显的人物10名。并在《京郊日报》头版重点宣传报道，树立了一批可比可学的“三农”“草根人物”，发挥了榜样的示范引领作用。

第三届北京“‘三农’新闻人物”获奖名单及简介：

1. **曲明山，北京市土肥工作站肥料室主任。**曲明山被誉为北京农业技术推广领域的发明家，共获得国家专利12项，其中发明专利8项。从1998年起，他历时5年试验研究，研发出移动式、开合式、阳台式等7种园艺立体模式，使农业生产从地面拓展到空间，温室利用率提高一倍以上。通过农业科技创新研究成功的“傻瓜式”农业技术服务方式、“把脉问诊、对症开方、按方产肥”三者合一的技术推广模式、温室立体栽培草莓技术等技术方式，对都市型现代农业发展起到了积极推动作用。

2. **张宝海，农科院蔬菜研究中心蔬菜种质资源与特菜引种研究室主任。**张宝海是市农林科学院蔬菜研究中心特菜课题组专家，从1993年调到特菜组起，他就一头扎进品种众多的特菜世界，至今已有21年。他牵头建立了完善的特菜推广体系。目前，特菜课题组已储备200多个特菜品种，年推广3万亩以上，丰富了“菜篮子”。同时，他凭借多年来在特殊蔬菜品种及种植技术领域的研究与经验积累，解决了北京奥运会特色蔬菜品种问题，保证了奥运蔬菜的顺利供应，受到组委会高度赞扬，他本人曾入选奥运火炬手。

3. **陈伟杰，密云县不老屯镇学艺厂村书记。**陈伟杰是从大学生“村官”转正村支书的密云第一人，3年的“村官”助理工作赢得了村民信任。2012年年底，陈伟杰高票当选为不老屯镇学艺厂村村支书。上任后，他选择在村委会办公室住下来，经常跟村民拉家常，和群众打成一片，赢得了村民认可。在陈伟杰建议下，村“两委”确定了沟域经济和旅游项目发展思路，成功引进了矿泉水项目，解决了200余人的就业问题，并在学艺厂村旧址建了3栋彩钢大棚，与密云百年栗园建立合作关系，建立了柴蛋鸡养殖基地。

4. **王庆波，房山区南窖乡水峪村书记、主任。**在村里当了30余年干部的他，深爱着这里的每一寸土地，为让水峪村独有的古宅、古商道、古中幡、古石碾“四古”文化得以传承和发展，他带领村民实施西山自然生态观光园建设，完成了果园内主路及上山甬道建设，发展种植“京枣39”、中华圣桃、黄金梨等果树近千亩，提高了村民的收入。2014年2月，水峪村被国家住建部、国家文物局评为第六批“中国历史文化名村”。

5. **周顺海，延庆县香营乡新庄堡村金剪子果树管理服务队队长。**他以高超的技术和无私的精神，收获了“金剪子”称誉。新庄堡村有上万亩杏树，靠周顺海一人，根本忙不过来。他一边免费为本村果农修剪果树，一边培养人才，把技术传授给乡邻。他成立了90多人的金剪子服务队。随着技术的精湛和知名度提高，服务范围不断扩大，目前已为全县15个乡镇、本市8个公司及周边5省修剪果树6 000多亩，涉及农户800多户，帮助果农增收500多万元。

6. **聂海生，北京绿富农果蔬产销专业合作社理事长。**2007年，他带头成立绿富农合作社，带领农民共同致富。目前合作社拥有社员335户、基地2 200亩，辐射带动周边162户，安置劳动力100余人。去年合作社销售额达5 295万元，销量达5 100吨。他还积极推进设施农业自主创新，发明温室自行式轨道车；在农户中全面推广滴灌技术、双网覆盖、色板诱杀技术、沼气利用、富硒甜椒技术等新技术；成功示范推广番茄优质高产新技术，促进了农民增收。

7. **陈宗光，大兴区农技推广站站长。**他将有机玻璃制造工艺、食品防腐保鲜等不同行业科技和人文要素融入西瓜生产过程中，开发出艺术西瓜，实现了创意农业从概念创意向生产创意的转变。在探索创意农业发展中，他先后开发出袖珍礼品、高架栽培、“二胎”栽培等创意西瓜产品和生产模式；组织实施设施高产创建和名、特、优、新品种等科技示范推广项目，获农业部丰收奖、市科技推广一、二、三等奖；被评为新世纪百千万人才工程市级人选。

8. **侯引绪，农职院畜牧兽医系动物医学专业主任。**“7·21”特大暴雨中，他带领团队第一时间赶到房山区救灾。他的《暴雨灾害过后奶牛场生产自救重点技术措施》论文，荣获第四届奶牛大会优秀论文奖；主编完成了国内首部“奶牛场应对自然灾害专业技术预案”。多年来，他带领团队形成原创性科技创新成果10项，研制的奶牛吹风、喷淋变频装置和奶牛新型灌服器获国家专利，“傻瓜式”肉绵羊一年两产技术在国内5省推广应用。

9. **于广云，门头沟区清水镇洪水口村书记、主任。**于广云曾被评为全国劳动模范，1998年任村支书后，他尝试股份合作制农村经济发展新模式，以开发旅游资源为龙头，进行产业结构调整。目前洪水口村有农机修配厂、矿泉水厂、聚灵峡景区、养殖合作社、古道山庄、二帝山景区6个股份制企业，村集体年收入57万元，分红金额39万元，实现了村民"入股能挣钱、资源能得钱、资产能分钱"的目标。村民年人均劳动所得从1997年的1 483元增至14 160元。

10. 王小东，海淀区东升镇东升博展股份社党总支书记、董事长。他是在农村成长起来的优秀年轻企业家，他带领团队在城乡一体化进程中勇担重任、锐意创新，短短几年成长为明星企业。2012年，东升科技园获批成立中关村东升科技园，成为全国第一个由国务院批复成立管委会的乡镇产业园。中关村东升科技园的发展，解决农村剩余劳动力转移就业100余人。他本人也获评为北京市有突出贡献农村实用人才、海淀区第二届优秀青年企业家。

【组织开展北京市第二十四届农民艺术节】以"文化让乡村更美丽"为主题，组织了北京市第二十四届农民艺术节。主要内容涉及了"乡村大舞台"群众文艺会演系列活动、"美丽乡村"文化主题展播系列活动、"美丽乡村"艺术展览系列活动三个板块，活动贯穿农村文化活动开展的全过程，向基层延伸，向四季延展，通过统分结合、形式多样的活动安排，带动农村群众文化活动的蓬勃开展，展现乡村新景象，反映农村新生活，展现农民的美好希望与梦想，弘扬健康文化，抵制陈规陋习，促进乡风文明，为美丽乡村增添文化内涵。按照中央八项规定厉行勤俭节约的原则，第24届农民艺术节取消了"美丽乡村"主题电视晚会，将工作重点放在了"乡村大舞台"等与农民切身利益相关的群众性文化活动中。

作为全年性农村群众文化活动的重要平台，"乡村大舞台"设置了逐级展开的"乡镇初赛""区县复赛""市级决赛"三级擂台赛环节，引领、带动13个涉农区县开展群众文化演出78场，10余万农村群众登台表演，辐射观众近百万。为培养农村自己的文艺人才，打造属于京郊的文化品牌，强调"原创理念"，全市13场"乡村大舞台"区县复赛，节目总量达到153个，其中原创节目112个，占节目总数的73%。还推出了文化志愿者下乡活动，以"乡村大舞台"为切入点，深入13个涉农区县，开展节目评选选拔，对富有特色的农村基层文化活动进行指导编排，提升农村原创文艺作品质量和群众表演水平。

【举办"北京美丽乡村"书法绘画摄影展览】由第四届"北京美丽乡村"书法创作、"画"说美丽乡村活动、第四届聚焦"美丽乡村"摄影大赛三项活动组成，本着面向基层、服务群众的宗旨，以农村群众为创作主体，通过书法、绘画、摄影等艺术形式，展现美丽乡村新面貌。活动共征集作品1万多幅，展出优秀作品170余幅。万余名艺术家、爱好者和农民参与创作。

【提升乡风文明　筹备开展第二十五届农民艺术节】第25届农民艺术节本着坚持贴近实际、重在基层、鼓励创新、节俭实效的原则，以"文化乡村，美丽绽放"为主题，继续将活动重心下移，在艺术节指导委员会的牵头下，开展了以下活动。

一是开展乡风文明原创作品培训。举办原创节目培训班，本着强化原创作品支撑、彰显传统文化魅力的目的，通过聘请中国艺术研究院、北京舞蹈学院等专业大专院校的教授讲师，并采取集中授课、经验交流、作品赏析的形式，为来自13个涉农区县的乡镇（街道）编导人员及农村基层文艺工作者近130余人集中授课3天，实现了"专业上有提高、作品上有突破、节目上有变化"的培训目标。

二是开展文化试点村建设活动。本着文化服务产业发展、服务群众生活、服务乡风文明建设的要求，与北京市农广校"文化驻乡"工程相结合，在全市范围内确定了密云蔡家洼、房山西白岱、怀柔西台子村3个村为文化试点村，借助文化志愿者的力量，帮助其挖掘整理乡村原创文艺作品，辅导农民自编自演，打造品牌演出活动，为提升乡村民俗旅游品质注入文化实力。

三是组织"乡村大舞台"群众文艺会演。开展"乡村大舞台"初赛暨基层选优活动。在各区县相关部门的配合下，组织乡镇（街道）开展了百余场"乡村大舞台"初赛活动，有近万名群众参与登台表演，观众超过10万人次，实现了农村基层群众文化活动的全覆盖。

四是开展"聚焦美丽乡村"主题摄影展活动。以展示北京新农村建设成果为主题，以"北京最美的乡村"及候选村、"北京美丽乡村”等为重点，以“生产美、生活美、环境美、人文美”为拍摄内容，开展了第五届“聚焦美丽乡村”摄影大赛，此次大赛面向全市，共征集作品万余幅，其中有55 480幅入围，大赛组委会从入围的作品中，评选出88幅月赛获奖作品和69幅大赛获奖作品，其中特等奖1幅、一等奖3幅、二等奖6幅、三等奖9幅，优秀作品50幅。

（王楠）

农村文化工作

【概况】2014年，市文化局认真学习贯彻党的十八届三中、四中全会、习近平总书记系列讲话和市委、市政府有关精神，以加快构建现代公共文化服务体系为目标，通过建机制、出政策、搭平台、树品牌等方式，着力推动全市公共文化服务实现标准化、均等化、社会化和数字化，不断满足群众基本文化需求。

【搭建新平台，举办首届市民系列文化活动，带动提升全市群众文化活动水平】以服务人民为中心，坚持阵地意识和文化民生意识，在市级层面打造了首届北京市民系列文化活动。据初步统计，全年共举办各类文化活动近2万场，覆盖人群3 000万人次。取得的成效：一是创新搭建市级综合系列文化活动品牌，带动市、区县、街乡、社区村四级联动，形成自下而上的群众广泛参与的北京群众文化系列活动。二是以“我的中国梦，欢乐新北京”为主题，创新机制，推动形成“市民是主角，社会是主体，政府是主导”的公共文化活动新格局。三是品牌带动，整合市级相关部门文化资源、区县资源，共同推动，有机组合，挖掘提升资源使用效率。四是构建市级惠民文化活动、市级示范引领创新活动、传统民俗节日文化活动、现代节庆日文化活动、文化主题活动日等五大系列五大版块，覆盖全年、全市和全民。五是产生了一批优秀群众文艺团队、一批优秀原创作品、一批优秀文化志愿者、一批群众文艺之星。五是出办法，为了推动群众文化出精品、出人才，市文化局会同市财政局制定了《北京市群众文化奖励扶持专项资金管理办法》，专门对优秀作品和特色品牌活动进行奖励和扶持。

【加强服务监督，委托第三方对基层设施服务情况进行评估，提高运营管理水平】2014年市文化局委托第三方机构，采取明察暗访的方式，按照设施、服务、活动、管理、经费五项达标要求，对乡镇街道、村社区近600个服务机构进行蹲点式调查，每个设施调查7天，摸清基层设施一周的服务情况、运营情况和管理情况，查找存在的问题。通过调查，使基层服务机构增强了服务意识，提高了免费开放的自觉性和主动性。

【强化技能培训，完成群众文化组织员培训任务，提高组织员整体能力】为加强基层文化干部队伍建设，着力强化业务技能，提高服务能力，打造一支素质过硬的基层文化干部队伍，市文化局连续三年举办基层文化组织员培训班，按照“六会”标准（即会组织活动、会指挥合唱、会舞蹈编排、会乐器演奏、会计算机技能、会做群众工作），对基层群众文化组织员进行系统培训。目前已培训1 000名。通过有计划的培训，基层组织员的政治素质和业务技能得到明显提升，为群众提供文化服务的能力明显提高，进一步缩短了政府提供的服务与群众需求之间的对接距离。

【整合资源，强化对接，建立公共图书馆、文化馆站、公益演出三大服务配送体系】以满足基层群众文化需求为导向，制定了公共图书馆服务配送、文化馆服务配送和公益演出服务配送三个方案，搭建配送平台，强化服务对接。一是送图书下基层。利用分馆和直属书库，统一加工数据，按季度为街道图书馆、社区村图书馆室（含益民书屋）补充图书，为企事业单位、学校等配送2～3次。目前基层分馆283个，服务点3 170个。二是提供流动图书车服务。全市16个区县图书馆20辆流动车为机关、部队、企业、学校、外来务工人员聚集区等提供图书服务2 799次，送书117.87万册次。三是为特殊人群配送服务。各区县图书馆针对盲人、老人、未成年人、来京务工人员提供盲文图书、视听读物等送书上门服务。四是搭建市级群众艺术培训平台，制定了全年公共文化活动计划，构建优秀艺术人才库，制定培训课程和原创节目培训方案等。五是输送优秀师资。为区县文化馆制定基层文化辅导教材，输送优秀辅导教师，提供创作指导。

【创新理念，制定“1＋3”公共文化政策，完善标准化、均等化的政策体系】近年来，覆盖城乡的全市四级公共文化服务体系一体化水平明显提升，农村的文化设施建有率及使用情况得到进一步改善，全市农村群众的基本公共文化权益得到有效保障。

市文化局紧紧围绕公共文化服务体系建设这个中心任务，加强顶层设计和制度创新，启动了“1＋3”政策工程，即一个主体文件是《北京市人民政府关于进一步加强基层公共文化建设的意见》，三个支撑文件是《北京市基层公共文化设施建设标准》《北京市基层公共文化设施服务规范》《首都公共文化服务示范区创建方案与标准》。这四个文件有机组合，从宏观政策指导、设施标准、服务规范和创建水平四个方面，共同支撑起体系的基本框架。

文件起草历时一年，充分征求了相关委办局和16个区县政府意见，李伟同志分别召开市委宣传部部务会和市委深改组文化体制改革专项小组会审议并通过相关文件。2015年5月5日，王安顺同志主持市政府常务会议对“1＋3”公共文化政策文件进行了研究，会议明确了北京作为全国文化中心要以首善标准加强文化建设特别是基层公共文化建设的指导精神，提出了要按照《京津冀协同发展规划纲要》确定的原则促进基层公共文化服务资源合理配置，实现区域公共文化服务均衡发展，要把公共文化服务保障纳入规划，建立机制，整合资源，满足群众基本文化需求的工作要求。会议研究通过了上述文件，将以市政府名义正式印发执行。

【示范带动，以创建国家公共文化服务体系示范区为契机，推动体系建设】北京市朝阳区成为首批国家示范区后，继续采取措施，巩固取得的成果。东城区获得第二批示范区创建资格后，在老城区用地极缺的情况下，加大投入力度，采取新建、改建、租赁、共建共享等方式，使设施达标率提升到80％，硬件水平明显提高。海淀区示范项目是高新技术企业园区构建公共文化服务长效机制研究。延庆县示范项目是村级群众文化组织员建设工程。该县从基层文化队伍的长远发展角度出发，建立了“选拔有公示、培训有组织、日常有记录、兑现有考核”的良性机制，创新开办文艺中专班，健全人才队伍。目前，该县已经实现每村配备1名文化组织员的目标。10月，按照文化部要求，对示范区（项目）进行了中期督查。借鉴国家示范区创建经验，制定了北京公共文化服务示范区的创建方案和标准，发挥示范引领作用，带动完善服务体系。

【加强规划研究，编制公共文化设施专项规划，推动设施合理布局】根据习近平总书记视察北京时的重要讲话精神，配合全市城市总体规划修编工作，启动了《北京市公共文化服务设施空间规划》研究和编制工作。编制目的是统筹城乡公共文化设施建设，加强全市公共文化设施的规划工作，落实和控制文化设施建设用地管理，构建与北京市经济社会发展水平和首都城市战略定位相适应的，布局合理、结构优化、功能先进、配套完善的公共文化设施体系。

（张悦）

农村人才培养

2014年，全市农村实用人才工作按照《首都中长期农村实用人才发展规划纲要（2010—2020年）》的要求，创造性地开展工作，农村实用人才工作取得了新的进展和成效。截至目前，全市农村实用人才总量达到4.7万人，比2013年新增2 000人。

【积极做好农村实用人才开发培养工作】结合北京新农村建设和城乡一体化发展实际，围绕区县功能定位，通过签订培养协议等形式，把培养对象、辅导教师和培训基地、主管部门联结起来，积极做好年度农村实用人才开发培养工作。全年每个远郊区县新增农村实用人才100名以上，每个近郊区新增农村实用人才50名以上。实施百名党员实用人才培养工程，增加党员在实用人才中的比例，更好地发挥党员的示范引领作用。重点做好农产品加工、民俗旅游、农民专业合作组织、农村文化、农村社会管理等新型行业农村实用人才开发培养，做到人才培养与北京经济社会发展相适应，人才分布与地区产业布局相匹配。继续做好全市农村实用人才等级认定工作。

【加大农村实用人才培训力度】为全面提高农村实用人才队伍整体素质，切实发挥优秀农村实用人才的骨干作用。2014年市委农工委举办了北京市优秀农村实用人才示范培训班，分农民专业合作社运营、家庭农场、民俗旅游、创业兴业等四个专题。来自全市13个郊区县的480名优秀农村实用人才参加了培训。培训班还吸收了市团委推荐的60名农村青年致富带头人参加，为农村青年致富带头人提供学习交流的平台。全市13个郊区县、182个乡镇也组织开展了区县、乡镇层面的实用人才培训工作，做到每名新入库的农村实用人才年内都能够参加一次集中培训。

【组织开展农村实用人才示范实训基地评选工作】为充分发挥实训基地在农村实用人才开发培养中的示范、引领和带动作用，2014年，在全市开展了农村实用人才开发培养示范实训基地评选活动，进一步推动实用人才实训基地建设。通过组织专家查看申报材料、实地考察、组织评审等，从全市推荐的23个候选基地中，最终评选出唐家堡村葡萄种植基地、北京营坊昆利果品专业合作社、北京益农缘生态养殖专业合作社、北京南河北星农业发展有限公司、北京安定贾尚精品种植园、北京大岸明月影视文化传媒有限公司、北京奥金达蜂产品农村实训基地、绿都兴瑞养殖实训基地、北京兴农天力农机服务专业合作社、北京碧海圆生态农业观光有限公司等10个市级示范实训基地，涵盖种植、养殖、农机、生态农业园区、物业公司、科技园区、文化传媒、社区服务等。对每个基地颁发了统一制作的标牌，并给予7万元的资金资助。

【圆满完成中组部、农业部全国大学生“村官”和农村实用人才带头人示范培训任务】按照中组部、农业部安排部署，2014年，在韩村河培训基地共举办了8期共800名全国大学生“村官”和农村实用人才带头人示范培训班。为办好培训班，积极与农业部、韩村河基地加强联系，从课程设计、学员管理、教学组织等方面发挥好沟通、协调、组织、服务保障作用，每一期派一名班主任加强管理，保证了每期培训班顺利进行，保证了教学质量和学员的安全。同时，组织50名大学生“村官”和220名农村实用人才赴山东西霞口村、黑龙江正兰三村、天津毛家裕村、福建兰田村参加中组部、农业部举办的培训班，每期指定专人负责，保证了学习培训任务完成。为加强全市大学生“村官”队伍建设，市委组织部、市委农工委、市人力社保局在韩村河基地共同举办了全市大学生“村官”示范培训班，共有100名大学生“村官”参加了培训，促进了大学生“村官”创业兴业能力的提升。

【做好年度农村实用人才工作总结、考核和创新项目评审工作】召开了2014年全市农村实用人才工作会议，通报2013年度考核评估情况，部署2014年工作任务。按照《北京市农村实用人才工作考核办法》，组成考核验收小组，通过区县自查、电话访谈、听取汇报、实地走访、查阅材料等形式，对2014年农村实用人才工作进行了考核验收。重点是2014年各区县农村实用人才开发培养培训、工作方法创新、服务体系完善、配套政策制定、人才作用发挥、工作机制健全等方面的内容。开展实用人才创新项目评审工作，把实用人才工作创新作为2014年检查考核的一项重要内容，按照实际效果、推广价值、群众反映等标准，评选出工作创新一、二、三等奖，并做好创新项目的宣传、推广工作。

【加强农村实用人才工作者队伍建设】抓好农村实用人才工作，需要一支强有力的人才工作者队伍。2014年，市委农工委举办了全市农村实用人才管理者学习培训班，集中对全市13个郊区县组织部（农工委）人才科长、182个乡镇人才工作管理者进行了普遍轮训。主要是学习贯彻习近平总书记关于人才工作的一系列重要论述精神，组织大家到京郊农村实用人才示范实训基地和创业典型进行参观学习，互相交流工作经验和做法，结合北京农业“调结构转方式”的发展实际，深入研究探讨新形势下如何进一步抓好农村实用人才工作。组织20名农村实用人才工作者赴台湾学习交流都市农业和乡村旅游发展等方面人才开发培养的经验做法，开阔大家的视野，拓展大家的思路，促进北京市农村农业人才工作的发展。

【完成中组部、农业部、市委组织部等部署的其他工作任务】协助农业部完成农村实用人才带头人示范培训教材编写等工作。协助农业部党校在北京共建实践教研基地工作。完成第七批“人才京郊行”4名人员选派工作。组织申报第七批“北京市优秀青年人才”评选，市农林科学院郭绍贵、魏书军同志当选。组织申报市人保局“百千万人才工程”人才选拔工作，市农林科学院李常保、魏书军成为市级人选。组织申报第二批市级专业技术人员继续教育基地，市农林科学院入选，并获得200万元资助。

【农村实用人才工作经验和体会】一是工作机制健全。通过近几年的不懈努力，目前在全市上下形成了区县组织部门牵头抓总、区县农委农工委密切配合，市、区县、乡镇上下联动的工作机制和工作格局，解决了实用人才工作由谁抓、谁去抓的问题，这是抓好实用人才工作的重要前提。二是有一定的工作保障。这几年，市财政每年给予农村实用人才工作一定的经费保障和支持，这对开展工作起到了重要的支撑和保障，有效地调动了各区县工作的积极性创造性。三是始终坚持“请进来、走出去”，不断开阔思想和视野。这几年加大实用人才培训力度，积极参加中组部、农业部在全国组织的示范培训班，每年组织实用人才和实用人才工作者到国（境）内外学习培训，对推动实用人才工作起到了重要的促进作用。

【农村实用人才工作当前存在的问题】一是工作开展不平衡，个别区县、乡镇对农村实用人才工作的认识还有偏差，工作谋划、指导还不到位，特别是区县组织部门重视程度还不够，工作积极性不高。二是对新的形势下农村实用人才如何开发培养、如何发挥好中高级农村实用人才特别是领军型人才的作用，如何加大政策保障扶持力度等缺乏研究和具体措施，工作创造性不够。三是农村实用人才开发培养的质量还不高，在做精做强上动脑筋不够，高端人才、复合型人才不多，人才宣传推介、相互交流的力度还不大，手段还不多。

（李晟龙）

【加强新型职业农民的培训力度】至2014年年底，市教委加强职业农民的培训力度。为适应新农村和城镇化建设需求，市教委协助国家级新型职业农民教育培养重大课题研究组，完成北京市新型职业农民课题的研究；实施农村成人教育教材建设项目，推出一批具有鲜明农村特色的培训教材；积极筹建北京市农民教育培训“讲师团”，制定“讲师团”管理、考评、奖励办法。推行房山、大兴改革创新、破解难题、推动农村成人教育工作的经验，指导其他区县开展创建工作。

（陈斌）

【投入2.18亿元改扩建村办幼儿园】至2014年年底，市级财政投入2.18亿元改扩建村办幼儿园。拟新建、扩建82所村办园，实际新建、扩建74所村办园，有8所因土地规划、用地争议等停建或调整。该项目结束后，预计可增1万个学位。

（彭兴蕊）

【示范园和农村乡镇中心园及薄弱园“手拉手”】2014年3月27日，市教委公布第八批示范幼儿园和农村乡镇中心园及薄弱园“手拉手”名单。共有32对幼儿园组成“手拉手”协作关系，并签署协议书。双方本着优势互补、资源共享、互助互利、共同提高的原则，制定支教计划，互派干部、教师定期到对方园学习交流。示范幼儿园对乡镇中心园及薄弱园的各项教学活动给予重点指导，并讲授示范课。协议有效期2年。

（王洪兰　华蕾）

【再增20所城乡一体化学校】2014年9月1日，新增加20所城乡一体化学校开学招生。2014年，市级投入6.15亿元，继续支持建设20所城乡一体化学校，其中包括4所九年一贯制学校。20所学校新增学位6 540个，总学位达到35 980个。2012年，北京正式启动城乡新区一体化学校建设工程，投入约2.4亿元重点建设15所学校，当年建设完成后，新增学位9 012个。2013年，北京再建30所城乡一体化学校，投入6.18亿元，新增学位24 881个。

（王雪青）

【招聘农村中小学音、体、美等学科教师】 至2014年年底，市教委完成农村中小学音、体、美教师招聘。招聘范围为北京市9个远郊区县和朝阳区、海淀区、丰台区的农村地区中小学，招聘音乐、体育、美术、历史、地理学科教师。公开招聘按照“一次考试，一次补充调剂”的方式组织实施，即考生报名、资格审查、笔试、面试，第一轮面试后，针对未招满的岗位面向参加招考公共科目笔试成绩合格且未被录用的考生进行一次补充调剂面试。招聘对象为北京地区全日制普通高等学校2014年大学本科及以上学历应届毕业生，其中非北京生源毕业生须符合北京市进京落户条件。受聘到农村中小学音、体、美等岗位的毕业生在本学校本岗位服务期不少于5年，具体服务期限由各区县教委根据实际情况确定。2014年，市教委大力补充农村中小学小学科教师，设立农村特级教师特设岗位和特级教师评选专项指标，通过政策倾斜鼓励优秀教师投身农村教育。

（华蕾）

【都市农业职业教育集团成立】 2014年3月6日，市教委、市农委印发《关于同意成立北京都市农业职业教育集团的批复》。同意北京农业职业学院牵头，联合中国农业大学食品科学与营养工程学院、北京农学院城乡学院、北京市园林学校、北京水利水电学校等和北京三元绿荷奶业集团、北京三元种业科技股份有限公司、北京京林园林绿化工程有限公司、北京市燕波工程管理有限公司、北京市农林科学院、北京市农业机械研究所等行业企业，共同组建“北京都市农业职业教育集团”。

（张兰）

农村卫生、新型农村合作医疗

【提高新农合筹资标准及补偿水平】 2014年，全市新农合统一人均筹资标准为年人均不低于1 000元，较上年提高320元。其中个人缴费不低于100元，政府年补助不低于900元。全市共参合242.59万人，农业人口参合率98.97%。全年总筹资26.46亿元，总支出24.10亿元，补偿582.29万人次，住院实际补偿比为49.30%，门诊实际补偿比为36.60%，15类重大疾病实际补偿比达60%左右。

（朱文伟）

【开展新农合大病保险】 3月31日，启动新型农村合作医疗大病保险工作。规定：北京市参合人员在享受当年新农合报销后（符合民政救助条件的在享受救助政策后），个人自付医疗费用超过起付线的部分，由新农合大病保险资金再次给予补偿报销，一个参合年度结算一次。各区县于10月底完成了2013年度全部符合条件参合患者的大病保险补偿工作。2014年各区县完成大病保险筹资12 395.19万元，全市共计补偿15 471人，补偿费用9 249.96万元，大病患者实际补偿比为56.3%，较未享受大病保险政策之前提高了7个百分点。

（朱文伟）

【商业保险参与新农合经办】 继2013年在密云县、门头沟区采取“共保联办”（“共保”就是政府与保险公司共同承担基金超支风险，保险公司在相应的保险责任内自负盈亏，主动管控风险；“联办”则是政府与保险公司共同管理新农合经办业务）形式开展商业保险参与新农合经办业务后，2014年内，大兴区、怀柔区、顺义区也按照合作方式引入商业保险参与新农合经办。截至2014年年底，全市已有包括平谷区在内的6个区县引入商业保险机构参与新农合经办。

（朱文伟）

【开展乡村医生执业期满再注册工作】 根据《乡村医生从业管理条例》和《国家卫生计生委办公厅关于做好乡村医生执业证书有效期满再注册有关工作的通知》（国卫办基层发〔2013〕38号）要求，2014年需对乡村医生进行执业证书5年期满再注册暨换证工作。印发了《北京市卫生计生委关于做好乡村医生执业证书有效期满再注册有关工作的通知》（京卫基层字〔2014〕7号），提出了时间进度安排和具体工作要求。13个涉农区县将执业再注册工作与乡村医生年度考核和培训工作有机结合，按时完成了再注册工作，全市共为4 605名乡村医生换发了《北京市乡村医生执业证书》。

（李志敬）

【开展村卫生室和乡村医生队伍建设研究和指导检查】为进一步加强村卫生室和乡村医生管理工作，明确村卫生室的功能定位和服务范围，更好地为农村居民提供基本公共卫生服务和基本医疗服务。市卫生计生委委托市社区卫生协会开展了村卫生室和乡村医生队伍建设研究——村卫生室检查指导和乡村医生政策调研。调研涉及 11 个区县 20 个村卫生室及 21 名乡村医生，对村卫生室的机构设置、人员配备、年龄学历、服务情况、药品管理、培训考核、补偿机制、存在问题等进行了调查，并提出了有针对性的对策建议，如建议将村卫生室建设纳入卫生行政管理体制内管理、合理配置村级卫生人力资源、将村卫生室纳入新农合定点、补充乡村卫生人才队伍等，为下一步制定村卫生室和乡村医生管理政策及措施提供了支持与帮助。

（李志敬）

【培养农村卫生人才】根据乡村医生岗位职责，不断完善教学组织管理网络，组织进行现状与培训需求调研，制定和完善培训计划和培训大纲，加强师资队伍建设和培训督导工作。2014 年共在全市 13 个有乡村医生的区县（东城区、西城区、石景山区没有乡医）建立了 175 个岗位培训教学点，培训并建立师资队伍 310 人，对在村卫生室执业的乡村医生免费培训不少于两次，累计培训时间不低于两周，共培训乡村医生 4 432 名（其中 60 岁以下乡村医生 2 248 人，60 岁及以上乡村医生 2 184 人）。培训了四大慢病（高血压、糖尿病、冠心病、脑血管疾病）的防治，常见病症的诊断思路与处理，儿科常见病的诊治，应时传染病的防治及乡村医生医疗差错的防范。技能培训内容包括：体格检查（心肺听诊）、中医适宜技术治疗常见病和急诊急救等适宜技术。经对 13 个区县督导评价，2014 年各区县乡医培训管理水平和能力均有很大提高，差距显著缩小。全市乡村医生培训管理工作正在走向规范化。

（王凯峰）

【面向远郊区县定向培养医学生】2014 年北京市采取定向招生、定向培养、定向就业的方式，依托首都医科大学为房山、平谷、密云等 7 个远郊区县培养卫生人才。2014 年全市共招收各类定向生 420 人，其中：三年制临床医学专业（山区、半山区定向班）100 人，五年制临床医学专业（远郊定向）70 人，三年制临床医学专业（远郊定向）200 人，三年制医学影像技术专业（远郊定向）40 人。

（王凯峰）

【培养区县级医院学科骨干】为加强对区域医疗中心人才培养的扶持，组织安排区（县）级医院学科骨干到三级医院进行“一对一”的导师制培养，针对某一项专业技能进行系统、规范的培训，提高其临床技能水平和科研能力。2014 年，共完成 116 名区县学科骨干培训任务，有 143 名学科骨干开始接受培训。

（王凯峰）

【助理全科医师规范化培训】为加强以全科医生为重点的基层卫生人才队伍建设，本市于 2013 年 1 月在通州、大兴、房山、平谷、怀柔、密云、延庆 6 个区县启动助理全科医师规范化培训试点工作。7 个区县已在或将在基层社区卫生服务机构（包括乡镇卫生院）从事社区卫生服务工作的 2012 年临床医学专业专科应届毕业生均需到经认定的培训基地参加为期 2 年的全日制脱产培训，已从事社区卫生服务工作的往届临床医学专科毕业生，可根据用人单位需要酌情选送。同时，将临床医学（专升本）成人学历教育与助理全科医师规范化培训并轨进行，培养学制为 2.5 年，采取“3＋X”的招生考试政策，单独划线录取。到 2014 年，共有 244 名新毕业分配到基层社区的医学专业大专毕业生进行为期两年的临床技能规范化培训。

助理全科医师规范化培训是提高全科医生技能水平的重要举措，将会为不断缩小城乡人才差距，进一步健全和巩固基层卫生服务网络，为构建“小病在社区、大病不出区县”医疗卫生体系的新格局，推进城乡一体化协调发展的进程提供重要的医学人才支撑。

（王凯峰）

少数民族乡村工作

【本市少数民族乡村经济发展成效显著】 2014 年是实施“十二五”规划承上启下、攻坚克难的关键之年。一年来，北京市落实少数民族乡村经济工作会议精神，研究部署各项目标工作任务，紧紧围绕《北京市“十二五”时期少数民族事业发展规划》确定的目标任务，切实完善政策激励、部门联动和社会参与机制，努力破解发展难题，推动本市少数民族乡村经济发展取得了明显成效。

1. **重点达标任务取得新进展。**据市经管站统计，全市民族村农民人均劳动所得为 19 271 元，比全市平均水平 17 141 元高2 130元，同比增幅为 10.9%，连续第六年数额、增幅高于全市平均水平。全市 89.5%的民族村达到全市或所在区县人均劳动所得平均水平，超额完成年度达标任务，提前一年基本实现“十二五”规划目标。

2. **特色发展取得新成效。**按照“三特一创”的工作思路（即特色民居保护、特色产业发展、特色文化传承和民族团结进步创建），积极推进少数民族乡村特色发展。2014 年，延庆县慈母川村、房山区窦店村等 4 个民族村获得国家民委首批命名的“中国少数民族特色村寨”称号。

3. **攻坚克难取得新突破。**怀柔区委、区政府紧抓机遇，积极整合沟域经济、山区搬迁等政策措施，年度新增达标村 9 个，达标率达到 94.4%，在提前一年超额完成本区县达标任务的同时，为全市达标工作做出了重大贡献。延庆县迎难而上，想方设法谋发展，不仅达标率由上年的 57%增至 86%，慈母川村还以独特的“慈孝”文化和满族风情为首都赢得了荣誉。大兴区成功破解发展难题，借助第二机场建设机遇，4 个未达标民族村全面提速，为完成规划目标打下了基础。

（沙海涛）

【市民委有关负责同志赴部分区县调研少数民族乡村经济发展情况】为破解民族乡村经济发展中的重点难点问题，进一步推动低收入民族村经济发展，确保完成少数民族乡村经济发展“十二五”规划目标，2014 年市民委有关负责同志分别赴朝阳、大兴、怀柔、密云、延庆等少数民族乡村经济发展任务较重的区县专题调研少数民族乡村经济发展，在与区、镇有关同志就如何促进少数民族乡村发展进行座谈和研讨的基础上，还实地走访了部分低收入民族村，掌握第一手情况。

（沙海涛）

【牛有成同志听取少数民族乡村经济发展专项资金以奖代补工作汇报】 2 月 18 日，市委常委、统战部部长牛有成专题听取了市民委有关工作汇报。牛有成同志对近年来市民委、农委和财政局认真贯彻落实市委、市政府工作部署，注重发挥专项资金作用，不断完善以奖代补机制的作法给予了肯定，进而对相关工作提出了明确要求。他指出，民族乡村经济发展的第一责任人是区县、乡镇和民族村，市级专项资金是发展资金不是扶贫资金，要继续突出政策激励的作用，在制度设计上要重视巩固已达标村发展成效，特别是要避免政策漏洞，防止出现反复达标而获取专项资金的问题。他强调，民族乡村经济发展只有起点没有终点，要重视达标，但决不能只满足于达标，更要激励促进已达标村保持平稳较快发展势头，注重整体水平的提升。他要求，相关部门要对发挥政策集成优势、用好专项资金进行认真研究，积极探索，努力破解受资源等主客因素限制的民族村的发展难题。

根据牛有成同志指示，市民委对 2013 年度以奖代补考评方案进行了调整，并与财政局就少数民族乡村经济发展专项资金使用进行了专题研究。

（沙海涛）

【市民委、市农委、市财政局共同完成 2013 年度少数民族乡村经济发展专项资金以奖代补考评工作】 2014 年 3 月，市民委、农委和财政局从重视程度、工作力度和专项资金扶持项目完成情况等方面完成了对 2013 年度有关区县、乡镇促进少数民族乡村经济发展工作情况的以奖代补考评工作。经综合评定，怀柔、密云等 6 个区县获得区县政府主体作用发挥优秀奖，大兴区安定镇政府等 10 个乡镇获得乡镇政府主体作用发挥优秀奖，朝阳区常营回族乡二村和房山区长沟镇东甘池村等22个民族村分获经济发展达标奖和进步奖。

（沙海涛）

【市民委、市农委领导听取北京市少数民族村建设与发展规划编制成果汇报】 5月19日，市民委和市农委主要负责同志共同听取了市农科院关于《北京市少数民族村建设与发展规划》编制情况的工作汇报。2012年，市农委贯彻落实北京市少数民族乡村经济工作会议精神，安排北京市农林科学院农业综合发展研究所着手编制《北京市少数民族村建设与发展规划》，体现了对少数民族乡村经济发展的关心和重视。

（沙海涛）

【市委、市政府连续第六年召开全市少数民族乡村经济工作会议】 5月30日，市委、市政府在怀柔区喇叭沟门满族乡召开全市少数民族乡村经济工作会议，组织参观了满族传统文化表演以及长哨营满族乡西沟村和喇叭沟门满族乡中榆树店两个民族村新农村建设及产业发展情况，总结表彰了2013年度全市少数民族乡村经济工作发展先进单位，交流了市级相关部门促进少数民族乡村科学发展的做法和经验，部署了2014年工作任务和要求。市委常委、统战部部长牛有成及副市长戴均良同志出席会议并讲话。市委副秘书长、市人大、市政协民族宗教专委会的有关领导，各民主党派北京市委，市台办、发改委等36个市级相关部门主管负责同志以及有关区县、乡镇政府约140人参加了会议。

此次是市委、市政府连续第六年召开的全市少数民族乡村经济工作会议，也是继2013年在密云县民族乡村之后第二次以现场会的形式在民族乡村召开。市民委池维生主任在工作报告中要求，要从全面深化民族乡村农村改革和大力提升民族乡村农业发展水平入手，切实提高少数民族群众生活水平。要全面加强统筹领导和贯彻落实，进一步强化“市级主导，区县、乡镇主体，群众主人”工作格局；进一步完善政策激励、部门联动、社会参与机制；进一步明确民族乡村经济发展要立足首都功能定位，坚持高标准、大尺度、深层次的工作要求。

牛有成同志在讲话中充分肯定了全市上下齐心合力，加快促进少数民族乡村科学发展所取得的可喜成效；充分肯定了各相关部门优先扶持少数民族乡村发展作法和经验；充分肯定北部山区少数民族乡村传承与发展民族文化的同时，积极发展民族民俗旅游产业所做的成功尝试。他指出，要注意明确三个关系。第一个是主责与主体的关系。少数民族乡村经济工作的发展，主要责任在政府，无论是市、区县还是乡镇政府，都是主责。第二个是城市与农村的关系。城乡一体化不是城乡一样化，城和乡的关系不是对立的，是互为依存、互为市场的。少数民族乡村的农产品一方面要卖到城里去，另一方面，还要想办法把城里人吸引到少数民族乡村来。第三个是动力与活力的关系。少数民族乡村经济持续发展的动力来源于改革，要通过改革、“新三起来”推动，释放出少数民族乡村的活力，促进少数民族乡村经济工作再上新台阶。

戴均良同志就贯彻落实会议精神作出重要指示，要求市政府相关部门和各区县乡镇政府认真学习领会、狠抓落实，把加快发展、优先发展少数民族乡村经济摆到更加突出的位置，切实抓紧抓好，开拓创新，全力推进，打赢少数民族乡村经济发展的攻坚战，全力推动少数民族乡村经济发展再上新台阶。

（沙海涛）

【市级相关部门对口帮扶少数民族乡村经济发展活动召开分片对接会】 为了进一步推动市级相关部门对口帮扶少数民族乡村经济发展活动走向深入，2014年年初，市民委分别在怀柔、大兴、朝阳和延庆等区县召开了对口帮扶活动的分片对接会，对口帮扶当地民族乡村的市级相关部门、区县政府、有关乡镇以及所帮扶的民族乡村均参加了对接会。通过分片对接会上面对面的座谈和分赴民族乡村进行实地考察，促使市级相关部门和民族乡村加强了解，拉近了联系，为对口帮扶活动的深入开展奠定了基础。

（沙海涛）

农村社会管理

综　　述

2014年，按照全市工作部署，市委农工委、市农委强化了市农委系统维护社会稳定工作。维稳能力和维稳效果明显提升。与首都综治委签订了包括综治维稳、矛盾化解、安全生产等重要内容的社会管理综合治理责任书。责任明确，措施具体设立，确保了安全稳定任务逐项落实到位，确保了APEC会议安保维稳工作任务等诸项重要任务的圆满完成。元旦、春节、“两会”等重点时段安全稳定工作富有成效。建立和实施了涉农重大决策社会稳定风险评估机制，为促进涉农重大决策更加科学、合理，预防和减少矛盾纠纷提供了保障。坚持群众路线，倾听人民呼声，满足人民群众的合法、正当诉求，维护人民群众的合法权益和根本利益，认真受理人民群众来信来访，加强人民内部矛盾的化解，及时纠正执行政策中的偏差，从而满足了人民的合理合法诉求，促进了社会稳定。郊区农村综合治理和安全生产工作也得到较好落实，正义和正气得到弘扬，郊区社会祥和稳定。

维护稳定

为层层落实安保维稳责任，有效维护市农委系统持续安全平稳，市委农工委与首都综治委签订了包括综治维稳、矛盾化解、安全生产等重要内容的社会管理综合治理责任书；市委农工委书记、市农委主任王孝东代表“两委”与系统各单位党政主要领导签订了2014年度安全稳定工作责任书，并亲自带队多次深入北京农职院等基层单位检查指导工作；主管领导多次组织召开了由系统各单位主管负责人和安保部门负责人参加的安全稳定工作会议，安保维稳工作力度得到不断加强，确保了安全稳定任务、措施和责任逐项落实到位。

【APEC会议安保维稳工作任务圆满完成】按照市委、市政府关于做好APEC会议期间各项安全稳定工作的决策部署，召开了系统安保维稳工作专题会议，及时启动了市农委系统APEC会议维稳情报信息战时会商机制，并在会议期间实施了主管领导带班、专业处室工作人员坚守岗位的值班制度，进一步明确了工作任务、细化了工作方案、落实了工作措施。各单位及时提高安全防控等级，增强应急保障能力，全力加强对特殊人群、法轮功等邪教组织人员、人影炮点、科研站所、试验基地、学生宿舍、批发市场、演播大厅、建筑施工工地、出租房屋等重点人员、重点场所的监管力度，实现了APEC会议期间大事、小事都不出。

【重点时期安全稳定工作富有成效】按照市委、市政府关于做好元旦、春节、全国“两会”等重点时期安全稳定工作的统一部署，多次组织召开系统安全稳定工作会议，会商研究各单位在综治、维稳、公共安全方面的突出问题和隐患，全面部署了重点人员管控、安全生产、消防安全等重点工作。各单位积极从安全稳定工作制度上查漏补缺，进一步加强对各类安全隐患和薄弱环节的排查整治力度，实行一事一招、一人一策的重点时期维稳举措，从根本上杜绝了安全事故和涉稳突出情况发生。

【涉农重大决策社会稳定风险评估工作积极推进】为认真贯彻落实重大决策社会稳定风险评估机制，委托北京农学院通过基础调研、公开征求意见、专家论证等方式，全面评估了《关于全面深化农村改革 加快推进城乡发展一体化的意见》及其配套的《城乡统筹农村集体资产管理的意见》《北京市基本菜田蔬菜生产补贴工作方案》等政策执行的社会风险，为促进涉农重大决策更加科学、合理，预防和减少矛盾纠纷提供了有力保障。

（李旭辉　陈志国）

信 访 工 作

2014年按照全市信访信息化工作的总要求，始终坚持用群众工作统揽信访工作，不断加强网络信箱等来信来访办理，不断拓宽群众诉求表达渠道，切实加强人民内部矛盾化解，深入开展领导干部接访，加大信访积案化解力度，建立完善重大决策信访和社会稳定风险评估机制，从源头上预防和减少矛盾纠纷发生。工作中，采取领导接访、包案化解、带案下访、督查督办、协调转办等形式，认真开展了矛盾纠纷排查化解，有力维护了农委系统和郊区广大农民群众的根本利益，确保了北京市“两会”、全国“两会”、元旦、春节、APEC会议期间社会稳定。

【涉农信访整体情况】

1. 到市上访情况。2014年1—12月，郊区县到市以上部门集体访共439批6 999人次，与上年同期477批6 921人次相比，批次下降8%，人次上升1.1%。反映的主要问题有：①占地拆迁安置及补偿分配问题138批2 409人次，占31.4%。②土地征占引发的问题53批899人次，占12.1%。③土地承包及流转纠纷40批628人次，占9.1%。④农村基层干部管理问题35批473人次，占8.0%。⑤转非转工安置34批545人次，占7.7%。⑥违法违纪（基层换届选举）问题34批207人次，占7.7%。⑦住房（回迁房、违法建设）等问题32批406人次，占7.3%。⑧农村管理（产业调整）问题18批203人次，占4.1%。⑨农村集体资产分配问题10批454人次，占2.3%。⑩劳资纠纷（劳动社保）问题9批91人次，占2.1%。⑪山区搬迁问题9批106人次，占2.1%。⑫社员身份界定问题5批40人次，占1.1%。⑬政策性转居问题4批32人次，占1.7%。⑭产权制度改革2批10人，占0.8%。⑮其他（纠纷）等社会管理问题16批296人次，占3.6%。

从2014年以来到市的集体访来看，反映占地拆迁安置补偿、土地征占、土地承包流转纠纷、农村基层干部管理问题较为突出，应给予高度关注。

2. 到市农委上访情况。2014年1—12月直接到市农委上访共计107批317人次，与上年同期72批239人次相比，批次和人次分别上升48.6%和32.6%。反映的主要问题：①土地承包流转矛盾纠纷问题20批44人次，占18.7%。②土地征占补偿问题20批121人次，占18.7%。③设施农业问题14批56人次，占13.1%。④山区搬迁问题9批22人次，占8.4%。⑤社员身份待遇问题8批9人次，占7.5%。⑥农村基层干部问题5批14人次，占4.7%。⑦农业保险咨询类问题3批3人次，占2.8%。⑧资产处置问题2批5人次，占1.9%。⑨政策性转居1批4人次，占0.9%。⑩产权制度改革问题1批1人次，占0.9%。⑪其他各类纠纷问题24批38人次，占22.4%。

从2014年以来到市农委直接来访的情况来看，土地承包流转、土地征占、设施农业、山区搬迁、社员身份待遇问题较为突出，这与当前全市深入推进城乡一体化和“新三起来”的大背景相吻合。

3. **网络信箱来信情况**。信访信息化是信访改革的重点。2014年以来，市农委网站网络信箱运行正常，较好地完成了对群众来信的答复工作。1—12月市农委网络信箱共接收群众来信69封，同比下降65.7%，其中，领导信箱11封、咨询信箱27封、投诉信箱24封、农村法律咨询信箱7封。反映的主要问题有：①农村经济管理类来信15封，占来信总量的22%。②农村土地承包类来信12封，占来信总量的20.3%。③农村土地征占类来信11封，占来信总量的16%。④农村民生类来信10封，占来信总量的14.5%。⑤农村民主管理类来信7封，占来信总量的10.1%。⑥农村基础设施建设类来信1封，占来信总量的1.4%。⑦涉农行政审批类来信1封，占来信总量的1.4%。⑧其他各类咨询来信12封，占来信总量的20.3%。

从群众来信涉及的问题来看：农村经济管理、农村民主管理、农村土地征占等来信居多。特别是集体经济组织成员身份认定问题、集体资产收益分配不公问题、户籍变化导致的集体资产收益分配变化问题、农村宅基地审批与变更问题、征地补偿标准及发放问题、举报投诉基层干部非法占用耕地问题、贪污腐败坑害农民问题较为突出。此外，咨询北京市各类支农政策、旧村改造、环境整治、涉农行政审批的来信数量呈明显上升趋势。

4. **政风行风热线办理情况**。按照市纠风办和政风行风热线信件办理有关要求，结合第二批党的群众路线教育实践活动，工作中注重从细节入手，从办好每一封信件做起。会同监察处对市纠风办交办信件进行认真办理。2014年以来共办理政风行风热线交办件4封，同比2013年7封下降42.9%。从来信内容来看，涉及政策咨询2封，政风投诉举报2封。在信件办理过程中，从签收、办理到回复，每一个程序都严格办理，特别是政风行风热线信件签收（两天内必须签收）和回复时限（一般咨询信件7天）的工作要求，做到每天上班、下班前必须查看是否有未处理的信件，对已签收的信件，切实加强信件的跟踪督办，所办理信件没有出现答复时间超时的情况（如出现信件签收和办理超时，将会影响政府对两委年终绩效考核，共占5分），同时对涉及群众利益的热点难点问题，会同业务处室反复沟通研商办理信件的答复意见，确保信件办理质量，有效维护了群众利益。

5. **农村土地承包经营纠纷调解仲裁工作**。2014年，全市共发生农村土地承包纠纷1 142件，已调处1 137件。其中：乡村调处749件，区县调处167件，仲裁调处221件。共受理仲裁案件221件，目前已全部调处解决。其中，因订立、履行、变更、解除和终止农村土地承包合同发生的纠纷88件，因农村土地承包经营权转包、出租、互换、转让、入股等流转发生的纠纷28件，因收回、调整承包地发生的纠纷48件，因确认农村土地承包经营权发生的纠纷49件，因侵害农民土地承包经营权发生的纠纷8件。从仲裁调处情况看，仲裁裁决56件，仲裁调解165件。仲裁涉及人数380人，其中农民317人。

【认真落实领导干部接待群众来访制度】市委农工委、市农委每年坚持把信访和维稳作为和系统各单位签订综治责任书的一项重要内容，强化对系统单位矛盾纠纷化解工作的督导检查。工作中坚决贯彻落实《关于领导干部定期接待群众来访的意见》。坚决按照全市开展领导干部接访的要求和部署，继续完善落实好领导接待群众来访工作，结合市委农工委、市农委自身工作特点，变群众上访为主动下访，并结合工作实际将下访贯穿于基层调研的全过程。2014年以来，市农委结合年度工作任务，共开展赴系统基层单位下访65次，有力推动了事要解决的工作力度，促进了系统和郊区农村和谐稳定。在全面排查的基础上，特别是对直接涉农的矛盾和问题积极会同有关部门从源头研究化解矛盾的治本之策。2014年以来，市委农工委书记、市农委主任王孝东先后4次召开办公会，定期研究矛盾纠纷化解和维稳等工作；主管领导郝霞委员在全国“两会”和APEC会议前制定完善市委农工委会议期间安保维稳工作方案，并先后5次率队深入系统单位研究化解矛盾纠纷等工作。

【深入开展矛盾纠纷排查化解工作】按照全市联席会议的统一部署和要求，在定期排查和专项排查的基础上，结合农委自身实际和工作特点，在农村和系统内部认真集中开展矛盾纠纷排查化解等工作。工作中，更加注重借鉴以往矛盾纠纷排查化解的成功经验和做法，将矛盾纠纷排查化解工作经常化、动态化。注重从建立工作台账，实施动态跟踪管理、定期通报、销账报备等制度入手，从体制机制上将矛盾纠纷纳入经常性工作，始终做到底数清、情况明。为涉农决策出台更加科学，更加贴近实际，最大限度地减少因决策失误和不当引发的矛盾和问题，为构建和谐社会奠定坚实基础。

【认真做好两委网络信箱群众来信办理工作】充分发挥网络信箱办信工作的基础性作用，全面落实《2014 年全市信访工作要点》大力发展网上信访的有关要求，积极推进网上受理、办理、答复、反馈，提升受理群众诉求信息化水平和办理效率。两委主管领导和业务处室负责同志高度重视人民群众来信答复工作，亲自拟定答复意见，严把来信答复质量关。坚持把群众呼声作为我们落实各项工作的直接动力。2014 年以来，网络信箱共接到有效群众来信 67 封，同比下降 61.4%。工作中以有效改进网络信箱人民来信办理结合办公自动化 OA 应用为切入点，进一步提高了网络信箱的办理效率，得到了网民的好评。

【坚持用群众工作统揽信访工作】信访工作是党联系群众工作的一个重要平台、是送上门来的群众工作，现阶段信访制度是中国特色社会主义民主政治制度的有益补充，要坚持、加强、创新、完善。新形势下信访工作作为党密切联系群众的桥梁和纽带，是党的群众工作的重要组成部分，也是最直接、最现实的群众工作，是新时期加强和改进群众工作的现实着力点，也是保障和改善民生的基础性工作。工作中我们要求全市各级“三农”战线工作的干部要牢固树立忧患意识、危机意识和责任担当意识，不断提升用群众工作统揽信访工作的水平。结合市农委 2013 年开展的进村入户有关工作部署，充分利用到联系点的机会，深入基层直面群众，虚心听取意见，切实感受群众冷暖。当前，结合全市区县上下深入开展党的群众路线教育实践活动，深入学习贯彻十八大报告中关于“加强和创新社会管理，正确处理人民内部矛盾，建立健全党和政府主导的维护群众权益机制的信访制度”，切实把用群众工作统揽信访工作提高到一个新水平。

【制定市委农工委市农委党员干部定期接待群众来访制度】按照《关于开展“工作人员对待群众来访态度生硬、推诿扯皮以及利用便民服务谋取不正当利益”“工作人员‘吃拿卡要’、作风粗暴、暗箱操作、以权谋私”专项整治工作的通知》（京纪发〔2013〕20 号）精神，深入固化党的群众路线教育实践活动成果，进一步密切党同基层人民群众的联系，制定了《市委农工委市农委党员干部定期接待群众来访制度》，进一步规范接待人民群众来访的有关程序，进一步畅通了机关党员干部倾听基层群众呼声和民意的渠道，从制度上为机关党员干部了解社情民意，解决群众诉求，化解矛盾纠纷奠定了坚实基础。

【加强涉农信访调研工作】按照市维稳办和 2014 年全市联席会议第二十八次全体（扩大）会议的统一安排和部署，对全市 2014 年信访改革任务和重点工作——涉及全市绿化隔离地区建设历史遗留问题组织开展政策研究，会同市城乡结合部建设领导小组办公室、北京市农研中心等单位，对 2014 年全市信访改革任务和重点工作中涉及的“绿化隔离地区建设历史遗留问题”进行了认真调研，在召开座谈会、实地走访调查、反复征求意见的基础上，围绕北京市绿隔地区建设的历史回顾、绿隔地区建设成效及发展现状、绿隔地区发展面临的主要问题以及推动北京绿隔地区发展的政策建议等方面，形成了《关于我市城乡结合部及绿化隔离地区建设有关情况的报告》，并向市联席会议和市维稳办分别报送政策研究报告和工作建议。通过深入调研，力求从政策源头破解在绿化隔离相关政策执行过程中，特别是影响城乡结合部地区经济社会协调发展的制约因素，通过加强顶层制度设计，积极完善相关配套政策制度，为切实维护群众合法权益，积极推动全市城乡结合部地区经济社会又好又快发展奠定了坚实基础，为领导决策提供了第一手资料。

【加强涉农信访件复查复核工作】信访复查复核是《信访条例》修订实施以来赋予信访人的一项基本权利，在实施的过程中切实保障信访人对政府机关作出的信访答复进行申诉，维护信访人合法权益。2014 年以来，我们共参与协调办理了 4 件涉农信访复核件，基本维持了区县的复查意见。参与对市信访办《北京市信访事项复查复核办法（2014 年 5 月）》的修订工作。

【走进 12345 现场接听群众来电，解答群众诉求】按照全市非紧急救助服务中心《关于印发〈12345 需求与反馈〉专栏暨“听民意 解民忧”特别报道第二季活动实施方案的通知》要求，12 月 30 日，市委农工委、市农委书记王孝东带领机关相关处室负责人走进非紧急救助服务中心，现场接听群众来电，就北京市当前有关涉农政策和新农村建设中有关问题现场和群众互动交流。现场解答群众提出的问题，认真听取群众对北京市“三农”工作的意见和建议，有效回应群众关心的问题。对群众来电反映的问题全部打包交由有关处室和部门认真办理，切实做到“事事有回音，件件有着落”。通过接听群众来电，进一步拉近两委机关和基层群众的距离，进一步密切了党和人民群众的联系，丰富了两委联系群众的形式，使得两委党员干部心里普遍受到了教育，同时也得到基层群众的充分肯定。

综合治理

为进一步加强和创新农村社会管理，推动农村地区和谐发展，市委农工委加强调研、分类指导村庄社区化建设，深入开展农村重点地区的典型研究，为科学合理地推进农村社会治理工作奠定了坚实基础。

【农村社会服务管理工作调研持续深入】会同清华大学探索研究适应不同农村形态的社会管理模式，研究设计了《北京村庄类型与治理模式调查摸底问卷》，按照地理位置因素对城中村、城乡结合部村、山区村等不同类型村庄下发问卷 150 余份，详细调查了当地经济发展、人口状况、社会关系和治理结构、公共服务等重要情况信息，摸清了当地社会管理及社会建设面临的流动人口、设施建设、公共安全、就业保障、教育服务等问题和挑战，为下一步研究制定有针对性的对策措施奠定了基础。

【城乡结合部村庄社会治理工作调研扎实开展】针对城乡结合部村庄因流动人口大量聚居造成的治安秩序混乱、违法建筑林立、警情案件高发、环境卫生脏乱等问题，按照市委、市政府有关要求和领导指示精神，会同北京农学院深入昌平区东小口镇兰各庄村、顺义区南法信镇南卷村两个流动人口服务管理工作开展较好的城乡结合部村庄进行调研，总结出当地在流动人口服务管理方面的典型经验和有效做法，剖析了当地在社会治理方面依然存在的困惑和问题，并在此基础上，本着“发挥村民自治作用、疏堵结合、建管并重”的原则，提出了解决流动人口和出租房屋管理问题，进一步提升城乡结合部村庄社会治理水平的对策建议。

（李旭辉　陈志国）

安全生产

为进一步提高农村地区和农委系统安全保障水平，有效防范和坚决遏制安全事故发生，市农委不断强化红线意识、落实安全责任、推进制度建设、狠抓专项整治，营造出良好的安全氛围。

【农委系统安全工作基础进一步夯实】制定并印发了《市农委系统安全生产监督管理“一岗双责”暂行规定》（京政农发〔2014〕16 号），进一步明确细化了市农委系统领导干部和相关机构的安全生产监管职责，进一步强化了安全生产齐抓共管、人人负责抓落实的工作格局。及时印发了《关于印发〈2014 年市农委系统“安全生产月”活动方案〉的通知》（京政农发〔2014〕10 号）等文件，面向系统各单位部署开展了安全生产宣传教育、安全事故应急演练等活动，宣传普及了安全生产法律、法规及专业知识，增强了应急处突能力，全面打牢了系统安全保障工作基础。

【农委系统安全生产隐患排查整治力度不断加强】进一步加强农委系统安全生产隐患排查治理组织机构建设，不断完善问题隐患台账和监控防范机制，组织系统各单位重点加强了对人员密集场所、易燃易爆危险品储存场所和其他事故易发场所的安全检查力度，及时发现并集中清剿了一批安全隐患。两委主要负责人、分管负责人和其他负责人多次带队深入基层一线，督导检查消防安全、交通安全、安全生产等重点工作，逐项排查各单位存在的问题隐患，并督促有关责任单位和责任人抓好整改落实，有效防范了各类安全事故发生。

【农村消防宣传与沼气工程管理工作稳步推进】投入 30 万元向社会力量购买了农村消防安全宣传教育和农村沼气工程安全运行管理两项服务。在农村消防宣传教育方面，委托农业技术培训机构印制了海报、环保袋等农村消防安全宣传材料及物品 4 万余份，借助农民田间学校培训模式，采取专题讲座、播放课件、发放宣传品等形式，组织农民群众开展了多元化的消防安全教育培训，并会同市消防局、市农业局于 12 月 17 日在昌平区联合举办了农民田间学校消防安全宣传日活动，广泛传播了消防安全知识，利用模拟灭火消防体装置、模拟烟雾逃生帐篷等设备现场进行了灭火及逃生演练，有效提高了农民群众消防安全意识和自防自救能力。在农村沼气工程管理方面，委托沼气工程建设单位编制了《沼气工程安全运行管理规范》和《沼气工程安全运行管理规范实地检查调查表》，组织专业人员分区县对全市的沼气集中供气工程站内及配套设施进行了一次全面检查，对沼气站的用户按照 10% 的比例进行了抽样调查，并对存在的安全问题及原因进行了总结分析，初步提出了加强安全管理的相关建议。

【设施农业专项治理工作取得实效】牵头印发了《关于印发 2014 年市农委安全生产重点执法检查工作方案的通知》（京政农发〔2014〕5 号）和《关于开展设施农业项目自查整改工作的函》（京政农函〔2014〕32 号），成立了由主要负责人挂帅的设施农业专项治理工作领导小组，组织区县、乡镇重点针对以设施农业为名实施非农建设、违反规定占用基本农田、超标准建设附属设施以及非正常闲置等问题开展了专项整治，并会同市国土局、市农业局于 10 月 20—23 日，分组对 13 个郊区县的专项整治情况进行了督导检查。通过开展专项治理行动，全市共查处以设施农业为名搞违法建设 74 宗，不规范设施农业建设 543 处，并及时进行了拆除和改造。

【农机安全生产工作成效显著】会同市安监局、市质监局、市工商局、市农业局、市交管局印发了《关于印发 2014—2016 年北京市农机安全生产联合行动实施方案的通知》（京农发〔2014〕84 号），进一步完善了农机安全生产联席会议机制，组织区县部门深入开展了农机安全隐患治理、宣传教育、执法检查等联合行动。会同市安监局、市农业局、市交管局印发了《关于印发〈北京市农机安全生产大检查百日行动工作方案〉的通知》（京农发〔2014〕155 号），组织区县部门开展农机道路交通安全专项检查行动 116 次，共检查上道路行驶农业机械 3 000 余台次，依法查处各类农机交通违法行为 52 起；对 400 余家农机合作社、农机大户、机务队开展了安全检查，共检查各类农机具 12 000 余台套，发现各类安全隐患 442 处，整改合格率达 98%；开展农机安全宣传培训活动 180 余次，参与群众 1 万余人。

（李旭辉　陈志国）

农村法制建设

综　述

2014年，郊区农村法制工作以服务全市农业经济社会发展为中心，深入贯彻落实党的十八届四中全会作出的依法治国重大战略部署，积极推进依法行政，突出抓好行政执法监督，严格履行行政规范性文件和重大决策事项合法性审核及备案职责，进行规范性文件清理，加强行政复议和行政诉讼应诉工作，强化农业综合执法规范化建设及法律知识培训，深入推进“六五”普法任务落实，提高农民依法行使权利和履行义务的自觉性。农村法制环境有了进一步改善，农民法律水平得到了有效提高，农村法治环境得到改善，依法办事的习惯正在形成。认真接受人大的法律监督和工作监督，接受政协的民主监督，农村民主政治建设进一步推进。

依法行政工作

【推进依法行政工作】根据全市2014年推进依法行政工作要点的精神要求，起草了《市农委2014年推进依法行政工作要点》，提出了全年农委推进依法行政工作的指导思想、基本原则和基本要求。进一步明确由农委主任任组长、主管法制工作的领导任副组长，各处室处长为成员的依法行政领导小组作为市农委推进依法行政工作的领导机构。领导小组召开会议，部署推进依法行政工作的具体任务和措施，加强对依法行政工作的组织领导。

【积极参与间接立法】全年共完成市人大、市政府法制办及其他部门立法征求意见15件。主要涉及《北京市民用运输机场管理办法（送审稿）》、《乳品质量安全监督管理条例（修订草案）》和《北京市劳动合同若干规定（草案）》等征求意见工作。

【行政规范性文件和重大决策事项合法性审核及备案工作】按照《市农委重大行政决策和行政规范性文件合法性审查工作实施意见》要求，针对报请市政府审批和提请市政府会议审议决定的事项以及拟以市政府和市政府办公厅名义印发的政策措施，在与各业务处室充分沟通，熟悉掌握政策文件的起草背景、制定依据和主要内容的基础上，认真审核、严把审核关。全年共对研究室起草的市委一号文件、村镇处起草的《北京市提升农村人居环境，推进美丽乡村建设实施意见（2014—2020年）》和《北京市2014年农村地区“减煤换煤、清洁空气”行动实施方案》等8份文件进行了合法性审核。按照程序对《关于印发〈北京市农业产业化重点龙头企业认定和动态监测管理办法〉的通知》（京政农函〔2014〕11号）等2份文件及时向市政府进行了审核备案。

【法律法规和规范性文件清理工作】全年共开展清理工作2次。一是按照市法制办要求，对市农委执行的法律、行政法规、地方性法规和政府规章中涉及鼓励、扶持、限制和禁止条款进行清理，将涉及鼓励扶持设施农业和农业产业化龙头企业发展条款的两份规范性文件报送市法制办。二是按照市商务委、市法制办《关于集中清理在市场经济活动中实行地区封锁规定的通知》要求，对市农委负责起草和执行的8部地方性法规和1部政府规章、市农委起草以市政府和市政府办公厅名义印发的15份规范性文件、市农委印发的40份规范性文件进行了清理，清理结果未发现有实行地区封锁的规定。同时汇总了系统各区县农委共计19份规范性文件的清理结果，也未发现有实行地区封锁的规定。

【开展依法行政专项考评】继续加强依法行政工作组织领导，完善决策机制，提高制度建设及信息报送质量。制定了《市农委落实机关绩效管理〈依法行政专项考评工作细则〉办法》，严格按细则规定对各处室依法行政工作开展情况进行考评，包括对行政规范性文件合法性审查，有关重大决策事项合法性审查和专项资金项目实施合同（协议）合法性审核工作，对各处室及所属单位结合职能工作开展法律法规宣传教育工作以及法制政府信息报送情况，对落实和执行行政执法责任制工作中的依法行政工作等内容指标。通过专项考评，进一步明确了工作目标，有效推动了农委系统依法行政工作的开展。

【加强行政复议工作】根据市法制办《关于进一步加强本市行政复议工作规范化建设的意见》精神，为充分发挥行政复议在建设法治政府、化解行政争议方面的促进作用，制定了《市农委关于加强行政复议工作规范化建设的实施方案》，加强领导，明确职能，落实责任制，进一步细化了行政复议各项工作任务和流程。

【开展法制宣传教育活动】按照全市“六五”普法规划和《2014年北京市法制宣传教育工作要点》要求，从推进法治政府、服务农村的高度出发，将法制宣传教育工作作为新农村建设体系中的重要组成部分，高度重视、统筹规划、全力推进。年初制定了《2014年市农委法制宣传教育工作要点》，部署全年普法工作。为进一步推进领导干部学法活动，增强机关干部法制意识，制定了《关于贯彻〈北京市行政机关领导干部学法办法的实施意见〉》和《关于2014—2015年度两委领导干部及公务员学法计划的通知》。以“志愿者宣传周”活动为契机，组织各区县农委、经管站相关人员开展了农村土地承包仲裁法宣传活动。结合《动物防疫法》的贯彻实施，会同市农业局、市司法局联合举办了“法制宣传月”活动，通过“农业执法征文大赛”“农村普法课堂”“农业法律知识网络答题”等主题活动，在全市掀起了农业法制宣传教育新热潮，营造了良好的法制氛围。组织了“12·4宪法宣传日”涉农法律法规及政策宣传活动，共计发放各类法律知识读本2 000册。

（胡皓）

农村法治宣传

【借助“敛巧饭”民俗品牌开展法治宣传活动】农历正月十五期间，在怀柔区琉璃庙镇“敛巧饭”风情节现场，开展了“做讲法治守秩序的好市民”主题宣传教育活动。在主会场杨树底下村以及西台子、安洲坝等12个村的分会场，普法志愿者们积极开展法律咨询，举行法治文艺演出，活动期间共发放各类宣传资料1 000余份，解答群众法律咨询150余人次，受教育群众达6 000余人次。

【举办“环保法律知识进乡村”主题宣传活动】3月13日，延庆县司法局与环保局在张山营镇西五里营村集市举办“环保法律知识进乡村”主题宣传活动，拉开了环境保护普法宣传月的序幕。

【APEC会议法律服务团开展专项巡回法律服务活动】10月16日、17日，北京市司法局、怀柔区司法局在雁栖镇范各庄村、怀北镇东庄村联合举办 APEC 会议法律服务团专项巡回法律服务活动。市司法局副局长李公田、市司法局律师综合管理处处长高鹏等领导为村委会代表赠书；多名律师、公证员、司法鉴定员、人民调解员通过宣讲、咨询、调解等多种方式，解答群众法律疑惑，帮助村居民提高守法、用法意识，教育引导村民理性运用法律手段维护合法权益。

【召开北京市第五批民主法治示范村现场会】10 月 22 日，市司法局、市民政局联合在通州区于家务回族乡仇庄村召开北京市第五批民主法治示范村现场会。各区县司法局、民政局相关工作负责同志以及第五批市级民主法治示范村的代表实地参观了仇庄村法治宣传阵地建设情况及通州区法治公园；通州区于家务回族乡仇庄村、朝阳区将台乡东八间房村、平谷区黄松峪乡塔洼村分别从不同角度介绍了创建工作经验和做法。会议命名朝阳区王四营乡道口村等 85 个行政村为第五批北京市民主法治示范村。

【开展“推进农法文化体系建设做讲法治守秩序的好市民”主题宣传活动】10 月 30 日，大兴区法治领导小组办公室、区农工委、区司法局联合在青云店农贸市场进行了主题为“推进农法文化体系建设，做讲法治守秩序的好市民”法治宣传活动。围绕“做讲法治守秩序的好市民”以“法律进农村”赶大集的形式深入宣传食品安全、农产品质量安全、农业生产安全和生态环境安全等相关法律知识，并积极开设了农业普法讲堂活动，对 4 所田间学校工作站和 1 所田间学校的百余名农民学员们分别进行农业种植知识培训，讲解番茄种植、蔬菜的病虫害识别与防控等内容知识，活动期间发放各类法治宣传材料 20 000 份，悬挂横幅 4 条。

【通州区法治宣传教育基地——区法治文化公园正式落成】11 月 19 日，“通州区法治宣传教育基地——潞城镇中心公园落成仪式暨潞城镇普法宣传系列活动”在基地举行。公园位于通州区潞城镇古城村，约 18.6 万平方米。公园包含法治文化广场、法治文化墙、法治文化长廊、法治文化雕塑和法治文化亭五大部分，秉承“法融于景”的设计理念和“以法为魂、以水为脉、以绿为园”的建设思路，将生态休闲和法制宣传两个功能相互渗透、相互映衬，使村民在休闲、娱乐的同时，感受法治宣传的氛围。

【怀柔区各村安装“法律服务公开栏”】2014 年内，怀柔区司法局设计并出资制作“法律服务公开栏”，覆盖全区 284 个行政村和 32 个社区，共安装 410 块。公开栏内容包括区司法局办公地点，公开栏所在村（社区）司法所的电话，以及法律咨询援助、公证业务办理、法制宣传咨询、人民调解服务、公证律师执业监管以及监督投诉电话。

【加强“纠纷评理团”建设】2014 年内，平谷区司法局将“纠纷评理团”机制全面引入到乡镇（街道），并取得良好效果。主要做法为：在乡镇（街道）积极吸收农村建筑、修理、种植养殖、农产品加工、化工方面的专业技术人才建立行业人才信息库，当发生行业疑难矛盾纠纷时，从人才信息库中选择合适人员参与纠纷“评理”，增强调解的公正性和专业性。2014 年镇、村两级“评理团”共参与纠纷调解 584 件，报送矛盾纠纷信息 722 件，参与宣传教育活动 560 余人次。

【开展“村居法律顾问”试点工作】2014 年内，市司法局在全市遴选 100 家律师事务所组成定点法律服务资源库，为门头沟等 6 个律师资源相对缺乏的远郊区县投入 846 万元，与 53 家律师事务所签订“三方协议”，组织 309 名律师为 2 328 个村担任法律顾问，实现村居法律顾问在远郊区县的全覆盖。全市有 3 743 个村居建立了法律顾问制度，占全市村（居）委会的 57%。服务律师采取“定点式”“入户式”“网络式”“会诊式”等方式提供法律咨询服务 63 913 人次，举办法治讲座 4 084 场次，发放法律宣传资料 628 529 份，代写法律文书 4 000 余份，参与纠纷调解 8 275 次，培训调解员等基层骨干 10 651 人次，提供法律援助 1 916 件，帮助村居修订完善村规民约 648 件，提供法律意见和建议 2 147 条。

（王春华）

人大议案、人大代表建议、政协委员提案办理

【承办建议提案89件】两委共承办市十四届人大二次会议代表建议、政协十二届二次会议委员提案109件（主单办件71件），数量较2013年增加22.5%。其中：人大代表建议58件（主办21件、单办16件、会办21件）占53%；政协委员提案51件（主办32件、单办2件、会办17件）占47%，包括党派提案3件（主办3件）、界别提案2件（主办1件、会办1件）。

【建议提案的特点】一是数量大幅增加。建议提案总量较上年的89件增加20件，增幅为22.5%，其中主办（单办）较上年的52件增加19件，增幅为36.5%，表明人大代表、政协委员关注"三农"的热情持续高涨。二是焦点比较集中。首先，农村环境和城镇化是关注的核心。主办或单办的72件建议提案中，涉及改善农村环境建设及城镇化建设内容的有36件，占50%，其次，"新三起来"和农村改革是关注的热点，涉及相关内容的建议提案13件。三是对农产品质量安全依然高度关注。关于农产品质量安全的建设提案共6件，与转基因食品管理相关的3件，占到一半。四是复杂程度突出。涉及多个部门，需要统筹协调才能办理的建议提案数量比重较大。例如，生态环境建设中的"煤改电"、推广"电采暖""减煤换煤"、大气污染排放等用能补贴，需要市发改、财政、环保、电力等多个部门统筹安排；在城镇化建设方面，破解"城市病"、加强农村基础设施建设、解决绿隔遗留问题等工作，需要规划、财政、交通等部门协调。由此可见，建议提案的全局性、宏观性、综合性更加突出。

【精心组织建议提案办理工作】市委农工委、市农委高度重视人大建议、政协提案的办理工作，始终把建议议案办理当作了解和体察社情民意的重要途径、当作加强和改进机关工作方式的重要方式重点推进，圆满地完成了2013年政协提案的办理工作，代表和委员对答复结果同意率达100%。一是认真分析。结合历年来建议、提案办理情况，对109件建议提案进行了综合分析，梳理出代表普遍关注的农村环境建设、城镇化建设、现代农业发展、农村改革创新、农产品质量安全等五个方面的重点，为建议提案办理工作打下良好基础。二是规范程序。始终把"办理及时不及时、答复认真不认真、落实到位不到位、代表满意不满意"作为衡量办理工作是否到位的标准，围绕办理程序、答复方法、撰写报告等内容对具体承办人进行了培训，提高承办人员的素质，明确了办理工作的要求，做到建议办理工作定人、定责、定标准、定时限。三是严格时限。加强与代表、委员的沟通联系，做到办理前联系、办理中征求意见、办理后跟踪回访，通过集中答复、座谈会汇报、邀请代表视察等方式，使代表及时了解工作进展和最新情况，提高建议办理效率，确保了建议提案办理工作顺利实施。

【建议提案办理工作成效显著】在全面分析建议提案总体形势的基础上，结合年度任务，主动与代表委员沟通，制定办理方案，凡是有条件解决的，抓紧时间全力解决；对短期内不能解决的问题，列入年度计划，在工作中逐步解决；对部分综合性、前瞻性强的建议提案列入年度调研课题，明确了时间节点，拟定落实计划，通过完善政策体系加以解决，并邀请代表委员全程监督，确保了答复与落实统一。一是借"势"。充分利用社会关注、群众关心、代表呼吁的重点工作，把代表关心的问题和"三农"工作的重点有机地结合起来，把建议纳入到日常的工作中去，更好地推动工作的开展。二是借"智"。力争充分发挥人大代表的资源优势、智力优势，认真吸收代表提出的建议中的优秀成果，不断丰富"三农"工作的政策体系、工作机制，努力解决新农村建设中遇到的新情况新问题。三是借"力"。借力争取相关部门的支持和配合，推动工作的开展，使建议真正办出成效。如办理党派提案中，把家庭农场、城镇化工作等政策关注焦点与工作实际结合起来，推动工作的有序开展，实现了从单纯答复向工作落实的转变。

（郑桐富）

组织建设

综述

2014年，是组织建设得到明显加强的一年。一年里，深入学习党的十八大以来重要文献和习近平同志系列讲话及对北京工作的批示、指示重要讲话精神，围绕北京发展目标和工作方向，强化基层组织建设。继续坚持和深化城乡基层党建“三级联创”活动，强化基层党建工作责任制，农村基层党建基础保障工作实现新突破，以服务型党组织建设引领基层党建工作，把基层党组织的工作重心转移到服务改革、服务发展、服务民生、服务群众、服务党员上来。巩固和拓展党的群众路线教育活动成果，全面落实教育实践活动整改方案，制定70项工作制度，174条具体问题整改全部落实。“四风”问题得到有效遏制，出台信息公开规定，首次全面公开政府全口径预算，自觉接受社会监督。“三农”经费支出预算降低12.7%，市级节庆论坛展会活动的财政经费压缩40%。围绕重大政策措施落实，认真开展行政监察和跟踪审计。严格落实党风廉政建设责任制，开展腐败浪费行为专项整治，严肃查处各类违纪违法案件。针对全市农村基层组织和乡村干部队伍存在的突出问题，认真分析研究，精心制定方案，逐项落实整改任务，取得阶段性成效。2014年，全市共查处“小官贪腐”案件194件，违纪总金额3.58亿元。针对案件中暴露出来的体制机制和制度问题以及管理上的薄弱环节，举一反三，及时建章立制，狠抓整改落实，不断健全民主决策、“三资”管理使用、民主管理、民主监督等方面的制度机制，认真落实相关改革措施，党风廉政建设明显加强。农村基层政权建设也在巩固党的群众路线教育活动成果中得到加强。

领导班子建设

【全市农村基层党建基础保障工作实现新突破】继续坚持和深化城乡基层党建“三级联创”活动，强化基层党建工作责任制，普遍开展各级党组织书记抓基层党建工作述职评议考核工作，健全完善了基层党建工作“三级联述联评联考”机制。市委组织部、市委农工委召开了全市农村基层组织建设推进会，制作了农村党建宣传片《组织的价值在服务》，总结交流了近年来农村基层组织建设经验，研究分析了当前面临的形势任务，安排部署了农村基层组织建设重点任务。加强对农村基层组织建设的统筹谋划，市委组织部、市委农工委、市民政局，制定下发了《关于进一步加强全市农村基层组织建设的若干意见》（京组通〔2014〕18 号）。按照每个村平均每年不低于 15 万元的标准增设了村党组织服务群众专项经费，完善了村级组织运转经费保障机制。加强典型经验宣传推广，《进村入户访民情 真心实意解民忧》《推动村务公开创新发展》《创新基层党建工作 服务“三农”改革发展》等文章在人民网、前线、千龙网等媒体发表。加强农村党员干部远程教育平台建设，开设“农村大讲堂”栏目，圆满完成年度教育资源开发任务，共制作了 12 个系列、67 集教学课件。完善北京市农村基层组织信息系统运行维护机制，推进了农村组织工作规范化、精细化管理，为农村党务村务日常管理提供了信息支撑。扎实推进农工委系统单位党建工作，进一步提升了服务基层、服务“三农”工作水平。

【全市农村基层服务型党组织建设成效明显】坚持以服务型党组织建设引领基层党建工作，把基层党组织的工作重心转到服务改革、服务发展、服务民生、服务群众、服务党员上来，解决群众关心的切身利益问题。市委组织部、市委农工委、市新农办联合下发了《关于在加强基层服务型党组织建设中发挥农村基层党组织引领发展作用推进城乡发展一体化的指导意见》（京组通〔2014〕19 号），加快推进党组织引领发展“六个一百”工程（百家单位帮扶百村、百家企业对接百村、百家示范社带动能力提升、百支党员示范服务队、百名党员实用人才培养、百名致富带头人选育），进一步提升了基层党组织引领发展、服务群众的能力。适应农村产业布局、行业分工、党员流向的新变化，推广区域联合型、产业带动型、村居联动型、双向共管型等组织设置方式，不断扩大党的组织覆盖和工作覆盖范围，进一步健全了基层组织服务网络。推广大兴区外出务工人员入党“双联系双培养双发展”机制，采取“联推共荐、联帮共培、联考共示、联接共管”的“四联四共”措施，进一步拓宽了农村党员发展渠道。加强乡镇便民服务中心—村党员综合服务站—村民小组党员便民服务点三级服务体系建设，推广进村入户、结对帮扶、群众事项党员代理制等做法，深入开展党员示范岗、党员责任区、党员承诺践诺等活动，提高了服务群众水平。海淀区探索建立了由区委组织部牵头抓总、8 个系统党（工）委具体实施的“1＋8”服务型党组织建设工作机制。丰台区在全区推广“离案工作法”，让干部离开电脑、离开办公桌、离开办公室，深入社区、农村“走、看、听、问、记、办”。大兴区建立起搬迁村党员带头做好亲属和群众思想工作、带头搬迁、带头创业就业等“四个四”党建工作模式，形成抓党建、保搬迁、促发展的长效机制。朝阳区制定出台《关于统筹推进党政群共商共治工作的指导意见（试行）》，变“政府单向决策、居民被动接受”为“政府和居民双向互动、共同决策”。门头沟区将在职党员报到范围扩大到农村，明确了帮助抓好组织建设、帮助理清发展思路、帮助抓好安全稳定等五项任务。平谷区围绕服务型党组织建设，建立起“半日驻村”“便民代办”“政策赶大集”等机制。顺义区实施了“党员＋村（居）民代表联合联系服务群众”的“党群 1＋1”工作模式。

【全市农村基层干部队伍建设不断加强】抓住“选育管备”关键环节，着力破解农村干部队伍出现的年龄偏大、文化偏低、能力偏弱的问题。在“选”上，结合软弱涣散村党组织整顿工作，采取选派“第一书记”、跨村兼职等方式，选好配强村“两委”班子；落实“一定三有”政策，启动了面向村党组织书记考录乡镇机关公务员试点工作，探索拓宽村干部职业发展空间。各涉农区县共提供 27 个职位，有 230 名村党组织书记通过资格审查。在“育”上，健全“市级示范培训、区县重点培训、基层普遍培训”的工作体系，着力提升农村基层干部能力素质。2014 年以来，以学习贯彻党的十八届三中全会、习近平总书记在京考察重要讲话精神及全市农村工作会议精神为主线，以“深化农村改革、推进‘新三起来’”为主题，先后举办了全市乡镇党委书记培训班、乡镇长培训班、村党组织书记示范培训班、新任职村党组织书记示范培训班，全市各级共培训乡镇、村干部 8.2 万人次，达到了提高能力、推动改革、促进发展的目的。在“管”上，严格落实《农村基层干部廉洁履职若干规定》，全面实行村“两委”任期和年度承诺制，综合运用实绩考核、群众评议、审计监督、述职述廉等多种方式，努力把村干部权力关进制度的“笼子”里，促进了村干部依法、规范、廉洁履职。在“备”上，贯彻落实《关于加强村级党组织后备干部队伍建设的意见》，全市各村普遍按照1～3人的标准建立了村级党组织后备干部人才库，健全了竞争性选拔、常态化储备、动态化管理工作机制。全市3 913个村党组织共配备后备干部7 545名，为农村基层干部队伍注入了新鲜血液。

【全市农村社会治理机制进一步健全】 在乡镇全面实行党代会年会制，积极探索党代表发挥作用的有效途径，进一步推进了农村基层党内民主建设。强化村党组织在村级组织中的领导核心地位，进一步理顺村级组织关系，完善议事规则和决策程序，提高了村民自治运行水平。深化村务公开民主管理，市委组织部、市委农工委、市民政局制定下发了《关于进一步加强村务公开民主管理工作的意见》，广泛开展农村"民主日"活动，进一步规范公开程序、扩大公开范围、创新公开形式，增强了村务公开的实际效果。落实《北京市村务监督办法》和《北京市村务监督委员会工作规则》，推进村务监督委员会规范化建设，健全了权责明晰、制约有力、运转有效的村级民主监督机制。全面实施"村账托管""村章托管"等基层民主管理手段，全市实行"村账托管"的村3 809个，占96.7%；"村章托管"的村1 815个，占46.1%；合同由乡镇审核管理的村3 731个，占94.7%。推进以村规民约、村民自治章程为基本内容的社会规范建设，进一步增强了农村社会的自我调节功能。加快发展农村服务性、公益性、互助性社会组织，发挥党组织、村民自治组织、社会组织等多元主体在乡村治理中的协同作用，进一步完善了党领导下的多方参与、共同治理工作格局。

【市委农工委市农委机关群众路线教育实践活动整改落实工作取得实效】 坚持领导带头、突出重点、上下联动，强化整改工作责任制，落实挂账督办制度，大力发扬"钉钉子"精神，一个一个攻坚，一条一条兑现，推动整改工作取得了阶段性成果，"四风"突出问题得到有效遏制，两委党员干部思想进一步提高，作风进一步转变，为民务实清廉形象进一步确立，促进了城乡发展一体化进程。截至2014年12月底，两委承担的97项整改工作均进展顺利，取得明显成效。其中领导班子整改方案中60项整改任务，已落实阶段性整改任务27项，并列入常态化管理，其他需中长期整改的33项任务也已取得明显进展；20项专项整治任务，已落实15项，其他5项正在持续推进；承担市委专项整治工作任务6项，已全部落实；承担市政府党组整改工作任务3项、上下联动整改项目8项，已落实4项，其他需中长期整改的7项任务也已取得积极进展。

【完成新农村党建创新项目评选】 开展了新农村党建创新项目评选，共评选出6个基层党建创新项目，鼓励基层党组织和党务工作者围绕党建工作中面临的新情况、新问题进行思考和探索，结合自身实际开展有特色的党建活动，切实增强基层党建工作的生机和活力，提高农村基层党建工作科学化水平。

朝阳区太阳宫乡太阳宫社区探索慈善社区党建工作法。太阳宫乡太阳宫社区党委会同智耘弘善社会工作事务所党支部，结合党的群众路线教育实践活动，努力践行社会主义核心价值观，在太阳宫社区全面展开了"全国首个慈善社区创建试点"项目。在国家民政部和市、区各级的关心支持下，经过一年多的探索实践，太阳宫社区党委初步探索形成了"党委引领扬善、党员带头行善、居民主动积善、社会参与助善、搭建平台传善、人心凝聚向善"的慈善社区党建工作法，推动慈善行为成为公众生活方式、慈善活动成为社区各方自觉行动，为区域发展创造更多的"爱心GDP"，形成了"朝阳新温度、上善太阳宫"的社区新气象。

门头沟区选好用活"第一书记"。针对农村基层组织建设"后继乏人"问题，2012年年底以来，区委从区直机关事业单位中先后两次共选派16名正科级干部下村担任村党组织"第一书记"，有力推动了基层组织建设和经济社会发展，有效破解了"眼下农村可用之人从哪里来，未来政权建设依靠谁"的突出难题。

房山区实施发展党员预警工作机制。房山区委组织部研究制定了《房山区发展党员预警工作实施办法（试行）》，探索建立了发展党员预警工作机制，对农村基层党组织发展党员情况作出动态分析，根据发展党员工作存在的问题实行初级、中级、严重三级预警，加大整改落实力度，进一步规范了发展党员程序，优化了党员队伍结构，取得了较好成效。

昌平区延寿镇组建"流动服务站"。延寿镇是昌平区2011年新成立的山区镇，地广人稀，最远的村距离镇政府有50千米，百姓去镇政府办事很不方便。镇党委针对山场广袤、地域狭长、交通不便、群众办事路途远等实际情况，积极探索山区服务群众新模式，组建“流动服务站”，推出“五单”工作法，主动把各项服务送到基层、送到群众身边，有效提高了工作效率和服务质量，密切了党群干群关系。

大兴区建立联村党总支工作模式。大兴区在总结乡镇实践经验的基础上，推广联村党总支工作模式，全区共有7个镇设立58个“联村党总支”，覆盖304个村级党组织，实现了村级事务的总支式管理、组团式服务、共享式发展。主要做法是：在以行政村为单位设置农村基层党组织的基础上，分片成立党总支，选派镇级班子副职兼任党总支书记，加强对村级工作的服务管理，提高镇、村两级干部的服务能力，促进村域发展水平共同提高。

平谷区建立农村便民代办服务体系。在全区274个行政村全部建立便民代办服务站，为群众搭建全方位、多层次的综合性服务平台，集中办理乡镇政府部门授权的所有行政审批和公共服务事项，实行接待来访、代理业务、送达代办结果的“一站式”服务，构建了“立体化”便民代办服务体系，使群众在家门口就可以快速解决生产、生活中遇到的实际问题。

【中央巡视组反馈问题整改落实工作取得阶段性成效】针对中央巡视组反馈指出的全市农村基层组织和乡村干部队伍存在的突出问题，市委组织部、市委农工委、市纪委认真研究分析，精心制定方案，逐项狠抓巡视整改任务的落实，取得了阶段性成效。深入开展软弱涣散村党组织集中整顿工作，重点把村委会主任中有前科、村委会中没有党员、群众意见大且明显影响履职的村一并纳入整顿范围，集中摸排确定了402个村党组织作为整顿工作对象，以班子整顿建设为首要任务，以解决群众最关心、最直接、最现实的利益问题为突破口，采取“一村一策”的办法开展集中整顿。截至目前，已完成转化和有明显提升的村党组织合计达到100％。以整顿工作为契机，进一步建立健全村委会主任中有前科人员的台账，有区别地制定了管理措施，及时掌握他们的思想状态和工作情况，采取教育培训、谈心谈话、结对帮扶等方式，帮助他们转化提高。2014年7—12月，全市组织开展了“严肃查处农村基层党员干部不正之风和违纪违法行为”专项行动，加大监督、执纪、问责力度，重点查处乡镇副科级以上党员干部及农村“两委”班子中的党员干部“小官巨腐”现象，形成了反腐倡廉的强劲声势，有力地震慑了违法违纪分子。2014年，全市共查处“小官贪腐”案件194件，违纪总金额3.58亿元，其中100万元以上的47人，1 000万元以上的4人。针对案件中暴露出来的体制机制和制度问题以及管理上的薄弱环节，督促相关单位和部门举一反三，及时建章立制、狠抓整改落实，不断健全民主决策、“三资”管理使用、民主监督等方面的制度机制，认真落实相关改革措施，为加强农村基层党员干部作风建设提供长效化保障。市委组织部、市委农工委、市农村纪工委举办了全市村党组织书记廉洁履职示范培训班，帮助参训学员认清反腐倡廉形势，把握廉洁自律要求，提高了拒腐防变能力，受到人民日报等媒体好评。

【农村基层政权建设深入发展】

1. 全市村民委员会状况。据统计，截至2014年12月底，全市共有村民委员会3 940个。其中朝阳区154个、海淀区84个、丰台区65个、门头沟区178个、房山区461个、通州区475个、顺义区426个、昌平区303个、大兴区527个、平谷区273个、怀柔区284个、密云县334个、延庆县376个。

（席俊克）

2. 开展北京市农村基层政权建设调研。为了贯彻落实党的十八大和十八届三中、四中全会以及全国民政工作会议精神，根据民政部办公厅《关于开展城乡基层政权建设情况调查研究活动的通知》（民办函〔2014〕7号）的要求，北京市民政局党委高度重视，召开专题会议进行研究，成立了由局主管领导任组长，基层政权建设处牵头，首都多名农村基层政权建设方面的专家、教授、学者参与的专题调研领导小组，并结合本市实际情况，下发了《关于开展城乡基层政权建设情况调研活动的通知》（京民基发〔2014〕73号），专题调研通过发放调查表、召开座谈会、实地走访、查阅有关文献资料等形式进行，先后召开各种形式的座谈会12次，实地走访了8个区县、6个乡镇、2个地区办事处、10个村，对全市农村基层政权建设情况进行了全面深入细致的调研。其基本情况，截至2014

年4月，北京市共有122个乡镇（105个镇、12个乡、5个民族乡）、62个地区办事处（加挂乡镇牌）、3 940个村委会，分别占城乡同级建制比例的37.89%、15.53%、57.64%。分布在除了东城区、西城区和石景山区以外的13个区县。对北京市乡镇基层政权组织其机构岗位设置、人员编制、管理体制及运行机制等多方面的情况进行了深入细致的了解。

调研报告对多年来首都农村开展基层民主政治建设所取得的成绩进行了充分的肯定，并对开展工作的情况进行了全面的分析：

一是严格民主选举制度，保障村民选举权。第一，依法组织换届选举，维护农村的稳定与繁荣。近年来，北京市依照《村民委员会组织法》的相关规定，依法有序开展村民委员会的换届选举工作。为此，北京市委市政府先后制定和发布了村民委员会选举的具体实施办法和规定，包括2000年，北京市第十一届人大常委会第二十一次会议通过了《北京市村民委员会选举办法》，2012年北京市第十三届人大常委会第三十五次会议修订了《北京市村民委员会选举办法》，2001年，北京市第十一届人大常委会第二十八次会议通过了《北京市实施〈中华人民共和国村民委员会组织法〉的若干规定》，2012年北京市第十三届人大常委会第三十五次会议修订了《北京市实施〈中华人民共和国村民委员会组织法〉的若干规定》。市级层面，专门出台了《北京市村民委员会选举工作指导规程》，指导村民委员会选举工作的有序开展。近年来，市委、市政府及相关主管部门多次印发关于第七、八、九届村民委员会选举工作的有关意见及通知，为最近三届村民委员会选举工作的顺利开展做出了有益的指导，同时也有效地维护了农村社会秩序的稳定，为农村地区的繁荣与发展创造了良好的环境。此外，北京市还积极借鉴其他兄弟省市和地方的经验，不断完善本市村民委员会的选举工作制度。第二，严格选举程序与制度，保障选举权得到认真落实。依照《北京市村民委员会选举办法》《北京市实施〈中华人民共和国村民委员会组织法〉的若干规定》《北京市村民委员会选举工作指导规程》，北京市各级相关部门依法开展换届选举工作，严格依法执行村委会成员辞职、缺额补选和组织罢免等相关规定。同时明确各相关单位的负责职能，保证选举程序和选举制度落实到单位、落实到个人，真正做到可追溯的责任制。北京市民政局基层建设政权处在北京市第九届村民委员会选举中及时指导、纠正违反选举程序的事件，有效地保证了选举工作的顺利开展。

二是规范民主决策制度，保障村民决策权。第一，明确民主决策内容与范围，落实民主决策权力。为进一步规范农村民主决策工作，明确民主决策的内容和范围，北京市民政局基层政权建设处制定并实施了《北京市民政局关于印发〈北京市村民代表会议规则〉的通知》（京民基发〔2003〕264号），为进一步规范和完善村民代表会议制度，结合首都农村基层工作实际，重新修订了《北京市村民代表会议规则》京民基发〔2013〕330号。该规则赋予村民代表会议相关职权，明确凡是与农民群众切身利益密切相关的事项都要实行民主决策，主要包括村集体土地承包和租赁、集体企业改制、集体举债、集体资产处置、村干部报酬、村公益事业的经费筹集方案和建设承包方案等。第二，规范民主决策程序与形式，保证民主决策效力。为进一步完善民主决策的程序和形式，北京市专门发布了《北京市村务公开协调小组关于落实〈北京市委组织部、市委农工委、市民政局关于健全和完善村党组织领导的村民自治机制的意见〉的目标任务分工》（京村发〔2005〕3号），就民主决策程序和形式做出了具体安排和部署。强调召开“两委”联席会议的重要性；建立健全村民代表联系户制度，确保民意的真实性；探索村庄撤并、村民散居和外出务工等民主决策的有效形式。2008年，北京市社会主义新农村建设领导小组村务公开工作办公室制定下发了《北京市村务公开民主管理工作规程（试行）》（京村办发〔2008〕5号），在全市推广民主决策“八步工作法”，对民主决策的程序与形式进一步进行规范和完善。

三是完善民主管理制度，保障村民参与权。第一，鼓励探索新模式，不断完善村级民主管理制度。北京市积极加大村民自治工作力度，在全市范围内普遍推行村级事务民主管理工作制度，凡涉及村民群众重大利益的事项都必须实现民主管理，通过民主的渠道解决村民自治过程中的矛盾和疑难问题。正确处理“两委”干部、党员大会、村民代表大会之间的关系，先后出台了四部涉及村务公开民主管理的相关规定。部分乡镇积极探索推行新模式，其中以“五委决策”制最具代表性。“五委决策”就是将“两委”班子联席会、老干部监督协调委员会、党员议事委员会、干部群众民主评议委员会和村民质询委员会紧密联系起来，通过决策、监督、议事、评议、质询等程序，实行“三透明”原则（决策透明、大项开支透明、工作结果透明），将党内民主与村民自治有机结合，健全民主决策制度，保证村民的切身利益得到真正保障。“五委决策”制已经在北京市多数区县得到推广，并得到广大村（居）民的一致好评。第二，及时出台指导性意见，完善村民自治章程。村民自治是农村稳定与繁荣的根本，北京市依照中央有关规定，先后于 2001 年、2004 年和 2005 年印发了《中共北京市委办公厅、北京市人民政府办公厅关于转发〈市委组织部、市委农工委、市民政局关于充分发挥村党支部领导核心作用，进一步推进村民自治的意见〉的通知》（京办发〔2001〕26 号）、《中共北京市委组织部、中共北京市委农村工作委员会、北京市民政局关于印发〈关于健全和完善村党组织领导的村民自治机制的意见〉的通知》（京组发〔2004〕13 号）、《北京市村务公开协调小组关于落实〈北京市委组织部、市委农工委、市民政局关于健全和完善村党组织领导的村民自治机制的意见〉的目标任务分工》（京村发〔2005〕3 号），不断加强对村民自治的领导，健全村民自治机制，强化村民代表的职责。按照“按需设岗、因事设岗，以岗定责、责任到人”的原则，对村级事务进行梳理分类，设立 4 大类 13 个指导性岗位，引导村民代表根据自身能力特长选择 1～2 个岗位，主动认岗领责，并向群众公开承诺。第三，推行“村账镇托管”，不断完善村级财务管理制度。北京市各区县逐步推行以“村账镇托管”为主的村级财务管理制度。主要由镇财务中心运用统一的农村财务管理软件对各村财务记账核算，由村经济合作社与镇财务中心签订财务委托协议书和印章委托保存书，实行公章、财务账分存，“村账镇托管”实现了财务审计关口前移，解决了“豆腐账”、不及时结账等问题。海淀区苏家坨镇以“村账镇托管”为依托，实现对全镇村级账目的有效监控。第四，构建“村章镇管”，进一步强化村务印章使用管理制度。2003 年，北京市民政局联合市公安局专门印发了《北京市民政局、北京市公安局关于规范社区居民委员会、村民委员会印章管理工作的意见》（京民基发〔2003〕429 号），对村章的管理作了明确的规定。在此基础上，部分区县探索推行“村章镇管”制度，由镇政府统一保管村级公章，加强镇党委政府对村级重大事务民主决策的指导和事前监督。具体内容是：与村集体利益无关，只涉及村民个体利益的一般事项，例如：死亡证明、无犯罪证明等，由村委会主任审批后，村章管理人持审批单到镇政府办理用章手续。为方便群众、简化手续，一般事项证明也可事先盖章后存放在村里；涉及村集体利益与广大村民利益的重大事项，必须经镇政府审核，依据文件规定履行民主决策程序后由村主任填写用章审批单，村章管理人持审批单到镇政府办理用章手续。使得村级事务与集体资产管理工作更加规范化、制度化，促进了农村经济持续健康发展，维护了农村社会稳定。

四是加强监督机制建设，保障村民监督权。第一，成立村务公开小组，加强对村务公开的统一领导。村务公开是由中央统一部署的一项农村工作制度，依照中央统一要求，北京市先后印发了《北京市村务公开协调小组及办公室组成人员》（京村发〔2005〕1 号）、《北京市村务公开协调小组工作职责》（京村发〔2005〕2 号）、《北京市村务公开协调小组关于落实〈北京市委组织部、市委农工委、市民政局关于健全和完善村党组织领导的村民自治机制的意见〉的目标任务分工》（京村发〔2005〕3 号），成立了市级村务公开协调小组。2006 年将北京市村务公开协调小组并入市新农村建设领导小组，下设综合办公室和村务公开工作办公室，村务公开工作办公室设在市民政局（京编委〔2006〕28 号），明确了相关职责，保证了村务公开工作的领导与执行。同时，北京市依照国务院和民政部的有关规定，印发了《中共北京市委办公厅、北京市人民政府办公厅贯彻落实〈中共中央办公厅、国务院办公厅关于在村民普遍实行村务公开和民主管理制度的通知〉的通知》（京办发〔1998〕16 号）和《中共北京市委农村工作委员会、北京市人民政府农林办公室、北京市民政局关于印发〈北京市村务公开民主管理工作暂行规定〉的通知》（京基发〔1999〕17号）。2008年，市新农村建设领导小组村务公开工作办公室印发了《北京市村务公开民主管理工作规程（试行）》（京村办发〔2008〕5号），进一步规范和完善了村务公开和民主管理工作制度。第二，全面加强村务监督委员会建设。为认真落实中央关于加强和创新社会管理的精神，深入贯彻《中华人民共和国村民委员会组织法》，进一步加强村级民主监督工作，全面推进农村基层社会管理创新，结合本市实际，中共北京市委办公厅、北京市人民政府办公厅印发了《关于建立村务监督委员会工作的意见》的通知（京办发〔2011〕32号），通知对建立村务监督委员会的重大意义、指导思想和基本原则、村务监督委员会的主要内容及工作要求等都做了明确规定，并于2011年在全市各村普遍建立了村务监督委员会。为进一步加强村务监督委员会规范化建设，2013年5月，中共北京市委办公厅、北京市人民政府办公厅印发了《北京市村务监督办法（试行）》（京办发〔2013〕17号）。同年底，中共北京市纪律检查委员会、中共北京市委组织部、中共北京市委农村工作委员会、北京市民政局联合印发了《关于建立村务监督委员会工作规则（试行）》（京基发〔2013〕484号）。保证村委监督委员会“六有”，即有牌子，有场所，有活动，有计划，有台账，有印章。第三，创新民主监督形式，强化民主监督效力。在实际工作中，北京市不断探索和创新村务监督工作机制，形成一批有特色的监督机制。早在1998年，北京市就有区县开展了“民主日”“民主议政日”活动，随着这项制度的不断完善，村民民主评议制度已在本市大范围推广开来。同时，为适应时代发展潮流，引进网络媒体监督媒介，开创了“听声见影档案”和“全程视频直播”的监督形式，保证了监督的持续性和实效性。朝阳区高碑店村通过引入视频影音技术，实现了村民对村委会工作监督的及时化。积极创新村务公开形式，形成了一套以“全方位晒账”“五延伸”“六步法”为主的村务公开制度和方法，同时，积极创建“公开民主管理示范单位”，促进村务公开的全面发展和提升。

3. 进一步推进村务公开和民主管理工作的深入开展。为深入贯彻落实党的十八大和十八届三中、四中全会精神，不断扩大农村基层民主，强化自治功能，坚持依法治村，健全村党组织领导的充满活力的村民自治机制，维护农村社会和谐稳定，根据首都农村改革发展的新形势、新要求，市委组织部、市委农工委、市民政局联合印发了《关于进一步加强村务公开和民主管理工作的意见》（京民基发〔2014〕499号）。意见强调，充分认识进一步加强村务公开和民主管理工作的重要意义。村务公开和民主管理是加强基层民主政治建设、基层政权建设和基层党风廉政建设的一项基础性工作。实行村务公开和民主管理，是贯彻落实中央和市委、市政府“三农”政策、维护农村群众根本利益的具体体现，是完善村民自治机制、发展社会主义民主的重要内容，是全面深化农村改革、加快城乡发展一体化进程的必然要求，是促进农村党风廉政建设、密切党群干群关系的有效途径。近年来，在市委、市政府领导下，全市在推行村务公开和民主管理方面取得了明显成效，村党组织领导的村民自治机制不断健全，村务公开和民主管理制度体系更加完善，有力促进了首都农村经济社会协调健康发展。但随着首都农村经济社会的快速发展，村级民主管理问题也不断突显，有的村公开制度不健全、公开内容不全面、公开程序不规范，村务不公开、半公开甚至假公开的现象依然存在；有的村决策过程不民主、决策程序不规范，村民会议、村民代表会议作用发挥不够好；有的村村务监督委员会工作制度不健全，功能作用没有得到很好发挥。这些问题影响了全市农村基层民主政治建设的深入发展。全市各级各部门和广大农村干部群众必须高度重视农村基层民主政治建设工作，不断增强做好村务公开和民主管理工作的紧迫感和责任感，扎实推进村务公开和民主管理制度化、规范化、科学化建设，全面提高村务公开和民主管理工作整体水平，实现好、维护好、发展好广大村民群众的根本利益。《意见》提出了今后几年全市进一步开展村务公开和民主管理主要工作目标：一是农村基层组织体系进一步健全。村党组织领导核心地位不断巩固强化，村党组织、村民委员会、村务监督委员会、村集体经济组织等村级组织功能强健、职责清晰、分工明确、关系协调、运转高效，形成以村党组织为核心、自治组织为主体、群团组织为纽带、经济社会组织为补充的农村基层组织体系。二是村务公开和民主管理工作制度进一步完善。村务公开和民主管理工作制度化、规范化、程序化建设不断加快，以村民会议、村民代表会议为主要载体的民主决策制度不断完善，以《村民自治章程》《村规民约》为主要内容的民主管理制度不断健全，以村务公开、内外监督、群众评议为主要方式的民主监督制度不断强化，健全按规矩办事、靠制度管人的长效机制，实现依法治村，依制治村，切实把权力关进制度的笼子里。三是村务公开和民主管理工作基础进一步夯实。在各级党委政府领导下，形成党政齐抓共管、部门密切配合、上下有机联动的工作落实体系。投入保障机制不断健全，坚持权力下放、资源下沉、重心下移，实现基层组织工作有力量、办事有经费、活动有阵地、服务有载体。四是农村基层社会治理能力进一步提升。村务公开全面真实，实现公开内容精细化、公开程序规范化、公开形式多样化、公开时间具体化。民主决策程序规范，民主管理落实到位，民主监督有力有效，党组织领导下的多方参与、协同治理工作格局不断完善，实现农村基层社会治理民主化、法治化。五是村民群众满意度水平进一步提高。村民群众主体作用充分发挥，参与村务公开和民主管理的积极性、主动性和创造性得到充分调动。党群干群关系融洽，农村社会保持和谐稳定，各种突出问题、矛盾纠纷得到及时有效化解。群众对村务公开和民主管理工作满意度明显提升，到 2017 年，群众满意度力争达到 85%以上。

4. 认真贯彻落实《北京市村民代表会议规则》。为认真贯彻落实《中华人民共和国村民委员会组织法》和《北京市实施〈中华人民共和国村民委员会组织法〉的若干规定》，进一步规范和完善村民代表会议制度，努力推进北京农村基层民主建设，北京市民政局 2013 年重新修订了《北京市村民代表会议规则》（京民基发〔2013〕330 号）。为了确保《北京市村民代表会议规则》落到实处，结合农村基层工作实际，市民政局组织有关人员对 13 个涉农区县的相关主管部门进行检查指导，要求各区县结合本区域实际工作情况，制定出台贯彻落实《北京市村民代表会议规则》的实施细则，并纳入年终全市民政系统绩效考核的内容。

5. 进一步深入推进村务公开和民主管理“难点村”治理工作。2014 年是本轮村务公开和民主管理“难点村”治理工作的关键年，按照全国村务公开协调小组关于加强“难点村”治理工作要求，根据北京市社会主义新农村建设领导小组村务公开工作办公室的统一部署和安排，经过各区县普通排查，综合分析，全面衡量，本市共确定村务公开和民主管理“难点村”122 个，全市各级相关部门集中力量，加大治理工作力度，全面开展治理工作：一是认真组织实施。各区县、乡镇集中精力，组织相关工作人员，组建治理工作组或帮扶工作组、采用现场会、培训班、学习班、座谈讨论等方式，广泛开展“难点村”治理工作宣传教育，对参与治理工作的有关干部进行政策、业务培训，为全面开展治理工作打下坚实基础。二是突出治理重点。各区县认真总结近年来“难点村”治理经验，根据不同类型的“难点村”，分类确定治理措施、治理重点，着力解决了一批村民群众反映强烈的问题、损害村民利益的突出问题，着力解决了基层组织建设薄弱，引领村民群众发展经济能力不足的问题，着力解决了村务不公开、村务决策不民主、村务管理不规范、村务监督不到位的问题，扎扎实实推进了“难点村”治理工作。三是强化治理创新。在治理工作中，各区县结合实际，坚持把“难点村”治理作为新农村建设的重要任务，大胆创新治理模式，健全治理长效机制，取得了较好效果。市村务公开工作办公室成立了专门工作组，对各区县开展“难点村”治理工作进行了专项督查。各区县、乡镇（街道）都制定了治理实施方案，推出了一系列治理举措，从治理效果来看，村务公开和民主管理“难点村”治理工作取得了突破性进展，真正实现了“难点村”的根本性好转，达到了“难点村”治理的目标，使全市农村基层政权建设基层群众自治制度进一步健全，村民自治机制进一步完善，村民群众的民主权利得到保障，有效化解了农村基层社会矛盾，为建设新农村、构建和谐社会首善之区奠定了坚实基础。

6. 表彰 2014 年度北京市先进村民委员会、先进村民委员会主任。2014 年，全市村民委员会和广大村民委员会干部在各级党委和政府的领导下，以党的十八大、十八届三中、四中全会精神和习近平总书记系列讲话精神为指导，紧紧围绕贯彻落实《村民委员会组织法》和《北京市实施〈中华人民共和国村民委员会组织法〉若干规定》，市委办公厅市政府办公厅印发的《北京市村务监督办法（试行）》（京办发〔2013〕17号），市纪委、市委组织部、市委农工委、市民政局联合印发的《北京市村务监督委员会工作规则（试行）》，《北京市村民代表会议规则》（京民基〔2013〕330号），以深化改革为重点，不断完善基层社会治理格局，探索村民自治民主决策新机制，认真开展村务公开和民主管理“难点村”治理工作，全市农村基层自治组织的制度建设、队伍建设、设施建设得到全面加强，农村基层社会治理体制得到进一步完善和创新，有效发挥了村民委员会在村民自治中的主体组织作用，为促进北京全面深化改革、推动北京科学发展、建设国际一流和谐宜居之都做出了积极贡献。为了表彰先进，树立典型，发挥先进村民委员会集体和个人的示范作用，进一步调动农村基层群众性自治组织和广大基层干部工作积极性，北京市民政局、北京市人力资源和社会保障局决定：授予朝阳区高碑店乡半壁店村民委员会等110个单位“先进村民委员会”荣誉称号；授予朝阳区高碑店乡半壁店村民委员会主任李云峰等60名同志“先进村民委员会主任”荣誉称号。

（甘国再）

党风廉政建设

【召开市农委系统党风廉政建设和反腐败工作座谈会】2014年3月26日，市委农工委专门组织召开了市农委系统党风廉政建设和反腐败工作座谈会，部署系统单位党风廉政建设和反腐败工作。会议坚决贯彻落实中央、市委党风廉政建设和反腐败工作部署，强调系统各单位党委（党组）一定要履行好党风廉政建设主体责任，纪检监察部门一定要担负起监督责任，市纪委副书记杨逸铮同志参加了会议。市委农工委、市农委领导班子成员，市农委系统单位党政一把手，纪委书记、副书记、监察处处长和两委机关处室负责人参加了会议，有力地推动了市委农工委、市农委机关及市农委系统单位党风廉政建设工作的开展。

（丁岩）

【把党风廉政建设责任制落到实处】市委农工委、市农委把推进党风廉政建设任务与贯彻落实市委、市政府重大决策部署，以及两委承担的市委、市政府涉农重大项目、折子工程等业务工作紧密结合，同部署、同落实、同检查、同考核。市委农工委、市农委印发《关于2014年党风廉政建设工作的意见》（京农发〔2014〕3号）和《2014年党风廉政建设和反腐败工作主要任务分工》（京农发〔2014〕4号），对两委机关和市农委系统党风廉政建设工作进行了全面部署。两委按照市委《关于落实党风廉政建设主体责任、纪委监督责任的意见》精神，结合实际对全年31项党风廉政建设任务进行了分工，其中明确主体责任21项、监督责任分工8项，共涉及牵头处室11个，把党风廉政建设作为党要管党、从严治党的重要内容层层传导压力。两委领导切实履行“一岗双责”的职责，并按照分工协助主要领导抓好职责范围内的反腐倡廉工作，对分管任务的落实负直接领导责任；责任处室和部门负责人是具体组织实施者，对任务的落实负直接责任，并在年底对承担牵头任务完成情况进行汇报。两委定期分析党风廉政建设工作开展情况，研究解决突出问题。2014年，两委办公会研究党风廉政建设和反腐败议题共计12次19项。

（丁岩）

【积极开展廉政宣传教育活动】按照市纪委、市委宣传部《关于举办“北京廉政故事”和“廉政微短剧”创作征集活动的通知》要求，组织市农委系统单位开展“北京廉政故事”和“廉政微短剧”创作征集活动，征集廉政故事作品29篇，征集廉政微短剧作品1个，通过身边的廉政典型教育系统单位广大党员干部职工。采取举办党风廉政教育宣传月，通报违法违纪案例、观看“小官巨腐”宣传片、制作廉政板报、购买发放廉政图书等多种形式，加强廉政教育宣传活动，其中发放廉政新规图册近 400 份。结合党风廉政建设和反腐败工作的新形势、新任务，农村纪工委书记分别为两委机关、市农委系统单位党员干部以及农村基层乡镇、村干部讲党课达 1 000 多人次。

（丁岩）

【持之以恒纠正“四风”】按照中央和市委、市政府部署要求，市委农工委、市农委坚持、巩固和深化中央八项规定精神和市委实施意见，着力在建立健全改进作风常态化制度方面下功夫，坚持《关于改进工作作风、密切联系群众的实施意见》《两委班子成员基层联系点制度》《两委“进村入户”制度》。两委领导班子成员带头改进作风，两委班子成员以普通党员身份参加每季度“三天两晚”的进村入户活动，真心实意地与农民交朋友、拉家常，了解群众的疾苦和冷暖，着力解决群众的困难和问题；加强和改进调查研究，健全领导干部联系点制度，坚持轻车简从、减少陪同、简化接待，多到矛盾多、困难大的地方调研，多搞解剖麻雀式的蹲点调研，多搞不打招呼、不作安排的随机性调研。两委以常抓的韧劲、长抓的耐心，继续把深入贯彻落实中央八项规定精神和市委实施意见作为作风建设的重中之重，坚决杜绝以各种名义用公款相互宴请，不接（送）任何礼品。在春节期间不搞任何形式的公务宴请活动，取消了不必要的事务性活动。取消新春团拜会，改为慰问基层，为基层困难党员群众送温暖等务实形式。对赴基层调研工作进行统筹，合理安排调研方式，减少区县和基层的接待任务。在节假日等重要节点，要求两委干部严格执行《两委关于不准收受基层赠送农副产品的规定》，切实增强制度的刚性约束力，规范和约束机关干部行为，树立良好形象。按照市纪委《关于严明纪律坚决防止公款送月饼节礼等不正之风的通知》要求，及时通过两委办公会传达《通知》精神，并对两委机关和市农委系统单位提出要求狠抓节日期间九个“严禁”，并通过设立举报箱、举报电话、明察暗访等多种方式，加强监督执纪的工作力度，起到了震慑和教育作用。

（丁岩）

【加强对权力运行的监督和制约】加强对权力运行的制约和监督，把权力关进制度的笼子里，形成不敢腐的惩戒机制、不能腐的防范机制、不易腐的保障机制，是当前党风廉政建设和反腐败斗争的重大任务。市委农工委、市农委坚持以两委办公会、工委委员（扩大）会议制度的形式研究决策重大事项，邀请市农委系统各单位和各处室负责人列席两委办公会，涉及基层的重要事项都要事先征求区县、乡镇和基层干部群众的意见。坚持科学决策，深入基层加强调研，把政策研究作为决策的必经程序，把民主讨论、集体决策与明确分工、落实责任有机结合，在两委形成了集体领导、科学决策、各负其责的工作局面。2014 年共召开两委办公会 29 次，研究议定 120 余项事项。对两委领导班子成员承担的年度重点工作或党风廉政建设责任制任务实行廉政风险防控项目化管理，每位领导班子成员按照要求，结合分管工作和党风廉政建设责任制分工，至少确定一项自己承担的重要工作事项，填写《局级领导干部廉政风险防控重点项目表》，内容包括项目名称、目标要求、完成任务的工作措施和防控廉政风险的办法。《局级领导干部廉政风险防控重点项目表》全部由领导干部本人签字承诺后交由市农村纪工委监察处备案，编制管理台账，进行动态监管。两委班子成员共确定年度重点防控项目 18 项，制定廉政风险防控措施 47 条，进一步加强了对权力运行的监督和制约。

（丁岩）

【深化廉政风险防控管理工作】建立权力清单制度，通过召开市委农工委、市农委办公会进行专题研究讨论，制定了《两委领导班子集体决策事项及两委机关处室职权目录》。《两委领导班子集体决策事项目录》共确定 4 大类、9 项集体决策事项，确定风险点 13 项，制定防控措施 21 项，规范了决策程序和议事规则，加强了对权力运行的制约。《两委机关处室职权目录》，通过清理确认两委处室的职责权限，对两委机关处室职能、职权事项、实施依据、办理流程、办理时限等进行梳理，绘制流程图，共确定涉权事项 69 项，明确职权实施依据 84 项，规范确立运行流程 81 项。职权目录经两委办公会审定通过后，首先通过市农委的政府网站在一定范围内公开公示，接受群众的监督。

（丁岩）

【积极开展行政效能监察工作】按照市监察局 2014 年行政监察工作部署，根据市政府办公厅关于印发《北京市2014年办好重要民生实事分工方案的通知》和《北京市监察局关于对2014年清洁空气行动计划开展全市统一立项效能检查的通知》等相关精神，市监察局驻市农委监察处对市农委承担的落实清洁空气行动计划任务完成情况开展立项效能监察。具体对市农委实施的“减煤换煤、清洁空气”行动、郊区生态环境创建工作开展立项效能监察，督促驻在部门建立落实工作任务的推进机制，明确工作目标、任务分解、责任人和完成时限，全面落实工作责任，促进北京空气质量和郊区生态环境持续改善。督促责任处室按照《北京郊区农村环境建设巡查办法》的要求，建立了农村环境日常巡查制度，按照不提前通知、不预定名单、不设定路线的“三不”原则，采取日常督查与突击检查相结合的办法，对郊区县农村环境建设工作实施经常性的检查和督办，并且加强与郊区县相关部门的沟通协调，提高工作效率。督促推进农村地区“减煤换煤、清洁空气”行动计划，完成减煤换煤任务122万吨，覆盖郊区一半以上的村庄和50万农户。在开展效能监察过程中，坚持关口前移，强化风险防控，注意把监督和保障干部干净干事作为效能监察的一项重要任务，促进干部廉洁从政，同步推进反腐倡廉建设与业务工作的开展。

（丁岩）

【加强对农村集体资产监督管理】 为深入贯彻落实《关于进一步加强农村集体资金资产资源管理和监督工作意见》（京纪发〔2013〕5号），不断加强农村党风廉政建设，市委农工委、市农委以市社会主义新农村建设领导小组综合办公室的名义下发了《关于加强农村集体资产管理的若干意见》（京新农办函〔2014〕9号），进一步明确了农村集体资产监督管理职责，强化农村集体经济审计监督，加强农村集体财务规范化建设、农村集体经济合同管理、土地补偿费的管理，完善村级财务民主监督机制、集体经济组织收益分配机制，做好农村集体资产管理的基层基础工作，切实加强农村集体资产的监督管理工作。

（丁岩）

【加强对减轻农民负担的监督管理】 市委农工委、市农委以市农民负担监督管理联席会议办公室的名义下发了《关于进一步明确市农民负担监督管理联席会议成员单位职责及调整组成人员的函》（京农负函〔2014〕1号），对各成员单位职责进行进一步明确，对组成人员进行部分调整，并认真贯彻落实中纪委和市纪委的相关要求，不再把市纪委作为市农民负担监督管理联席会议成员单位。按照农业部“由省级确定‘一事一议’筹资筹劳限额标准权限”的要求，结合本市实际，制定下发了《关于进一步明确村民一事一议筹资筹劳限额标准的通知》（京农负发〔2014〕2号），明确了本市在‘一事一议’筹资筹劳过程中筹资、筹劳和以资代劳的对象以及具体工日、工价标准。按照农业部等六部委《关于做好2014年减轻农民负担工作的意见》（农经发〔2014〕5号）要求，下发了《北京市农民负担监督管理联席会议办公室关于做好2014年减轻农民负担工作的意见》（京农负发〔2014〕3号），加强对减轻农民负担的各项监督管理工作。

（丁岩）

【举办村党组织书记廉洁履职示范培训班】 为贯彻落实中央和市委关于党要管党、从严治党的部署要求，扎实做好中央巡视组反馈意见整改落实工作，配合开展农村基层干部违法违纪行为专项整治行动，2014年11月13—15日，市委组织部、市委农工委、市农村纪工委联合举办了全市村党组织书记廉洁履职示范培训班。市委农工委副书记、市农委副主任刘福志同志作培训动员讲话，市委组织部部务委员、组织处处长何明同志作培训总结讲话。市公安局党委副书记、副局长姜良栋同志，市农村纪工委书记尚延华同志，市农经办党组书记、主任郭光磊同志在培训班上作专题辅导。此次培训班紧贴“三农”工作实际，采取形势教育、专题辅导、经验交流、实地参观、观看话剧、分组论等形式进行。为增强培训的针对性和实效性，培训班着眼农村基层干部需求，安排了《深刻理解和正确把握反腐倡廉斗争形势，增强廉洁自律、廉洁履职的自觉性》《〈农村基层干部廉洁履行职责若干规定（试行）〉解读》《加强廉洁自律，预防职务犯罪》《推进依法治国 建设法治国家》《加强农村集体“三资”管理，提升农村党风廉政建设水平》《当前农村黑恶势力对新农村建设的影响及对策》等专题讲座。通过培训村党组织书记进一步提高了对廉洁履职的认识，进一步明确了廉洁履职的要求，进一步开阔了廉洁履职的思路，在思想认识上有了新提高，在经验方法上了有了新拓展，为今后更好地廉洁履职奠定了基础。全市190名村党组织书记，部分乡镇党委副书记、纪委书记，13个涉农区县委组织部或农工委负责同志，共240余人参加了培训。

（丁岩）

【开展市农委系统党风廉政建设责任制专项检查】 2014年年底，由市委农工委主要领导带队，组成6个检查组，对市农林科学院、北京农业职业学院、市农研中心（农经办）、北京农产品中央批发市场管委会、市农业局、市城乡办等6个市农委系统单位的党风廉政建设责任制执行情况开展专项检查。通过听取各单位党委（党组）落实主体责任、纪委（纪检组）落实监督责任的情况汇报，查阅相关工作资料、召开座谈会、实地走访基层单位等方式，深入了解各单位党风廉政建设责任制的落实情况，并就检查情况向市反腐倡廉领导小组办公室汇报。

（丁岩）

老干部工作

【概述】 截至2014年年底，市农工委机关及系统5个局、事业单位离休干部总数为62人，平均年龄85.2岁，其中享受副省（部）级单项待遇1人、局级15人、处级42人、科级2人、其他2人。退休干部总数为1 410人，其中局级12人，处级41人，科级21人，事业单位1 324人，企业12人。

在市委、市政府正确领导下，市农工委系统各级党委组织部门、老干部工作部门，认真贯彻全国老干部局长会议、市第二十七次老干部座谈会精神，围绕中心，服务大局，全面落实老干部政治、生活待遇，扎实有序地推进各项老干部工作。

【突出抓好三中全会精神和习近平总书记系列讲话精神的学习】 农工委系统老干部工作部门紧紧围绕党的十八届三中全会精神，通过举办党支部书记培训班、形势报告会、情况通报、座谈讨论、专题讲座等形式，加强离退休干部的政治理论学习和形势政策教育。重点学习了习近平总书记系列重要讲话精神，与持续深入地开展中国特色社会主义中国梦宣传教育结合起来，与开展党章、党纪教育相结合起来，引导广大老干部进一步坚定理想信念，增强中国特色社会主义道路自信、理论自信、制度自信；引导广大老同志严格遵守党的纪律特别是政治纪律、组织纪律，坚决拥护和自觉执行党的路线方针政策，始终同以习近平同志为总书记的党中央保持高度一致。2014年5月组织农工委系统老干部“与党同心、与祖国同行”主题报告会，胡荷、周文济、阚世洪、高明和四位老同志宣讲。他们的宣讲，声情并茂，感人至深，使在场的每一位同志都受到了一次深刻的教育和鼓舞。每年一次的主题教育活动，老同志参与度高，教育效果比较好。

【组织引导离退休干部力所能及地发挥作用】 一是加强分类指导。针对不同层次、不同领域、不同行业老同志的情况和特点，因地制宜做好组织指导工作。坚持以年龄相对较轻、身体相对较好的老同志为主体，注意挖掘老同志中局职领导干部和专业技术人才、党建人才的智慧，引导他们在北京“三农”工作和党的建设方面建言献策、帮智出力。2014年9月，农工委专门召开系统老领导座谈会，征求对市委、市政府关于调结构转方式发展高效节水农业的意见，老同志们积极踊跃、建言献策，相关意见也得到市委、市政府的采纳。重点抓好了老同志网评队伍建设，按照市老干部局的要求，北京市农业局还组织了有宣传工作经验的老同志开展网络监督和网上宣传工作，组织引导老同志在网上积极发声、扶正祛邪，传递正能量，维护党和政府的良好形象。二是搭建有效平台。农工委系统老干部工作部门积极为老同志发挥作用搭好台。2014年结合深化“同心共筑中国梦”主题活动，积极创新发挥老同志作用的有效载体。以基层支部建设为抓手，鼓励离退休干部党员离岗不离党，以支部为新岗位无私奉献。三是大力宣传老同志中的先进典型。积极开展先进典型选树工作，发挥好先进典型的示范带动作用。农工委系统退休干部张新同志被市委组织部、市老干部局评为市级离退休干部先进个人，北京市农业局动物疫病防治控制中心离退休干部支部被评为市先进离退休干部党支部。

【注重办实事解难事，用心用情服务老同志】积极协调配合相关部门进一步加大了对老同志关心、关爱和关怀的力度。完成了市《关于提高高龄离休干部护理费标准的通知》《关于进一步做好我市离休干部医疗服务工作的通知》等有关离休干部护理费、医疗待遇提高等文件的贯彻落实工作。完善特困帮扶机制，为有特殊困难的老同志雪中送炭、解燃眉之急。做好重大节日和离休干部重病期间的走访慰问工作，春节及七一前后共走访慰问离休干部、远郊区县四套班子老领导120余人次。看望重病住院老干部10余人。加大“四就近”工作协调指导力度，进一步总结、交流利用社区资源做好离退休干部服务工作经验，探索完善“四就近”服务、社会化养老等措施，更好地满足离退休干部日益增长的服务需求。

【积极搭建平台，组织老同志开展丰富多彩的活动】结合新中国成立65周年，以“与党同心、与祖国同行”为主题，开展多种形式活动，丰富离退休干部的精神文化生活。举办了老同志书画摄影手工作品展，展出作品200多件，这些作品主题鲜明、格调高尚、思想性强、内容丰富，赢得了大家的好评。同时将优秀作品推荐到市里参加展出。2014年7月，组织了农工委系统老干部“与党同心、与祖国同行”文艺演出，远郊区县及农工委系统各直属单位的600多名离退休干部参加了演出。另外，还组织了农口老干部“迎春杯”门球赛和“金秋杯”台球赛，虽然是农工委组织的传统比赛项目，但老同志参与的热情很高。

【认真落实老干部工作的领导责任，推动老干部工作水平提高】各级党委进一步加强对老干部工作的领导，各单位领导班子普遍认真贯彻执行离退休干部工作领导责任制，发挥了很好的示范作用。各单位老干部工作领导小组成员密切配合，积极为老干部办实事，主动研究解决老干部工作的重点难点问题，指导和推进老干部工作有序开展。市委农工委分管领导一年两次向本系统老同志通报全市农村经济建设情况。

【以开展群众路线教育实践活动为契机，切实加强老干部工作部门自身建设】农工委系统参加教育实践活动的老干部工作部门坚持高标准、严要求，把规定动作与自选动作结合起来，深入查找和解决“四风”问题，进一步增强了在老干部工作中践行群众路线的思想自觉和行动自觉。各级老干部工作部门还采取培训研讨、岗位练兵、实践锻炼等方式，着力提高老干部工作队伍的整体素质。

（王岚）

区 县 农 情

朝阳区

概 述

朝阳区总面积470.8平方千米，农村地区面积350.5平方千米，占全区总面积的74.4%，辖19个乡（地区办事处），154个行政村，177个社区。农村地区常住人口170.5万人，其中户籍人口64.7万人。2014年，朝阳区农村在区委、区政府的领导下，农村地区干部群众深入落实北京“四个中心”战略定位，围绕“四增五减”阶段性目标，以党的群众路线教育实践活动为引领，在加快绿隔地区试点、农村低级次产业清退、破解“城市病”治理难题上抓落实，突出改革攻坚、规范发展，持续推进农村城市化进程。农村地区全年实现经济总收入1 269亿元，农民人均纯收入26 808元，同比分别增长7.2%、9.8%，形成区级财政收入74.6亿元。

城乡发展一体化

【概况】 朝阳区农村城市化进程取得积极进展，农村经济实现稳中向好，城市建设管理水平不断提升，农村社会建设不断加强，党的基层执政能力不断提高。

【城乡经济发展水平】 2014年内，农村地区按照“瘦身健体”的要求，以转变发展方式为重点，以产业升级为核心，以三资管理为保障，以产权改革为动力，农村经济保持平稳发展态势。落实非首都核心功能疏解要求，整合财政资金4.3亿元，出台《促进农村地区产业结构调整升级专项资金管理办法》，关停清退武基祥和等有形市场17家，拆除废品回收场站11处、出租大院62个。以重点项目建设带动产业结构优化升级，三间房动漫大厦等13个项目基本建成，国家广告园（一期）等功能性项目效益凸显。

【城乡管理体制改革】 2014年内，落实以房管人、以业控人、以拆减人综合举措，调减流动人口28万人。保持拆违控违高压态势，强力拆除违法建设342万平方米。以“零容忍”的态度集中开展安全生产专项治理，完成25个村庄沟渠改造和7个消防水池建设。完成APEC环境保障重点区域中来广营北湖渠、崔各庄奶东等节点整治任务，11个环境建设项目全部完工，50处挂账点位得到治理，农村环境建设水平稳步提高。推动73个村优质煤替代、5处“煤改电”和2个村“煤改气”试点，实现减煤换煤14万吨。

【城乡结合部改革与发展】 2014年内，农村地区以绿地城市化试点和APEC会议环境保障为契机，不断提升区域综合承载能力。争取市级支持，第一道绿化隔离地区建设取得突破，来广营等6个乡成为全市城市化试点，总体方案获市政府审批通过。统筹推进的工作机制有效运转，各乡规划调整和实施方案报送审批，项目审批工作意见和流程基本确定，实现腾退119万平方米，落实绿化1 581亩，太阳宫、常营、豆各庄农民身份全部转变，“拆转绿”工作分别完成总任务的52%、62%和22%。推进重点区域棚户区改造和环境整治，黑庄户郎辛庄等7个项目完成腾退291万平方米。全力保障重点工程建设，定福庄等3座水厂、南水北调工程及东北热电中心区域内腾退完毕，东坝第四使馆区腾退基本完成。

农业经济发展

【概况】 落实国家补贴、惠农政策，加强农用地调研，加大基本农田保护力度，保护农民种粮积极性；巩固和发展都市型现代农业，丰富群众“菜篮子”，为群众休闲提供好去处；加强动植物检疫防疫，保证动植物食品安全。

【检疫动物产品】 2014 年内，官方兽医室共检疫动物 3.3 万头（只、羽），外埠进京动物产品为猪产品 7 745 万千克、牛产品 1 489 万千克、羊产品 919 万千克、禽类产品 469 万千克，使用各种检疫证明 29 440 本、检疫标志 1 312 万枚。

【秋季防疫】 2014 年内，召开朝阳区 2014 年秋季动物防疫工作会。完成全区存栏奶牛及马属动物检疫净化工作，口蹄疫免疫注射 1 732 头（只）；完成高致病性禽流感免疫注射 1 547 羽（份）；完成狂犬疫苗免疫 15 401 头（份）；完成布鲁氏杆菌病监测 2 933 头（只），无阳性病例发生；完成 478 匹马属动物检疫，马鼻疽及马传贫均无阳性病例；发放消毒药品 7 吨，入户巡查 70 余人次。

【阳台菜园有机栽培】 2014 年内，引进观赏高产型蔬菜品种 30 余个，确定阳台菜园 10 户示范户，带动 200 户居民开展示范。

【农艺体验休闲园】 2014 年内，为垡头社区公园建引进种植 30 余个名特优蔬菜新品种和花卉，应用 12 项农业新科技。

【观赏蔬菜品种引进】 2014 年内，引进耐寒观赏型羽衣甘蓝京冠红 2 号、京冠红 5 号、京莲红 2 号、京冠白 1 号、京莲白 3 号五个品种，育苗 8 000 株，在蟹岛会议楼前、高碑店社区居民家、平房京城梨园示范种植。

【老北京蔬菜文化遗产】 2014 年内，在蟹岛、金天茂、中农春雨、缤纷四季、京城梨园五个园区进行“老北京心里美萝卜”“老北京小核桃纹白菜”两个品种的示范推广，种植 3.35 公顷，亩产量 2 750 千克以上。

【“三百工程”示范推广】 2014 年内，推广“三百工程”（百名专家进菜园、百项技术到地头、百分竞赛选能手），引进既高产又适于休闲采摘的浙粉 702 番茄、中农 26 黄瓜等特色品种 15 个，在蟹岛、永顺华、中农国信三个园区种植示范。

【粮食直补】 2014 年内，落实国家惠农政策，全区玉米直补发放补贴资金 6 090 元。

【水域增殖放流】 2014 年内，在奥林匹克森林公园、大望京公园等 5 个景观水域开展增殖放流，放流 7 600 千克苗种，其中鲢鱼 4 000 千克、鳙鱼 1 600千克、草鱼 2 000 千克，约 8 万尾。

【观赏鱼创新团队】 2014 年内，从江苏、福建、广州等地引进金鱼 1 385 尾、锦鲤 1 000 尾、红鹦鹉 5 000 尾，金鱼、锦鲤饲料 6.24 吨。在黑庄户观赏鱼养殖发展中心、郁金香锦鲤养殖中心、京朝花园及部分养殖户中开展锦鲤工厂化养殖技术、金鱼小池精养、锦鲤分级挑选试验、纳豆改善水环境试验及观赏鱼增色试验。

【农机购置补贴】 2014 年内，落实市级农机补贴工作资金 2.86 万元，购置大中型拖拉机 2 台。

【三夏三秋及秸秆禁烧】 2014 年内，三夏、三秋农机作业投入机具 35 台次，培训农机操作人员 96 人次。机播玉米 78 公顷，机收玉米 68 公顷。三夏三秋作业期间，技术人员深入田间作业现场督导、检查秸秆禁烧工作执行情况。

【政策性农业保险】 2014 年内，全区 8 家农业企业投保政策性农业保险 101 公顷，保费共 38.2 万元，其中市财政补贴 19.1 万元、区财政补贴 11.46 万元、企业自缴 7.64 万元。因受灾理赔案件 14 件，获赔金额 40.84 万元。

【农产品质量安全普法宣传】 2014 年内，联合区农委、区食品办、区农业执法大队、食药局等部门，开展“提高农产品质量安全，保障消费者权益”3·15 主题宣传活动、“农业宣法上门，送法下乡”宣传月、北京科学嘉年华等宣传活动。发放《农产品质量安全 100 问》《三品一标简介》《农产品质量安全法律法规选编》等宣传手册、学习资料 3 万余份。

【农产品质量安全培训】 2014 年内，对 15 个园区生产基地、加工配送企业、大型农贸市场负责人及基层农产品检测员共 50 余人进行农产品质量安全培训。重点讲解农产品质量安全法律法规、农残兽残检测技术，发放学习材料 1 000 余份。

【农产品质量安全追溯体系整合】 2014 年内，完成追溯管理平台从数据、系统和应用三个层面的资源整合，在数据层面形成 8 大系统的农产品质量安全管理全业务基础数据库。对 14 个监控点进行设备更新、调试。累计检查基层检测点 150 人次，累计解决数据传输、登记书写、样品记录等各类情况 100 个（次）。

【标准化基地建设】 2014 年内，按照《标准化生产基地等级划分与评定考核表》的 10 大项 51 条标准检查与评定全区符合条件的 3 家“菜篮子”工程标准化生产基地，区农耕园、中农国信基地被评为“2014 年北京市‘菜篮子’工程优秀级标准化生产基地”。

【“三品”认证管理】2014 年内，对森禾源、金天茂、京朝花园的 6 个品种进行网上申报、文书申报以及现场认定检查。对京客隆东坝店、家乐福姚家园店、大悦城永旺超市、华堂等大型商场超市进行无公害农产品标识、地理标志使用情况的调查。举办“三品一标”（三品是无公害农产品、绿色食品、有机农产品，一标是农产品地理标志）工作会暨“三品一标”培训班，发放学习资料 2 000 余份。推行“三品”备案规范管理制度，对 9 家园区基地的 18 个无公害、19 个绿色、37 个有机食品认证品种进行备案；对全区从事“三品”认证管理的 20 名检查员、31 名内检员进行备案。

【农产品质量安全自检】2014 年内，全区 12 家生产、加工配送、销售单位自检农产品样品 162 605 个，合格率 99.5%。其中蔬菜样品 130 772 个，合格率 99.4%；水果样品 13 383 个，合格率 99.9%；畜禽样品 18 450 个，合格率 99.8%。自检样品总合格率比上年提高 0.5%。

【“221 信息平台”外网上线运行】2014 年内，新改版的北京市“221 信息平台”外网——北京现代农业信息网正式上线运行，由区种养中心开发建设的朝阳区都市型现代农业创意展示系统和阳台农业多媒体展示互动系统，在该平台进行全面展示和示范推广。

【“221”业务数据采集填报】2014 年内，完成“221 信息平台”业务数据在线更新工作，包括 14 张业务数据表、4 大类共 2 400 余个业务数据的收集、整理和录入工作。

【参加科学嘉年华活动】2014 年内，与蟹岛、永顺华、格林万德等农业企业以及农业科技公司参加科学嘉年华系列活动。现场发放科普知识、阳台蔬菜、观赏鱼养殖、食品安全等内容的宣传材料、光盘和图书 2 万余份。

【植物检疫】2014 年内，监测普查美国白蛾、扶桑绵粉蚧、红火蚁、橘小实蝇、苹果蠹蛾等危险性有害生物，未发现危险性有害生物。省间调运检疫 47 批次 878 千克蔬菜种子，省内调运检疫 4 批次 220 千克蔬菜种子，未发现危险性有害生物。

【农残检测】2014 年内，植保站实验室共检测农贸市场、基地及配送企业、超市的 20 106 个蔬菜水果样品，合格率 99.9%，定量检测 357 个蔬菜水果样品，合格率 99.9%。完成市农业局“菜篮子”重点产品检测工作，其中“四重”快速检测蔬菜样品 700 个，定量检测样品 40 个；异地抽检，定量抽检丰台、大兴和密云等区县蔬菜样品 202 个。对格林万德、永顺华、蟹岛等园区位于福建、河北、内蒙古等外埠基地的 51 个蔬菜样品进行田间快速检测。

【春秋季灭鼠】2014 年内，完成 6 666.7 公顷春季农区灭鼠工作，完成 1 333.3 公顷秋季农区灭鼠工作，毒饵站使用面积 2 000 公顷。

【植物疫情阻截带监测】2014 年内，在金盏、十八里店、黑庄户、崔各庄 4 个乡分别设置阻截带监测点，安装视频网络监控系统和语音通话系统，实时了解监测点人员仪器的工作情况，发现问题及时解决。

【淡水鱼供应】2014 年内，为北京“两会”、全国“两会”、APEC 会议供应淡水鱼 9 451.75 千克。

村　镇　建　设

【概况】按照城乡一体化的发展要求，加快推进新农村建设，通过加强基础设施建设，加大绿化美化力度，着力改善村容村貌、村居环境，初步营造“乡风文明、村容整洁”的和谐农村氛围。

【“新三起来”工程】2014 年内，为进一步提高农村资源循环利用水平，组织启动以清洁能源利用、民居抗震节能改造、村级公共浴室建设和雨洪利用工程等为主要内容的新一轮“三起来”工程建设。

【农民住宅抗震节能改造】2014 年内，高碑店乡 685 户农宅完成抗震节能改造。

【基础设施建设】2014 年内，东南三乡重点村安置房基本竣工，1.5 万农民回迁入住。黄楼路实现通车，唐新村中路等 13 条道路基本建成。6 处“三起来”工程和 10 个村新农村基础设施全部完工。推进 21 个城乡结合部重点区域棚户区改造项目，东南三乡重点村安置房基本竣工，2.9 万名农民实现转居。

农村改革与管理

【概况】扎实推进农村产权改革、农村集体三资管理、政策研究等工作，农经改革与管理工作迈出重要步伐。

【产权制度改革】2014 年内，全面推进东坝、来广营、黑庄户、豆各庄 4 个乡所属 41 个村集体经济产权制度改革工作，其中13个村完成劳龄统计、清产核资、审计评估工作，为股权设置、股份量化和新型集体经济组织登记奠定了基础，16个村启动劳龄统计、清产核资、审计评估工作；东坝、黑庄户2个乡完成组建乡资源资产股份合作联社的前期准备工作；推进东风乡原鬼王菴村集体资产处置工作，摸清社员人数，完成社员登记、代表选举、劳动年限统计、清产核资等工作，集体资产分配方案经过社员代表大会表决通过。

【集体资金管理】2014年内，全区18个乡153个村完成年度预算编审工作，村级预算总额44.6亿元，预算总支出金额43.1亿元。监督指导村账托管工作，区农委和区农经办组织专题座谈会，与各乡及中介记账公司分析研究村账托管工作中存在的问题和经验，总结完善村账托管工作管理办法，制定中介记账机构考核体系，开展村级财务公开专用印章、收据使用等情况调查，提高村账托管工作规范化、制度化水平。验收2013年村干部经济责任审计发现问题的整改情况，聘请中介审计机构组成联合检查验收小组，现场验收全区18个乡154个村的整改情况，检查核实金额60.4亿元，认定已整改金额39.6亿元，占65.5%。开展常规审计工作，审计2013年度村级组织正常运转专项补助资金，审计表明，全区19个乡154个村专项补助资金拨付到位，未发现截留、滞留等问题。审计新型集体经济组织，北京华汇亚辰投资有限公司、世纪奥辰科工贸开发经济总公司、来广营乡红军营村3家新型集体经济组织共审计资产51.4亿元，核实收入2.9亿元、利润4.1亿元。

【农村集体资产管理】2014年内，对19个乡154个村级集体经济组织进行集体资产产权登记年检。年末，全区农村集体资产总额704.2亿元，负债总额514.2亿元，所有者权益189.9亿元，集体净资产总额87.1亿元，土地面积23 852公顷。对乡村所属集体企业进行的调查结果表明，全区农村集体企业251家，其中乡级集体企业179家、村级集体企业72家。完成北京市为民福利金属材料厂、北京九阳实业公司等2家集体企业改制工作。

【土地确权与流转】2014年内，全区13个乡121个村农用地实行确权确利落实农民土地承包经营权，签订确权确利协议书52 983份，涉及农民116 840人，土地面积8 745公顷，确权确利收益5 928.7万元。十八里店、孙河、崔各庄等10个乡通过拆违、协商解除、合同期满终止等方式解除合同262份，向集体经济组织流转土地345.5公顷。

【“三资”管理】2014年内，强化合同联预审制度，严把合同签订关口，清理规范存量合同，收回集体土地6 999亩，增加收益1.27亿元。完成集体土地信息采集和系统标注，实现农村资源监管全覆盖。153个村全面推行预算管理，开展村干部经济责任审计整改。来广营、黑庄户2个乡、20个村级产权制度改革和东风乡原鬼王菴村集体资产处置基本完成。

【农村经济合同管理】2014年内，按照联预审制度要求对合同签订进行专项检查，全区19个乡均建立合同联预审工作机构，并结合乡域实际，制定相应工作制度和方案；农村地区全年累计新签、续签合同316份，其中履行联预审程序的192份，占60.8%，比上年提高28.5个百分点。梳理不规范合同存在的问题，提出加强农村集体经济合同清理规范调整工作意见，明确解决问题的思路和对策，指导各乡研究出台本地区土地租赁价格参考标准，推进合同清理规范工作，王四营、平房等9个乡清理规范调整合同325份，年租金总额由5 211万元调增到12 851万元，增加1.5倍。

农 村 民 生

【概况】坚持以人为本，完善社会保障机制，加大就业培训安置力度，丰富群众业余文化生活，群众的生活条件和生活环境得到改善。

【社会事业】2014年内，7个乡40个村2.9万人实现转居。新办八十中管庄分校等5所学校，道口村中心园等8所幼儿园建成开园。东坝、常营医院建设获市级批复，农村医联体服务实现全覆盖。

【文化文明建设】2014年内，强化农村文化阵地，建成9个文化广场和5个宣传大屏，乡级文化中心、社区文化活动室覆盖率实现100%。举办国庆65周年游园传统花会等群众文化活动，38个学雷锋志愿服务站和188个道德讲堂扎根乡村基层。

【安全稳定】2014年内，突出矛盾纠纷和信访积案化解，常营、孙河等重点区域社会矛盾得到缓解，农村信访形势整体可控。11个城市管理指挥中心改造和20个村庄社区化项目建设全部完成，民警驻区制全面落实，可防性案件下降13.4%。制定中长期动物疫病防治规划，构建“18421”农产品监管追溯模式。

基层组织与民主政治建设

【基层干部队伍建设】 2014年内，深入开展解放思想大讨论和理想信念教育活动。加强乡级班子整体建设研究，进一步完善农村二级班子运行长效机制。深化人才发展战略研究，加强村干部梯次选拔培养，后备干部队伍结构持续优化。

【基层作风建设】 2014年内，把群众路线教育实践活动作为首要政治任务，在区委督导组的严格督促指导下，对照“三着力、三聚焦、三提高”的要求，坚持标准从严、标本兼治，带动农村地区各级党组织和党员干部群众深化认识、积极参与、锤炼党性、践行宗旨。以统筹整改促作风转变，结合环境整治、社区建设等民生重点，全面推行“一线工作法”，314件为民实事全部办结。

【党风廉政建设】 2014年内，严格落实党风廉政建设党委主体责任和纪委监督责任，形成一级抓一级、层层抓落实的党风廉政建设工作格局，签订农村系统党风廉政责任书2 928份。建立加强农村基层干部监督管理“1＋4”机制，对乡村两级干部提出“两公开一承诺”的明确要求，督促农村基层干部正确行使权力。完善落实农口资金预算等相关制度，打造小红门廉政主题公园等一批廉政文化品牌，开展预防职务犯罪警示教育巡展。

【民主政治建设与组织建设】 2014年内，研究制定《关于强化党建工作引领进一步深化农村基层基础工作的意见》“1＋10”文件，重点完善村级绩效考核、基层干部监督等长效机制，保障基层组织规范化运行的制度体系初步构建。落实“四定一促”工作机制，23个软弱涣散基层党组织实现整顿提升。强化服务型党组织建设，3大类、117个党建服务项目内容与载体更加丰富，将台乡“幸福水岸365”、平房乡“集结号”和太阳宫乡“慈善党建”等项目化品牌特色凸显。

“三农”工作部署和实施

【农村城市化工作会议】 2月20日，区四套班子出席朝阳区社会建设和农村城市化工作电视电话会。区委常委、副区长陈涛作题为“抢抓机遇　转型发展　努力开创农村城市化建设新局面”的工作报告。

【农村系统党的群众路线教育实践活动培训会】 3月4日，区委农工委组织召开朝阳区农村系统党的群众路线教育实践活动培训会，主要培训讲解农村系统的工作方案，区委农工委副书记刘伟主持并部署工作，区委督导组相关成员、各乡农口及直属单位相关负责人参会。

朝阳区领导名录

区委书记	程连元
副书记	吴桂英（女）　陈宏志 刘小宁（挂职）
常委	陈　涛　谢　莹（女） 陶　晶　张　革　宋铁健 甘靖中　贾彦翎　刘军胜
区人大常委会主任	佟克克
副主任	李　国　王亚贵　张富生 朱春霞（女）　曾原纪
区长	吴桂英（女）
常务副区长	甘靖中
副区长	陈　涛　王　春 张立新（女） 苑文新　汪　洋　张维刚
区政协主席	辛燕琴（女）
副主席	郑　煌　张树安　陈合庄 邢念增　高向宇　连玉明
区委农工委书记	胡良森
区农委主任	赵红伟

朝阳区各地区办事处（乡）党政正职领导

	工委（党委）书记	办事处主任（乡长）
高碑店地区（乡）	李云飞	郭光辉
南磨房地区（乡）	郑　勇	张启顺
将台地区（乡）	连文胜	于　瀛
太阳宫地区（乡）	张宏明	贾恩松
小红门地区（乡）	李贺清	
十八里店地区（乡）	张克斌	李万军
王四营地区（乡）	李世喆	张　奎
平房地区（乡）	马国勇	寇　晔（女）
东坝地区（乡）	安永存	黄宏春
金盏地区（乡）	于志刚	孙玉辉
来广营地区（乡）	左景全	王　刚
东风地区（乡）	张士华	龙连柏
孙河地区（乡）	张树宝	李　欣
崔各庄地区（乡）	吴选辉	李　华

三间房地区（乡）	张小峰	张军茹（女）
常营地区（乡）	刘大庆	方　泽（回族）
豆各庄地区（乡）	陈　杰	蒋东燕（女）
黑庄户地区（乡）	路　军	秦　涛
管庄地区（乡）	高永荣	于　军

（朝阳区农委　苏一喆）

海淀区

概　述

海淀区总面积430.77平方千米，农村地区面积261.11平方千米，占全区总面积的60.6%，辖7个镇、7个地区办事处、84个行政村，农业人口7.85万人。2014年农村经济总收入257.9亿元，同比增长9.6%。农村居民人均纯收入27 098元，增长率为9.8%。

城乡发展一体化

【成立新农村建设和城乡一体化工作领导小组】 根据第127次区政府常务会和第138次区委常委会有关精神，将海淀区城乡一体化领导小组（指挥部）、海淀区绿化隔离地区建设推进工作领导小组、海淀区社会主义新农村建设工作领导小组、海淀区农转非工作领导小组、海淀区提升农村人居环境推进美丽乡村建设工作领导小组五个议事协调机构进行整合，设立海淀区新农村建设和城乡一体化工作领导小组，为区政府议事协调机构。同时，将海淀区北部地区开发建设委员会下设的北部新农村建设分指挥部撤销，职责整合并入海淀区新农村建设和城乡一体化工作领导小组。

【集体土地上企业整治】 起草并完成《海淀区集体土地上企业整治工作方案》，计划对1 410家业态低端、合同不规范以及违章建设多的企业进行整治，清退2家，收回34家，关停106家，提值增效361家，拆除29家，规范合同24家，随着城市化改造拆迁854家；计划疏解外来人口2.7万人左右，其中前6项措施疏解外来人口约7 000人，今后随着城市化改造拆迁疏解外来人口约2万人。

【新型城镇化和新农村建设】 2014年内，海淀区坚持新型城镇化和新农村建设双轮驱动。中关村科学城建设方面，东升科技园二期产业用地城市设计方案完成，学院路、小月河等科技园搬迁腾退加快实施，玉渊潭西南饭店改造结构封顶。北部生态科技新区建设方面，西马坊等第二批8个村庄腾退收尾，南安河等第三批6个村庄腾退37.6万平方米，七王坟、车耳营等新农村就地改造试点全面展开，西北旺众唐兴业园等“一镇一园”项目加快建设，北部文化中心等重点配套设施建设进展顺利。“三山五园”历史文化景区建设方面，完成四王府等香山东部地区一期搬迁腾退，全面展开玉泉山周边环境整治，启动一亩园搬迁腾退。

农村经济发展

【基本农情数据】 2014年全区农田面积5.68万亩，同比减少9%。果园28 141亩、露地蔬菜2 766亩、设施农业8 346亩、粮食6 288亩、苗圃10 865亩、其他414亩。果树产量504万千克，同比减少2%；总收入7 071万元，同比增加0.96%；樱桃产量94.3万千克，同比增加33%；产值3 589余万元，同比增加9.96%。蔬菜播种面积12 598亩，产量2 658万千克，总收入6 131万元，分别比上年增加－3.5%、0.6%、－0.4%。粮食收获面积5 203亩，收获面积同比减少25.3%，总产量206.2万千克，其中小麦540亩、玉米2 947亩、水稻1 716亩。

【农田保护】 2014年内，鼓励农田向集体流转，落实区级农田保护与流转补偿机制政策。全区农田面积56 564.16亩，拨付资金3 324万余元用于种植补贴和流转补贴。

【设施农业专项整治】 2014年内，按照市农委、国土局、农业局《关于开展设施农业项目自查整改工作的函》（京政农函〔2014〕32号）要求，针对个别镇个别设施农业非农利用和闲置的状况，制定印发《〈海淀区设施农业改变使用性质转作他用专项整治工作方案〉的通知》《〈2014年区农委安全生产重点执法检查工作方案〉的通知》《关于开展海淀区设施农业项目自查整改工作的通知》等，开展设施农业专项整治工作，取得较好的成效。

【推进“菜篮子”工程】 2014年内，开展菜田定位定量管理工作，对各镇、各村、各地块的菜田位置和面积进行重新核定。稳定 5 800 亩菜田保有量，区政府与西北旺、上庄、苏家坨、温泉 4 个镇政府签订菜田保有量责任书。落实北京市“菜篮子”基地建设奖励资金。

【农业标准化基地建设】2014 年内，全区新建标准化基地 5 个。累计建设标准化基地 84 个，累计建设面积为 16 772.94 亩，现保留 51 个。与区质监局联合下发《北京市海淀区农业标准规范管理办法（试行）》。研究制订海淀区蓝莓无公害生产技术规程。

【政策性农险】2014 年全年全区参保面积 3 928 亩、251 户次、保额 8 776.117 2 万元，保费总收入 140.107 6 万元，区级保费补贴为 56.013 8 万元。理赔情况：出险面积 2 031 亩、178 户次，赔付总金额 159.989 6 万元。编印《海淀区政策性农业保险宣传手册》，开展保险政策宣传。

【第十四届樱桃文化节、第十三届金秋采摘节】2014 年 5 月 17—18 日，在西山农场凤凰岭公园组织以“魅力海淀‘樱’你精彩”为主题的 2014 年海淀区第十四届樱桃文化节暨春夏果品凤凰岭大集活动。9 月 30 日，在翠微大厦牡丹园店门前广场组织以“漫步金秋海淀，乐享五色田园”为主题的海淀区第十三届金秋采摘节，开展金秋果菜产品宣传促销活动。以上两个活动，通过向市民展示、请市民品尝果品等方式，推介海淀区自产优质农产品，发放园区介绍及周边休闲旅游线路等宣传资料，引导市民参与体验各镇、各园区春秋系列活动。

【休闲农业】2014 年内，海淀区有 1 家农业园区被评为国家五星级农业园区、2 家被评为四星级农业园区、14 家被评为市星级园区。制定《京西稻保护性种植规划》，拟定《京西稻种植保护方案》。京西稻申报国家农产品地理标志登记保护通过农业部评审，“稻香小镇稻田”被农业部认定为“中国美丽田园”。推荐苏家坨镇申报市级示范乡镇。联合区旅游委推荐凤凰岭公园、海舟慧霖申报全国休闲农业与乡村旅游示范点。整理农业园区信息，筹备制作产品名录和农业宣传画册，举办樱桃和金秋采摘宣传活动，启动百度直达号建设。围绕田、园、林、路，制定农业发展空间布局规划，大力发展田园景观农业、休闲创意农业、特色精品农业。

【智慧农业】2014 年内，完成智慧农业发展调研报告。推进智慧农业产业化平台建设。智慧农业小试基地年接待参观万余次，通过先进技术和产品的展示，普及现代信息农业知识，推进农业产业信息化升级。体验中心得到园区高端消费者认可，产品销售以柳林、绿亨、蓝波、东埠头等园区的蔬菜为主。建立东升镇和北部四镇“1＋4”合作机制。目前，苏家坨镇柳林中试基地叶菜单层膜温室、黄瓜玻璃温室、番茄双层膜温室主体基本完工。

【出台生态农业新政】2014 年内，整合完善现行农、林补偿政策，提高补贴标准，研究制定生态林地补偿政策和农田生态补偿政策，生态林地政策已经下发，农田生态补偿政策已报区政府。

【京西稻】制定《京西稻保护性种植规划》，拟定《京西稻种植保护方案》。启动建设“御稻苑”“香草园”等生态景观农业园区，打造生态田园景观。组织开展农田土壤碳库调查评估，通过提高农田土壤有机质，评估农田土壤对水、空气、面源污染防控的贡献。

【引进推广新品种、新技术、新设施】2014 年内，海淀区试验示范推广辣椒、茄子、韭菜等蔬菜新品种 28 个；引进蔬菜新品种 41 个。开展海淀老北京特色蔬菜品种恢复与示范工作，其中“北京鞭杆红胡萝卜”历经 3 年提纯、复壮选育成功，2014 年 10 月通过北京市非审定农作物品种鉴定；推广甜玉米、超甜水果玉米品种 7 个，示范种植油菜花等景观农业品种 3 个；引进矮化富士苹果等果树新品种 6 个。试验示范新型生物防治技术——捕虱螨防治红蜘蛛、新型有机杀虫剂——辣椒膏等新技术 2 项。引进示范果园生产现代化机械埋藤机、遥控新型履带微耕机等各 1 台；引进示范推广液态超低量超微密高效云施布药技术——超微雾化自动施药机 30 台；示范推广新型日光温室保温被——抗老化 PE 橡塑海绵 1 万多平方米。

【自主创新品牌】2014 年内，继续开展“海樱系列”和“吉塞拉系列”樱桃砧木组培快繁技术研究，科技成果“樱桃优良砧木繁育和高效栽培技术集成及示范工程建设”获得 2013 年北京市农业技术推广奖二等奖。2014 年 11 月 27 日，辣椒新品种海丰 391、茄子新品种海丰长茄 3 号通过北京市种子管理站组织的品种鉴定。

【养殖业】2014 年内，全区有猪场 6 个，总存栏 19 861头；有牛场 3 个，总存栏 4 453 头；羊散养户152户，存栏羊4 641只；全区养禽场2个，养禽户440户，总存栏禽129 051只。

【动物疫情风险评估】 2014年内，区农委根据《中华人民共和国动物防疫法》的规定和北京市防治重大动物疫病指挥部办公室的统一部署，区防治重大动物疫病指挥部办公室组织有关专家完成海淀区突发重大动物疫情的风险评估工作，完成《海淀区2014年度动物疫情风险评估报告》。报告通过对重大动物疫情风险和10家兽医实验室设立单位生物安全风险的系统分析，对可能发生高致病性禽流感、新城疫、口蹄疫、猪瘟、高致病性猪蓝耳病、狂犬病等疫情情况以及动物源性病源微生物实验室生物安全情况进行风险识别、评估，并提出对策建议。

【疫情防控】 2014年内，针对本市发生的禽流感病例，组织专家召开会商会，加大执法监管力度，为行政执法监察局活禽取缔一线执法人员和各乡镇防疫站配备应急物资。全年处理各类群众举报案件38起，无害化处理病死动物3 503头（只），开展宣传2次，发放宣传材料2 000份，向上级报送信息50篇，组织突发重大动物疫情演练1次，开展《北京市动物防疫条例》培训1次，应急志愿者培训1次，组织动物疫情风险评估2次，2014年被评为北京市动植物疫情防控工作先进集体。

【食品安全监管】 2014年内，海淀区开展农产品质量安全监管示范区县创建工作，温泉镇被评为北京市农产品质量安全监管示范乡镇；东埠头村农业经济合作社被评为北京市优级标准化基地。全区有“三品”认证基地41家。开展农产品质量抽测检测工作，全年共抽检农产品样本10 000余个，合格率99.8%，在北京市农业局通报的检测合格率中居全市前列。

【联合执法检查】 2014年内，共组织多个执法部门于春节、端午节、中秋节前夕，对辖区内蔬菜种植、畜禽养殖场、水产养殖场等农产品生产企业开展联合执法检查。

【农机事故处理应急演练】 9月29日，区农委举办农机事故处理应急演练，区、镇农机监理员及生产基地负责人共20余人参加此次演练。演练采取实地操演的方式，模拟海淀区上庄镇某村某玉米收割现场在某时发生一起人员受伤的农机事故，全体农机监理人员从报案与受理、启动预案、应急抢救、勘察处理及终止响应各环节轮流交换不同角色对事故处理的全过程进行实际操作。

【行政执法】 2014年内，共组织农业行政执法检查711次，出动执法人员2 083人次，制作现场检查笔录945个，行政处罚36起，行政处罚79 675元，没收非法所得12 690元。受理各类行政许可2 453个，办结2 453个。

【开展农业企业安全标准化建设工作】 2014年内，区农委组织开展农业企业安全生产标准化建设工作。对全区各镇及农业企业负责人100余人进行安全生产责任制与标准化建设培训。2014年5家农业企业通过企业安全标准三级评审。

农村改革与管理

【“三资”管理】 2014年内，建立健全区、镇两级农资委组织架构，印发实施区农资委工作规则等文件，进一步理顺农资委体制机制。与中国政法大学等驻区高校合作开展“三资”管理前沿问题专题研究，形成政策储备。完成《海淀区农村集体“三资”管理现状、问题及对策研究》《农村集体资产监管的法理基础与运行机制探究》等调研报告。《成立区农资委—创新集体资产监管体制，加强“三资”管理体系建设》和《中关村东升科技园—引领高端产业发展创新科技服务体系服务都市农业发展》调研报告，获得市级新农村建设创新奖励。

【加强农村集体“三资”监管】 进一步落实“村账托管”制度，推行会计电算化，在全区范围内提倡和推广“四议两公开”工作法；调整改进方式方法，加强日常监督管理。建立集体经济合同台账、农用地流转等信息化管理平台，采用信息化技术改进管理方式；结合开展党的群众路线教育实践活动“四风”突出问题专项整治工作的要求，制定《海淀区关于开展农村集体财务管理专项检查工作实施方案》。

【农村基层干部廉政教育】 7月15日，区纪委、区委农工委联合召开2014年农村基层干部廉政教育暨农村财务管理专题培训会。参训对象为各镇纪委书记、农经工作主管领导、各镇农经站站长、各村党组织书记、全体托管站会计等共180人，由区委农工委书记王桐慧主持。

村　镇　建　设

【创建文明城区】 2014年内，强化统筹协调、检查督导、整改落实等措施，完成农村创建工作指挥部涉及的海淀区创建全国文明城区的创建指标任务。清理整治街面、胡同、边角地等脏乱点，对小月河等一批环境问题突出的重点地区实施大规模综合整治。落实调控人口规模工作方案，7 个镇共拆除各类违法建设 80 余万平方米，关停明光寺、四海等一批低端市场，常住流动人口减少 6 万人。

【新农村建设】 区委办公室、区政府办公室印发《关于印发〈2014 年北京市社会主义新农村建设重点工作涉及海淀区任务分解方案〉的通知》（京海办〔2014〕18 号），新农村重点工作涉及深入推进"新三起来"、加快转变农业发展方式、提升农村人居环境、推进城乡基本公共服务均等化和改善乡村治理机制五个方面共 17 项任务，26 个主责单位和相关协办单位全面完成新农村重点工作任务。

【美丽乡村建设】 区政府办公室印发《关于印发海淀区提升农村人居环境推进美丽乡村建设实施方案（2014—2020 年）的通知》（京海办〔2014〕64 号），苏家坨镇七王坟村和上庄镇罗家坟村、李家坟村、西闸村 4 个村开展美丽乡村建设，在农村地区重点推进"减煤换煤"、电网改造、农宅抗震节能改造、污水处理、绿化美化、环境整治、医疗卫生服务、村落文化遗产保护和基础设施管理九个方面工作。

【农转非】 2014 年内，全区农转非 6 648 人，其中征地农转非 499 人、整建制农转非 6 005 人、未成年人农转非 112 人、投靠亲属农转非 32 人。四季青镇蓝靛厂村、田村和温泉镇太舟坞村、东埠头村、杨家庄村实现整建制农转非。

【5 个项目获新农村建设创新奖】 2014 年内，海淀区推荐的"海淀区上庄镇积极创新，传承发展京西稻""中关村东升科技园引领高端产业发展，创新科技服务体系，服务都市农业发展""海淀区创新集体资产监管体制，成立农资委""海淀区建好'三大体系'，超额完成 2013 年度减煤换煤任务""抓创新，谋发展，服务三农有'京鹏'"5 个项目，被市新农办评为 2014 年北京市社会主义新农村建设创新项目，每个项目获得奖励资金 100 万元。

【村庄腾退回迁安置房小区社会管理】 2014 年内，为加强农村社会治理创新工作，区农委组织对海淀区腾退村庄回迁安置小区社会管理情况进行全面调研。实地走访区北部办、社会办、民政局等区属部门以及有关镇、村、社区，重点调查并摸清了自北坞村试点以来的村庄腾退与回迁安置小区基本情况，重点研究农村社会治理创新政策措施。9 月 15 日区政府专题研究解决腾退回迁安置小区的社会治理创新问题。9 月 16 日在区人大常委会第 33 次主任会议上，区农委作《关于海淀区腾退回迁安置小区社会治理创新工作情况的报告》。按照区政府专题会要求研究起草《海淀区关于做好腾退回迁安置小区社会治理工作的指导意见》。

【开展新型农村社区建设试点】 2014 年内，海淀区按照市新农办的工作部署，开展苏家坨镇新农村建设试点情况评估。其中，七王坟村已确权户共 141 户，签约 118 户，占确权户的 83.69%；75%以上七王坟村签约户已拆除房屋并腾交土地 40.43 亩，剩余签约户正在进行房屋拆除。车耳营村的整体建设规划方案正在设计论证之中。

【农村地区早期防空洞治理工作】 2014 年内，区农委针对早期防空洞危险隐患治理工作，会同区民防局、北部办、财政局、房管所等部门，研究制定治理和监测方案。针对防空洞隐患问题突出的白家疃村，多次组织相关部门与镇政府共同协商，清理 2 处集体产权危房中居住人员，迁出危险房屋民居 2 户。2014 年年末，在对白家疃村 20 户严重危险房屋重新进行危险等级鉴定的基础上，制定解危工作方案，按照"轻重缓急，解危为先"和村民自愿的原则，依据北部地区村庄腾退政策和相关程序，有序进行先期腾退和安置，从根本上消除安全隐患。

【"减煤换煤、清洁空气"行动】 7 月 11 日，区政府办公室印发《海淀区 2014 年"减煤换煤、清洁空气"行动实施方案》（海政办发〔2014〕38 号），领导小组办公室印制减煤换煤工作宣传册 4 万份。优质燃煤替代在 7 个镇和 19 个街道进行，共有 157 个村（社区）22 457 户农村住户和 37 处集体公共服务场所参与此项工作。全年共完成减煤换煤 16.88 万吨（市下达本区任务为 15.2 万吨），其中：减煤总量为 6.74 万吨，换煤总量为 10.14 万吨，更换烟煤炉具 2 594 台。这项工作获得北京市新农村建设创新奖。

农　村　民　生

【农村绿化美化】 2014 年内，海淀区完成平原造林任务约8 000亩，栽植乔灌木35万株；在全市率先完成“三山五园”绿道示范工程36千米。

【河道治理】2014年内，海淀区总投资3.75亿元，治理10条中小河道。完成南旱河截污工程，流域内8个村的污水全部纳入市政管线。

【农村劳动】2014年内，海淀区就业落实城乡一体就业政策体系，投入“1+10”就业政策资金6 300万元。完成2 589名农转非劳动力的参保缴费工作；趸缴金额3.3亿元，较上年增长1.7倍。

【农村文化教育事业】2014年内，促进北部教育事业发展，全区教师年人均培训费比城区学校高700元，单独设定绩效工资1 500元/月。投资2 861万元推进基层文化设施达标工程建设，全年开展“星火工程”文艺演出168场。

基层党组织与民主政治建设

【“三级联创”活动】2014年内，区委农工委完成2014年农村基层党组织建设“三级联创”检查评估工作。落实季度召开各镇党委副书记、组织部部长和党建工作者例会制度，了解工作进度，交流经验，加大工作指导力度。完成2014年党的建设“三级联创”区级自查工作。对7个镇12村7个社区开展“三级联创”自查，通过与镇党委主要领导、村（居）两委班子、党员代表谈话和入户访谈、抽查档案等方式发现基层党组织建设存在的问题，督促各单位及时整改。

【基层党组织分类定级及晋位升级】2014年内，区委农工委按照“基层党组织自评、基层党员群众测评、上级党委评定”的程序，对农村基层党组织实施分类定级、晋位升级。270个基层党组织集中查找存在的问题，通过查找问题、分析原因、建立台账、整改提高等方式集中整顿，经过分类定级和晋位升级，共查找556个突出问题并完成整改。

【党建创新项目】2014年内，区委农工委组织各镇申报21个2014年度区农村系统党建工作创新项目，共12个项目确定为2014年度农村系统党建创新项目。

【培训村级干部党员】2014年内，区委农工委拓宽培训对象，采取“请进来学，走出去干”、室内研讨和实地参观等方式，开办基层党组织书记培训班、廉政教育培训班等4个班次，共430人次参加培训，就农村干部履职能力、党风廉政等进行培训。其中首次开办农村基层干部党性教育培训班，选派各镇党委副书记、组织部长和部分优秀村党组织书记在中央党校进行封闭学习，培训层次高、管理严、效果明显。

【新型农业实用人才】2014年内，将实训示范基地作为人才培养的主要载体，聚集优势力量，集中培养人才，新增海淀镇青龙桥裕禧隆园裕龙兴盛物业实用人才基地（共培养25名物业管理类实用人才），四季青镇曙光公司农村实用人才基地（共培养5名技术类实用人才、17名管理类实用人才、8名营销类实用人才），温泉镇杨家庄村实用人才基地（共培养25名种植类实用人才），苏家坨镇柳林村农村实用人才基地（共培养25名种植类实用人才）等4个示范基地，2013年新建的西北旺文化园实用人才基地新培养25名社会文化类实用人才，全区农村实用人才共增加130人。

【党的群众路线教育实践活动】2014年内，组织机关和下属单位的10个支部和全体党员干部189名，围绕“为民务实清廉”为主题，深入贯彻“照镜子、正衣冠、洗洗澡、治治病”的总要求，坚持理论联系实际，扎实开展学习教育，广开言路、开门纳谏，充分听取群众意见，聚焦“四风”，深刻剖析，召开高质量的专题民主生活会和专题组织生活会，分类整改，建章立制，各个环节稳步推进，达到预期目的，取得较好成效。

“三农”工作

【召开城乡一体化工作会】4月10日，海淀区2014年城乡一体化工作会召开。会议总结了2013年全区城乡一体化工作，部署2014年工作任务。副区长龚宗元代表区委、区政府做工作报告，区委副书记、区委政法委书记刘长利宣读《关于2014年度海淀区城乡一体化建设先进单位的通报》，区委书记隋振江做总结讲话。区委、区政府相关委办局、街道、企事业单位的主要领导，各镇科长以上干部，农服中心主任，村书记、主任，各镇的派出所所长、工商所长、城管分队长等参加了会议。

海淀区领导名录

区委书记　隋振江

副书记　孙文锴　刘长利

常委　尹燕京　李彦来　吴祖安

	刘　勇　芦育珠（女）
	穆　鹏　陈名杰
区人大常委会主任	关成启
副主任	王鲁豫　臧桂武　朱春生
	杨　莉（女）
区长	孙文锴
副区长	穆　鹏　陈　双（女）孟景伟
	傅首清　徐永全　龚宗元
	王际祥
区政协主席	彭兴业
副主席	刘　恪（女）丁志明　肖熙之
区委农工委书记	王桐慧
区农委主任	刘　涵（女）

海淀区各镇党政正职领导

	党委书记	镇　长
四季青镇	胡淑彦（女）	苏国斌
东升镇	高念东	武　凯
海淀镇	赵　寒	梁　爽
西北旺镇	赵小云（女）	魏　星
温泉镇	方海强	林　航（女）
苏家坨镇	祝的春	张春明
上庄镇	魏怀中	杜陈生

（海淀区农委　秦冬梅）

丰台区

综　述

丰台区土地总面积305.56平方千米，其中河东三乡总面积160.86平方千米，河西两镇总面积125.38平方千米。集体土地153.64平方千米，占全区面积的50.3%，其中农用地74.59平方千米，建设用地79.02平方千米。耕地32 693.84亩，基本农田14 000亩，基本菜田800亩。丰台农村地区辖三乡两镇一个地区办事处、65个行政村、1个社区，其中卢沟桥、花乡、南苑三乡和宛平城地区办事处及下属48个行政村、1个社区位于永定河以东，属于规划城区；长辛店、王佐两镇及下属17个行政村位于永定河以西，属于生态涵养区。全区常住人口230万人，其中常住外来人口85.1万人，农业户籍人口9.1万人。2014年，全区各级认真学习贯彻习近平总书记视察北京重要讲话精神，按照区委区政府决策部署，扎实开展党的群众路线教育实践活动，全面深化新型城镇化改革，加快推进“新三起来”，农村地区经济社会持续稳定健康发展。全年实现农村经济总收入348.4亿元，同比增长5.7%；实现税金14.8亿元，同比增长4.3%；实现利润21.6亿元，与同期持平；农林牧渔业总产值完成2.5亿元，同比下降31%；农村居民人均纯收入22 553元，同比增长10.3%。

城乡发展一体化

【概况】通过开展新型城镇化改革、重点功能区和重点项目带动、绿隔政策实施、重点村城市化推进、整建制农转居及征地转非等途径，稳步推进城乡发展一体化进程。

（汤海丽）

【城乡经济发展水平比较】2014年全年城镇居民人均可支配收入41 334元，比上年增长9.1%；农村居民人均纯收入22 553元，增长10.3%。城镇居民恩格尔系数为31.0%，与同期持平。农民恩格尔系数为36.5%，上升0.6个百分点。全区城镇居民人均住房建筑面积30.49平方米，农村居民人均住房建筑面积32.22平方米。

（汤海丽）

【农村城市化发展水平】2014年内，一绿地区累计实施绿化2 380公顷，完成总任务的64.5%。纪家庙、羊坊村基本完成宅基地腾退，纪家庙、羊坊、造甲村、小屯、大瓦窑等5个村项目规划调整方案通过市绿隔大会审核。棚户区改造和环境整治积极推进，纪家庙等11个项目规划方案已稳定，造甲村等13个村启动了搬迁和安置房建设。破解转居资金筹措和趸缴难题，9个村整建制转居，13 778名农民转为居民，消减征地转非指标5 605个，8 622名转居人员纳入城镇社保体系。

【重点村城市化建设】2014年内，完成土地入市准备101公顷，其中，西局一至二期、石榴庄一期3个地块完成供地，白盆窑北地块正式挂牌，石榴庄二期、西局三期2个地块具备供地条件。回迁房累计竣工185.64万平方米，竣工率88%；回迁上楼

3.8万人、占总安置人口的82%。西局、石榴庄在建产业项目手续办理完成。夏家胡同、槐房村产业项目取得立项批复。重点村5 000余名超转人员的社保卡和养老金全部发放。其中，夏家胡同、石榴庄完成转居、超转人员费用趸缴。

【推进新型城镇化改革】2014年内，成立了新型城镇化改革专项小组，产业发展研究和集体建设用地评估与发展策略研究取得初步成果；完成土地承包经营权确权登记颁证调研，提出了确股土地确权的政策建议；建立了水资源管理制度和影响评价制度，农村社会建设管理、城镇发展引导基金、乡镇财政体制等改革取得有效进展。

农村经济发展

【概况】围绕稳增长、调结构、惠民生，加强经济发展统筹，推进发展方式转变，集体经济稳中有进。全区农村经济总收入、税金、农民人均所得分别增长5.7%、4.3%和11%。产业结构进一步调整，第一、二、三产业分别完成收入5亿元、62亿元、263.3亿元，第一、二产业所占比重分别为1.5%和18.8%，与2013年相比，分别下降了0.4和1.3个百分点，第三产业实现收入比上年同期增加18.5亿元，占主营业务收入的比重达79.7%，与上年同期相比上升了1.7个百分点。农村经济实现利润21.6亿元，与同期持平。第一、二、三产业分别实现利润0.2亿元、1亿元、20.4亿元。农村经济应交税金共完成14.8亿元，同比增长4.3%。农民人均所得达到21 347元，比上年同期增加2 116元，增长11%。其中集体所得为16 288元，比去年同期增加1 391元，增长9.3%，占农民人均所得的76.3%。

【各级农村集体资产增减不一】2014年内，农村集体资产总额1 000亿元，比上年同期减少73亿元，同比下降6.8%。在农村集体资产中，乡镇级集体资产总额为96.8亿元，同比下降4.9%；村级集体资产总额为903.2亿元，同比下降7%。农村集体所有者权益为313亿元，比上年同期增加11.5亿元，同比增长3.8%。其中乡级集体所有者权益为38.6亿元；村级集体所有者权益为274.4亿元，同比增长4.8%。人均所有者权益超过40万元的村13个，比上年增加3个，其中卢沟桥乡4个、花乡5个、南苑乡3个、太平桥街道1个；人均所有者权益在万元以下的村9个，比上年减少2个，其中卢沟桥乡1个、花乡2个、长辛店镇4个、王佐镇2个。

【乡镇企业概况】2014年内，乡镇企业共计268家，其中集体企业96家，股份合作企业101家，联营企业4家，有限责任公司50家，私营企业11家，外资投资企业1家。乡镇企业总产值66.35亿元，营业收入89.9亿元，利润总额11.4亿元，上交税金5.5亿元。

【迁移及新增数家企业】严格落实新增产业禁止和限制目录、农村地区产业准入规定，严禁不符合区域功能定位的产业项目落地。落实非首都功能疏解要求，大红门地区近千家商户落户白沟等地，疏解白盆窑物流中心等35万平方米仓储物流，榆构有限公司生产基地迁至河北，新发地高碑店物流园区一期建成。C9公建、城南购物中心、奥特莱斯完成主体建设，国家数字出版基地筹备建设全面启动。全年农村地区引进亿元以上企业25家。

【传统向现代农业服务业转化】2014年内，农林牧渔业总产值完成25 103.4万元，同比下降31%。其中，农业产值完成8 745.9万元，同比下降16.2%；林业产值完成12 612.8万元，同比下降38.1%；牧业产值完成2 280.5万元，同比下降12.7%；渔业产值完成93万元，同比下降94.4%；农林牧渔业服务业产值完成1 371.2万元，同比增加5.7%。全区农业设施1 589个，同比下降21.8%，设施农业5 609.6万元，同比下降31.4%，其中温室产值为5 463.7万元，大棚产值为145.9万元。

【种植业产量下降】2014年内，全区粮食播种面积1 946亩，同比下降48.1%；粮食产量386.5吨，同比下降61.8%；蔬菜产量3 862.3吨，同比下降36.4%。

【养殖业产量减少】2014年内，全区禽蛋产量682.3吨，同比下降5.4%；牛奶产量466.3吨。同比下降47.8%；生猪出栏3 219头，下降34.9%；水产品产量31吨，下降95.2%。

【花卉干果业】2014年内，花卉产量316.5万盆，产值0.3亿元，下降41.1%；干鲜果产量1 410.4吨，下降10.2%。

【农业机械总量上升】2014年内，全区农业机械共366台（套），总动力49 105.9千瓦，其中柴油发动机动力7 799.2千瓦，汽油发动机动力29 746.4千瓦，电动机动力11 560.3千瓦。机引耕作机具

33台，播种机械5台，收获机械3台，农产品加工机械3台，畜牧用机械17台，植保机械233台。

【观光休闲农业】2014年内，全区12个农业观光园共接待68.1万人次，同比上升7.6%；采摘产量为15万千克，下降2%；实现总收入2 085.1万元，下降8.7%。

【推进籽种产业发展】2014年内，完成新品种展示基地升级改造，种子质量监督检验站取得农作物种子检验机构认证资格，深化与中国农业大学合作，初步构建了以种子检测为平台，以展示交流为特色，以金融服务为支撑，以交易贸易为核心的种业发展体系。

【成功举办2014年世界种子大会】2014年5月24—28日成功举办了2014年世界种子大会，此次大会以“小种子、大梦想”为主题，共有来自60个国家和地区的1 452名种业代表参会。举行了开幕式、贸易洽谈、品种展示等11项活动，召开了植物检疫委员会公开会议、贸易和仲裁规则委员会公开会议、种子应用技术委员会公开会议等16场会议。会间举行了中外种业合作签约仪式，北京4家种子企业与6家国外企业签订了1 500万美元进出口合约。本次大会首次发表了《国际种子联盟2014年世界种子大会北京宣言》，这也是世界种子大会历史上第一次发布宣言。丰台区圆满完成大会展示接待保障工作，升级改造了新品种展示基地，新建了种子交流馆，大会期间展示新特优品种1 200个，接待国家领导人、世界种子联盟、农业部、大会组委会以及科研院所、企业代表等调研、考察、观摩1 109人次。

【举办第二十二届北京种子大会】10月15—18日，举办第二十二届北京种子大会，主会场设在大成路九号酒店，分会场在丰台体育中心和新品种展示基地。本届大会尝试市场化运营，首次实现办会主体的转变，由中国种子贸易协会、北京市种子协会、丰台区种子协会三级协会主办。共举办6项主题活动：开幕式、嘉宾联谊会、专题座谈会、企业形象展示、现货交易、新品种展示观摩。大会参展企业725家，参展人数2万余人，交易内容涵盖大田类、蔬菜花卉类种子以及农资、机械、农业图书等多个领域，专业观众日高峰进场8 000余人，总交易金额估算达5亿元。

【大力发展农村金融】2014年内，全区政策性农业保险投保总面积2 840亩，共涉及11个险种，总保费89.07万元，区级补贴资金17.81万元。由人保财险丰台支公司承保花乡和长辛店镇区域，华联合保险公司承保卢沟桥乡、南苑乡、王佐镇区域。

小额贷款公司年度累计发放贷款517笔，金额14.61亿元，其中，累计发放涉农贷款金额4.37亿元，占贷款发放总量的30%。协调金融机构发放贷款37.26亿元，其中棚改项目贷款33.06亿元。协调西局、石榴庄、白盆窑和槐房等重点村项目贷款相关工作。举办“丰台区金融产业发展专题研修班”，提升全区农村领导干部的金融素养。开展金融安全知识宣传活动，共发放宣传材料近6万份，覆盖全区21个街乡镇的全部社区村。

村　镇　建　设

【概况】按照城乡一体化的发展要求，加强新型农村社区管理和基础设施建设，继续实施“三起来”工程，开展“减煤换煤、清洁空气”行动，为2014年世界种子大会营造了优美整洁的环境。

【加强农村社会管理】2014年内，组织了河东三乡地区办事处职能专题调研，推进城乡结合部社会管理全覆盖、服务无空白。继续深化村庄社区化服务管理活动，分类探索社会服务管理模式，组织了乡级社区服务中心社会化运营试点，组建了双石一社区居委会，成立了河西首家农村社区居委会。积极推进农村典型示范社区创建，6个村参与创建活动。城市精细化管理向农村延伸，22个村实行了网格化社会服务管理。

【基础设施建设】2014年内，农村地区道路大修工程为大灰厂路东段和朱家坟五里路，铺设沥青总面积2.2万平方米，方砖面积5 378平方米，总投资880万元。新建公厕2座，大修改造公厕12座，改造旱厕30座。沿京周公路新线铺设DN600供水管线7.3千米，随长兴路、梅市口路、大灰厂东路铺设供水、中水、污水管线43.5千米。更新全区16个村级小型水站设备，更换井盖、雨水篦子273个，疏通排水管线2万余米。

【治理净化节水及雨洪利用工程】2014年内，中小河道治理工程总长度50千米。园博园湿地水源净化工程，被中国水利协会授予中国水利工程优质大禹奖。完成45个节水型单位、社区、村庄的创建工作。对长辛店镇应急水源基地10眼机井安装了远传计量设施。配合市水务局完成了30眼监测井水样采集工作和王佐牤牛河河道监测断面的施工工作。完成了王佐410亩农业节水灌溉工程和3处雨洪利用工程。

【继续实施“三起来”工程】2014年内，投入591万元在长辛店镇大灰厂村生态休闲庄旅游度假区、长辛店镇李家峪村惠翔盛芳信鸽产业园和王佐镇洛平精品农业园新建三座太阳能光伏发电站。投入138万元用于维护太阳能路灯。

【开展“减煤换煤、清洁空气”行动】2014年内，建立健全煤炭流通配送体系，以“全区覆盖、主推型煤”为方向，全力推进“减煤换煤、清洁空气”行动。全年全区减煤换煤87 541.363吨，超额完成市政府下达的目标任务。其中，优质无烟煤订购20 472.313吨（蜂窝煤13 168.763吨，煤球4 810.3吨，块煤2 493.25吨）；平房拆迁上楼14 361户，压减燃煤43 083吨；拆违建955 800平方米，压减燃煤10 514吨；炊事气化完成开户11 345户，配送罐装液化石油气37 449瓶，压减燃煤9 362吨；煤改电1 370户，压减燃煤4 110吨。

【加强农村环境综合治理】2014年内，深入开展“环境提升年”活动，拆除违法建设532处、90.4万平方米。其中，投资5 500万元完成世界种子大会周边及背街小巷等重点区域环境整治，共拆除违法建设200余平方米，拆迁24万平方米，清理积存渣土4万立方米，绿化美化33万平方米，修砌景观围墙1 300余延米，粉刷外立面1.6万平方米，硬化地面1.3万平方米，规范广告牌匾100余块。开展花乡看丹地区城乡结合部环境整治工作，总投资350万元，完成外立面粉饰3 600平方米，渣土外运2 830立方米，新建垃圾房7座，道路硬化3 200平方米，绿化3 500平方米，修复排水管线128米等。制定了《丰台区“美丽乡村”建设实施意见》，12个村开展了美丽乡村建设，南苑村被评为“北京最美乡村”。完成平原造林3 520亩。严格人口调控措施，农村流动人口减少3.14万人，同比下降12.2%。

农村改革和管理

【概况】开展农村集体建设用地使用权确权登记工作，加强农村集体三资管理，加大对农村财务管理和审计力度，规范合同管理，提高农村管理信息化水平。

【土地整理与耕地占补平衡】2014年内，共完成征（占）地8宗，审批用地面积189.104 0公顷。其中3个项目使用耕地4.016 7公顷，全部实现占补平衡。严格农转用审批程序，严格执行土地利用总体规划，分别与丰台区5个乡镇人民政府、1个办事处、2个国有农场及36个村委会签订了耕地保护目标管理责任书，确保全区2 600公顷耕地保有量的实现。完成了丰台区土地整治规划编制工作，努力引导乡镇开展土地整理工作，以解决全区耕地占补平衡指标不足问题、确保耕地保有量。

【农村集体建设用地使用权确权登记】2014年内，完成丰台区农村集体建设用地使用权确权登记工作，登记档案、确权档案、调查档案、图件成果，数据库建设及实地调查测绘情况等通过了市级检查验收。共完成集体建设用地调查1 933宗、2 169.19公顷，调查率100%，符合确权条件的1 664宗、1 940.36公顷，确权率达86%。确定符合发证条件的46宗、131.2公顷，历史已发证地161宗。

【农村集体“三资”管理】2014年内，启动了农村产权交易平台建设，制定了《丰台区关于进一步规范农村集体经济组织产权交易的实施意见》。完成了集体土地清查和集体建设用地使用权确权。认真落实乡村审计的乡镇主体责任，强化审计监督，狠抓征地补偿费监管，确保了资金使用安全规范。

【农村集体合同清理规范】2014年内，共检查乡镇级集体经济组织合同96份，涉及合同年租金5 860万元，合同总金额9亿元。对被检查单位在机构的设立、制度的建立、程序的履行、文本的规范、台账的建立以及区位价的制定等方面存在的问题进行了反馈。同时，还聘请软件公司对合同管理系统进行了升级，并对乡镇级合同管理人员进行了业务培训。

【开展农村审计】2014年内，聘用社会中介机构参与农村审计工作，完成了卢沟桥乡、南苑乡、花乡的乡级集体经济组织财务收支审计工作，并在三个乡各抽取一个村开展了村干部经济责任审计。完成了68个村级公益事业专项补助资金审计和50家新型集体经济组织年度审计工作。

【组织农村会计人员培训】2014年内，结合农村集体经济组织经济责任审计过程中发现的问题等相关内容对农村会计人员开展继续教育工作，共分为5个班次，累计培训农村财会人员2 449人次。

【农村管理信息化】2014年内，对80余名农村信息化工作人员进行培训，完成2014年度农村管理信息化数据库更新，更新数据库资料14个，涉及报表66张，指标1 000多个。

农 村 民 生

【概况】促进农民增收，加强新型农民培养，完善农村就业、养老和医疗保障体系，农村民生持续改善。2014年，农村居民人均纯收入22 553元，同比增长10.3%。增速比上年同期降低0.2个百分点。其中，人均工资性收入15 790元，增长8.2%；人均转移性收入4 348元，增长13.7%；人均家庭经营收入42.0元，增长3.9%；人均财产性收入2 377元，增长19.8%。农村居民人均消费支出为18 303元，增长8.3%。其中，人均食品支出6 678元，增长10.0%；人均衣着支出1 889元，增长8.1%；人均居住支出1 780元，下降6.1%；人均家庭设备用品及服务支出1 278元，增长9.4%；人均医疗保健支出1 611元，增长8.5%；人均交通和通讯支出1 763元，增长9.1%；人均文化教育娱乐用品及服务支出2 299元，增长3.8%；人均其他商品和服务支出1 006元，增长44.1%。

【农村劳动力分布】2014年内，农村劳动力就业形势稳定，就业率有所提高。农村劳动力总数为90 511人，其中就业人数为83 912人，就业率为92.7%，比上年提高了0.1个百分点。在就业劳动力中，在集体就业的有60 295人，占就业劳动力的71.9%，其中在村集体就业的有57 222人，占就业劳动力的68.2%。待业人数为6 599人，失业率为7.3%，比上年同期下降0.1个百分点。

【促进农村劳动力就业】2014年内，农村劳动力全部纳入城镇就业失业管理系统，出台《关于促进城乡劳动力就业的若干意见》。开发保洁等公益岗位6 320个，7 182名农村劳动力实现就业。

【培养技术性新型农民】2014年内，完成新型农民培养2 838人，其中，引导性培训1 177人，职业技能培训1 076人，特种作业和特种设备培训390人，农村中层管理人员195人。

【经济薄弱村帮扶】2014年内，投入2 813.3万元支持经济薄弱村8个民生和基础设施项目建设，包括大灰厂村河道综合治理、庄户村煤改电配套等项目建设。

【农村文化设施建设】2014年内，投资100万元新建卢沟桥乡大井村文化广场；通过基层文化建设"六个十"示范工程，对评选出的村级优秀文化室、图书室、广场给予文化方面资金奖励9万元。

【开展农村文化活动】1月13—17日，组织开展文化、科技、卫生"三下乡"活动，依托区文化馆、图书馆，以"文化服务到农家"为主题，为五个乡镇送去文艺演出5场、为农村地区赠送图书、杂志21 000余册、各类宣传资料70 110余份，宣传品16 500余份，为村民写春联、送年画和影视光盘；开展农村"星火工程"文艺演出204场，覆盖全部行政村，使百姓在家门口能欣赏到内容丰富、形式多样、自己选择的文艺演出，切实满足广大基层群众多样化的文化需求；"周末百姓大舞台"活动安排5个乡镇在辖区的露天文化广场上各自组织12场高质量的文艺演出，以百姓为主角，扶持培育自身文艺团队，持续打造"一街一品"。

【引进整合优质教育资源】2014年内，为扩大丰台优质教育资源规模，促进丰台教育优质均衡发展，办老百姓身边的精品学校，对丰台区部分学校进行更名或撤并。北京市丰台区实验学校，更名为中国教育科学研究院丰台实验学校，十二年一贯制；首都医科大学附属中学，更名为北京师范大学第四附属中学；北京市云岗中学，更名为首都师范大学附属云岗中学；北京市丰台区丰台第一中学，更名为首都经济贸易大学附属中学；北京市丰台区樊家村小学，更名为首都经济贸易大学附属小学；撤销北京市丰台区太平桥中学、北京市丰台区首科花园小学，设立清华大学附属中学丰台学校，九年一贯制学校；撤销北京市丰台区云岗第一小学、北京市丰台区云岗第二小学，设立首都师范大学附属云岗小学；撤销北京市丰台区实验小学，并入北京市丰台区丰台第五小学。

【农民社会保障】2014年内，低保标准提高到650元，五保供养标准调整到1 267元。1月起，城乡居民养老保险基础养老金由每人每月390元提高到每人每月430元。全区农村居民累计缴纳城乡居民养老保险人员8.7万人，同比上年末增长0.1万人。城乡居民养老保险制度已覆盖丰台区5个乡镇的所有村集体，农村居民续保率达98%以上。

【新型农村合作医疗】2014年内，参合总人数103 847人，其中，由政府资助的低保人员707人，重残人员1 289人，减去未参合人群中参加"一老一小"和医保的人数，参合率为99.7%。新农合筹资标准提高到1270元。其中，个人缴费标准为150元，占筹资总额的12%；各级政府支持标准为1 120元。共筹集资金13 188.569万元，年利息收入168.9万元。全年报销补偿187 931人次，报销补偿金额为14 219.55万元。全年新农合基金共计支出总额为 15 268 万元。基本报销人均享受补偿额为 1 369.28 元。

【农村医疗保障工作】 农村基层医疗机构全部落实国家基本药物制度，实行社区常用药品零差率销售。全年共销售社区常用药品 4 071.14 万元，区财政对政府购买服务的农村基层医疗机构及时补助因销售零差率药品所减少的合理收入 435.68 万元。为 8 902 名农村无社会养老保障的 60 岁以上老年人提供免费体检，减免费用达 89.02 万元。

【动物防疫】 2014 年内，全区有动物诊疗机构 49 个，饲料生产企业 4 家，大中型动物产品经营性冷库 7 家，兽医实验室 1 家，乳制品加工企业 1 家，兽药经营企业 4 家。对高致病性禽流感、口蹄疫、猪瘟、鸡新城疫实施强制免疫，免疫率达 100%，采样 1 404 份，监测 1 870 项次，检疫净化 1 354 头/（只·匹）家畜，全区未发现重大动物疫病阳性病例。发放强制免疫疫苗 32 万毫升，防疫物资 1.5 万余件；组织开展养殖场环境消毒、除虫、灭鼠 4 次，发放消毒药 3.8 吨。出动防疫人员 155 人次入户检查、指导。圆满完成各大节日、会议、汗血马比赛及 APEC 等重要时期动物卫生安全保障。配合公安部门开展无主动物收容。

【行政许可审批】 2014 年内，全程办事代理室共受理办结许可案件 631 件，按时办结率 100%。完成对全区动物诊疗、执业兽医师、兽药经营、饲料生产、生鲜乳收购、动物防疫等证照年检备案及注册 334 份。

【农产品质量安全监管】 2014 年内，开展了“病死动物无害化处理专项整治”“饲料、兽药、农药及肥料等投入品安全监管和专项检查行动”“无公害农产品及地理标志农产品标志使用专项检查”“丰台区 2014 年农资打假专项治理”等专项行动。共查扣查获活禽 151 只；行政立案 13 起，罚没款共计 4 万余元；全面落实产地检疫工作制度，共发放各类检疫证明 19.6 万份；产地检疫各类动物 31 556只，动物产品 1.2 万吨；共采集饲料、蛋、乳、尿液样本 870 份，进行三聚氰胺、克伦特罗、莱克多巴胺、沙丁胺醇、硝基呋喃、黄曲霉素、苏丹红、链霉素、磺胺类、卡那霉素、林可霉素、庆大霉素、红霉素、氯霉素、佛喹诺酮类检测 1 359 项，经检测全部样本均未发现问题。

【开展农村法制宣传活动】 2014 年内，组织 5 个基层执法单位、相关乡镇农产品质量安全管理站开展了“3·15”“食品安全宣传周”“放心农资下乡进村宣传周”等宣传活动。共发放宣传手册、宣传材料 10 万余份。

基层组织与民主政治建设

【概况】 2014 年，继续深化“三级联创”活动，建立了书记抓、抓书记的工作机制，党组织的核心作用进一步强化。践行群众路线，强化党组织为民务实服务理念。着力加强干部队伍建设，严格落实党风廉政建设责任制。

【开展党的群众路线教育实践活动】 2014 年内，与“三级联创”相结合，内化为五项主要任务，明确活动各环节要求。与开展群众工作相结合，乡镇、村推行“驻村工作日”制度、开展“我在基层行”等活动，全区农村地区共梳理出群众工作典型案例 130 余项。与防范“小官巨腐”相结合，村级“三套班子”党员负责人在个人对照检查材料中，全部做到了“三明示一承诺”，即：明示本人、配偶及共同生活的子女房产情况、租赁集体土地的情况、经营企业、担任企业法人的情况；承诺不盖或不新盖违法建设，不出租群租房。

【基层干部队伍建设】 2014 年内，继续开展村级三套班子“一把手”培训班。推进“一人一档、一村一册、一乡一库”建立后备干部管理库。加大对河西干部队伍建设的指导和帮扶工作力度，举办封闭式后备干部培训班。完成正常离任村主要干部 2014 年补贴工作，落实“一定三有”。

【民主政治建设和组织建设】 2014 年内，南苑（地区）乡双石一社区居委会完成选举工作。成立河西地区首个农村社区居委会王佐镇南宫雅苑社区居委会。严格落实“四议一审两公开”，试行村级重大事项票决制；制定了《丰台区村务监督委员会工作实施细则（试行）》，在全区推进村务监督委员会规范化建设。完成体现社会主义核心价值观的村规民约修订工作，充分发挥村民自治章程的作用，实现村民自我管理。做好软弱涣散村党组织集中整顿工作，通过选派干部、开展制度梳理等工作，目前已全部实现转化。积极开展农村基层服务型党组织试点工作，形成“区委助推、乡镇党委主推、村党组织自推”的工作局面，试点工作取得实效。

【党风廉政建设】 2014 年内，举办农村基层干部反腐倡廉专题培训、农村党员干部学习党纪政纪知识活动、“丰台区农村守党纪、转作风、做表率知识竞赛”等廉政宣传活动。开展农村村级干部豪华装修办公用房专项检查，并提出整改意见，出台《丰台区农村基层干部办公用房管理的指导意见》，规范村级“三套班子”负责人办公用房面积、内部设置、室内装修和办公物品配置等。

“三农”工作部署和实施

【召开2014年农村工作会】 4月25日，召开2014年农村工作会议。区委常委、副区长刘宇作题为《全面深化改革，大力统筹创新，加快推进城乡一体化发展》工作报告。报告总结了2013年农村工作，分析了城乡一体化面临的机遇和挑战，部署了2014年农村工作任务。李超钢书记就落实习近平总书记视察北京工作时的重要讲话精神，全面深化农村各项改革，创新农村社会管理，加强农村基层党组织建设作了重要讲话。冀岩区长主持会议。要求各部门、各乡镇要认真学习领会会议精神，结合工作实际认真研究区域功能定位，推动全面深化农村各项改革，扎实推进城乡一体化发展，努力开创新形势下丰台区农村工作的新局面。区领导李岚、李杜、周大春出席会议，区新农村建设领导小组成员单位主要领导，各乡镇和宛平城地区办事处党政主要领导，乡镇主管农村的副乡镇长、专职委员，村级党组织、村委会、集体经济组织主要负责人参加会议。

【落实农业补贴政策】 2014年内，全区粮食直补、农资补贴89 434元，其中粮食直补资金29 504元，农资综合补贴资金50 710元，中央财政良种补贴资金9 220元。补贴面积（玉米）922亩，涉及长辛店镇和王佐镇的6个村。全区享受基本农田保护补贴面积8 343亩，基本农田流转补贴面积12 110亩，涉及王佐镇和长辛店镇的14个村，补贴资金共计534.2万元。新购置8台30马力拖拉机，16台汽油田园管理机，总金额30.88万元，享受补贴15.44万元。

【完成人大建议、政协提案办理工作】 2014年内，区农委共承办丰台区人大代表建议2件，政协委员提案11件，其中主办5件，全部按时办结，人大代表和政协委员对办理结果满意率达100%。

丰台区领导名录

区委书记	杨艺文（女）
副书记	冀　岩　顾晓园（女）
常委	李　军　衡晓帆　霍连明 孙军民（女）　刘　宇 钟百利　朱继明　张建国
区人大常委会主任	王苏维
副主任	吕跃进　苗　华（女） 郭振江　李　杜　薛　明
区长	冀　岩
副区长	刘　宇　钟百利　狄　涛 张　婕(女)　刘文洪　高　峰 刘树苹（女）　吴继东
区政协主席	李昌安（侗族）
副主席	李新民　邢方岭　刘占良 张兆旗　程留恩
区委农工委书记、区农委主任	肖文燕（女）

丰台区乡镇党政正职领导

	党委书记	乡（镇）长
卢沟桥乡	李春生	李惠松
花乡	李　智	王世义
南苑乡	王振华	刘永宗
长辛店镇	王　萍(女)	钱爱平
王佐镇	吴　恒	纪亚辉
宛平城地区办事处	陈　阳	王　华（主任）

（丰台区农委　汤海丽）

门头沟区

综　述

门头沟区辖区总面积1 448.8平方千米，其中山地面积占98.5%，平原面积占1.5%。全区共有9个镇、4个街道办事处，178个行政村。2014年年末，全区有常住人口30.6万人，比上年增加0.3万人。其中，常住外来人口4.9万人，比上年末减少0.1万人。全区户籍人口总户数119 951户，总人数249 098人，其中非农业人口200 341人，农业人口48 757人。户籍人口中，全年出生人口2 484人，死亡人口2 165人，人口出生率9.98‰，死亡率8.70‰，自然增长率1.28‰，计划生育率98.1%。从年龄构成看，0～14岁人口3.4万人，占常住人口的11.1%；15～64岁人口

23.4万人，占76.5%；65岁及以上人口3.8万人，占12.4%。从城乡构成看，城镇人口26.4万人，占常住人口的86.3%，比上年末提高0.5个百分点。

全区深入贯彻落实中央和北京市一系列方针政策，不断加快城市建设步伐，积极培育新型产业体系，努力推进经济转型与产业结构调整，经济社会保持了持续健康发展。初步核算，2014年全区完成地区生产总值133.8亿元，按不变价计算比上年增长10%。实现公共财政预算收入22亿元，比上年增长6.3%。分产业看，第一产业实现增加值1.2亿元，比上年下降38.5%；第二产业实现增加值68.1亿元，比上年增长9.8%；第三产业实现增加值64.5亿元，比上年增长7.1%。分行业看，三大行业对经济增长拉动较高：工业实现增加值60亿元，同比增长11.4%，拉动地区生产总值增长4.9个百分点；房地产业实现增加值11.4亿元，同比增长9.9%，拉动地区生产总值增长0.8个百分点；金融业实现增加值7.2亿元，同比增长12.5%，拉动总量增长0.6个百分点。

城乡发展一体化

【概况】初步核算，全区实现地区生产总值（GDP）133.8亿元，按不变价计算比上年增长10%。其中第一产业实现增加值1.2亿元，比上年降低38.5%；第二产业实现增加值68.1亿元，比上年增长9.8%；第三产业实现增加值64.5亿元，比上年增长7.1%。三次产业结构为0.9∶50.9∶48.2。居民收入实现较快增长，城镇居民人均可支配收入为38 023元，比上年增长8.2%。受养老金持续上调的带动，转移性收入大幅增长，城镇居民人均转移性收入为13 206元，比上年增长18.2%，拉动城镇居民可支配收入增长5.8个百分点。人均生活消费支出12 326元，比上年增长7.6%，恩格尔系数为33.5%。

【财政收支】全区实现公共财政预算收入22亿元，比上年增长6.3%。税收收入完成17.6亿元，同比下降0.9%，其中，实现增值税2.9亿元、营业税7.1亿元、企业所得税1.9亿元，增速分别为4.8%、10.7%、−16%。非税收入完成4.4亿元，比上年增长49.8%。全区区级政府性基金收入完成180亿元，同比增长272.9%。全区完成公共财政预算支出68.9亿元，比上年降低9.5%。其中一般公共服务支出5.5亿元，比上年降低5.9%；社会保障和就业支出10.3亿元，比上年增长8.6%；教育支出9.2亿元，比上年降低9.5%；文化体育与传媒支出2亿元，比上年增长7.1%。

【投资总量再上新台阶】全区项目建设地全社会固定资产投资累计完成267.8亿元，比上年增长16.4%。按投资资金来源看，社会投资实现快速增长，全年达到178.7亿元，同比增长46.4%，占全社会固定资产投资的比重达到66.7%。按城乡划分看，城镇投资完成250.5亿元，同比增长25.8%。

【房地产开发投资大幅攀升】全区房地产开发投资完成168.3亿元，同比增长75.3%，快于全社会固定资产投资增速58.9个百分点，占全社会固定资产投资的62.9%。商品房销售面积59.9万平方米，比上年增长138.7%，其中，商品住宅销售面积53.5万平方米，增长175.3%。棚户区改造完成投资44.6亿元，同比增长21.9%。

【社会消费稳步增长】批发零售额全年实现增加值6.2亿元，比上年增长2.6%，住宿餐饮业实现增加值1.8亿元，比上年增长5.3%，分别占全区地区生产总值的4.7%和1.3%。全区实现社会消费品零售额53.1亿元，比上年增长8.4%。按限额标准看，限额以下单位实现了较快增长，完成零售额20.6亿元，比上年增长26%，拉动全区零售额增长8.7个百分点。从零售额排名前五的商品类值看，机动车燃料类和日用家电设备类商品零售额增长较快，分别实现零售额14.6亿元和2.1亿元，比上年增长10.4%和5.9%。

【工业生产持续攀升】2014年内，全区工业生产结构不断优化调整，以通用设备制造业为代表的现代制造业发展迅猛，而以煤炭开采和洗选业为代表的资源型工业表现低迷。全区规模以上工业实现产值97.6亿元，比上年增长21.5%。其中，现代制造业实现产值50.8亿元，比上年增长115.2%；资源型工业实现产值29.9亿元，比上年降低21.6%；高新技术产业实现产值82.7亿元，比上年增长28.6%。实现销售产值83亿元，比上年增长5.1%，其中出口交货值实现16.9亿元。通用设备制造业和医药制造业态势良好，分别实现产值45.3亿元和3.1亿元，分别比上年增长174%和8.6%。

【建筑业】全区有资质的建筑业企业实现建筑业总

产值 84.4 亿元，比上年增长 4.3%。其中，建筑工程产值 82.5 亿元，比上年增长 4.3%，安装工程产值 1.8 亿元，比上年增长 5.7%。房屋建筑施工面积 265.3 万平方米，比上年增长 11.6%，房屋建筑竣工面积 46.1 万平方米，比上年增长 24.7%。

【交通运输业】2014 年内，全区运输企业拥有货运车辆 5 770 辆，客运车辆 879 辆。货运量 954 万吨，货运周转量 31 963 万千米；客运量 17 234 万人次。

【邮电业】截至 2014 年年末，全区共有邮政局所 17 处，其中局 1 处，支局 6 处，所 10 处。全年邮政业务总量 6 237 万元，通信业务总量 7 311 万元，出口函件 148 万件，包件 3 万件，汇票 2 万张，报纸累计数 919 万份，杂志 36 万份，特快专递 32 433件。

农村经济发展

【概况】2014 年全区农村经济总收入实现 90.8 亿元，比上年同期的 86.5 亿元增加 4.3 亿元，增长 5%。全区农林牧渔业总产值为 35 335.3 万元，同比下降 33.7%。其中，农业产值为 10 863.5 万元，同比下降 4%；林业产值为 9 757.4 万元，同比下降 65.6%；牧业产值为 13 849.2 万元，同比增长 8.2%；农林牧渔服务业产值为 865.2 万元，同比增长 5.6%。

【都市型现代农业发展平稳】种业、设施农业、观光休闲农业呈“一增一平一减”态势，共实现收入 16 786.4 万元，同比增长 1.9%。其中种业实现收入 2 006.7 万元，同比增长 93.8%。设施农业实现收入 3 990.5 万元，同比基本持平。受倒春寒、冰雹等恶劣天气影响，带动观光园采摘收入、出售农产品收入大幅下降。观光休闲农业实现收入 10 789.2万元，同比下降 5.7%。其中，观光园收入4 996.9万元，同比下降 20.6%；民俗旅游收入 5 792.3万元，同比增长 12.3%。

【果园面积保持高位】全区果园面积达 2.17 万亩，比 2013 年的 2.20 万亩减少 0.03 万亩，主要是潭柘寺镇部分村拆迁造成的。分品种来看，优质品种面积保持稳定或略有增加。以军庄京白梨为代表的梨园面积为 0.45 万亩，比 2013 年增长 2.3%；以太子墓苹果为代表的苹果园面积为 0.35 万亩，与上年持平；以斋堂红提为代表的葡萄园面积为 0.09 万亩，与上年持平。全年水果产量达2 768.1 吨，比 2013 年增加 124.1 吨，增长 4.7%。水果产值为 5 011.3 万元，同比增长 10.6%。

【设施农业发展平稳】2014 年内，全区设施农业实现收入 3 990.5 万元，同比基本持平。按类型分，温室收入 3 975.2 万元，大棚收入 13.7 万元，中小棚收入 1.6 万元。按品种分，蔬菜（含食用菌）收入 3 966.2 万元，瓜果类收入 20.3 万元，水果收入 4 万元。

【积极发展景观农业】景观植物种植达到 6 320 亩，其中万寿菊 5 113 亩，百日草等其他景观植物1 207 亩，种植范围涉及全区 8 镇 1 街（潭柘寺、永定、龙泉、妙峰山、王平、雁翅、斋堂、清水及大台街道），形成了连片成景的多彩效果，吸引了各界游客品味美景，有效发挥了观赏、生态和经济多重功效。

【农业废弃物处理及综合利用】开展全区规模养殖场污染治理，继续推进了 7 处规模养殖场及 2 处种养基地治理任务。

【开展农业服务下乡入户】累计向各镇村供应玉米、豆类、谷子等种子 1 万余千克，肥料 13.2 万千克，生物农药 1 700 余千克。开展农机年检送检下乡工作，累计检验车辆 356 台，发放荧光条 2 136 条，代上保险 330 份。认真做好全区太阳能路灯维修养护工作，加大运行情况巡查和配件保养力度，全年累计维护太阳能路灯 2 786 盏次，更换电瓶 1 687 块、控制器 985 个、光源 1 606 个。完成 77 辆老旧农用车辆的淘汰任务。

【扎实做好基层农业技术推广】开展基层农技推广体系改革与建设补助项目，围绕肉鸡养殖、景观农业建设，以及杂粮、鲜食玉米、食用菌、中草药和茶菊种植等特色产业，在全区打造 7 处农业科技示范基地，在重点产业村培育科技示范户 70 户，推进农资物化补贴、优良品种引进及技术指导工作。依托田间学校、“阳光工程”项目，广泛开展种植养殖、农田节水、动物防疫、农机操作等农业技术及农业法律法规培训，惠及农民 920 余人次，全面提升了全科农技员、村级防疫员、农业机械驾驶操作员素质。

【开展土壤信息监测】全力推动农产品产地污染综合防治工作，完成全区 102 个土壤监测点位的土壤样品原状土取样及 GPS 轨迹定位。落实基本农田长期定位监测，做好 5 个监测点（妙峰山镇黄台村、军庄镇东山村、龙泉镇的龙泉务蔬菜种植园、妙峰山镇龙凤岭、军庄镇孟悟生态园）土壤重金属及 pH 监测。

【落实惠农政策补贴】严格按程序落实包括粮食直补、农资综合补贴、生态补贴等各项补贴资金共146万余元，发放政府补贴农机具102台套（市补50%，农户自付50%）。继续实施500亩基本菜田建设，通过补贴（每亩1 000元）引导种植户施用有机肥，加强菜田管理，提升蔬菜产量与质量。启动清水镇500亩口粮田建设项目，通过施用有机肥、修缮畦埂，提高土地综合生产能力，巩固退耕还林成果。以“菜篮子”建设项目为依托，对3个肉鸡养殖小区进行生产设施提升改造及环境优化。

【加强优质农产品标准化生产与品牌宣传】启动5家农产品生产单位无公害认证，继续对全区“三品认证”单位给予奖励扶持政策（全区符合认证条件的相关单位共21家，已认证10家）。组织申报全国及市级名特优新农产品。目前，京白梨、纸皮核桃已入选2013年全国名特优新农产品目录。组织6家涉农单位参展中国国际农交会，提高了全区特色农产品的知名度和美誉度。

【加强重大动植物疫病防控】针对禽流感、口蹄疫、猪瘟、蓝耳病、新城疫五种重大动物疫病，集中强制免疫畜禽461.45万头（只）次，采集血样1 332份，检测样品1 761份。对全区150个养殖场（户）开展流行病学调查340次，未发现重大动物疫情病例。落实狂犬病防控工作，不断强化组织、扩大宣传、加强监督，完成免疫登记注册犬8 306条。实施小反刍兽疫疫苗免疫接种，发放小反刍兽疫疫苗2.6万头份。

【进京路口检查及官方兽医室建设】累计完成动物产地检疫283万头（只），动物产品检疫1.53吨，检查过境动物7.83万头（只），检查消毒过境运输动物及动物产品车辆143车次，芹峪口、清水、潭柘寺官方兽医室共开具动物临床健康检查证明947张。

【开展无主动物收容】依法同辖区5家动物诊疗机构签订《门头沟区无主动物收容暂存场所委托协议》，发放登记表，开展相关人员培训，并提供收容暂存工作所需笼具、饲料用品及相应标志，公示收容举报电话。

【开展农田灭鼠工作】防治任务覆盖全区9个镇，包括农田4.21万亩，农业设施400亩及畜牧养殖场2个，养殖户3 000户，水产养殖场315亩，累计发放鼠药4.22吨，鼠夹200支，并按月做好鼠情监测统计。

【开展农产品质量安全现场检查及样本检测】区镇两级农产品质量安全监管部门到生产单位（农户）进行现场检查840人次，对95家重点监管对象检查覆盖率达到100%，累计完成蔬菜、畜禽类产品、水产品等快速检测样本10 040个，定量检测样本262个。

【积极开展渔业放流工作】落实渔业增殖放流任务，向珍珠湖、斋堂水库等2 400余亩渔业水域增殖11万尾鲢、鳙鱼种。先后2次全程监督宗教团体依法开展鱼类放生活动，严格限定放生品种及地点。

【旅游收入稳步增长】开展永定河沿线交通环境综合整治，建成96座旅游交通服务站，实施国家步道标识系统一期工程。南石洋大峡谷对外试运营，灵山、潭戒景区环境进一步提升，妙峰山玫瑰香谷等沟域建设项目加快推进，玫瑰、玉兰、万寿菊等景观农业规模不断扩大。成功举办山地旅游文化节、国际山地徒步大会等大型活动。2014年全年实现旅游综合收入20.3亿元，比上年增长5.4%。其中住宿业实现营业收入4.3亿元，比上年增长5.5%；旅行景区实现营业收入2.7亿元，比上年增长17.9%；旅游餐饮实现营业收入20.6亿元，增长8.4%；旅游商业实现营业收入5.8亿元，增长8.4%；旅游交通实现营业收入1.8亿元，增长12%。

【民俗旅游】2014年年末，全区实际经营的观光园为55个，民俗旅游农户1 062户，全年共接待游客114.6万人次，实现经营收入1.1亿元。

【金融业】截至2014年年末，全区金融机构存款余额达到467.9亿元，比上年末增长14.6%，其中单位存款227.7亿元，比上年末增长29%，个人存款240.2亿元，比上年末增长4%。全区金融机构贷款余额110.8亿元，比上年末增长22.7%。其中，短期贷款21.7亿元，比上年末增长37.1%，中长期贷款89.1亿元，增长19.7%；对公贷款88.1亿元，增长22.5%，个人贷款22.6亿元，增长23.7%。

村 镇 建 设

【概况】潭柘寺镇C地块完成上市交易，军庄镇葡萄酒文化产业园土地流转进展顺利，斋堂镇一号地A地块成功上市，王平镇中瑞休闲养老园一期工程实现入住。加强政策集成，全力推进险村险户搬迁工程，10个村实现动工建设，法城村和东马各庄村搬迁改造经验成为全市典型。实施乡村公路大修工程28.45千米，增设交通安保设施，设置桥梁管护信息标识37座。大力发展沟域经济，妙峰山玫瑰香谷沟域荣获全市沟域经济建设二等奖。顺利完成29个村的村级公益事业“一事一议”财政奖补项目，进一步改善了农村生产生活条件。大力推进绿化美化生态工程建设，全区森林总面积达94.62万亩，森林覆盖率42.50%，林木绿化率65%，园林绿地面积847.13公顷，绿地率36.97%，城市绿化覆盖率41.57%，城市人均公共绿地面积提升到34.13平方米。

【生态环境得到新巩固】实施森林健康经营项目，完成6 000亩低效林改造。开展平原地区造林工程1 718亩。完成绿色通道景观建设一期工程，第二阶段中小河道治理8条沟道及龙泉湾工程主体完工，引入社会投资建设8个镇级污水处理厂。落实清洁空气行动计划57项重点任务，改造燃煤锅炉75.5蒸吨，淘汰老旧机动车5 976辆，山区送气下乡、优质燃煤实现全覆盖，村庄煤改电工作取得积极进展，全年压减燃煤1.76万吨。加大环境综合整治力度，扎实开展美丽乡村创建工作，赵家台村和八亩堰村获评“北京最美的乡村”。坚决打击乱倒污泥渣土、非法盗采、乱伐林木等违法行为，市容环境保持全市前列。成立全国首家“绿色银行”，创建一批美丽乡村、绿色单位、绿色社区，群众生态文明意识明显增强。万元GDP能耗下降2.5%，PM2.5年均浓度下降7.7%，超额完成年度任务。

【沟域经济建设】着重打造以妙峰山玫瑰香谷沟域为重点的特色沟域。通过高端规划、政策集成、矿山利用、招商引资等手段进行整体打造，实施环境整治、生态建设、基础设施、新民居工程和产业工程等五项工程，集成全区各单位14个项目，总投资1.05亿元，有力推动了地区经济由资源开采型向生态友好型转变。经市专家组验收，玫瑰香谷沟域荣获全市沟域经济建设二等奖，获得奖励资金800万元。

【险村险户搬迁】通过建立联席会议制度，多次召开专题会、现场会和培训会，组织各镇村学习斋堂镇法城村经验，全区5个镇14个村2 676户4 737人的险村险户搬迁工程进展顺利，取得明显进展。截至2014年年底，有10个村实现动工建设，其中东马各庄村、法城村、龙门口村、水峪嘴村4个村主体基本完工；洪水峪村、椴木沟村、河南台村、田庄村、炭厂村、禅房村6个村正在全面建设当中。房良村、岭角村、洪水口村3个村规划设计、搬迁方案基本完成；南涧村正在编制搬迁方案。

【小城镇建设加快推进】围绕建设生态宜居的特色小镇，四个重点镇不断加大招商引资力度，进一步强化镇企合作，加快推进各项中心工作。潭柘寺镇中心区土地一级开发进展顺利，中心区路网主次干路工程全面开工，78个楼座完成结构封顶。斋堂镇一号地A地块已经完成上市交易，商业综合服务街项目二期工程主体完工。军庄镇采用“一级开发+村企合作+土地流转”的方式，加快整体开发建设。完成了孟悟村村企合作模式33公顷启动区的土地流转、合作签约、前期立项工作，开展了东山村一级开发38公顷启动区的控规修改和调整工作。王平镇携手京煤集团等企业，全力打造商务会议健康养生小镇。韭园新型农村社区试点项目进展顺利，王平工矿棚户区改造安置房已交付使用。

【乡村公路建设与维护有序开展】一是投资2 750万元实施乡村公路大修工程28.45千米，其中乡级公路7条，村级公路6条。二是投资150万元增设安保设施，加强隐患治理。三是投资18万元设置桥梁管护信息标识37座。四是加强全区444千米乡村公路的日常养护。

【洪水口村获评2014年中国最美休闲乡村】经过地方推荐、专家评审和网上公示等程序，农业部办公厅下发了《关于发布2014年中国最美休闲乡村和中国美丽田园推介结果的通知》，认定了北京市3个村和4处农业景观为“2014年中国最美休闲乡村和中国美丽田园”，其中，门头沟区清水镇的洪水口村被评为“2014年中国最美休闲乡村”中的特色民俗村。

【林地保护工作】2014年1月10日，组织色树坟森林公安派出所、西峰寺森林公安派出所，联合对永定镇北岭地区私挖盗采情况进行突击检查。本次行动共出动森林公安民警5人，应急救援队员20人，车辆4部。

【生态保护宣传工作】3月2日，开展“保护野生动植物—建设绿色新家园”和“绿色森林你我共享—森林火灾你我共防”两个主题宣传活动。共发放野生动植物各类宣传册2 000份，森林防火宣传册1 000份。

【**公益林管护**】3月25日，全区176.406 2万亩生态公益林正式投保北京森林综合险，保险时间为2014年3月25日零时至2015年3月24日24时，保险为期一年。森林保险事故不设立免赔率，每亩保险金额为1 200元，总保险金额达到21亿1 687.44万元，保险费率为2‰，总保险费423.374 88万元，保费补贴按照中央、市级二级补贴形式，其中市级财政补贴50%，申请中央财政补贴50%。

【**义务植树工作**】3月29日，启动“弘扬生态文明，建设美丽门头沟”为主题的春季义务植树活动。植树地点设在永定河森林公园和中门寺山坡，面积共计110亩。有10余家单位1 200余人参加活动，共栽植国槐、香花槐、侧柏等树木1 400余株。

【**平原造林工程**】门头沟区平原造林工程建设总任务1 718亩，分布在三个镇，其中军庄镇259亩、龙泉镇1 285亩、永定镇174亩。共组织9支施工队伍245人进行春季造林任务，已栽植面积85.84亩，栽植苗木3 168株，其中落叶乔木664株，常绿乔木936株，亚乔木1 220株，花灌木348株。

【**绿化美化工作**】4月9日，门头沟区“市花月季进社区”正式启动。初步选择大峪街道月季园社区、城子街道132院、东辛房街道石门营六区作为试点开展。发放市花月季相关知识折页、义务植树、碳汇折页、碳中和计算罗盘、环保购物袋等宣传材料1 000余份。

【**绿化基金会**】5月15日，“北京市绿化基金会—门头沟绿化工程专项办公室”正式批准成立。

【**退耕还林工作**】6月15日，门头沟区完成2013年退耕还林验收工作，总验收面积为38 971.29亩。根据《退耕还林条例》等相关政策，退耕农户每年每亩地补助生活费20元，补助资金共计779 425.8元。

【**应急避险工作**】6月20日，门头沟区7个公园被列入北京应急避难场所，总面积达62万平方米，可容纳人数达19.4万人，其中最大的滨河世纪广场面积为35万平方米，可容纳10万人。

【**有害生物防治工作**】8月5日，启动飞机防治林业有害生物工作。共出动飞机100架次，防治面积6万余亩，重点区域是永定镇、龙泉镇、潭柘寺镇3个镇前脸山，莲石路、滨河路、109国道、108国道、六环路等重点公路两侧的绿化带。

【**公园养护管理工作**】自11月起对各公园采取冬季养护管理，共布置无纺布67捆、竹竿508捆、铁丝128捆、火烧丝22捆、木杆、塑料保鲜膜等材料，共出动车辆50余次，人员260余人次。

【**野生动物保护工作**】根据实地调查统计，全区共有7个镇的农作物、家禽家畜受到野猪和猛禽等野生动物不同程度的破坏，损失共计57.721 8万元，按80%进行补偿。

【**古树名木保护工作**】12月18日，因大风暴雨造成古树折枝情况，砸坏部分群众房屋，共涉及3个镇，补偿古树折枝砸房修缮费等共计9.578万元。

【**京津风沙源治理工程**】累计造林107.12万亩，生态服务功能价值达400多亿元。植被恢复工程充分吸收项目所在地8个镇16个村，共栽培本区优质果树山杏、山桃、苹果、樱桃等近3万株。

【**森林防火工作**】各森林公安派出所开展防火巡逻检查146次，出动警力310人次，车辆巡逻累计6 000余千米。共检查林区承包经营单位、施工单位256家，生态管护员1 505人次。

【**果蜂产业工作**】2014年内，向北京市食用林产品质量安全监督管理事务中心和北京市农林科学院林业果树研究所分时段送检果品和蜂产品共计80份，每份3千克，9个品种，检测结果合格率100%。

【**集体林权制度改革**】完成林权制度改革生态补偿资金落实工作。涉及集体生态公益林面积为161.59万亩，共向9个镇167个村3.9万户7.3万林权股民（人）兑现生态补偿金3 878.22万元。

【**农业综合开发生态治理效果显著**】全年投入资金4 458万元支持实施农业综合开发生态治理工程，涉及全区9个镇39个村，完成生态综合治理面积2.2万亩，控制水土流失面积20平方千米，项目区内共解决农民劳动力就业800多人。生态综合治理措施效果显著，一是开发荒山、荒地、荒坡600多亩，进一步提高和恢复土地利用率，生态环境明显改善和加强。二是进一步提高农业综合生产条件，减少水土流失，保水、保墒能力增强。三是进一步完善农业园区基础设施条件，提升生态涵养功能，加快全区生态农业建设发展的步伐。四是进一步促进项目区农业产业结构调整和农游合一的发展，拓宽项目区内农民劳动力就业渠道，为农村经济的可持续发展奠定基础。

农村改革与管理

【**概况**】制定全区农村土地承包经营权流转费指导

参考价调整意见，扎实做好农村产权交易工作，15个项目实现签约。雁翅镇农村土地承包经营权确权登记颁证试点工作稳步推进。继续实施农村集体资产信托化经营管理，累计惠及3镇39个村2.3万人，促进了农村集体资产保值增值和农民增收。成立全区农民专业合作社联合会，进一步提升了合作社整体竞争力。

【农村产权交易】2014年内，农村产权交易实现28个项目挂牌，15个项目签约，成交总额5 813.97万元。落实斋堂镇柏峪村土地集中流转项目，拨付292.6亩土地集中流转资金186万元。研究制定《门头沟区农村土地集中流转专项资金使用管理意见（试行）》及《门头沟区农村土地承包经营权流转费指导参考价调整意见》。

【富民系列资金信托】实施“富民5号”和“富民7号”信托工程，将永定镇11个村5.45亿元和龙泉镇16个村3.11亿元资金进行信托。经测算，全区富民系列信托（富民1号、2号、5号和7号）累计投入资金17.36亿元，每年收益为1.6亿元，共惠及3镇39个村2.3万人。

【农民专业合作社】研究制定了《关于促进门头沟区农民专业合作社发展的实施意见》。推荐上报国家级示范社6个。北京腾达乡村旅游联合社与中国农业大学合作，全国首创建立了教授工作站。12月25日，召开门头沟区农民专业合作社联合会成立大会，选举产生了联合会和监事会成员。

【“三资”监管平台】2014年内，通过平台共查看668个村次、20 448笔账目，发出预警128次，预警金额4.98亿元。

【“三资”监管定期检查】2014年内，完成80个村的“三资”监管定期检查工作。

【农村村干部任期和离任经济责任审计】完成91个村的村干部任期和离任经济责任审计工作。其中，离任审计5个，任期审计86个。

【农村集体经济合同租金催缴】开展78份农村集体经济合同租金催缴工作，收缴64份合同租金共计241.66万元。

【农村管理信息化】完成2013年度8.2万人、4.5万个劳动力、2.7万份家庭资料数据和186个村的社会综合管理库的数据更新工作。

【村级财务公开】2014年内，对7个镇16个村的村级财务公开工作情况进行了检查。

【农村产权制度改革回头看】2014年内，对王平、永定、军庄及清水4镇8个村集体经济组织产改工作进行抽查。

【农民负担监督管理执法检查】按照市农村负担监督管理领导小组办公室的统一部署，组织开展春、秋两季农民负担监督管理执法检查工作。

【农村经济管理培训工作】举办农村“新三起来”“三资”管理、集体经济组织财务、低收入农户监测等培训班15期，培训2 200余人次。

农　村　民　生

【概况】2014年全区农民人均纯收入18 861.46元，同比增长8.3%。其中工资性收入12 127.66元、家庭经营收入2 369.36元、财产性收入713.5元、转移性收入3 650.94元。全区农民人均所得实现13 680元，比上年同期的12 605元增加1 075元，增长8.5%。全区农村劳动力总数是45 647人，同比减少1 468人，减少3.1%，主要是农户转居、转工所致。全区11 200户低收入农户人均可支配收入实现10 397元，同比增长10.2%，其中已脱贫10 058户，脱贫率89.8%。

【低收入农户分布以深山区为主】全区低收入农户分布在8个镇，152个村。其中深山区清水、斋堂、雁翅三镇低收入农户6 027户，占总户数的53.8%；浅山区潭柘寺、军庄、妙峰山三镇低收入农户3 373户，占总户数的30.1%；门城地区龙泉、永定两镇低收入农户1 800户，占总户数的16.1%。

【劳动和社会保障】截至2014年年末，全区城镇登记失业率为4.3%，与上年同期持平；5 716名城镇登记失业人员实现就业，年末实有城镇登记失业人员3 887人。全区参加养老、失业、工伤和医疗保险缴费人数分别比上年增长5.4%、3.3%、6.6%和3.3%。城乡最低生活保障应保尽保，城镇、农村居民最低生活保障人数分别达到6 992人、2 135人，农村五保户人数为315人。

【卫生事业】2014年年末，全区共有医疗卫生机构260个，其中医院13个。医疗卫生机构实有床位2 859张，其中医院2 418张。全区卫生技术人员达到3 282人，其中执业医师1 012人，执业助理医师112人，注册护士1 388人。全区卫生医疗机构总诊疗量272.86万人次，出院人数30 831人。

【文化事业】2014年内，全区现有222个村居文化室。全年开展了星火、周末场、百姓周末大舞台等公益文化惠民演出601场，文化馆下基层慰问村居、部队、建筑工地、学校及企业单位演出近78场，受众约11万余人次。充分利用公园、广场等场所，完成春节公园文化活动25场，受众6 800余人次。常年开展特色、品牌文化活动100余场。基层镇街、村居组织开展的演出等文化活动千余场。全年送书进村居、进学校、进军营、进企业4.2万余册，送电影下乡1万场。图书馆馆藏总量达到74万册，当年新购入图书70 560册，办证885个，流通读者13 638人，馆舍面积1 200平方米。全区共有重点文物保护单位国家级5个，市级9个，区级71个。

【体育事业】截至2014年年末，全区有各类体育健身场地5个，其中体育馆1个，游泳场馆3个，各种训练房1个。全区有等级裁判605人，其中国家级5人，一级71人，二级529人。全年组织区级比赛49次，参赛人数6万人次；参加市级比赛10项，共获金牌18枚、银牌31枚、铜牌30枚；向上一级体校输送优秀运动员4人。

【科学技术】2014年内，全区组织各级科技项目15个。其中区级科技计划项目1项，市级科技计划项目13项，国家级科技计划项目1个。培训农村实用人才100人次，技术合同成交金额0.6万元，认定高新技术企业23家，申请专利304项，授予专利179项，农业科技与服务单位17个。全区科技经费筹集总额5 922.8万元，科技经费支出总额4 130.3万元。

【教育事业】全区共有幼儿园33所，班级196个，全年入园（班）人数2 027人，在园（班）幼儿5 241人，离园（班）1 828人，教职工812人，其中专职教师475人。小学学校23所，班级379个，毕业生1 836人，招生人数2 180人，在校学生人数11 314人，教职工1 195人，其中专职教师896人。高中阶段学校4所，其中普通高中3所，毕业生人数706人，招生人数717人，在校学生人数2 347人；职业高中1所，毕业生人数340人，招生人数43人，在校学生人数203人。初中阶段学校13所，毕业生人数1 330人，招生人数1 720人，在校学生人数4 844人。全区中考及格率达到88.76%，优秀率达到34.7%。全年专科毕业325人，本科毕业248人。全年参加岗位培训、技术培训27 220人次。

基层组织与民主政治建设

【概况】2014年内，在区委的坚强领导下，紧紧围绕全区改革发展大局，坚持系统谋划、协同推进、重点突破，紧扣从严治党主题，深入开展党的群众路线教育实践活动，着力整改“四风”方面存在的突出问题和服务群众“最后一公里”问题。广泛开展在职党员到村报到活动，着力提高全区领导班子和干部队伍的领导水平和执政能力，提升基层党组织整体服务能力和水平，推动人才工作创新发展，为全面深化改革、推动地区转型发展提供了坚强的组织保障。突出抓好基层带头人队伍建设，对软弱涣散基层党组织进行专项整治，加强基层民主建设，认真做好民主公开工作。全面加强农村实用人才培养，1家合作社被评为“北京市农村实用人才示范实训基地”。抽取全区9个镇160个村和22个农村社区的5 065户家庭开展农村基层民主评议活动。大力加强社会主义核心价值观宣传，举办“最美北京人”百姓宣讲活动。强化监督执纪，农村基层党风廉政建设得到全面加强。

【建成基层党建全程记实系统】1月中旬，门头沟区基层党建全程记实系统项目基本建设完成并投入试运行。1月23日，召开“门头沟区农村基层党建全程记实系统试运行暨部分村党组织书记述职承诺和民主日活动展播会”，区领导在主会场观看了妙峰山镇、王平镇、清水镇等3个镇利用记实系统召开村党组织书记承诺述职大会的实况，并对各村上传至记实系统平台的民主日活动情况进行了检查。

【下发区派村党组织“第一书记”管理办法】3月，制定下发《门头沟区区派党组织第一书记管理办法（试行）》，明确了“第一书记”到村工作的职责任务、人员管理办法、激励和保障机制、考核和奖惩办法、相关制度和纪律等，进一步加强了对区派村党组织“第一书记”的管理。

【基层服务型党组织建设工作】4月下旬，制定《门头沟区关于探索加强基层服务型党组织建设试点工作的方案》，确定了清水镇塔河村和大台街道黄土台社区2家单位为市级试点单位，各镇街分别确定1个区级试点单位，为全面开展基层服务型党组织建设积累经验。

【软弱涣散基层党组织整顿工作】4月下旬，在全面摸底调研的基础上，确定了24个基层党组织作为全区软弱涣散基层党组织专项整顿工作的重点。按照“一村（居）一策”原则，通过建立区、镇、村（居）三级联动机制和转化销号制度，采取派驻工作组、选派党建指导员和第一书记等针对帮扶方式进行专项重点整顿。截至2014年底，区镇两级在整顿过程中共投入资金400余万元，调整配齐班子8个，新建、扩建基层党组织活动场所18个，24个软弱涣散基层党组织中有16个已经实现了转化，8个实现了明显提升。

【在职党员到社区（村）报到工作】5月下旬，制定《门头沟区关于开展在职党员到社区（村）报到为群众服务的实施方案》，在将社区100%纳入报到范围的基础上，进一步将报到范围扩大到农村，重点向有棚改任务的社区（村）倾斜。截至2014年年底，全区共计191家单位、7 941名在职党员均在规定时限内完成报到对接，累计开展志愿集体服务539次，个人志愿服务678人次，提出合理化建议246条，协调实际解决问题172个。

区县乡情“三农”工作部署和实施

【召开全区“三农”工作体系研讨会】2月20日，召开全区“三农”工作体系研讨会。会议就门头沟区2014年农村工作会报告、2014年“三农”工作体系工作要点以及关于全面深化改革加快推进城乡一体化发展的意见三个文件的征求意见稿进行了讨论。区“三农”工作体系领导小组各成员单位和各镇共同参会。区领导张永同志主持会议并提出工作要求。

【召开全区农村工作会】4月21日，召开2014年农村工作会。区四大部门领导韩子荣、王洪钟、罗斌、张冰、付兆庚等同志出席会议，并为获表彰的村党支部代表颁发奖牌。会上，付兆庚同志作农村相关政策的说明并宣读2013年度基层组织建设示范村和优秀村的决定。张永同志作农村工作报告。区委书记韩子荣同志代表区四大部门向受到表彰的先进典型表示祝贺，并就进一步做好全区农村工作提出要求。

【召开“三农”工作体系推进会】5月21日，召开门头沟区2014年“三农”工作体系推进会。区委副书记付兆庚同志、区“三农”工作领导小组各成员单位及各镇党委书记一同参加会议。会议由区委常委、副区长张永同志主持。会议听取了各成员单位和各镇“三农”各项重点工作落实情况、存在的问题和困难，以及下一步工作计划。

【举办2014年第一期村党组织书记培训班】7月15—17日，在龙泉宾馆小剧场举办门头沟区2014年第一期村党组织书记培训班。区领导韩子荣、丁勇同志，全区各村党组织书记、区委选派第一书记，各镇党委副书记参加活动。仪式由丁勇同志主持。区委书记韩子荣同志作开班动员讲话并提出相关工作要求。

【区人大代表视察沟域经济建设情况】7月25日，区人大主任罗斌带领150名区人大代表视察全区沟域经济建设情况，听取了区农委关于全区沟域经济发展情况汇报，并实地察看了雁翅镇南石洋大峡谷开发及休闲旅游观光产业发展情况。区委常委、副区长张永同志陪同视察。

门头沟区领导名录

区委书记	韩子荣（女）
副书记	王洪钟（9月免）
	张贵林（9月任）
	付兆庚
常委	韩子荣　王洪钟（9月免）
	张贵林（9月任）　付兆庚
	陈国才　丁　勇　赵潮英（女）
	刘群立（回族）　张　永
	李庆广　彭利锋　郑伟革
区人大常委会主任	罗　斌
副主任	韩生辉　谭　杰　许　彪
	李　轶（女，不驻会）
区长	王洪钟（9月免）
	张贵林（代，9月任）
副区长	陈国才　张　永
	陈卫东　石　军（女）
	李　昕（女）　张满仓
区政协主席	张　冰（女）
副主席	翟云峰　张乐春　冯　飞
	野京城（不驻会）
	朱德友（不驻会）
	孙善民（不驻会）
区纪委书记	赵潮英（女）
区委农工委书记、区农委主任	耿新民

门头沟区乡镇党政正职领导

	党委书记	镇　长
潭柘寺镇	占永谦	杜春涛
永定镇	陈　波	李文凯

龙泉镇	索宝柱(12月免) 刘军生(12月任)	刘军生(12月免) 张　伟(女,12月任)
军庄镇	王　涛	曹宝华（4月免） 刘甫通（4月任）
妙峰山镇	卢佳强	曹子扬
王平镇	韩兴无	朱　凯
雁翅镇	衣丰飞（9月免） 亓建军（9月任）	张书军
斋堂镇	杨少培	谢晓东（4月任）
清水镇	张慧军	安　楠（10月免） 贾卫东（10月任）

（门头沟区农委　符乃清）

房　山　区

房山区设建制乡6个、镇14个、街道办事处4个、办事处1个，有居委会123个、村委会461个。到2014年年底，全区出生人口10 740人，出生率为13.53‰，比上年末提高2.66个千分点；死亡人口5 388人，死亡率为6.79‰，比上年末提高0.98个千分点；自然增长率为6.74‰，比上年末降低1.68个千分点。2014年，全区地区生产总值（GDP）实现519.3亿元，比上年增长9%。全区财政收入135.2亿元，比上年下降29.7%。其中，公共财政预算收入完成45.6亿元，比上年增长1.2%。全区各项税收实现202.6亿元，比上年增长14.5%。其中，房山地区实现96亿元，比上年增长1.1%；燕山地区实现106.6亿元，比上年增长30%。农村居民人均纯收入18 808.8元，比上年增长11.2%。

农村经济发展

2014年，全区农林牧渔业总产值实现52.5亿元，同比增长3.8%。重点工程进展顺利，都市型现代农业稳步推进。加大国家现代农业示范区和全国农产品质量安全监管示范区建设力度，提高全国都市型现代农业示范区建设水平。

【构建“三线五区”和“五田六园”的靓丽景观】沿重点交通路线和乡村旅游黄金线，发展景观农业2万亩，新增林下生态景观4 000亩。三线即琉璃河高速出口至十渡旅游黄金线、长周路交通线、北沟108国道观光旅游线。五区即韩村河“天开花海”、长沟“水岸花田”、琉璃河“古桥荷苑”、十渡“绿野花海”、周口店“迎风花谷”五个规模休闲区。五田即粮田、菜田、花田、药田、茶田。六园即采摘园、观光园、体验园、示范园、科普园、文化园。启动了农业基础建设及综合开发二期工程，集中打造了一批标准园、精品园和示范园，将主要农田建成“安全美丽田园”，形成了田成方、林成网、渠相通、路相连、人与自然和谐的田园风光。继长沟葵花园、贾河梨园之后，韩村河“天开花海农业景观”入选“中国美丽田园”。

【农业产业化建设】全区农业企业达到305家，其中国家级农业龙头企业1家，市级农业龙头企业19家。北京德蜂堂健康科技有限公司、康莱德国际环保植被有限公司等6家农业龙头企业进入市级农业龙头企业行列。加大农产品流通平台体系建设力度，依托中粮集团“我买网”、龙乡腾飞联合社、大石窝南河北星深加工生产企业，不断延伸蔬菜产业链条，提高配送能力，增强市场竞争力。深化与湖北省房县的合作，与北京利民恒华农业科技有限公司等企业签订了共同合作战略协议。组织区内农业企业参加了第九届中国（北京）餐饮·食品博览会、第十二届中国国际农产品交易会和第二届北京农业嘉年华“房山主题日”特色农产品展销活动，北京市共5项农产品获评农交会产品金奖，房山区生产的脆脆乐果蔬脆片、乐乐菇香菇酱名列其中，进一步提高了区内农业企业对外影响力和农产品的知名度。

【农产品质量安全体系建设】按照创建全国农产品质量安全示范区的标准要求，健全完善产前、产中、产后全程规范管理的标准体系和监管体系，加大绿色认证，发展安全农业，“三品”认证规模及覆盖率居全市首位。积极创建农业品牌，新增北京市著名商标1件（“京之源”），北京市著名商标累计总数达到8件。建成无公害认证基地119家、认证产品399个，有机食品认证基地9家，绿色食品认证基地1家，部、市级农产品质量安全追溯点21家（部级3家、市级18家）。优质标准化基地数量居全市首位。投入800万元，建成市、区级标准化基地223家（市级62家、区级161家）。其中，21家获市级标准化优级基地称号，占全市总量的12.8%，琉璃河、良乡、石楼3个乡镇获市级示范乡镇称号。

【山区沟域经济建设】上方花海沟域被确定为市级重点建设沟域，涉及韩村河、周口店、长沟3个镇。实施了环境综合整治、生态改善、基础设施建设、特色产业节点建设等工程，完成了平原造林、太行山绿化、爆破造林、封山育林、森林健康经营等绿化造林工程6 500亩，形成了大片的绿色林地景观。打造天开花海景观核心区2 500亩，长沟镇完成水岸花田种植2 000亩，浅山花海种植900亩。在平原造林地发展林下红薯、黄豆、中草药等经济作物种植3 000亩。

【高端葡萄酒产业区建设】截至2014年，签约酒庄32家，土地流转2.3万亩，葡萄种植1.5万亩。其中，开工酒庄20家，酿酒及试酿酒酒庄10家，共安置劳动力1 600余人。形成了以青龙湖、城关为酒庄葡萄酒核心区；以张坊、大石窝为酒庄葡萄酒文化旅游区；以长沟为酒庄葡萄酒示范区；以南窖和佛子庄为生态修复区的“四区”格局。以葡萄酒文化为主题的配套建设项目相继开工，国际红酒城开工建设、葡萄酒文化保税园开园，国际、国内友好产区交往不断增加。

【食用菌产业建设】首诚食用菌冷链物流基地硬件设施基本建设完成，冷库库容8万立方米，正式运营后年吞吐量可达3万吨。房山中高档食用菌生产、加工示范项目进展顺利，已购置安装蛹虫草培育设备、检测研发设备、提取加工设备，首诚食用菌航天食品精深加工基地其他相关建设工作正抓紧进行。北京二商集团与北京首诚航天农业生物科技有限公司签署了《战略合作框架协议》，双方合作建立“二商首诚健康产业园”，共同构建安全食品产业链。

【新型农民培训工作】2014年年初以来，各相关部门、培训学校和乡镇重点开展了农民思想观念、农业实用技术、农民转移就业等方面的农民培训，全区共完成各类农民培训4万多人次。开办田间学校33所，覆盖全区17个乡镇33个村，举办培训222期，创新团队技术讲座56场，累计培训学员6 543人次。农机化学校以田间为课堂，以农机安全、果树修剪、蔬菜病虫害防治等为基础，通过参与式、互动式、启发式的教学方法，对农民进行农业实用技术培训，共开班54期培训2 774人次。

【第二届北京农业嘉年华“房山主题日”受关注】4月27日，房山区3家农业企业参加了第二届北京农业嘉年华“房山主题日”特色农产品展销活动，乐乐菇香菇酱系列产品、“京一根”老手艺粉条系列产品和玫瑰系列深加工护肤品等房山区优质特色农产品受到参观市民关注。

【房山区新增6家市级农业产业化重点龙头企业】4月，北京市农业产业化工作会议在京召开，会上公布了2014年新评定的北京市农业产业化重点龙头企业名单，房山区康莱德国际环保植被（北京）有限公司、北京昊屹畜牧有限公司、北京德蜂堂健康科技有限公司、北京爱克普养殖有限公司、北京珍奇芾苑养殖有限公司、北京市福兴斋糕点有限责任公司榜上有名，全区市级以上农业产业化重点龙头企业数量累计达到19家。

【副市长林克庆到房山区调研】5月16日，副市长林克庆到房山区调研，实地查看了城关镇大石河综合治理工程、霞云岭乡石堡村山区地质灾害隐患点、堂上村山区险户搬迁工程及十渡镇休闲农业园、张坊镇葡萄酒产业基地、韩村河镇上方花海沟域，听取了有关情况汇报。市农委、市水务局、市国土局领导，房山区领导刘伟、祁红、卢国懿陪同调研。房山区农委、区新农村办、区水务局、房山国土分局相关领导参加调研活动。

【新增全国“一村一品”示范村镇2个】8月19—22日，市农委举办了全市现代农业示范镇（特色产业村）培训班。在开班仪式上，公布了农业部全国“一村一品”示范村镇及北京市特色产业村评选结果。房山区窦店镇窦店村（肉牛）、大石窝镇南河村（蔬菜）被评定为全国第四批“一村一品”示范村镇；石楼镇夏村（无公害蔬菜）、窦店镇河口村（翠林花海无公害蔬菜）和佛子庄乡上英水村（工厂化蘑菇）被评定为北京市特色产业村。

村　镇　建　设

围绕“田园美、村庄美、生活美、人文美”的目标，建成一批市级美丽乡村。抓好“两镇百村”，即长沟镇和霞云岭乡建成环境优美乡镇；在农村地区建成100个左右美丽乡村，建设美丽乡村。实施减煤换煤、农民住宅抗震节能建设、农村环境整治、农村基础设施管护，新型农村社区试点等项工程，带动新农村建设其他任务的落实。

【农宅节能保温建设】全区农宅要达到节能保温标

准，新建翻建和综合改造农宅同时达到抗震要求。2014年完成28 800户，其中新建翻建4 250户，综合改造800户，节能保温改造23 750户。

【新型农村社区试点建设稳步推进】研究和制定了推进新型农村社区试点建设的措施，为科学、依法、民主建设打下了基础。组织试点乡镇及村干部参加了市新型农村社区试点建设培训班，在区域内组织了拉练检查，总结和宣传了一批建设模式和典型。第一批市级试点村——青龙湖镇晓幼营社区采取自主建设，股份合作的模式，经过不懈努力，完善了建设手续，实施了一期工程，全村近百户村民喜迁新居，过上了城市化的新生活。同时对产业发展也作出了科学规划，引进了军事主题公园和马产业园等高端项目，带动了农民增收。新增的14个试点社区在规划、资金筹措、拆迁补偿、宣传动员等方面做了大量工作，为启动新型农村社区试点建设奠定了良好基础。大石窝镇下庄社区试点项目区内共计规划建筑26栋楼房，截至2014年年底，楼房主体全部完工。周口店镇黄山店社区总建筑面积40 153平方米，住宅楼已转入室内装修阶段，年底达到入住条件。石楼镇夏村社区总建设面积9 216平方米，一期工程竣工，48户村民喜迁新居，并启动了二期工程建设。

【加强农村基础设施建设和管护】继续解决农村地区在出行、饮水、用气、用电、取暖及治理脏乱等方面的实际困难。严格落实市政府《关于加强农村基础设施维护和管理的意见》和《北京市房山区人民政府关于加强农村基础设施维护和管理的意见》，明确管护责任，完善管护标准，建立城乡统筹的农村基础设施管护机制。加大对农村基础设施建设和管护资金的投入，市财政新农村“五十三”转移支付资金重点用于农村基础设施建设和管护运行。加强农村道路、农村公厕、太阳能公共浴室、污水处理设施的管理，确保农村居民使用便利。克服“重建轻管”的偏向，做到建设和管理同规划、同推进、同落实，同发展。依法进行农村基础设施资产登记并实行台账式管理。建立责任明确的维护和管理体系。协调有关部门克服财政资金困难，建立健全农村基础设施长效投入保障机制。建立考核监管体系。

【“北京最美乡村”争创活动】按照每年不低于15%的比例创建美丽乡村，开展“北京最美乡村”和房山区“五个最美乡村、五条最美乡村路、五块最美农田”争创活动，调动农民参与创建活动的积极性，进一步改善农村生产生活环境。窦店镇窦店村、琉璃河镇贾河村获评“北京最美乡村”。在韩村河镇举办了首届房山秋收节，市民广泛关注参与。通过系列创建活动，带动了农村转变、农业转型和农民增收。“北京最美乡村”成为乡村休闲旅游的热点，十一黄金周期间，房山区9个“北京最美乡村”吸引游客69 534人次，总收入184万元。

【“最美乡村、最美乡村路、最美农田”评选结果揭晓】1月，经专家评审、社会公示、公众投票等环节，房山区评选出周口店镇黄山店村、霞云岭乡堂上村、长沟镇三座庵村、河北镇黄土坡村、窦店镇袁庄村五个最美乡村；长沟镇国际长走景观路、十渡平峪观光路、韩村河旅游观光路、张坊山水文化休闲大道、周口店镇黄山店旅游观光路五条最美乡村路；河北镇磁家务玫瑰园、长沟镇花田湿地公园、城关街道波龙堡酒业葡萄种植园、周口店镇周口村花卉基地、琉璃河镇政府南侧荷塘五块最美农田。

【水峪村被命名为中国历史文化名村】3月，根据《中国历史文化名镇（村）评选办法》，经专家评审并按照《中国历史文化名镇（村）评价指标体系》审核，房山区南窖乡水峪村被住房和城乡建设部、国家文物局命名为中国历史文化名村。

【27项农村健康饮水行动项目全部竣工】农村健康饮水行动项目共27项，总投资4 024万元，工程于3月相继开工，11月底竣工。涉及区域优化供水项目2项、水质处理项目10项、风险管理项目15项，共安装水质化验设备2套、消毒设备11套、变频设备24套、水处理设备11套、水泵34台；建水厂管理用房10座、水池11座。解决了31个村、4.3万人饮水难题。

【房山区第二阶段中小河道治理拆迁工作全面启动】4月15日，房山区第二阶段中小河道治理拆迁工作全面启动。工程包括拒马河、南泉水河、牤牛河、夹括河、马刨泉河、丁家洼河、良乡城东护城河7条河道治理工程，涉及9个乡镇73个行政村，治理长度86.2千米。

【大石河滨水公园开园】6月13日，房山大石河滨水公园正式开园。该公园是房山区政府为人民群众拟办重要实事，工程总投资8 276万元，主要对大石河大件路桥至东沙河入口段河道进行生态修复及环境治理，2012年4月6日正式启动建设，2014

年6月1日完成公园所有工程建设。该公园总面积465亩，划分为3个功能园区，分别是大石河（大件路桥段）上游的红领巾公园、大石河（大件路桥段）下游的夕阳红公园及大石河（京周路桥段）上游的助残健身公园。房山大石河滨水公园建成后，不仅让房山地区老百姓享受到通过“生态草毯”打造的绿色生态走廊以及再生水补给形成的靓丽水环境，而且能享受到精心设计的景观节点所营造出和谐优美的人居环境。助推周边区域产业转型升级，成为吸引高端产业落户的重要聚集地。

【农村地区“减煤换煤、清洁空气”行动成效显著】市相关部门下达房山区2014年减煤换煤24万吨任务。7月2日，区政府召开全区美丽乡村建设暨减煤换煤工作部署会议后，房山区2014年农村地区减煤换煤工作正式启动。保障农民用上放心煤，强化监管，保证型煤质量和及时供应，受到农民欢迎。市部署会后，全区及时开展调查研究、研究政策、制定方案、建立组织，动员培训等项工作，各项工作走在了全市前列。强化协调配合，落实部门职责。区新农村办牵头，建立了区直部门定期协商、联合办公制度，形成了统筹协调的工作格局。强化监督检查，确保型煤质量。对原煤采购，型煤生产、加工、配送、使用等实行全过程监管。群众反映所用型煤热值高、灰粉少，无烟尘，用着安全放心。强化群众监督，促进政策落实。设立减煤换煤监督电话，并向社会公布，耐心解答群众关注的补助资金、型煤质量和供应等问题。制定2014—2017年农村地区减煤换煤计划。到2017年，全区农村地区完成46.8万吨的“减煤换煤”任务。鼓励农业生产设施、公共设施、农村企事业单位使用电、气、新能源等清洁能源。引导农村的外来住户使用清洁能源。继续推进“农村亮起来、农民暖起来、农业资源循环起来”工程建设。

【联合拆除拒马河砂石料厂】7月14日，房山区水务局对位于拒马河房山与涞水交界处的北拒马河大石窝镇段的砂石料厂下发《清障通知书》，限期自行拆除。截至7月24日，自行拆除1家，剩余13家未拆除。7月25日，房山区水务局联合大石窝镇政府、房山区广电中心、房山工商分局、房山供电公司、大石窝派出所、河北省保定市涞水县水利局对13家砂石料厂进行拆除。此次行动出动执法人员160余人次，共拆除砂石生产设备15套，拆除违章房屋20余间，总面积约6 500平方米。

【窦店村、贾河村被评为“北京最美的乡村”】9月，经社会投票、专家评审等环节，房山区窦店镇窦店村、琉璃河镇贾河村被评为2013—2014年度“北京最美的乡村”。截至2014年年末，房山区获得“北京最美的乡村”荣誉称号的村庄达到9个。

【山区造林改造工程完工】11月30日，房山区山区造林改造工程全部完工。完成京津风沙源治理（低效林改造项目）6 000亩，彩叶工程3 000亩、播草盖沙5 000亩、废弃矿山植被恢复2 000亩、森林健康经营9万亩、公路河道绿化工程30千米。栽植油松、侧柏、龙爪槐、垂柳、黄栌、元宝枫等各类苗木35.5万株。

【都市型现代农业基础建设工程】2014年，房山区继续实施农业综合开发工程。在良乡、韩村河及石楼实施农业综合开发工程2.1万亩，增施有机肥、配方肥1.15万吨、秸秆还田1.57万亩。改造提升农业生产基础设施，完成新建和老危旧设施改造350亩，改扩建5家规模畜禽场和3家生猪养殖场，建成标准化畜禽舍230栋，建设标准化池塘265亩，循环温室50亩，工厂化养殖车间6 000平方米。

【完成污水处理和再生水利用目标任务】2014年，房山区污水处理量达到5 807.85万吨，超出目标值7.85万吨。污水处理率达到74.3%，同比增加1.22%；再生水利用量达到4 329.52万吨，超出目标值429.52万吨，同比增加13.39%。完成北京市政府下达的年度绩效考核任务。

【加强农村水务基础设施建设】2014年内，房山区对13个乡镇52个村供水进行改造升级，完成7个乡镇12个村污水收集及处理工程。更换机泵45台，维修和更新灌溉管道14.7万米，发展节水面积1.6万亩。建成农村雨洪利用工程11处，治理水土流失面积20平方千米，完成青龙湖环湖农业生态观光园等一批水库移民农业项目，改善了农村生产生活条件，支持了农业增产和农民增收。

农村改革与管理

按照全区农村工作电视电话会精神，深入研究深化农村改革的各项措施，加快农村集体经济产权制度改革、深化农村土地制度改革，扎实推进“新三起来”工作，妥善做好村级公益事业建设“一事一议”财政奖补、农民培训、低收入村（户）增收等工作，不断激发农村的发展活力。

【农村集体经济产权制度改革】全区累计完成 453 个村集体经济产权制度改革，占村集体经济组织总数的 97.2%。按完成模式划分：社区股份合作制改造的 63 个村，土地股份合作制的 1 个村，经营机制改革的 389 个村。全区 23 个乡镇所属村级组织全部完成改革工作的有 16 个乡镇。在长沟镇开展了土地确权颁证工作。

【农民专业合作社建设】进一步加强农民专业合作社规范化建设的指导和服务工作，先后到琉璃河、石楼、西潞、青龙湖、张坊、长沟等乡镇、街道，对合作社建设情况进行调查摸底和规范化指导，对已评选出的市、区级示范社实施动态监管。2014 年，全区合作社总数达到 650 家，带动农户 3.65 万户。共确定区级合作社 56 家，被评选为市级合作社的有 14 家，国家级示范社有 4 家。首家联合社——北京龙乡腾飞联合社举办了揭牌暨签约仪式。以“促进合作社联合发展，把更多的农民组织起来”为主题，举办了农民专业合作社理事长及乡镇辅导员培训班，全区近百家规模专业合作社理事长共 200 余人参加培训。

【农村经济薄弱地区及低收入农户稳步增收工作】根据市农委通知，对全区经济薄弱乡镇所有低收入村计划发展的产业项目进行了摸排。通过筛选，房山区向市农委共申报了 31 个项目，涉及 10 个乡镇、31 个低收入村、6 300 户低收入农户，投资额 6 096.91 万元，申请市财政支持 2 878 万元。2014 年年底，完成低收入农户年人均可支配收入增长 12%以上，增长幅度高于全区农民平均水平。2014 年，全区村级公益事业建设“一事一议”财政奖补项目投资总额 3 625 万元。

【农村土地承包合同管理不断深化】制定、下发《关于进一步加强平原地区造林工程中农村土地承包经营权流转补助资金管理使用的通知》，并组织各乡镇对 2012 年和 2013 年平原造林土地流转补助资金进行专项检查。启动农村集体土地清查工作，清查主要内容包括：农用地、经营性建设用地和农村宅基地。23 个乡镇清查工作已全部完成，清查结果显示：全区农用地面积 210.52 万亩，建设用地 37.64 万亩，未利用地 33.7 万亩。农村土地承包经营权确权登记颁证试点工作进入实施阶段，试点工作完成。继续坚持“多调少裁”的原则，认真化解矛盾纠纷，维护合同双方当事人合法权益，2014 年共接待群众来电来访 146 起，640 人次。受理土地承包纠纷 28 起，其中调解 26 起，仲裁 2 起；参与、指导乡镇纠纷调解员调解纠纷 176 起。完成“12345”非紧急救助转来信访复查案件 14 起。举办调解仲裁员年度培训，培训调解仲裁员 103 人。“三资”监管职能不断拓展。按照“寓监督于管理，寓管理于服务”的理念，深化体系建设。推进经济事项网上审核。累计有 382 个村实现网络审批。启动“三资”监管情况定期报告制度，要求各乡镇监管中心每季度逐村向乡镇党委、政府递交《“三资”监管报告》，对资金收支、资产购置等六类事项进行报告，并对村级申报数量、金额以及监管拒绝数量、金额的具体情况和原因进行重点报告。举办农村集体“三资”监管员任职资格和年度培训班，220 余人次参加培训。开展农村财务管理专项检查活动，涉及全区 23 个乡镇 466 个村，对农村财会基础工作开展情况、农村审计工作开展情况、村级财务民主监督落实情况等 6 大方面、32 项指标进行重点检查。联合印发《村级公益事业专项补助资金管理使用的意见》，进一步加强村级公益事业专项补助资金管理。依托“在线审计”系统，对财务公开、新型集体经济组织和村级组织正常运转专项补助资金等进行审计。开展村干部任期经济责任绩效考评工作，对考核数据进行汇总分析。开展乡镇集体资产经营公司经理 2013 年度任期经济责任审计，参与部分村重点问题审计调查。农村管理信息化四级联网有序推进。夯实信息化基础工作，努力扩大四级联网覆盖范围，392 个村连通市、区、乡、村四级网络。完成 23 个乡镇新服务器验收、调配。村级电脑外包通过房山区经信委批准，与联想公司签订一年期维护协议。举办农村管理信息化村级信息员培训班，509 人参训。部署农村管理信息化人口等模块 2014 年数据更新工作。做好农经收益分配统计、低收入农户监测季报工作，进一步加大数据分析力度。

【完成 2013 年农村土地确权权益费兑现工作】2014 年 1 月，区经管站组织各乡镇对 2013 年农村土地确权权益费兑现工作进行检查。检查结果显示：全区 281 个村 12 139.4 公顷土地应向农户兑现权益费8 925万元，比 2012 年增加 517.1 万元，增长 6.2%。

【完成“农村集体经济产权制度改革回头看”工作】1—6 月，全区各乡镇开展了“农村集体经济产权制度改革回头看”工作，以查找遗漏问题，制定整改方案，落实整改措施，完善改革程序和手续，建立健全各项管理制度，加强档案管理为目标，全面评估改革质量。重点检查集体资产清查及量化情况、民主管理制度建立及落实情况、内部制度建立健全规范情况、改革档案管理情况。在乡镇自查的基础上，区经管站对周口店、大石窝、西潞、河北等 10 个乡镇、15 个村进行了抽查。

【实行农村财务数据季报制度】 3 月 3 日，房山区印发《关于开展房山区村级组织财务信息季报及分析工作的通知》。依托 23 个乡镇（街道）“三资”监管服务中心，围绕资产、负债、所有者权益、成本、损益 5 个方面确定 167 项财务指标，以季报形式定期统计 466 个村级组织的集体资产增减变动、经营管理情况以及其他重要经济事项的状况。拟定《财务分析报告模板》，各乡镇“三资”监管服务中心按季度向区、乡、村三级报告资产经营、财务管理情况。同时，举办“房山区村级组织财务信息季报及分析工作培训班”，对 23 个乡镇、街道 138 名“三资”监管中心人员进行业务培训。

【全区首家联合社挂牌成立】 3 月 21 日，全区首家联合社“北京龙乡腾飞种植农民专业合作社联社”挂牌成立。截至 2014 年年底，北京龙乡腾飞种植农民专业合作社联社辐射带动近 5 000 户农民，实现了“社宅对接”“社超对接”“社社对接”“食堂配送”等项目。以整合全区农产品为平台，创建了全区第一家“农民专业合作社产品直营店”。

【23 个乡镇农村管理信息化服务器全部更新】 3 月 31 日至 4 月 2 日，市农研中心统一配发乡镇农村管理信息化新服务器和机柜。区经管站对新服务器、机柜进行了配发、安装，协调各乡镇将机柜统一安放进机房，新服务器与在线审计服务器全部安装进机柜，并全部连通四级网络线路，形成村级电脑与乡镇级服务器在同一网段的连通形式。

【开展农村集体土地清查】 5—9 月，全区 23 个乡镇开展了农村集体土地清查工作。清查的范围是乡村两级集体经济组织的农村集体土地，包括农用地、建设用地和未利用地，重点清查确权地及其他农用地、经营性建设用地和农村宅基地的经营使用情况。清查结果表明，全区农村集体土地总面积 281.86 万亩。

【农村土地承包经营纠纷调解仲裁员培训班举办】 6 月 11—13 日，区经管站举办“房山区农村土地承包经营纠纷调解仲裁员培训班”。培训的主要对象是区级仲裁员、各乡镇街道经管科长和农村土地承包纠纷调解员、合同管理员。就《中华人民共和国农村土地承包法》《经济合同法》等法律法规进行了系统讲解，并对农村土地承包纠纷案件的调解、仲裁进行了案例评析，对农村土地承包合同、土地征占和农村土地流转等相关政策法规进行了讲解。

【完成村级组织资金基础情况调查】 6—7 月，区经管站对全区 23 个乡镇的 466 个村级组织资金基础情况进行了调查。据统计，截至 2013 年 12 月 31 日，全区 23 个乡镇的 466 个村级组织共有货币资金 757 683.94 万元。

【全市首家蜂产业联合社成立】 8 月 14 日，“北京汇蜂蜂业农民专业合作社联合社”挂牌成立，成为全市第一家蜂产业联合社。该联合社由北京御蜂堂蜂业专业合作社牵头，与 3 家养蜂专业合作社、1 家蜂产品加工公司共同组建，涉及周口店镇、佛子庄乡、良乡镇、南窖乡等乡镇，共带动蜂农 300 余户，联合社为蜂农提供技术指导、业务培训、统一收购、统一销售等综合服务，进而降低成本、提高利润。

【“三资”监管员年度培训班举办】 9 月 23—26 日，区经管站举办了农村集体“三资”监管员年度培训班。培训对象为各乡镇经管科长、“三资”监管服务中心主任及“三资”监管员，共 116 人参加培训。培训的主要内容不仅包括农村集体资金、资产、资源监管的相关政策法规、方法程序等内容，还涵盖了农村财务管理、合同管理等相关知识及农村在线审计监管系统、“三资”监管网络平台实际操作等内容。此外，为进一步提高“三资”监管人员的职业道德素质和业务素质，还邀请区纪委和区检察院的工作人员就农村廉政风险和农村经济犯罪等典型案例进行了讲解。

【合作社规范化建设培训班举办】 10 月 21—24 日，以“合作社规范化建设”为主题，区经管站组织近 200 家合作社理事长开展业务培训和经验交流。培训包含财务管理与会计制度、金融信贷与风险防控、全市合作社规范化建设情况、档案规范管理等多项内容。

【开展农民专业合作社“电商”培训】 11 月 4 日，区经管站组织第一批农民专业合作社联合会会员进行“电商”知识培训，18 家合作社参加。对联合会门户网站、数据采集、录入及使用进行了系统讲解，为农民专业合作社跨入“电商”新时代提供了平台。

【开展农村土地承包经营权确权登记颁证试点】 11—12月，按照北京市农村工作委员会等五部门《关于开展农村土地承包经营权登记试点工作的意见》和2014年全市试点工作要求，房山区选取长沟镇东甘池村和太和庄村进行农村土地承包经营权确权登记颁证试点。试点范围为农户家庭土地承包经营权确权登记，不包括其他方式的承包经营权确权登记。凡是应当依法纳入农户家庭土地承包经营权确权的土地都要进行确权登记，包括确权确地、确权确利、确权确股三种方式确权的土地。试点工作内容及程序为：清理土地承包档案准备前期资料、入户进行权属调查核实基础信息资料、查清承包地块面积和空间位置、进行公示审核、建立健全土地承包经营权登记簿。12月，两个试点村1 528.5亩土地的确权登记颁证试点工作完成。

【“三资”监管成果逐步显现】 2014年，全区23个乡镇“三资”监管服务中心共监管资金收支33.7万笔，金额496.5亿元，拒付不合理开支4 563笔，金额2.1亿元。监管资产处置2 355笔，制止不合理土地发包及资产处置59笔。全程参与招投标95次，为农村集体增收节支4 370万元。审核农村经济合同125份，对116份提出规范建议，拒绝9份不合理发包行为。

【“一事一议”财政奖补项目全部完成并通过区级验收】 2014年，全区共确定36个“一事一议”财政奖补项目（含美丽乡村项目3个），投资总额3 625万元，其中财政奖补资金2 900万元，村级自筹725万元。10月上旬，36个项目全部建设完成，11月中旬完成区级验收。36个项目共新修道路16.86千米，新建及整修排水沟12.91千米，铺设排水管道6.97千米，新建护坡5.24千米，新建桥涵1座，板涵8座，检查井161座，挡水墙1 766米，护栏网850米，路灯146盏，村内公共活动场所4 380平方米。农村公益事业设施的建设，进一步改善了农民的生产生活条件，全区累计有5.4万农民从中受益。

【推进农村集体经济产权制度改革】 2014年，窦店镇刘平庄、后街、田园、下坡店、望楚和佛子庄中英水6个村完成农村集体经济产权制度改革。2014年年底，全区累计完成农村集体经济产权制度改革453个，占全区466个村集体经济组织总数的97.2%。界定集体股东、个人股东及集体经济组织成员共计431 392个，其中集体股东63个，社员（股东）431 329人。

农 村 民 生

惠农力度不断加大，农民生活质量明显提升。以农业生态谷、红酒产业、沟域经济、林水工程和休闲农业为依托的农业农村重点工程，带动5万农民就业增收。新农村建设、农村新能源、政策性农业保险、新型农民培养、粮食直补、“一事一议”财政奖补等各类惠农政策的深入落实，进一步推进了农村产业支撑平台、就业技能培养平台和生活服务保障平台建设，有效拉动了农村发展和农民收入增长。总体上看，全区农民转非、社会保障和转移就业进程不断加快，新型城市化，正在深入持久地影响和改善着广大农民的生产生活质量。

【开展农民负担春秋两季执法检查】 4月、10月，区经管站组织全区23个乡镇开展农民负担春季、秋季执法检查。对农村义务教育、“一事一议”筹资筹劳、村级组织公费订阅报刊、村级组织和农民专业合作社负担等问题进行专项治理，未发现超标收费、乱摊派及乱收费问题。

【农村居民家庭百户拥有家用汽车同比略降】 据调查资料显示，受汽车摇号政策影响，2014年房山区农村居民家庭百户拥有家用汽车23.8辆，同比下降1%。

【农村居民百户拥有家用计算机同比增长】 据调查资料显示，2014年房山区农村居民家庭百户拥有家用计算机75.3台，同比增长5.2%。

【农村居民恩格尔系数降至32.7%】 恩格尔系数是指食品支出占生活消费支出的比重，恩格尔系数越低，表明生活水平和生活质量越高，反之则越低。2013年，房山区农村居民恩格尔系数为32.9%，到2014年降到32.7%，下降0.2个百分点。说明农村居民的生活水平有所提高，向更富裕的生活迈进。

【农村居民人均纯收入同比增长11.1%】 据住户调查资料显示，2014年房山区农村居民人均纯收入达到18 800元，同比增长11.1%。其中工资性收入和转移性纯收入增长较快，达到13 297.8元和2 851.0元，同比分别增长15.5%和15.1%。增速高于全市平均水平，在全市13个涉农区县中，房山区农村居民人均纯收入总量排名第八位，增速排名并列第四位。总量排名前三位的分别是：海淀

27 098 元，朝阳 26 808 元，丰台 22 553 元。增速排名前三位的分别是：通州 12.0%、昌平 11.5%、平谷 11.4%。

【农村居民人均生活消费支出同比增长 5.8%】 据住户抽样调查资料显示，2014 年房山区农村居民人均生活消费支出达到 12 529.5 元，同比增加 689.2 元，增长 5.8%。

基层组织与民主政治建设

【推进村级干部监督激励机制建设】 在年中民主评议工作中推广村（社区）党组织书记党建专题述职、村委会主任“三维”考核、在职党员评议居住地党组织和党代表参与质询机制等城乡基层民主监督新举措。扩大村（社区）民主评议工作范围，将村务监督委员会成员、村级后备干部纳入评议范畴。强化结果运用，对评议结果较低的村（社区）“两委”班子和村级干部（社区工作者），严格按照“一村（社区）一账、一人一账”的方式，限期进行督促整改。按照自愿报名、组织推荐、组织人事部门审核、全市统一考试的程序，首次面向全区优秀村党组织书记公开招录乡镇基层公务员。

【村务公开民主管理创新】 出台《房山区村务公开监督小组工作规范（试行）》《房山区关于村级重大事务民主决策实行票决制的安排意见》等文件，全区 459 个村普遍实行村级重大事务“票决制”。联合区纪委、组织部、农工委共同制定出台《村务监督委员会工作规则》实施细则。

【开展软弱涣散基层党组织整顿帮扶工作】 4 月，对照中央和市委标准，全区共确定软弱涣散基层党组织 54 个，其中农村党组织 48 个，社区党组织 6 个。为抓好整顿帮扶工作，区委组织部制定《关于在全区开展软弱涣散基层党组织集中整顿帮扶工作的安排意见》，实施“三查三联三改三帮”（三查：深入查找存在问题、深入查找问题根源、深入查找群众需求；三联：区级领导“挂点”、区直单位“结对”、乡镇干部“驻村”；三改：加强领导班子建设、加强党员干部队伍建设、加强制度机制建设；三帮：加大资金投入、培育主导产业、加强矛盾纠纷排查化解）工作措施，建立区领导挂点、区直单位结对、乡镇干部驻村“三级联动”整顿帮扶体系，从人、财、物、政策、信息等方面，帮助软弱涣散基层党组织理清思路、完善设施、健全制度、推进整改。全区累计投入资金 3 100 余万元，健全完善制度机制 71 项，解决群众各类困难 177 项，调整基层党组织书记 18 人，选派“第一书记” 5 人，配齐配强党组织班子 23 个，在较短时间内全部实现了转化提升。

【完成正常离任村党组织书记生活补贴发放工作】 4 月，按照《房山区建立正常离退职村党组织书记生活补贴机制实施细则（试行）》有关规定，严格申报审批流程，对享受正常离退职生活补贴村党组织书记进行更新统计。2014 年全区享受补贴村党组织书记共 883 人，发放资金 458.63 万元。

【修订完善《房山区街道、乡镇领导班子综合考核评价办法》】 12 月，按照中组部《关于改进地方党政领导班子和领导干部政绩考核工作的通知》，结合全区实际，区委组织部与区发改委密切配合，抽调专门人员，在广泛征求意见的基础上，综合考虑服务发展、生态环境等多项指标，对现有《房山区街道、乡镇领导班子综合考核评价办法》进行补充完善。新办法注重在推动科学发展的实践中考核评价领导班子和领导干部，重点看经济、政治、文化、社会、生态文明建设和党的建设的实际成效，看解决自身发展中突出矛盾和问题的成效。在保持经济较快发展的同时，加大民生指标和约束性指标考核，新增特色指标考核，引导各街道、乡镇统筹谋划地区发展，强化底线思维和红线意识。

【开展“严肃查处农村基层党员干部不正之风和违法违纪行为”专项行动】 2014 年内，区纪委开展“严肃查处农村基层党员干部不正之风和违法违纪行为”专项行动，成立了 8 个工作组，分别由部分区直乡镇专职纪委书记、监察科长组成，重点就全区受理的纪检监察信访举报线索进行调查核实。针对“小官巨腐”问题，从线索库里筛选出 22 个问题线索，组建 8 个专案组，开展专项整治行动。

房山区领导名录

区委书记 刘　伟

副书记 祁　红（11 月免）　曾赞荣

常委 李　江（满族）

赵佳琛（女）　鹿进宝

孙　强　高云峰（1 月任）

赵　军　吴会杰　郝恭平

区人大常委会主任 史全富

副主任 刘欣国　刘顺林　段维鹏

	苗宗启　王淑红(女，不驻会)
区长	祁　红（12月免）
	曾赞荣（12月代）
副区长	李　江(满族)　吴会杰
	卢国懿　曹　蕾（女）
	吕守军　刘胜国
	翟　东（兼）
区政协主席	唐淑荣(女)
副主席	高维魁　李惠英(女，彝族)
	周文海　任振秋
	赵润东(不驻会)
	肖　武(女，不驻会)
区纪委书记	高云峰（1月任）
副书记	李　学　汤连成
	栗桂平（女）
区委农工委书记	郭志明
区农委主任	刘宝忠

房山区办事处、乡镇党政正职领导

	党委（工委）书记	乡（镇）长、主任
燕山办事处	史全富	翟　东
城关街道办事处	陈广利	臧金凤(女,12月免) 高武军(12月任)
西潞街道办事处	胡淑苹(女，12月免) 李　军（12月任）	肖　丹（女）
拱辰街道办事处	魏广勋	刘松华
新镇街道办事处	孟祥友(5月免) 王广健(5月任)	孟祥友(5月免) 王广健(5月任)
良乡地区办事处、良乡镇	耿纪民	任国强
周口店地区办事处、周口店镇	方玉祥(满族)	许志华
琉璃河地区办事处、琉璃河镇	陈立新	周有成
窦店镇	李进伟	宋爱茹(女)
石楼镇	樊会来	刘荣秀(女)
长沟镇	李中华(12月免) 臧金凤（女，12月任）	隗合红
张坊镇	慈建民	游向荣(女)
十渡镇	刘　全	许金涛
河北镇	胡建光	翟凤航
大石窝镇	安保良	薛满德
阎村镇	柳铁良	张　杰
韩村河镇	豆宝才	邵志杰(满族)
青龙湖镇	苏秀春	王春年
长阳镇	齐文东	李　军(12月免)
佛子庄乡	杨生军	薛全英
大安山乡	韩继华	隗合庆
南窖乡	刘永玘	霍奇国
史家营乡	钱新宇	吴长明
霞云岭乡	马春雷	张福利
蒲洼乡	于吉顺	陈慧明

（房山区史志办　蔡晓东）

通　州　区

概　　述

通州区位于北京市东南部，京杭大运河北端，面积906.28平方千米。辖10个镇、1个回族乡、4个街道、475个行政村、112个城市社区、453个农村社区。2014年年末，全区户籍人口70.64万人，比上年增长1.9%。其中，农业人口30.95万人，非农业人口39.69万人。全年地区生产总值548.9亿元，比上年增长8.7%；地方公共财政预算收入实现60.9亿元，比上年增长15.0%；全社会固定资产投资额实现687.7亿元，比上年增长16.4%；社会消费品零售额实现302.9亿元，增长12.6%；城镇居民人均可支配收入实现37 095元，农村居民人均纯收入实现20 076元，分别增长10.2%和12.5%。

“一核五区”建设取得阶段性成果，主要功能区项目进入全面建设期、土地一级开发取得突破性进展、基础设施陆续投入使用、政策及规划体系保障更加有力。经济发展在稳增长、调结构中加快优化升级，大项目聚集发展态势良好、发展方式更加全面协调可持续、园区建设稳步推进。城乡一体化迈出新步伐，城镇化和新农村建设有序推进、农业结构调整持续深入、城乡基础设施进一步完善。生态文明建设取得扎实成果，严厉打击违法用地和违法建设、深入落实大气治理各项工作任务、加快实施水污染治理和水利工程建设、全面开展城乡环境建设、全面加强人口规模管控。社会民生建设达到更高水平，全国文明城区创建取得阶段性成果、公共服务事业健康发展、民生状况持续改善、社会治理深入推进。

城乡发展一体化

【概况】城镇化和新农村建设有序推进。以“一核五区”和产业园区为带动，实施 11 个村的旧村改造，加快特色小城镇建设。加快新型农村社区建设，提升农村基本公共服务水平，打造 5 个“北京市农村典型示范社区”，创建 30 个五星级“七型农村社区”。围绕“新三起来”，开展农村土地承包经营权登记颁证试点，在宋庄、台湖开展农村集体建设用地流转试点，建成农村集体“三资”监管信息系统并正式运行。开展村级经济事项监管及经济活动突出问题专项治理。全面推进农民专业合作社规范化建设。

【农业结构调整持续深入】在全市率先完成农业生态空间布局调整方案，确立了全区现代农业发展的“调粮、稳菜、强种、增绿、精畜、节水”工作思路，着力构建城市副中心绿色屏障。继续重点发展以国际种业科技园为引领的园区农业、科技农业和数字农业等新型农业业态。成功举办第二十二届世界种子大会蔬菜新品种展示观摩周、番茄文化艺术节等活动。在全市率先开展家庭农场创建工作，第一批 8 个家庭粮田农场投入经营。发展林下经济 2.9 万亩，新建高效果园 1 935 亩。

【城乡管理体制改革】深入破除发展障碍，农村改革有新突破。一是完成“一事一议”、筹资筹劳、财政奖补工作 22 项，通过“一事一议”财政奖补项目争取财政奖补资金 2 500 万元。工作开展 4 年来，累计批复建设项目 116 项，争取财政奖补资金 5 277 万元，项目投资总额 7 777.25 万元，拉动村民筹资筹劳 737 余万元，增加农民工资性收入 1 026余万元，受益农村群体达 10 万余人，给百姓带来真正实惠。二是加强农民专业合作社规范化建设。本区农民专业合作社联合会、15 个市级示范社、3 个联合社等 24 个成员加入北京市农民专业合作社联合会，对通州区联合会工作起到了有力的推动作用。三是全面推进村级产权制度改革。全区完成改革村 469 个，占村级总数的 98%，在全市居于前列。

【城乡结合部改革与发展】坚持推进城镇化，城乡融合呈现新格局。一是深入推进城乡结合部 4 个重点村（永顺杨庄村、梨园高楼金、宋庄六合村、台湖北神树村）建设工作，在完成 4 个重点村拆迁上楼的基础上，加快推进重点村产业发展，确保村庄重建后的经济支撑及就业安置。截至 2014 年年底，4 个重点村上楼 3 131 户，共 1.4 万余人，全部实现清洁供热。二是积极完成“农转非”6 766 人，对接社保安置 2 643 人，新增滞留户拆迁 46 户。基本完成拆迁扫尾，回迁安置、转非社保、社会管理等各项工作。三是牵头负责城市化上楼改造工作，协调组织各部门做好“一核五区”涉及区域旧村改造工作，基本完成梨园镇、张家湾镇、潞城镇、台湖镇、永顺镇、宋庄镇 30 个村的旧村改造工作。

农村经济发展

【概况】2014 年，全区农林牧渔业总产值达 57.8 亿元，同比增长 4.3%。农民人均纯收入达 20 076 元，同比增长 12.5%，“三农”（农业、农村、农民）工作取得较好成效。新出台《关于 2014 年促进农民增收指导意见》《关于推进 2014 年政策性农业保险工作的意见》等 10 多个政策文件，这些政策完善了通州区强农惠农富农政策体系，为推动城市副中心建设中的“三农”工作营造良好的环境、注入了强大的动力。

【都市型现代农业】加快都市型农业转型升级，农业发展呈现新气象。一是科学编制农业结构调整规划。按照调粮、稳菜、强种、增绿、精畜、节水的基本思路，细化完善农业空间结构调整方案，确定全区 3 万亩粮田、8 万亩菜地、5 万亩种业园区和 50 万亩林地的农业格局。二是现代农业园区建设取得新进展。继续推动 8 个重点农业示范园建设，完成国际种业科技园高通量分子育种实验室，物联网中控中心和农作物品种展示、交易中心建设。完成潞城国际都市农业科技园水科技园建设；推动中小型园区升级改造，基本完成张家湾碧海园 1 000 平方米蔬菜加工配送中心和于家务永盛园 2 000 平方米精细菜加工车间建设。三是创建线上线下相结合的农产品营销体系。组织农业龙头企业和农民专业合作社在北京市区、通州城区、各镇（乡）建立 14 个特色农产品专卖店，在京东商城、天猫等网站开办35家网店。为西集镇樱桃营销建立樱桃产销交易平台，保障全区100万千克樱桃顺产顺销。壮大绿色运输车队，绿色通道运输车达到88辆，为本区农产品直供市区提供便利，2014年运输新鲜肉、蛋、菜、奶等农产品6万吨。四是加强蔬菜育苗体系建设。建设完成北京碧海圆生态农业观光有限公司、北京市永盛园农业种植中心等6个蔬菜种苗生产基地，基本完成瑞正园草莓种苗培育中心建设，同时完善制定种苗补贴政策。五是推进政策性农业保险工作再上新台阶。2014年政策性农业保险参保险种增加至23项。全区参保农户1.19万人，签单保费2 924.74万元，保险金额7.39亿元，保险公司现支付保险理赔金2 317.61万元，8 300多户农户受益。六是会展农业持续发展。2014年，本区以企业运营的新模式，在台湖镇金福艺农创意农业园举办番茄文化艺术节，在潞城国际都市农业科技园举办农业科技节，在于家务国际种业园举办第二十二届世界种子大会蔬菜新品种展示观摩周，参观人数达到3 000人次；在西集镇举办樱桃文化节，吸引游客2.7万余人次，樱桃销售量达13.5万千克。七是农业科技人才引进和科技成果转化应用取得新进展。全区聚集种业高端科技人才78名，其中，博士后16人、博士28人、硕士34人，包括戴景瑞、方智远、范云六等种业科研领域的院士。中国农业大学、中国农科院、中国科学院、中国林科院在通州区创建新品种、新技术的中试基地，建立占地700亩新品种展示基地，展示优新品种3 500种。

【新农村建设】深入推进新农村建设，农村面貌得到新改观。2014年，新农村建设重点完成农宅保温工程2.2万余户，农宅抗震节能改造工程4 500户，公厕改造71户。安装节能路灯2.4万余盏，实现农村地区LED照明全覆盖。修建联村路、园区路65万平方米，完成15处坑塘改造及8万延米村庄排水工程收尾工作。工程的实施不仅提高了农村地区的基础设施建设水平，也优化了农村人居环境。加大新农村基础设施管护力度，管护项目达到11项。2014年内，完成农村公厕、太阳能浴室、“两气工程”（沼气工程、秸秆气化工程）、LED节能路灯、农村污水处理站、农村街坊路工程、农村户厕、村庄绿化管护、村邮站运行补贴等11项农村基础设施管护工作。开展季度管护巡查4次、专项检查11次。400服务热线24小时开通，随时接受村民的咨询和举报，接受群众咨询267人次，安排维修34次。使农村基础设施建设保持标准化、规范化、长效化。

【农业服务体系】大力培养农村实用人才，农村发展有新支撑。一是以责任落实为着力点，巩固农村实用人才工作格局；二是利用等级评定为切入点，强化农村实用人才分级分层管理；三是以基地、园区为主阵地，着力发挥农村实用人才带动作用构建四级联动领导体系；四是以先进典型为引路标，引领农村实用人才共同成长。截至2014年年底，本区有农村实用人才4 628人，其中，2014年新增278人。

【推进“减煤换煤、清洁空气”行动】完成《通州区2014年农村地区“减煤换煤、清洁空气”行动实施方案》的制定，重点完成六环以内所有保留村、六环外中心镇规划区域内村庄及生态文明村等重点村的“换煤”工作。截至2014年年底，全区完成364村2.7万余户，6.7万余吨优质煤订购量，其中，块煤7 993吨、蜂窝煤3 717吨、球煤56 054吨。登记无烟煤炉具2.1万余台。积极推进液化石油气下乡工作，在全市率先实现农村地区液化石油气全覆盖。2014年内，完成11个乡镇14万余户的液化石油气下乡工作，发放液化气惠民气瓶61万余瓶。

【农村金融】针对农村地区金融网点不足，农村百姓特别是老年人取款、缴费不便等问题，区发改委协调驻区银行机构，在全区人口较多、位置较偏、老年人比例较高、对农村金融服务需求增长较快的村，推广“乡村金融便利店”这一新型农村金融服务模式。“便利店”内设一台银行自助终端、一台网银自助服务机和一部“96198”直通电话，同时配备一名辅导员，通过自助服务＋人工辅导的方式，使村民足不出村即可办理小额取现、补登存折、代缴电费等业务。针对农村老年人每月领取国家现金补贴的问题，便利店特别开设小额取现业务，单笔一次最高可取1 000元，有效解决了百姓奔波于网点之间和长时间排队等候的问题，深受当地村民特别是老年人的好评。2014年，在全区推广这一新型模式，截至年底，建成45家。

【首家社区银行正式营业】随着通州区城镇化进程的快速推进，一些城乡结合地区形成了具有一定规模的居民社区。2014年，为满足社区居民的基本金融服务需求，区发改委创新思路，协调杭州银行设立通州区首家、也是杭州银行全国范围内首家仅针对社区百姓，重点做零售业务专属社区银行，地址在通州区台湖镇次渠南里西区。社区银行创新提出“幸福赢家工程”概念，不仅提供个人储蓄、投资理财等基本金融服务，还积极履行社会责任，免费为社区开展金融知识宣传、防诈骗宣传、反假币宣传等公益活动，配合社区做好共建工作，为社区百姓提供家庭式服务。

【农民收入和消费】千方百计改善农村民生，农民增收再创佳绩。围绕促进农民提高四项收入为中心，动员全区上下力量共同推进农民增收。一是通过扶持农民发展产业提高经营性收入；二是拉动转移就业，促进农民就业增收；三是加快集体经济产权制度改革步伐，增加财产性收入；四是加大政策倾斜力度，增加农民转移性收入；五是制定分类指导政策，重点帮扶低收入农户增收。截至 2014 年年底，全区农民年人均纯收入达到 20 076 元，同比增长 12.5％，增幅位于全市首位。

村　镇　建　设

【概况】2014 年，以“一核五区”和产业园区为带动，实施 11 个村的旧村改造，实现 3 888 人搬迁上楼，同步开展转居安置、社保对接、就业促进等工作，实现转非 9 220 人，为 4 099 名已转非人员补齐养老、失业和医疗保险 4.4 亿元。加快特色小城镇建设，启动西集、于家务、漷县等乡镇中心区地块的规划建设。

【小城镇建设】2014 年，北京市有 182 个小城镇，其中，31 个纳入中心城范围，43 个纳入新城规划范围，其余 108 个相对独立发展的小城镇中，市政府确定 42 个重点小城镇。其中，通州区有 4 个：漷县镇、台湖镇、西集镇、永乐店镇。2014 年，漷县镇中心区产业用地 A、B、C、D、F 地块前期开发工作完成，部分地块完成上市交易，G 地块完成规划意见书、立项和土地预审。中心区经营性用地一级开发工作完成实施方案调整工作，并上报区土储审查。同时，本镇委托北京工业大学开展镇域总体规划调整，年内，完成初步成果并得到通州规划分局的关注和认可。协调区水务局和园林绿化局，对“延芳淀”湿地公园进行规划设计。深入开展各专项规划的实地调研，启动控制性详细规划编制、村庄规划编制的前期准备工作，进一步完善一级开发实施方案，研究漷县村拆迁安置方案，争取搬迁安置方案尽快获得批复，为漷县古城复建工作打好基础。通州区敬老院、西区集中供热中心、觅子店组团路网、漷小路、漷于路、漷城西三路等工程前期手续进展顺利。通州区第四区域医疗中心、消防站、漷永路、漷兴西三街改造项目进场开工建设。投资 1 167 万元，完成 4 座危旧桥梁改建工程。投资 465 万元，完成田南路、马黄路、张京路、马庄路乡村公路大修工程。通过全面完善基础设施建设，使城镇综合承载力得到有效提升。西集镇镇域开发建设快速推进，一级开发取得实质进展。配套区 33.8 公顷土地具备入市条件，13.8 公顷村民回迁房地块完成拆迁；186 公顷中心区一级开发实施方案上报市国土局待批；园区 197 公顷土地一级开发实施方案通过审批。基础设施建设全面铺开。京哈南辅线一期、天然气门站、“采通线”西集段管线铺设等 3 个项目完成建设；110 千伏变电站工程启动站点建设；配套区路网一期、杜望路、中心区路网一期、新堤路、园区 2 号供热中心 5 个项目手续办理顺利。配套设施建设快速推进。镇企业服务中心、中心区文体活动中心、郎府派出所、肖林幼儿园、大灰店幼儿园、杜柳棵幼儿园 6 个项目完成建设，郎府中心幼儿园完成主体施工；郎府农贸市场、中心区住宅及商业、文化广场改扩建 3 个项目加紧施工；潞河医院分院暨郎府卫生院“医联体”项目手续办理积极推进。永乐店镇是 2014 年被国家住建部、发展改革委、财政部、国土资源部、农业部、民政部、科技部七部委确定的全国重点小城镇。2014 年内，永乐店镇中心区实施方案编制完毕，在市规委上会通过。中心区路网方案优化调整完毕。30 万平方米村民安置楼完成开工前各项手续。中心区 G 地块授权通过四委联席会。镇中心区农民就业基地、德仁务片区一级开发有序进行。永乐店中学新校区占地 241 亩、建筑面积 8.3 万平方米，全面竣工并投入使用。镇中心幼儿园、镇文体活动中心项目主体竣工。永德路（镇中心区至京津城际铁路永乐站）全长 5 千米，红线 60 米全面完工，永乐店中学周边路网项目全面竣工交付使用。漷小路一期项目基本完成拆迁并实现开工建设。完成 20 千米乡村公路的大修工程。镇中心区供水厂二期开工建设。完成 4 个村庄的饮水、排水工程、8 个村的绿化美化工程等新一批新农村建设项目。永乐店镇供热中心、供暖管网项目、中心镇路网、镇养老院、小务小学、小务幼儿园、柴厂屯幼儿园等项目手续前期工作进展顺利。永乐经济开发区污水处理厂、供热中心、集中供水厂加紧办理前期手续。累计完成平原造林总面积31 142.9亩，占地700亩的永乐生态公园竣工投入使用。

【新型农村社区建设】2014年，全区农村社区有453个，与上年持平。年内，市区签订“农村社区示范区”共建协议，创新开展“11125”工程［“111”即一区一品、一镇一品、一社区一特色三方面内容。“2”是两个层面的结对共建，一方面实施城乡携手共建，另一方面，重点推进“七型农村社区”（文明祥和、安全稳定、服务完善、环境整洁、管理规范、特色创新、健康幸福）与其他省市的优秀农村社区结对。“5”是在农村社区推行完成登记备案社区社会组织5家］。继续开展星级创建，细化目标，按照社区自荐、乡镇统筹、片区互评三星、民政局评审四星、区农村社区建设领导小组聘请第三方北京市社区服务协会评五星的次序依次评选确定30个区级五星级“七型农村社区”，经北京市协作者社会工作发展中心全过程评估确定5个市级农村社区建设典型示范社区。此外，继续投入农村社区建设管理长效基金1 685万元，推进农村社区服务项目化、常态化运作，各乡镇、社区以辖区居民需求为导向，组织开展“惠民饮水服务网”“文艺嘉年华”“情暖老人心”等30个精品和亮点项目。

【基础设施建设】徐尹路等7条道路实现竣工，朝阳北路东延二期等6条道路加快推进，潞永路一期等3条道路开工建设，京塘路等5条道路完成大修。潞苑五街二期等6条道路微循环改造加快推进，完成玉带河大街慢行系统建设，新增及调整公交线路13条。完成小甸屯、白庙北综合检查站改扩建。大力推进燃气管网建设，完成通香路燃气管网等一批项目建设。实施283万平方米建筑热计量改造和304万平方米老旧小区供热管网改造。加快编制全区供水专项规划，完成老旧供水管道改造14千米，南水北调通州水厂具备开工条件。深入实施光纤入户工程，无线局域网基本覆盖中心城区。在全市率先建成地下管线及城市部件数字化管理信息系统。

【环境建设】全面开展城乡环境建设。加大重点区域综合整治，实施京哈高速周边环境达标提升工程。完成八通轻轨沿线、芙蓉路市级达标大街和北苑、中仓区域2平方千米环境提升整治，完成36批脏乱点治理，对12个居住小区、街巷胡同进行硬化、绿化、美化，创建2个市级优美小区和2个市级优美街巷胡同。加快区有机质资源生态处理站、通州循环经济产业园前期工作。深入推进207个小区、7所学校垃圾分类达标。提高农村地区生活垃圾收集水平，完善清运体系建设。加强户外广告管理，启动编制全区户外广告和牌匾标识规划，拆除大型违规广告158块，整治改造牌匾标识299块。高标准完成平原造林工程6.2万亩，三年累计造林面积达到17.9万亩。启动45.6千米温榆河—北运河绿道建设，完成公路绿化30千米，屋顶绿化1.3万平方米。

农村改革与管理

【概况】农村经管工作是党的“三农”工作的重要组成部分，是贯彻党在农村各项方针政策、统筹城乡发展、深化农村改革、加快农村经济发展、率先形成城乡经济社会发展一体化新格局的重要基础工作。2014年，经管站以深入践行群众路线为宗旨，以“新三起来”（土地流转起来、农民组织起来、资产经营起来）工作为主线，以促进农民增收、维护农村稳定为目标，以强化农村集体“三资”（资金、资产、资源）监管为重点，围绕北京城市副中心建设，真抓实干，大胆创新，在农村集体经济体制改革和“三资”管理等方面做了大量工作。

【农民专业合作组织】2014年，新发展农民专业合作社14家，累计建成274家，核心成员1.6万人，带动社外农户3.5万人。完成15家市级示范社的监测考核和动态管理，培育30家产业基础好、带动能力强、示范效应明显的区级示范社，充分发挥引领示范作用。指导合作社在开展资金互助服务的基础上，以集合信贷方式拓宽融资渠道，有力推动了扩大再生产。下发《北京市通州区农民专业合作社规范化建设考核奖励办法》，充分发挥扶持政策的激励导向作用，将示范社作为扶持重点对象。以合作社特色农产品为主题开展农民市集展卖活动，旨在宣传合作社新鲜、优质、安全的产品特色，在提高市场竞争力和影响力的同时，树立合作社抱团发展的经营意识。

【土地确权与流转】2014年内，推进土地确权登记试点工作。以永乐店镇西河村、孔庄两个村为试点，开展信息采集、查清面积、绘制示意图及公示审核等工作，目前该项工作已基本完成，为后续工作推进提供了经验。2014 年，加大相关法律法规的宣传力度，指导 9 个乡镇 167 个村依法、规范完成平原造林土地流转 6.2 万亩。

【农村集体资产管理】于 2010 年 7 月创建全市首家镇级农村集体资产交易市场——宋庄镇集体资产交易市场，五年来累计完成招投标事项 309 宗，为村集体增收节支 6 685 万元。2014 年，通州区被列入全国第二批农村改革试验区，承担“农村产权流转交易市场建设”试验任务。

农 村 民 生

【概况】民生状况持续改善。就业形势稳定，出台《促进就业再就业工作实施办法（试行）》，新增就业 1.6 万人，城镇登记失业率控制在 1.97%的较低水平。社会保险覆盖范围不断扩大，城乡参保人数达到 84.7 万人，工伤就医实现持卡结算，大龄低保人员参加养老保险补贴工作全面完成。社会救助水平不断提高，城乡低保标准上调至每人每月 650 元，城乡低保对象实现动态管理。率先建成 2 家慈善超市，规模处于全市领先水平。区养老院即将开工建设，3 家养老照料中心投入使用，残疾人职业康复中心主体完工。住房保障工作扎实推进，新开工建设保障性住房 5 650 套，竣工 5 323 套，完成老旧小区整治面积 41.9 万平方米。深入实施 33 项为民办实事工程，切实解决群众的实际困难。

【农民收入和消费】2014 年，农村居民人均纯收入 20 076 元，同比增长 12%，绝对额与增幅均居五个发展新区首位。从收入构成看，四项收入“三升一降”，其中，人均工资性收入 12 672 元，同比增长 10.3%；人均家庭经营纯收入 870 元，同比降低 3.5%；人均财产性纯收入 2 502 元，同比增长 24.3%；人均转移性纯收入 4 031 元，同比增长 14.5%。2014 年，农村居民人均文教娱乐支出 1 031元，同比增加 197 元，增长 23.6%，增幅在八项消费支出中排名第二，仅次于增长 26.9%的其他商品和服务支出。其中，人均体育娱乐用品支出 66 元，同比增长 32.8%；人均旅游休闲消费支出 235 元，同比增长 22.3%。数据表明，随着农村居民生活水平的逐步提高，人们对文化娱乐、旅游休闲的消费需求也日益增长。2014 年，农村居民人均消费性支出为 12 702 元，同比增长 9.3%，八类消费均呈增长态势。其中食品、居住、医疗保健占比位列前三位，分别为 5 067 元、1 914 元、1 198元，分别占消费性支出的 39.9%、15.1%、9.4%。增幅前三位为其他商品和服务、文教娱乐和医疗保健，分别增长 26.9%、23.6%、17.8%。近年来，随着通州区城镇化进程加速以及区委、区政府对农村地区各项扶持政策的落实到位，农村居民财产性和转移性收入增长明显，带动人均纯收入指标较快增长。抽样调查数据显示，“十二五”以来通州区农村居民收入增速连续四年高于城镇居民。其中，2011—2014 年农村居民人均纯收入增幅分别为 13.8%、11.7%、12.5%和 12.0%，年均增长 12.5%；城镇居民人均可支配收入增幅分别为 13.5%、10.0%、10.5%和 10.2%，年均增长 11.0%。

【农村劳动力非农就业】2014 年内，制定实施《通州区 2014 年促进农民增收工作的意见》，重点支持农民就业基地 52 个，开展农村劳动力技能培训 1 974人，实现向二、三产业转移就业 3 500 人，农村居民人均纯收入增幅连续两年居全市首位。

【农村社会事业】2014 年内，制定《第二期学前教育三年行动计划》，完成一批公立幼儿园建设，3 所幼儿园升级为市一级一类园。潞河中学附属学校、永乐店中学、贡院小学等建成投入使用，梨园中学等新建改扩建工程进展顺利，运河中学南校区开工建设，北京五中通州校区完成前期工作，人大附中附小、杨庄小学等前期手续加快办理。北京电影学院通州校区地块完成搬迁，中国人民大学通州校区地块搬迁工作加速推进。顺利完成义务教育规范入学，高考上线率再创新高，4 所学校列入北京市城乡一体化学校建设工程。与北京师范大学签署教育文化发展合作框架协议，与北京教科院合作启动“通州区教育高端引领培养工程”，教育教学质量进一步提升。潞河医院综合门诊楼基本竣工，新华医院工程主体封顶，东直门医院东区、中西医结合医院加快建设。大力引入各类优质医疗资源，与首都医科大学、北京中医药大学开展“医教研”全面合作，潞河医院成为首都医科大学附属医院，新华医院与友谊医院合作建设东院区，东直门医院东区成立全市第一个中医医联体。加大卫生系统信息化、社区卫生及公共卫生服务体系建设力度，充实社区卫生服务中心全科医师配备，方便群众就医。区文化中心二期启动前期规划工作，国家大剧院舞美基地开工建设，区文化馆被确定为北京儿童艺术剧院排演基地。一批乡镇街道文化活动中心投入使用。群众文化生活丰富活跃，顺利举办2014中国艺术品产业博览交易会、运河艺术节、“繁荣杯”演艺大汇等活动，在第九届“舞动北京”大赛上获得3项原创作品金奖。京杭大运河申遗成功，开启深度保护挖掘运河文化新篇章。竞技体育取得新成果，在第十四届市运会上获得17枚金牌，与上届相比实现翻番。档案馆新馆确定规划方案，科技馆和青少年活动中心完成选址。建成气象新站，开展精细化预测预警服务。

【农民社会保障】2014年内，推进“城乡一体化、水平多样化、服务均等化、管理精细化”的社会保障体系建设。全区城镇五险参保单位达17 434家，参保人数达45.36万人，五险累计收缴48.83亿元，同比增长25.7%；城乡居民养老保险参保人数达21.98万人，累计收缴基金1.43亿元。2014年年初，及时上调养老、失业、工伤等各项社会保险待遇水平，其中，全区5.94万名退休人员养老保险待遇提高至月人均2 829.92元，同比增长10.6%；全区城乡居民养老保险待遇人员基础养老金和全区福利养老金补贴每人每月上调40元，每人每月分别达到430元和350元，增幅分别为10.3%和12.9%；工伤保险定期待遇的工伤职工伤残津贴标准和供养亲属抚恤金标准分别增加313元和150元，达到月人均3 394元和1 819元，增幅分别为10.2%和9%；失业保险金按累计缴费时间划分的5个档次，平均每档上调120元，增幅为12.7%。协调区民政局，落实区政府为大龄低保人员参加城乡居民养老保险缴费补贴的折子工程。通过与社保信息系统反复比对、审核人员资格，逐一收取低保资格证，将1 651名（非农户335名，农户1 316名）符合条件的大龄低保人员纳入补贴范围，区、镇财政共同负担补贴165.1万元。2014年年初，对张家湾、梨园、台湖和马驹桥等镇进行占地转非实地调研，重点对文化旅游区建设征地涉及的乡镇和村进行摸底、指导。由局养老保险科牵头，拟定《通州区征地转非劳动力参加社会保险及享受一次性就业补助工作实施办法》，相关部门与乡镇、村集体在工作中形成合力，实现无缝衔接。全年为梨园镇、张家湾镇、台湖镇和马驹桥镇14个村的4 101名转非人员趸缴、补缴养老、失业和医疗保险4.42亿元。

基层组织与民主政治建设

【概况】2014年，全区城乡基层自治组织建设工作以加强社区民主协商，提高社区治理水平为目标，以试点推行社区“参与式协商”民主自治模式为抓手，不断提升基层自治组织制度化、民主化和规范化水平。积极开展2014年先进村（居）委会和村（居）委会主任评比表彰活动，评出市级先进村（居）委会19个，市级先进村（居）委会主任7名；区级先进村（居）委会12个，区级先进村（居）委会主任13名。行政区域界线管理工作有序开展，通大、通顺、朝通3条行政区域界线联合检查工作顺利完成。年内，研究制定并下发《通州区民政局关于推行社区“参与式协商”民主自治模式，提高社区治理水平的指导意见（试行)》，在全区112个社区居委会中选取17个社区进行试点，切实提高社区治理水平。多次深入基层实地调研，有序推动全区街道社区管理体制改革有关工作。

【基层干部队伍建设】2014年内，深入开展基层服务型党组织创建活动，打造市级示范点2个，区级示范点55个，通过试点先行，以点带面、统筹推进。着眼于强化服务功能，研究制定《通州区农村基层党组织引领发展的指导意见》，在33个试点经验的基础上，不断探索党组织引领发展新机制。着眼于培育服务骨干，分领域开展专题培训，打造服务农村发展的“领头雁”，实施村级后备干部“苗圃工程”，实现村级主要干部“一职一备”。建设专业化、职业化的社区干部队伍。全面开展在职党员到社区（村）报到为群众服务工作，稳妥慎重开展不合格党员处置工作，探索畅通党员队伍“出口”。坚持监督制约与加强保障相结合，全方位优化服务环境。扎实推进党代表任期制，全面试行乡镇党代会年会制，修订《通州区村级组织规范化管理工作实施细则》。大力推行村级大额资金专储账户、“村章托管”等制度。加大经费保障投入，设立党建创新项目资金、基层党组织活动经费等1 250万元。坚持培育典型与整顿后进相结合，分层次提升服务水平。在深化“四评机制”“小支部、大党建”的基础上，打造了“第一书记”“双向积分”“六进家门”等一批新的优秀项目。加大对53个软弱涣散党组织整顿力度，全部实现按期转化，有效提升了基层党建整体水平。

【民主政治建设与组织建设】2014年，为进一步加强社区公益金的使用管理，提高资金的使用效率，联合区财政局对全区社区公益金使用情况进行统一考核检查。妥善解决化工六厂定向安置房项目跨行政区域界线建设有关遗留问题，成立新城乐居社区居民委员会，切实做好社区居民的管理和服务工作，至此，全区社区居委会达到112个。10月底，民政部副部长姜力深入于家务回族乡仇庄村调研农村社区和基层民主自治建设情况，对仇庄村“以德为政，以法治村”模式给予高度评价。2014年内，为切实保障村民的决策权、参与权、知情权和监督权，维护全区农村政治稳定和各项事业全面发展，在全区范围内于1月、7月组织两次农村民主日活动。农村民主日活动的深入开展，极大地调动了广大群众参政议政的积极性，提高了农村基层干部的决策水平和解决实际问题的能力，进一步密切了党群干群关系。同时，在全区范围内集中组织召开两次社区居民会议，切实提高社区民主议事、民主决策、民主监督水平。

【党风廉政建设】2014年内，推动主责部门开发建设农村集体“三资”监管信息系统，全面摸清农村“三资”底数，实现对农村“三资”交易及变动情况的实时监督。推动实施《村级集体资金、资产、资源监管暂行办法》，对农村“三资”管理程序作出全面规定，并建立实行村章托管制度，切实规范农村基层权力运行。针对在查处小官贪腐专项行动中发现的经济合同管理不规范、虚假发票、私设“小金库”以及支农惠农资金落实不到位等四个方面突出问题，深入开展专项治理，抓好自查核查、整改督办，有效促进了农村基层一批突出问题的解决。

乡镇“三农”工作部署和实施

【落实惠民、惠农政策】2014年内，按照通州区《关于2014年推进经济薄弱村发展及低收入农户增收资金扶持工作的实施方案》，开展扶持工作。扩大扶持范围，在15个低收入村、407个低收入户的基础上，对南部乡镇39个经济薄弱村进行重点扶持。明确扶持标准，分别给予低收入村30万元/村、低收入户1万元/户、经济薄弱村20万元/村的扶持额度，专项用于发展增收产业、公益岗位就业补贴、弥补生产生活资金不足等。建立长效机制，设立乡镇低收入农户发展基金，对低收入农户分布的8个乡镇分别给予40万～50万元额度，构建低收入农户脱贫增收的长效机制。

【人大执法落实情况】代表建议的督办工作，是人民代表大会行使国家权力的重要形式。区五届人大四次会议期间代表提出建议120件，闭会期间代表提出建议4件，全部依法办复。常委会坚持主任、副主任督办重点建议制度，认真听取和审议代表建议办理情况报告，组织代表视察重点建议落实情况，加强办中督查和办后复查，推动办理工作取得良好实效。常委会主任牵头督办的“加快漷小路工程建设”的建议，被区政府列入2014年重点工程项目，区政府及有关部门全力推进项目建设进度。对于代表提出的“建设通州科学中心”的建议，目前通州科学中心规划方案已基本明确。对于“提高新农合门诊报销额度及提高特病人群报销比例”的建议，2014年，本区对2013年患大病参合人员给予二次补偿2 588人，基金支出1 698万元。“建立评选奖励优秀校长”“玉带河大街东延路段通公交车”“将跨界建设的新城乐居小区（即化六安置房）行政区域归属梨园镇管辖”“整治三元村菜市场及周边环境”等一批建议都得到有效落实。

【政协提案办理】2014年，收到提案217件，经审查立案211件，立案率97.2%。在立案的提案中，党派团体、界别、专委会提案27件，委员提案184件。在未立案的6件提案中，有4件超越本区职权转化为市政协提案，有2件以信息形式报市政协和送区政府有关部门参考。制定《关于提高提案工作质量的若干措施》，进一步规范提案工作。坚持提案线索征集制度，通过通州电视台、《通州时讯》、八通网和大运通州网广泛征集提案线索。开展提案交流活动，提案质量不断提高。加强与区委、区政府和承办单位、委员的沟通联系，规范提案“二次办理”，推动提案落实。全年立案的211件提案全部办复，取得良好的社会效果。

【社会力量参与】2014年内，煤炭公司克服资金压力，为全区354个行政村配送优质燃煤6.66万吨。供销社加盟建立“首都农资”连锁通州分销中心，建立2家直营店和37家标准化加盟店，初步形成遍布全区的农资连锁服务体系。农发行通州区支行资金支持通州区57 446亩平原造林项目银团贷款5亿元，完成4亿元的发放工作。北京农商银行通州支行积极介入通州区保障性住房项目，全力支持民生项目融资需求，向于家务回族乡中心农民回迁安置房项目授信2亿元，实际投放1.5亿元；开通运行29家乡村便利店，覆盖辖内各乡镇。中国人民财产保险股份有限公司北京市通州支公司加大对政策性农险业务的投入，稳步推进农网建设工作。政策性农险全年保险金额为1.98亿元，其中，承保小麦、玉米、果树等种植业保险19 526亩；奶牛、生猪等养殖业保险95 315头。"三农"保险服务网络建设稳步推进，业务范围覆盖通州所有乡镇。

通州区领导名录

区委书记	王云峰（11月免）
	杨　斌（11月任）
副书记	岳　鹏　李玉君
常委	王云峰（11月免）
	杨　斌（11月任）
	岳　鹏　李玉君　赵玉影
	于世疆　杨静慧（女）
	张春秀（女）　李耀光
	崔志成　芦　峰
	王杰群（女）
区人大常委会主任	张文山
副主任	张秀余　罗明光　宋京璋
	刘汝林　张晓燕（女）
区长	岳　鹏
副区长	崔志成　于世疆　洪　波
	肖志刚　李亚兰（女）　崔松光
区政协主席	王春元
副主席	张振泉　韩振福　季志会（女）
	杜少勋　王子江　田春华（女）
区农委主任	刘雪峰

通州区乡镇党政正职领导

	党委书记	镇（乡）长
永顺镇	张若冰	邓忠义
梨园镇	于立东	周东振
宋庄镇	李　霞（女）	柳德利
张家湾镇	程卫民	杨　利(回族)
漷县镇	孙奎亮	孝　军
马驹桥镇	鲁新洪	王德松
西集镇	张德启	孙　伟
潞城镇	雷晓宁(女)	关　平
台湖镇	倪德才	曹东波
永乐店镇	禹学河	刘德昉
于家务回族乡	甄　宇	何海龙（回族）

（中共通州区委党史工作办公室　张亚昆）

顺义区

综　述

顺义区位于北京市东北郊，城区距北京市区30千米。区辖19个镇（地区办事处）、6个街道办事处、426个行政村。截至2014年年底，顺义区常住总人口609 450人，其中非农业人口352 709人（男177 011人、女175 698人），农业人口256 741人（男125 106人、女131 635人）。全年出生8 270人，出生率13.67‰，其中男性4 342人，出生率14.48‰；女性3 928人，出生率12.87‰。年内完成农林牧渔业总产值68.5亿元，同比增长0.2%。其中农业产值22.3亿元，林业14.9亿元，牧业27.6亿元，渔业1.9亿元，服务业1.7亿元；农民人均纯收入19 629元，同比增长10.9%。全区地区生产总值按不变价计算比上年增长7.3%左右；公共财政预算收入完成110.3亿元，增长12.5%；城镇居民人均可支配收入增长9.5%；城镇登记失业率控制在1.5%以内。

优化农业产业，推进"四个大区"建设，推进绿色生态农业发展，打造"绿色农产品大区"。进行万亩示范区建设，推进"菜篮子"工程建设，强化农产品质量安全工作，推进沟域经济建设和农业休闲观光产业发展。

推进农业产业化，打造"农产品加工大区"。农产品加工企业销售收入突破200亿元，同比增长8.2%。拥有国家级龙头企业7家、北京市级龙头企业19家；农产品加工企业83家，年销售收入1亿元以上的突破19家。拥有市级以上知名品牌、商标38件。其中中国驰名商标9个、中国名牌3个、北京市著名商标20个、北京名牌6个。形成以鹏程食品、恒慧通为龙头的鲜肉生产及熟食加工业；以汇源果汁、光明乳业为龙头的饮料加工产业；以顺鑫创新食品公司、艾莱发喜为龙头的农产品精细加工和物流配送业；以嘉和一品、众望为代表的中式快餐加工产业。累计为农业企业办理农产品进京车辆通行证501张，保证农产品按时、保质、保量供应到京城市场。发展新型流通业态，支持龙头企业探索创新直营直供、公司化经营等多种零售模式。支持龙头企业参与主要农产品的仓储、运输和配送等冷链物流设施建设。支持龙头企业大力发展近千家连锁店、直营店、配送中心及顺鑫农业“我鲜吃”等电子商务建设。

推进种业发展，打造“籽种产业大区”。实现种业收入5.4亿元，同比增长0.8%；其中销往外埠收入3.6亿元，占总收入的67.3%。投资1 873万元实施畜牧种业规划项目，对5家种猪场进行设施改造和设备提升，提升种猪产业标准化、现代化生产水平；投资898万元实施17家种猪场粪污治理工程。出售种猪16.5万头，收入34 891.2万元，同比下降14.6%；出售种蛋9 349.9万枚，收入12 093.2万元，同比增长59.5%；出售种雏禽457.1万只，收入6 202.4万元，同比增长48.4%。上述三项收入占种业总收入的98.8%。

加强花卉生产，打造“花卉产业大区”。鲜花港完成“鲜切花设施栽培加工生产线”建设并投入使用，春节期间生产鲜切花共计60万株；鲜花港成功举办“第五届北京郁金香文化节”和“第六届北京菊花文化节”。开展草花、宿根花卉培训，聘请中国农大月季专家在赵全营镇切花月季生产基地进行现场指导。

城乡发展一体化

落实清洁空气行动计划，大气治理30项年度重点任务如期完成。全年环境投入34.4亿元，否决不符合环保要求的项目480个，开展燃煤锅炉清洁能源改造，完成城东、城西、城南供热中心及33家企业煤改气工程，累计完成锅炉改造1 628蒸吨，占全市的30%；农村减煤换煤工作持续推进，液化石油气下乡基本实现农村覆盖，削减煤炭使用量36万吨，完成五年行动计划的50%；加强工业污染防治，治理挥发性有机物排放企业7家，减排720吨；推进垃圾综合治理，城乡生活环境状况改善；坚持城乡一体推进、生活垃圾与建筑垃圾清理同步进行，完善农村地区垃圾清运机制，推行建筑垃圾清运合同制管理，垃圾清运基本实现全覆盖、全消纳；完成247处垃圾乱倒点治理，开展18处非正规垃圾填埋场整治；实施污水处理设施提升和中小河道治理计划，水环境治理取得效果；马坡再生水厂投入运行，北小营等7个镇级再生水厂加快建设，污水处理能力提高9.24万吨，新建污水管线50千米、再生水管线40千米。加强污水源头治理，启动205处河道排污口治理；开展中小河道治理，完成蔡家河、方氏渠治理工程，金鸡河、小中河治理进展顺利；在全市率先实施完成南水北调水源回补工程，为水资源涵养储备创造有利条件；实施平原造林工程，完成7.47万亩平原造林年度任务；东郊森林公园顺义项目区基本建成，新扩建129处村级休闲绿地，全区林木绿化率达34.48%，比2013年提高3.63个百分点。自2012年平原造林工程实施以来，全区累计造林已达16万亩；结合迎接新中国成立65周年、APEC会议保障及国家卫生区复审等重点工作，开展环境专项整治，累计投入26亿元，完成296项市、区两级环境建设台账任务，高标准实施APEC会议沿线和机场北线回民营桥周边环境整治工程，解决了一些多年就想解决的环境老大难问题；全年累计拆除违法建设2 635宗、106万平方米，腾退土地2 493亩。

【城乡居民收入支出水平】城镇居民人均可支配收入36 428元，同比增长9.3%；城镇居民家庭人均消费性支出为20 784元，同比增长10.0%。农村居民人均纯收入为19 629元，比2013年增加1 926元，增长10.9%；人均生活消费支出为12 453元，比2013年增加819元，增长7.0%。

农村经济发展

【概况】2014年内，以深化农村经济体制改革，创新农村经营体制机制为主线，发挥市场在资源配置中的决定性作用，扎实推进“新三起来”，不断发展壮大集体经济。推进农村经济转型发展，维护农民合法权益。

【粮食创高产】全年落实小麦—夏玉米高产示范方4.5万亩，建设5个千亩粮食高产高效样板田，推广精细播种、合理增密、农艺节水等实用技术10项，利用项目资金对肥料、高效低毒农药予以补贴。经市级专家测产，小麦部级整建制产量401.6千克，部级示范方产量446.6千克，市级示范方产量435.4千克，分别较全区平均单产360.5千克超出11.4%、23.9%、20.8%；玉米部级整建制产量445.16千克，部级示范方产量587.4千克，市级示范方产量566.8千克，分别较全区平均单产423千克超出5.2%、38.9%、34%，全面超额完成项目指标。

【都市型现代农业万亩示范区】建设小麦示范方7 516亩，平均亩产398.2千克；建设夏玉米示范方6 417.6亩，平均亩产540.9千克。

【非农产业】花卉种植面积1 360公顷，产值4.67亿元；生产鲜切花250万支，盆栽植物7 000万盆，观赏苗木471万株，草坪165万平方米。培育蝴蝶兰新品种2个，小菊新品种5个。果品产量7 194万千克，产值3.18亿元，引进优新樱桃、苹果品种5个；完成优化调整面积228.33公顷，其中新发展78.8公顷，更新改造149.53公顷；建立优良品种繁育基地13.33公顷；推广应用有机栽培技术、高光效树形修剪、果园生草、起垄覆膜、架式栽培等科技成果10项以上。有苗圃204个，育苗面积达3 040公顷，在圃苗木株数1 420万株；全区种苗基地供苗率达到了95%，林木良种使用率达到90%，一级苗出圃率达到90%，实现了林木种苗年产值1亿元；年内新建规模化苗圃10处，面积为533.07公顷。

【农业机械化总体水平】全区农机总动力29.4万千瓦，农机资产原值5.3亿元，拥有种植、养殖、农产品初加工等各业农机装备3.6万台（件），分别比上年降低8.1%、3.6%和4.8%，老旧农机装备淘汰更新速度加快。小麦生产全过程机械化水平继续保持100%，玉米生产全过程机械化水平达到97.6%，林果机械化水平达到45%，设施农业机械化水平达到30%，畜牧养殖业机械化水平达到50%，渔业机械化水平达到45%。拥有各级各类农机服务组织及农机户269个，农机从业人员达4 500人，分别比上年减少18.5%和13.5%。

【农村财务管理规范化建设】2014年，顺义区经管站根据《农业部办公厅关于组织开展全国农村财务管理专项检查调研的通知》（农办经〔2014〕11号）要求，及时组织专业人员对全区农村财务管理情况进行专项检查调研，围绕农村财会基础工作开展情况、农村审计工作开展情况、村级财务民主监督落实情况、农村财会队伍建设情况等进行全面检查，并对进一步加强和规范村级财务管理工作进行调研。通过对发现的问题进行分析，提出区农村财务管理工作科学化、规范化的整改意见和建议。

【农村在线审计】在全区19个镇推广和使用“农村经济在线审计系统”，对各村发生的每一笔业务的原始凭证全部采用电子扫描入账，实现审计工作的业务信息化、数据标准化、操作流程化、管理规范化，达到审计工作与会计电算化的统一。各镇通过在线审计随时掌握农村集体资产变动、财务收支、预决算执行、收益分配、专项资金、大额资金使用等农村经济的全部情况，发现问题及时解决。

【专家入户诊断式培训】4—8月，在焦庄户民俗村进行“京郊旅游2014年专家入户诊断式培训”，对龙湾屯镇现状以及民俗村需要解决的问题进行调研、诊断、指导和现场培训，受训民俗户达100余户。

村镇建设

【统筹城乡发展，推进新农村建设】2014年内，在15个镇18 204户推进农宅抗震节能建设工作，其中单项改造155个村17 492户，新建翻建118个村815户。在19个镇216个村中实施优质燃煤替代工程，订购燃煤23 168.5吨，炉具18 804台。为村民更换新钢瓶12.8万支，配送液化石油气28万瓶。在6个镇7个村实施取暖煤改电，全区全年减煤换煤14.4万吨，超额完成北京市下达的减煤换煤任务。制定《顺义区“提升农村人居环境，推进美丽乡村建设”实施意见（2014—2020年）》征求意见稿，并筛选出60个村作为创建美丽乡村的备选村庄。制定2014年“六型”社区实施细则，围绕“自治、安全、便捷、优美、和谐、富裕”十二字方针，协助相关部门完善《村民自治章程》和《村规民约》，确保50个村庄的社区化创建工作顺利完成。新建太阳能公共浴室267座，基本实现了重点村庄的全覆盖；新建连村路灯2 000盏，基本实现路灯村村通。

【新型农村社区建设】在南陈路进行新型农村社区试点建设，其中一期工程涉及马坡镇7个村庄。目前，石家营村183户，拥有宅基地140户，参与新民居改造110户，108栋已封顶，102户完成外墙保温，92户完成太阳能地热盘管，70户已安装完毕，室内装修54户，30余户已入住。庙卷村已建成新民居30户，村内天然气入户管线铺设已完工。其余5个村庄已完成农宅改造提升。

【农宅抗震节能建设】通过“市里奖一部分、区里补一部分、村民出一部分”的方式，在16个镇

205个村推进农宅抗震节能建设工程，惠及1.83万户村民6.3万人。其中，实施农宅单项改造1.75万户，改造外墙124.69万平方米、改造门窗7 525户、改造面积21.11万平方米。实施农宅新建翻建项目789户，户屋均达到抗震、节能要求。

【节水管理】改造农业节水灌溉设施3.89万亩，建成高标准农田3.59万亩，建设农业综合开发水务配套设施3.89万亩，节水能力提高180万立方米。编制《顺义区人民政府关于建设现代农业节水示范区实施方案》，明晰产权，建立维修养护和用水收费、超定额用水征收水资源费机制，推进用水智能管理。投资1.58亿元，建设10个高效节水示范基地，到2018年农业用水由1.7亿立方米减少到1.15亿立方米，初步建成市现代农业节水示范区。

【水资源管理】为42眼井办理取用水手续，核定取水指标16万立方米。650家村管网二、三产业用水户实现依法缴费，同比增加55%；完善自备井水资源费和污水处理费征收制度，规范查表工作流程，收缴自备井水费5 369.82万元，同比增长10%。在全市率先完成南水北调水源引入潮白河水源地工程，由京密引水渠李史山分水闸引水，经小中河、东水西调渠、牤牛河，最终入潮白河牛栏山橡胶坝上游水源八厂水源地，输水全长12千米，工程引水规模10立方米/秒，年最大引水量3亿立方米。

【治污工作】赵全营、杨镇再生水厂正式运行；马坡再生水厂投入试运行；北石槽再生水厂完成主体工程；北小营再生水厂完成30%；北务再生水厂获立项批复；编制完成区污水处理厂升级改造特许经营实施方案，完成牛栏山再生水厂BOT招投标工作；龙湾屯、张镇、大孙各庄、木林4个镇级再生水厂的规划选址获市规委批复。启动205处河道排污口治理，统一编制治理方案，木林、大孙各庄、龙湾屯、北小营、北石槽5镇完成立项批复。

【农业面源污染控制】在北运河流域14个镇86个基地的项目核心区，示范推广减少农药用量、控制面源污染核心技术8项，建立4个核心示范区，粮田、菜田减少化学农药用量72.51吨。实施测土配方施肥项目，推广面积56万亩，全区小麦、玉米、蔬菜共减少不合理施肥1 358.2吨，总增收节支4 718.45万元。14座农业废弃物循环利用工程年处理茎叶、猪粪等农业垃圾6.2万吨，生产有机肥1万吨、沼气22万立方米，遏制了农业废弃物乱排放破坏生态环境问题，改善了农业环境。

【农村新能源建设与管理】全区21座“两气”站和267座太阳能浴室综合运行率居全市首位。推动农业废弃物循环利用工程和沼肥综合利用工程等农村能源与农业环保设施稳定运行，年可节约标煤约2.16万吨，减排二氧化碳约5.62万吨、二氧化硫约518吨、氮氧化物约151吨。沼气站地源热泵系统加温技术获实用新型专利证书；实施太阳能与空气源热泵农宅采暖试验示范项目；建成首座太阳能光伏发电站，年发电4.6万千瓦时。

农村改革与管理

【农村集体土地清查】2014年内，区经管站对全区镇村两级集体经济组织的农村集体土地进行全面清查，摸清农村集体土地资源和利用现状，掌握基础数据，并将农村集体土地清查数据录入农经平台土地承包模块，建立农村集体土地电子档案。查找农村集体土地管理和经营使用中存在的问题，进行清理规范，加强管理，探索建立农村集体土地的长效管理机制。

【农民专业合作组织】由北京兴农天力农机服务专业合作社牵头成立顺义区农民专业合作社联合会；北京祥恒福农产品产销专业合作社、北京市佳兴旺农机服务专业合作社、北京北郎中诺金蔬菜种植专业合作社三家共同组建全区首家联合社——北京顺意农产品产销农民专业合作社联合社。北京绿富农蔬菜合作社等三家示范社成功竞标，为区教委系统幼儿园配送“绿色、安全”的蔬菜。采取贷款贴息和担保费补助等多种方式，支持符合条件的合作社贷款融资。全区20余家农民专业合作社与京客隆等89个超市、社区开展“农超对接”“农社对接”，年交易额3 100万元。7家农民专业合作社采用网络营销的模式，年销量490万千克。7家合作社与市农学院等单位对接科技项目7项。全区工商注册的合作社210家，基本运营且备案的187家，其中国家级合作社示范社5家，市级合作社示范社7家。全区农民合作社涵盖林果、瓜菜、畜牧、花卉、农机、民俗旅游等行业，入社社员1.89万户，带动农户3万户，占从事一产农户80%。合作社资产总额8.8亿元，经营总面积25.6万亩，主要产品产量6亿千克，产值20亿元。

【土地流转】2014年内，按照依法自愿有偿原则，引导土地承包经营权有序流转，促进适度规模经营。以推进土地流转网、产权交易网的应用为切入点，分级负责，强化流转监督管理，加强流转价格监测，扩大试点，确保数据真实有效，对平原造林工程中的土地流转进行指导。加强流转土地的流向监控，探索工商企业租赁使用农户承包地的准入监管制度。对近年来全区流转规模较大的土地应用情况结合合同清理工作进行检查。总结一批土地流转促进产业发展的典型，推动联户经营、专业大户、家庭农场、土地股份合作社等新型经营主体建设。

【推进“土地流转起来”】推进农村土地承包经营权规模流转，全年流转面积 7 800 亩。启动北小营镇榆林村、前鲁各庄村土地承包经营权登记颁证试点，修改区级土地确权登记颁证工作方案，协助确权确利村和确权确地村制定不同形式的颁证方案；对村级财务人员开展前期业务培训，印制《入户调查表》12 万份。

【推进“资产经营起来”】组织 700 余人次镇、村级财务人员培训班，提高“三资”管理电算化水平。出台《顺义区关于规范农村产权交易工作的意见》，将农村重大经济事项招投标项目、农村土地承包经营权及农村土地相关权益流转、农村集体林权的流转、农村集体经济组织所有的实物资产交易等内容纳入产权交易范围。借鉴市级沟域经济建设成果和乡村旅游政策，重点鼓励和支持浅山五镇，采取“资源＋资本”方式吸引社会资本开发新的产业项目。

【农村集体经济产权制度】推进现代农村股份合作经济发展，完善股东大会、理事会、监事会制度，建立新型集体经济组织法人治理结构，规范其内部管理和财务管理制度，完善收益分配制度和分配机制。加强产权管理，逐步实现农村集体“三资”的所有权与经营权分离，控制农村集体“三资”经营管理风险，提高经营效益。按照“依法合规、政府主导、市场运作、农民受益”的原则，推进农村产权交易市场建设，促进城乡生产要素平等交换和优化配置。

农 村 民 生

【农村居民收入】人均工资性收入为 13 592 元，同比增长 12.1%，占纯收入的 69.2%。家庭经营纯收入呈负增长，人均家庭经营纯收入为 431 元，同比下降 19.1%。人均财产性纯收入为 2 204 元，同比增长 25.0%，占纯收入的 11.2%。人均转移性纯收入为 3 402 元，同比增长 3.5%，占纯收入的 18.6%。

【农村居民消费】区农村居民八大类生活消费中，除居住、交通和通讯支出有所下降，其余六类均有不同幅度的提升，其中食品消费支出 4 254 元，增长 10.3%，占生活消费支出的比重（恩格尔系数）为 34.2%；衣着消费支出 1 013 元，增长 11.7%；居住消费支出 2 036 元，下降 6.3%；家庭设备、用品及服务消费支出 982 元，增长 35.3%；交通和通讯消费支出 1 434 元，下降 5.7%；文教娱乐用品及服务消费支出 1 005 元，增长 10.3%；医疗保健消费支出 1 367 元，增长 13.3%；购买其他商品及服务消费支出 363 元，增长 8.7%。

【政策性农业保险】北京市首次生猪价格指数保险理赔兑现会在顺义召开。全国首单生猪价格指数保险养殖户顺义区大孙各庄镇养殖户拿到了保险公司理赔款 9.4 万元，全区投保的 22 家养殖户得到理赔款总计 158.26 万元。总保额 20.39 亿元，收取保费 9 368.07 万元，投保农户 9 718 户次，受灾农户 6 820 户次，出险已赔付金额 5 657.41 万元。保费收入位居全市首位。

【科技支撑】一是推进村级全科农技员建设，村级全科农技员共 322 名，全年共服务农户 3.9 万户，服务大田面积 18 万亩，设施面积 4.5 万亩，养殖场1 628个，指导农民 2.9 万次，解决实际问题 1.2 万个。二是继续实施“百名专家兴顺工程”，组织中国农科院、中国农大等 86 名专家、教授与农业种植基地、养殖基地、农业企业进行对接，安排示范、推广课题 86 项。三是加强农民培训。实施农村劳动力培训阳光工程 629 人，农业实用技术培训 2.5 万人次。

基层组织与民主政治建设

2014 年内，自觉适应区域经济社会转型发展新要求和干部群众新期待，按照区委提出的把深入开展党的群众路线教育实践活动、加强基层服务型党组织建设和全面深化改革三条主线“拧成一股绳”的要求，坚持问题导向，注重顶层设计，加强统筹谋划，围绕中心、服务大局。开展 55 家基层服务型党组织建设试点工作，探索和完善 38 项服务群众机制。按照两倍于中央、市委指标的标准，扩大软弱涣散基层党组织整顿工作覆盖面，按照

"一村（居）一策"细化整改措施，共调整党组织书记18名，整改各类问题214项，88个软弱涣散党组织实现提升和转化。建立履行党建工作责任制述职长效机制，实行党组织书记"既向上级党组织述职，也向下级党组织和党员述职"的双向述职。组织各基层党组织开好专题组织生活会，做好民主评议党员工作。规范党员发展工作，严把党员入口关，探索不合格党员处置工作。制定"三下三上"工作流程，修订完善村（居）规民约，推进基层民主法治建设。落实党建保障和奖励经费1 300余万元；将正常离任村支部书记每月补贴最高标准提至1 100元，全年累计下发离任补贴400余万元。开展村党组织书记考试录用乡镇机关公务员试点工作。

区县乡镇"三农"工作部署与实施

【减负惠农政策】按照《关于做好2014年农民负担执法检查的通知》（京农经〔2014〕18号）要求，联合组织2014年春季全区农民负担监督管理情况执法检查，加强农民负担监管，检查农民负担各项管理制度的落实情况、村级公益事业补助资金情况以及2013年村级"一事一议"工作开展情况。其中重点检查"一事一议"筹资筹劳项目实施中，是否存在加重农民负担的问题。通过检查，认真解决当前在农民负担监督管理方面存在的突出问题，减轻农民和集体经济组织的负担，增加农民收入，化解影响农村社会稳定的矛盾，巩固农村税费改革成果。

【农业执法】对种子、农药、肥料等农业投入品质量进行市场监管。全年出动执法人员750余人次，分别对种子、农药、肥料生产企业和经营单位进行573个次、239个次、137个次检查，8次联合执法检查。对违法经营行为立案查处11起，当场行政处罚23起，没收违法所得和罚款3万元，全部上缴国库。受理农民关于种子质量投诉案件9起，均得到圆满解决。围绕"3·15"、农资打假、科普赶集、送法下乡、进村入户、日常检查等活动，宣传农业法律法规知识，发放宣传材料2万余份，增强农民知法、守法和维权意识。

【区镇财政体制改革】2014年内，区财政局启动区镇财政体制改革，梳理区镇两级经济关系，划分区镇事权，实现事权与财权的统一，将环境整治、综合治理、基础设施维护和社会管理等事项的区级资金下沉至各镇管理；将教育、卫生和社会保障等涉及群众切身利益的民生事项划入区级管理，以区级财力保障全区基本公共服务的均等化。实行差异化分税，按照各镇的功能定位，将19个镇分为核心镇、重点镇和生态镇，设立不同的税收分享机制。通过设立财力性转移支付、功能性转移支付，落实区政府对各镇的功能定位，推进各镇经济建设发展。

顺义区领导名录

区委书记	王刚
副书记	卢映川　闫立刚 周颖博
常委	肖韵竹（女）　车克欣（女） 李国营　林向阳　于庆丰 于凤春（3月免） 陈卫明（3月任）　朱家亮 肖承继
区人大常委会主任	胡尚云
副主任	冯庆森　赵贵恒（12月任） 董占云　吴建国
区长	卢映川
副区长	林向阳　于庆丰 赵贵恒（12月免） 燕　瑛（女，9月免） 李向英（女，7月任） 张晓峰　盛德利
区政协主席	杨宝华
副主席	田建国　闫志广　孙桂祥
区委农工委书记、区农委主任	刘振河

顺义区街道、镇（乡）党政正职领导

	党(工)委书记	镇长(办事处主任)
仁和镇（地区办事处）	赵洪涛	刘　洋
马坡镇（地区办事处）	贾文禹	董敬红（女）
牛栏山镇（地区办事处）	马朝龙	郝蔚泉
赵全营镇	李在东	赵志勇(10月免) 李志刚(10月任)
高丽营镇	范学智	李　刚
北石槽镇	王　江	王鉴远
南法信镇（地区办事处）	李　衍	徐志国
后沙峪镇（地区办事处）	王学武	金泰希(女，朝鲜族)

天竺镇（地区办事处）	宋 鹏	王 辉
李桥镇	马云虎	王卫军
南彩镇	黄永志	闫 岩(女)
杨镇（地区办事处）	姜 蒙	陈向东
张镇	张香东(9月免) 刘晨光(9月任)	赵海波
北小营镇	马 强	朱新生
木林镇	王海松	李 健
龙湾屯镇	史卫东	宋 森
李遂镇	武 捷	李子腾
北务镇	宋学农	张小军
大孙各庄镇	卞云鹏	马卫国

（顺义区史志办 刘秀娟 兰岚）

昌 平 区

概 述

昌平区位于北京市西北部，面积 1 343.5 平方公里，耕地面积 17.66 万亩。辖 15 个镇（地区办事处）、5 个街道办事处和北企公司、304 个行政村。2014 年年末，全区常住人口 188.9 万人，比上年末增加 5.9 万人，增长 3.2%，其中常住外来人口 100.6 万人，增长 5.1%；全区户籍人口 40.4 万人，其中农业人口 18.1 万人，占全区户籍人口的 44.8%。2014 年农村经济总收入完成 360.5 亿元，同比增长 9.8%；农民人均纯收入完成 18 689 元，同比增长 11.5%，圆满完成各项工作指标。全年实现种植业（农业、林业）产值 150 167 万元，同比下降 17.9%。其中农业产值为 76 293.4 万元，同比下降 20.8%；林业产值为 73 873.6 万元，同比下降 14.8%。

2014 年是实施“十二五”规划的决战之年，也是深入贯彻落实十八大、十八届三中、四中全会精神的关键之年。一年来，在市委、市政府的坚强领导下，昌平全区上下坚持“稳中求进”的总基调和“强二优三精一”的产业发展思路，积极调整农业产业结构，加大强农惠农政策力度，不断强化都市型现代农业的生态价值和景观功能，推动农业产业化、标准化、集约化发展，全力促进农业增效、农民增收、农村和谐，农村经济保持平稳较快增长。

城乡发展一体化

【概况】 全面贯彻落实中央 1 号文件和北京市农村工作会议精神，全面深化农村各项改革，加快推进全区城乡发展一体化，优化城乡功能定位和产业布局，加强市场主导和政府引导，推进土地流转起来、资产经营起来、农民组织起来、加快农业发展方式转变，促进农民增收致富，激发农业和农村发展活力，积极推进城乡融合发展。

【城乡环境面貌明显改善】 城乡结合部重点村建设进入了拆迁收尾、村民回迁、村庄整建制农转居阶段，各项工作进展顺利。南口新型农村社区试点建设规划进行了调整和优化。农村地区“减煤换煤、清洁空气”行动取得阶段性进展，全年实现减煤换煤 24.61 万吨，占全区五年总任务的 54.1%。农宅抗震节能改造 4 081 户。扎实推进对口支山工作，帮助 41 个对口支援村与 168 家支援单位建立联系，召开了 26 次对口支山工作会议，解决低收入产业发展和基础设施建设中遇到的难题 56 个。

【整治规范低端养殖产业】 深入落实全区流动人口调控工作部署，对全区养殖小区进行核查摸底、建档造册，掌握 13 个挂账小区的一手资料，制定了《昌平区 2014 年清理整治畜牧养殖小区工作实施方案》，完成 13 个养殖小区的整治规范工作。

【遏止新违建】 全区重点功能区租赁管护面积为 67 132亩，共出动人员 300 余人次，巡查辖区内租赁管护土地 150 余次，拆除 2013 年遗留违章建设 2 处，及时有效制止违章建设 4 处。以设施农业“大棚房”及地面硬化清理整治工作为切入点，牵头开展设施农业“管地”工作，组织、指导相关镇、街，完成《昌平区 2014 年设施农业“大棚房”及地面硬化清理整治工作台账》的挂销账工作。包括“大棚房”、地面硬化在内的 250 处违规违建设施农业上账项目，全部销账。

农村经济发展

【概况】 坚持按照“强二优三精一”的产业发展思

路，不断强化都市型现代农业的生态价值和景观功能，推动农业产业化、标准化、集约化发展，全力促进农业增效、农民增收、农村和谐，农村经济保持平稳较快增长。优势主导产业进一步发展，不断加大强农惠农力度，通过优化、调整产业结构，推进农业产业转型发展取得新的成果。

【都市型现代农业】昌平区都市型现代农业继续以“一花三果”为主导，在规范管理、稳定规模的基础上，不断提高品质、创造品牌、高效发展。通过政策引导，“一花三果”主导产业继续保持稳步发展的态势。苹果产业，全年产量达到 1 800 万千克。在苹果销售形势极其不利的条件下，以第十一届苹果文化节为契机，多措并举，改版升级昌平苹果网和手机 APP，在新浪、搜狐等知名网站增设昌平苹果专栏，点击量超过 20 万人次，在五五茗果商城为昌平苹果搭建互联网销售平台，为全区果农提供了一个网络商店。促进销售，价格稳定在 10 元/千克左右，产值实现 1.8 亿元。草莓产业，日光温室总规模 1 万栋，新建育苗基地 3 000 亩，草莓总产量 771 万千克，总产值达到 4.19 亿元。百合产业，在政府的扶持下，积极试种食用百合，由合作社牵头，在 6 个村带领农户试验种植面积 70 亩，种植收入达到每亩 9 500 元。栗蘑产业，成为继“一花三果”主导产业之后昌平山区发展的又一特色产业，全年种植 224.6 万袋，比上年的 150 万袋增长 49.7%，种植大户达到 75 户，比上年的 50 户增长 50%。产量达到 85 万千克，产值实现 2 400万元，直接带动 75 户种植户大幅增收，间接带动 800 人一产就业。

【提升“中国栗蘑之乡”品牌知名度】利用温室大棚开展反季节种植栗蘑试验取得了成功，初步实现一年四季均有栗蘑鲜品上市。与中科西蒙食品公司联合开展了为期一个月的“昌平栗蘑进社区，延寿健康送市民”活动，利用其社区终端销售网络，在亚运村、马甸、柳芳等 20 个高档社区开展宣传活动 40 场，向市民推荐昌平栗蘑，同时利用其实体店展销昌平栗蘑。结合延寿沟域“延寿养生”的发展理念，以栗蘑为重点促进特色养生种植业和养生餐饮业融合发展，延寿沟域成功举办了“昌平区延寿栗蘑烹饪创意汇报会”，向延寿沟域民俗旅游户推荐了以栗蘑为原材料的 30 道菜、两道主食，引导一产和三产融合发展。

【开展食用百合种植试验】由于市场变化，百合产业结构调整势在必行。在不同地区和不同的条件下，带领有积极性的农户开展食用百合种植试验。种植地区包括延寿镇百合村、流村镇西峰山村、北庄村、马刨泉村、南口镇龙潭村、红泥沟等 6 个村，种植地点涵盖了山地和平原，既有平原地区温室大棚和棚间又包含了山区疏林地，试验种植面积 70 亩。参考百合鲜切花扶持政策，山区科制定了食用百合试验期扶持政策，由政府给予种球 80% 的补助，免费提供肥料和技术服务。食用百合种植受到延寿镇百合村村民追捧。

【力推绿色产业发展】一是苹果产业稳定发展。2014 年“苹果季”，1 800 万千克昌平苹果全部售完，均价 10 元/千克左右，每户果农年均收入稳定保持在 7 万元，实现了稳产保收。全年没有一户果农上访，各相关部门也没有接到一户果农来信、来电反映问题。二是全面做好灾后救助工作。针对 5 月 2 日老峪沟地区遭受大风霜冻危害和 7 月 16 日西部四镇大面积冰雹危害，及时调查受灾面积并做好损失评估，第一时间做好救助工作，把农民的损失降到最低。三是持续巩固花卉产业。在原百合产区积极引进蝴蝶兰、矮牵牛、丽格海棠等示范项目，努力建设以百合产业为主，多种花卉共同发展的新模式。四是全程、全方位服务草莓产业。针对草莓生产不同阶段，更新完善技术，实现了技术服务的无缝链接。建设 3 000 余亩育苗基地，将传统露地育苗逐步向设施避雨育苗、架式基质育苗发展；针对连作障碍、种苗退化等问题开展技术攻关；对新一季草莓种植情况进行调查、验收，全区符合补贴政策的草莓种植栋数达 4 961 栋。在草莓生产过程中，对全区 3 500 余草莓种植户进行系统培训；在草莓温室内套种葡萄、食用菌以及花卉、蔬菜等高效益作物，向空间要效益，使单栋草莓温室效益增加上万元。8 支草莓技术服务队 200 余名专业技术人员深入田间地头，建立科技示范户 1 000余户，为农民解决实际问题上万户次。针对产后销售问题，通过市区广播、电视、报刊、网络等媒体以及公交车身广告，加大对昌平草莓的宣传力度。2014—2015 年草莓种植季，草莓总产量 735.2 万千克，产值达到 3.4 亿元。

【发展高效节水农业】重点在种植业、养殖业开展了节水调研，明确了调减粮食作物生产面积、提升“菜篮子”保障水平、疏解畜禽养殖总量、逐步退出水产养殖业、加强节水新技术的示范与推广等 5

项重点工作。

【落实综合开发项目】在延寿镇实施川北河生态综合治理工程，项目总投资 1 656 万元，治理河道长度 2 895.5 米，面积 533.36 万平方米，完成整体工程，并实施验收。

【“菜篮子”工程】实施北京黑六牧业科技有限公司等 8 家养殖场的基础设施改造工程，项目总投资 600 万元，工程已全部完成。推进华耐公司草莓优质种苗繁育基地等 4 项种植业“菜篮子”工程，涉及玉米、蔬菜、草莓等产业。

【养殖场节能减排改造】承担市环保局农业源水污染物减排项目，投资 1 292 万元，对昌平区种猪场等 10 家养殖场进行减排设施建设；落实北运河流域养殖场减排建设项目，投资 169.8 万元，对北京大东流昌东养殖场等 3 家养殖场进行沼气池发生设施建设；落实猪场标准化改造建设项目，投资 301.38 万元，对北京兴昌养殖中心等 2 家养殖场进行设施改造。

【动植物疫病安全工作】一是落实各项防控措施，严密防控重大动物疫情。全区共完成高致病性禽流感等重大动物疫病免疫 1 195.4 万头（只）次，进行免疫抗体监测 2.89 万头（只）次，重大动物疫病程序化免疫密度、抗体检测面及重点疫病应检率均达到并保持 100%。二是做好各类农作物病虫草害的预测预报工作。共防治蔬菜等作物病虫灾害 13.49 万亩次，挽回损失 341 万公斤；完成春季灭鼠工作，施用地块防治效果达到 100%。

【强化农产品质量安全】一是提高抽样数量，扩大抽样范围，开展农产品抽样风险检测 30 000 个，样本检测合格率达到 99%。二是推进无公害基地认证和标准化基地建设工作。全区已建设无公害农产品基地 70 个，其中获得认证的有 41 个，已建设“菜篮子”标准化生产基地 40 个。三是对全区 148 个备案规模农产品基地进行了全面督查检查工作，对发现的问题全部进行整改。

【农机作业安全检查培训】严把行政许可、农机检验、人员考试三道关口，做到了行政许可不出错、无违规、零投诉，共办理农机使用手续 786 件；确保农机上牌率、检验率均超过 90%。

【栗蘑生产技术规程】3 月 26 日，北京市质量技术监督局发布了栗蘑种植北京市地方标准——《无公害农产品灰树花（栗蘑）生产技术规程》。该标准由北京美佳兴业贸易有限公司、中国农业大学、北京市昌平区农村工作委员会、北京市昌平区农业局、北京市昌平区质量技术监督局、北京市昌平区农业服务中心共同起草。

【第十届国际农产品交易会】10 月 25—28 日，昌平区农民专业合作社参加了在山东省青岛国际会展中心举办的第十二届中国国际农产品交易会。

【农业服务体系建设】开展农村家庭财产保险工作，全区投保农户 7.7 万户，区政府为投保农户全额承担每户 60 元的保费，保障农村家庭财产安全。继续强化农业实用技术培训。全年完成农业实用技术培训 10 217 人次。深入推进涉农贷款贴息工作，开展林权担保贷款，发放涉农专项贷款 1 746 万元，补贴利息和担保费 132.9 万元。继续扩大政策性农业保险覆盖面，参保总户数为 2 603 户，保费总计 1 076.7 万元，担保总额 4.5 亿元。农业信息化建设不断加强。区级“221 信息平台”建设进一步完善，信息服务质量进一步提高。

【服务保障农业嘉年华】第二届北京农业嘉年华期间，做好全区 4 000 余栋草莓日光温室的环境排查、质量检测、销售调查等工作；配合北京电视台共同策划录制 14 期“寻找最甜草莓”栏目。下半年，配合农业嘉年华组委会做好第三届农业嘉年华准备工作，对草莓博览园区内各单位水、电、暖、消防、通讯等使用情况进行了查验和维修，保证各场馆正常运营使用。为做好场馆后续开发利用，国家 AAA 级旅游景区申办工作已完成。

【农业试验示范水平提高】将金六环农业示范园打造成集示范、展示、培训、推广于一体的基地，有效培训专业农民上千人次；推广中心开展的“草莓科技示范基地建设”“绿园秋实农业园科技示范基地建设”等四项重大项目，覆盖兴寿、百善、马池口三个农业大镇 700 余亩设施草莓，项目建成后，将打造出一批优质农产品生产示范园区；引进试验的水雾烟雾两用喷药机，使标准温室杀虫、灭菌一次完成，喷药时间从传统的 1 小时缩短至 3～5 分钟。

【农业科技促进农民增收】全年共推广各类农业实用技术 100 余项，累计培训 3 560 人次。在南口、延寿等镇的 10 余个村开展了食用菌试验示范推广及林下优质杂粮种植工作。在延寿镇海疆栗蘑合作社实施冬季反季节栽培栗蘑获得成功，这在全市属于首次。

【农产品安全监测】成立农产品质量安全检测专业团队，发放国家质检总局印发的公共标识 25 万枚，累计测试土壤样品 5 376 项次，共抽检草莓样品 6 571个，合格率达 99.8%。

【涉农专项贷款】 发放涉农专项贷款 1 746 万元，为到期用户补贴利息和担保费 132.9 万元。

【落实惠农补贴政策】 加强标准化生产，落实种苗、肥料、土壤消毒等产业扶持政策。2014—2015 年草莓季，向财政申请草莓种苗补贴、微生物菌剂补贴、农药补贴、土壤化学消毒补贴、架式基质栽培补贴以及营养液补贴六项，共计资金 799.3 万元。实施栗蘑产业补助政策，农户只需 0.5 元就可购买价值 3.68 元的菌袋，降低农户前期投入成本。政策覆盖面由原来 7 个镇扩展到 8 个镇。严格执行“户申请、村申报、镇审查、区审核”工作程序，对所有惠农项目资金全部进行公示，确保政策落实到位、无差错。落实粮食直补政策资金 262.16 万元，涉及马池口等 10 个镇，164 个村，1.04 万户农民；对区内所有生猪养殖场进行核查，落实能繁母猪补贴资金 131.5 万元；发放国补农机具 53 台。

【资金支持促进农村经济发展】 安排低收入市级奖励资金 150 万元，落实到十三陵镇大岭沟村、流村镇老峪沟村、高崖口村、禾子涧 4 个村，通过 4 个村在产业发展、基础设施建设、劳动力就业示范带动作用，促进低收入村发展，带动低收入农户增收。安排休闲农业与乡村旅游提档升级项目资金 45 万元，落实到十三陵镇麻峪房村景观提升工程、流村镇泰农源生态园采摘基础设施提升工程和兴寿镇鑫古城农业观光园农事体验休闲广场三个项目，通过项目示范促进昌平区休闲农业与乡村旅游提档升级。

村　镇　建　设

【概况】 以保障好、发展好农民利益为原则，切实做好城乡结合部重点村农民回迁安置上楼、集体产业发展、农民就业、社会保障、社区建设等关系农民切身利益的工作。按照突出特色、规划引领、产业为本、适度配套、多元投入的原则，加快全国小城镇建设试点的建设步伐。探索建立住房困难农民住房保障体系，支持在条件具备的小城镇或新型农村社区规划建设公租或廉租为主的专用于农民的保障性住房，改善农民居住条件。

【小城镇建设】 组团模式建设回迁楼。东小口镇采取组团模式建设，共分为三个组团安置重点村村民，分为贺村中滩村组团 A、B 地块重点村旧村改造项目和马连店组团重点村旧村改造项目。其中 A 地块农民安置东小口村、芦村、单村村民，拟建设房屋 3 245 套，总建筑面积（含地上、地下）41.3 万平方米。B 地块安置中滩村村民，拟建设房屋 1 498套，总建筑面积（含地上、地下）19.8 万平方米。马连店组团安置马连店村村民，拟建设房屋 1 980 套，总建筑面积（含地上、地下）23.3 万平方米。沙河镇七里渠南、北村回迁楼总建筑面积 31.2 万平方米（地上 23.2 万平方米，地下为 8 万平方米）共计 16 栋回迁楼。

【城市化改造上楼】 完成巩华城、未来科技城南区两个项目的5 016户搬迁上楼，涉及北七家镇鲁疃村、岭上村、北七家村，沙河镇南一村、东一村、西二村、北二村。

【农宅抗震节能改造工程】 农宅抗震节能改造工程是区政府折子工程。3 月召开抗震节能改造工作启动会，对此项工作进行了详细部署，4 月初完成了监理招标工作，工程进入了实质推进阶段，年底完成农宅抗震节能改造 4 081 户，实现减煤5 491.6吨。

【美丽乡村建设】 扎实、有序推进美丽乡村建设，完成“每年建成一批美丽乡村”的任务要求，制定了《昌平区“提升人居环境，推进美丽乡村”实施方案》，方案确立了全区申报的美丽乡村为 55 个行政村，并对上报的美丽乡村开展自查工作。

【新型农村社区试点建设】 南口镇是首批新型农村社区试点之一，项目初期计划将 11 个村庄进行整体开发建设，后期由于项目涉及规划调整指标多、拆迁面积过大、资金需求量高等因素未通过规划分局的审批，影响了整体工作开展。8 月针对该项目规模进行研讨，10 月召开了专项研讨会，决定调整南口镇新型农村社区规划方案，由原来的“5＋6”模式调整为“2＋3＋6”模式，并优化了《昌平区南口镇新型农村社区规划》。

【开展“两创”工作】 按照“三级管理，统一指导”的创建模式，加强对已创建的环境优美镇、生态村的跟踪指导。全区累计创建 13 个市级环境优美镇，198 个生态村，为创建国家生态区创造良好的基础条件。

【煤改电、天然气入户工程】 在流村镇王家园村等 4 个镇 7 个村1 460户实施取暖煤改电工程，实现减煤4 380吨。通过两年的“煤改气”和“煤改电”工作，实现了 11 个冬季取暖无煤村。

【上市地块整理】 东小口镇 5 个村由于借助棚户区

政策采取组团开发模式，分八个批次进行土地上市工作，总规划建筑面积 98.6 万平方米。沙河镇七里渠（南、北）村村域内上市地块整理完毕，陆续完成土地上市工作。

【农民整建制农转居】重点村整建制农转居工作进入趸交、补交保险程序，部分村庄超转人员领到第一笔养老金，据统计 7 个重点村共需转居人数为 7 650人，已转居 7 110 人，剩余 540 名未转人员。

【优化区域环境】城乡结合部重点村建设进入拆迁收尾、村民回迁、村庄整建制农转居阶段，各项工作进展顺利。南口新型农村社区试点建设规划进行调整，进一步优化规划。设施农业"大棚房"现象得到有效遏制，建立了《昌平区 2014 年设施农业"大棚房"及地面硬化清理整治工作台账》，共拆除"大棚房"68 处、地面硬化 81 处。

【"减煤换煤、清洁空气"行动取得阶段性成果】按照"五个一批"的工作要求，推进农村地区"减煤换煤"工作，结合区情实际研究制定并启动了农村地区"减煤换煤、清洁空气"行动工作计划。累计实现减煤换煤 24.61 万吨，占全区五年总任务的 54.1%。

【优质燃煤替代工程覆盖 7 镇】在"一镇一村"试点工作的基础上，将流村镇、延寿镇、南口镇、城南街道、城北街道纳入优质燃煤替代工程，全年优质燃煤替代工程累计覆盖 7 个镇街，132 个村（社区），5.7 万户。8 月，通过政府采购公开招标的方式选中 6 家优质燃煤炉具供应企业、2 家型煤供应企业。按照"政府组织，企业展销，村民自选"的工作原则，组织 6 家优质燃煤炉具供应企业入村展销，由农村住户自愿选择合适的品牌、合适的型号。供暖季前（11 月 15 日），完成炉具安装 1.5 万余台，配送优质燃煤 3 万吨，并按照农村住户订购情况，随时配送优质燃煤。

【液化石油气下乡】一是在"九镇一村"试点的基础上，将马池口镇、阳坊镇、流村镇、兴寿镇、回龙观镇、北七家镇、东小口镇、沙河镇、北企公司及南口镇 11 个社区未拆迁上楼的村纳入液化石油气下乡体系。实现了全区液化石油气下乡工作全覆盖，共涉及 17 个镇街及北企公司，275 个村，12.2 万户。二是为 2013 年已实施的"九镇一村"农村住户更换换气卡、购气票，由液化石油气供应企业制作换气卡 6 万余个，印制购气票 38 万张并发放。三是进一步完善了液化石油气下乡配送体系，供应企业采用车辆定时入村，流动配送的方式解决群众换气问题，全区未拆迁上楼住户凭卡、票更换液化石油气，各镇街按照每季度实际消耗情况与供应企业结算。全年累计实现减煤 71 699.5 吨。

【拆违控违】全年共拆除违章违法建筑 306 万平方米，实现减煤 33 660 吨。

【沙荒地上平原造林】拆除地上物 85.3 万平方米，完成了 32 102 亩造林任务，植树 129 万株。工程实施三年来，已完成平原造林 11.7 万亩，植树 500万株，取得显著的生态效益、经济效益和社会效益。将十三陵水库二坝以西、七孔桥以东原有 1 000亩沙荒地改建为景观丰富、色彩鲜明的花海，为群众提供休闲游憩场所。对南丰路原有 260 亩沙坑、垃圾堆放场进行集中整治，不毛之地已成为绿树成荫、景观明显的城市森林。为做好 APEC 会议环境保障工作，超前完成京承高速（昌平段）绿化建设工程。此外，7 月 11 日，在夏占义、赵根武等市领导以及市平原造林指挥部各成员单位的见证下，全市第一家完成 2012 年平原造林绿化养护移交工作，严格按照吸纳本地劳动力不低于 60%、实发工资不低于本市最低工资 120%的要求，按照土地流转村农民、土地流转村所在镇（街道）农民、本区其他镇（街道）农民、土地流转村城镇居民、土地流转村所在镇（街道）城镇居民、本区其他镇（街道）城镇居民的先后顺序，解决本地劳动力就业问题。

【城乡宜居环境实现新提升】一是城市绿色空间持续拓展。围绕居民集中活动区，改造京藏高速西辅路、十三陵水库右堤路等绿地 6.6 万平方米。完成 10 处老旧小区景观提升工程。完成未来科技城污水处理厂、民福桃园旅游设施项目屋顶绿化 2.1 万平方米。完成代征绿地收缴 25.43 公顷。未来科技城绿化美化建设完成绿化工程的 90%。昌平新城滨河森林公园景观提升工程全面完成。二是在山区生态建设中推进彩色树种造林工程，完成造林 2 000亩，栽植乔灌木 10 万株。全面完成公路河道绿化建设工程，绿化长度 20 公里（300 亩）。完成森林健康经营工程，抚育林木 4.4 万亩。三是在全民义务植树活动中组织完成国际森林日、部级领导干部、区四套班子等 6 项大型义务植树活动，直接参与达 2 700 人。四是绿道建设工作全面启动。按照市级相关政策，结合昌平实际，编制了《昌平区绿道体系规划（2015—2020 年）》。

【加大资源保护管理力度】一是提高森林灾害防控能力。全年接报各类火情9起，未发生重大森林火灾和人员伤亡事故。二是大力加强林业有害生物防控。累计完成防治作业面积60万亩，全面完成了“四率”指标，野生动物监测体系不断完善，全年未发现疫源疫病。三是加强城乡绿化环境整治。在政府街、水屯、早市等重要节点增设了绿化防护栏。

【对口支援山区工作】印发了《昌平区2014—2016年对口支援山区新农村建设的工作意见》，启动了新一轮对口支山工作。第五轮对口支山工作继续坚持区领导牵头包村制度，由区四套班子领导成员负责联系1～2个山区低收入村，协调区职能部门、平原镇（街道）、驻昌部队、中央（市属）单位、大专院校、国有和非公企业等168家单位对山区41个低收入村进行持续的，全方位的帮扶。组织召开33个被帮扶村对口支山座谈会，落实对口帮扶资金414万元，解决被帮扶村65个基础设施和产业发展方面的难题。为41个被帮扶村精心筛选33个产业和基础设施项目上报区政府。

【打造沟域经济发展特色品牌】完成“美丽昌平建设三年行动计划—沟域经济篇”建设方案编制。大力推进延寿沟域、西风古道沟域经济建设，成功打造望寿园、延寿圣境等沟域节点。完成羊台子沟域经济发展规划，促成羊台子沟域列入2015年市级重点建设沟域，并完成了规划。以延寿沟域为重点，从打造环境入手，实施沟域净化、美化工程，抓特色产业发展，实现沟域建设“有进展、出形象、见成效”的目标。重点实施了国家农业开发生态综合治理项目和延寿寺入口景观项目。国家农业开发生态综合治理项目完成河道清淤47 000立方米，浆砌石护坝4 271立方米，护坝加固4 200立方米，硬化田间路3 340平方米，提升了沟域生态环境。延寿寺入口景观项目通过打造“延寿圣境”的沟域景观，为延寿沟域打造新的地标和标志性景观。

农村改革与管理

【概况】农村集体经济产权制度改革后续管理工作得到进一步强化。指导改革后新型农村集体经济组织规范运营，加强农村集体“三资”管理，制定了“1＋5”文件。发展集体经济，增加农民收入，促进农村股份经济合作社制度化、法制化、规范化管理。同时，全面开展农村“新三起来”工作，推动土地流转起来、资产经营起来、农民组织起来。全力配合国土部门做好农村集体土地所有权确权调查和登记颁证工作，积极开展农村集体土地确权登记颁证工作，为下一步深化改革、维护农民土地权益奠定了基础。

【农民专业合作社】全区登记注册的429家农民专业合作社中，国家级示范社1家、市级示范社14家、区级示范社48家，新申报国家级示范社10家，示范社的数量和质量均位居全市前列。农民专业合作社项目扶持工作取得新的突破，安排1 000万元农民专业合作社财政扶持奖励专项资金，建立“昌平区农民专业合作社扶持项目储备库”，储备库中有43家农民专业合作社申报的187个扶持项目，逐年择优给予相应扶持。

【深化农村产权制度改革】在“148农村民主管理体系”的基础上，制定并下发了“1＋5”文件，即《关于进一步加强农村集体资金资产资源管理和监督工作的意见》等5个实施意见，并按照《实施意见》要求，深入镇、村了解农村股份经济合作社运营情况、规范管理情况，重点调查了未分红村的实际分配情况，并对分红工作进行了前期指导。配合相关部门做好农转非工作，全年大中专学生转非242人，投靠亲属等其他转非88人。

【深化集体林权制度改革】共兑现原粮199.1万千克，补助生活费81.9万元。充分利用中央及市级财政资金，给山区72万亩生态公益林上好保险，保费173万元，保险金额8.6亿元，确保山区森林资源安全。

【规范农村产权交易行为】成立昌平区农村产权交易服务中心，设立北京市农村产权交易所昌平办事处。年内，全区通过产权交易平台完成产权交易5宗，涉及兴寿镇、流村、十三陵和南口四个农村集体经济组织，主要为土地和实物资产两方面交易。

【完善合同监管工作】对集体经济合同按照土地、资产、租赁管护、平原绿化四类进行分类管理；完善集体经济合同格式，以清查出合同中存在的18类问题为依据，将土地保护、拆违控违作为刚性要求列入合同条款，重点抓好合同签订关。年内，全区农村集体经济合同销账2 180份，完成挂账合同的100％。

【规范股份经济合作社管理】完成全区农村股份经济合作社上年分红统计工作。全区305个产权制度改革完成村，已有284个村实现股金分红，占改革总村数的93.1%，个人股东分红共计8.12亿元，按股分配土地补偿费共计2.9亿元，两项合计11亿元；完成新型集体经济组织年度审计工作。对全区16个镇所属的45个村级新型集体经济组织进行了审计，覆盖率为15%。

【农村经济廉政风险防控】在总结城南街道成功应用农村经济廉政风险防控系统经验的基础上，在兴寿、延寿、南口3个镇66个村继续推广应用该系统，对试点村的资产运营、合同执行、财务收支等工作进行实时监督检查，随时发现问题处理问题，从源头上堵塞农村“三资”监管漏洞，促进农村集体经济规范运营。

【农村土地承包经营权确权登记颁证工作】根据市政府要求和市农委文件精神，制定并下发了《昌平区农村土地承包经营权确权登记颁证试点工作意见》。确定北京金鼎昌信工程管理有限公司为项目投标公司，资质符合国家规定要求。针对试点镇、村工作组人员进行了动员培训。

【提高村级公益事业专项补助资金标准】根据北京市农村工作委员会、北京市财政局、北京市民政局联合下发的文件精神，市财政向本区拨付的补助资金总额由3 656万元增至5 484万元，增长50%。全区共有303个行政村。其中山区村103个，平原村200个；市拨资金5 484万元，区级增加配套资金288.5万元。按不同等级分别对平原经济一般村、平原经济薄弱村、已整建制转居村和山区村进行补助。为加大对山区的补助力度，山区村再分成山区大村、山区中村、山区小村三个级别。

农　村　民　生

【概况】结合村级人口规模和经济发展情况，进一步加强村级公益事业专项补助资金管理，并对农村公共基础设施建设、基本公共服务费用开支等进行检查。采取有力措施，健全对低收入村的专项帮扶、行业帮扶、社会帮扶机制，逐级建立农民增收目标责任制，落实农村经济薄弱地区发展规划，加大帮扶力度培育造血机能，提升低收入村集体经济发展能力。

【加强村级公益事业专项补助资金管理】年内，市财政向昌平区拨付的补助资金总额增长50%，增加至5 484万元，同时区级增加配套资金288.5万元，区财政追加补助资金300万元，合计6 072.5万元，比上年增长66%。昌平区结合村级人口规模和经济发展情况，对村级公益事业专项补助资金进行了重新测算，重新确定各村补助标准，并修订《昌平区村级公益事业专项补助资金管理办法》，要求各镇（街道）与所辖村集体经济组织按年度签订村级公益事业专项补助资金使用管理承诺书，确保资金规范使用。

【全面推广地理综合信息系统】全区全面推广地理综合信息系统，将地理信息系统的应用范围扩大到农村集体出租合同、资源性资产、农民专业合作社、“一事一议”工程等数据。全区21个镇（街道）及所属312个村集体经济组织完成了本年度系统数据的采集和更新工作。

【农民负担监督执法检查】对农村公共基础设施建设、基本公共服务费用开支等进行了重点检查，未发现向村级组织摊派、收费以及村级组织向农户收费的问题。建立一事一议项目专门管理档案，包括预审评估报告、施工、监理等54项内容，严把一事一议项目的程序关、评审关、资金使用关和工程质量关。年内，全区有46个公益事业建设项目进入实施阶段，投资额为2 554.38万元，其中“美丽乡村”涉及4个项目，投资额为439.55万元。崔村镇南庄营村一事一议项目获市农委创新奖，奖励资金100万元。

【农村低保】农村低保标准从家庭月人均460元调整为650元。新增58户87人，撤销276户411人。全区共有农村低保1 493户2 149人，全年累计发放低保保障金1 586万元。

【农村五保户供养】全区农村集中供养五保对象91人，每人每月1 046.55元，全年104.13万元一次性通过各乡镇拨入敬老院。分散供养五保对象20户20人，每人每月747.5元，随着低保金发到低保存折里。

【农村低收入家庭】共审批农村低收入家庭20户54人，发放低收入家庭救助证20本。其中，申请医疗救助的45人、申请教育救助6人、申请住房救助3人。

【政策性农业保险体系】制定印发了《昌平区2014年政策性农业保险工作意见》，共开设21个险种，全年参保2 603户，保费收入1 076.78万元，保额4.5亿元；发生理赔1 421件，理赔1 410万元。

【农村家庭财产保险扩大保障范围】继续实行“农民受益，政府买单”政策，区政府为投保农户承担全额保费（每户 60 元），投保险种为“幸福农家”家庭财产保险组合产品。其保障范围：一是农户房及室内财产每户保费 50 元，总保额每户 5.3 万元。二是自然灾害公众责任保险每户保费 10 元。每人人身伤亡责任限额 10 万元，其中：每人医疗费用责任限额 1 万元。三是赠送农房火灾、爆炸救助责任险，每人人身伤亡责任限额 5 万元，其中：每人医疗费用责任限额 1 万元。全区符合条件的参保农户共 77 254 户，保费总额 4 635 240 元。截至 12 月底，共出险 2 854 件，其中火灾 41 件、雷击 126 件、风灾 934 件、冰雹 1 750 件，公众责任险出险 3 次，理赔款达 273 万元。

【农村危房完成改造】全区农村危房改造共计 81 户，其中翻建 76 户、维修 5 户。共拨付救助资金 348.75 万元。并对流村镇 32 户，115 间社救对象农村危房开展验收，所有危房都已经改造完毕且符合要求。

【农村社区建设典型示范社区创建】共有 5 个村申报“农村社区建设典型示范社区”创建成功。

基层组织与民主政治建设

【概况】深入开展了党的群众路线教育实践活动，切实做好了基层组织建设、干部队伍建设、思想宣传工作和群团组织建设等各项工作，为农委系统各项工作的顺利开展提供了坚强的政治组织保障和思想文化支撑。党员服务队分别深入到田间地头，开展农业技术、法律法规培训，共出动党员服务队员 32 人，发放宣传材料 1 850 余份，解答 60 余人次。

【推进教育培训工作】借助党的群众路线教育实践活动的有利契机，农委系统深入开展了党员教育培训工作，组织全体党员干部集中学习了《论群众路线——重要论述摘编》《论厉行节约 反对浪费——重要论述摘要》《党的群众路线教育实践活动学习文件选编》；集中观看了《党的群众路线教育实践活动专题讲座》《巨贪镇长李丙春腐败案警示录》等专题教育片，并组织开展了学习交流活动。由主要领导为机关党员干部上了一堂“坚持党的群众路线 做好三农服务工作”的主题党课。进一步抓好了专业技术干部的继续教育，完成了市、区级高级研修班的立项、报名、审批工作，做好了电子政务培训、公务员轮训、新入职培训、干部在线学习等市、区有关部门开展的各项教育培训活动的组织工作。

【干部选拔任用工作】健全干部选拔任用工作机制，加大了对各单位干部选拔任用工作的监督检查力度，重点加强了对民主推荐、组织考察和讨论决定等关键环节的检查，完成了农委系统科级干部任免工作，2014 年共完成本系统科级干部 27 人次的任职公示、考察及任免工作。

【考核评比工作】完成了 2013 年度农委系统处级领导班子、领导干部民主测评、评议工作、选拔任用工作的“一报告两评议”工作和全系统 1 500 名工作人员的年终考核评比工作。

【党员教育管理与服务】抓好入党积极分子的培养工作，举办了农委系统入党积极分子培训班，使入党积极分子对党的知识有了不同程度的提高。组织机关党员干部到昌平烈士陵园重温入党誓词，接受党的历史和光荣传统教育。农委系统共计新发展党员 17 名。

【开展党员进农村、社区活动】在全系统在职党员中开展到村、社区报到为群众服务工作，牵头与阳坊镇党委对接，确定了服务对象和服务内容，成立了 23 支服务队，开展了 74 次服务活动，886 名机关干部参加。

【对《条例》贯彻落实情况的检查工作】系统各单位对贯彻落实《中国共产党党和国家机关基层组织工作条例》及北京市实施办法、《中国共产党发展党员工作细则》情况进行了自查，并由区农委牵头成立检查组，于 12 月 4—5 日，分别对区水务局党委、机关第五党支部和水电工程处党支部、区园林绿化局党委和森林公安处党支部、区农业局党组和动监所党支部，采取查阅文字档案资料、召开座谈会、随机调查等方式进行抽查，全面掌握了系统各单位所属机关党组织对《条例》及北京市实施办法的执行情况，及时发现和解决了工作中存在的问题，进一步推动了机关党建工作责任的落实。

【党风廉政建设】认真贯彻落实党风廉政建设的部署和要求。农委系统结合党的群众路线教育实践活动，做好党风廉政建设和反腐败工作。严格执行处级领导班子“三重一大”决策、党政正职“六不直接分管制度”，完善并落实集体领导和分工负责制度，领导班子其他成员根据工作分工，严格落实“一岗双责”要求。认真开展职权梳理工作，编制行政职权目录，推动权力公开透明运行。

“三农”工作部署和实施

【概况】全区上下进一步加强对“三农”工作的重

视和领导，明确责任和分工，细化措施和要求，严格监督检查，确保农村改革发展各项工作任务落到实处。结合第二批深入开展党的群众路线教育实践活动，进一步建立健全为民务实清廉长效机制。强化组织领导，完善领导机制，转变政府职能，加大政策和资金保障力度。

【申报全区一村一品】崔村镇真顺村——苹果专业村被确定为全国“一村一品”示范村，百善镇狮子营村——蔬菜专业村被确定为北京市特色产业村。

【开展有限空间联合检查】对南口镇燕岭生态园沼气站、阳坊镇四家庄等“两气”工程有限空间进行了安全生产大检查，重点排查农村沼气站、沼气池、秸秆气化站等安全隐患。对检查发现的消防设施不健全，设备老化等问题责令相关部门落实属地责任，彻底整改，强化安全管理。

【检查农机和农业设施安全】对金六环蔬菜生产基地的加工生产环节及昌平农机试验站农机使用安全工作进行了督促检查；对崔村镇大辛峰村新宏军农机专业合作社、天润园草莓基地温室种植大棚、南口镇北京雁北路百合专业合作社百合种植大棚进行安全生产保障检查，重点检查了大型农机库房消防和温室大棚卷帘机、微耕机安全生产规范操作和温室大棚内喷洒农药人员安全防护等安全生产情况。

【水利设施和农村市政基础设施安全监管】对农村改水、改厕以及沼气、秸秆气化等各项涉及安全生产的新农村建设工程，明确各个环节的责任人，层层落实责任。检查了北控沙河再生水厂污水处理、有限空间作业、防止污水处理作业人员中毒、溺水、安全生产制度落实等情况以及流村镇水务工作站的安全生产等情况；对马池口镇辛店村新农村建设天然气进村道路修复工程和流村镇新建村秸秆气化站安全生产工作进行检查。

【涉及粉尘企业安全监督】对粉尘企业——正大发有限公司饲料厂、华都肉鸡饲料厂和北京三元禾丰牧业有限公司饲料生产车间进行了安全生产检查，查看了安全生产制度制定和执行以及落实应急预案情况，并到生产车间对防止粉尘生产事故和消防防火工作进行了实地检查。

【提升昌平特产产品知名度】《从农田到餐桌》栏目走进昌平，此栏目是中央电视台军事农业频道《农广天地》栏目全新打造的系列专题片，昌平区精选了草莓和大棚蔬菜两类“三品一标”特色种植品种作为“主角”进行宣传展示，追溯优质、特色农产品的生产加工过程，展现现代农业标准化、规范化的生产过程，引导生产者科学种养，消费者放心消费。

【气象为农工作成效显著】南口、延寿、崔村三镇被中国气象局认定为第二批全国标准化气象灾害防御乡镇，全区共有标准化气象灾害防御乡镇 4 个，在“百县千乡”气象为农服务示范区创建工作中，昌平区创建覆盖率名列全市第一。

【区人大农村委视察农村产权制度改革工作】6 月 19 日，区人大常委会农村工作委员会组织部分委员和区人大代表视察农村产权制度改革工作情况。委员、代表先后视察了天北街道的狮子营村和北七家镇羊各庄村产权制度改革的发展情况和现状，详细了解产权制度改革后，农村资金重组情况、就业安置情况及村民收入情况，察看了相关档案资料，听取了主管部门、单位负责人的汇报。

【区人大督办农委系统承办的代表建议】7 月 29 日，区人大常委会副主任杨国昌带队对农委系统本年度承办的代表建议办理情况进行了重点督办。督办组一行实地到南口镇响潭水库和滨河森林公园视察，即第 140 号关于加快响潭水库上游水源地保护进程建议的办理情况和 243 号关于滨河森林公园沙河段土地利用的建议办理情况。随后召开了座谈会，区农委、区水务局、区园林局的主要负责同志分别汇报了农委系统本年度承办代表建议和重点督办代表建议的办理情况。

【区政协视察设施农业】5 月 29 日，区政协副主席李永生带队，委员一行 20 余人对昌平区都市型现代农业建设情况进行视察。参观了阿卡农庄大棚以及小汤山农业园水培蔬菜生产企业，参观后进行座谈。区农委主任董锦华汇报了昌平区都市型现代农业的发展情况，各位委员纷纷表示，近几年，昌平区都市型现代农业的发展取得了显著成效，促进了农民的增收致富，先进的管理模式和经营理念已经成为昌平区都市型现代农业的主要发展方向。同时，各位委员对未来昌平区都市型现代农业的发展也提出了合理化的建议。

【领导体制的变革与创新】全区各级党组织结合第二批党的群众路线实践教育活动，进一步加强和改善对“三农”工作的领导。同时，全区各职能部门转变观念，深化改革，理顺职能，将职能延伸到每一个社区、每一个村庄，既管城市又管农村。区财政进一步加大对涉农资金的投入力度，特别是对新型农业经营主体、优质农产品基地、经济发展薄弱地区的扶持，强化资金监管，提高财政资金使用效率。

昌平区领导名录

区委书记	侯君舒
副书记	张燕友　朱光彤（11 月免） 李　良
常委	张晓兰（1 月任） 孙　启　余俊生　王燕庆 田运胜（土家族） 孙连湖（10 月免） 韩　义（10 月任）
区人大常委会主任	李福忠
常务副主任	张文良（12 月免）
副主任	杨国昌　奚增森　李春菊(女) 杨洪达　郑国柱
区长	张燕友
副区长	周云帆　孙　卫 刘淑华(女)　苏贵光　贺　军 李志杰　王　坤　叶红光
区政协主席	王书合（1 月免） 陈秋生（1 月任）
副主席	李永生　靳增立（1 月任） 陈　勉(满族)　李雪红(女) 李富和（12 月免） 任鹏举（9 月免）
区纪委书记	张晓兰（女，1 月任）
副书记	裴卫东　陈玉起（3 月免） 瓮　民　王海津（3 月任）
区委农工委书记	李元和
区农委主任	董锦华

昌平区各镇（街道）党政正职领导

	党（工）委书记	镇长（办事处主任）
城南街道	王　建	刘庆海
城北街道	郑森堂	张田华
回龙观镇	郭向东	储　鑫（女）
东小口镇	王　军	刘　芬（女）
沙河镇	白向军（1 月免） 黄建军（1 月任）	白保平
小汤山镇	牟少华(女,1月免) 许正锋（1 月任）	张大鹏
崔村镇	韩　军	王月林
兴寿镇	许正峰（1 月免） 杨玉文（1 月任）	黄森华
阳坊镇	吕晨飞（1 月免） 李　昌（1 月任）	李　昌（1 月免） 徐冬云（1 月任）
南邵镇	王　建	李　欣
百善镇	徐　强	李万升
北七家镇	周金星	齐俊国
十三陵镇	王建成	刘长德
延寿镇	鹿伟强	李　攀
南口镇	徐　强	曹晓兵
流村镇	史佑民	王志强
马池口镇	张新亮	柴龙钢
天通苑南街道办事处	黄先锋	苏贵峰
天通苑北街道办事处	刘智勇	张学广
霍营街道办事处	刘宝君	张海明
北方企业集团公司党委书记		左　权

（昌平区农委　雒凯）

大　兴　区

概　　述

大兴区地处北京南郊，辖 14 个镇，8 个街道办事处，527 个行政村。2014 年，大兴区围绕“一体化、高端化、国际化”的发展要求，坚持稳中求快进、创新大发展，大力改进作风，坚持不懈推进都市型现代农业发展，乘势而上加快城乡一体化进程，不遗余力解决农民增收问题，坚定不移推动农村改革，实现了农村经济社会快速发展，“三农”工作取得了新突破。农林牧渔总产值 63.2 亿元，同比增长 3.3%；全年农村居民人均纯收入 18 824 元，比上年增长 10.4%。其中工资性收入 10 398 元，比上年增长 8.1%；家庭经营性收入 1 118 元，同比增长 13.2%；财产性收入 4 777 元，同比增长

17.3%；转移性收入 2 531 元，同比增长 7.1%。2014 年，大兴区农业观光园 120 个，实现观光园总收入 1.3 亿元，其中采摘收入 0.6 亿元。民俗旅游总收入 0.2 亿元，设施农业收入 12.4 亿元。

城乡一体化

【城镇化进程步伐加快】年内，大兴区围绕构建新型城乡关系，坚持高水平规划、高质量建设、高标准管理，城乡一体化水平显著提升。以规划提升带动建设质量，结合北京市总体规划修改，开展新区规划实施评估，着力增强新区可持续发展能力。加快城镇交通网络体系建设，地铁 8 号线南延全面开工，京台高速大兴段、马西路南延等工程启动建设，万寿路南延、西红门南环路等道路建成通车。完善市政公用设施网络体系，民和、采育等 2 座变电站投入使用，新增停车位 4 000 个，新建绿地 116 万平方米，城市配套设施和服务功能日趋完善。加大综配区投资建设力度，旧忠路改造、集贤地区拆迁等一批重点工程加快实施。全面启动魏善庄月季大会核心区、庞各庄中坤商务区项目，新市镇建设扎实推进。发挥农民主体作用，东辛屯、梨花村等新型农村社区建设顺利实施。深入推进城乡结合部改造升级，“三场一基地”综合整治实现重大突破，西红门、旧宫工业大院拆除腾退 170 万平方米，道路、市政、绿化等工程加快实施，新金融基地、电商谷等顺利招商，一批总部、研发类高端项目签约入驻，城乡结合部整体面貌焕然一新，试点工作已经步入拆除建设全面推进、示范作用加快释放的崭新阶段。

【城乡环境质量持续提升】年内，大兴区立足建立责权利相统一的长效机制，推动执法力量整合、下沉，一批城市管理基础性、根源性问题逐步得到解决。综合施策，多管齐下，采取“调、提、建、减、推”五项措施，全方位、多领域、深层次开展节能减排和生态建设，努力解决人口资源环境矛盾。以大气污染防治为重点，引导退出污染企业 73 家，淘汰老旧机动车 3.6 万辆，完成 499 蒸吨燃煤锅炉清洁能源改造任务，取缔关停非法砂场 73 家，减煤换煤 13.3 万吨，PM2.5 浓度持续下降。保持拆违高压态势，冻结小区违法建设房屋交易 247 处，拆除违法建设 377 万平方米，拆除面积居全市前列。围绕城市建设、产业发展和群众生活，高标准实施平原造林 6.5 万亩，实施大龙河等 29 公里河道治理工程，瀛海污水处理厂投入使用。新增 60 辆新能源公交车、100 辆新能源出租车和 7 000辆公租自行车，覆盖城乡的绿色公共出行体系进一步完善，低碳绿色理念融入市民生活。

【城镇休闲公园建设】年内，庞各庄镇天堂河文化休闲公园续建：规划面积 4.36 公顷，完成乔木种植 1 552 株、灌木种植 784 株、地被种植 6 510 平方米、草坪 32 000 平方米，工程已全面竣工，进入后期养护；安定镇大龙河滨河公园续建：规划面积 13.78 公顷。完成乔木种植 1 614 株、灌木种植 29 000 株、草坪 51 981 平方米，工程已全面竣工，进入后期养护；新城北区 12 号地体育休闲公园二期续建：完成乔木种植 1 034 株、灌木种植 620 株、色带 16 400 平方米，工程已全面竣工，进入后期养护；采育生态休闲公园：规划面积 21.8 公顷，完成乔木种植 3 440 株，灌木种植 2 100 平方米。

都市型农业

【加快推进都市型现代农业转型】年内，推进北京庞各庄高科技农业产业园、中国西瓜文化创意博览园等项目，提升庞安路等都市型现代农业产业带。举办西瓜节等农业节庆活动发展观光休闲农业，农业观光园接待游客 102.9 万人次，收入实现 9 310 万元。完成农产品质量安全监管系统开发并开展应用试点，完成农产品定量检测 1 600 个、速测 50 000个，新建、提升“三品”和标准化基地 50 个。完善“农超对接”“农社对接”“农企对接”“农宅对接”等流通方式，销售大量优质农产品。截至年底，共销售农产品 3 000 余万千克，实现销售收入 1 亿元左右。以节水富民、提质增效为目标，开展农业结构调整方向的研究。

【全力保障农产品质量安全】年内，大兴区率先在全市完成农产品质量安全监管系统开发，开展了“农产品质量安全监管系统”应用试点工作。开展“三品一标”建设，完成“庞各庄金把黄鸭梨”地理标志保护登记前期准备工作。新建、提升标准化基地 30 个，新申报认证“三品”基地 20 个。完成农产品定量检测 1 600 个、速测 50 000 个。

【标准化基地建设】年内，大兴区新建 4 个种植业标准化基地，提升 9 个种植业标准化基地，11 月通过了验收。

【蔬菜产业规模】年内，全区蔬菜（不含西甜瓜）

播种面积 24.76 万亩，上市量 91.8 万吨，上市收入 9.7 亿元。平均销售单价 1.05 元/千克。

【“菜篮子”工程项目】 年内，创建市级育苗场 3 个，发展蔬菜专业村 5 个，设施蔬菜标准园 1 个，蔬菜万亩镇 1 个。

【设施农业建设】 年内，全区新建设施 1 969.1 亩，其中温室 710.4 亩、大棚 1 258.7 亩，设施改造 452.1 亩，其中温室 328.8 亩，大棚 123.3 亩。

【设施蔬菜高产高效创建工作】 年内，在全区建立高产高效示范点 41 个，其中越冬茬高产高效示范点 19 个，春大棚黄瓜、番茄、茄子、甜辣椒 4 种果菜高产示范点共计 22 个。2014 年，大兴区共 13 人次在设施蔬菜高产创建竞赛中获奖，其中一等奖 3 名，二等奖 4 名，三等奖 6 名，占全市总奖数的 33.33%，位居全市首位。礼贤镇东段家务村张月强越冬番茄示范点日光温室番茄周年生产产量突破 2.5 万千克，产量产值排在全市第一。

【蔬菜集约化育苗】 年内，扶持发展集中育苗点共 16 个，其中市级蔬菜集约化育苗场 9 个。在 2014 年度北京市育苗竞赛中，大兴区育苗户一等奖占全市比重的 62.5%，二等奖占全市比重的 43.75%。在第三届市级蔬菜嫁接竞赛中，大兴区育苗户获奖数占总奖项的 41%。

【社区蔬菜技术服务】 社区蔬菜技术服务走进北印附小等小学课堂。年内开展社区蔬菜种植技术指导专题培训 6 次，入户实地指导 20 余次。为社区居民发放盆栽蔬菜 80 盆，提供乌塌菜、羽衣甘蓝、紫油菜等 10 多个品种的蔬菜菜苗 6 000 余株，示范苹果苦瓜、长丝瓜、蛇豆等 4 个廊架蔬菜品种，组织居民观摩 2 次。

【物理农业】 年内，完成 30 亩空间电场安装工作，全区空间电场应用面积增至 67 亩。

【大白菜价格监测与贮存】 年内，全区共落实 6 个大白菜交易价格监测点，其中地头交易监测点 5 个，批发市场监测点 1 家。加强冬贮大白菜贮藏技术培训力度，组织开展冬贮大白菜贮藏与技术培训。

【蔬菜产地市场信息监测上报】 年内，开展蔬菜产地生产信息监测上报，共设置蔬菜产地价格监测点 10 个，其中涉及蔬菜企业 2 家，蔬菜种植重点村 8 家，监测蔬菜品种 20 多个，采集入库蔬菜价格等数据 8 000 多条。

【西甜瓜育种工作】 春秋两季在农业科技成果转化基地棚室进行小果型西瓜品种及组合试验。春季安排 76 个品种，夏季种植 65 个品种。包括材料加代提纯、搭配新组合并筛选优秀组合。与北京市种子站合作在海南省建立品种繁育基地 30 亩。进行品种加代提纯、组合选配、品种鉴定工作。开展品种选育工作，种植西瓜品种 39 个。

【综合试验站工作】 年内，制定了 2014 年大兴综合试验站计划书，完成国家西甜瓜产业体系试验，填报综合试验站活动日志 293 余条，按照 2014 年工作站任务书完成了西甜瓜试验、示范项目 8 项，推广新优品种面积 5 000 亩。

【早熟哈密瓜品种的示范与推广项目】 确立了 10 个示范棚，已经挂牌。分别在小李瓜园和世同瓜园等地组织观摩活动 3 次，共计培训 220 人次。在全区补贴江淮蜜种子 200 万粒，示范推广面积1 000亩。

【引进推广新品种新技术】 年内，引进、示范瓜、菜、薯新优品种 121 个，推广面积 5.2 万亩；推广多层覆盖技术、微喷灌溉技术等新优技术 20 项，面积 5 万亩。

【优化草莓种植】 年内，大兴区草莓面积为 246 亩，品种以红颜为主。草莓育苗面积 120 亩，其中红颜 110 亩。育苗方式为高架锥管育苗、槽式基质育苗、露地育苗。年内，为 8 个镇 18 个草莓种植基地和园区发放了原种苗，组织草莓基地技术人员观摩培训 8 次，培训 150 余人次，技术指导 40 次，指导 140 人次。成功示范草莓种植新技术，锥管育苗技术顺利通过了外观设计和实用新型两项国家专利。

【设施西瓜简约化栽培与土壤质量提升技术的应用与推广项目】 年内，在全区设施西瓜生产基地和种植大户开展土壤样品采集检测工作，建立大兴区设施农业土壤信息管理系统，开展土壤蒸汽消毒和生物有机肥、生物菌肥补贴工作，降低瓜田土壤线虫和土传病害的发生，培肥土壤、提高设施西瓜土壤质量。在全区重点西瓜生产镇北臧村、庞各庄、魏善庄、榆垡、安定等镇推广西瓜简约化栽培技术。示范二层天幕覆盖技术1 500亩；示范中果型西瓜蜜蜂授粉技术 1 000 亩；示范二氧化碳施肥技术 1 500亩。共补贴优质中果型西瓜京欣 3 号 2 500 袋、京欣 2 号 500 罐；优质小果型西瓜“L600” 4 400袋、京颖 4 000 袋；补贴京欣砧 4 号嫁接砧木 12 000袋；发放蜜蜂授粉标签 100 万枚。

【创意农业】 年内，在自然绿蔬菜种植中心示范种植2个葫芦品种，在骏铭城廊架安排种植了小葫芦、长丝瓜，长柄葫芦等品种，榆垡镇小黄垡安排廊架葫芦品种3个，苹果苦瓜1个，长势及观赏效果较好。

【西瓜新品种推广】 年内，与中国农科院郑州果树所合作第四期“都市型特色西瓜品种筛选及示范推广”项目，在大兴区进行了鲜切西瓜品种和小果型西瓜品种比较试验2项，推广高番茄红素特色小果型西瓜品种中兴红1号、2号，召开功能性西瓜推广成效观摩会1次；与北京市农林科学院蔬菜研究中心合作“西瓜品种多样化与简约化观光栽培技术示范推广”项目，在庞各庄镇世同瓜园和御瓜园展示小果型西瓜新品种15个、砧木新品种22个、中果型西瓜新品种9个。开展葫芦砧木、南瓜砧木新品种比较试验和高品质中型西瓜新品种品比试验3项，试验南瓜砧木品种8个，葫芦砧木品种14个，西瓜新品种7个，组织北京市农林科学院、区农委、区种植业服务中心相关领导和专家及农户现场观摩1次。

【西甜瓜高产创建工作】 年内，在大兴区庞各庄、魏善庄等6个主产瓜镇培养高产创建户31户，骨干农民35人。召开4次大型现场观摩活动，1次集中培训，培训农民340余人次。与北京市农业技术推广站一同完成了24户高产创建户的测产工作。经过全市评比大兴区有7名农户获得市农业技术推广站高产创建奖项。其中小果型西瓜一等奖1名，三等奖1名，中果型西瓜获一等奖1名，二等奖1名。

【粮经产业发展概况】 全区种植玉米245 653.7亩，小麦83 601.2亩，甘薯8 390.2亩，油料15 544亩，大豆1 606亩，棉花211亩，秋播小麦75 673.5亩。

【小麦良种全额补贴试点工作】 市农业局在四个区开展小麦良种全额补贴试点工作，大兴区任务是3万亩。经过前期调研，确定将安定、青云店、采育、长子营作为试点镇，以整镇、整村制的形式推进。根据补贴资金数量（300万元）、每亩补贴种子数量（不超过20千克）和种子价格（4.98元/千克）确定全区小麦良种需求数量为602 425千克，指导面积为30 122亩。截至9月底，小麦种子全部由供种单位配送到换种试点镇，涉及四个镇134个村，需求品种集中在中麦175、农大211、中麦12、轮选987四个。年底前拨付95%的补贴资金到供种企业。

【粮食生产补贴】 全区小麦种植面积83 601.2亩，补贴资金1 086.815 6万元，小麦良种补贴面积83 601.2亩，补贴资金83.601 2万元，生态作物补贴面积83 700.2亩，补贴资金334.800 8万元；2014年玉米种植面积245 653.7亩，补贴资金2 137.817 19万元，玉米良种补贴面积245 626.9亩，补贴资金245.626 9万元。

【粮食高产创建项目】 全区建设粮食高产创建示范方播种面积11.1万亩，其中部级1.8万亩，市级4.9万亩；建设市级整建制乡（镇）——青云店镇高产创建示范区4.3万亩。经测产小麦平均亩产量436.3千克/亩，超出目标产量56.3千克，玉米平均亩产量598.7千克/亩，超出目标产量98.7千克。

【小麦玉米生育动态监测】 年内，共建立小麦、玉米生育动态监测点15个，其中小麦7个，全生育期监测9次；春玉米监测点2个，全生育期监测5次；夏玉米监测点6个，全生育期监测5次。通过监测得到监测数据20 000余个。

【甘薯新品种试验】 年内，进行抗根腐病优质新品系的筛选试验：5月从中国农业科学院甘薯研究所引进高代育种新品系10个，进行了3次重复的比较试验，通过对甘薯抗病性、品质和产量的综合评价，徐116404紫红皮乳白肉、徐1203803紫红皮桔红肉、徐1216036紫皮紫肉这3个品系表现较好，高抗根腐病，平均亩产3 000千克。

【培肥地力工程】 5月底，全区完成2013—2014年度都市农业建设项目培肥地力工程，共配送有机肥76 205.6吨，配方肥7 620.56吨；8月启动2014—2015年度培肥地力工作，项目区面积于6月由大兴区都市型现代农业基础建设及综合开发项目办公室进行了核实，核实后培肥地力面积为76 909.8亩，需配送有机肥38 454.9吨，配方肥3 845.49吨。截至10月底，配送有机肥30 825.15吨，完成任务的80.2%，配方肥3 845.49吨，全部完成任务。

【北运河流域面源污染治理项目】 4月，大兴区土肥工作站完成北运河流域面源污染治理项目土样采集化验工作，采集测试土壤1 225个，获得有效化验数据23 275项次，出具配方施肥建议卡5 317张。10月，大兴区土肥工作站完成13个长期定位监测点的植株和土壤样品采集工作，涉及蔬菜、粮食、经济作物、果树等多种作物，共取得土样样品

26份。11月，大兴区土肥工作站承担的北运河流域面源污染治理项目肥料配送工作全部完成、落实到位；共发放配方肥2 353吨、缓释肥2 100吨、有机肥6 700吨、磷酸二氢钾1 250袋。7月，大兴区土肥工作站在安定镇、礼贤镇、青云店镇建立了10个缓释肥示范方，涉及春玉米、夏玉米两种作物，总示范面积达259亩。

【测土配方施肥项目】年内，大兴区土肥工作站开展测土配方施肥项目，结合果类蔬菜、叶类蔬菜、西甜瓜创新团队建设，进行土壤检测及施肥调查500个。5月，完成大兴区测土配方施肥项目宣传工作，利用媒体宣传、集中培训、科普赶集等形式在9个农业主产镇开展宣传培训工作，共发放宣传材料35 000余份。9月，完成大兴区测土配方施肥项目肥料补贴工作，发放专用配方肥1 000吨，磷酸二氢钾2吨；完成大兴区测土配方施肥项目土壤样品储存工作，共计封存2007—2013年度测土配方施肥项目土壤样品4 582个。

【设施瓜菜土壤肥力综合指数分析与改良项目】年内，大兴区土肥工作站承接设施瓜菜土壤肥力综合指数分析与改良项目，以物资补贴形式推广功能性生物菌剂土壤改良技术、中微量元素肥料叶面施用技术，全年补贴生物有机肥400吨、微生物菌剂50吨，微量元素肥料1吨。

【开展土肥产业调研】3—6月，大兴区土肥工作站共采集西甜瓜、甘薯、梨等23种作物施肥调查表351份、农户调查问卷32份、基地调查问卷10份。6月，大兴区土肥工作站完成土肥系统建设调研，形成完整调研报告。

【土壤墒情监测】年内，大兴区有小麦、玉米土壤墒情监测点18个，截至11月30日共取土壤样品1 398个，获得有效数据460个，编写墒情旱情简报22期，代表面积2 000余亩。

【田园清洁循环工程】年内，在采育、榆垡6个镇项目区实施面积21.6万亩次。发放生物防治补贴赤眼蜂数量2亿头，防治面积为2万亩；补贴高效低毒农药共计48.162吨，减少化学农药使用量25.699吨。回收处理空包装数量517万个，净化了项目区田园环境，降低了农业面源污染程度。组建青云店、采育、魏善庄、榆垡、长子营镇等8个植保专防队，总服务面积16.65万亩次。

【小麦中后期“一喷三防”工作】年内，小麦中后期“一喷三防”实施面积15万亩次，发放吡虫啉、己唑醇等4种补贴物资22.9吨，实现了全区小麦“一喷三防”工作全覆盖。建立核心防控示范区10个，经过调查统计吸浆虫防效达到96.2%，麦蚜防效97.5%，小麦白粉病防效94.6%，小麦平均单产381.8千克，小麦亩产量增加8.12%。

【北运河流域减少化学农药用量控制农业面源污染项目】项目地点在青云店、长子营和采育3个镇，实施面积计1.3万亩，其中设施0.7万亩，露地0.6万亩。建立3个设施蔬菜项目核心示范区和1个露地蔬菜项目核心示范区。据统计，项目实施区域全年平均每亩减少化学农药用量440克，用药量平均降低45%，同时利用农业垃圾无害化处理装置处理植株残体，从源头控制病虫害发展蔓延，且减少了农业面源污染。

【设施农业示范区科技支撑工程】项目在榆垡镇求贤村和青云店镇北辛屯村分别建立“千亩设施农业示范园”和“绿得金蔬菜示范基地”，实施面积共计1 600亩。结合项目示范的多项绿色防控技术开展相应培训。全年累计开展集中培训10次，培训500人次。项目共示范了应用色板诱杀等配套诱杀害虫、示范防虫网、高温期应用遮阳网两网覆盖防治蔬菜病虫等多项技术。

【农机促进农业产业升级】年内，全区投资6 433.61万元，以瓜菜产业榆垡镇千亩设施园为依托，在智能采集、控制管理等方面得到进一步提升；花卉产业以区苗圃基地为依托，在育苗、节水灌溉、水质处理等方面得到进一步提升；畜牧产业以三元公司、长子营九鼎养殖场和礼贤奥天养殖基地为依托，在挤奶、饲喂以及养殖基地内的环境控制等生产环节得到进一步提升。农业产业得到进一步发展，进一步推动了都市型现代农业建设。

【农机购置补贴工作】年内，全区投入资金8 129.27万元。其中产业升级资金6 433.61万元，常规机械1 695.66万元。农机购置补贴工作实现了三方面的突破。补贴范围实现了由以往大田机械为主向菜田、畜牧、花卉机械为主的突破；补贴种类实现了由生产类机械向智能化管理机械方面的突破；投资总额突破8 000万元。实现由上年的7 692万元增加到8 129万元，增长437万元。农机装备结构更加优化，服务能力显著提升。

【畜牧水产业生产】年内，全区生猪存栏34.1万头；奶牛存栏2.6万只；肉牛存栏0.7万头；羊存栏10万只；蛋鸡存栏146万只；肉鸡存栏8万只；鸭存栏60万只；鹅1.3万只。池塘养殖面积3 150亩。水产品总产量2 184吨，鱼类总产量1 914吨，各类观赏鱼总计132 800尾。

【渔业高产高效生产基地建设】年内，完成鱼池改造9家，涉及青云店、黄村、安定、长子营4个镇，其中工厂化1家3 000平方米，循环温室8家改造面积共225.4亩，项目总投资2 074万元。其中，市、区财政各补贴691万元，自筹资金692万元。项目自2014年3月启动，2014年11月通过市农业局专家组的初步验收。

【推广生物立体养殖模式】年内，引进了千屈菜和鸢尾两种易于水上种植的花卉，结合生物浮床进行鱼塘水上花卉蔬菜栽培，推广生物立体养殖模式的推广。向全区水产养殖场发放了生物浮床和花卉苗，根据试验期间监测情况，水上栽培植物对水体中氨氮、亚硝酸盐有较明显的降低效果，氨氮平均降幅为0.2毫克/升，亚硝酸盐平均降幅为0.05毫克/升。

【种苗产业】年内，稳步推进规模化苗圃建设。经过专家组2轮评审和市6委办局联审，最终5家企业获得市园林绿化局批复。涉及长子营、采育、青云店、魏善庄四个镇，批复面积3 418.44亩。其中涉及长子营镇2家企业，建设面积1 744亩，分别是北京福润森华绿化工程公司建设面积1 115亩、北京兴隆盛世农业发展有限公司建设面积629亩；青云店镇的北京汇景绿城园林绿化设计有限公司建设面积519.44亩；采育镇的北京采育喜山葡萄专业合作社建设面积608亩；魏善庄镇的北京宜德源绿化工程有限公司建设面积547亩。

【花卉产业】全年实现花卉总产值1.3亿元，与上年同期基本持平。制定完成月季产业发展规划和推进发展行动计划，完成月季种植面积5 000亩，引进月季品种1 000余个，审定通过月季新品种5个。聘请中国农科院蔬菜花卉研究所的花卉专家进行现场种植技术培训指导10次，远程电话咨询13次，增强了花农的专业化生产能力，提升了产品市场竞争力。拟定了《大兴区月季产业发展规划》《月季产业扶持政策》初稿。

【果品产业】在全市率先大面积推广高效密植技术，新植果树2 377亩，改造提升低产低效果园5 000亩。高度重视果品质量安全工作，在重点基地推广有机化技术应用面积2 000亩；完成梨、葡萄等品种抽样检测300余个，合格率100%；完成2 377亩密植高效果园定植工作，分布在采育、长子营、青云店、安定、魏善庄、北臧村、庞各庄、榆垡等8个镇，涉及梨、苹果、桃、樱桃、枣、葡萄6个树种，引进品种20个。实施提质增效工程，争取优质有机肥9 500吨，涉及33个果园，面积5 000亩；帮助联系购买氨基酸液肥8 500千克，主要安排20个重点示范园；无偿帮助果农联系梨、桃花粉104千克，全区人工授粉6万亩。

【蜂产业】年内，全区养蜂户累计20户，总饲养量2 000群；生产蜂蜜100吨，各种蜂产品收入150多万元。蜜蜂授粉产业不断发展，授粉面积正逐年增长，年内达到3 600亩次。

【林下经济】年内，对全区片林土壤情况进行了摸底调查，对重点镇域内林下经济种植情况进行了调研。庞各庄镇发展林下经济300亩，主要以种植油用牡丹为主、周边种植观赏牡丹品种。

非 农 产 业

【推进农副产品社区直营店建设】7月22日，首家大兴农业"农社对接"农副产品直营店开业，直营店位于大兴区西斯莱公馆社区内，由清源街道为北京礼贤益农蔬菜专业合作社免费提供店面经营。直营店不仅销售安全新鲜、品种多样、物美价廉的蔬菜果品，还向居民供应大兴区特色优质农产品，如泰丰肉鸽、金维牛肉、顺天建杰蜂蜜等区内知名品牌农产品，在方便居民的同时，使大兴区优质特色农产品品牌得到了宣传，提升了品牌知名度。

【完善建立"一会一社一中心"】年内，大兴区完善建立"一会一社一中心"。"一会"，以农口现有6家区级行业协会为基础，成立了北京市大兴区农产品产销联合会。"一社"，主要以区内带动能力突出、组织化程度高的24家区级以上示范社为成员单位，组建了大兴区农民合作社联合社——北京首邑兴农农产品专业合作社。"一中心"，即在联合社的统一管理下，通过邀标确定礼贤奥天农业有限公司作为运营方，建设大兴区农产品营销中心。通过对行业、企业、产品及市场资源的充分整合，发挥平台优势，规范在区域共赢平台下的农业生产经营行为，提升新区农业生产经营的合作共赢意识、创新高效意识与市场流通意识。同时，通过加大农业生产经营服务力度，积极转变理念，逐步打造大兴新区农业生产经营服务的"十大功能"，包括整合管理，标准实施，品牌保护，培训交流，专家服务，金融服务，资源服务，宣传推广，抵御风险，利益保障。

【第 26 届北京大兴西瓜节】通过西瓜节开幕式和系列主题旅游活动，实现了全区优质旅游资源的融合与集中展示，有力带动了农民增收。据不完全统计，从 5 月 1 日开始至 6 月 6 日，庞各庄、青云店、安定、魏善庄、采育、榆垡、北臧村、长子营、礼贤等南九镇共接待游客 60.62 万人次，实现旅游综合收入 4 600.7 万元，其中，庞各庄镇共接待游客 24.4 万人次，实现旅游综合收入 2 106.2 万元，仅老宋瓜园、乐平御瓜园 40 天累计接待 7.1 万人次，实现收入 660.6 万元，西瓜小镇接待用餐人数 12 000 人次，实现收入 72 万元。

【“春华秋实”旅游季】2014 年“春华秋实”金秋旅游季系列活动期间，大兴区假日旅游市场消费兴旺。其中以乡村休闲、亲子游乐为主要内容的“家庭游”颇受青睐，周边游、自驾游、自助游成为主要的出行方式。总收入增长八成，民俗旅游收入、人次均翻番。据统计，中秋小长假三天全区旅游接待总收入共 1 917.12 万元，同比增长 81.85%；旅游接待人次 30.99 万人，同比增长 80.28%。其中：乡村旅游实现收入 1 507.08 万元，同比增长 130.3%；接待游客 18.71 万人，同比增长 192.8%。

【特色旅游商品展活动】5 月 19—25 日，区商务委、区旅游委共同主办了“绿海甜园，享趣大兴”——大兴特色旅游商品展活动。本次活动是 2014 年大兴“西瓜季”十大主题活动之一的特色旅游商品展。活动期间，绿地缤纷城中厅摆放了 20 辆展车，展销北京礼物、大兴礼物和大兴土特产等近百种商品，将大兴旅游商品向广大游客和市民进行宣传推介。

村　镇　建　设

【新农村建设取得明显成效】年内，推进新型农村社区试点建设，启动羊坊村 19 家企业腾退工作，完成梨花村 5 户农宅翻建改造工作，推进奥莱小镇商业街招商工作，完成赤鲁村 500 亩土地流转和路网规划，推动 64 个美丽乡村建设，获评 2 个北京最美乡村。

【加快推进农村减煤换煤清洁空气行动计划】全年实现减煤换煤 11.7 万吨，超额完成减煤换煤 11.4 万吨的任务量。其中完成优质燃煤配送 2.63 万吨，节能炉具更换 4 931 台，煤改电 2 050 户，农宅抗震节能改造 1.42 万户，煤改气 1 567 户，液化石油气下乡新开户 2.9 万户，违章拆除 337 万平方米，农民拆迁上楼 1 454 户。

【新农村绿化美化】年内，进行 3 次村庄绿化美化养护管理验收，涉及 10 个镇，250 个村庄。村庄绿化美化养护管理工作大大改善了各村庄整体环境。

【农村基础设施建设】年内，村镇供水应急水源工程实施方案编制完成，涉及 4 个镇的 6 座水厂，总投资约 760 万元，12 月 17 日取得区发改委立项批复，进入开展招投标阶段。

【农村安全饮水改造工程】总投资 3 670 万元。主要包括 3 座集中供水厂改扩建、全区供水厂（站）109 套消毒设施完善及部分水源井保护，于 3 月全面开工，土建工程已全部完工，正在进行设备安装。

【能源设施维修维护工作】年内，完成太阳能路灯维修维护 3 000 盏，LED 节能灯维修维护 2 000 盏，拆除太阳能路灯 1 735 盏（累计拆除 5 297 盏，还剩 5 000 余盏），安装 LED 节能灯 2 100 盏（累计安装 5 220 盏）。组织开展各村电工培训 4 次，培训人员 143 名。

【“两气”站远程监控平台正式运行】年内，大兴区“两气”站远程监控平台建成并投入运行。该平台可实现对两气站现场视频采集，数据流量监测等功能，缩短监管流程，全面提高“两气”站安全管理信息化水平及管理综合能效，开拓农村能源设施安全监管新途径。

农村改革与管理

【大力推进“新三起来”工作】年内，积极推动土地流转起来，通过平原造林、农业重点项目引进、发展月季产业，促进农村土地流转 8.9 万亩；完成了安定镇徐柏村土地承包经营权确权登记颁证试点工作。积极推动资产经营起来，全区实现分红 11.16 亿元，涉及村数 276 个，涉及股东 17.18 万人，人均分红达到 6 494 元；利用北京市农村产权交易平台，盘活集体资产，成交项目 22 宗，金额达 3.2 亿元。积极推动农民组织起来，积极推进“一会一社一中心”建设，加快营销中心筹建，为成员单位提供培训、生资采购、产品销售、金融贷款等服务。

【出台“三资”管理规范性文件】年内，为适应大兴区区域发展和农村改革发展需求，区经管站进一步完善农村集体“三资”管理，组织开展了土地流转、土地征收收入、农村财务和镇级经济事项等方面的调查研究，协调区直各相关单位、各镇，在充分征求市有关部门、区直单位、各镇党委政府、基层农民群众等多层次意见的基础上，依据国家法律、法规和市级政策规定，起草完成了《农村集体土地征收收入管理使用暂行规定》《加强镇级经济事项管理暂行规定》《加强村级财务管理暂行规定》《农村土地承包经营权流转管理暂行规定》四个规范性文件。经区政府专题会、区政府常务会讨论通过，9月由区委办转发至全区各单位。

【土地清查】年内，完成全区14个镇486个村的农村集体土地清查。共清查土地面积118.9万亩，建设用地30.4万亩，未利用土地2.1万亩。

【合同规范管理】年内，共鉴证农业承包合同684份。补录完成上年度新增镇、村级经济合同，进一步完善全区的经济合同清理规范工作。全区镇村集体经济合同纳入全市统一的农村集体经济合同管理电子台账和管理系统平台，健全了农村集体经济合同电子台账。

【计划拆迁村的“三资”监管】年内，针对北京大兴国际机场周边计划拆迁镇村，开展“三资”监管工作。开展村级用章使用管理的调研和指导，调研村级用章管理情况、强化风险防控意识，为更换新型防伪公章的流程、所需材料提供详细指导。开展排查财务管理漏洞，到礼贤镇经管站排查村级财务管理漏洞，提醒拆迁前村级财务注意事项，防止拆迁前村干部白条入账，私自多发村级用工补助等。研讨机场建设过程中可能遇到的纠纷问题，指导拆迁村防范可能发生的土地承包（出租）纠纷问题。出台了工作指导意见，意见从加强村干部事前审计、公章更换管理、合同清理、债务清缴、账实相符、防范土地承包（出租）纠纷、公益设施再利用、完善资产清登、核实、代表会确认等方面加强了规范引导，为下一步拆迁扫清障碍、铺平道路。

【村级重要经济事项监管】年内，继续落实村级重要事项事前咨商和招投标工作办法，按季度开展对各镇村级重要事项事前咨商情况和招投标事项的统计工作。全年，全区共有11个镇开展事前咨商及招投标工作，共召开联席会议240次，咨商议题4 706个，出具指导意见7 817个，涉及60个村，招投标事项130件，金额2 706万元。

【新型集体经济组织管理】年内，完成对镇联社、村经济合作社和股份经济合作社组织登记证书的年度检查工作，对于需法人变更的集体经济组织，及时进行证书更换、登记备案。开展了对全区镇、村两级集体资产产权的年度检查工作，审查了集体资产产权所有者单位集体资产存量、集体资产存量增减和结构，分析了变动原因，履行了集体资产变更与注销登记，掌握了镇村两级集体资产的使用情况和经济效益。年内，全区村级集体经济组织561个，集体经济组织成员股东35.2万人（农民29.8万人），村级集体资产总额156亿元，净资产总额125亿元，集体经济组织平均资产2 781万元，成员股东平均集体净资产3.5万元。

【新型集体经济组织规范化建设试点】年内，全区共选取19个村作为试点，开展新型集体经济组织规范化建设试点工作。通过对19个新型集体经济组织的典型引路，要求各镇加强调查研究，完善制度建设，推动资产经营起来，规范收益分配，保障成员权利，通过挖掘试点村成功经验，进一步深化产权制度改革工作，摸索新型集体经济组织试点村管理及经营双提升的良性发展经验。10月开展了对试点村的考核验收工作，并组织了经验交流和汇报会。完成了对每个试点村发放10万元的补贴，全区共计发放补贴190万元。

【产权制度改革回头看】年内，区农委、区经管站，联合14个镇，对全区561个农村集体经济组织开展产权制度改革回头看活动。活动分为自查阶段、制定整改方案阶段和整改措施落实阶段，各阶段分别通过组织召开座谈会等形式，对活动进行部署、督导和落实。通过整改，全区进一步规范了新型集体经济组织的运营管理，强化民主监管，完善分配机制，依法保障股东合法权益，巩固和提升了改革成果。

【探索股份占有收益新机制】年内，大兴区研究制定了集体资产经营风险规避的办法，完善了征地款专户管理的三方监管协议格式化文本，起草了转非前征地款专户内资金开展委贷理财，不影响转非前提下的必走流程、限制范围（区内国有企业）、限制期限（一年短期限）的规定。完善了各村收益分配的办法，统筹处理好分配与积累的关系，切实避免集体资产流失和新的分配不公，使以实物分配为主向股份分红为主实物分配为辅转变。上年度，全区个人股东实现分红8.4亿元，惠及12个镇、263个村、17.2万股东，人均分红4 896元，其中，全区123个搬迁村中有102个搬迁村年终分红，分红总额6.8亿元，人均分红10 061元。另外，全区福利分配实现2亿元。

【村级财务预决算执行情况】年内，全区14个镇（除亦庄外）有13个镇的523个村实行了预决算制度。全区村级集体经济组织实现总收入为246 078.3万元，同比增长48 953.5万元，增长率为24.8%，占年初预算194 153.7万元的126.7%；总支出为164 496.2万元，同比增长14 038.7万元，增长率为9.3%，占年初预算179 998.1万元的91.4%；全区管理费用总计47 441.6万元，同比下降5 479.2万元，下降率为10.4%，占年初预算61 591万元的77%；全年部门无偿投入账外资产入账金额为661万元；固定资产投资总计1 551.4万元。

【村级公益事业专项补助资金管理】年内，落实专项补助资金新增50%的分配工作，制定出台了《关于完善大兴区村级公益事业专项补助制度的意见》和《大兴区村级公益事业专项补助资金分配方案》。全区10 744万元的公益事业补助资金按照基本保障、人口规模分配和重点倾斜的原则落实到村。

【收益分配统计分析】年内，全区农村经济总收入完成5 231 708.7万元，同比增长7.18%。主营业务收入完成5 028 736.2万元，同比增长6.99%。其中，一产实现收入447 632.5万元，同比增长2.25%；二产实现收入3 091 228万元，同比增长9.11%；三产实现收入1 489 875.7万元，同比增长4.24%。农民人均劳动所得19 070.9元，同比增长8.12%。

【“一事一议”财政奖补】年内，实现规范化、科学化、精细化管理水平，支持和引导“一事一议”财政奖补项目向低收入村和低收户集中的村倾斜。实现全区村级公益事业建设“一事一议”筹资筹劳财政奖补项目近30%落实到低收村。明确建设项目以道路、排水和绿化为项目建设方向，规范民主程序，严格执行项目建设标准。筛选出54个村级公益事业建设“一事一议”财政奖补项目（其中“一事一议”项目45个，美丽乡村项目9个），覆盖了除黄村、瀛海、旧宫、亦庄之外的10个镇，其中有12个项目涉及低收入村，包括田间路硬化、村内道路硬化、排水及绿化等项目。项目投资总额4 447.39万元，申请财政奖补资金3 250万元。

【农村信息化建设】截至3月，完成了农经平台服务器的更换工作，4月开展了对14个镇服务器使用情况的检查验收，全部运转正常，同步完成了数据更新工作。4—5月开展了对2010—2013年的农村信息员数据采集补贴的发放情况检查，对全区524个村信息员数据采集补贴的发放情况进行了检查，确保补贴全额发放至信息员手里。8月组织开展信息员业务培训443人次。7—10月开展了对各村的网线铺设情况进行摸底调研，积极推进四级网络建设。

农 民 生 活

【农民收入实现增长】2014年，全区农村居民人均纯收入达到18 824元，同比增长10.4%。工资性收入实现10 398元，同比增长8.1%；家庭经营性收入实现1 118元，同比增长13.2%；财产性收入实现4 777元，同比增长17.3%；转移性收入实现2 531元，同比增长7.1%。

【提高低收入农户增收能力】年内，大兴区出台低收入村增收发展实施意见，争取市级资金、安排区级专项资金，加大对低收入村、户的支持；统筹推动区直单位、龙头企业、农口单位在职党员与低收入村进行对接，统筹协调村级公益事业金、“一事一议”项目、农业设施建设等政策向低收入村倾斜，积极引导低收入村发展林下经济、设施农业、观光旅游等产业，实现全年低收入农户人均可支配收入增长21.34%。

【促进农民就业】年内，实施农民综合素质提升工程，新增农村劳动力入职岗前培训、市花进我家、一会一社一中心和社会主义新农村建设等内容，培训农民2万余人；发挥月季产业、平原造林、农业园区等带动作用，实现新增绿色岗位就业1 600余人。

【开办农民田间学校】年内，区种植中心共开办57所农民田间学校，包括新建27所，续建30所。其中区农业推广站开办23所，区蔬菜技术推广站开办20所，区植保植检站开办7所，区土肥工作站开办7所，共有学员1 710人。涉及西甜瓜、蔬菜、甘薯三大主导产业及大田作物，其中蔬菜田间学校31所，西甜瓜田间学校6所，瓜菜田间学校10所，甘薯田间学校3所，粮食田间学校3所，花生田间学校1所，食用菌3所。

【政策性农业保险】年内全区种植业保险承保面积共计13.12万亩，保险品种达23个。“5·31”“6·10”两次大的自然灾害发生后，大兴人保支公司“5·31”赔付金额1 223万元，“6·10”赔付金额760万元；中华联合公司共计赔付695万元。启动了政策性农业保险开发新险种工作，9月25日召开了人保、中华联合保险公司、区直相关单位、部分镇代表和农业保险专家组参加的座谈研讨会，研究民房、平原造林、月季三个新增险种的实施条款、费率和保险期限等的具体问题，加快推进新增险种的落地速度，进一步保障农民的切实利益。

【启动新农合“共保联办”模式】年内，通过购买服务，引入商业保险机构——人保健康北京分公司，与新农合管理部门以联合办公的形式开展新农合管理和服务工作。将住院直报范围扩大至二、三级医院，方便参合农民就医；成立审核室，通过专业人员审核减少错报漏报率，确保参合农民利益及基金安全；加强医疗行为监管，建立驻点核查和定期巡查两支队伍，全面规范医疗行为，该模式惠及全区近30万参合农民。

【启动基层卫生院托管】由区人民医院、北京市仁和医院分别托管榆垡镇、礼贤镇中心卫生院，挂牌成立北京市大兴区人民医院南院区、北京市仁和医院南院区。依托二、三级医院的学科、技术和管理优势，实现医疗资源共享、一体化管理，推进基层卫生院实现“三不变”“两提升”，即：医院公益性保持不变、提供基本医疗卫生服务内容保持不变、财政投入机制不变，管理水平提升、服务能力提升；使当地群众不出镇就能享受到区级专家的服务。

【文明引导进乡村活动】4月28日，“中国梦·新区情——文明引导进乡村”慰问演出活动在长子营镇罗庄二村开展。区公共文明艺术团的演员们为村民们带来了一场文化盛宴，在活动现场公共文明引导员还向村民们发放了垃圾减量、垃圾分类宣传手册及环保袋。

【文化惠民演出】12月2日，区文化馆在魏善庄镇桃花园举办大兴区文化惠民系列演出活动。本场演出邀请基层文艺团体表演优秀文艺节目，有歌舞、戏曲、杂技、快板等。

基层组织与民主政治建设

【党内民主机制不断健全】出台《关于试行镇党代会年会制的意见》，指导14个镇全部按要求召开党代会。探索建立党代表列席市、区重要会议制度，党代表出席市、区重要会议30人次，扩大党代表的知情权、参与权和监督权。坚持开展基层党代表培训活动，提高党代表代言水平和履职能力，发挥基层党代表作用，推动工作开展。

【基层组织服务功能不断强化】开展基层服务型党组织建设示范点评选，明确2个市级试点、68个区级试点，通过试点先行、以点带面的方式，推进基层服务型党组织建设。研究推进了青云店镇东店村、魏善庄镇羊坊村和庞各庄镇梨花村“党组织引领、政府支持、社会力量参与、农民主体”四位一体的建设模式，充分发挥党组织在推动农村经济社会发展中的引领作用。

【开展基层党组织整顿】年内，针对53个村和8个社区的软弱涣散党组织开展集中整顿工作，已实现49个村和8个社区党组织的转化提升，转化率达到93%。

【强化非公党建工作】年内，培育10家非公党建示范点，总结推广非公党组织发挥作用的经验和做法，已成立非公党组织434个，覆盖率达到83.5%。

【建立农村基层干部培训学校】通过机关轮岗学、党校集中学、好村拜师学的“三学”方式，培训50名优秀村级后备干部，为村级党组织培养年富力强的后备人才。

【落实基层组织建设保障】落实村干部“一定三有”，不断提高在职村干部工资待遇，建立基本工资加绩效奖金的结构工资制。不断健全离任干部补贴机制，2014年共为1 047人发放补贴572万元。每年安排375万元，用于农村基层党组织建设奖励和保障。按照每个非公党委每年2万元、每个商务楼宇党组织每年2万元、其他每个党组织每年5 000元标准，拨付工作和活动经费。此外，安排150万元，用于社区、非公、机关事业单位、国企等领域基层党组织建设奖励。

“三农”工作部署和实施

【“三农”工作稳步扎实推进】年内，加快实施“三个一产”建设，不断深化农村改革、深入调整农业结构、持续提升农民素质，“三农”服务城市建设和产业发展的综合能力持续提升。大力发展节水农业，主动调减4万亩高耗水农作物。积极探索农业专业化、社会化经营，利用流转土地实现22个农业项目招商，庞各庄现代农业园等一批项目投入生产，农业现代化经营体系进一步完善。强化农产品安全管理，提升50个“三品一标”基地，在全市率先应用质量安全监管系统。坚持“四美三园”标准，推进第一批美丽乡村建设，完成1万户农宅改造，安装1.3万台太阳能热水器，农村生产生活环境持续改善。加快推进“新三起来”工程，制定出台农村“三资”管理意见，完成全市农村承包地确权颁证试点，实现集体土地规模化流转8.9万亩，农民薪金、股金、租金等收入占比超过70%，低收入户人均收入增幅达到20%，农民组织化程度达到85%。农业休闲旅游蓬勃发展，市级旅游新业态园区达到75家，旅游总收入实现47亿元。完善农业保险机制，扩大政策性保险覆盖范围，为“三农”建设提供了有力保障。

【高度重视调查研究工作】年内，大兴区成立农口联合调研组，围绕新型城镇化推进、生态环境建设、低收入农户增收等“三农”重点工作，开展了33个专题调研，在此基础上，制定出台了《2014年深化农村改革加快推进新型城镇化建设的意见》《2014年农民综合素质提升工程的实施意见》《2014年促进农村经济薄弱地区发展及低收入农户增收的实施意见》等10余项“三农”政策。

【开展“双百双千”城乡共建活动】年内，全区115家单位近千名干部深入农村，围绕班子建设、经济发展、转移就业、农村稳定开展共建，统筹协调资金1 233万元，开展对接帮扶320余次，解决难点问题6类100余项，推动了城乡一体发展。

【全力助推惠民生】年内，以“双百双千”城乡共建活动和“五个一”工程为载体，帮助青云店镇东大屯村发展“林下经济”，利用村两侧平原林地，种植中草药，发展养殖业，当年收入50余万元，解决了村内21户村民的就业问题，促进了村民增收和村况稳定，对全区“林下经济”起到了示范作用；为“对口帮扶贫困村”庞各庄镇丁村和“对口联系企业”北京市阀门厂牵线搭桥，既解决了丁村农产品销售问题，又解决了企业实际困难，实现了村企共赢。

【提高农业科技水平】年内，推进第四期院区合作项目，围绕农业结构调整、月季大会、新型城镇化建设等征集第五期合作项目。实施基层农技推广补助项目，培养科技示范户700户，围绕蔬菜、西甜瓜、生猪三大主导产业，实现主推品种50个，主推技术30项。375名村级全科农技员积极开展农业技术推广和服务工作29 563次，服务农户63 506户。选派13位科技干部赴基层挂职科技副镇长。创建了13家农村实用人才示范实训基地，其中1家基地（贾尚种植园）被评为市级实训基地。年度共培养农村实用人才457名。开展农业部阳光工程农民创业培训班，分两批四个班培训农民200人。

大兴区领导名录

区委书记	李长友
副书记	谈绪祥　张伯旭(2月免)　梁　胜(2月任)　王有国
常委	李长友　谈绪祥　张伯旭(2月免)　梁　胜(2月任)　王有国　邓志荣(女)　邵　恒　高言杰　戴明超　姜泽廷　贺安钢　张耀邦　温　震(11月免)　贺　锐　付　铎(挂职)　王清旺(11月任)
区人大常委会主任	张晓林
副主任	李永贵　刘志茹(女)　靳文浦　张　岭　张丽英(女)
区长	谈绪祥
副区长	张伯旭(2月免)　梁　胜(2月任)　邵　恒　戴明超　沈　洁(女)　喻华锋　金卫东　陈晓君(12月任)
区政协主席	王　新
副主席	陈晓英(女)　李维民　汪宝国　赵长虹(12月任)　邓景全(不驻会)　郭　耕(不驻会)　陈晓君(女,不驻会,12月免)
区纪委书记	邓志荣(女)
副书记	李尚贤　芦君英(女)　关　卓
区农工委书记	贺　锐
区农委主任	贺　锐

大兴区各镇党政正职领导

	党委书记	镇长
黄村镇	白立成	刘长江（5月免）

		刘　耕（5月任）
北臧村镇	贾卫国	谢景然（女）
亦庄镇	刘素然	王　森
旧宫镇	刘景瑞	张廷武
瀛海镇	何景涛	刘亚林
西红门镇	马士刚（2月免）	李　强（2月免）
	李　强（2月任）	郑亚君（2月任）
庞各庄镇	王学军	张志全
榆垡镇	杨彦光	郑小毅（7月免）
		刘志刚（7月任）
礼贤镇	杜志勇	侯志伟（7月免）
		任喜军（7月任）
魏善庄镇	戴光伟	孔祥森
青云店镇	李亦武	张存忠
安定镇	胡宝琛	曹　跃
采育镇	杨永政	张新颖
长子营镇	张　辉	潘郁峰

（大兴区史志办　田亚南）

怀柔区

概　述

怀柔区位于北京城区东北部，东靠密云，南连顺义，西和昌平、延庆为邻，北与河北省丰宁、滦平、赤城三县接壤。全区总面积2 122.6平方公里，其中山区面积占88.7%。区辖12个镇、2个满族乡、2个街道办事处，有284个行政村。常住人口38.1万人，户籍人口28.1万人，其中，农业人口14.8万人，非农业人口13.3万人。面对筹办APEC会议的重大政治责任和经济社会发展的繁重任务，在市委、市政府的领导下，怀柔区委、区政府带领全区人民，认真履职尽责，奋力攻坚克难，圆满完成会议筹办任务，经济社会发展取得了新成绩。2014年实现地区生产总值219.3亿元，增长7.8%；完成区域财政总收入99.9亿元，地方公共财政预算收入30.3亿元，分别增长12.6%和13.6%；完成固定资产投资167.1亿元，增长7.1%；实现社会消费品零售额114亿元，增长12.1%；万元GDP水耗、能耗分别下降3%和3.1%；实现城镇居民人均可支配收入35 771.3元，农民人均纯收入18 196元，分别增长10%和11.2%，区域综合实力持续增强。

城乡一体化

【概况】统筹推进城乡发展，城乡一体化步伐不断加快；全面实施精细化管理，环境建设水平显著提升。

【城乡建设取得新进展】新城规划评估、城市设计工作取得阶段性成果。新城04街区非住宅腾退完成，各项手续加紧办理；08街区开发一期非住宅拆迁基本完成。老城改造加快实施，青春广场一期顺利摘牌，龙山广场住宅项目全面竣工；棚户区改造方案不断深化，欧马可地块腾退顺利实施，青春路六号院主体结构封顶，杨家园改造主体工程完工，29.8万平方米老旧小区综合整治全面完成，怀柔博物馆改建、老干部活动中心改造完工。桥梓镇新城镇规划不断优化，汤河口镇控规编制完成。新农村建设扎实推进，1 900户农民住宅抗震节能改造、1 293户山区农民搬迁工程全部完成，农村生活条件进一步改善。

【基础设施实现新提升】全年全区用于城乡基础设施建设资金达到45.1亿元。城乡路网体系更加完善，111国道二期、怀长路改扩建、兴怀大街东延、北大街跃进桥段改造竣工通车，60项乡村公路大修工程全部完成。市政服务功能不断增强，南水北调怀柔段泵站和管线工程完工，南华、宰相庄110千伏变电站建成发电，区消防指挥中心与杨宋特勤消防站合建工程主体完工，陕京四线天然气管道怀柔段建设顺利推进，3个公交场站、252座公交站亭和79个电动车充电桩建成使用，城市运行保障能力持续提升。

【社会建设迈出新步伐】有效整合各种服务管理力量，加快推进城市管理、社会服务、社会治安“三网”融合，办理社会服务管理事项10.7万件。积极推进“枢纽型”社会组织体系建设，不断完善社会动员体系，实名制注册动员力量达到1.2万人。推进农村社区管理服务创新示范区建设，建成市级“六型社区”6个、社区规范化示范点19个。加快“智慧怀柔”建设，全区91%的区域实现4G网络覆盖。

【城乡面貌焕然一新】圆满完成环境整治任务，城乡环境达到历史最好水平。保持打非拆违高压态势，拆除违章建设 63.5 万平方米，实现新生违建“零增长”。开展百日环境秩序整治专项行动，清运堆物堆料 3 000 吨、拆除违法广告牌匾 4 000 处。完成城区 24 条小街小巷改造，铺筑沥青混凝土 8.8 万平方米、人行步道 2.9 万平方米。下大力气整治农村地区环境，拆除私搭乱建 42.6 万平方米，粉刷房屋外立面 48 万平方米，硬化道路和绿化美化 65 万平方米，乡村环境大幅提升，中榆树店、花园村被评为“北京最美乡村”，喇碾路当选“北京十大最美乡村路”。

【城乡管理更加精细】全方位开展“精细化管理年”活动，全面强化“门前三包”，街面环境秩序不断改善。增设城区道路硬隔离，开展燃油摩托车、三轮车整治，交通秩序持续好转。完成 12 个小区生活垃圾分类工作，70%的城镇常住人口实现垃圾分类达标。制定协管员统筹管理办法，圆满完成协管员改革试点工作。建立健全城乡环境管理长效机制，新增保洁员 1 830 人，基本实现了清扫、保洁、垃圾收集设施城乡全覆盖。

农村经济发展

【概况】全年全区实现农业总产值 20.4 亿元，同比增长 0.3%。逐步调整农业产业结构，实施蓝莓种植项目 880 亩、板栗提质增效和高效现代果园建设项目 1 300 亩；高端肉牛全年存栏数 1 500 头，成为全国第三大高端肉牛养殖区；扩大冷水鱼籽种产业规模，引进优质种苗 25 万尾，新繁育鱼苗 2 000 万尾。全力打造特色沟域，建设了喇叭沟门满族乡白桦谷沟域，打造了“北京极地——22 度的夏天”休闲度假品牌，在全市沟域建设评比中，获得一等奖。

【粮食产量】播种粮食 12.2 万亩，亩产 250.7 千克，实现总产量 3.1 万吨。其中，冬小麦播种面积 1.3 万亩，实现总产量 0.4 万吨；玉米擘画总面积 9.2 万亩，实现总产量 2.6 万吨。

【畜牧业】出栏生猪 119 667 头，肉牛 3 799 头，家禽 862 万只。禽蛋产量 1 794 吨，牛奶产量 37 663 吨，水产品产量 3 921 吨。

【观光休闲农业】全区农业观光园 217 个，与上年持平；观光园总收入 1.7 亿元，增长 5.5%。民俗旅游农户 2 665 户，比上年增加 306 户；民俗旅游总收入 1.5 亿元，增长 3.2%。设施农业实现收入 1.2 亿元，增长 7.7%。

【设施农业】设施农业播种面积 5 853 亩，实现收入 11 797 万元。其中，大棚播种面积 2 472 亩，实现收入 4 576 万元；温室播种面积 2 517 亩，实现收入 4 899 万元；中小棚播种面积 864 亩，实现收入 2 323 万元。

【引入“果树高效栽培技术”】引入“果树高效栽培技术”在全区成功推广应用 1 300 亩，其中新建果园 800 亩，主栽品种苹果、桃；改造果园 500 亩，主栽品种苹果。“果树高效栽培技术”一改过去“桃三杏四梨五年，苹果挂果七八年”的传统产果模式，实现了当年种树，次年产果，投入少、产量高、品质好。

【首次成功实现大马哈鱼人工孵化】10 月 29 日，渤海镇曹吉山渔场引进的大马哈鱼成功实现人工孵化，全部出苗可达到 2 500 尾。这是怀柔区自 2012 年 6 月引进该品种后，在人工养殖的基础上，首次成功实现大马哈鱼人工孵化。

【家禽创新团队先进技术对接养殖户】7 月 2 日，北京市家禽创新团队疫病控制研究室的 4 位岗位专家与怀柔区北京顺通万福农副产品产销专业合作社和北京渤海群兴种养殖专业合作社 2 家散养蛋鸡场户达成协议，完成了抗菌肽技术对接。上述两家养殖户在区内率先使用抗菌肽技术。此项技术的应用最高可使蛋鸡产蛋率提高 50%，蛋鸡死亡率降低 50%，同时还可提高蛋鸡肉制品以及鸡蛋的营养物质。

【明清板栗园正式开工建设】明清栗园景观提升工程位于渤海镇沙峪村，依托园内 33 棵明清板栗古树进行建设，面积 50 亩，对园区内板栗古树进行树池保护、树体加固，修建园区作业道路 2 063 平方米，停车场 1 600 平方米，修建入口标识、景亭、卫生间等配套设施。园区建成后，游人可近距离接触板栗古树，了解板栗文化，还可采摘板栗，走“美景＋美食”的特色旅游之路。

【举办食用菌栽培技术培训班】4 月 8 日，举办由区种植业服务中心的专业技术人员、食用菌种植大户、全科农技员等 60 余人参加的食用菌栽培技术培训班。培训邀请食用菌综合试验站的专家，就食用菌的栽培技术、病害防治等内容进行讲解，并现场为食用菌种植户解答各种技术问题和生产环节中出现的问题，使广大农户受益颇多。

【六家园区（企业）获市休闲农业星级园区（企业）称号】 在北京市观光休闲农业行业协会举办的第一批北京市休闲农业星级园区（企业）评定工作中，全区六家园区（企业）荣获星级园区称号。其中，获得五星级园区称号的企业为鹅和鸭农庄；荣获四星级园区称号的是北京鹿世界主题园、顺通虹鳟鱼休闲度假中心；荣获三星级园区称号的是麒聚华农业生态园；荣获二星级园区称号的是北京圣竹种植中心、桥梓镇东凤山村鲍俊贤大枣采摘园。

【尜尜枣荣获全国名特优新农产品称号】 桥梓镇东凤山尜尜枣荣获2013年度全国名特优新农产品称号，其口感甜脆，果皮光滑，皮薄肉厚，受到广大消费者青睐。目前，全区尜尜枣可采摘面积达两万亩。

【三秋农机作业顺利告捷】 共收获玉米95 139.3亩，其中机收面积47 000亩，占玉米收获总面积的49.4%，实现了秸秆全面禁烧；共播种小麦15 000亩，保护性耕作面积达到100%；共投入玉米收获机、拖拉机等各类农业机械1 639台套，秋种机耕、机播水平均为100%。

村　镇　建　设

【概况】 启动了45个美丽乡村建设工作，其中中榆树店村、花园村被评为最美乡村；完成了1 165户、2 685人山区搬迁工作，稳步推进6 000户农民住宅抗震节能改造工程；大力整治农村地区老旧养殖小区，拆除违法建设2.6万平方米，疏解人口3 778人。严格落实清洁空气行动计划，改造燃煤锅炉186台、1 196.3蒸吨，完成农村优质燃煤替代和煤改电9 572户，热计量改造63万平方米，实施送气下乡55 964户，削减燃煤29万吨。投入资金5亿元，完成造林1.9万亩，抚育管护5.9万亩，栽植各类苗木126万株，全区林木绿化率达到78%；创建园林小城镇1个、花园式社区和单位6个、首都绿色村庄8个，共有12个镇乡获得国家级生态乡镇称号。治理水土流失面积50平方公里；怀柔水库一、二级圈内村庄污水设施改造完成，9个村饮水健康行动工程完工，1 900户农民用水安全得到保障。

【制定乡村建设意见】 怀柔区制定了“2014—2020年提升农村人居环境，推进美丽乡村建设”实施意见。实施重点主要包括落实清洁空气行动计划、开展新一轮农村电网改造、农宅抗震节能改造、加大农村污水处理力度、搞好村庄环境综合整治、做好农村医疗卫生服务、保护传承农村历史文化和建立长效管护机制和制度等内容。意见指出，从2014年开始，在全区各镇乡全面开展提升农村人居环境，推进美丽乡村建设工作，通过整治、建设与发展，力争到2020年全区农村地区的村庄基本建成田园美、村庄美、生活美、人文美的美丽乡村，使之成为农民和谐宜居的幸福家园和致富增收的就业田园，成为市民向往的休闲乐园。未来6年每年推进不低于15%的村庄进行美丽乡村建设，每年建成一批“北京美丽乡村”。

【启动市花进社区、鲜花扮乡村活动】 4月25日，怀柔区启动喜迎APEC、扮靓我家园暨市花进社区、鲜花扮乡村活动。2014年，全区在大规模环境整治成果基础上，进一步对环境实施精细化管理，在街道社区栽植月季16万株，在各镇乡播种花种133万平方米。此次活动的开展旨在进一步绿化美化区域环境，增强市民“植绿、爱绿、护绿”意识，引导广大居民积极投身绿美家园公益活动，共同打造美好城乡环境。

【燕山满韵风情大道主体工程完工】 怀柔燕山满韵风情大道旅游基础设施（一期）工程建设地点为111国道两侧，涉及怀北镇、琉璃庙镇、汤河口镇和宝山镇，共计34个子节点。该项目于2014年4月18日正式开工建设，通过各参建方的积极努力，主体工程已完工，区旅游委组织设计、监理及施工单位对该项目进行了四方验收。

【签订镇村污水处理设施维护协议】 12月22日，怀柔区与北京排水集团签订《怀柔区镇村公共污水处理设施特许维护运行合同》，区水务局、北京排水集团水务投资公司、京怀水务有限公司相关领导出席签字仪式。区内223座村级污水处理站点、9座镇乡级污水处理站由北京排水集团负责日常运行和维护。

【农村改水工程顺利完工】 怀柔区农村改水工程暨2014年农村饮水健康行动工程年内完成。工程主要包括新建泵房、安装消毒设备、修建蓄水池以及铺设供水主管道等内容，该工程的完工，解决了宝山、北房、汤河口等6个镇9个村8 000余人的健康饮水问题。

【平原地区生态综合治理项目完工】 怀柔镇、桥梓镇、庙城镇、北房镇、杨宋镇5个平原镇生态综合治理项目完工，该工程治理平原区排涝河网12条，治理总长度约 51.77 公里。通过采取河道疏浚、原有阻水建筑物拆除、改建桥涵及管涵等措施，使得项目区河道的防洪能力提高到 10 年一遇，部分地区达到 20 年一遇的防洪标准，对于保护周边村镇安全，抵御洪水威胁，维护正常的生产生活、社会稳定发展有着重要的意义。

【西水峪和大榛峪两条小流域综合治理完工】该建设项目位于西水峪和大榛峪两条小流域内，分别属于怀柔水库上游三级水源保护区内的怀九河和怀沙河流域范围。工程治理面积 20 平方公里，建设内容包括：梯田整修 0.9 公顷，修建树盘 767 个，水土保持种草 2 公顷，栽植乔灌木 1 600 株，撒播草籽 10 000 平方米，建设垃圾收集站和污水处理设施各一处；修建田间生产道路 5 759 米；河岸（库滨）带治理 1 730 平方米；沟（河）道清理整治 4 800立方米。

【八道河和辛营渤海小流域综合治理工程通过验收】1 月 21 日，八道河和辛营渤海小流域综合治理工程项目验收合格。该项目包括雁栖镇八道河小流域和渤海镇辛营渤海小流域的综合治理工程，共治理水土流失面积 43 平方公里。其中八道河小流域治理面积为 13 平方公里，辛营渤海小流域治理面积为 30 平方公里。

【白河生态治理工程初步设计概算获市发改委批复】年内，怀柔区白河生态治理工程初步设计概算获得市发展改革委批复，工程主要包括：河道垃圾清理、平整 50 470 立方米；河道植物带建设 133 777 平方米，种植乔木 2 013 株、灌木 66 074 株、攀爬植物 1 793 米，播草籽 98 356 平方米；拆除拦水建筑物 2 座，共计 1 944 立方米；新建防浪墙 1 710 米，灌草结合护坡 1 081 米，设置警示桩 33 根，治理河道 47.7 公里。

【造林任务圆满完成】年内，怀柔区在平原造林、中德合作近自然经营、彩色树种造林工程等绿化工程中共计栽植树种 54.61 万株，完成造林总面积 1.5 万亩。新增造林每年能增加蓄水 26 万吨，吸收二氧化碳 0.98 万吨、释放氧气 0.71 万吨；吸收二氧化硫 411 吨，减少沙坑地区扬尘 70%以上，每年产生生态价值 1 144.5 万元，生态效益显著。

【喇碾路入选北京十大“最美乡村路”】8 月 26 日，在北京市交通委组织开展的寻找“最美乡村路”活动中，怀柔区喇碾路入选。喇碾路东起喇叭沟门满族乡乡政府旁的Ⅲ国道，西通宝山镇、滦赤路，途经喇叭沟门原始次生林风景区、黄甸子村西侧的夏凉宫。沿途设置 12 个景观停车场、3 个观景台、2 个休息台，道路平整舒适，路域环境美观，沿途满族风情浓郁。中间节点的原始森林和次生林，集中连片，拥有国家森林公园和京郊“白桦谷”之美誉。其沿线已形成为民俗接待、观光采摘、休闲度假、旅游观光为一体的综合产业带。

农村改革与管理

【概况】深化农村“新三起来”改革任务，完成田仙峪村闲置农村房屋养老试点阶段性工作；通过农村产权交易平台流转土地 10 宗，流转面积 8 200 余亩；基本完成了怀北镇农村土地承包经营权确权登记颁证试点工作；成立了渤海镇板栗产销联合会，创建区级以上示范社 24 家。

【举办农机合作社规范化建设培训班】12 月 9—10 日，举办怀柔区 2014 年农机专业合作社规范化建设培训班，全区 19 家农机专业合作社的理事长及镇乡农机管理人员共 60 余人参加。培训形式采用理论与实践结合的方式，培训内容包括农机示范社实地观摩、合作社规范化建设、怀柔区农业结构调整、农机培训政策文件解读、国内外先进农机农艺技术的学习等。

【启动农村土地承包经营权登记试点工作】怀柔区在怀北镇启动农村土地承包经营权登记试点工作。本次试点工作是在农村集体土地所有权确权登记发证的基础上，进一步完善试点村的农村土地承包经营权确权登记办证工作，试点范围是农户家庭土地承包经营权确权登记，不包括其他方式的承包经营权确权登记。凡是应当依法纳入农户家庭土地承包经营权确权的土地都要进行确权登记，包括确权确地、确权确利、确权确股三种方式确权的土地。主要是以现有土地承包合同、权属证书和集体土地所有权确权登记成果为依据，查清承包地块面积、地类、四至和空间位置，建立健全土地承包经营权登记簿，妥善解决承包地块面积不准、四至不清、空间位置不明、承包权益不落实、登记簿不健全等问题，把承包地块、面积、合同、权属证书全面落实到户。

【召开农村“三资”管理工作推进会】8 月 22 日，召开农村“三资”管理工作推进会，对农村“三资”管理工作进行部署。为进一步做好“三资”工作，怀柔区将培育和发展农村产权交易市场，规范农村产权交易行为，促进资源优化配置，强化农村集体“三资”经营管理。加强试点先行，总结典型经验广泛宣传，采用多种形式，促进农村集体经济合同管理规范化建设。并将继续加大相关法律法规宣传普及力度，分层次有重点地做好业务培训。

农村民生

【概况】2014年，实现农民人均纯收入18 196元，比上年增长11.2%。农村居民家庭人均生活消费支出11 254元，比上年增长10.7%；农村居民家庭人均住房面积43.7平方米；农村居民家庭恩格尔系数35.1。

【社保体系不断健全】年内，安置城乡劳动力7 000人，城镇登记失业率为2.7%，“零就业”家庭保持动态为零。加快推进城乡社保一体化，五项保险参保人次增长7%。城乡低保、最低工资标准、职工退休金等待遇与经济社会发展同步增长。为居民提供保障性住房2 462套，建成养老照料中心2家，支出各类救助金7 631万元。

【社会事业全面发展】不断优先发展教育事业，大力培植优质教育资源，深化与市级名校合作办学，北京101中学怀柔校区、中科院和首师大怀柔幼儿园建成招生，北京实验二小怀柔分校项目获得市发改委批复；中小学、学前建设三年行动计划稳步推进，第四幼儿园、怀北九年一贯制学校主体完工，汤河口镇幼儿园和10个村级幼儿园建成使用。努力提高医疗卫生服务质量，新怀柔医院投入使用，安佳医院、疾控中心改扩建主体完工；着力引进优质医疗资源，与12家三级医院建立合作关系；组建区域医疗联合体，提供高效医疗服务；为12万农民发放“居民健康卡”，新农合参合率达到99%；稳妥实施“单独二孩”政策，低生育水平保持稳定。积极发展文化事业，迎接首都文明区复检，通过全国文化先进县复检，新建、扩建基层文化室32个。

【建立农村老年教育基地】12月，全国首家农村老年教育基地在杨宋镇建立，并在杨宋镇9个村成立《幸福养老大课堂》工作站。每个工作站由3位工作人员负责，利用协会的志愿者网络，以远程网络教育和面授相结合的方式无偿为老人进行授课。远程课上有老师现场为老年学员解惑答疑，用面授课程补充和完善网络教育课程。凡是年龄在60岁以上的常住居民（在居住地三个月以上老人）均可报名参加学习。学员可以享受每周至少两次的网络教学、每月两次的面授方式教学，可以重复交叉学习医疗保健、养生、国画、摄影、国学和健身等课程。

【启动春节前农民工工资支付专项执法大检查】12月5日，召开春节前农民工工资支付情况专项执法检查部署会，全区30家无拖欠工资工作领导小组成员单位主管领导参加。会议要求，区无拖欠工资工作领导小组要对全区招用农民工较多的建筑施工、加工制造、餐饮服务等各类用人单位进行拉网式检查。整个行动分为普法宣传自查自纠、执法检查、分析总结三个阶段，做到认识到位、组织到位、措施到位，力争将拖欠农民工工资问题消除在萌芽状态。

【多所学校建设项目获市发改委批复】年内，怀柔区多所学校建设项目获市发改委批复。包括长哨营满族乡中心幼儿园概算、北房镇中心幼儿园初步设计概算、杨宋镇中心幼儿园可研、宝山中学新建项目和庙城学校改扩建项目等。这些项目的建设，将有效提升我区农村地区教育硬件设施水平，优化教育资源合理配置，进一步完善教育资源结构性失衡问题，助推全区办学教育质量的提高。

【农村就业服务打通“最后一公里”】截至3月，怀柔区284个行政村全部挂牌成立了村级就业服务站，就业服务实现了村村通，打通了“最后一公里”。全区已建立“职能下延、全区联网、信息共享”的就业服务体系，形成了以区就业服务机构为中心、镇乡就业服务机构为补充、村级劳动保障服务机构为延伸的三级服务平台。每个就业服务站都配备了劳动就业协管员，全区基层就业服务人员已达到430人。这些村级就业服务站承载了农村高校毕业生就业情况调查、农村劳动力转移就业台账登记、镇村级小型招聘会举办、就业困难人员入户帮扶等一系列就业服务。每个村级就业服务站都设立了招工信息栏，提供各类就业政策及招聘信息，每周进行实时发布，使农民群众在家门口随时了解招工信息。

基层组织与民主政治建设

【怀柔区群众路线教育实践活动效果显著】2月以来，怀柔区在1 344个基层党组织和31 531名党员干部中，开展了自上而下深入党的群众路线教育实践活动。在活动中，全区各级党组织和广大党员干部，始终把开展教育实践活动作为重大政治任务，紧紧围绕“为民务实清廉”的主题，聚焦“四风”问题，坚持高标准、严要求，投入了大量精力，认真推进各个环节，取得了显著成果，得到了社会各级广泛肯定。

【镇乡村党组织负责人进行集中培训】11 月 24—30 日，分三批对 284 个村的党组织负责人以及 14 个乡镇的党委副书记、组织委员、党建办主任进行培训，每期 3 天。此次培训，围绕村党组织书记廉洁履职、创建基层服务型党组织、农村党员的教育与管理、基层政权法治建设、乡村产业发展、国科大与怀柔发展等主题进行授课。通过培训，进一步巩固了党的群众路线教育实践活动的各项成果，提升了农村党组织负责人带头履职、服务群众、廉洁自律、民主管理的意识和能力，理清了村级发展和自身履职存在的突出问题，起到了不断提升基层党组织引领力，增强村级自身“造血”功能的作用。

【召开新农村建设工程廉政教育培训会】10 月 29 日，区农委举办全区新农村建设工程廉政教育培训会，各镇乡主管新农村建设工程的相关负责人、具体工作人员、实施农民住宅抗震节能单项改造村的村书记、主任以及施工企业、监理公司约 200 余人接受培训。会上，就新农村建设工程中存在的违纪违法问题、原因及预防等问题进行了专题培训。会议要求，各镇、村要通过培训杜绝违法违纪问题的发生，认真开展思想政治教育和清正廉洁教育，完善各项制度措施，加强和改进薄弱环节，扎紧制度的笼子，筑牢反腐的防线，使各项新农村建设工程成为利民工程、惠民工程，同时也是放心工程、廉洁工程。通过培训，进一步降低了新农村建设工程的廉政风险，增强了农村党员干部的政治意识、法律意识和廉洁自律意识。

【新增 6 个市级民主法治示范村】怀柔区北房镇南房村、怀北镇西庄村、庙城镇高两河村、桥梓镇后桥梓村、雁栖镇范各庄村、长哨营乡遥岭村共 6 个村成为北京市第五批“民主法治示范村”。

【举办村务监督委员会主任培训班】9 月 24 日，区民政局举办村务监督委员会主任培训班，全区 284 名村务监督委员会主任参加培训。聘请市民政局基层政权处等部门的专家，就《北京市村务监督委员会工作规程（试行）》、如何在党组织领导下开展村务监督工作以及村级财务知识等方面内容进行了培训。

【《村级干部廉洁履职规定图解》引起社会广泛关注】怀柔区纪委编制下发的《村级干部廉洁履职规定图解》（以下简称《图解》），引起了社会的广泛关注。通过向全区 14 个镇乡的 284 个行政村下发 3 000册、在怀柔廉政网发布《图解》内容、从《图解》中选取内容对村干部开展廉政法规测试等方式，督促指导全区农村干部形成廉政法规知识学习热潮。《北京青年报》、新华网、百灵网等报纸网络媒体对《图解》纷纷报道，形成了广泛的社会影响力。山东省沂源县纪委、河南省某村等通过信函、电话等多种方式，就《图解》的学习借鉴利用进行交流，怀柔区纪委积极回应，为农村基层干部廉政法规知识学习提供了支持和帮助。

【村（居）法律顾问工作初见成效】3 月，38 名律师与全区 284 个行政村、32 个社区签约担任法律顾问，“一村一居一律师”全覆盖法律顾问体系正式形成。村（居）法律顾问体系的建立，满足了广大基层群众法律需求，推动了基层组织民主法治进程，有效化解复杂疑难纠纷，工作成效初显。

【168 名新“村官”先培训再上岗】7 月 10 日，怀柔区 2014 年新聘任 168 名大学生“村官”岗前培训工作结束。本次新选聘大学生“村官”岗前培训为期 4 天，包括农村党建、怀柔区情、政务礼仪、安全教育等课堂训练以及锻炼学员团结合作意识、吃苦耐劳精神的军事科目训练。

“三农”工作部署和实施

【召开 2014 年农村工作会】3 月 13 日，召开 2014 年农村工作会，总结 2013 年农业农村工作，部署 2014 年工作任务。会议要求，全区上下要深刻认识新形势下的“三农”工作，要用新眼光、新思路去认识和把握，要更加注重解放思想，更新观念。各农口单位要把农业资金花好、用好，加强精细化管理，实现资金的有效使用，加强监督管理，各项目资金都要有审计和绩效评估。有关部门要建立相关制度、体系，加强统筹部署，做好监督。要更加注重狠抓落实、一抓到底，全力推动“三农”工作再上新水平，为实现怀柔新发展做出新的更大贡献。

【市民委副主任范宝来怀调研少数民族乡村经济】5 月 7 日，市民委副主任范宝到汤河口镇天河川和长哨营满族乡西沟村就少数民族乡村经济发展进行调研。调研期间，范宝对怀柔区少数民族经济发展工作取得的成就给予充分肯定。他要求，各相关部门要进一步加大帮扶力度，从资金、技术、人力等方面对少数民族乡村进行帮扶；各少数民族乡村要充分利用好满族文化优势和山水资源优势，大力发展满族特色文化旅游产业，拓宽少数民族乡村群众增收致富的途径，推动少数民族乡村经济快速发展。

【区人大常委会主任王仕龙视察设施农业发展情况】 7月16日，怀柔区人大常委会主任王仕龙带领部分人大代表先后来到庙城镇三山蔬菜产销专业合作社、北房镇金丰春源农庄视察设施农业发展情况。在随后召开的座谈会上，区种植业服务中心做关于设施农业发展情况的报告。各位代表就设施农业如何为当地百姓增收、如何解决种植品种单一化，以及如何满足市场的需求和供应提出了意见和建议。王仕龙在讲话中说，根据怀柔区当前设施农业的发展情况，要做好规划工作，建立一套完善的规划体系。进一步做好宣传和执行工作，扶植和引导农民增收，积极发挥设施农业在发展农村经济中的作用。

【区人大代表视察水污染防治工作】 8月19日，区人大常委会副主任赵学恭带领部分区人大代表，视察怀柔区水污染防治工作情况。区人大代表先后查看了雁栖河上游水质保障工程、沿河餐饮景点污水处理设施运行情况以及怀河水质和区污水处理厂再生水利用情况，并现场听取了区水务局关于怀柔区污水处理的现状、应用的技术手段、存在的问题和下一步治理工作重点等情况的汇报。区人大代表对怀柔区水污染防治工作取得的成绩给予了充分肯定并对存在的问题进行了深入的交流和探讨。

【区政协副主席董林调研农产品质量安全监管工作】 8月28日，区政协副主席董林带领部分政协委员先后到北京卧佛山庄养殖有限公司、鲜草旺养殖场、北京三山蔬菜产销专业合作社、北京绿神鹿业有限责任公司等地，对农产品质量安全监管工作进行调研。调研中，董林详细了解水产、蔬菜、畜牧等农产品生产企业发展现状，询问了质量安全制度落实，蔬菜产地检测、质量安全追溯体系建设，休闲观光农业建设等情况。随后，政协委员们就怀柔区农产品质量安全监管工作进行了座谈，并针对农产品质量安全监管现状提出了意见建议。

【副市长林克庆来怀检查森林防火工作】 10月30日，副市长、市森林防火指挥部指挥林克庆带领市有关部门领导来怀检查APEC会议期间雁栖湖地区森林防火工作。林克庆一行先后慰问了区森林消防大队消防队员和武警森林防火指挥部的驻防森林武警官兵，沿途检查了沿山一侧防火隔离带清理、生态林管护员上岗及山顶瞭望监测等情况。林克庆对怀柔区在保障APEC会议期间所做的森林防火工作给予了充分的肯定。他强调，APEC会议是一项重大的国事活动，怀柔区作为会议举办地，担子重，责任大，务必要将森林防火工作做实做细。

【市人大代表来怀视察新农村建设工作】 11月19日，市人大常委会组织6名市人大代表对怀柔区新农村建设工作进行了集中视察。人大代表先后视察了渤海镇田仙峪村闲置农宅改造情况和汤河口镇庄户沟门村农民搬迁工程。在随后的座谈会上，市人大代表指出，农村搬迁工作一定要发挥农民主体作用，充分考虑产业配套问题，真正实现“搬得动、稳得住、能致富”的目标。

【区委书记齐静调研北部山区搬迁村建设情况】 12月5日，怀柔区委书记齐静一行先后来到琉璃庙镇老公营村，汤河口镇卜营村，长哨营满族乡古洞沟村、二道河村调研北部山区搬迁村建设情况。视察过程中，领导一行深入搬迁施工现场查看新农宅建筑结构和户型设计，详细了解了新农村村庄规划建设、后续主导产业发展、土地流转、农民收入等方面的情况，重点了解了新农村建设中专项资金使用情况及存在的问题，并就当前存在的热点难点问题与基层干部群众进行深入交流讨论，征求好的意见建议。

【退耕还林补助粮发放工作全部完成】 2014年退耕还林补助粮食发放工作涉及13个镇乡的195个村，供应2.6万余户，共发放补助粮2 020.8吨，其中大米1 016.1吨，面粉970.6吨，小麦34.1吨。

怀柔区领导名录

区委书记	齐　静（女）
副书记	常　卫　萧有茂
常委	齐　静（女）　常　卫 萧有茂　王红兵　潘临珠 田一农　田文杰（1月免） 彭丽霞（女，满族）　周东金 张　明　周　燕（女，11月免） 胡　东（1月任） 武　克（11月任）
区人大常委会主任	王仕龙

副主任	祝自河　朱淑霞（女，12月任） 徐占明　赵学恭　金庚申 李凤先（女，12月免）
区长	常　卫
副区长	潘临珠　田文杰（1月免） 彭丽霞（女，满族，1月任） 朱淑霞（女，12月免） 张　勇　刘久刚　王玉山
区政协主席	武占刚
副主席	董　林（12月免） 王玉山（12月任）　史宗祥 杨万悦　钟建忠 闫振佳（女）　尹永利
区纪委书记	周　燕（女，11月免） 武　克（11月任）
副书记	杜连明 鲁泰吉（土家族，6月免） 史　勍（8月任） 冯庆霞（女，满族）
区委农工委书记	薄振山
区农委主任	鲍晓健（女）

怀柔区街道、镇（乡）党政正职领导

	党委书记	主任、镇（乡）长
泉河街道	乔玉龙	朱　刚
龙山街道	王学明	曹　岩（女）
怀柔镇	喻永刚	张建民
北房镇	胡文云	宋霁朋
杨宋镇	武贵军	田　杰
庙城镇	魏海涛	王建刚
桥梓镇	王洪利	李树海
九渡河镇	孙建杰（6月免）	任占智（6月免）
	任占智（6月任）	孟海龙（7月任）
渤海镇	王立臣	孙　逊
雁栖镇	彭明祥（满族）	卢振宇
怀北镇	马天彪	张茹苹（女）
琉璃庙镇	肖正凯	赫金峰
汤河口镇	周福刚	苗志强
宝山镇	田志兵	张　军
长哨营满族乡	王怀秋	彭玉柱（满族）
喇叭沟门满族乡	肖　坤（女）	彭明卫（满族）

（怀柔区委研究室　杜金喆）

平　谷　区

平谷区位于北京市东北部，总面积950.13平方公里，其中山区、半山区和平原面积各占三分之一，辖14镇2乡2个街道办事处。年末，全区共有272个行政村和32个居委会，户籍总人口41.7万人，其中农业人口16万人。2014年，平谷区坚持“一张蓝图绘到底”，坚持“一区四化五谷”发展战略，加快实施“六三”工程。年内，实现地区生产总值183.9亿元，增长9%；万元地区生产总值能耗和水耗分别下降3%和4%；完成固定资产投资158.1亿元，增长12%；社会消费品零售额84亿元，增长12%；地方公共财政预算收入26.4亿元，增长10%。2014年，平谷区紧紧围绕“农业增效、农民增收”工作主线，认真落实科学发展观，创新思路，狠抓落实，农业农村经济实现持续快速发展。全年农业总产值47.8亿元，同比增长7%。

城乡发展一体化

【新城功能日趋完备】泃河两岸呈现新气象，博物馆、体育馆陆续开放，万德福商业广场工程收尾。老旧小区提质保暖，全年17个老旧小区得到综合整治、66万平方米建筑完成节能改造，修复20万平方米破损路面，改造完成了42座公共厕所。开通了新平北路3个地下通道，大力推进滨河景观大道和平谷大街西延建设，完成了洵河西路亮化工程。

【农村城镇化水平不断提高】马坊小城镇建设初具城市雏形，成片住宅陆续交房入住，商业项目开工，教育、文体、养老休闲等设施齐备，城市开发更聚人气。夏各庄进入建设阶段，110千伏变电站开始送电，北师大附中平谷第二分校开工建设，15.8万平方米住宅拔地而起，开发驶入快车道。金海湖小镇回迁房全部入住，一级开发全面铺开，环镇路建设完成，发展势头越来越好。

【实施了农村清洁空气行动计划】坚决实施减煤换煤，完成了农村燃煤锅炉清洁能源改造136蒸吨，送气下乡惠及所有农户。严厉打击劣质煤非法经营，完成优质煤替代3万吨。划定露天烧烤禁烧区和黄标车禁行区，落实渣土运输新规定，严格查处超标排放行为。圆满完成了APEC会议期间环境保障任务。全区大气主要污染物年均浓度平均下降比例处于全市较好水平。

【生态承载力不断提升】加大水环境整治力度，沿河铺设截污管线7公里，治理排污口25个，关闭了临河养殖场4个，努力打造清洁水系。48.5公里中小河道治理全面展开，小辛寨石河、泇河新城段开始蓄水，洵河一期、黄松峪石河完成疏浚工程，环城水系建设取得阶段性成果。精心规划设计千亩城北湿地公园，完成各项前期工作，正式进入施工阶段。新增造林1.1万亩，森林覆盖率提升了0.29个百分点。栽植6万株月季妆点社区，为居民生活增绿添彩。

【清洁工程引导低碳生活】新增了100辆天然气公交车和50辆电动出租车；设置50个公共自行车租赁点，投放1 500辆公共自行车，方便群众近距离出行，每天使用量达6 000人次。

【和谐工程营造祥和氛围】妥善化解矛盾纠纷和历史积案，群众来信来访分别下降11%和29%；加强安全、食药、应急、生产、交通和消防领域监管力度，群众安全感达到94.4%以上。

农村经济发展

【畜牧业全面增长】全年出栏生猪41万头，同比上升7.03%；鸡蛋产量6.9万吨，同比上升32.48%；出栏家禽769万只，同比上升6.06%；出栏肉羊11.64万只，同比增长6.29%；牛奶产量3 202吨，同比增加31.86%；出栏肉牛1.1万头，同比基本持平。全年畜牧业产值17.56亿元，同比增长18.5%。

【水产业保量增效】全年水产品总产量14 852吨，同比增加0.2%，其中养殖产量14 470吨，捕捞产量382吨；养殖面积12 510亩，同比减少5.3%，全年产值2.19亿元，同比增长10.05%。

【种植业稳中有增】一是夏粮生产喜获丰收。夏收小麦面积1.7万亩，总产6 164.8吨，小麦平均单产353.65千克，同比增长4.0%，产值1 565.08万元。全区玉米播种面积10.9万亩，其中，春播玉米面积7.7万亩，平均亩产405.2千克，夏播玉米面积3.2万亩，平均亩产430.2千克，比上年增产1.4千克/亩。二是蔬菜产量增加、产值提高。2014年蔬菜播种面积8万亩，同比增长8.1%；产量25.6万吨，同比增长约7.1%，蔬菜产值约5.83亿元，同比增长10%。

【5 000亩大桃重点增甜园工程建设完成】增甜示范园全部应用高光效树体结构调整、增施发酵腐熟有机肥、钾肥、倒拉枝、高培垄整地、覆盖黑地膜、铺反光膜、果实套袋、病虫害联防联治等大桃增甜关键集成技术。

【高密植现代化果园科技示范工程建成】山东庄镇鱼子山村的50亩高密植现代化苹果园，亩产量达到5 000千克，总收入达到250万元。平谷区果品产业协会科技试验示范基地的100亩高密植现代化桃园，2013年建园，2014年亩产达1 500千克，亩收入达1万元。

【果树品种进一步多样化】在大桃品种结构调整上，侧重发展水蜜桃、油桃、蟠桃优新品种，引进发展了领凤、夏之梦、夏香姬等10多个品种；在其他果树品种调整上，本着唯一性、多样性的原则，引进发展了优良短枝富士、华硕、皇家嘎拉苹果，友谊、冰糖脆、桑提那樱桃，摩尔多瓦葡萄等30余个优新果树品种。全年进行果树优新品种结构调整面积1万亩。

【生态农业快速发展】全年投资4.39亿元进行九里山桃花谷沟域建设，从环境整治、生态建设、基础设施、新村民居和特色产业工程五个方面，重点实施了环境治理、桃花谷文化广场等40个工程项目。年底，各项工程均已建设完成。

【休闲农业加快发展】桎子峪和丛海逸园两个园区被列入区政府折子工程，全年完成投资8 000余万元，重点开展基础设施、园区绿化美化、景观节点等建设工程，引领带动了全区休闲农业发展。张家台被评为2014年“中国最美休闲乡村”，平谷桃花景观被评为“中国美丽田园”。黄松峪、熊儿寨、刘家店等三个乡镇获得北京市休闲农业与乡村旅游示范乡镇称号。

【都市型现代农业开始领航】深化提升现有设施专业村的基础设施水平，通过积极包装申报，西凡各庄和王各庄村获评“全国一村一品示范村”称号，全区示范村达到6家。全面计划新发展和改造提升闲置老旧设施300亩，目前已完成地块划定，正在进行手续申报。至2014年年底，将建成5家集约化育苗场，全年育苗量可达1 500万株。引导培育了大地富鑫和农众物联两家工厂化立体种植的植物科技公司。大地富鑫采用国外先进技术和生产设备，2014年可年产鲜菇3 500吨，实现产值近4 000万元。农众物联成为全市最大的一家立体化、互补型、综合式植物工厂。

【完成了高效现代果品产业园区建设项目】项目涉及到大华山镇小峪子村、刘家店镇寅洞村、峪口镇西营村、西樊各庄村、金海湖镇郭家屯村、将军关村、镇罗营镇上镇村、南独乐河镇北寨村、王辛庄镇放光村、平谷镇坯子峪等8个乡镇10个高效现代化果品产业园区，总面积12 550亩，总投资8 851万元。2014年年底，各项建设任务已全部完成。

【完成了平谷区北山旅游服务设施总体规划】北山项目已经顺利通过市旅游委专家论证，项目符合2014年度旅游发展专项资金项目立项条件，并已完成了项目的最终投资评审工作。项目审定后总投资为5 105.963 047万元，工程涉及6个乡镇的17个节点。

【民俗旅游态势良好】4月8日至5月8日桃花音乐节期间，全区累计接待游客达240.29万人次，旅游收入13 261.19万元，同比分别增长10.9%和0.3%。十一黄金周10月1—7日，平谷区旅游持续火爆共接待游客752 412人，旅游收入：6 783.5万元，同比分别增长15.2%和23.1%。2014年乡村旅游接待游客107.06万人次，收入6.27亿，比2013年分别增长了15%和17%。

【确定了2020年世界休闲大会办会模式】2014年1月底启动了“2020世界休闲大会”申办工作。目前进展顺利，经市政府批准，确立了北京主办平谷承办的办会模式，主会场选址设立在金海湖镇，四个分会场分别选址设立在御马坊综合休闲乐园、东高村音乐主题乐园、丫髻山道教养生休闲园、北山户外运动休闲公园。邀请世界休闲组织主席于6月底来北京平谷考察，并进行了有效沟通，为申办工作顺利开展奠定了较好基础。

【打造了“京东休闲旅游示范区”】对五区、县（市）旅游资源进行有效整合，结成旅游市场合作发展战略伙伴。共同打造知名旅游品牌，推进京津冀地区旅游业持续快速增长。

【“平谷首届文玩大集”活动召开】以“四座楼狮子头”文化为卖点，与北京电视台合作现场录制，著名嘉宾马婧——BTV才高八斗主持人、马德华——著名影视演员、于鸿雁——中国文玩行业协会副会长等来现场录制节目，并在北京财经频道《才高八斗》节目中播出，受到了社会各界的高度评价。

【山楂产业升级科技示范工程建设完成】该项目对山楂3个优新品种引种200亩；探索适合山楂生产栽培的施肥种类和施用量；利用分光色值仪进行色差分析，完成山楂清汁生产工艺流程一套。项目的实施能充分发挥当地果品资源优势，丰富山楂栽培和深加工，有利于农村经济结构调整，拓宽果品的销售渠道，增加果农的经济收入，推动平谷区农村经济的发展。

【农业科普工作力度进一步加强】实施了科学技术普及计划4项；开展了科普进乡镇、农村、学校、社区和企业系列宣传活动8次，发放科普宣传资料7 500份，参与公众人数达1 200人次；“2013年平谷区科普能力建设”市级科普项目6月顺利通过市级验收，完成了科普工作者培训1期60人次，开展形式多样的电子科普行活动24次，打造了新立村科普文化体验园，完成了“2013年度平谷地区全国科普统计”工作，为政府部门及时了解和掌握平谷区科普资源概况提供了可靠保障。“2014平谷区科普能力建设”项目——平谷区南独乐河镇新立村科普体验厅建设进展顺利，已进入设计实施阶段。

村镇建设

【新型农村社区试点稳步推进】平谷区共有新型农村社区建设试点村10个，其中市级试点村5个，区级试点村5个。年底，村民回迁入住的2个，分别是镇罗营镇大庙峪村、黄松峪乡大东沟村；部分入住的2个，分别是大兴庄镇白各庄村、王辛庄镇放光村；正在抓紧施工的3个，分别是黄松峪乡白云寺村、王辛庄镇西古村、平谷镇和平街村（峌子峪）。

【田间路硬化工程加大】坚持统一硬化路段标准，统一硬化质量技术标准，统一实行工程招投标和监理制度。全部硬化任务分两期实施，第一期35万平方米硬化工程，于7月中旬确定了中标施工企业，组织施工队进场施工，第二期35万平方米硬化工程于10月下旬组织进行招投标，现在全部工程均已完工。

【太阳能路灯安装工程完成】安排资金500万元，为农村安装太阳能路灯1 000盏，解决农民夜间出行照明问题。于7月中旬组织进行监理及施工材料招投标工作，施工单位和材料供应商确定后，新农办抓紧组织施工，到9月上旬工程基本完成，9月底组织进行验收，基本达到指标要求。

【新建了一批太阳能公共浴室】为西杏园、鲁各庄等10个村新建太阳能公共浴室10个，由于以前建设的太阳能浴室采用燃煤辅助取暖，区发改委建议改为电采暖，这样使浴室设计发生了改变，每个浴室增设了变压器及电采暖设备，该工程于10月初组织进行了工程招投标，年内完成了施工任务。

【美丽乡村建设工作平稳起步】开展了“提升农村人居环境，推进美丽乡村建设”工作，通过整治、建设与发展，力争到2020年全区农村基本建成田园美、村庄美、生活美、人文美的美丽乡村，使农村成为农民和谐宜居的幸福家园和致富增收的就业田园，成为市民向往的休闲乐园。在普遍推进的基础上突出重点，每年以不低于全区村庄总数15%的比例推进美丽乡村建设，每年建成一批“北京美丽乡村”。

【山区搬迁加快推进】完成了魏家湾村26户险户的搬迁主体工程建设，启动了北寨、东沟、桃园村建设工程，年底完成桃园村36户险户搬迁的主体工程。

【金融服务平台建设加快】加强与北京银行、工商银行、农业银行、邮政储蓄银行等多个金融机构的沟通合作，依托各自优势帮助合作社申请贷款。共帮助21家合作社和农户申请落实贷款资金1 726余万元。依托区内丰富的林果资源激活“绿色银行”，积极开展林权抵押贷款的探索和尝试，解决农业发展缺乏有效抵押物造成的融资难问题。完成了4家市级示范社市农委贷款贴息申报。

农村改革与管理

【完成了六个乡镇开展确权登记颁证试点工作】六个试点镇共涉及104个村，涉及农户30 907户，涉及人口92 792人，涉及农业承包合同28 232份。共涉及确权土地面积124 420.88亩。年底，开展登记确权颁证试点村96个，占总体的92%。对六个试点镇前期基础数据调查工作已完成约97%。

【农村资产有效地经营起来】①农民将土地承包使用权入股，使经营者获得较为充分的自然资源，同时农民按照土地股份享受年终分红。②土地流转信息平台的建立，大大的扩展了流转的半径和农民增收方式，方便了双方，使流转方和接转方达到了双赢。③分配制度上建立了土地流转费递增机制和农民二次分红机制，带动农民增收。④“农户＋合作社＋公司”流转模式。主要通过引进龙头农业产业项目，发挥资本和技术的整合力量，促进土地流转，带动本地农民就业，形成生产联合体，实现经营收益共享。2014年，全区农村产权交易成交19宗，交易金额1 300多万元，溢价260余万元。

【农民专业合作社得到快速发展】年内，平谷区在工商部门注册登记的农民专业合作社达到989家，比上年增长了31家。其中，种植业703家，养殖业217家，农机服务、民俗旅游、手工艺加工等其他行业38家。发展总数在5个生态涵养发展区中居第2位。合作社出资总额18.96亿元，成员总数49 785户，其中农民成员46 430户，占全区农民总户数的58.7%，占全区一产农户的79.5%。入社成员人均收入普遍高于非入社成员20%左右。

【示范社和部分重点合作社培训力度加大】组织76示范社和5家重点合作社的理事长和会计共150余人在区党校参加“群众路线教育实践活动暨合作社发展培训班”；组织21家第一批市合作社联合会成员的理事长参加市合作社联合会成立大会并接受培训；组织翠山果品等8家示范社理事长参加市农委在良乡举办的“农民专业合作社运营培训班”；组织金利吉等12家市级示范社理事长参加市农研中心举办的“农民专业合作社运营、电子商务培训班”。

【账户归集管理工作顺利进行】引入竞争机制，扩大试点镇的范围，与合作银行共同推进条件成熟地区的改革试点。总结经验查找不足，认真总结试点乡镇的经验，扎实稳妥的推进农村的改革创新。

【农村财务公开管理工作得到加强】全面更新财务公开栏格式，格式、内容按照农业部《村合作经济组织会计制度》统一要求，并按要求每季度将村集体经济组织财务向群众公布。规范财务公开的程序、时间。全区严格执行财务公开规定，财务公开时间：每季度进行公布。加大财务公开检查力度。积极落实四部委的联合检查指示精神，保证全区农村财务公开能够按时、按质向群众公布，区经管站按季度对各镇财务公开工作进行检查或抽查，对检查中存在的问题及时要求整改，通过加大检查力度，有效地促进了农村财务公开工作。

【加强了合同规范管理】对乡镇、村两级经管人员加强《农村土地承包法》《土地管理法》《农村土地承包经营纠纷调解仲裁法》等相关法律、法规、政策知识的宣传及培训工作。使广大农村干部从思想上真正重视起来，规范农村土地承包合同的签订管理，引导农村土地规范流转，为促进农村经济发展，合理开发利用土地资源打好基础工作。

农　村　民　生

【农民人均收入稳步增长】2014 年是“十二五”时期的关键之年，全区经济平稳发展，各项增收政策逐一落实，农村居民收入水平不断增长，生活质量进一步提高。农村居民全年人均纯收入 18 785 元，同比增长 11.4%，总量和增速分别居生态涵养发展区第二位和第一位，工资性收入、家庭经营纯收入、财产性纯收入、转移性收入全面增长。农村居民人均工资性收入 12 778 元，同比增长 11%，拉动人均纯收入增长 7.5 个百分点。北京市全面提高企业最低工资，由 1 400 元调整为 1 560 元，增长 160 元，增幅为 11.4%；同时相应提高非全日制从业人员最低工资标准，由每小时 15.2 元提高到 16.9 元，涨 1.7 元；非全日制从业人员法定节假日小时最低工资标准由每小时 36.6 元提高到 40.8 元，涨 4.2 元。政策性因素带动工资性收入增长。

【家庭经营纯收入稳中有升】2014 年农村居民人均家庭经营纯收入为 3 013 元，同比增长 6.0%。在农村居民家庭经营纯收入中：①第一产业人均纯收入为 1 440 元，同比增加 113 元，增长 8.5%，占家庭经营纯收入的比重为 47.8%，是农村家庭经营收入的主要来源。②第二产业人均纯收入 113 元，同比减少 136 元，下降 54.6%。其中建筑业人均纯收入 55 元，同比下降 77.1%。建筑业人员报酬较上年没有增加，因从事建筑业自营人员同比下降了 80.0%，建筑业收入也随之减少。③第三产业人均纯收入 1 459 元，同比增加 193 元，增长 15.2%。人均社会服务业纯收入为 286 元，是上年同期的 3 倍，居民生活水平的提高，服务行业需求的增加，使得居民服务业逐渐成为农民外出就业的大方向。服务业收入增加，从而带动了第三产业纯收入的增加。

【财产性收入增速较快】农村居民人均财产性纯收入 304 元，同比增长 38.8%。随着农村富裕程度不断提高，集体分配红利大幅增长，人均集体分配股息和红利 134 元，同比增长 1.4 倍。此外，积蓄增加的同时农村居民也开始重视理财以及存款带来的利息收入，人均利息收入 27 元，同比增长 76.6%。

【转移性纯收入稳步增长】2014 年转移性人均纯收入 2 690 元，同比增加 396 元，增长 17.3%，拉动收入提高 2.4 个百分点。其中：人均离退休金、养老金 1 841 元，同比增长 13.3%，占转移收入的 68.4%，对转移性收入增长的贡献率达到 54.5%。2014 年本市连续第十年以 10%的增幅提高企业退休人员基本养老金水平。此外全市统一调整基础养老金和福利养老金，基础养老金由每人每月 390 元增加到 430 元，福利养老金由每人每月 310 元增加到 350 元，增长幅度分别为 10.3%和 12.9%。以上因素的共同促进下，农村居民转移性收入稳步增长。

【农民生活消费支出稳步增长】2014 年农村居民人均生活消费支出 12 615 元，同比增长 6.3%。其中，人均食品消费支出 5 662 元，同比下降 0.5%。农村居民人均肉、禽、蛋、奶及制品消费支出为 880 元，同比增长 7.1%；人均水产品及制品消费支出 78 元，同比增长 19.4%；人均在外饮食消费支出 658 元，同比增长 7.9%。农村居民人均衣着支出 833 元，同比增长 5.3%。其中，购买成品服装支出 530 元，增长 9.6%，占衣着消费品支出的比重较上年上升了 2.4 个百分点；鞋类支出 259 元，增长 4.2%。农村居民人均交通和通信消费支出 2 382 元，同比增长 31.0%。其中，购买交通工具支出 1 350 元，增长 38.2%；购买通信工具支出 141 元，增长 42.9%。交通工具用燃料及零配件支出分别增长 33.9%和 23.7%。农村居民人均教育、文化和娱乐消费支出 1 272 元，同比增长 3.4%。近年来，农村居民对子女教育的重视程度越来越高，学有所长的教育理念深入人心，教育服务消费支出 728 元，同比增长 6.2%；电视、网络等传播媒体的快速发展使农村居民购买新款彩色电视机和家用电脑的热情升高，每百户彩色电视机和家用电脑拥有量分别增长了 3.5%和 2.3%。农村居民人均医疗保健支出 1 164 元，同比增长 45.3%，在居民八大类消费支出中增幅最高。其中医疗保健用品和医疗保健服务支出分别增长 35.7%和 50.6%。

【农村就业政策得到有效落实】将 255 个村新纳入农村就业困难地区，至此，我区 273 个行政村的所有劳动力全部享受市级就业优惠政策，每年可节省区级资金近 400 万元。落实区级奖励政策，鼓励招用本区劳动力，评选出 24 个先进企业及个人，发放奖励资金 186.54 万元。全年共申请市级就业资金 10 895.83 万元，同比增长 61.08%。

【整建制农转居工作积极推进】大力推进韩庄村转居入保工作，目前共转非 814 人，其中 43 人办理退休手续，250 名超龄人员按月领取生活费。完成马坊镇英城村、果各庄村转居工作。1—9 月，累计完成占地转居入保 1 403 人，补缴社会保险 5 017.76万元。

【完成了科技支撑生物肥产业工作】申报了由北京世纪阿姆斯农业科技有限公司承担的“绿色抗病型解淀粉芽孢杆菌生物肥料的开发与应用”课题，获得市科委立项支持。该课题将重点开展解淀粉芽孢杆菌抗菌谱和抗菌机理研究，制定解淀粉芽孢杆菌发酵生产工艺和生物肥料制备工艺，解淀粉芽孢杆菌生物肥料田间试验与示范应用等工作，使企业研发能力和产品多元化得到大幅提升，执行期内累计试验推广绿色抗病型生物肥料 1 万亩以上，累计实现销售收入 500 万元。

【乡级文化设施建设加快推进】全区 16 个乡镇综合文化站全部被评上等级，其中一级站 4 个，二级站 5 个，三级站 7 个。目前，平谷镇、大兴庄镇新址文化站主体已经完工，夏各庄镇、峪口镇、金海湖镇新址文化站即将动工。着手对全区基层文化活动室及大舞台建设情况进行摸底调查，拟争取市财政资金，通过整体包装项目的方式，对村文化活动室和大舞台进行分期分批改造。

【“楹联第一村”打造成功】楹联由大华山镇的文学爱好者们根据每家每户的特点编创，意境或辽阔高远、或含蓄深沉，均体现出独具匠心的美妙；征集出的楹联由区内知名书法爱好者撰写，囊括行楷篆隶多种字体，每一幅都显现出“中国书法之乡”的深厚底蕴。王友谊老师在挂甲峪石碑上书写“楹联第一村”。5 月 3 日，区委常委、副区长屈志奇为“楹联第一村”揭幕。

【农村文化活动异彩纷呈】全区以农民艺术节、节假日和“星火演出”为契机，开展文艺演出 3 000 余场，电影放映 11 000 余场。金海湖镇举办了第六届文艺汇演、广场舞大赛、小剧团擂台赛；大华山镇举办了写作培训和“桃醉华山”摄影展；刘家店镇丫髻山庙会开展 55 场文艺演出，王辛庄镇举办“文化嘉年华”系列文化活动，黄松峪乡举办了“中专班才艺表演赛”等。

【乡情村史陈列室建设扎实推进】镇罗营镇张家台村乡情村史陈列室建设已经完成，其他 4 处完成了房屋建设装修工作，布展设计、实物收集等工作同步进行。

【2014 年北京市端午赛龙舟全民健身系列活动暨金海湖龙舟赛成功举办】比赛在金海湖水上运动场进行，分为区县组和首都高校组，全市共有 49 支代表队参赛，其中区县代表队 29 支；清华、北大、中央民族大学等 14 所高校组织 20 支队伍参赛。比赛采用 12 人龙舟比赛，分别设置了 500 米直道竞速和 250 米直道竞速两项赛程。平谷区有 8 支队伍参加了比赛，蓝天冲浪号龙舟一队获得 250 米第三名，另有 3 支队伍进入了前八名。

【举办了第十六届桃花音乐节桃花海家庭露营比赛活动】比赛设个人男子组、女子组、三人接力组三个组别，分为游泳 1 公里、山地自行车 25.8 公里和跑步 9 公里三项，全程 35.8 公里，共有 600 余名选手参赛。

【平谷金海湖“山浩杯 2014 年第十五届三夫户外三项赛”成功举办】露营比赛在小峪子桃花海中进行，来自平谷区蓝天户外运动协会的 10 余个家庭参加了比赛。参赛家庭成员互相协作，快速、规范地搭建起了户外露营帐篷，三夫户外运动专家对参赛情况做了讲评，并现场讲解了户外露营相关知识。北京电视台对比赛活动进行了现场直播。

基层组织与民主政治建设

【软弱涣散基层党组织得到整顿】确定 30 个软弱涣散基层党组织，包括 28 个农村党组织和 2 个社区党组织。创新“四步工作法”，通过基层党建专家顾问团逐村会诊，采取市级部门、市级企业、区级领导、区直部门、乡镇工作组以及先进村共同帮扶的“6 对 1”帮扶模式，抓好软弱涣散基层党组织的整顿转化。经过整顿，全区软弱涣散党组织全部实现了转化提升。

【完成了部分基层党委换届选举工作】制定了全区换届工作实施方案，制作换届工作操作流程模板，加强工作指导，确保应换届的 10 个基层党委，全部按要求顺利完成换届工作。

【开展了在职党员到社区报到活动】倡导党员“工作在单位、活动在社区、奉献双岗位”，更好地为群众服务。目前，共有 676 个基层党组织、11 742 名在职党员回社区报到，开展各项服务 7 000 余次。

【党内组织生活更加规范】全区 1 356 个基层党组织、30 035 名党员全部参加了专题组织生活会，共有 29 206 名党员进行了民主评议，党员的宗旨意识、政治纪律意识和联系群众、服务群众的积极性主动性明显增强。在此基础上，总结党员全员明示和承诺等特色做法，探索建立组织生活长效机制。

【农村紧缺实用人才培养力度不断加大】以高级农村实用人才为基础，组建技术服务团队，确定 4 名首席专家和 45 名区级岗位技术指导员，建立 4 个示范基地，培养 200 个科技示范户，辐射带动农民 4 000 户。围绕全区主导产业发展需要和农民实际需求，开展农村实用人才培训 106 场，培训 1.25 万人次。

【大学生“村官”工作不断推进】选聘大学生“村官”150 名，积极协调各方资源做好大学生“村官”专项事业编制人员选拔、续聘工作和再就业工作，选拔 11 名优秀的合同期满大学生“村官”充实到干部队伍中，优化全区干部队伍结构。

【开展了警示教育宣讲进农村活动】区里组织相关人员到 18 个乡镇（街道）为机关干部、村“两委”干部进行宣讲，通报近年来全区农村干部违纪违法典型案例，增强了农村党员干部遵纪守法意识。

区县乡镇“三农”工作部署和实施

【召开了城乡环境建设大会】3 月 23 日，召开生态文明和城乡环境建设大会，张吉福强调，要切实把生态建设上升到新的高度认识，增强环保意识，把生态压力变动力，下大力度、出大力气来抓环境建设，把平谷区环境建设提高到新的水平；要下大力气组织好环境整治大会战，切实加强整治工作的组织领导，精心组织开展工作，把整治任务层层分解，逐级推进，一项项抓好，一件件落实，不见成效不收手，不达目的不收兵；要建立环境建设长效机制，用机制推进工作，用机制巩固成果，定标准、重检查、明奖惩、强保障，在工作中坚持整治与建设相结合，加强保障机制建设力度，确保全区生态环境建设上新水平，打造一个环境优美、城乡和谐、群众满意的美丽平谷。

【召开了农村工作会】会议主要内容是，2013 年平谷区在“三农”工作上取得了一系列成绩：成功创建全市第一个“国家级出口食品农产品质量安全示范区”，获得“北京市农产品质量安全监管示范区”称号，在全市考评中名列第一。国家现代农业科技城平谷园取得突出成绩，建成好运谷农业科技园。现代农资服务体系全市领先，畜牧产业国内领先，果品总产量、总收入、人均收入连续 28 年全市第一，创建全市第一个农村土地承包经营权确权登记颁证试点，农民人均纯收入等多项指标居全市前列。2014 年，农村工作将深入贯彻落实中央十八届四中全会、中央农村工作会议和中央 1 号文件精神，在区委的坚强领导下，紧紧围绕“一区四化五谷”一张蓝图绘到底的发展战略，开展三农工作。

【各项惠农政策得到落实】①积极落实能繁母猪补贴政策。继续沿用异地核查、见人见猪见榜“三见”的工作方式。经统计，全区能繁母猪共 31 477 头，需补贴资金 314.77 万元。②落实生猪调出大县政策。对全区生物发酵床工艺的规模猪场运转维护费用、社会责任主体评价 A 级的规模猪场、生猪养殖新技术集成示范场、生猪行业动物防疫服务经费进行补贴，共落实补贴资金 320 万元。③落实规模猪场病猪、死猪无害化处理补贴政策。截至 6 月底，全区共统计无害化处理病、死猪 101 020 头，补贴资金 808.16 万元。④落实农机购置补贴政策。落实国补农机 199 台套，保鲜库 4 000 平方米，总价值 1 646.42万元，国家补助资金 823.21 万元。

平谷区领导名录

区委书记	张吉福
副书记	姜　帆　闫维洪
常委	刘　震　韦小玉（女）　李宝峰 屈志奇　田长丰　王安有 刘学亮　李　威
区人大常委会主任	刘　军
副主任	李继合　石来福　刘　忠 李福芝（女）　贾喜庚
区长	姜　帆
副区长	李宝峰　屈志奇　底志欣（回族） 王红艳（女）　周泽光 徐素芝（女）
区政协主席	闫维洪
副主席	白长河　杨凤山　张双全 刘建增　狄长安　陈月侠（女）
区纪委书记	李　威
副书记	王浩文　张月春　张光旺
正局级	王振林　王春辉

副区级	张彦友　王如生　周　民　路崇武　金国英（女）　郭有才
区委农工委书记	吴连江
区农委主任	李福芝（女）

平谷区乡镇正职领导干部

	党委书记	乡（镇）长
平谷镇	于海山	杨河清
金海湖	史立成	韩小波
王辛庄镇	李学东	崔　跃
夏各庄镇	赵卫民	王晓勤
东高村镇	李　平	秦海滨
马坊镇	周泽光	张学兵
马昌营镇	付湘生	任永宝
山东庄镇	张海青	马思亿（女）
南独乐河镇	牛福生	符仲坤
刘家店镇	马立文	见国柱
大兴庄镇	陈新华	沈立军
峪口镇	胡宝旺	曹玉敏
镇罗营镇	王何义	任利泉
大华山镇	胡东升	王立宝
黄松峪乡	任建义	张艳革
熊儿寨乡	龚禹峰	刘万岭

（平谷区委研究室　梁自山）

密　云　县

概　述

密云县总面积 2 229.45 平方公里，整体地貌格局为“八山一水一分田”，在册耕地 33.4 万亩。共辖 17 个镇、2 个街道、1 个地区办事处，331 个行政村。户籍人口 43.3 万人，其中农业人口 24.9 万人、占 57.5%，农户 11.3 万户。2014 年，深入落实密云生态涵养发展区工作方略，按照“三个走在前列”目标和建设“绿色国际休闲之都”发展定位，以转变发展方式为主线，以促进农民增收为根本，以加快推进产业融合发展、提高城镇化和新农村建设水平为重点，强基础、促统筹、抓产业、促富民，持续推动农业农村发展。全县农林牧渔业总产值 41.6 亿元，其中农业产值 18.6 亿元，牧业产值 17.2 亿元。农村居民人均纯收入 17 855 元，同比增长 10.2%。

城乡发展一体化

【概况】坚持城乡统筹、以城带乡，扎实推进城乡发展一体化。深入落实首都新型城镇化总体部署，坚持规划先行，完善基础设施，强化服务管理，城乡发展一体化迈出新步伐。

【提升城乡建设水平】年内，编制完成县城 18 个街区控规深化方案，14 个镇的镇域规划全部获得批复。坚持高起点规划、高标准建设，着力优化城市功能布局，全面启动以生态商务区为核心的南部新城建设，强化以密云二中为核心的教育功能区建设，建成以新县医院为依托的区域医疗中心。推进檀营旧村改造搬迁，累计搬迁院落 860 个，完成总任务的 92%。全面启动美丽乡村建设，实施了 70 个美丽乡村建设试点。

【完善城乡基础设施】年内，优化城乡路网，密兴路二期、新县医院配套道路如期竣工，西统路北延等道路工程前期工作扎实推进。密云新城地表水厂、新城再生水厂、经济开发区再生水厂建设有序推进，近 80 公里老旧小区供热管网改造完工，进一步提升了城市运行保障能力。

【强化城乡服务管理】年内，全面落实“门前三包”责任，加强网格化社会服务管理体系建设，城市精细化管理水平明显提高。通过国家卫生县城复检，连续 18 个月在全市环境建设“月检查、月曝光、月排名”中位居生态涵养发展区前列。

【加强城乡环境治理】年内，开展城乡环境综合治理，完成密溪路、101 国道、鼓楼东西大街两侧和京承高速公路沿线环境综合整治工程。开展“拆违打非”专项行动，成为全市 5 个未突破“零增长”目标的区县之一。“六型社区”达到 40 个，实现了城区全覆盖。完成 15 个市级农村社会服务管理创新示范点建设。完善落实流动人口目标管理责任制，全县登记流动人口 8.48 万人，同比减少 5.5%。

【完成年度拆违任务】年内，全县挂账违法建设 304 处、3.1 万平方米，其中上半年挂账违法建设 71 处、1.4 万平方米，于 5 月底前全部拆除；下半年挂账违法建设 233 处、1.7 万平方米，于 12 月中旬前全部拆除。此外，拆除 2013 年挂账违法建设 30 处、0.9 万平方米，共腾退土地 7.5 万平方米。

农村经济发展

【概况】大力培育“绿色、有机、营养、健康”的密云农业整体品牌，着力打造首都安全优质农产品基地和休闲产业区，培育形成特色种植、绿色林果、休闲农业、生态养殖为主导的都市型现代农业。

【农村经济主要指标】实现农村经济总收入 262.22 亿元，位居生态涵养发展区首位，同比增长 5.3%，高于五个生态涵养发展区平均增速 4.2 个百分点。全县农林牧渔业总产值实现 41.6 亿元，同比下降 12.1%。农村居民人均纯收入实现17 855 元，同比增长 10.2%。

【推进都市型现代农业】年内，推进“菜园、果园、花园”三园建设。稳定“菜篮子”工程，蔬菜播种面积 5.8 万亩，对 20 个重点设施园区进行全面升级改造，完成 7 家规模养殖场标准化改造。加强 31 个 6.7 万亩有机果品基地和 11 个绿色果品基地管理，新发展果树 1.1 万亩。发展高效节水农业，节水灌溉面积达到 14.5 万亩，推广种植以谷子、甘薯为主导的旱作节水作物 1.5 万亩。推进农业与休闲旅游业融合互动发展，围绕主要景区建设了白河、汤河等 5 条景观种植带，新发展景观农业 1 万亩，休闲农业园达 149 个，打造了玫瑰情缘、人间花海、紫海香堤等农业景观节点。

【优化农业产业结构】年内，围绕菜园、果园、花园、牧场“三园一场”建设，突出都市型现代农业“生产、生活、生态、示范”四大功能。一是以无公害、绿色、有机蔬菜为主的特色种植业菜园，着力建设十里堡统军庄集群设施园、河南寨（套里、荆栗园）集群设施园、密云镇（李各庄、季庄）集群设施园；二是以板栗、苹果、梨为主的绿色果园，着力建设穆家峪庄头峪红香酥梨园、不老屯黄土坎梨园、巨各庄葡萄园、东邵渠李子产业园和新城子优质苹果园；三是以花卉景观为主的“两园三带”休闲产业园，着力建设太师屯车道峪花卉种植园、巨各庄蔡家洼玫瑰种植园、古北口汤河景观种植带、北庄清水河景观种植带、石城白河景观种植带；四是以奶牛、肉（柴）鸡、蜜蜂为主的生态养殖牧场。

【推进节水型农业】年内，调整种植结构，落实玉米、谷子和甘薯等旱作农作物面积 18 万亩，占全年粮食作物播种面积的 87%。在大田生产中加强土地墒情指导，推广有机培肥、耕作保墒等节水管理措施，累计施用有机肥 2 万余吨。推广滴灌、微喷、膜下灌溉和膜面集水等节水技术，严禁大水漫灌。做好农民培训，指导农民掌握节水设施使用及日常维护方法。

【完成“菜篮子”工程项目资金入库】年内，争取市级资金 3 916.5 万元，支持全县 13 大项百余小项民生工程，惠及 17 个镇 120 余个农业主体，为巩固扩大市、县“菜篮子”工程建设提供了有力保障。

【促进畜牧业健康发展】年内，推广犊牛培育等 15 项养殖新技术，组织开展各类培训 20 期 2 000 余人，辐射带动养殖场 70 余户。实施国家畜禽标准化健康养殖建设项目，改造 7 家规模养殖场棚舍，落实水、电、路、粪污处理、防疫等配套设施建设。完成 7 家规模养殖场 45 个标准栋节水集雨改造。

【市级畜牧业“菜篮子”工程项目通过验收】年内，14 个北京市畜牧业“菜篮子”工程项目通过验收，涉及 6 个镇的 7 家养殖企业，总投资 866.8 万元，其中自筹资金 179.3 万元，项目补贴资金 687.5 万元。主要建设内容包括改造畜禽舍 13 栋 11 760 平方米，更新生产设备 107 套，铺设污水管网 1 280 米，更新锅炉 1 台、变压器 1 套和自动喂料机 1 台。

【推进市级重点沟域建设】年内，“酒乡之路”建设涉及环境整治、生态建设、基础设施、新村民居、特色产业等五大工程，部分项目已完工，完成投资 25 615 万元。依托古北水镇项目，司马台—雾灵山沟域接待游客 231 万人次，实现旅游综合收入 3.15 亿元，同比分别增长 131%和 262%。其中古北水镇接待游客 100 万人次，实现总收入 2 亿元。西部以香草园为核心的汤泉香谷接待游客 50 万人次，实现总收入 4 200 万元，同比增长 50%。东部以雾灵山为核心的雾灵溪谷接待游客 81 万人次，实现总收入 7 300 万元，同比增长 24%。

【提升农业产业化经营水平】年内，引导绿润、洪福环宇、百年栗园等龙头企业不断带动农产品加工企业提升经营水平，形成了“农产品加工龙头企业＋合作社＋基地（农户）”的产业化经营模式。

建立健全代偿补偿机制、农业保险减免机制和保险经费补贴机制，逐步完善农业发展服务体系。

【提升“密云农业”品牌影响力】 年内，新认证农产品46个，培育出康顺达蔬菜、前栗园草莓、潮河果业、海华云都奶牛、奥金达和京纯蜂蜜等十余个农业知名品牌，特色农产品辐射国内外市场，荣获“全国休闲农业与乡村旅游示范县”等荣誉称号。

【成立本土农业产业技术服务队】 年内，在全市率先成立本土农业产业技术服务队，服务队采取“1＋N”模式组建，即由1名市级农业专家担任技术顾问，多名技术过硬的“农把式”作为主要成员。按照“服务约定有合约、服务内容有标准、服务过程有记录、服务人员有培训、服务质量有保障”的工作机制，服务队通过与农户签订技术承包管理合同，为农户提供种植、施肥等有偿互惠服务。已经组建板栗、葡萄种植和养蜂3支服务队，队员每次服务可获得每天150～200元报酬，实现市场化运作。

【培育特色生态农业科技示范基地】 年内，引进意大利全自动摇蜜机，在京纯生态蜂文化示范基地建成全国首套成熟封盖蜜灌装生产线。支持龙耘制种示范基地研发玉米新品种，京农科728、中单28分别被列为国家和北京市重点推广品种。指导原野生态示范基地建立脱毒种苗繁育及病毒检测实验室，“小白”草莓被审定为北京市第二例自主研发认定品种。支持百年栗园示范基地建成北京油鸡疾病控制中心实验室、无菌操作台和细菌培养室，进一步完善北京油鸡生物安全防御体系。

【成为休闲农业与乡村旅游信息采集试点县】 年内，成为北京休闲农业与乡村旅游信息采集试点县，市农委、市旅游委会同百度（北京）公司合作开展京郊休闲农业与乡村旅游信息采集及百度地图标注工作，并对全县各乡镇相关人员进行了技术培训。试点乡镇负责辖区内民俗村、民俗户和休闲农业园区数据采集、填报和汇总，数据经后期整理确认无误后将纳入百度搜索引擎，进一步提升全县乡村旅游品牌影响力。

【推进休闲旅游业提档升级】 年内，投资3 200万元，实施了安达木河、清水河、白马关河等6条河道沿线景观提升工程，改造完成沿街房屋外立面4.93万平方米，改造门头牌匾177块，绿化美化1.8万平方米。投入420万元，完成4个景区、3个旅游业态和5个民俗村标识改造工作，安装导示导览牌600余块，改造公共卫生间854平方米。全面启动了乡村旅游星级评定工作，累计评定星级民俗户538户，促进民俗旅游规范化发展。

【休闲农业与乡村旅游提档升级】 年内，重点实施了穆家峪示范镇、金叵罗示范村、天葡庄园示范园区和河东村民俗旅游示范合作社建设。投入资金155万元左右，完成开心农场、镇域环境美化、游客休闲广场、垂钓园开发等特色农业休闲项目建设工程。

【休闲旅游产业发展情况】 年内，实现旅游综合收入41.9亿元，同比增长8.5%，完成年度计划的100.8%；接待游客1047万人次，同比增长15.4%，完成年度计划的107.1%。其中乡村旅游接待游客761万人次，同比增长8.4%，实现旅游收入7亿元，同比增长15.3%，收入及增幅均位居生态涵养发展区首位；景区接待185万人次，同比增长79.3%，实现旅游收入3.76亿元，同比增长53.4%；住宿业接待101万人次，实现旅游收入4.88亿元。

村 镇 建 设

【概况】 2014年，全县在连续五年实施新农村长效机制基础上，继续落实《关于建立和完善新农村建设与管理长效机制的补助办法》，对村级保洁员给予工资性补助；农村垃圾处理给予综合性补助；对正常运转的大型沼气集中供气、大型生物质气化集中供气、太阳能路灯、太阳能公共浴室给予维护和管理补助。加大检查力度，要求相关镇及时修复破损设备设施，确保正常运行，对设备未正常运转的，不予拨付资金。

【获北京市新农村建设奖励】 年内，获北京市新农村建设奖励资金2 900万元，在13个参选区县中位居首位。通过区县申报、投票、专家评审等程序，结合统计数据，本县获评“区县综合奖励”和“创新项目奖励”两个奖项。其中在“区县综合奖励”中，以2014年前三季度农民人均收入增速为依据，获“促进农民增收奖励”山区第二名，享受奖励资金1 500万元；围绕“新三起来”，调结构转方式大力发展节水农业，获“体制机制创新奖励”第一名，享受奖励资金1 000万元。在“创新项目奖励”中，全县获评创新项目4个，享受奖励资金400万元。

【获评“首都环境建设优秀区县”】年内，围绕国庆65周年、APEC会议等重大活动环境保障和环境建设重点任务，先后治理市级环境脏乱点点位431个，完成进京第一印象区域、城市公共服务设施、户外广告及牌匾标识等重点整治任务，改善了进京通道面貌，提升了重点大街、重点地区环境建设与管理水平，在首都环境建设综合考评中位列10个郊区县前列，被首都环境建设委员会评为“2014年度首都环境建设优秀区县”。

【推进重点小城镇建设】年内，落实重点小城镇建设工程，加强对6个市级重点小城镇指导，推进重点镇基础设施建设，在太师屯镇、西田各庄镇、古北口镇安排了总额为700万元的重点小城镇建设工程。

【推进美丽乡村建设】年内，结合密云实际制定了《美丽乡村建设实施方案》，全面启动美丽乡村建设。整合平原造林、农宅改造、山区搬迁、环境整治和重点民俗村发展等工程，加快推进电力、污水处理等基础设施建设，首批70个村开展了美丽乡村创建工作。北庄镇干峪沟村被农业部评为“中国最美休闲乡村”，巨各庄镇蔡家洼玫瑰情缘被农业部评为“中国美丽田园”。

【新型农村社区建设】年内，华润希望小镇一期217套新民居全部竣工，村民顺利回迁。穆家峪、十里堡棚户区改造试点扎实推进，王各庄村棚改进入方案审批阶段。

【推进农民安居工程】年内，完成山区搬迁任务1 068户、2 355人。农民住宅抗震节能改造完成，新建翻建1 572户、单项改造7 200户。

【实施乡村公路工程】年内，实施了41条乡村公路大修、桥梁改造、安保设施完善等工程，主要涉及东邵渠、巨各庄等16个乡镇的57公里道路和18座桥涵，并已全部投入使用。

【落实环境季度检查制度】年内，由县农委牵头，组织县市政市容委、环保局、水务局等相关单位，每季度开展环境综合检查评比，并下发环境通报。重点检查公路、河道两侧、旅游景区周边环境秩序；镇村垃圾、污水处理情况；垃圾分类情况；公厕保洁设施使用情况，部分村庄及镇政府所在地等重点部位环境情况。对检查出的问题，立即进行整改。年度进行总评，总评成绩直接关系《关于建立和完善新农村建设与管理长效机制的补助办法》中农村垃圾处理给予综合性补助资金的额度。

【进京第一印象区域环境综合整治】年内，按照密云县制定的《进京第一印象区域专项整治工作方案》，开展了101国道、京承铁路和京承高速沿线环境专项治理工作。自6月起，累计清除垃圾渣土1 800余吨，拆除违建3 000平方米，规范、更新广告牌匾365个，平整铁路两侧路面3 000平方米，实施绿化2万余平方米，粉刷墙面2.4万平方米。

【农村地区环境问题记账销账】年内，加强农村地区主干路、景区、村庄及河道周边巡查工作，实行环境问题记账销账制度，共巡查17个镇294个行政村，发现各类环境问题328处，并全部得到整改。

【加强生态文明建设】年内，落实市政府《关于进一步加强密云水库水源保护工作的意见》，完成库区148米高程以下6.25万亩土地退耕和一级区内17家规模养殖场关闭工作。落实“护水、护河、护山、护林、护地、护环境”的六护机制，强化密云水库联合执法，水源保护工作得到全方位加强。完成南水北调工程密云段地上物拆迁补偿工作。完成平原造林12 710亩，建立了完善的造林长效管护机制。实施京津风沙源治理、小流域综合治理，治理水土流失面积110平方公里，治理河道54条、170.2公里，在提高行洪能力的同时，打造优美的山水景观。

【清水河湿地保护奖励试点项目获批】年内，清水河湿地保护奖励试点项目获国家林业局批复，成为全市首个国家级湿地保护奖励试点项目。项目涉及北庄镇和太师屯镇，长度约10公里，获奖资金500万元。主要按照湿地保护小区的建设标准，实施自然保护和生态恢复工程、科研和监测工程、宣传教育和培训工程以及基础建设工程等。

【超额完成减煤换煤工作任务】根据《北京市2013—2017年清洁空气行动计划重点任务分解2014年工作措施》要求，全县2014年减煤换煤总体任务为10.5万吨。年内，完成减煤换煤15.28万吨，更换无烟型煤2 216吨，更换无烟型煤炉具849套，落实液化石油气下乡16.49万余瓶。其中：县经济开发区完成230蒸吨燃煤锅炉清洁能源改造，压减燃煤5.75万吨；关闭退出4家页岩砖厂，压减燃煤1.19万吨；通过炊事气化改造、农户煤改电和农民上楼等方式，农村地区减煤换煤完成6.85万吨。

农村改革与管理

【促进土地流转起来】年内，全县新增土地流转合同4 211份，涉及土地总面积10 482亩，其中转包283亩、出租10 199亩。土地流转主要用途包括粮食种植245亩，果品种植140亩，林木栽植7 979亩，综合开发2 118亩。全县已累计流转土地面积9.9万亩，占确权面积28万亩的35.4%，其中采取确权确利方式流转3.8万亩，出租5.1万亩，转包0.8万亩，其他方式流转0.2万亩。

【推动资产经营起来】年内，巩固集体经济产权制度改革，322个村完成村级集体经济产权制度改革，占全县需要改革村总数（331个村）的97.3%。改革后共量化集体净资产12.3亿元，股东总数413 518个，集体股东321个，成员股东251 489人，非成员股东161 708人。改革总体进程位居全市前列。

【鼓励农民组织起来】年内，累计成立农民专业合作社1 200家，其中种植业283家、果品业288家、养殖业396家、产销业108家、民俗旅游93家、农机服务25家、手工艺品4家、农宅2家、联合社1家。注册登记成员7.84万户，入社率81.8%。资产总额18亿元，实现总收入15.5亿元，盈余返还1.3亿元，其中合作社统一组织销售农产品总值13亿元，占总收入的83%。全年实现销售收入100万～500万元的合作社120家，500万～1 000万元49家，1 000万以上31家，实现户年均纯收入2.6万元。

【农村土地承包经营权确权登记试点工作】年内，确定了太师屯镇松树峪、流河沟和龙潭沟3个村开展农村土地承包经营权确权登记试点工作。试点村已全部完成土地实测，并在各村公示地籍示意图和农户土地承包经营权颁证面积确认公示表。此次确权登记试点共登记农户961户，集体耕地面积2 603亩；承包合同961份，承包合同面积2 264亩，实测总面积为2 473.17亩。

【开展土地信托试点】年内，穆家峪镇水漳村探索开展土地信托试点，该村将1 680亩农地通过组建土地股份合作社的方式集中起来，委托给信托公司，再交由北京圣水樱桃种植专业合作社经营，信托公司除支付每亩1 000元的流转费外，并提供1 000万元的信托资金，种植合作社盈利后按1∶3∶6的合同约定比例向信托公司、土地股份合作社和农民股东分配超额收益。土地信托为农业规模经营提供了新的融资渠道。

农　村　民　生

【开发就业岗位】年内，开发就业岗位5 169个，完成全年任务指标的172.3%，其中社区岗位安置就业困难人员1 587人，用人单位招用就业困难人员3 582人，同比分别增加116人和1 698人。

【农村劳动力产业转移】年内，农村劳动力持续向二、三产业转移，全县农村劳动力中三次产业从业人员比重为37∶29∶34，第一产业比重比上年下降了1.7个百分点，二、三产比重分别提高了0.4个百分点和1.3个百分点。

【促进低收入农户增收】年内，通过建机制、聚政策、兴产业、促就业、广帮扶，按照促进就业增收一批、发展产业增收一批、推进帮扶增收一批、提高保障增收一批的原则，因地制宜、多措并举，加快促进低收入村发展和低收入农户增收。全县17个镇共监测低收入农户25 100户，涉及农业人口61 757人，其中具有劳动能力38 880人，占低收入户家庭农业人口的63%。就业率81.3%，同比增长0.1个百分点。实现人均可支配收入9 073.7元，同比增长25.0%。19 721户低收入农户人均可支配收入达到或超过7 750元，占全部低收入农户的78.6%。

【改善优抚和社救对象居住环境】年内，按照调高后的农村优抚、社救对象危旧房改造救助资金标准，县财政拨付资金1 444.5万元，支持优抚对象翻建房屋50户，农村社救对象翻建房屋300户、维修房屋70户，改善了优抚和社救对象居住环境。

【城乡低保家庭享受采暖补助】年内，为7 680户燃煤自采暖过冬的城乡低保家庭发放燃煤自采暖补助金384万元，其中农村低保家庭6 527户，城市低保家庭486户，城市特困供养人员8户，农村五保对象659户，燃煤自采暖补助标准为每户500元。对县域内享受公租房及廉租房补贴的城市低保家庭发放集中供暖补助，补助标准参照燃煤自采暖救助标准执行，共为74户城市低保家庭发放救助资金3.7万元。

【实施农村安全饮水工程】年内，总投资600万元，实施风险管理项目26处和水质消毒项目12处，主要建设内容包括新建大口井9眼、更新大口井3眼，新建蓄水池2座、改造蓄水池6座，新建井房11座、改造井房3座，安装水泵11台、变频设备10

套和消毒设备 12 台，铺设管道 2.4 万米。实施安全饮水维修维护工程，涉及 12 个镇 24 个行政村的 4 042户 10 277 人，总投资 400 万元，主要建设内容包括维修饮水管路 31.7 千米、打水源井 8 眼等。

【优化公交线网和车辆】年内，累计调整公交线路 6 条，新开通 5 条；迁移密云六中、河南寨中学 2 个站点；新增公交车 17 辆，更新 33 辆，公交线网、车辆进一步优化，方便了群众出行。

基层组织与民主政治建设

【推进基层服务型党组织建设】年内，围绕加强基层服务型党组织建设，举办了全县基层党组织书记培训班、农村党支部书记专题培训班，确定了 26 个基层服务型党组织建设试点。全县 36 个软弱涣散基层党组织转化效果明显。基层党组织建设在全市“三级联创”考核中，连续八年保持全市一类水平。

【党组织引领基层建设】年内，完善“1+5”党组织引领和谐社区建设机制，9 100 名在职党员到社区开展服务活动。5 000 多名干部深入农村、社区，开展“听民声、访民情、解民忧”活动。总结推广古北水镇、希望小镇党组织引领发展的成功经验，形成了“党组织引领、政府支持、社会参与、农民主体”的格局。

【推进村务公开民主管理示范区建设】年内，全面推行村级财务逐笔公开。按照“有人员、有牌子、有印章、有场所、有工作制度、有履职记录”的“六有”标准，每季度逐笔公开当期账务。对村民代表履职试行量化管理。选取穆家峪镇三个试点村，每季度由村“两委”和群众对村民代表打分，分数较低者可终止其村民代表资格。实行村章“镇村共管”，村级公章统一委托镇相关部门管理，重大事项盖章需经严格审批程序，常规证明由镇将事先盖好村章的规范化证明交由村专人保管，经村主任批准后开具。

【农村社会治理成效明显】年内，发布了全市首部农村地区《网格化标准》，推进国家级标准化试点建设，网格化工作进入纵深发展阶段。开展了村级网格化社会治理试点，以千人为基数配置 1 名网格员，建立了 263 名专职网格员队伍，负责环境、治安、社会服务等工作，与其他公益性岗位人员、志愿者等兼职力量组团入网格，形成齐抓共管、多元协同治理的局面，探索了农村基层社会治理新方式。强化村务监督委员会规范化建设，推进村务公开、政务公开、党务公开。深化社会治安防控体系建设，群众安全感满意度连续六年保持全市前列。

【社区建设成效突出】年内，绿地等 5 个城市社区被命名为 北京市“六型社区”示范单位，西田各庄村等 5 个农村社区被命名为“北京市农村社区建设典型示范社区”，两类示范社区数量分别达到 40 个和 28 个。完成 103 个农村社区服务站规范化建设，全县 30%的农村社区服务站达到规范化建设标准。完成鼓楼街道“全国和谐社区建设示范街道”创建工作，完成鼓楼街道车站路社区和鼓楼社区“全国和谐社区建设示范社区”创建工作。

【创建“民主法治示范村”】年内，7 个村被市司法局、市民政局联合命名为北京市第五批“民主法治示范村”。这 7 个村分别是溪翁庄镇金巨罗村、西田各庄镇牛盆峪村、冯家峪镇西苍峪村、古北口镇古北口村、大城子镇墙子路村、穆家峪镇阁老峪村和巨各庄镇蔡家洼村。至此，全县共有 33 个村获评市级“民主法治示范村”。

【鼓楼街道推进社区规范化建设】年内，鼓楼街道在沿湖、花园西、东菜园和向阳西 4 个社区开展“参与式协商社区议事厅”试点，实现社区居民平等参与社区发展和社区决策。协调解决社区办公和服务用房，26 个社区办公用房均达到 350 平方米标准。完成 13 个社区“一刻钟”社区服务圈建设，26 个社区全部达到“六型”社区标准。推广业主委员会自治模式，成立业主委员会 33 家，有效解决物业管理矛盾和纠纷。

【不老屯镇启动“农民办事不出村”项目】年内，不老屯镇以全国社会扶贫创新协作工程项目建设为契机，投资 300 万元实施了“农民办事不出村”信息化建设项目，将工作职能和服务平台前移下沉，利用党建全程记实系统视频对接功能，建立以镇便民服务大厅为主体，村便民服务代办站为基础的服务体系，解决服务群众“最后一公里”难题，取得了良好效果。

“三农”工作部署和实施

【市领导观摩农村“新三起来”工作】8 月 4 日，市委常委牛有成、副市长林克庆带队到密云县观摩农村“新三起来”工作。查看了司马台民俗旅游专业合作社和八家庄葡萄种植专业合作社整体运转情况，并详细了解了农村“新三起来”开展情况。就进一步做好农村“新三起来”工作，市领导强调要继续转变思想、开阔眼界，政府研究政策要“多予、少取、放活”，传授给农民更多、更实用的致富本领；要切实抓好农民组织工作；要依托密云在生态环境方面的独特优势，坚持“一个民俗村就是一个乡村酒店”的发展理念，不断提高管理水平，同时要利用新媒体加大宣传推广力度，打造品牌，提高市场认可度。

【市领导调研“三秋”工作】10月7日，市委常委牛有成、副市长林克庆到密云县调研“三秋”工作。查看了康顺达农业科技有限公司建设经营情况及河南寨镇平头村“三秋”工作情况。市领导在调研中指出：加快首都现代农业发展，要抓住生产者和消费者两个群体，满足不同市场需求。在生产经营过程中要注重农民利益的保护，最大限度地增加农民收入；在推进农业产业结构调整中，要大力发展高效节水农业，深度开发农业功能，在提高土地效益的同时，把经济效益和生态效益结合起来，把具有生态价值的粮田打造为城里人追寻“乡愁”的景观地，让人们体验农业及田园生活，感受良好的生态环境。

【召开北京市京郊旅游发展大会】10月17日，北京市京郊旅游发展大会在密云县古北口村召开，市领导牛有成、程红出席会议。与会人员查看了古北口村利用农宅和集体资产发展乡村旅游及民俗村规范化建设情况，参观了京郊旅游成就展。会上，市旅游委作了《京郊旅游发展报告》，大兴区、昌平区、延庆县等分别作典型发言，随后启动了京郊旅游融资担保服务体系，市旅游委与农担公司签署了《京郊旅游融资担保资金委托协议》。牛有成在讲话中指出：京郊旅游正处在方兴未艾时期，机遇与挑战并存，要遵循社会、经济和自然规律，正确把握发展方向，使旅游产业成为首都建设国际一流和谐宜居之都的重要支柱产业；要通过充分挖掘自然、历史和人文资源，建立部门联动、上下合力的工作机制，充分运用政策集成、产业培育的激励手段，使京郊旅游实现顺势发展、借势发展、科学发展；发展京郊旅游，关键要深化农村改革、优化发展环境，要把农村“新三起来”工作作为京郊旅游发展的重要抓手，通过统筹土地资源、引进增量、盘活存量、成立专业合作社等措施，使政策、资源和市场等要素紧密结合，为京郊旅游创造更加广阔的发展前景，让农民主体分享更加优厚的发展红利。

【召开密云县农业农村工作电视电话会】3月17日，县政府以电视电话会议形式召开2014年农业农村工作会，对动物防疫、森林防火、林木有害生物防控、民俗旅游、农村环境及农村产业发展等工作进行了安排部署，副县长蒋学甫代表县政府与县直单位、乡镇代表签订2014年动物防疫、森林防火和林木有害生物防控责任书。

【召开密云县低收入农户增收工作会】8月6日，县政府召开推进低收入村发展促进低收入农户增收工作会，通报了全县低收入农户增收工作进展情况及存在问题，帮扶工作队与乡镇代表作了典型发言。副县长蒋学甫就相关工作提出要求。

【召开密云县乡村旅游发展大会】10月24—25日，召开密云县乡村旅游发展大会。县有关部门负责人、相关镇党政一把手、民俗旅游专业合作社及民俗户代表共百余人先后到怀柔区范各庄村、石城镇云水花溪乡村酒店、溪翁庄镇荞麦峪和金叵罗民俗村、穆家峪镇华润希望小镇、古北水镇景区、古北口镇古北口民俗村、太师屯镇落洼民俗村进行了观摩学习，随后召开经验交流会和座谈会，围绕落实“一个民俗村就是一个乡村酒店”发展理念，加快推进乡村旅游组织化建设进行了讨论和深入交流。

密云县领导名录

县委书记	汪先永
副书记	王海臣　韩　耕
常委	刘　颖（女）　张　岩（女） 王稳东　张　涛　杨　珊（女） 张　健　刘名义 王　宇（12月任）
县人大常委会主任	王玉江
副主任	孔令昌　郭瑞权　赵秦岭（女） 王铁明　何继玲（女）
县长	王海臣
副县长	王稳东　杨　珊（女）　李光辉 蒋学甫　郭　鹏　郭洪泉
县政协主席	王春林（女，12月免） 钱福生（12月任）
副主席	张文伶（12月免） 孙　奇（民建）　吴成全 李长春（12月任） 王森林（回族，民革） 杨伟兰（女，民进）
县农委主任	王德云

密云县乡镇（街道办事处）党政正职领导干部

	党(工)委书记	乡(镇)长(办事处主任)
鼓楼街道	郭生民	周广明
果园街道	田立文	陶晓明(满族)
檀营地区	关佩君(女,满族)	张　波
密云镇	付小平(满族)	吴显生
河南寨镇	郭生海	马　超
十里堡镇	张明智	陈弘仁
西田各庄镇	何立新	赵双武
溪翁庄镇	宋印双	晁怀新
穆家峪镇	李长全	赵志政
巨各庄镇	王　东	李阔林
太师屯镇	王东利	马守新
古北口镇	何丽娟(女)	张明华
高岭镇	杨光辉(女)	杨爱革
不老屯镇	齐　超	朱立志
冯家峪镇	季荣旺	王大捷(女)
大城子镇	李海林	常艳军(女)
东邵渠镇	付全利	祝　刚
北庄镇	王贺虎	方建卿
新城子镇	贾志海	庆兆珅(女,满族)
石城镇	孙立军	彭守创

（密云县农委　夏江波　姜瑞红）

延 庆 县

概　述

延庆县位于北京市西北部，距北京市区 74 千米，是首都北大门。全境平均海拔 500 米，气候冬冷夏凉，有北京“夏都”之称。东西最长 70 千米，南北最宽 45.5 千米，东、南、西、北分别与怀柔区、昌平区、河北省怀来县和河北省赤城县接壤，总面积 1 994.88 平方千米，其中平原面积 371.60 平方千米，山区面积 1 623.28 平方千米。耕地面积 42.5 万亩，农民人均耕地近 2.6 亩，居全市之首。全县辖 11 镇 4 乡，3 个街道办事处，376 个行政村，户籍总人口 28.2 万人，农业人口 15.6 万人，非农业人口 12.6 万人，农业人口占全县总人口 55%。全县地区生产总值 99.8 亿元，同比增长 8.2%；公共财政预算收入 11 亿元，同比增长 10%；财政支出 87.8 亿元，同比下降 4.1%；全社会固定资产投资完成 699 314 万元，同比下降 9.8%；城镇居民人均可支配收入 33 778 元，同比增长 8.5%；农民人均纯收入 17 017 元，同比增长 9.8%。

都市型现代农业

延庆县农村经济总收入 173.4 亿元，同比增长 9.4%；农民人均纯收入 16 900 元，同比增长 9%；农村低收入户实现人均收入 9 706 元，同比增长 15%。全县农林牧渔业总产值 24.1 亿元，同比下降 7.6%。

【首个“世界野生动植物日”主题宣传活动】 3 月 2 日，以“加强野生动植物保护，建设鸟语花香美丽北京”为主题，在延庆县野鸭湖国家湿地公园举行首个“世界野生动植物日”宣传活动。活动由野鸭湖湿地自然保护区管理处、延庆县园林绿化局共同承办。市野生动物保护站书记付瑞海、延庆县园林绿化局正处级调研员杨海青、野鸭湖国家湿地公园管理处副主任刘雪梅等领导参加宣传活动。

【义务植树活动】 春季，全县参加义务植树 21.8 万人，完成义务植树 70.6 万株，新植树木 28.3 万株，超额完成全年计划任务 18%。

【第二阶段中小河道治理工程】 4 月开工，主要治理 4 条河流 5 段河道，包括蔡家河（马庄村—妫水河）、西二道河（军都山渡槽—妫水河）、佛峪口河（佛峪口水库—官厅水库）、妫水河（大观头村—辛庄堡及新华营南—艾官营村）。共治理河道 21.6 千米。

【防汛工作】 6 月 1 日至 9 月 15 日为汛期，其中主汛期为 7 月 20 日至 8 月 10 日。检修和维护县境内及黑河、白河上游 51 处雨情自动遥测站、18 处人工雨量监测站、4 处水情自动遥测站等设施。开展大范围防汛宣传 20 场，参与群众 1 万余人；举行防汛知识培训 20 场，参与群众 3 000 人；开展防汛应急避险演练 109 场，参与群规划总 21 850 人。组建专业防汛应急抢险队伍 26 支 1 927 人。汛期，发生 50 次降水，发布蓝色气象风险预警 4 次，黄色雷电气象风险预警 42 次；地质灾害气象风险蓝色预警2次，地质灾害气象风险黄色预警1次；自主启动预警响应3次，出动抢险队伍144人次，动用抢险设备31台；转移安置群众89人，排除积滞水、落石、塌方等险情30余起。未造成人员伤亡重大责任事故。

【康张路西卓家营砂石场地绿地改造】7月初，绿化改造工程施工，工期14天。清运渣土3 500立方米，回填土2 600立方米，播种混播植被13 000平方米。

【世界葡萄博览园绿化工程】7月24日，世界葡萄博览园建设任务完成。葡萄博览园建设项目分为31个大项，144个子项，579个工作包。占地200公顷，栽植美国、法国等国家1 014个世界名特优新葡萄品种。建成后，博览园集葡萄品种展示、观赏采摘、生态体验、景区游览、科普教育、休闲娱乐等功能于一体。

【世界葡萄博览园开园】7月25日，世界葡萄博览园正式开园运营。市政府副秘书长赵根武、第11届世界葡萄大会主席李绍华、县委书记李志军、北京建工集团党委书记刘志国共同摁下按钮，开启世界葡萄博览园。延庆县委副书记、县长李先忠致辞。市农业局局长吴宝新，市委第十六督导组第一副组长王守法，市农委委员王修达，市志愿服务指导中心主任郭新保，市园林绿化局副巡视员贲权民，市旅游委主任助理侯新苗等出席开园仪式。

【市花卉协会成员到延庆考察交流】8月1日，北京市花卉协会成员到世界葡萄博览园内百合园和风沙源育苗中心球根花卉种植基地进行考察。表示将协助延庆大力培育球根花卉生产基地，做大做强花卉产业。

【“球根花卉 扮靓世园”延庆论坛】8月11—12日，由中国园艺学会球根花卉分会、北京市花卉协会和延庆县人民政府主办，延庆县园林绿化局承办的“球根花卉 扮靓世园”延庆论坛在延庆举办。全国17个省市48个单位从事球根和宿根花卉科研、生产、教学和流通领域的102名专家学者和政府领导、花卉企业代表参加学术研讨和现场考察。与会代表在球、宿根花卉文化、种质资源、育种栽培、种植设计及应用方面交流学术报告29篇，并进行自由发言，评选出8篇“最美报告”。中国园艺学会副理事长张启翔，中国园艺学会球根花卉分会会长赵祥云，北京市花卉协会会长宋希友、副会长王苏梅，延庆县委书记李志军，延庆县副县长武岗出席论坛。

【区县联防联动】9月18日，京冀七区县联防工作会在河北省涿鹿县召开，延庆县作为成员区县，参加会议，签订《区县联防协议》，协议提出：对重大动物疫病做到“早预警、早防控、早发现、早处理”，实现首都西北地区无重大动物疫情及动物源性食品安全事件发生。

【非法侵占林地清理排查专项行动】12月1日，召开延庆县非法侵占林地清理排查专项行动部署工作会，成立领导小组。相关人员按照《延庆县林地保护利用总体规划（2010—2020年）》对36块重点地块逐一现场排查，对照国土部门《延庆县土地利用总体规划》图纸甄别地类，对各地块提出初步处理意见。

【有机农业】年内，全县共有有机农产品生产企业（基地）49家，有机认证证书和有机转换认证证书数量64个，涉及8大类215个产品。全年有机农产品产量3 780万千克，有机农业产值4.59亿元，有机农业占农业产值的19%。

【粮食生产】年内，全县粮食播种面积23.3万亩，其中玉米22万亩，豆类、杂粮等1.3万亩。受平原造林影响，粮食种植面积同比下降17.9%。雹灾、风灾、旱灾等自然灾害频发，玉米平均亩产283千克，同比减产46.2%。粮食总产量0.63亿千克，同比减少56.1%。粮食总产值15 413.9万元，同比减少51.8%。

【蔬菜生产】年内，蔬菜播种面积29 537.1亩，同比减少1 739.9亩，减少5.6%。其中露地蔬菜播种面积21 045.3亩，同比减少2 530亩；设施蔬菜播种面积8 491.8亩，同比增加790.1亩。蔬菜产量7 277.75万千克，同比减少1 728.93万千克，减少19.2%。蔬菜收入18 745.04万元，同比减少3 787.29万元，减少16.8%。地头收购均价2.58元，同比增加0.08元。

【畜牧产业】年内，全县奶牛存栏1.5万头，蛋鸡存栏270万羽，羊存栏4.9万只。家禽出栏769万羽，生猪出栏11万头，鲜蛋产量3 765万千克，生鲜乳产量6 253万千克，肉牛出栏6 627头，羊出栏31 621只。畜牧业产值12.2亿元，占农业总产值的50.8%。

【种植业政策性农业保险】年内，种植业承保总面积11.2万亩，同比减少47 798.8亩，减少30%，涉及14 656户（企业或合作社）。其中承保玉米

94 728.5亩，同比减少 42 345 亩，减少 30.9%。承保温室大棚 3 612.8 亩，同比减少 1 913.2 亩，减少 35%。承保果树 13 761.2 亩，同比减少 3 567.6亩，减少 20.6%。种植业总保额 2 亿元，同比减少 5 000 万元，减少 20%。种植业政策性保险理赔金额 791 万元。

【粮食直补】年内，玉米补贴面积 18.1 万亩，补贴资金 1 760 万元，涉及 15 个乡镇 323 个村 3.6 万户。小麦补贴面积 35 亩，补贴资金 4 550 元，水稻补贴面积 61.9 亩，补贴资金 928.5 元。

【村级全科农技员重新选聘】年内，对全县全科农技员进行重新选聘，全科农技员由 342 名调整至 133 名。

【农民培训】年内，举办各类农业科技培训 515 期，培训农民 1.7 万人次，发放培训材料 1.4 万份，咨询服务 6 000 人次。

【畜禽强制免疫】年内，免疫口蹄疫 51.5 万头(只)、猪瘟 24.21 万头、高致病性猪蓝耳病 22.74 万头、高致病性禽流感 867.96 万羽，新城疫 854.63 万羽，5 种强制免疫动物疫病应免免疫密度均达到 100%。

【养殖场备案】年内，备案养殖场有 136 个。其中奶牛养殖场（小区）52 个、生猪养殖场 33 个、蛋鸡养殖场 24 个、肉鸡养殖场（小区）22 个、其他养殖场 5 个。

【马铃薯种薯研发】年内，希森三和马铃薯产业研发基地建设种植 70 个大棚，其中 67 个大棚用于微型薯生产；2 个网棚用于杂交试验和新品种选育；1 个坡面棚用于雾培生产。生产荷兰薯、大西洋、夏波蒂、克新一号等品种，全年收获微型薯 2 650 万粒。

【苗圃工作】年内，栽种白桦、锦带、华山松、银杏万余株，销售白蜡、柳树、连翘等 30 余种，销售收入 100 余万元。

【平原造林】年内，完成工程 21 个子项目，建设面积 1 696 公顷。组建专业施工队 118 支、5 700 余人，专业技术骨干 40 余人，栽植各类苗木 113.6 万株，铺设各类管线 123.1 千米，累计使用机械 4 370台班。实际完成造林面积核实率 100%，苗木质量、栽植质量、密度等基本达到《北京市平原造林工程技术实施细则（修订本）》的标准要求。

【京津风沙源治理二期工程】年内，完成京津风沙源治理二期工程建设，改造八达岭镇内低效林 467 公顷。对原有优势树木、目的树种抚育定株；补植乡土树种 7 万株；修建 1～1.5 米宽作业道 3.5 万平方米。

【山区生态公益林森林健康经营项目建设工程】年内，国家重点生态公益林管护工程建设涉及 8 个乡镇 13 个行政村 1 个集体林场；林木抚育 1 563 公顷，修建通往林区道路 14 842 米。其中作业道支线 3 016 米，作业步道 11 826 米。新建生态管护站房 150 个。

【彩色树种造林】年内，实施彩色树种造林工程，地址位于刘斌堡乡刘斌堡村，永宁镇盛世营、南张庄等村，完成建设面积 200 公顷。

【林政资源管理】年内，审核征、占用林地 8 件，审核面积 52 公顷；其中审批四级经济林地备案 3 件，审批面积 2.9 公顷；办理林木采伐审批 403 件，采伐林木 19 922.6 立方米 42 万株。批准林木移植 61 件 34 739 株。树木伐移受理 28 件，批准砍伐树木 166 株，批准移植树木 87 株、侧柏墙 83 延米、沙地柏 64 平方米。

【城市危险树木清理】年内，对 40 多个社区的危险、枯死树木进行调查，审批 6 个居委会 8 件 52 株危险、枯死树木砍伐手续。园林管理中心每天出动 30 人、5 辆作业车，用时 1 个月完成清理城市危险树木工作。

【林木有害生物防控】年内，林业有害生物防治面积 6.4 万亩。其中，山区防治面积 3.4 万亩，川区面积 3 万亩。发现美国白蛾疫点 23 个，涉及 10 个乡镇，诱捕美国白蛾成虫 47 头，发现幼虫网幕 210 个 。在重点地区人工喷烟对美国白蛾进行普防，防治面积 2 万亩次。

【森林火灾防控】2013—2014 森林防火年度，全县签订各类责任书 2.5 万余份，全县 15 个乡镇均组建专业森林消防队伍。清除可燃物 240 万延米，清理林地内坟头 3 万个。发放宣传材料 6 万余份，新增防火宣传牌 500 块，农用车上喷涂标语 400 条，悬挂横幅标语 1 000 条，发手机短信 50 万条。100 辆流动宣传车天天走村入户讲防火。处罚 327 名履职不到位护林员。

【山区生态林管护】年内，新建护林站房 150 个，8 375名山区生态林管护员管护面积 193.074 万亩，发放生态林补偿资金 4 793.354 万元。

【野生动物保护疫源疫病防控】年内，疫源疫病监测工作实行日报制，全县有国家、市、县级监测点

11个，监测野鸟1 600余万只，未发现异常情况。

【野生动物救助】年内，救助野生动物25只，其中国家二级保护动物16只，主要以雕鸮居多；北京市二级保护动物8只，包括池鹭，夜鹭，绿头鸭等；其他保护级别1只，为扇尾沙锥。

【野生动物损害补偿】年内，13个乡镇，123个行政村1 603户农作物遭受野生动物损害，损失面积712亩，损失农作物约28万公斤，伤亡家禽家畜1 214只，折合金额889 198元。按损失金额70%进行补偿，补偿金额622 438元。

【种苗产业】年内，全县累计育苗面积2 533公顷，各类品种苗木2 000万株，其中新育苗面积1 067公顷。新增办理林木种子生产许可证22个，经营许可证19个，种苗质检员91名。有育苗户170家，林木采种基地2个。规模化苗圃建设申报18份实施方案，建设总面积18 015.68亩，涉及17个企业。种苗站与风沙源育苗中心联合建设球根花卉资源圃20亩，有294个品种，19.23万株。建设观赏草资源圃，种植观赏草40个品种，4.61万株。建设菊花资源圃，共计171个品种，其中观赏大菊168个品种，盆装600株，露地栽培4 500株；食用菊花2个品种1 500株；茶菊1个品种1 500株。

【蜂产业】年内，全县有蜂群数量1.5万群。生产蜂蜜264吨、王浆1吨、蜂花粉1.5吨，总产值280万元。

【花卉产业】年内，花卉种植面积942.2公顷，其中四海镇524公顷，珍珠泉乡80公顷，井庄镇60公顷，刘斌堡乡81.3公顷，大榆树镇40公顷，张山营镇6公顷，延庆镇12公顷，千家店镇38公顷，沈家营镇66.6公顷，永宁镇种植菊类花卉及种苗13.3公顷，旧县种植牡丹20公顷，八达岭种植蝴蝶兰1公顷。

【林下经济】年内，稳定林下经济种植面积2 337.3公顷，包括林花1 777.3公顷、林药473.4公顷、林菌40公顷、林粮23.3公顷、林禽23.3公顷。

【重要涉水数据】①降水：全县全年平均降水量353.2毫米，与上年全年降水量473.6毫米相比减少120.4毫米，减少25.4%；与多年平均降水量436毫米相比减少82.8毫米，减少19%；降水量最大的人工站为大庄科站，计567.7毫米，最小的站为沈家营站，计255毫米。汛期平均降水量227.8毫米，比上年同期的394.6毫米减少166.8毫米，减少42%；与多年平均汛期降水量303.8毫米相比减少76毫米，减少25%；最大一次降雨发生在6月6日，全县平均降雨23.5毫米，降雨量最大站八达岭降雨47毫米。②地下水：年末全县26眼地下水观测井数据显示，地下水平均埋深18.05米，比上年同期17.56下降0.49米。③供水：全县全年用水总量5 993.8万吨。其中工业用水189.62万吨，公共服务用水1 241.56万吨，生态环境用水258万吨，农业用水3 118.3万吨，居民家庭指导性用水1 186.26万吨。比年初制定的用水指标6 110万吨少116.2万吨。④排水：全年处理污水1 166万吨，利用再生水816万吨，全县污水处理率73.6%，再生水回用率70%。⑤水资源调度：年内白河堡水库全年入库水量5 239万立方米，出库水量7 212万立方米，其中向密云水库输水7 212万立方米，历年来共向密云水库输水10.1亿立方米。

【张山营再生水厂工程】截至年底，铺设完成污水收集管线8.8千米、退水管线1.4千米；完成姚家营村南提升泵站1座；完成污水厂区拆迁占地协调工作。该工程始建于2013年9月18日。

【延庆平原区地表水供水工程】截至年底，输水管线、配水管线铺设完成，净水厂完成70%总工程量，配水厂完成80%总工程量。该工程始建于2012年10月18日。

【葡萄产业带集中供水工程】截至年底，完成输水管线42.9千米，配水管线7.9千米；佛峪口水厂完成扩建并投入运行；古城加压站完成建设，确定白河堡首部加压站选址。该工程始建于2012年11月30日。

【乡镇污水处理厂建设】年内，污水处理厂站采用社会融资方式，升级扩建康庄镇、八达岭镇、永宁镇、旧县镇4个镇污水处理厂，新建香营乡、大榆树镇、井庄镇3个乡镇污水处理厂，委托运营张山营再生水厂。项目获得批复，完成勘察设计招标工作。完成BOT特许经营招标工作，首创为中标企业。

【县城南部地区供水改造工程】年内，针对延庆城南供水不足等问题，实施城南应急水源井并网工程，为应对夏季供水高峰，对城北新打水源井及加压泵站进行调试运行，保障城区供水安全。

【农村地区供水改造工程】年内，统筹上年农村饮水健康行动计划、"11·3"灾后重建工程续建、2014年农村饮水健康行动计划、"一事一议"财政奖补项目、移民后期扶持项目、延庆县农村饮水应急解困工程及其他资金，解决了 69 个村庄供水问题。

【生态清洁小流域建设】年内，建设生态清洁小流域综合治理工程 70 平方千米，砌筑树盘 52 919 个、梯田整修 70 公顷、栽植经济林 39.5 公顷、节水灌溉 87.8 公顷、村庄美化 40 317 平方米、新建农路 15 423 米、沟道清理 8 625 米、污水处理 2 处等，投资 5 525.5 万元。工程分为 5 个大项目，分别为 2012 年京津风沙源小流域综合治理工程续建项目 30 平方千米，涉及香营小流域 16 平方千米，闫庄小流域 14 平方千米；2014 年生态清洁小流域综合治理工程 15 平方千米，涉及汉家川小流域 14 平方千米；2013 年国家水土保持重点建设工程 15 平方千米，涉及东桑园小流域 15 平方千米；2013 年京津风沙源小流域综合治理工程 10 平方千米，涉及城关镇小流域 5 平方千米，清泉铺小流域 5 平方千米。

【水库移民后期扶持】年内，核定农村水库移民 25 472人，其中新增 285 人，继续享受 25 185 人、漏登 2 人，发放直补资金 1 525.8 万元；核定无固定职业农转非水库移民 4 846 人，发放培训补贴 274.96 万元。完成 2014 年度移民接收村专项资金扶持项目 16 个，资金 879.54 万元，涉及 9 个乡镇 34 个村，其中延庆镇 20 个村，康庄镇 1 个村，沈家营镇 4 个村，永宁镇 1 个村，旧县镇 1 个村，大榆树镇 4 个村，八达岭镇 1 个村，香营乡 1 个村，井庄镇 1 个村。建设内容涵盖基础设施建设、生产开发、冷库等。其中基础设施建设完成危房改造、净化水器、应急排水设备、供水管道、排洪沟、硬化道路、挡土墙，桥涵、机井及配套设施、治理河道项目。完成 2012 年度中央结余资金扶持项目 3 个，涉及 2 个乡镇 5 个村。完成张山营镇西五里营村、前庙村、后庙村引水管网灌溉建设项目，康庄镇西桑园村净菜加工中心项目。

【抗旱工作】年内，受降雨偏少和持续高温影响，大部分地区出现严重旱情，黑河、白河、妫河均出现不同程度断流。14 个乡镇遭受严重旱灾，农作物累计受灾面积 37.08 万亩，经济损失 1.92 亿元。全年调拨抗旱物资柴油泵 4 套、消防水龙带 1 900 米、水柜 15 个支援乡镇抗旱工作，解决山区人畜饮水困难问题。出动农业技术干部 110 人次，完善 13 眼抗旱饮水井、3 处地表水饮水工程建设，利用水泵、消防水龙带等抗旱设施 756 台，启动农业灌溉井 688 眼，铺设消防带 70 万米，灌溉粮食作物面积 50 230 亩，灌溉蔬菜面积 16 098 亩，灌溉果树面积 14 864 亩，灌溉其他作物面积 3 401 亩。累计投入资金 8 609.3 万元。全县参与抗旱人数6 998人。

非　农　产　业

【鸟类认养和认领养护湿地活动启动仪式】4 月 6 日，北京市第 32 个爱鸟周，北京野鸭湖国家湿地公园推出鸟类认养和认领养护湿地活动启动仪式，延庆第二小学幼儿园园长吴小伶女士首个办理认养手续，为儿子认养一只被公园救助的受伤天鹅。

【李长春调研】4 月 14 日，第十六届、十七届中央政治局委员、常委李长春在县委书记李志军的陪同下到野鸭湖进行调研。

【国际马铃薯中心领导调研】4 月 15 日，国际马铃薯中心理事会代表团访问延庆。6 月 19 日，比尔·盖茨基金会农业发展部主任（原国际马铃薯中心主任）帕米拉女士及其基金会成员访问延庆。

【丹麦绿色骑行活动】5 月 24 日，丹麦绿色骑行活动开幕式在野鸭湖举行，活动由丹麦王国驻华大使馆、中国自行车协会、北京市延庆县政府共同主办，在野鸭湖进行休闲骑游。

【世园会确定在延庆召开】6 月 11 日，国际展览局第 155 次大会在法国巴黎召开，会议由国际展览局主席纳吉主持，国际展览局 168 个成员国一致表决认可 2019 年中国北京世园会。国际展览局主席纳吉和秘书长洛塞泰斯向中国代表团代表、国展局中国首席代表、中国贸促会副会长王锦珍，北京市市长特别代表、2019 北京世园会执委会副主任夏占义，中国花卉协会会长特别代表、中国花卉协会秘书长刘红授予国际展览局局旗。

【世葡会召开】7 月 29 日，2014 世界葡萄大会在北京市延庆县开幕。世葡会自 20 世纪 70 年代创办后，首次在亚洲举办。大会有 1 000 多种世界名优葡萄亮相，汇集 23 个国家近 500 家酒庄和酒企。

【举办徒步嘉年华活动】8 月 23 日上午，“徒步延庆·为申办冬奥加油”2014 北京徒步嘉年华暨延庆国际徒步大会在野鸭湖国家湿地公园开幕。北京、张家口两地 5 000 多名市民参加，参与人员沿环湿地步道徒步 5 千米或 20 千米。启动仪式上，世锦赛自由式滑雪连续三届冠军李妮娜和京张两地志愿者、社工、市民代表共同发出倡议，号召市民坚持“3千米步行、5千米骑车、10千米公共交通、远距离绿色驾驶”的“3510”理念，用绿色生活方式支持申奥。北京市徒步运动协会正式将野鸭湖国家湿地公园的环湖路、环湿地步道认证为“徒步健走市级推荐步道”，并向各界徒步运动爱好者颁发加盖名人签名的新版《北京徒步护照》。

【高校观鸟赛】11月1日，第十三届北京高校观鸟赛在野鸭湖举办，高校观鸟赛由北京观鸟会和“至美观鸟”品牌的创立者——北京兆华至美国际教育科技有限公司共同主办，野鸭湖湿地自然保护区管理处协办。15所高校和5所中学，20个队参赛，活动观测到鸟类71种。

【世葡会延怀产区共建】启动世葡会“会时”产经论坛指挥部，牵头延怀产区共建与产经论坛举办。制定完成《延怀河谷葡萄及葡萄酒产区总体规划》，规划范围包括两县27个乡镇，规划面积约2 000平方千米。规划期限为2014—2030年。设立延怀河谷产区葡萄与葡萄酒产业发展基金。成立延怀河谷葡萄与葡萄酒产业联合会，在世葡大会举办期间召开延怀产区新闻发布会。延庆县和怀来县联合将延怀两县共建葡萄产区向农业部申报“延怀河谷葡萄”地标，7月农业部颁发“延怀河谷葡萄”农产品地理标志证书。

【2015年世界马铃薯大会筹备】争取到2015年世界马铃薯大会举办权，确定大会举办时间为2015年7月28—30日。至2014年年底，开始启动建设国际马铃薯中心亚太中心，筹集资金1.2亿元，先期开展综合研发大楼及种质资源库改造装修工程、供电工程、给排水工程。中国国际薯业博览会招商招展工作完成90%。

【国际马铃薯中心亚太中心建设】建设项目包括综合研发大楼改造装修、室外工程、地源热泵等工程，投资预算为11 739.70万元，已到位资金11 097.27万元。其中室外工程和地源热泵工程由市发改委投资。综合研发大楼和种质资源库改造装修工程、温室工程、变配电工程、农田用水工程及外接市政工程由市财政投资。制订亚太中心（延庆）项目建设工程进度安排，各项工程稳步推进。

【休闲农业与乡村旅游】四季花海农园创建全国休闲农业与乡村旅游示范点。旧县镇和千家店镇获评北京市休闲农业与乡村旅游示范镇。千家店镇“百里山水画廊”和珍珠泉乡“珍珠山水”开展中国美丽田园创建。开展北京市休闲农业星级园区颁牌暨全国创意农业精品大赛颁奖活动，华坤庄园评为5星级；山间别薯、妫川牡丹园、绿茵溪谷评为4星级。新打造下湾村和慈母川村两个“北京最美的乡村”，全县9个北京最美的乡村。

【会展农业】推荐北菜园合作社、四海茶菊两家公司参加在北京展览馆举办的第九届中国（北京）餐饮·食品博览会。组织北京绿富隆农业股份有限公司、四海田园农副产品加工有限责任公司、村村牛种植专业合作社等三家企业参加10月28日在山东青岛举办的第十二届中国国际农产品交易会，展示有机蔬菜、无公害杂粮、有机牛奶、菊花茶、玫瑰茶、杏仁油、核桃油、杏仁白酒等10多个品种。

山区建设

【冰川绿谷沟域经济建设】年内，推进冰川绿谷二期建设，重点实施环境整治、生态建设、基础设施、新村民居和产业发展5项工程，获得全市重点沟域建设考核评比一等奖，奖励资金1 250万元。

【柳沟沟域经济发展规划初稿完成】年内，聘请中国城市建设研究院咨询设计有限公司设计柳沟沟域经济发展规划，到年底完成初稿。

【农民山区搬迁】2013—2014年，确定山区搬迁任务1 268户2 643人，涉及5个乡镇13个行政村。到年底，完成新一轮搬迁工程6个村784户1 651人。大庄科乡沙门村新建二层独栋楼房15栋；八达岭镇里炮村新建六层楼房7栋；大庄科乡铁炉村一期新建2层独栋楼房50套；旧县镇白河堡村新建3层楼房9栋；千家店镇红旗甸村一期新建房屋252间。

【项目招标】7月25日，完成延庆县2012年巩固退耕还林成果专项规划建设项目生态移民工程（红旗甸、岔石口），延庆县2012年京津风沙源治理工程、生态移民工程（红旗甸）两项工程施工招标工作。北京建工远大市政建筑工程公司中标。

【监理招标】8月8日，延庆县2014年山区地质灾害易发区及生存条件恶劣地区农民搬迁工程监理实施招标。北京东方华太建设监理有限公司中标。

村镇建设

【小城镇建设】7月，康庄镇、八达岭镇被住建部、发展改革委、农业部等7部委列入全国重点镇。到2014年年底，康庄、永宁、旧县、八达岭4个重点小城镇农村经济收入56.41亿元。康庄工业园有本地注册的3家企业入驻中关村延庆园；永宁镇实施永元街道路工程和镇集中供暖中心改造工程；旧县镇完成五星级汽车露营基地建设，成功举办2014年世界房车大会；八达岭镇启动岔道古城旅游综合开发项目。全县农转非1 300人。

【农村减煤换煤】8月20日，召开农村地区“减煤换煤、清洁空气”行动工作动员会。到年底，农村地区减煤换煤7.49万吨，安装无烟煤炉具3 600余台，液化气送气下乡全覆盖。

【农民住宅抗震节能工程】年内，对2011—2012年农宅抗震节能改造工作开展专项整治行动，删除不合规农户6 481户。新完成抗震节能改造工程3 063户，施工面积15.8万平方米。

【新型农村社区试点】年内，八达岭新型农村社区（含营城子、南元、程家窑、东沟新村）已粗具规模，建成房屋1 210套，村民回迁797户。石峡关社区设计农民住宅600户，共11栋6层住宅，工程建设已进入扫尾阶段，安置农民419户。

农村改革与管理

【农村改革专项】年内，成立延庆县农村改革专项小组，县委常委任组长、副县长任副组长，负责承担市新型城镇化体制改革专项小组和县委、县政府部署的相关任务。专项小组下设办公室，办公室设在县农委。农村改革专项小组共涉及11项改革任务，其中执行市里的改革任务2项；与市里相衔接的改革任务5项；延庆特有改革任务4项。至2014年年底，共计完成改革任务8项。

【“新三起来”】年内，落实县委县政府《关于进一步加强农村土地承包经营权流转工作的意见》，引导土地承包经营权有序流转，新流转土地面积3.3万亩。完成井庄镇西红寺村和三司村2个试点村土地承包经营权登记颁证试点工作。印发《延庆县村级公益事业专项补助资金分配方案》及《延庆县村级公益事业专项补助资金管理办法》，规范村级资产管理。10家市级示范社晋升为国家级示范社，成立北京果香园果品产销专业合作社联合社和北京四海宝山种植农民专业合作社联合社。出台《延庆县县级规范社动态管理办法》和《延庆县农民专业合作社专项扶持资金管理办法》，支持符合条件的联合社优先承担涉农项目，新增农业补贴向联合社倾斜。北京妫川、北京康绿、北京绿建、北菜园、王木营等企业与合作社吸纳本地农民1 500人从事一产工作，签订用工合同，保障工资收入，参加社会保险。

【一事一议财政奖补】年内，确定村级公益事业一事一议财政奖补项目47个，其中田间道路类工程11个、饮水项目类13个、河道治理及雨排工程类项目13个、护坡及护村坝项目6个、其他环境类项目4个，涉及24个低收入村，落实奖补资金2 500万元，完工项目27个。

【低收入村户增收】年内，落实县委、县政府出台的《关于推进低收入村发展及低收入农户增收工作的意见》，引入8个机关企事业和社会单位，新农村建设结对帮扶工作覆盖全县108个低收入村。重点支持低收入村发展产业项目，7个“有一定产业基础、近期可实施、能带动大多数农户增收”的低收入村获得休闲农业、果园建设、特色种植等产业发展项目。

【农村集体土地确权】年内，农村集体建设用地使用权地籍调查2 190宗，面积1 320.55公顷，调查率100%。农村集体土地使用权确权登记发证323宗，占宗地总数的14.75%。

【农村经济运行情况】年内，实现农村经济总收入173.4亿元，同比增长9.4%；农民人均所得15 929元，同比增长8.9%；纳入监测的低收入农户的人均收入9 753元，同比增长15.7%；农村劳动力108 689人，其中就业劳动力105 961人，就业率97.5%；农村劳动力以三产就业为主，三大产业就业人数比为23∶5.4∶71.6。

【农民专业合作社规范管理】年内，农民专业合作社与县农委联合出台《延庆县县级规范社动态管理办法》《延庆县农民专业合作社专项扶持资金管理办法（试行）》。全县工商注册合作社599家，同比增长9.3%，成员总数25 041户，运营合作社265家，占总数的44.2%，统一销售农产品总值68 127.6万元，总收入55 406.3万元，盈余8 683万元，合作社成员户均纯收入2.3万元，同比增长21.1%。县级及县级以上规范社52家，其中国家级示范社10家，市级示范社3家，县级规范社39家。已注册的联合社7家。22家合作社加入北京市农民专业合作社联合会。20家合作社获扶持资金829.4万元。

【农村集体土地清查与土地流转】年内，清查全县乡村两级集体经济组织土地总面积297.8万亩，其中农用地257.5万亩，占86.5%；建设用地12.4

万亩，占4.1%，未利用地27.9万亩，占9.4%。经营农用地面积56.7万亩，占农用地总面积22.0%；其中家庭农户自营28.1万亩，占经营农用地面积49.6%。经营性建设用地面积1.9万亩，宅基地面积5.8万亩，分别占建设用地总面积15.3%和46.8%。

【农村集体土地流转】年内，签订平原造林及其他土地流转合同9 059份，面积3.3万亩，实现流转收益2 700万元。

【农村土地承包经营权登记试点】年内，选择井庄镇三司村和西红山村两个试点，家庭承包土地总面积1 676亩，涉及农户267户，家庭承包合同267份。两村均采取实际测量方法，实测面积2 134亩，实测地块1 104块。

【村干部经济责任审计】年内，审计全县15个乡镇、367个行政村、512名村干部，其中村党支部书记138名，村主任143名，村党支部书记兼村主任231名。审计总额82 350.1万元。

农民生活

【概况】年内，城镇居民人均可支配收入33 778元，同比增长8.5%。农村居民人均纯收入17 017元，同比增长9.8%。城乡居民储蓄存款余额1 575 546万元，同比增长10.5%。按产业经营地核算，全年社会消费品零售额990 108万元，同比增长7.4%。

【市首届“非遗大观园”端午游园会】5月31日至6月2日，在夏都公园、妫川广场举办第六届北京端午文化节暨北京市首届“非遗大观园”端午游园会活动。活动以“中国梦 爱国情——休闲延庆 多彩端午”为主题，加入韩国元素，设6大板块、13项活动。特别推出北京市首届“非遗大观园”端午游园会，汇集北京市近百个市级以上非遗项目。端午小长假期间，接待游人39.41万人次，旅游收入2 597.16万元，同比分别增长15.9%和17.5%。通过北京电视台、北京人民广播电台、新华网、延庆政务微博同步直播的方式，吸引60余家媒体参与报道宣传，推出报道300余条次。

【城镇居民收入和支出情况】年内，城镇居民人均可支配收入33 778元，比上年增长8.5%。工资性收入29 047元，增长8.6%。城镇居民人均生活消费性支出19 808元，同比增长9.1%，八大类消费支出中除医疗保健支出下降外，其他类支出均有不同程度增长。其中增速最快的是文教娱乐用品及服务支出，同比增长18.3%；其次分别是其他商品和服务、衣着、食品、居住、交通和通信、家庭设备用品及服务，增速分别为15.1%、14.0%、10.3%、9.3%、3.1%和2.2%。

【农村居民收入和支出情况】年内，农村居民人均纯收入17 017元，同比增长9.8%，其中工资性纯收入11 316元，增长9.8%；家庭经营纯收2 113元，增长6.2%；财产性纯收入717元，增长10.6%；转移性纯收入2 871元，增长12.3%。农村居民人均生活消费支出达到11 190元，同比增长10.9%。八大类消费支出均有不同程度增长。其中增速最快的是其他商品和服务，同比增长18.5%；其次分别是居住、交通和通信、医疗保健、文教娱乐用品及服务、衣着、食品、家庭设备用品及服务，分别增长17.7%、16.6%、12.0%、9.3%、9.1%、7.2%和3.4%。

【农村劳动力就业】年内，农村劳动力转移就业5 379人。开发1 130个绿色就业岗位；生态就业岗位在岗人员12 835名。对500余家农民合作社、民俗户等用人单位进行政策指导，20余家一产单位安置的216名农民实现一产员工化就业；推进3家园林管护公司企业化运作，安置流转土地失地农民1 160名。农村劳动力转移就业培训1 924人次。

【就业政策】年内，宣传和落实市、县两级用人单位岗位补贴和社会保险补贴政策、灵活就业（自谋职业）社会保险补贴政策、公益性就业补助政策、绿色生态就业补助政策。落实市县促进就业资金33 982.3万元。其中市失业保险基金15 052.9万元，县财政18 929.4万元，促进2.7万人稳定就业。

【城乡居民养老保险】年内，参加城乡居民养老保险67 544人，其中农村居民66 563人，收缴金额7 381.01万元。领取养老金18 127人，其中农村居民17 690人，领取保险金额10 107.63万元。基础养老金上调40元后，为每人每月430元。落实上年度参保缴费人员每人30元补贴工作，涉及47 457人，补贴金额142.4万元。

【福利养老金】截至2014年年底，28 351人享受城乡无社会保障老年人福利养老金，同比减少1 168人，减幅3.96%。累计发放福利养老金12 063.55万元，同比增支9 231.13万元，增幅8.29%。

【劳动关系】年内，监控68个单位劳动合同履行情况，涉及企业职工4 910人，其中城镇职工3 592人、农民工1 318人，企业劳动合同签订率99.54%。检查用人单位1 356户，涉及职工39 812人。其中日常巡视检查505户，涉及职工15 748人；专项检查780户，涉及职工21 588人；书面审查58户，涉及职工2 273人；查处各类违法案件16件，其中接受群众举报投诉13件，为243名农民工追发工资106.41万元，补签劳动合同142人，结案率100%。

【非遗保护与传承】年内，延庆小吃——火勺申报县级非物质文化遗产，开展“延庆火勺王”评比，首次销往美国、日本等国家。永宁南关竹马全面升级，以《昭君出塞》为主题，将竹马由民间花会舞蹈形式改创升级为广场舞蹈形式，荣获“舞动北京”创作奖和金奖。传统舞蹈“延庆旱船”列入第四批国家级非物质文化遗产代表性项目名录。太平街老秧歌和大庄科核桃手疗正在申报市级非物质文化遗产项目。

【2014世葡会系列文化活动】年内，完成2014世界葡萄大会主题口号、LOGO、吉祥物等创意作品。世葡会期间，以评剧、京剧、河北梆子等传统文化为主，开展驻场演出66场。

【文物保护利用】年内，实施四海镇火焰山营盘遗址等12项文物保护修缮工程，争取文物修缮资金1.1亿元。将文物保护修缮与旅游经济发展结合，协助井庄镇设计规划王仲营村“满族风情的乡情村史陈列室”；调查发掘和初步规划编制大庄科冶铁遗址，经北京市权威考古专家进行现场考察、论证，大庄科冶铁遗址群截至2014年是国内发现的辽代矿冶遗存中保存炼铁炉最多、炉体保存最完好的遗址。

【文化惠民】年内，完成星火工程演出1 128场、周末场演出55场、周末百姓大舞台演出6场。全县组织各类文化惠民演出2 200场次，公益电影放映1.6万场，文化信息资源共享播放3 200场。

【群众文化人才队伍建设】年内，开展农民艺术培育工程，开展各类文艺培训近3万人次。全县各乡镇均有合唱队伍，半数以上行政村有舞蹈队或健身队伍，文艺骨干1 250余名、文艺爱好者22 300余名；拥有农民文艺团队32支、花会队伍300余支。

【公共文化服务】年内，完善376个行政村文化组织员队伍建设，构建组织、培育、责任、沟通和推进五大体系，工作得到市中期督查专家组高度评价和充分肯定，通过第二批国家公共文化服务体系示范项目创建资格中期督查，成为全国具有典型示范作用的公共文化服务体系建设项目。

【文化阵地】年内，博物馆接待观众3万人次，举办临时特展和民间鉴宝会活动，移动博物馆下乡宣传30次，足迹遍及全县15个乡镇25所学校和5个社区。对发现30年的山戎文化陈列馆进行重新维修和设计布展；文物所被评为北京市青年文明号。图书馆图书总藏量434 604册；开展全民读书活动，被评为北京市“红读”活动示范单位。文化馆开展各类文化艺术培训辅导462批次，举办书画摄影展览10次，获市级以上奖项8个。

基层组织与民主政治建设

【基层党组织书记集中培训】4月17—18日，举办农村基层党组织书记集中培训班，围绕基层组织建设、群众路线教育实践活动等方面进行培训，全县450余名基层党组织书记参加。

【新农村建设结对帮扶】4月25日，召开新农村建设结对帮扶工作部署会，印发《关于进一步做好新农村建设结对帮扶工作的通知》，组织104个县直单位党组织与160个村党组织结对，其中低收入村108个。年内，帮扶产业项目26个，为群众解决实际问题187个，全县低收入户年人均增收1 084元。

【“德蕴清风”主题公园开园】10月24日，延庆“德蕴清风”主题文化园开园。文化园位于县城百泉公园内，于2013年5月开始设计，2014年9月建设完工。文化园以“探索正确的人生道路，铸造思想道德长城”为主题，占地8.5万平方米。

【正常离任村党组织书记生活补贴工作】年内，全县可享受生活补贴的正常离任村党组织书记978人，发放资金490.47万元。

【基层服务型党组织建设】年内，全县确定基层服务型党组织市级试点2个、县级试点36个，分别制定工作方案，建立月报制度，定期听取各乡镇、街道试点进展情况，对试点党组织进行专题调研，加强指导。总结深化党建富民型、保障民生型、高效便民型、民主管理型和文化凝聚型“五型模式”基层服务型党组织，宣传推广延庆镇“五层五单”工作法，康庄镇小丰营村“民生十二条”等经验。

【整顿软弱涣散基层党组织】年内，印发《关于填报整顿软弱涣散基层党组织台账的通知》，全县各乡镇按照行政村数不低于10%的比例抓尾倒排，确定村级软弱涣散党组织39个。通过制定方案、建立工作台账、建立整顿工作进展情况月报制度、县领导挂点联系等方式进行整顿，到2014年年底，村级软弱涣散基层党组织全部转化提升。

【农村基层组织活动场所规范化建设】调研农村基层组织活动场所运行情况，由县级财政投入专项资金160万元，解决东部山区8个乡镇80个村级组织活动场所供暖问题。

【合同期满大学生“村官”再就业】年内，150名合同期满大学生“村官”中实现再就业140人，就业率93.33%。其中进入行政机关33人，进入事业单位41人，进入专项事业编制3人，进入企业26人，进入编外合同制2人，考取社区工作者1人，考取公安文职5人，自主创业3人，考研2人，续签及延长劳动合同7人，灵活就业17人。全县机关、事业单位招录延庆县合同期满大学生“村官”占当年合同期满总人数16%。

【大学生“村官”招聘】年内，选拔新一届大学生“村官”173人，其中，北京生源毕业生100人，占57.8%，北京生源录取率84%；硕士29人，本科101人，本科以上学历占75%。

【人大建议办理】截至5月31日，全部办结年初人代会收到代表提出的2件涉农建议。

【政协提案办理】截至5月31日，全部办结年初政协会上收到的5件涉农提案。

领　导　调　研

【领导调研】3月12日，农业部市场与经济信息司司长张合成、市农业局副局长阎晓军一行到延庆县就农民信息化需求进行调研，走访八达岭镇小浮坨、康庄镇刁千营、沈家营镇八里店和东王化营4个村和北菜园蔬菜专业合作社。

7月8日，市人大农村委员会主任委员安钢等到延庆县大庄科乡东太平庄村和霹破石村，调研农村集体经济产权制度改革等相关情况，县人大常委会农村工作委员会主任宋石仑等陪同。

7月17日，市委常委牛有成到延庆检查“新三起来”工作，到八达岭镇石佛寺村、小浮坨村和延庆镇唐家堡村了解农村资产经营、村民收入和村集体合作社运行等情况，牛有成同志指出，要深入推进土地流转起来、资产经营起来、农民组织起来，不断提高土地产出率、资产收益率和劳动生产率。

11月19日，中纪委驻国家林业局纪检组原组长杨继平、国家林业局资源司原司长寇文正、国家林业局造林司原副司长吴坚就延庆生态林建设、森林健康经营和平原造林工程建设情况进行调研。市园林绿化局副巡视员蔡宝军、造林营林处处长袁士保、北京市林业工作总站站长施海、延庆县园林绿化局局长刘明利、县绿化办副主任王学亮陪同调研。调研组实地考察半山湖公园、蔡家河平原造林、中马友谊林，听取延庆县生态林建设和森林健康经营、平原造林工程建设情况汇报，与市、县园林绿化局领导就北京加快生态建设保护等方面进行座谈交流。调研组对北京生态建设所取得的成果给予高度评价，指出：北京的生态林建设要提高科技力度，在增加绿量的同时要实现向美景转变，要严格火源管理，加强林业有害生物防治，确保森林资源安全。

延庆县领导名录

县委书记	李志军
副书记	李先忠　胡耀刚
常委	李志军　李先忠　胡耀刚 徐维功　张　远 孟振全（1月免） 陈合安（11月免） 王立明　张素枝（女）　李忠义 吕桂富　虞宝才（1月任）
县人大常委会主任	郭振清
副主任	侯林兴（11月免） 盛桂荣（女）　唐富臣　郑世华 唐文杰（不驻会）
县长	李先忠
常务副县长	张素枝（女）
副县长	张　远　魏　怡（女）　刘　兵 谢文征　武　岗（11月免） 刘明利（11月任）
县政协主席	赵双利
副主席	宋献坤　谷艳兰（女）　徐凤翔 李　满　赵志萍（女） 程大庆（不驻会）
秘书长	丁铁生
县委农工委书记	张绍芬（女）
县农委主任	程大庆

延庆县乡镇党政正职领导

	党委书记	乡（镇）长（办事处主任）
延庆镇	闫承发	郭慧成
永宁镇	黄金龙	辛文军
康庄镇	贺　利	葛　新
张山营镇	叶　东	刘文祥
八达岭镇	卫洪涛（满族）	闫建利
旧县镇	常迎六（满族）	郭铁石
千家店镇	池合仓	张利忠
四海镇	李凤云	贺常荣（女）
大榆树镇	赵琳锋	王艳宾
沈家营镇	姜言泉	杨志强
井庄镇	崔旭龙	孟顺利
香营乡	徐自成	李新生
大庄科乡	晏红利	王　琦
刘斌堡乡	胡树森	王长清
珍珠泉乡	徐志中	吴玉田（1月任）
百泉街道办事处	赵振华	陈桂芬（女）
儒林街道办事处	刘世记	张合林
香水园街道办事处	冯浙军	贺建昌

（延庆县农委　武永杰　贺志鸿）

市农业系统行政、事业机构

中共北京市委农村工作委员会 北京市农村工作委员会

概　况

中共北京市委农村工作委员会（简称市委农工委）是负责本市农村工作的市委派出机构。北京市农村工作委员会（简称市农委）是负责统筹协调本市农村发展和农村经济工作的市政府组成部门。市委农工委和市农委合署办公。市委农工委、市农委机关内设办公室、组织处、宣传处、干部处、研究室、社会管理处、法制处、发展规划处、产业发展处（北京市农业产业化办公室）、社会发展处、农村改革与经营管理处、村镇建设处、山区建设处、新农村建设协调联络处、新农村建设督查处（农产品流通处）等16个职能处室和机关党委（工会）、离退休干部处，按有关规定派驻农村纪工委、监察处。

主 要 工 作

2014年，在市委、市政府坚强领导下，市委农工委、市农委领导班子团结带领全体机关干部，认真学习贯彻十八届三中、四中全会、中央农村工作会议及习近平总书记视察北京重要讲话精神，全面深化农村改革，加快推进城乡发展一体化，圆满完成了全年各项目标任务，推动“三农”工作实现了新突破。一年来，主要开展了以下几项工作：

一、深入推进“新三起来”，农村改革全面深化

（一）四项重点改革试点取得阶段性成果

一是“一绿”地区城市化建设试点全面启动，朝阳区6个乡围绕拆迁安置、转制转居、产业发展、绿化美化等目标，统筹城规和土规，全面推进城市化建设。二是“二绿”地区乡镇统筹利用集体经营性建设用地试点范围稳步扩大，其中，丰台区长辛店镇试点已启动拆迁腾退工作。三是怀柔区田仙峪村盘活利用农村闲置房屋发展健康养老产业试点进展顺利，已对35处闲置住房开展了利用改造。四是在通州区黄厂铺村开展了家庭农场试点，公开竞选出的8户家庭，对总计1 360亩承包土地开始了家庭规模经营。

（二）“三块地”确权赋能工作取得积极进展

一是土地承包经营权确权登记颁证工作，在平谷全区和其他涉农区县共21个乡镇、150村稳步开展试点。同时，积极推动农用地适度规模经营，全市已流转土地274.8万亩，占确权总面积的61.6%，比上年提高10.3个百分点。二是集体建设用地使用权确权登记颁证进展顺利，累计已完成确权登记发证6 974宗，占应发证宗地数的70%。三是村庄地籍调查试点稳步开展，门头沟区已基本完成村庄现状地籍调查工作，测绘率达到100%，其他区县也分别确定了一个试点村庄。四是在海淀、平谷、大兴等区开展了集体经营性建设用地范围内房屋登记试点工作。

（三）农村集体“三资”监管和运营全面加强

一是组织开展了农村集体经济合同集中清查和规范工作，共清查集体合同12.3万份，涉及金额1 600多亿元，发现问题合同2.16万份，涉及金额184亿元，并已规范5 600余份，挽回损失8.2亿元。二是建立了“三资”信息化监管平台。目前平台已经覆盖了全市14个涉农区县，形成了农村经管系统市、区（县）、乡（镇）、村四级网络体系，实现了全市2 400多名工作人员一网办公。三是建立健全农村综合产权流转交易市场。基本建成了全

市农村产权交易信息化系统，市农村产权交易所已在13个区县设立分支机构。截至目前，全市农村产权交易累计成交187宗，金额12.27亿元。四是试点设立农村集体资产监督管理委员会，海淀区成立了区、乡（镇）两级农资委，为全市完善集体资产监管积累了新经验。

（四）新型农业经营主体加快发展

一是农业龙头企业进一步壮大，新认定31家市级农业龙头企业，市级以上龙头企业累计达到171家，其中国家级39家。龙头企业提供的农产品及加工制品已占本市农产品供给2/3以上，直接带动本市49万个农户增收40亿元以上，有力地促进了全市农业产业化和现代化水平提升。二是农民专业合作社规模化、规范化发展加快，全市农民专业合作社达到6 450个，正式注册的成员16.6万名，成员出资总额达到78.7亿元，带动农户46万户，占一产农户的3/4。培育市级示范社141家，成立了市农民专业合作社联合会。

（五）农村金融改革不断深入

与相关部门及金融机构共同努力推进了农村金融产品与服务创新。2014年年末涉农贷款规模余额达到了2 525.7亿元，比年初增加207.2亿元。农村金融产品不断创新，积极探索了“农保贷”，试点开展业务39笔、贷款1 200万元；开展示范社诚信奖励，向23家合作社的1.07亿元贷款奖励贴息564.3万元；发行中小企业集合票据，为4家农业企业募集资金2.4亿元。政策性农业保险覆盖面不断扩大，新设立生猪价格指数、蛋鸡产业链、渔业和杏种植保险，总险种达到23大类，参保农户达到11.8万户，政策性农保保障水平进一步提升。

二、深入推进农业调结构转方式，都市型现代农业发展水平持续提升

（一）都市型现代农业发展方向更加明确

按照习近平总书记视察北京时对农林水发展提出的明确要求，出台了《关于调结构转方式发展高效节水农业的意见》（京发〔2014〕16号），明确了到2020年，粮田面积由170万亩调减到80万亩、菜田由59万亩增加到70万亩，农业用新水从7亿立方米减少到5亿立方米，最终实现农业节水水平、“菜篮子”保障水平、现代种业发展水平、生态建设水平的“四个全面提升”。目前，已将各项任务分解到了部门和区县，并开展了多轮部署和推动，2013年“三秋”已在地下水严重超采区调减冬小麦播种面积10万亩左右。

（二）“菜篮子”供应保障基础更加稳固

出台了《基本菜田蔬菜生产补贴办法（试行）》，实施蔬菜生产“三个五”工程（5个万亩镇、50个千亩村、500个高产高效示范户），已基本完成19个千亩村和1个万亩镇建设。新建和改造老旧设施7 000亩，新建集约化育苗场20个。加快发展健康养殖业，对70家畜禽养殖场进行了规模化、标准化改造提升，完成畜禽节水改造200个标准栋。加快工厂化、循环温室等水产养殖技术应用，完成标准化池塘节水改造工程5 517亩。加强京津冀农业协同发展和区域合作，新增外埠蔬菜生产基地4万亩和养殖基地5个。首都鲜活农产品供应保障能力稳步提升。

（三）一、二、三产业融合发展趋势更加显著

会展农业取得新成效，第75届世界种子大会、第11届世界葡萄大会、第2届北京农业嘉年华成功举办，重大农业会展直接带动了相关产业快速发展，提升了首都农业的行业影响力和国际开放水平。观光休闲农业和民俗旅游加快提档升级，4项农事景观和3个村庄分别入选2014中国“美丽田园”“最美休闲乡村”，评定了一批市级星级休闲农业园，进一步推动了产业经营创新和品质、效益提升。乡村旅游全年接待游客3 825万人次，实现收入36.2亿元。大力推进“种业之都”建设，借势世界种子大会，依托通州国际种业园区，探索建设国家种业综合改革创新试验示范区，积极协调推动国家农作物品种权交易平台落户北京；全市种业销售额稳定在100亿元以上，已成为全国最大的籽种交易中心。

（四）现代农业服务体系更加完善

加强农业科技人才支撑体系建设，加大对“菜篮子”工程科技支持，实施集约化育苗技术示范项目和生产经营主体科技能力提升工程；对2 578名全科农技员进行岗位培训；推进新型职业农民培养，培训农民学员24 473人，新增农村实用人才2 800人，累计达到了4.7万人。加强农产品质量安全服务体系建设，实施八项农产品质量安全专项整治行动，完善“四位一体”农产品质量安全监测工作机制，深入开展“三品一标”认定工作，新认证350家企业和基地，全市农产品质量安全合格率

水平继续保持在全国前列。加强农业信息化服务体系建设，深入开展农业物联网应用，强化移动农网和“12316”农业信息服务，共发送各类实用信息1 602.6万条、提供咨询 2.9 万次。加强农资服务体系建设，构建以供销社系统为建设主体、邮政系统为辅的农资服务格局，供应的农资产品数量占到本地农资消费量的 60％以上；加强农资市场监管，农资产品合格率均达到 100％。加强农产品流通体系建设，积极推进农社对接、农超对接，开展了京郊农产品直销示范店评选、流通模式创新等一系列活动；加快发展电子商务等新型农产品流通模式，京东商城、我买网等企业直采果蔬农产品销售额快速增长。

（五）加快现代农业示范区建设

全市培育创建了 11 个全国“一村一品”示范村镇、39 个市级都市型现代农业示范乡镇，顺义、房山加大国家现代农业示范区建设力度。正是因为有这样一个好的基础，经农业部批准，下一步本市将整体创建国家现代农业示范区。

三、深入推进新型城镇化和美丽乡村建设，乡村发展环境和面貌不断改善

（一）重点镇建设质量稳步提升

加快重点镇基础设施、公共服务设施建设和优势特色产业发展，42 个重点镇全年固定资产投资350 亿元，增长 13.5％，镇域企业达到 1.44 万个，增长 10.21％，公共财政收入 41.3 亿元，增长22.99％。通州区被确定为国家新型城镇化综合试点，大兴区、平谷区被确定为中小城市综合试点，21 个镇被确定为全国重点镇。

（二）新型农村社区建设积极推进

进一步加强试点社区跟踪评估和建设指导，48个市级试点中 42 个试点村已完成规划编制，22 个启动建设，累计投入资金 16.6 亿元，完成新民居建设 67.63 万平方米，10 个社区试点完工并入住。

（三）实施美丽乡村建设，农村生态环境进一步改善

2014 年，588 个村庄启动美丽乡村建设。市区两级累计投入近 30 亿元，重点开展了 9 项建设任务。继续大力推进农村地区“减煤换煤、清洁空气”行动计划，完成减煤换煤 162.7 万吨。为 56个村 1.5 万农户实施了煤改电，60 万农户通过“送气下乡”实现了炊事气化。完成 9.1 万户农宅抗震节能改造。支持 19 个传统村落编制保护发展规划。健全农村基础设施长效管护机制，市级财政对村级公益事业的专项补助资金大幅增加 50％，补助资金总量达到 7.7 亿元。加强农村环境整治，圆满完成国庆 65 周年、APEC 会议等重大活动期间农村地区环境保障任务。

（四）山区建设发展水平稳步提升

大力推进山区搬迁，落实补助资金 2.79 亿元，2014 年实施了 32 个村 2 951 户 6 471 人搬迁工作（其中 18 个搬迁新村基本完工，14 个正在抓紧施工）。持续推进沟域经济建设，实施“五项工程”221 项，完成投资 22 亿元。

四、深入推进城乡基本公共服务均等化，农村民生持续改善

（一）农民增收继续保持“两个快于”的好势头

始终把促进农民增收作为“三农”工作中心任务。2014 年，农民人均纯收入实现 20 226 元，实际增长 8.6％，增速连续六年快于城镇居民。进一步加大低收入农户增收帮扶力度，制定实施农村经济薄弱地区发展规划，安排 5 000 万元对 66 个低收入村开展了特色产业发展专项扶持，安排“一事一议”财政奖补资金 2.6 亿元重点扶持了低收入村和美丽乡村的公益项目建设。全年 20％相对低收入农户人均纯收入 9 068 元，同比增长 12.6％，增速快于农民整体。

（二）农民转移就业工作力度不断加大

开展“春风行动”、城乡“手拉手”就业协作等行动，继续推进就业失业管理制度城乡一体化。截至目前，全市有 836 个行政村的 38.4 万名农村劳动力纳入城乡统一的就业失业管理制度，占到全市行政村总数的 21％。持续加大农民转移就业政策扶持力度，帮助 6.3 万名农村劳动力实现转移就业。

（三）农村“四项”社会保障同步提升

积极配合市有关部门加快推进城乡社会保障一体化步伐。基础养老金从每人每月 390 元提高到430 元、福利养老金从每人每月 310 元提高到 350元、农村低保最低标准从家庭月人均 460 元提高到560 元、新农合人均筹资标准从每人每年 680 元提高到不低于 1 000 元，同比分别提高了 10.26％、

12.9%、21.74%、47.1%。

五、深入推进基层组织和社会建设，乡村治理水平进一步提升

（一）农村基层组织建设全面加强

深入开展农村基层党的群众路线教育实践活动，“四风”问题得到有效整治。扎实推进基层服务型党组织建设，实施“六个一百”工程，基层组织引领发展、服务群众的能力得到进一步提升。配合市纪委深入开展“严肃查处农村基层党员干部不正之风和违纪违法行为”专项行动，中央巡视组反馈的“小官巨腐”等问题得到有效整改，402 个软弱涣散村党组织完成转化。农村基层干部队伍建设进一步加强，培训乡镇、村干部 8.2 万人次，面向优秀村党组织书记定向招录了 24 名乡镇机关公务员。深化村务公开民主管理，全面实施“村账托管”、合同乡镇审核等基层民主管理措施，全市实行这两项制度的村庄分别达到了 96.7%和 94.7%。

（二）农村精神文明建设不断加强

丰富农村公共文化服务供给，涉农基层文艺团队达到 8 427 支，参与人数 26.16 万人，全年开展各类活动 2.54 万场。围绕举办第 25 届农民艺术节，精心组织开展了乡村原创作品提升、“乡村大舞台”群众文艺会演、乡风文明宣传等三大系列九项活动，进一步丰富了农村文化生活，提升了精神文明建设水平。成功举办第二届“北京最美乡村故事”主题征文展播活动，大力宣传践行社会主义核心价值观的动人故事，广泛传递正能量。深入开展“北京最美的乡村”评选和推广活动，新评定 20 个“北京最美的乡村”。利用媒体资源，集中报道“三农”中心工作，开通“两委”政务官方微博和微信公众号，增强“三农”工作网络舆论引导。

（三）农村社会保持和谐稳定

会同民政、社工委等部门，推动 2 990 个村庄实行了社区化管理。加大农村综治维稳工作力度，圆满完成“两会”、国庆、APEC 会议等重点时期农村安全稳定工作。进一步完善涉农信访工作机制，加强基层矛盾纠纷排查化解动态化、常态化管理，郊区县到市以上部门集体访批次下降了 6.2%，网络信箱共接收群众来信下降了 60.4%。严格落实农村地区各项安全监管责任，安全保障能力持续提升。

六、深入推进领导班子和干部队伍建设，两委机关自身建设全面加强

（一）加强两委领导班子建设

班子学习氛围更加浓厚，重新修订了两委理论中心组学习基本制度，全年组织学习 22 次，发放学习读本 80 余册。同时，注重创新学习载体，加强理论学习的参与性和互动性，举办 4 期“主题学习论坛”，碰撞了思维、激发了兴趣，效果很好。班子凝聚力进一步增强，两委领导严格执行党员领导干部双重组织生活会制度，促进班子成员思想上同心同德、目标上同心同向、行动上同心同行，进一步提高了班子整体合力。班子决策更加科学合理，严格落实民主集中制，扩大两委决策参与范围，进一步坚持和完善两委办公会、工委委员（扩大）会议制度，全年召开两委办公会 29 次，研究议定事项 120 余项。

（二）加强两委干部队伍建设

结合机关干部队伍建设实际，积极开展干部选拔任用工作，全年共选拔任用处级干部 5 名，其中处长 2 名，副处长 3 名。对 1 名副处长、1 名调研员和 2 名科级干部进行了交流。通过转任形式，调入 1 名调研员和 1 名科级干部。通过公务员招录补录，考录 2 名科级干部。运用一年内遴选考试结果，从区县调入 1 名科级干部。在干部选拔任用过程中，一是坚持标准。按照好干部的 5 条标准，即“信念坚定、为民服务、勤政务实、敢于担当、清正廉洁”选拔干部，树立良好的用人导向。二是严格程序。认真学习贯彻新修订的《干部选拔任用工作条例》，把握好民主推荐、组织考察、任前公示等关键环节，严格按条例办事。三是强化监督。充分征求纪检监察部门的意见，强化纪检监察部门的监督，坚持发扬民主，确保干部选拔任用工作的公开透明。认真做好老干部服务工作，认真听取老干部对重大决策的意见和建议，关心离退休干部学习和生活，加大对特殊困难离休干部的帮扶力度。

（三）加强机关党建工作

认真贯彻机关基层组织工作条例和实施办法，切实将机关党建作为两委总体工作的重要组成部分。健全机关基层组织建设，成功召开了两委直属机关第二次党员代表大会和工会会员代表大会，选举产生了第二届直属机关党委、纪委、工会；完成

市城乡办支部、党总支筹建选举工作。严格落实“三会一课”制度，严肃认真开展支部专题组织生活会，在基层党支部分类定级和晋位升级工作中，两委机关100%的支部达到“好”标准。认真做好党员学习教育工作，采取多种形式推进学习型党组织建设，成立机关青年党小组，为35岁以下党员构建学习交流平台。

（四）加强党风廉政建设

坚决落实党风廉政建设“两个责任”，2014年落实党委主体责任分工23项、纪委监督责任分工8项。实施廉政风险防控项目化管理，两委班子成员共确定年度重点防控项目18项，制定廉政风险防控措施47条，并得到逐一落实。落实廉政谈话制度，对任职的2名处长、5名副处长进行了廉政谈话，帮助党员领导干部筑牢拒腐防变的思想防线。以零容忍态度惩治腐败，对两起违反中央八项规定精神的典型案件在市农委系统进行了通报。

（五）加强两委作风建设

严格贯彻落实中央八项规定精神和市委实施意见，着力在建立健全改进作风常态化制度方面下功夫。班子成员带头改进作风，完善领导干部联系点制度，两委领导和各支部认真落实每季度“进村入户”活动，2014年，两委班子成员深入基层调研天数普遍超过60天。两委直属机关各支部“进村入户”累计走访146个乡镇、174个村、859家农户，直接访谈群众1 584人，慰问困难户99家，送去慰问金或慰问品总额为40 040元，征求群众意见建议185条，已解决50条，共协调落实资金858万元。持续深入整治“四风”。坚决杜绝以各种名义用公款相互宴请，取消新春团拜会，改为慰问基层，婉拒外省市帮扶地区各种表达感谢的农特产品和礼品，坚决落实《两委关于不准收受基层赠送农副产品的规定》。严格执行厉行勤俭节约、反对奢侈浪费的有关规定。2014年，“三公”经费支出预算降低12%以上，市级节庆、论坛、展会等活动经费压缩40%以上，因公出国（境）人次、支出同比分别下降25%和24.8%，清退4辆借、占用公车，改造超标领导办公用房14间，腾退在外租房办公2间。

（六）全面落实依法行政

制定《市农委2014年推进依法行政工作要点》，加强重大行政决策和规范性文件合法性审查工作，完成8份文件的合法性审核、2份文件的市政府备案工作。开展法律法规和规范性文件清理工作，共清理地方性法规8部、政府规章1部、规范性文件74件。规范完善行政复议程序性规定，筹备组建法律顾问专家委员会，为推进依法行政工作发挥积极作用。

市委农工委、市农委党政领导班子成员

市委农工委书记	王孝东
副书记	刘福志　康　森
委员	张贵忠(11月免)　尚延华 李海平　王建中　于　波 吴宝新　苏卫东(12月任) 王修达　李建东
农村纪工委书记	尚延华
市农委主任	王孝东
副主任	李成贵　李海平　王建中 吴宝新　童卫东（挂职到2014年2月） 于　波
委员	刘亚清　张宏图　郝　霞 刘春成　薛有才　左晓波 寇文杰

（市委农工委研究室　卢宏升）

北京市农业局

概　况

北京市农业局是负责农业行业监督管理的市政府部门管理机构。机关内设15个职能处室和机关党委、老干部处、工会、监察处，机关行政编制108人。局属单位24家，按照单位经费形式划分：行政执法机构1个，全额拨款事业单位21个（参照公务员法管理单位3个，纳入工资规范单位1个），差额拨款事业单位1个，未定形式1个。因部分单位合署办公，内部管理实际为23家。

机构设置

单位名称	地　址	邮　编	电　话
北京市农业局	西城区裕民中路 6 号	100029	82031800
北京市农业技术推广站	朝阳区惠新里高原街 4 号	100029	84638460
北京市土肥工作站	西城区裕民中路 6 号	100029	82078454
北京市种子管理站	海淀区北太平庄路 15 号	100088	62051552
北京市植物保护站	西城区北三环中路 9 号	100029	62016348
北京市优质农产品产销服务站	朝阳区安外北苑路 88 号	100101	64965639
北京市农业环境监测站（北京市农业绿色食品办公室）	西城区裕民中路 6 号	100029	82031875
北京市农业局信息中心	西城区裕民中路 6 号	100029	82031894
北京市动物疫病预防控制中心	大兴区生物医药基地祥瑞大街临 17 号	102600	60275629
北京市畜牧总站	朝阳区安外北苑路甲 15 号	100107	64891950
北京市动物卫生监督所	西外上园村甲 3 号	100044	62248621
北京市兽药监察所	大兴区生物医药基地祥瑞大街临 17 号	102600	60272616
北京市饲料监察所	朝阳区安外北苑路甲 15 号	100017	84934332
北京市畜牧业环境监测站	昌平区昌平镇超前路 21 号	102200	89740848
北京市水产技术推广站	朝阳区潘家园华威西里甲 48 号南楼	100021	87702636
北京市水生野生动植物救护中心	延庆县大榆树镇西杏园 300 号	102100	81198253
北京市渔政监督管理站	丰台区永外西罗园二区 23 楼二层	100077	67274269
北京市农业机械试验鉴定推广站	丰台区南方庄甲 60 号	100078	67631575
北京市农业机械监理总站	海淀区复兴路 2 号	100038	63312505
北京市农业局后勤服务中心	西城区裕民中路 6 号	100029	82078481
北京市农民体育工作办公室	西城区裕民中路 6 号	100029	62024158
北京市农业局宣传教育中心	西城区裕民中路 6 号	100029	82078183
北京市农业局财务服务中心	西城区裕民中路 6 号	100029	82085018
北京市农业局老干部活动站	西城区裕民中路 6 号	100029	82078496

主　要　工　作

年内，在市委、市政府的领导下，全市农业系统干部职工团结一致、扎实工作，在各区县和市有关部门的大力支持下，经过不懈努力，共同开启了北京农业发展历史上非常重要的一次战略调整，同时实现了新时期北京农业发展在高起点上的纵向提升，也一起面对了牛奶产销、秸秆禁烧和农产品质量安全、动植物疫病防控等方面的严峻挑战。

一方面，着力推进农业调结构、转方式。

一是加强顶层设计，主动推动战略发展策略。习总书记视察北京以后，围绕新时期首都城市战略定位，提出了“调粮、保菜、做精畜牧水产”的发展思路，得到了市领导的认可，并最终按照这个思路，出台了《市委市政府关于调结构转方式发展高效节水农业的意见》（16 号文），规划了未来北京农业发展的蓝图。

二是坚持科学发展，认真谋划具体落实方案。为了抓好 16 号文的贯彻落实，经过反复研究、科学论证，完成了《北京市农业局关于调整农业结构发展高效节水农业的实施方案》和粮经、蔬菜、畜牧、水产四个产业的发展意见，以及 13 个专项工程的细化方案，进一步明确了未来北京农业发展目标的实现路径。在这个大的框架下，各区县农业部门也紧密结合区县工作定位和农业发展实际，围绕“调、转、节”的要求，及时研究制定了具体的落实方案，实现了工作紧密衔接、措施快速落地。

三是注重工作实效，努力推进重点任务实施。坚持边设计边推动，不等不靠，积极协调市、区县有关部门和项目资金，赢得工作的主动权。结构调整初见成效，完成调减高耗水作物 10 万亩，调减幅度达 21.8%；调减生猪 2.7%、调减肉禽 12.2%；蛋鸡存栏增长 3%，鸡蛋产量增长 12.9%。农业节水全面启动，水资源是农业发展的命脉，为了抓好节水工作，专门成立了节水工作领导小组，制定了《北京农业系统节水行动规划（2015—2020）》。瞄准到 2020 年实现农业节水 2 亿立方米的目标，组织实施了粮经、蔬菜、畜牧、水产四大节水工程，建立了 100 个粮经、蔬菜高标准农业节水示范区，大力推广 6 种节水模式和 30 项农艺节水技术，开展节水技术培训近万人次。通过努力，全年实现节水 4 559 万立方米，其中：种植业实现节水技术全覆盖，节水 4 008 万立方米；通过实施畜禽场高效集雨等工程，实现畜牧业节水 151 万立方米；通过推广高效节水养殖技术，实现渔业节水 400 万立方米。生态农业加快发展，以“化学投入品减量化、农业废弃物资源化、清洁能源替代化”为主线，研究制定了《北京市生态农业建设行动方案（2014—2016 年）》。实施“清洁空气工程”，小麦秸秆全部还田，农作物秸秆综合利用 139.9 万吨，利用率达 85.6%；推广越冬作物 35 万亩，减少扬尘 3 500 吨；推广“两气”、太阳能、热泵等能源新技术，年可节约替代标煤 50 万吨，减排二氧化碳 133 万吨，减少二氧化硫、氮氧化物及可吸入颗粒物近 2 万吨。实施“净化水源工程”，完成规模化养殖场粪污治理 183 处，减排化学需氧量（COD）3 000 吨、氨氮 120 吨，全市农业水环境持续改善，化学耗氧量和氨氮分别比 2010 年降低了 14%和 12%，在全国率先完成了国家“十二五”农业水污染物减排的目标。实施“改良土壤工程”，加强农业面源污染治理，实现了测土配方施肥全覆盖，减施化肥近万吨；推广绿色防控技术，减少农药用量 10.4%。通过以上“三大工程”的实施，为首都的“蓝天、碧水、沃土”作出了积极贡献。同时，还创建了密云季庄、通州瑞正园、昌平川府菜缘、顺义顺沿特、大兴绿得金等 11 个生态农业核心示范园区和 19 个标准园区，为全市生态农业的发展起到了很好的示范带动作用。

另一方面，努力提升农业发展水平。

在开启全市农业发展战略调整的同时，直面挑战、凝心聚力，按照“强基础、保重点、促改革”的工作思路，加快都市型现代农业发展，在高起点上迈出了新步伐，实现了产业发展提质增效、监管保障强劲有力、三大安全万无一失、改革创新卓有成效，促进了农业发展的纵向提升，农业综合生产能力、生态涵养能力、主要农产品供给保障能力和市场竞争能力进一步得到增强。

一是强基础，促进产业提质增效。克服生产成本增加等因素影响，保持主要农产品生产稳定，全市粮食生产面积 180.4 万亩，平均单产 384.1 公斤，总产量 69.3 万吨；蔬菜播种面积 87.9 万亩，上市量 304.8 万吨，上市收入 54.3 亿元；出栏生猪 300 万头、肉牛 9.5 万头、家禽 7 500 万只，牛奶产量 60 万吨，禽蛋产量 17.6 万吨，肉类总产量 40 万吨；淡水养殖面积 5.7 万亩，成鱼产量 6.8 万吨。推进“菜篮子”工程建设，新建设施 3 500 亩、改造老危旧设施 3 600 亩，提高了生产效率；完成 20 个蔬菜集约化育苗场建设，全市集约化育苗生产面积达 21 万平方米，育苗量达 1.8 亿株；建成大兴区采育镇蔬菜产业“万亩镇”和 20 个“千亩村”，推进了产业的区域化发展。改造畜禽场 70 家，开展畜禽节水改造工程 200 标准栋，培育壮大了华都峪口、顺鑫农业、大北农等一批有国际影响力的龙头企业，同时支持本市龙头企业建立了 5 家外埠畜牧业生产基地。完成渔业工厂化养殖、循环温室养殖和标准化池塘改造 5 500 亩，新增年生产能力 7 000 吨。加快现代种业发展，成功举办了“世界种子大会”，首次发表了 2014 年世界种子大会北京宣言，向 60 个国家和地区的 1 452 名代表展示了北京种业发展成果，实现种子贸易签约金额 1 500 万美元。落实《北京种业发展规划（2010—2015 年）》，建成农作物品种试验展示基地 20 个、畜禽良种场 192 个、水产良种场 52 家；加强品种培育推广，育成粮菜新品种 400 余个，京红、京粉蛋种鸡品种占全国 50%以上，鲟鱼苗种供应量占全国 70%以上；以通州区国际种业园区为核心，加快了“国家种业综合改革创新试验示范区”建设。初步搭建了种业创新服务平台、交易交流平台和成果转化平台，实现全年种业销售额106.7亿元，较上年增长了3.7%。抓好支撑保障，更好地服务产业发展。强化科技支撑，服务于产业发展。凝聚科技资源，建立了果类蔬菜、生猪、观赏鱼、食用菌等10个产业技术体系创新团队，着力解决了一批产业发展的技术瓶颈问题；加强创新集成与示范推广，开展技术引进与攻关360项，研发产品109个，选育品种254个，培训农民2万余名，培养新型职业农民3 124名；全市农业科技贡献率超过70%，直接经济效益达5.2亿元。强化农机装备支撑，落实农机购置补贴资金1.8亿元，新增农机动力6万多千瓦，5 000个农户从中受益；创建了顺义鑫利、平谷互联两个国家级农民合作社示范社，创新了流动资金贷款担保方式和社会化服务模式。全市主要农作物耕种收综合机械化水平达73%，高出全国平均水平12个百分点，其中粮食生产基本实现全程机械化；设施农业、畜牧业和渔业机械化水平快速提升，分别达到30.6%、50.5%和40.6%，位居全国前列。强化农业法治保障，研究制定《北京市农业系统全面推进依法行政实施意见》。完善地方法规，《北京市动物防疫条例》于2014年10月1日起正式实施，同步制定实施了《北京市畜禽定点屠宰管理办法》等四个配套文件。加大执法力度，深入开展农业执法“绿剑行动”2万余次，做出行政处罚710次，罚没款324万元，维护了市场秩序和农民的合法权益。规范执法行为，梳理农业部门执行的现行有效法律法规规章共145部、行政执法职权共772项，编制了行政职权目录清单、《北京市农业行政执法技术操作规程》和《北京市农业行政执法程序操作规范》，推进了行政执法的精细化管理。加强法制宣传，组织开展“放心农资下乡进村”“农业法制宣传月”等系列宣传活动，提升了农业执法形象。强化队伍建设，市级培训农业行政执法人员近800名，区县执法人员培训达100%，全市245人通过农业行政执法人员考试，农业执法能力日益提升。

二是保重点，服务城市平稳运行。打造安全农业品牌，坚持严谨标准，制定农业地方标准7项，新增优级标准化基地130家，全市无公害农产品标志企业已达943家、产品2 289个，年产量130.1万吨；坚持严格监管，开展“专项整治行动”，检查生产经营企业5.1万余家次，完成市级各类监测样本1.5万个，建成了市、区监管信息平台，创建了顺义、昌平2个示范区县，延庆、通州、怀柔、朝阳4个先进区县和全市8个示范乡镇；坚持严厉处罚，立案384起，罚没111.8万元，取缔2家畜禽屠宰黑窝点；坚持严肃问责，市、区县、乡镇、企业层层签订落实责任书。本市蔬菜、畜禽产品、水产品总体合格率为97.6%，确保了未发生重大农产品质量安全事件，保障了“舌尖上的安全”。加强动植物疫情防控，落实国家和本市中长期动物疫病防治规划，推进动物防疫体系建设，市疫控中心投入试运行；严格落实各项防控措施，高致病性禽流感等重大动物疫病应免率达100%，成功阻击了小反刍兽疫进入本市。加强检疫监督，完成产地检疫2.7亿头只、产品20.7万吨，屠宰检疫6 370.7万头只；检查进京动物2 768.7万头只、产品1 055.2吨。加强病死动物无害化处理监管，累计无害化处理动物38.8万头只、肉类产品50.9吨、病害组织及有害腺体1 832.2吨。加强农作物重大病虫害防控，建立了8个农作物病虫害统防统治与绿色防控示范点，主要病虫害防治效果达90%以上。在全国疫情的高压态势下，确保了未发生区域性重大动植物疫情，为全市公共卫生安全提供了有力保障。强化农业生产安全监管，拖拉机检验率达到90.7%，上牌率和驾驶员持证率均达到100%，全年共发生农机安全事故15起，同比下降37.5%，无人员死亡及重大事故发生，未突破农机安全生产控制考核指标。同时，认真落实“一岗双责”，加强各行业生产安全管理，实现了“平安生产”。

三是促改革，增强发展内生动力。2014年是改革之年，为此市农业局专门成立了综合改革领导小组，以及5个专项小组，进一步加大了改革力度，均取得了积极成效。创新产销服务体系，推进农产品优质优价。积极推广电子商务、会员定制等新型销售模式，拓展了农产品销售渠道；在7个社区开展“北京农业在社区”活动，搭建了企业直销平台。印发了《北京市推进优质优价工作意见》，加强农产品市场价格分析，发布了《北京市主要农产品中长期（近10年）价格变化规律分析报告》，为优质优价工作创造了条件。通过在媒体开设专题专栏，加大了对本土优质农产品的宣传力度，营造了良好的社会氛围。实施信息进村入户，强化农产品市场信息服务。研究制定了《北京市信息进村入户工程指导意见》和实施方案，确定了黑龙江惠农信息技术有限公司等2家运营商和京东商城等3家服务商，完成了大兴、密云34个标准型益农信息社试点建设，建立了“农场智能化管理＋农产品全程冷链直供＋智能配送＋质量安全履历追溯”专业型益农信息社特色模式，在生产端实现了与14家试点生产基地对接，在物流端实现了全程冷链配送、农产品展示、订购和履历查询，在销售端建立了20余个高端社区直供体系，与京东商城、本来生活、坨坨工社等电商平台实现了对接，签订了合作协议。坚持简政放权，加快行政审批制度改革。加大行政审批事项精简力度，由原有的118项精简到78项，精简了33.8%。规范行政审批行为，通过完善审批标准，优化审批流程，实行网上监察等环节，加强了审批监管。同时，进一步创新服务方式，完善了网上审批和受理室建设。全年累计做出行政审批决定40.7万件，办事相对人满意率达到100%。

学会、协会

登记证号	社团名称	业务主管单位	会　长	电　话	地　　址	邮　编
0010022	北京艾维茵肉鸡协会	农业局	尹彦勋	62029651 60431003	马甸桥北华严北里甲1号	100029
0010027	北京市农机流通协会	农业局	王祖南	63260787	宣武区广外红居南街1号	100055
0011041	北京市新能源与再生能源协会	农业局	高振南	82078421	西城区德外裕民中路6号	100029
0011282	北京外贸菜蔬协会	农业局	闫洪泉	69102441 69102051	延庆东外大街25号	102100
0011283	北京谷物协会	农业局	李继扬	84635681	朝阳区市农业技术推广站内	100029
0011324	北京设施农业协会	农业局	沈　瀚	67697320 67634525	丰台区南方庄甲60号	100078
0011370	北京种子协会	农业局	刘　杭	62365472	海淀区北太平庄路15号	100088
0011369	北京市中药材种植业协会	农业局	周春江	84635681 61786343	朝阳区高原街4号	100029
0011394	中国农业大学北京校友会	农业局	江树人	62373203 62376382	海淀区清华东路17号	100083
0011402	北京畜牧业协会	农业局	尹彦勋	62211790	海淀区西直门外上园村甲3号	100044
0011431	北京市渔业协会	农业局	穆晓萍	87702636	朝阳区潘家园华威西里甲48号南楼	100021
0011530	北京小动物诊疗行业协会	农业局	刘　朗	84929032	北京市朝阳区安外北苑路甲15号	100107
0011532	北京兽药行业协会	农业局	江厚生	84929023/24	朝阳区安外北苑路甲15号	100107

市农业局党政领导班子成员

局长　吴宝新

副局长　刘亚清（9月退休）
王振邦　郑　渝　马丽英
马荣才　李全录　阎晓军

总农艺师　陶志强

党组书记　吴宝新

党组副书记　刘亚清（9月退休）

成员　王振邦　金兴利（12月调至北京市国土资源局）
郑　渝　马丽英　李全录
阎晓军　陶志强

纪检组组长　金兴利（12月调至北京市国土资源局）

（市农业局　黄生斌）

北京市气象局

概况

新中国成立初期，北京市气象工作由中央气象台兼管，1958年7月，北京市农林水利局设气象组，开始组建市属气象台站网，1959年11月，北京市气象服务台成立。1960年10月，经国务院批准成立北京市气象局，逐步健全各级气象机构，开展各项气象业务工作。1964年2月与市水利工程局合并为市水利气象局，1968年10月与市农林局、市农机局、市农场管理局合并为市农业局，1973年7月恢复市水利气象局建制，1978年6月恢复市气象局建制。1980年以后，北京市气象局实行中国气象局和北京市人民政府双重领导管理，以部门领导为主的管理体制，作为中国气象局的下属机构，同时是北京市政府的工作部门。负责北京市行政区域内的气象管理工作以及承担北京地区气象监测、制作和发布北京地区天气预报和灾害性天气预警任务，开展气象科学研究和气候变化研究等工作。

北京市气象局同时是中国气象局华北区域气象中心，负责对该区域内的其他省（区、市）气象局开展气象业务技术协调和指导、科研组织、技术支持及业务培训等工作。2011年北京市人民政府和中国气象局签署共同推进气象为首都经济发展服务合作协议，开展北京市率先基本实现气象现代化试点工作。通过多年的气象现代化建设，实现了北京气象事业跨越式发展。

50多年来，北京市气象局内设机构和直属单位经历过多次变化与调整。2014年市气象局内设机构有局办公室（应急管理办公室、行政管理处）、应急与减灾处、观测与预报处、科技发展处（气候变化处）、计划财务处、人事处、政策法规处（雷电防护管理办公室）、监察审计处（与党组纪检组合署办公）、机关党委办公室（精神文明建设办公室）、离退休干部办公室10个机关处室、9个直属事业单位；下设14个区（县）气象局并代管北京市人工影响天气办公室、北京市避雷装置安全检测中心、北京市突发事件预警信息发布中心；北京气象学会、北京减灾协会挂靠北京市气象局。

人员构成

2014年年底，全市气象部门事业编制内职工574人，其中参照公务员管理126人。事业单位管理人员和专业技术人员433人，工人15人。在职职工学历有较大提升，职工学历结构：博士研究生46人、硕士研究生183人、大学本科生234人、大学专科56人、中专及以下55人。职称结构：高级职称172人（其中正研级职称19人），中级职称194人，初级职称135人。

机构设置

单位名称	办公地点	邮编	联系电话
北京市气象局	海淀区紫竹院路44号	100089	68400858
北京市气象台	海淀区紫竹院路44号	100089	68400581
北京市气候中心	海淀区紫竹院路44号	100089	68400552
中国气象局京津冀环境气象预报预警中心	海淀区北洼西里55号	100089	68400755
中国气象局北京城市气象研究所	海淀区北洼西里55号	100089	68400745
北京市气象服务中心（专业气象台）	海淀区紫竹院路44号	100089	68400562
北京市观象台	大兴区亦庄北口	100176	68400731
北京市气象信息中心	海淀区紫竹院路44号	100089	68400527
北京市气象探测中心	海淀区北洼西里55号	100089	68400781
北京市气象局机关服务中心	海淀区紫竹院路44号	100089	68400808
北京市人工影响天气办公室	海淀区紫竹院路44号	100089	68400535
北京市突发事件预警信息发布中心	海淀区紫竹院路44号	100089	58991332
北京市避雷装置安全检测中心	海淀区北洼西里55号	100089	68400707

主 要 工 作

1月21—22日，召开全市气象局长会议，对年内全市气象工作进行部署，要求深入学习和全面贯彻落实党的十八大和十八届三中全会精神，贯彻落实全国气象局长会议精神和市委、市政府部署，按照提质增效的要求，深化改革，狠抓落实，全力推进气象现代化，为首都经济社会发展提供强力保障。

（一）气象预报预警服务取得显著成效

在为各级领导决策及重大社会活动提供气象预报预警服务工作中，加强与国家级气象部门和市水务、环保等市委办局相关部门合作，圆满完成春运、全国“两会”、纪念抗战爆发77周年活动和纪念抗战胜利69周年活动、烈士纪念日献花篮和国庆65周年、亚太经合组织第22次领导人非正式会议（APEC）等28项大型活动气象保障服务工作，累计发布大型活动气象服务专报3 276期。其中针对APEC会议组织联合天气会商16次，提供气象服务专报33期，水立方气象服务专报56期，各国领导人配偶活动气象服务专报48期，残疾人活动气象服务专报9期；派出3位气象专家分别参加APEC应急值守工作，派出3个现场气象保障工作组提供现场预报服务，联合市环保局开展空气质量趋势预测预报工作，为政府提前采取有效的减排措施提供了科学依据，高标准完成各项决策及重大社会活动服务保障任务。提供《2022年冬奥会延庆气象条件分析报告》等申办冬奥决策资料，11月上旬国际雪联考察延庆冬奥会高山滑雪场地期间，发布气象服务专报15期，保障了申办活动的顺利进行。为市政市容委、电力、燃气集团等单位提供《北京市迎峰度夏气象服务专报》19期，提供供暖服务专报131期，交通气象服务日报196期。6月1日正式开展北京城市内涝气象风险预警业务。8月下旬市气象台参加“和平使命－2014”上合组织成员国武装力量联合反恐军事演习气象保障服务。

在公众气象服务领域，除去做好日常天气预报预警服务外，1月24日市气象局官方微信“气象北京”正式上线，发布天气预报、气象预警、气象专题等信息。与中国天气网主站合作，6月起推出“专家在线解析天气”栏目，为网友解读实时重要天气。环境气象中心逐日发布北京地区空气污染气象条件预报和环境气象滚动预报，6月6日起正式发布东、西城气象灾害预警信号，充分利用报刊、电台、电视等传统媒体和网站、电子屏幕、手机短信、微博、微信等新媒体共同做好各类公众气象预报预警服务工作。

（二）不断完善气象防灾减灾机制

加强灾害性天气联防联控，修订了《北京市气象灾害预警信号制作发布业务规定》，明确市、区（县）两级气象台预警信号发布责任分工，细化制作发布要求、审批流程，进一步规范完善预警业务工作。完成了国家突发事件预警信息发布系统业务化运行，同步实现该系统与北京市短时临近一体化平台的系统对接，市、区县两级气象灾害预警信息的自动传输和指定邮件的自动发布，预警短信发布速度提升至700条/秒，基本实现国家、市、区（县）三级上下联动。对北京地区短时临近天气监测预警一体化平台（VIPS）进行优化升级，实现基于该平台的市区两级一体化预警信号制作发布，提高了工作效率和预警服务能力。

8月22日，北京市机构编制委员会办公室印发《北京市机构编制委员会办公室关于同意设立北京市突发事件预警信息发布中心的函》，同意设立北京市突发事件预警信息发布中心（简称预警中心），为市政府办公厅所属相当正处级公益一类事业单位，经费形式为财政补助，委托市气象局代管。12月29日预警中心在市气象局正式揭牌，负责全市性预警信息及其他重要提示性信息的发布、反馈和统计分析等工作，实现气象灾害、洪水、地质灾害、空气重污染、森林火险预警的权威统一发布。成为发挥气象科技优势做好北京地区突发事件预警和加强防灾减灾工作机制的一项有力举措。

11月5日，市机构编制委员会办公室、市财政局、市气象局联合印发《关于进一步加强区县气象灾害防御保障能力建设的通知》，通知要求各区县机构编制、财政、气象等部门要合理设置机构，加大财政投入力度，为增强本市防御气象灾害能力提供保障，并对区县气象灾害防御机构的职责和人员编制、加大气象防灾减灾投入力度、建立有效的工作运行机制和组织实施等方面做了规定。

全市14个区县制定了《气象灾害防御规划》，成立了气象灾害防御指挥部或气象灾害防御领导小组；东城区、西城区明确当地应急办为气象服务机构。各区县将气象防灾减灾、气象安全社区建设、预警信息发布、人工影响天气等气象现代化工作纳入政府绩效考核或折子工程。全市有 302 个气象防灾协调部门覆盖所有区县和城乡（街道），实现了由8 901名行政村（社区）气象信息员和乡镇（街道）协理员的全覆盖。昌平、怀柔、朝阳 3 个区完成区突发事件预警信息发布中心建设。

（三）大力推进气象现代化工作

市政府将“加快推进气象现代化”纳入“折子工程”第 62 项内容。继续加强综合观测系统建设，建设了 8 个国家级新型自动气象站和 6 个国家级能见度站；在延庆海坨山地区建设了冬奥会 4 个自动气象站，完成 APEC 会议等区域和 10 套轨道交通自动气象站的建设，至年底全市自动气象观测站达到 335 个。积极推进国家级地面气象观测场规范化建设，有 11 个国家级自动气象台站完成了标准化改造。完成观象台、霞云岭、海淀的 3 部风廓线雷达建设和对 5 部 X 波段雷达的选址及频率协调，完成房山应急备份中心 UPS 供电系统建设，北京市 300 个区域自动气象站、30 个气象信息预警塔、28 个道面自动气象站和 42 个 GPS-MET 站纳入了社会化保障。与中科院大气所签署合作协议，实现了大气所铁塔观测和地面综合站在市气象信息综合显示系统（LDAD）上的实时显示，实现数据的实时共享和虚拟气象台的实时运行。

在重点工程项目立项工作中，10 月北京市突发事件预警信息发布中心建设项目、人工影响天气科学实验基地项目和 X 波段雷达组网建设项目三个重点项目进入市发改委项目库，进行项目评审和立项评估相关工作。昌平、怀柔、朝阳 3 个区完成区突发事件预警信息发布中心建设。上甸子大气本底站基础设施及生活区改造工程和通州区观测场完成建设，观象台和密云县气象仪器检定业务用房改造完成结构性封顶。

在信息网络通信系统建设方面，完成曙光高性能计算机房和业务运行环境的建设，5 月在市局信息网络核心部分增加汇聚交换机，实现了网络分层，提高了网络之间的安全性，完成了实时一历史地面气象资料一体化业务系统（MDOS）切换工作投入运行，6 月实施了市局业务楼和科技楼的无线网络建设，实现手机、笔记本电脑等移动终端的无线互联网访问；8 月起开展了年度山洪项目历史气象资料数字化建设工作，累计完成 538 183 页扫描图像检查和 17 281 页文件录入工作。完成气象私有云中心建设和市级局域网和广域网升级改造，加强了数据的传输、计算和存储管理能力，开展全局数据库与大数据平台建设，全面提升了数据业务服务支撑能力，局域网内所有用户接入带宽由百兆升级到千兆。

加强对预报预测系统开发，循环数值预报系统 BJ-RUCv2.0 进行改进升级后，投入汛期实现业务试运行，提升了强降水预报能力；依托北京临近预报系统 BJ-ANC 和 BJ-RUC 模式，建立智能手机气象服务业务体系，实现 1 公里 5 分钟实况和 1 公里 10 分钟预报实时显示服务；将短临、短期预报产品全部调整为一天 7 次每 3 小时发布，并根据天气变化情况，实时滚动更新发布，并增加北京行政区域综合天气现象预报；实现了北京市天气预报产品由定时预报向随时滚动预报的调整，由单点预报向天气落区预报的调整。更新发展北京区域环境气象数值预报模式（BREMPS），面向华北区域提供空气质量预报产品。

全市 14 个区（县）气象台全部开展乡镇精细化预报业务，同时增加预报内容，由原来的温度预报拓展到天气现象、温度和风向风速预报。

（四）扎实推进环境气象和应对气候变化工作

全面升级区域环境气象数值预报模式，改进环境气象客观预报技术，开展了 APEC 会议期间应急减排效果评估。为习近平总书记视察北京工作设计制作特殊地形和气候条件下雾霾成因的专题展版。开展第二代月动力延伸预测模式产品的本地化释用。参加全国气候预测会商和月气候预测技术总结，组织华北区域气候预测会商，发布月季气候预测产品 14 期，延伸期预报产品 33 期，专题服务产品 1 期。开展华北雨季起止日、强度的预测，并用于盛夏季气候预测；在月预测产品中增加雾霾气候预测。开展了气候变化对城市热环境评估及气象节能减排研究，积极参与修编《北京总体规划》和京津冀一体化发展规划工作，在风环境、热环境、气象灾害分析基础上给出北京及京津冀地区气候红线。开展城市规划气候图研究，从气候角度对城市空间布局提出针对性的对策和建议，为推动建设和谐宜居之都及京津冀协同发展服务。10 月由市气候中心编写的气象行业标准《城市总体规划气候可行性论证技术规范》发布，使得城市规划气候可行性论证有准可依。为北京新机场建设提供气候可行性论证工作。建立了“北京市气候变化业务平台”，能够提供气候变化资料分析、监测评估、影响评估的产品制作与发布，提升了气候变化业务服务能力，首次完成并印刷北京市气候变化监测公报。

11月20日举办“2014城市发展与气候服务高峰论坛”，首都城市规划和华北及周边各省区气候变化等学科领域的专家学者120余人共同研讨交流创新城市发展规划，开拓创新城市气候服务等工作。

（五）开展京郊农业气象服务

定期发布农业气象旬报、月报，进一步完善农用天气预报工作流程，共发布短信产品286条，发送量42 000人次，与农业部门制作9档期农业气象电视专题节目，开展春耕春播、夏收夏种、秋收秋种等关键农时服务并指导区县特色农业气象服务。8月成立市局气象为农服务专家组，开展为农服务提供决策建议、专业咨询、业务指导等工作；与市农业局共同联合开展面向新型农业经营主体直通式气象服务工作。气候中心开发了北京市首个蜂业气象指数保险产品并在密云成功开展试点工作，为第二届北京农业嘉年华、各区县局做好气象信息员培训，提升了农村的防灾减灾能力。

市局与市农业局、市统计局共同召开农气统农业生产形势分析会商，共同对天气气候特点对农业生产影响和农业生产形势进行分析，提供农业生产决策服务。市气候中心积极参与多个农业部的北京市农业高产创建项目，利用上述项目建立和完善农业气象业务服务体系，通过应用科研成果为市、区（县）农业部门领导、决策部门和规模种植户提供全生产过程跟踪的“直通式”的精细化农业气象技术支撑和服务，建立了一整套科学合理的运行机制，为全国农业和气象结合做出了表率。参与“小麦高产指标化技术体系集成与示范推广”和“京郊玉米高产创建技术集成创新与示范推广”两个项目获得2011—2013年度北京市农业技术推广二等奖。

（六）开展人工影响天气作业

全年组织开展地面增雨（雪）作业60日，期间进行地面碘化银发生器作业545点次，燃烧碘化银烟条4 676根；火箭增雨作业150点次，发射增雨火箭301枚；高炮作业21点次，发射炮弹491发。飞机增雨作业31架次，飞行时间90小时21分，作业32小时51分，其中5—9月在密云、官厅、白河堡水库流域开展增雨作业22日72点次，增水量859万立方米。另组织张家口、承德地区的赤城、宣化、涿鹿、怀来、丰宁等县开展跨区域联合增雨作业，火箭联合增雨22日，作业72点次，发射增雨火箭321枚。7月联合张家口地区开展飞机作业7架次飞行作业10.5小时，燃烧烟条140根。全市人工防雹作业16日，其中高炮作业174点次，发射炮弹5 971发，火箭作业4点次，发射火箭10枚，有效减少了冰雹灾害。

（七）科技创新和人才队伍建设工作取得新成效

“利用飞机观测订正激光雷达反演消光廓线算法及其应用”“北京暖区局地暴雨的形成机理及其数值预报效果的改进研究”等3个项目获得国家自然科学基金资助。新开课题公益性行业（气象）科研专项2项、市科委课题3项、市自然科学基金项目5项、国家外专局引智项目2项。

国家自然基金课题“城镇化发展对臭氧污染的影响及下游效应研究”“北京市气候变化业务系统建设”“极端天气事件对城市安全运行的影响评估系统研究”等19个省部级课题及项目结题验收。引进奥地利气象局临近预报系统（INCA），对系统程序进行本地化改进，产品实时提供给气象台和专业台使用。7月北京市人影办空中国王B-3587飞机首次成功在高海拔的青藏高原进行了大气云物理探测飞行，取得一批青藏高原的云特征珍贵资料。北京自动临近预报系统（BJANC）推广到宁夏回族自治区气象局和长春市气象局。

“雷达变分分析关键技术及其在突发强天气预警中应用的研究”和“气象条件对区域重污染过程影响机理及动态调控方法研究”等项目进展顺利。科技人员发表SCI（E）、EI论文12篇，在核心期刊发表论文46篇。

组织了25次学术报告，与气象部门兄弟单位及国内高校院所开展互访、科研业务交流40余次；派遣3名预报员到香港天文台进行为期三周的学习交流预报预警业务工作。

派出科技人员25人次到美国、德国、奥地利等国家参加国际业务技术交流与培训；组织出国成果报告会3次，分享出访成果，实现一人（团）出国、多人收益。

组织召开城市降水及雾霾国际研讨会，接待世界气象组织第44期多国别考察团11人、美国、俄罗斯、朝鲜、卡塔尔等国家19人次参观和学术访问或开展短期科技合作研究和人工影响天气技术交流。

在人才培养与交流方面，积极发挥首都人才优势，组建在京气象院所高校的18人组成预报专家智囊团参加预报会商。美国国家大气研究中心（NCAR）孙娟珍博士被中国气象局聘为特聘科学家，并入选北京市海聚人才。有4人取得正研级职称资格；1人入选中国气象局青年英才计划，选派1名首席预报员到中央气象台学习交流，2人到国家气候中心交流学习；安排1名业务人员到宁夏局参加东西部交流、1名预报员参加援疆工作。对部分单位处级领导班子进行了交流调整和补充，轮岗交流处级领导干部11人，选拔任用处级干部13人。选派年轻干部到区县局任职9人、挂职锻炼5人。接收硕士及以上学历毕业生46人，其中安排到区县气象局22人，加强了基层人才队伍。

5月，组织观象台、14个区县局测报业务人员64人参加的全市第十四届地面气象测报技能竞赛，促进了测报业务的提高。进行12次区（县）预报员天气学基础理论及业务实践培训等集中培训，参加人员达300余人次。组织编写各区（县）《气象台预报服务手册》，开展首届全市区县预报员汛期重要天气过程预报技术交流研讨会，促进区（县）级预报员科研水平提升。

（八）大力推进气象工作法治化和标准化建设

《北京市气象灾害防御条例》（以下简称《条例》）列入2014年北京市人大常委会立项论证项目，专门成立了以市人大常委会副主任柳纪刚、副市长林克庆为组长的立法领导小组，项目进入调研、起草阶段。《条例》立法起草小组组织不同类型的座谈、研讨、调研、专题学习、封闭起草、撰写研究报告等活动，听取各委办局、相关单位、基层单位、专家学者等各方面意见，努力设计好相关法律制度，将气象全面纳入城市安全运行体系。7月，北京市人大常委会主任会议通过立项，10月市人大召开《北京市气象灾害防治条例》立法工作会议，研究加快推进气象灾害防治立法工作，至2014年年底《条例》立法工作取得积极进展。

把防雷安全社会管理工作进一步融入全市安全类社会管理工作中，加强与住建、城管执法局、安监、消防等部门在防雷行政许可与行政执法工作方面的沟通联系，其中全市防雷安全执法检查正式列入全市安全生产执法检查，气象部门首次列为北京市安全生产综合考核对象；市政府首次将防雷工作列为效能监察对象；实现与市住建委共享全市新建工程许可信息，建立防雷信息平台，并以此为基础开展全市新、改扩建工程专项防雷安全检查。继续加强全市气象行政执法队伍建设，2014年全市165名执法人员资格转入地方法制办管理。通过开展执法培训、现场执法指导、案卷评查等方式，加强对区县局执法工作的指导，全年开展执法培训2次，培训人员约100人，提高执法人员规范执法的能力和水平。

市局许可服务中心共办理防雷行政许可326件，防雷备案179件，施放气球许可151件，为6家京外防雷企业办理资质备案；影响气象台站探测环境的建设项目许可1项；施放气球活动审批81项，组织30名新增施放气球现场人员资格考试，完成了12家施放气球公司资质年检工作。加大了气象行政执法工作力度，全年开展执法检查1 355次，其中防雷安全执法检查1 094次，施放气球安全检查194次，气象设施和探测环境安全检查32次，其他类型执法检查35次。共处罚43起违法案例。

在气象标准化工作方面，1月13日市局召开北京市气象标准化技术委员会成立大会暨委员会第一次工作会议。市质量技术监督局、中国气象局政策法规司和市局领导同志与各项标准编写人员及北京市气象标准化技术委员会第一届委员参加了会议，审议通过了《北京市气象标准化技术委员会章程》《北京市气象标准化技术委员会秘书处工作细则》和《第一届北京市气象标准化技术委员会工作计划》。6月，市气象局联合市质监局下发了《北京市气象标准体系框架》和《北京市气象标准体系明细表》，完善了北京市气象标准化体系顶层设计，为今后气象标准的申报提供了指导意见。全面推进开展完善地方气象标准化体系，起草了《霾的观测判识与分级》和《霾的预警等级》两个标准，加快防灾减灾、应对气候变化、环境气象等领域标准的制定等气象标准化工作。

（九）不断增强党建和精神文明建设

坚持党组理论中心组学习制度，2014年组织局理论中心组学习23次，计13天，采取集中学习和自学，听辅导报告与座谈讨论相结合等多种形式，学习党的理论知识；举办处级干部学习十八大精神轮训、党员发展专题培训，全市气象部门纪检委员培训等，提高党员领导干部思想政治素质和政治理论水平。2月，市局对第一批党的群众路线教育实践活动进行总结，开展了第二批群众路线教育实践活动；对《北京市气象局党建工作制度》进行了修订，确保群众路线教育实践活动整改成果得到巩固，推动制度建设真正做到常态化、长效化。

在加强党的作风建设和廉政建设工作中，市局党组与各单位在年初签订党风廉政建设责任书，加强日常及年中督促检查。各党支部均配齐了纪律检查委员，组织开展了党风廉政宣传教育月活动和廉政文化进机关活动；组织党员参观反腐倡廉教育基地和廉政教育展，加强廉政教育。

在加强精神文明建设活动中，制定了年度精神文明创建方案，继续创建“首都文明行业”和“首都文明单位标兵”活动，积极开展创建学习型组织的活动，5月组织市局结对支部党员到佛子庄乡开展“三天两夜”结对帮扶主题实践活动；继续开展党员“献爱心”活动，党员群众捐款总额19 415元。组织评选出15名“青年气象之星”。在原有“张蔷创新工作室”“孙继松创新工作室”基础上，北京市气候中心、中国气象局北京城市气象研究所、京津冀环境气象预报预警中心、北京市避雷装置安全检测中心4家单位经市总工会、市科委联合评选认定为市级职工创新工作室。在机关各处室、各直属单位分别开展了“文明办公室”“文明科室”“文明岗位”“文明职工”创建活动。共计举办6期道德讲堂，局工会定期开展瑜伽培训班、职工荐书会、职工观影会等活动，宣讲气象人好人好事和爱岗敬业精神，活跃了职工文化生活，为职工凝心聚力搞建设提供了强大的精神保障。参加市直机关工委组织的“最美北京人”宣讲活动，并获得团体三等奖；2名同志被选入市直机关公务员宣讲团，在市直机关各兄弟单位进行宣讲交流。9月市局专业气象台解鑫同志代表市直机关工委参加市总工会举办的“中国梦，劳动美，我与改革创新”演讲比赛获得了第一名；并代表北京市参加全国总工会演讲获得优秀奖。市局广播体操队参加市直系统第四届职工运动会第九套广播体操团体比赛获得一等奖。中国气象局北京城市气象研究所城市天气预报技术研究室获得“全国工人先锋号”集体称号；延庆县佛爷顶气象站观测员韩文兴获得首都精神文明建设奖，市气象台决策服务中心获“北京市三八红旗集体”，郭金兰获“北京市三八红旗奖章”。苗世光获得全国气象工作先进个人称号，仲跻芹、张琳娜、王国荣被中国气象学会授予全国优秀青年科技工作者称号。

（十）全面启动深化改革

7月30日，市局召开全面深化气象改革领导小组扩大会议，进一步贯彻落实《中国气象局党组关于全面深化气象改革的意见》精神，研讨深化市局气象改革工作。9月3日，市气象局党组审定印发了《全面深化气象改革的实施意见》（简称《实施意见》）。《实施意见》分三个部分，分别是总体要求和总体目标、重点任务、组织领导和保障措施。出台《实施意见》标志着市局全面深化改革的正式展开。

2014年，市财政首次将区县气象局维持经费纳入预算。

（十一）牵头引领华北区域气象工作

市气象局作为华北区域气象中心，积极发挥区域中心指导作用，全面升级北京区域环境气象数值预报模式（BREMPS），加强区域大气污染联防联控工作。春节期间京津冀气象部门同时开展了燃放指数预报。建立了京津冀及周边地区重污染天气会商联动机制，编制了《京津冀协同发展气象保障规划》和《京津冀综合气象观测系统一体化发展规划》，为京津冀气象业务工作一体化打下基础。建设了区域人工影响天气飞行作业信息共享平台，先后组织召开了区域环境气象预报技术交流会、区域强降水预报技术研讨会和区域局长联席会、区域第一届气象行业县级综合气象业务职业技能竞赛、区域气候预测及气候变化交流会，共同提升京津冀地区和全区域各项气象业务和科研工作的水平。

学会、协会

登记证号	社团名称	业务主管单位	会长	电话	地　址	邮编
0010262	北京气象学会	北京市科学技术协会	徐祥德	68400820	海淀区紫竹院路44号	100089
0010834	北京减灾协会	北京市科学技术协会	林克庆	68400821	海淀区紫竹院路44号	100089

市气象局党政领导班子成员

党组书记　姚学祥
成员　邓北胜　王迎春　曲晓波　冯继超
局长　姚学祥
副局长　邓北胜　王迎春　曲晓波
李明媚（1月起由中国气象局到市局挂职工作一年）
纪检组长　冯继超
巡视员　刘燕辉

（市气象局　曹冀鲁）

北京市农林科学院

概　况

北京市农林科学院成立于1958年，主要从事农业应用基础、应用及开发性研究以及农业科技成果转化，是一所学科齐全、设备先进、学术水平较高、产业能力较强，为北京农业发展提供强有力科技支撑的地方综合性农业研究机构。现占地1 370亩，各类建筑32万平方米，资产总值20多亿元。下设蔬菜研究中心、林业果树研究所、畜牧兽医研究所、植物保护环境保护研究所、植物营养与资源研究所、农业科技信息研究所、农业综合发展研究所、农业信息技术研究中心、农业生物技术研究中心、杂交小麦研究中心、玉米研究中心、草业与环境研究发展中心、水产科学研究所、北京农业质量标准与检测技术研究中心和国家农业智能装备工程技术研究中心等15个研究所（中心），拥有5个国家级工程技术研究中心、10个农业部资源圃、原种基地、良种场及野外科学观测站、7个部级高技术实验室及中心、14个北京市工程技术研究中心、重点实验室和6个国际联合实验室，是北京农业育种基础研究创新平台的依托单位。截至2014年年底，该院有在职人员1 121人，其中专业技术人员867人，高级专业技术人员426名，有599人具有博士、硕士以上学历。院内建有具有独立招生资格的博士后工作站，拥有博士培养点5个，硕士生培养点8个。在国家层面，现有国家杰出青年1人，千人计划1人，全国杰出专业技术人才1名，国家级百千万人才工程8人，国家级突出贡献专家7人，农业部农业科研杰出人才5人，76人享受国务院政府特殊津贴。在北京市层面，现有北京学者1人，市级百千万人才27人，科技北京百名领军人才6人，“有突出贡献”专家21人，市优秀青年知识分子19名，市科技新星155名，市优秀人才151人。另外，该院有十八大代表1名，全国人大代表1名，全国政协委员2名，国务院参事1人；北京市十一次党代会代表1名，政协委员2名；海淀区人大、政协委员各1名。在参与农业部产业技术体系建设中，获得首席科学家2名，功能实验室主任2名，岗位科学家11名，综合试验站8个，1个农业部综合性重点实验室，1个地区重点实验室，3个农业部野外长期定位科学观测实验站。是国家桃与西甜瓜产业技术研发中心的建设依托单位。

机构设置

北京市农林科学院直属单位

单位名称	办公地点	邮编	联系电话
蔬菜研究中心	海淀区曙光花园中路9号	100097	51503032
林业果树研究所	海淀区香山瑞王坟甲12号	100093	62591506
畜牧兽医研究所	海淀区曙光花园中路9号	100097	51503351
水产科学研究所	丰台区永外角门路18号	100068	67586098
植物保护环境保护研究所	海淀区曙光花园中路9号	100097	51503330
植物营养与资源研究所	海淀区曙光花园中路9号	100097	51503325
农业科技信息研究所	海淀区曙光花园中路9号	100097	51503304

（续）

单位名称	办公地点	邮编	联系电话
农业综合发展研究所	海淀区曙光花园中路 9 号	100097	51503310
玉米研究中心	海淀区曙光花园中路 9 号	100097	51503404
农业信息技术研究中心	海淀区曙光花园中路 11 号	100097	51503187
农业生物技术研究中心	海淀区曙光花园中路 9 号	100097	51503293
杂交小麦研究中心	海淀区曙光花园中路 9 号	100097	51503104
草业与环境发展研究中心	海淀区曙光花园中路 9 号	100097	51503297
北京农业质量标准与检测技术研究中心	海淀区曙光花园中路 9 号	100097	51503892
国家农业智能装备工程技术研究中心	海淀区曙光花园中路 11 号	100097	51503425

主 要 工 作

（一）突出科研创新的中心地位，在关键领域和核心技术方面取得重要进展

2014 年全年获得省部以上科技奖励 27 项，其他各类奖励 20 项。其中国家科技进步二等奖 1 项，国家技术发明二等奖 1 项；北京市科学技术一等奖 1 项，北京市农业技术推广一等奖 4 项；获得新兽药证书 1 项；发布标准 29 项（包括国标 4 项、行标 9 项、地标 11 项）；获得国家授权专利 254 项；发表 SCI 论文 176 篇。全年新增主持项目 262 项，在研课题 927 项。

一是着眼粮食安全和种业之都建设，大力开展作物新品种选育。全年新审定（鉴定、认定）品种 46 个，获得植物新品种授权 6 项。玉米京科 968、华欣西瓜等 5 个品种被农业部确定为全国性主导品种。“京科 968”本年度推广面积突破 1 000 万亩，“京欣”系列西瓜品种占全国保护地面积的 30%。“京葫”系列西葫芦品种产业化规模近 5 年来一直居全国首位，在国内率先育成并推广了具有自主知识产权的硬肉型离核桃新品种，推广面积达 20 余万亩。

二是着眼现代农业发展，深入开展关键技术研究。葡萄病害研究取得重要成果，揭示了我国葡萄炭疽病菌的遗传分化特点，为我国下一步葡萄炭疽病的科学防控提供了理论依据，相关研究结果已在影响因子 6.938 的《真菌分类》杂志上发表；率先提出以 DNA 位点纯合率评价小麦品种一致性和稳定性的方法，创建了中国小麦 DNA 指纹分析技术体系，构建了我国最大的 SSR 指纹数据库；首次在国内研制成功马流感 H3 亚型 HI 抗原及阴、阳性血清，并获新兽药证书。

三是着眼高端引领，深入开展高新技术研究。在联合收割机和拖拉机作业工况远程监测技术、农机作业计量监测技术与系统研发和农机精准作业系统支撑平台构建等方面取得重要进展。农机物联网相关技术成果先后在山西、安徽等地得到应用示范，有效提高了农机作业管理信息化水平。研发了基于轻小型多旋翼无人机平台的遥感信息获取技术，为育种研究工作提供了信息化手段。

（二）科技平台体系逐步完善，科研基础条件保障能力加速提升

国家板栗工程技术研究中心和国家能源非粮生物质原料研发中心北京中心在该院挂牌成立，“杂交小麦分子遗传北京市重点实验室”和“渔业生物技术北京市重点实验室”获得市科委认定。“北京小麦种子检测中心”通过农业部种子质量检验机构资格认定。目前，该院已拥有 5 个国家级工程技术研究中心，8 个农业部重点实验室和中心，8 个北京市重点实验室和 6 个北京市工程技术研究中心，逐步形成重点实验室和工程技术研究中心两大科技平台体系，为加快科研创新提供了良好的条件保障。全年共进口 192 台（套）仪器设备，价值 4 600余万元。生物中心、质标中心、营资所、草业中心 4 家单位为院内 11 个所（中心）提供了仪器共享服务。

（三）坚持以产业和市场为导向，加快科技成果转化，提升科技支撑能力

一是汇集资源，支撑北京会展农业发展。种子大会期间，在通州良种展示基地展示蔬菜品种 3 508个，在丰台品种展示基地，集中展示了 100 多个蔬菜、玉米、小麦新品种；为大会提供了虚拟现实技术为主的数字化服务，开发了 35 个新品种新技术创意展示系统。为世界葡萄大会引种 538

份；参与了葡萄科普馆的展陈设计工作，支撑葡萄大会科服中心基地信息化建设。国务院副总理汪洋、农业部部长韩长赋以及市委书记郭金龙等领导对该院的科技成果以及对展会作出的突出贡献给予了高度评价。

二是集聚优势，助力区县产业水平提升。以市农业科技项目“菜篮子”新型生产经营主体科技能力提升工程为依托，推动百名专家、百个基地对接工程，完成了 82 个基地的对接工作。签署“四方”服务协议，涉及大兴、通州等 9 个区县。以院区合作项目为载体，为大兴区提供了 32 个西瓜、蔬菜优良品种以及肉鸽扩繁养殖技术、蔬菜综合技术、西瓜品种多样化与简约化观光栽培技术、肉种鸽优良选育及扩繁技术的提升，提供技术支撑。整合资源合力推进顺义区都市型现代农业万亩方建设，集中展示优质高产节水玉米和杂交小麦新品种；在北石槽镇和赵全营镇开展大田节水灌溉自动控制系统的建设工作，围绕“调转节”为顺义区提供农业科技支撑，打造现代农业试验、示范、产业化聚集的新高地。充分发挥高端辐射作用，密切与通辽市老科协合作，建立玉米新品种科技示范和推广园 67 处。加强对新疆和田支援力度，以畜禽、蔬菜、林果、大田作物、信息技术等行业领域为重点，从产业规划、品种示范、技术推广、现代装备、教育培训等方面深化双方的交流与合作。与西藏拉萨市就农业产业提升计划达成合作意向。

（四）坚持大联合大协作，着力构建农业科技协作创新体系

深入贯彻落实京津冀协同发展战略，积极谋划，主动作为。与河北、天津农科院签署了《京津冀协同发展农业科技合作协议》，三方联合申报 6 项区域间科技合作项目；与河北农业大学草签了双方科技合作协议；参与了“京津冀农业与水安全协同创新战略联盟”的组建工作。

参与了 20 个国家级和北京市级联盟，包括农作物种业产业技术创新战略联盟、冷链食品物流产业技术创新战略联盟、生物农药与生物防治产业技术创新战略联盟，发起成立了“首都食用菌产业科技创新服务联盟”等。此外，该院正在积极参与农业部农业科技创新联盟的建设工作。

2014 年，该院与 6 个国家的研究机构、高校和企业签署合作协议；举办了 3 次国际研讨会或论坛；获得聘请外国专家来院长期工作单位资格；4 个研究所（中心）被认定为“北京市国际科技合作基地”；3 名专家被联合国开发计划署聘为项目专家。

（五）巩固党的群众路线教育实践活动成果，党建思想政治工作取得新成效

一是扎实推进整改措施落实，持续推进作风转变。为巩固教育实践活动成果，院党委发扬“钉钉子”精神，明确主管领导、责任处室、责任人和整改时限，按照“坚持边查边改、坚持领导带头、坚持完善制度、坚持检查监督”的整改思路，多次听取整改方案落实情况汇报，研究部署进一步推进整改落实工作。截至 2014 年年底，院党委制定的四方面 38 项整改措施已全部完成整改，有效推动了作风建设常态化。

二是深入学习党的十八届四中全会精神和习近平总书记系列讲话精神，切实加强党员干部思想理论武装。按照中央要求和市委部署，院党委以学习党的十八届四中全会、习近平总书记系列重要讲话精神和市委工作部署为重点，先后组织院党委理论中心组学习 13 次；举办了十八届四中全会、社会主义核心价值观、党风廉政专题报告会；围绕“提高素质、认真履职、推动发展”，开展了处级以上干部培训；认真组织党员干部收看廉政专题片、重大现实题材影片、实地参观官德文化展、开展在线学习等活动，广大党员干部的理论水平、纪律意识和法治观念进一步增强。

三是结合全院创新发展要求，切实加强基层领导班子和干部队伍建设。认真落实《党政领导干部选拔任用工作条例》和从严管理干部要求，开展了全院制度修订完善工作，最终形成《北京市农林科学院党委行政制度汇编》，包括院党委 37 项和行政 61 项制度规定，初步形成了符合形势任务要求、针对性操作性较强的制度体系；坚持党管干部原则，按照信念坚定、为民服务、勤政务实、敢于担当、清正廉洁的“五好”干部标准，严格干部选拔任用，根据岗位需求严格按程序任免处级干部 25 人次、科级干部 26 人次；成功组织召开了院工会第七次代表大会，选举产生了新一届院工会领导集体；拓宽培养渠道，选派 18 名干部到区县、乡镇挂职锻炼，为干部成长搭建了平台。

四是以建设基层服务型党组织为重点，切实加强基层党组织和党员队伍建设。院党委始终坚持服务改革、服务发展、服务民生、服务群众、服务党员的理念，结合院所事业发展实际，进一步修订完善了《党建思想政治工作目标考核责任制》，与19个支部签订了责任书；围绕党员发展和基层组织建设，组织开展了支委以上干部培训；结合纪念建党93周年，举办了“弘扬农科精神、践行社会主义核心价值观”演讲，表彰先进基层党组织6个，优秀党员53名，收到共产党员爱心捐款4.5万元，走访慰问建国前入党的老党员和困难党员23名；组织19个支部500多名党员开展了党员进社区活动，受到了街道和社区的好评。

五是大力弘扬社会主义核心价值观，切实加强精神文明建设。积极开展精神文明创建活动，组织举办了社会主义核心价值观专题辅导报告会；在中央和市属新闻媒体发表文章50余篇，扩大了该院的社会影响；制作宣传橱窗11期，编发院报14期，有效激发了广大职工的荣誉感、自豪感；编辑出版了《弘扬农科精神、践行社会主义核心价值观》宣传册，组织开展了系列摄影展，调动了广大职工献身科研的积极性；积极开展送温暖、学雷锋活动，该院被首都文明委授予首都学雷锋志愿服务站、岗4个；慰问劳模、困难职工179人次，发放慰问金11.77万元；组织开展了以“责任、梦想、奉献”为主题的青年演讲比赛；1人荣获首都劳动奖章，4人荣获首都三八红旗奖章，2个单位荣获北京市三八红旗集体，1个单位荣获北京市职工创新工作室荣誉称号；工会组织职工开展了健步走、乒乓球、羽毛球比赛等形式多样的文体活动，传承了农科精神，活跃了职工的业余文化生活。

六是认真落实党风廉政建设责任制，切实加强党风廉政建设。进一步强化党委在党风廉政建设中的主体责任和纪委的监督责任，认真落实党风廉政建设责任制。院党委与各支部签订了《2014年度党风廉政建设责任书》，按照市委部署，制定了《贯彻落实〈建立健全惩治和预防腐败体系2013—2017年工作规划〉的实施办法》，完成了领导干部在企业兼职（任职）、退离休干部在社团兼职的清理规范以及配偶子女移居国（境）外的领导干部调查清理工作；完成了“超标配置办公用房”等16项专项整治工作，进一步规范了全院经济活动和干部行为。

学会、协会

序号	登记证号	社团名称	业务主管单位	会　长	电　话	地　址	邮　编
1	10257	北京农学会	北京市科学技术协会	李云伏	51503204 51503241	海淀区曙光中路9号，市农林科学院	100097
2	10265	北京作物学会	北京市科学技术协会	李云伏	51503241	海淀区曙光中路9号，市农林科学院作物所留守处	100097
3	京民社政字第0011663号	北京山区发展研究会	北京市科学技术协会	李云伏	51503911	海淀区曙光中路9号，市农林科学院综合发展研究所	100097
4	50030065-9	北京畜牧兽医学会	北京市科学技术协会	王金洛	51503210	海淀区曙光中路9号，市农林科学院畜牧兽医研究所	100097
5	10591	北京蔬菜学会	北京市科学技术协会	许勇	51503200	海淀区曙光中路9号，市农林科学院蔬菜研究所	100097
6	11456	北京农业信息化学会	北京市科学技术协会	赵春江	51503593	海淀区曙光中路11号，市农林科学院信息中心，农科大厦A座311室	100097
7	10277	北京昆虫学会	北京市科学技术协会	高希武	51503688	海淀区曙光中路9号，市农林科学院植保与环保研究所	100097
8	10192	北京食用菌学会	北京市科学技术协会	刘宇	51503437	海淀区曙光中路9号，市农林科学院植保与环保研究所	100097
9	10738	北京土壤学会	北京市科学技术协会	李保国	51503793 68463917	海淀区曙光中路9号，市农林科学院营养与资源研究所	100097
10	10070	北京水产学会	北京市科学技术协会	殷守仁	67586268	北京市丰台区角门路18号，北京市农林科学院水产所	100068
11	11586	北京农产品质量安全学会	北京市科学技术协会	王纪华	51503405	海淀区曙光中路9号，市农林科学院综合楼508	100097

（续）

序号	登记证号	社团名称	业务主管单位	会　长	电　话	地　　址	邮　编
12	社政字第3755-13号	中国水产学会观赏鱼分会	中国水产学会	苏建通	61786877	北京市昌平区小汤山镇中心街155号	102211
13	2000-03	北京畜牧兽医学会小动物分会	北京市科学技术协会	刘爵	51503671 51503210	海淀区曙光中路9号，市农林科学院畜牧兽医研究所	100097
14	10329	北京微生物学会兽医专业委员会	北京市科学技术协会	张培君	51503455	海淀区曙光中路9号，市农林科学院畜牧兽医研究所	100097
15	京民社证字第0011881号	北京智慧农业物联网产业技术创新战略联盟	北京市科学技术委员会	赵春江	51503128	北京农林科学院畜牧所西院3号楼二层西侧	100097
16	3531-4	中国畜牧兽医学会禽病分会	中国科学技术协会	张培君	51503678/677/355	海淀区曙光中路9号，市农林科学院畜牧兽医研究所	100097
17	社政字4085-2	中国技术经济学会农业技术经济分会	中国技术经济学会	朱希刚	51503648	海淀区曙光中路9号，市农林科学院综合发展研究所	100097
18	社政字第3802-9	中国经济林协会板栗专业委员会	中国经济林协会	周连第	51503100	海淀区曙光中路9号，市农林科学院综合发展研究所	100097
19		中国园艺学会樱桃分会	中国园艺学会	张开春	82596007	海淀区香山瑞王坟甲12号，市农林科学院林果所	100093
20		中国园艺学会草莓分会	中国园艺学会	张运涛	82598882	海淀区香山瑞王坟甲12号，市农林科学院林果所	100093

市农林科学院党政领导班子成员

党委书记　高　华
党委副书记　李云伏　王　丽（女）
纪委书记　喻　京（女）
院长　李云伏
副院长　程贤禄（正局级）　王金洛　孙宝启　唐桂均　苏建通
党委委员　程贤禄（正局级）　王金洛　唐桂均　喻　京（女）　赵春江
院长助理　王之岭　刘建华　胡晓光

（市农林科学院　郭建强）

北京市农村经济研究中心

主　要　工　作

2014年是全面深化改革的元年。市农经办（农研中心）认真贯彻中央、北京市的相关工作部署，以习近平总书记在北京考察时的重要讲话精神为指导，以推进“新三起来”为抓手，把握农村经济“效益提高年”的主题，紧抓改革试点与创新研究，深入推进党的群众路线教育实践活动，在农村经济体制改革、农村集体经济经营管理、农业经营体制机制创新、农民合法权益维护、农业农村信息化和农经体系建设等方面完成了预定目标任务，各项工作取得新的成绩。

一、以推进“新三起来”为抓手，推动农村改革和经济转型发展

2014年，全市农经工作系统以推进“新三起来”为抓手，以提升农村经营效益为主题，深化农村经济体制改革，创新农村经营体制机制，农村经济平稳健康发展，发展方式转型升级，农民收入稳步增长。统计显示，2014年，全市农村经济总收入5 527.6亿元，增长6.9%；集体经济资产总额5 208.6亿元，增长3.2%；农民年人均所得17 141元，增长8.9%。全市97.1%的村和9.7%的乡镇完成了集体经济产权制度改革，1 332个村集体经济组织实现股份分红，增长5.1%，有134万农民股东获得红利，人均分红3 108元，比上年增加497元，增长19%。首都农村经济加快转型发展，

农村经营效益稳步提升。

（一）加强农村"三资"监管，促进资产经营起来

1. 完善制度加强监督，不断强化农村集体资产规范化管理工作。一是召开了北京市加强农村集体资产管理会议。市委常委牛有成，副市长林克庆，市纪委副书记李振奇出席了会议，全市乡镇党委书记参加了会议。会议贯彻落实中央和市委关于深化农村改革的总体要求，全面部署了加强农村集体资产管理的工作。二是加强了农村集体经济合同规范化管理。出台了《农村集体经济合同管理办法（试行）》，组织了集体经济合同清理整改活动，举办了覆盖各乡镇的集体经济合同管理业务师资培训。三是规范了新型集体经济组织的收益分配，加强了农民集体资产股份收益权保障。制发了新型集体经济组织收益分配工作的通知，明确了收益分配的基本原则，规范了分配前的民主决策机制，加强了收益分配的监督管理，推动新型集体经济组织收益分配制度化、规范化。四是总结宣传了一批集体资产经营管理的典型，为普遍提升全市集体资产经营管理水平提供重要借鉴。

2. 加强农村集体经济审计监督。一是对 474 个新型农村集体经济组织经营情况跟踪审计。结果表明，我市农村产权制度改革成效显著，集体经济持续较快增长，股金分红逐年增加，法人治理结构不断完善。市委牛有成常委对审计报告作了批示，肯定了推动集体资产经营起来是集体产权制度改革的深化和延续，要求坚定方向，对于出现的个别问题因地制宜、分类指导。二是对村级组织专项补助资金管理使用情况进行审计。审计表明，全市村级组织正常运转资金基本实现足额及时到位，能够严格按照规定用途使用，财务管理和会计核算统一规范，坚持了财务公开制度。三是积极引进中介审计，推广在线审计。丰台、海淀、朝阳、门头沟等区县引进社会中介参与农村集体经济审计，有效缓解了农经审计人员不足的问题。9 个区县推广应用在线审计系统，审计效率进一步提高。全年完成了 9 035 个单位的审计，审计金额 2 184 亿元。

3. 加强农村集体财务会计制度建设。加强农村集体财务规范化管理，有效提高管理水平。扎实做好农村财会基础工作，全市 141 个乡镇、2 967 个村完成了规范化建设，完成比例分别达到 73% 和 75%。规范村级会计委托代理服务，实行会计委托代理的村 3 842 个，占总村数的 97%，实行村级财务按月和按季公开的村 3 019 个，占全市总村数的 76%。积极开展农村财务管理检查，市委牛有成常委高度重视全市农村财务管理专项检查报告，批示"农村财务管理是'三农'工作的难点，确实要引起重视"。组织编印农村财务会计学习材料，编写的《农村集体财务规范化管理学习读本》和《农村财务会计培训教材》，满足了农村会计人员学习掌握会计知识的需要。

4. 推动集体资产经营创新，农村集体资产信托化经营改革试点工作实现新突破。"金色田野 2014008 号"土地信托落地密云县穆家峪镇水漳村，1 000 万元信托资金全部到位。通过土地股份合作社、农民专业合作社、资产信托经营方式等激活了纯农村地区的要素市场，生产的蓝梅等产品试销成功。6 月 27 日，试点项目获得"诚信托"价值信托产品奖。门头沟区龙泉镇集体集合资金信托项目签约，怀柔区田仙峪村与四渡河村的闲置农宅信托化开发试点启动，门头沟区永定镇集体经营性物业信托化试点启动。在密云、怀柔、平谷、通州、门头沟等区县，闲置农宅、集体经营性建设用地、农业用地的信托化经营试点与调研深入开展。通过农村集体资产信托化经营与管理创新，疏通了集体经济组织的融资渠道和市场渠道，盘活了土地资源，促进了农民增收，维护了农民权益，实现了集体资产的保值增值，发挥了市场在资源配置中的决定性作用。

5. 推动农村金融服务创新，农村金融服务、农村金融产品创新、农村产权交易和内部资金互助实现新突破。为社会金融机构服务"三农"牵线搭桥，引导推动涉农金融服务创新。一是建立新的农村金融合作机制。与首创集团签署《共同推进首都农村要素市场建设战略合作协议书》，合作开展乡镇统筹利用集体经营性建设用地试点金融支持调研和工作方案设计。为农业担保公司开发农村集体集合信托资金产品提供协调服务；与北京国际信托有限公司合作开展农村土地和预留产业用地的信托经营项目招商；与北京银行、北京农商行、邮政储蓄银行北京分行、包商银行、农发行等金融机构建立了信用体系建设合作机制和金融产品创新设计协同工作机制。二是促进涉农金融产品创新。实现了北京银行首单"社员保"助农贷款落户专业合作社，北京银行以"对公"授信贷款和"社员保"贷款为北京荣涛豌豆产销专业合作社提供500万元流动资金贷款。三是积极推进农村产权交易。农村集体资产产权流转交易各环节合作进一步增强，提高了农地流转信息的时效性，保证了村集体资产的保值增值。据统计，2014年，通过农村产权交易所的成交项目103宗，成交额达到9.26亿元，流转土地面积4.15万亩，促进了农村资源通过产权交易方式实现市场化资源配置。四是开展农村内部资金互助改革试点。联合北京市农业投资有限公司和中国乡建院，在平谷区开展了农村内部资金互助试点，进一步探索了农村资金留用农村的务实措施。

（二）做好集体土地管理基础工作，推动土地流转起来

1. 全面开展农村集体土地资源清查工作，积极推进农村土地承包经营权确权登记颁证试点工作。在近年农村集体资产清产核资和集体经济合同清理的基础上，全市统一组织、统一时点、统一口径、统一程序，对乡村两级集体经济组织所有的集体土地资源进行了全面清查。摸清了农村集体土地资源底数，发现了问题，健全了相关规章制度，提出了有针对性的建议，为管好用好农村“三块地”，推动农村土地有序流转和高效利用，提供了基础数据支撑和管理决策依据。同时，积极推进农村土地承包经营权确权登记颁证试点工作。研究制定了《农村土地承包经营权确权登记颁证试点工作的补充通知》《农村土地承包经营权确权登记颁证工作有关法规政策问题解答》，扎实推进平谷区全面试点和其他各区县的乡镇试点。平谷区试点工作稳步开展，104个村中的91个村完成了档案清理、权属调查和公示审核。密云、怀柔、门头沟、房山等区县试点乡镇进入了权属审核阶段，大兴区完成了1个试点村的确权登记任务。

2. 扎实开展农地流转价格和规模经营效益动态监测工作。2014年，全市53个监测点上传土地流转信息19 045条，农地流转面积113 236亩，农地流转平均价格1 677元，同比增加67元。首次开展农地适度规模经营效益的监测工作，对13个监测乡镇专业大户、家庭农场、专业合作社、集体经济组织，以及农业企业的用地规模、土地类型、经营品种、经营效益及扶持贷款等情况进行了监测。完成全市农村土地承包与流转情况统计年报及分析报告。总体看，全市农村土地家庭承包关系稳定，农村土地流转持续、健康、有序发展。

3. 农村土地承包经营纠纷仲裁体系建设取得新进展。加强了调解仲裁基础设施和制度的建设，加强了人员和经费的保障。编印了《农村土地承包管理政策法规汇编》，组织了全市农村土地承包经营纠纷仲裁培训班，对培训合格的89名仲裁员发放了资格证书。开展了考核评价工作，推动调解仲裁工作依法规范开展。全市发生农村土地承包纠纷1 142件，已调处1 137件。

4. 扎实推进五区六镇统筹利用集体经营性建设用地试点工作。按照市委十一届三次全会和2014年市政府工作报告提出的乡镇统筹利用集体建设用地试点工作要求，在市委新型城镇化体制改革专项领导小组办公室安排部署下，由市农经办和市规划院具体牵头，借鉴西红门镇“283”模式，瞄准“大城市病”治理与农民就业增收，以城乡一体化为总目标，探索集体建设用地集约利用的新路径。完成了丰台区长辛店镇、通州区台湖镇和宋庄镇、大兴区青云店镇、朝阳区金盏乡、顺义区高丽营镇等五区六镇乡镇统筹利用集体建设用地规划研究工作，编制了《试点工作指引》，成立了5个试点工作指导组，按照“市指导、区主导、镇主体”的工作机制有序推进。在市委新型城镇化体制改革专项领导小组第二次全体会议上通过了《乡镇统筹利用集体经营性建设用地试点方案》。目前，试点乡镇实施方案编制工作取得了阶段性进展，长辛店镇启动了拆除腾退，进入实施阶段。在试点工作基础上，形成了乡镇统筹利用集体建设用地的一系列重要观点，提出了“土地平权，涨价归公”，明确了传统城镇化与新型城镇化的本质区别，总结了“项目统筹、存量资产统筹、存量土地资源入股统筹、增量集体建设用地指标统筹、经营性物业信托统筹”等乡镇统筹均衡发展典型模式和“腾笼换鸟、就地升级、重大项目带动”等试点典型路径。

（三）推动农民专业合作社建设，引导农民组织起来

1. 推进北京市农民专业合作社联合会建设。一是加强联合会自身的建设。多次召开理事会和监事会全体会议，对联合会工作深入研究规划，制定了财务管理办法等10多项管理制度。初步建立了联合会内部工作机构，招聘了20名工作人员，编发了多期会刊。二是完成了市级“枢纽型社会组织”认定工作，7 月 21 日，联合会被北京市社会建设工作领导小组办公室认定为市级“枢纽型社会组织”，负责全市农民专业合作社及涉农领域社会组织的联系、服务和管理工作。三是进行信息化建设。制定了建设方案，开发了联合会网站，开通了微信公众服务号，建立了会员网站门户群，组建了客户服务中心，组织了网站应用培训班。四是积极开展营销工作。与奥科美科技公司、北京邮储物流、京东商城等商业企业进行合作洽谈。组织 11 家合作社参加了第三届“京交会”，组织 9 家合作社参加 2014 年北京国际农业产业化展览会。五是协助开展涉农领域社会组织党建工作和公益事业，市区两级示范社中，有 16 个合作社建立了党支部，合作社管理人员中，中共党员 441 名。与北京农产品流通协会、北京农业产业化龙头企业协会、北京观光休闲农业协会密切了工作联系，结合网站建设组建了一支专家、辅导员组成的志愿者服务团队。六是积极落实与三家银行签订的贷款意向协议，对全体会员资金需求进行了调查摸底。深入研究了“合作社资金互助＋农商行放大 10 倍＋合作社联保”的贷款服务新方式。

2. 深入基层开展合作社规范化建设指导服务。一是深入联合社、合作社开展调研和指导服务。重点服务的合作社包括房山区首个农民专业合作社联合社——北京龙乡腾飞种植农民专业合作社联合社，昌平区规模较大、发展势头良好的种植合作社——北京海疆栗蘑产销专业合作社，北京市流村田园盛业农业专业合作社，怀柔区渤海镇板栗联合会等。二是与金融机构合作为合作社协调急需贷款资金。通过北京银行为平谷区荣涛豌豆合作社协调贷款 500 万元，解决了合作社流动资金短缺的问题，继续为门头沟区清水腾达旅游联合社协调贷款支持。三是加强区县合作社辅导员培训工作。为怀柔、房山、平谷等区县合作社辅导员培训班进行辅导授课。组织了 10 个远郊区县的合作社辅导员赴陕西、湘西等地考察合作社建设及联合会运行机制，开阔了眼界，受到了启发。

二、以建立高标准智库为目标，加强北京市农村经济的调查研究工作

1. 认识到加快建设具有首都农经特色的新型智库是全面深化我市农村改革的迫切需要。一年来，调查研究以首都“三农”发展与改革的新要求为牵引，以建立高标准智库为目标，深化战略研究与改革难点问题研究，推进研究成果的转化，加强管理制度化建设，形成了调研管理工作更好服务决策支持的新常态。全年开展重大课题 2 项、一般课题 26 项（其中 1 项课题后来改为工作）、中青年课题 9 项、平谷试验区课题与重点工作 4 项、统计分析及发展报告 17 项。发表文章 68 篇，出版著作 16 部，举办和参加各种学术性会议 52 次，离京外出考察 28 批次。

2. 不断深化“三农”改革发展宏观战略研究和重点难点问题的调查研究工作。宏观政策研究稳步推进。高质量完成《推进首都新型城镇化建设的思考与建议》《统筹集约利用农村集体经营性建设用地和乡域均衡发展道路研究》《中国特大城市农转居成本测算及推进策略研究》等高层次宏观战略课题，研究报告得到市委、市政府主管领导的好评。北京山区闲置农宅利用问题研究不断深化。完成典型案例 8 份，考察报告 7 份，《北京市山区闲置农宅统计分析报告》《南京市农村宅基地退出与利用情况考察报告》获得市委常委牛有成同志批示，《浙江省德清县利用闲置农宅发展“洋家乐”考察报告》获得林克庆副市长批示。以生态文明为导向的区县经济发展方式创新研究顺利开展。建立了评价指标体系，为区县绿色经济发展提供了理论指向。《北京市沟域经济建设中环境问题调查报告》《北京市农村雨洪利用现状及国内外可利用技术研究》等工作，提出了农村生态环境建设的解决方案和政策建议，得到了区县的高度重视。

3. 不断加强调查研究成果的转化工作。围绕《北京农村集体土地信托化经营试点研究》《农村土地承包经营权证券化试点研究》课题，结合实际提出了土地信托化经营和土地承包经营权证券化的实施方案。在密云水漳村开展了土地信托和承包经营权抵押试点，在怀柔渤海镇田仙峪村、九渡河镇四渡河村开展了闲置农宅信托化开发运营试点，在门头沟永定镇开展了集体经营性物业信托化试点，将理论研究的成果转化为农村改革的实践，取得了显著成效。《北京市集体建设用地集约利用研究与实践》课题，系统梳理现行法律政策，集成了三年来关于农村集体土地集约利用的研究成果，为第二道绿化隔离地区开展集体建设用地集约利用乡镇统筹试点提供了理论指导和经验借鉴。《全国农产品电

子商务研究》课题，提出了农业现代化与信息化融合发展、农业生产经营主体通过电商提高效益的建议，为制定农业信息化支持政策提供依据。《北京市农村集体经济组织立法问题研究》课题，形成了《农村集体经济组织相关法律法规摘编》，为依法履职开展工作提供了保障。

4. 全面推进专家咨询、中青年调研能力建设和工作制度化建设。一是成立了中心第二届专家咨询委员会。研究领域覆盖农业经济、农村社会、生态文明、农业规划等多个领域，完善了咨询专家库，专家人数突破90人。二是设立中青年研究课题。进一步发挥了中青年调研人员的积极性、主动性和创造性，提高了中青年调研人员的调研水平。三是充分发挥农村改革与发展大学生“村官”队伍的作用。修订了《北京市农村改革与发展观察员组织管理办法》，组织了观察员工作小组走访7个区县的16个观察点，全年开展了7次专题调查，访问3 743人次，农户问卷3 335份，数据10万条。大学生“村官”观察员成为了北京农村改革研究与决策质询的重要支撑力量之一。夏占义同志在《京郊农民平原造林意愿调查报告》上专门批示，“调查研究就得这么搞，真正掌握实情。”四是完善了调查研究的系列工作制度。修订了《调研课题管理办法（试行）》，制定了《参加学术性会议管理办法（试行）》，规范了调研课题管理、项目经费使用、驻村调研、外出调研学习考察、课题委托协议、稿费及专家咨询劳务报酬发放管理、专家咨询委员会等内容。五是完善了调查研究的管理程序。完善了调研课题开题、课题中期检查、课题结题、课题成果使用等工作环节，积极开展动态服务。六是把好《调查研究报告》质量关。全年编辑出版41期，其中第6期《北京市园林绿化促进农民绿岗就业的调研报告》、第19期《南京市闲置农宅有偿退出机制》、第22期《北京市闲置农宅统计分析》、第23期《平谷区闲置农宅调查报告》、第32期《走向联合——农民专业合作社发展趋势研究》、第38期《全市利用合作组织促进休闲农业与乡村旅游提档升级进展情况的调查》等研究报告，获得主管市领导的肯定和批示。

5. 平谷农村改革与发展创新研究试验区工作有序开展。继续扎实推进平谷试验区的调研、总结和宣传工作。组织对平谷试验区的创新实践进行集中调研，总结了试验区工作经验，完成了《平谷区农村改革实践与创新成果汇编》。《平谷区生态文明建设规划编制工作》稳步推进，统筹引领平谷中长期发展战略规划，在可持续发展生态文明新区规划研究上实现新的突破。

三、以“生态文明建设”为契机，推进美丽智慧乡村集成创新试点等工作

1. 扎实推进“美丽智慧乡村”集成创新试点建设。在平谷区启动了“美丽智慧西柏店”集成创新试点建设项目。12月14日，市委书记郭金龙、市长王安顺到平谷区调研，对项目的做法和取得的成效给予肯定。12月29日，国务院副总理汪洋到西柏店村调研智慧农业和循环农业，陈锡文、韩长赋、王安顺、牛有成等领导一起参加调研。领导对一、二、三产的融合给予充分肯定，认为这个路子是对的，旅游可以改变环境。

2. 高质量完成平谷区生态文明建设规划工作。完成《平谷区生态文明建设规划》编制工作，统筹引领平谷中长期发展战略规划，在可持续发展生态文明新区规划研究上实现新的突破。规划强调以生态文明建设为引领，推动区域经济、社会、文化协调发展。规划总结了平谷区多年来生态文明建设的经验，深入贯彻习近平总书记考察北京工作时的重要讲话精神，认真落实中央和北京市关于生态文明、资源节约、环境友好、和谐社会建设的工作部署，吸收借鉴国内外先进发展理念、技术与方法，根据平谷区各乡镇的区位条件、发展现状、生态环境状况、资源禀赋和未来发展定位，制定平谷区生态文明建设分区方案，明确各功能区的定位，合理布置生态空间、生产空间和生活空间。该规划是北京市区县层面首部同类规划，提出了“体量经济”的新理念，提出了“三农”向“三生”转型的战略新方向。规划将指导平谷区建设以人为本、生态宜居、产业布局合理、城乡分工协调、五个文明统筹的可持续发展生态文明新区，受到平谷区各级政府的欢迎与认可。评审专家组认为，应将平谷的生态文明建设规划理念推广到全市，为北京其他山区县的“三农”转型发展提供指引。

3. 开展以生态文明为导向的区县经济发展方式创新研究。《北京市以生态文明为导向的区县经济发展评价方式研究》，是在党的十八大将生态文明提升到了“五位一体”的战略层面的大背景下适

时开展的综合性研究项目。对生态文明进行了系统的理论阐述，归纳了北京及国内外区域经济发展评价的经验，建立了一套与北京各区县功能定位相对应的评价指标体系，扭转了过去的唯 GDP 评价导向，树立了“五位一体建设”的经济可持续发展评价观。在关注经济增长结果的同时，更加注重经济增长代价，为促进经济转型升级，实现绿色发展、低碳发展、循环发展提供有力支持。还围绕建设农村生态文明、促进区县经济创新发展，开展了一系列难点热点问题调查研究，如《北京市沟域经济建设中环境问题调查报告》《乡村旅游重点发展地区生态环境质量问题研究》和《北京市农村土地“用地效益”调查研究》《北京市农村雨洪利用现状及国内外可利用技术研究》《北京市“无煤村”研究》《北京市生态涵养发展区产业空间组织布局》《北京市生态涵养区发展休闲产业实现生态、经济和社会效益多赢研究与试验》等，这些研究提出的解决方案和政策建议得到区县的高度重视。

4. 持续推进农村生活污水景观化处理试验和示范。积极开展密云和通州两项生活污水景观化处理试点工程，平谷区金海湖镇靠山集村和密云县太师屯镇洛洼村污水景观化处理工程顺利推进，取得了预期效果。西柏店村的生活污水景观处理，作为美丽智慧乡村建设试点核心项目，得到了平谷区委、区政府的高度重视。市政协副主席赵文芝在平谷视察污水景观化处理试点的建设和运转情况时，对项目给予了充分肯定，并建议在平谷全区范围内，开展区域性的试验，系统性地解决农村生活污水问题，同时在生活污水处理领域进行差别化的政策研究，摸索生态环境建设的投融资体制和管理机制。平谷区已启动推广试点成果的前期工作。

四、积极推进全市农业农村信息化工作

1. 启动“智慧乡村”理论研究并应用于试点工作。开展“智慧乡村”建设标准研究，研究成果应用于平谷“智慧西柏店”试点建设项目。实现了村域生产生活主要区域无线网络覆盖。应用农业物联网技术帮助农民生产经营，为农服务和助农增收显示初步成效，为深入探索农村合作经济、农业生态经济、农民资金互助和社会主义新农村建设打下基础。该项目获得第三届智慧北京大赛优秀示范工程奖。12 月 29 日，国务院副总理汪洋到西柏店村调研智慧农业和循环农业时强调，北京市要充分发挥科技资源丰富、创新能力强、市场容量大等优势，率先把高新技术、新兴业态、新商业模式等引入农业，加快构建“接二连三”的农业全产业链，提高农业现代化水平，为全国现代农业建设发挥示范引领作用。

2. 持续推进农村“三资”监管平台建设及应用。对 196 个乡镇数据处理站服务器等硬件设备完成了更新换代。农村“三资”监管平台实现了数字证书管理和跨部门共享应用。5 个区县 4 级联网工程基本完成，市级数据处理中心和全部乡镇的硬件设备实现提档升级，数据处理能力和安全防护水平进一步加强。举办业务培训班 40 期，培训农经统计和信息化人员 6 433 人次。“三资”监管平台的应用得到中农办领导和市委、市政府主管领导高度重视。市委牛有成常委要求乡镇党委书记和镇长，都要学习使用“三资”监管平台指导农业农村工作。

3. 不断完善北京现代农业“221 信息平台”建设和应用。加强整合，市级涉农单位、区县部门开发建设的业务系统多数已纳入新版“北京 221 应用平台”。实现了北京现代农业“221 信息平台”的异地备份。在信息资源共享方面取得突破，为市园林绿化局信息中心提供 4 000 多条业务数据。新版北京现代农业信息网（“221 信息平台”外网平台）平稳运行，全年发布信息 3.2 万条。与百度公司合作，实现了休闲农业与乡村旅游信息的地图标注服务。

4. 进一步强化网络信息安全和信息化基础保障工作。完成了 25 个信息系统的等级保护定级和备案工作。加强了办公楼局域网管理，构建了机房内网数据存储备份域，确保关键数据的存储安全。顺利完成 APEC 会议、全国两会等重要期间信息安全保障工作。实现了机关办公楼公众互联网无线信号全覆盖。实现了农经工作办公自动化系统与农村“三资”监管平台、中心财务管理系统的单点登录和统一用户认证。

5. 农业农村信息化工作制度体系建设不断加强。根据实际工作需要调整了市农经办信息化工作领导小组，进一步明确职责任务；制定 14 项农业农村网络信息安全管理制度。采取具体措施，深化了全市农业农村信息化协同工作机制。出台《关于

扎实做好农业农村信息化工作的意见》及任务分工，多次召开专题会议，督促工作进展和任务落实。

6. 摸查了全市涉农信息化工作底数。一是在9个市属涉农委办局开展了信息化基本情况调查。通过问卷调查和实地走访，了解了各单位的软硬件基础设施、业务系统建设和资源建设、信息安全等信息化建设情况。二是修订完善《市农经办（农研中心）业务与信息资源目录》，包含了业务目录447条、资源目录683条、需求目录10条、共享目录56条。

7. 开展了信息化建设与成果推介工作。以全市26家国家级和市级的农业农村信息化示范基地为重点，开展了农业农村信息化建设和应用成果的宣传推介工作。编印了《北京市农业农村信息化示范基地风采》宣传画册。拍摄了示范基地宣传片。在《北京农村经济》杂志开辟了"三农信息化"专栏，全年刊登16篇稿件。

8. 信息化助力"社社对接"创新试验示范实现新突破。通过信息化工程，实现了"产消直对"的多对多"社社对接"安全农产品直供商业模式，消费合作社规模不断扩大，社员已达到3 000多人。组织开展6次安全优质农产品销售季活动和2次消费合作社社员的农场访问活动。

五、扎实做好农经统计和农民负担执法检查等基础工作

1. 高质量完成农经基础数据统计和决策支持工作。扎实开展全市农经财务统计季报年报工作。及时完成《农村经济基本情况统计表》《村集体经济组织收益分配统计表》《村集体经济组织资产负债统计表》《农村经营管理信息化统计表》《农经机构队伍情况统计表》等5套报表。高质量完成各季度农村经济运行情况分析报告。深入开展农村劳动力就业情况统计分析，完成6个经营层次的《农村经济收益分配表》和4个经营层次的《公有经济资产负债表》，完成30个品种450个点的农产品成本效益监测数据的审核、汇总与分析工作。为各级领导和有关部门提供农经统计报表数据查询服务148次，充分体现了农经统计的服务职能。

2. 认真做好全国农村固定观察点调查和低收入户、低收入村的监测报告工作。扎实完成了专项调查。对3个乡镇、3个村和100个农户进行的《农村劳动力就业情况调查》《农民家庭现金收入情况调查》《农机使用情况专项调查》，获得农业部主管部门的好评。组织完成全市23万低收入农户的数据信息汇总，645个低收入村、低收入户监测分析报告。编印的《低收入农户工作手册》提供低收入农户工作政策、数据采集指标、工作流程和管理制度，提高了低收入农户监测工作的水平。

3. 务实开展农民负担执法检查与整改工作。重点检查了农民负担的各项管理制度执行情况，涉农乱收费情况，一事一议项目筹资筹劳民主议事情况，2013年度村级公益事业补助资金的使用及2014年村级公益事业补助资金分配方案的制定及拨付情况。根据农业部农民负担监督管理办公室的要求，完成了一事一议项目专项审计试点工作，开展了村级报刊订阅和公益性电费开支的调查。重点领域专项检查工作，发现问题，进行了协调处理，如发现村级公益性服务设施用电价格高于市发展改革委制定的"居民电价的非居民用户"价格，2014年村集体多负担电费2.1亿元，经与市发改委、市农委、市民政局商议，市发改委已要求供电部门2015年1月起，对能够单独计量的村级公益性服务设施用电执行0.51元/千瓦时的电价，对混表计量的部分进一步协商解决，有力推动了减负惠农富农政策的落实。

4. 稳步推进农村经济经营管理工作体系建设。与市编办组成联合调研组，深入了解全市区县、乡镇农村经管职责、机构和队伍建设的基本情况、主要问题，积极适应当前首都城乡一体化发展的新形势，积极探索全市农村集体"三资"监管的体制机制。按照农业部经管司、经管总站要求，成功承办了全国农经体系建设工作研讨交流会，并组织与会人员到海淀区和门头沟区进行实地参观调研考察。

5. 推进海淀区农资委改革试点相关工作。配合海淀区加强对海淀区农资委改革试点重点问题的攻关力度，组织力量深入海淀区对农资委成立一年来的运行情况进行了跟踪了解，形成了调研评估报告，从改革动因、创新举措、效果评估、问题分析、工作建议五个方面对海淀区农资委改革试点的经验做法进行了总结梳理，提出了下一步继续推进试点工作的意见建议。

6. **进一步强化全市农经部门依法履职意识。**按照“法无授权不可为”的行政管理原则，依据相关法律法规，梳理编制了《市农经办（农研中心）履职清单》，规范了12大类和145项的履职清单，并向全市农经工作系统发布，强化了依法履职意识，规范了依法履职行为。根据新形势新任务，修订完善了市农经办（农研中心）各处室工作职责。

六、做好编刊史志信息宣传与对外交流工作

1. **高质量完成编刊史志工作。**全年编辑出版各类书籍16部，杂志13本，刊载文章1 400篇，其中《北京农村经济》月刊发表482篇。牛有成、林克庆等市领导和市有关部门及区县领导发表多篇专稿，有力指导了全市农村经济改革与发展。《北京农村年鉴》《农业·农村志》《北京农村经济发展报告》《北京农民合作社发展历史研究》等专刊志书的编发，为“新三起来”理论研究与实践提供了重要支持。举办“京郊农村领头雁”“我为农村发展建言”“北京郊区纪念新中国成立65周年”和“2014年郊区党建”等多项征文活动，取得较大社会反响。北京郊区大学生“村官”征文活动，13个区县大学生村官助理投稿超过200篇，精选出85篇优秀稿件以《心声》为题汇编出版。

2. **加强信息报送和信息发布工作。**编发《北京城乡经济信息》124期、《城乡经济通讯》43期，编发各类信息稿件6 008条，编辑整理文字73万字。向中国农业信息网报送信息5 829条，向首都之窗报送信息2 419条，被农业部全国信息联播首页采用285条。2014年，北京农经网发布信息4 534条次，同比上升27.2%。总页面浏览量268.5万页，同比上升40%；总访问次数55.1万次，同比上升51.3%。采集抓取提供涉农舆情信息4.6万条，制作“每日三农舆情快报”248期，发送手机短信服务242条，完成涉农舆情月度分析报告12期，并结合社会热点，撰写舆情专题分析报告6期。

3. **对外交流和宣传实现新突破。**配合“社社对接”试验示范项目，推出“京合农品”微信公众号，推送信息64期，文章120篇，关注人数达到655人，图文阅读量9 000人次。推出“首都农经”微博，发布博文841篇，粉丝2 907人。参加国际有机农业研讨会，京台农民合作组织协议深入落实。积极开展外出调研，参加了全国农业物联网成果观摩交流会、2014年农业信息化专题展暨农业信息化高峰论坛等全国性交流活动。经农业部市场信息司推荐，北京市作为全国农业农村信息化唯一典型省份在全国农业工作会上进行交流发言。

七、进一步加强机关党建和党风廉政建设等工作

1. **认真做好教育实践活动整改工作。**按照中央和市委的要求，市农研中心（农经办）党组以高度的政治责任感和从严要求的工作态度，紧紧围绕“四风”问题和专项整治任务，切实抓好整改落实的各项任务。一是坚持领导带头。主要负责同志认真履行第一责任人的职责，牵头制定并细化整改任务责任表，明确工作目标、完成时限和责任人。班子成员结合分管工作，按照“谁主管、谁负责”的原则，持续抓好分管领域的整改工作。二是加强督查督办。定期主持召开党组会或主任办公会，听取各部门的整改落实的进展情况汇报，督促各项整改任务按计划推进。制定了加强督查督办的工作制度，加强了对重点工作、重要事项的推进力度。同时，按市委改革办要求，结合工作职责与工作实际，成立了中心深化改革工作小组，扎实推进改革试点与创新研究工作。三是坚持开门整改。以群众满意为标准，将专项整治工作的进展、成效向全体干部职工公开，充分广大干部群众监督。截至目前，21项整改任务中，已经完成18项，正在进行中的3项中长期整改任务也取得了阶段性成果，同时制定完善了17项管理制度。通过教育实践活动，形式主义问题得到明显改进，官僚主义得到有效克服，享乐主义得到大力治理，奢靡之风得到有效杜绝，取得了积极的阶段性成果。

2. **进一步强化了机关党建工作。**一是着力推进学习型机关建设。把学习贯彻党的十八大、十八届三中、四中全会精神和习近平总书记系列讲话精神作为首要政治任务，制定印发了《关于深入学习宣传贯彻党的十八届三中全会精神的通知》和开展“深入学习贯彻习近平总书记系列讲话精神、争当农民满意的好经管干部”专题学习教育方案，对全体机关干部进行了集中轮训。召开中心理论

组（扩大）会、周末大讲堂10期，通过集中学习、交流座谈等形式，提高干部职工的专业理论素养和应对农村改革发展新形势的能力。二是扎实推进“三进两促”活动。党员干部“驻村驻户”1 448天，组织召开座谈会176次，解决村民生产生活问题72个，15个党支部的百余名党员深入农村、社区开展志愿服务群众活动，密切联系群众，为民务实清廉的工作作风实现了常态化。三是认真落实党风廉政建设责任制党组主体责任和纪委监督责任。严格执行中央八项规定和市委十五条意见，及时向党员干部传达中纪委、市纪委全会精神和情况通报，抓紧进行党风廉政教育，筑牢思想防线。认真落实“一岗双责”责任，领导班子成员与处室负责人全部签订了党风廉政建设责任书，党风廉政建设责任制实现了全覆盖。制定了关于经费使用公开监督管理的实施方案，推动公务经费使用情况每月在主任办公会上进行公开，接受群众的监督。

3. 领导班子和干部队伍建设得到加强。一是加强领导班子自身建设。领导班子成员分工进行了优化调整，集体领导和个人分工负责相结合的制度进一步完善，呈现班子成员各司其职、独当一面、协调配合、团结和谐的工作局面，班子成员适应新形势、解决新问题的能力和政策水平不断提高。二是做好干部调配和选拔任用工作。结合市农研中心加挂市农经办牌子后实际需要，在党组的领导下，顺利实现了处室分设和干部调配，共涉及10个处室51名同志。开展竞争上岗和集中选拔工作，突出了实干实绩、公平公正和群众公认的原则，坚持公道正派，把思想政治工作和走群众路线贯穿干部选拔任用始终，不断改进工作方法，注意树立正确的用人导向。共选拔了16名处级干部，其中处长6名，副处长5名，调研员2名，副调研员3名。一批综合素质高，业务能力强，群众基础好的年轻干部走上了领导岗位，进一步优化了处级干部队伍结构。三是加强干部管理和监督工作。围绕落实中央《关于进一步从严管理干部的意见》，加大了干部考核力度，坚持把工作业绩考核与干部德才素质考核、日常考核与年度考核相结合。围绕加强干部监督，所有处级干部按照首次填报的要求，填报了《领导干部个人有关事项报告》，并录入专用系统，制定了《2013年度处级干部个人有关事项报告随机抽查核实工作方案》，随机抽取2名干部，上报市委组织进行抽查核实。四是做好人员招录和干部挂职锻炼工作。全年共引进人才14名，其中具有博士学位的5名。接收了7名在校博士研究生和接收了1名区县年轻干部来中心挂职锻炼，同时派出了1名处级干部到区县农委挂职担任副主任，2名年轻干部到区县经管站和乡镇挂职。

这些成绩是市委、市政府坚强领导和全市农经系统干部职工奋力拼搏的结果。同时，我们也清醒地认识到，全市农村经济改革和管理工作还存在一些不足，需要在2015年及今后不断努力，加以克服。一是全市各郊区县农村经济改革与发展存在不平衡的问题；二是一些具体工作存在不规范不科学不深入的问题；三是农村经济尤其是集体经济经营效益还不理想、发展活力不足还不能很好地适应经济发展新常态的问题；四是全市农经工作体系需要进一步加强的问题。

2015年是全面深化改革的谋划之年，是全面推进依法治国的开局之年，是全面完成“十二五”规划任务的收官之年。做好全市农村经济管理与农村政策研究工作意义重大。市农经办（农研中心）将以农村集体经济“审计年”为主题，坚定信心，奋发有为，认真贯彻落实中央决策部署。坚持稳中求进，勇于改革创新，在新的起点上把握新的形势，在新常态下谱写首都农村经济全面深化改革的新篇章。

学会、协会

登记证号	社团名称	业务主管单位	会长	电话	地　址	邮编
0010325	北京市城郊经济研究会	农研中心	郭光磊	64866072	朝阳区北沙滩7号院3号楼	100101
0011244	北京市农产品产销信息协会	农研中心	冯乐平	89288556	大兴区庞各庄西四各庄村	100085
0011364	北京观光休闲农业行业协会	农研中心	贺东升	82997538	西城区裕民中路6号	100029
0011424	北京农史研究会	农研中心	焦守田	64866078	朝阳区北沙滩7号院3号楼	100101

市农研中心（市农经办）
党政领导班子成员

党组书记　郭光磊
党组成员　张秋锦　曹四发
蒋洪昉　吴志强
刘军萍　戚书平
纪检组长　戚书平
主任　郭光磊
副主任　张秋锦　曹四发
蒋洪昉　吴志强
市城乡经济信息中心主任　刘军萍
副巡视员　熊文武

［市农研中心（市农经办）办公室］

北京农业职业学院

概　　况

北京农业职业学院设有园艺系、畜牧兽医系、食品与生物工程系等 9 个系部以及国际教育学院、机电工程学院和继续教育学院，开设园艺技术、畜牧兽医和绿色食品生产与检验等 39 个高职专业。

占地面积 81.22 万平方米，产权校舍建筑面积 36.09 万平方米。全年教育经费投入 52 302.66 万元，其中，国家拨款 47 222.70 万元、自筹经费 5 079.96万元。固定资产总值 55 243 万元，其中，教学、科研仪器设备总值 10 304 万元。图书馆建筑面积 6 113 平方米，藏有纸质图书 42.92 万册、电子图书 4 204GB。拥有计算机 2 995 台，多媒体教室 165 间。学校信息化设备资产 3 069 万元，网络信息点 4 000 个，校园网出口总带宽 530Mbps，电子邮件系统用户 920 个，上网课程 58 门，数字资源量 8 000GB，管理信息系统数据总量 100GB。

教职工 858 人，其中，专任教师 410 人，包括教授及教授级高级工程师 22 人，副教授及高级工程师以上 127 人；博士 28 人，硕士 112 人；“双师型”教师 319 人。外聘教师 164 人。

毕业生 1 828 人，其中，高职生 1 368 人，中职生 299 人，成人教育专科生 161 人。毕业生一次就业率 97.67%，一次签约率 64%。招生 1 677 人，其中，高职生 1 396 人，中职生 190 人，成人教育专科生 91 人。高考北京地区提档线文科 150 分、理科 150 分，单考单招 150 分。在校生 5 276 人，其中，高职生 4 062 人，中职生 792 人，成人教育专科生 422 人。

主　要　工　作

北京农业职业学院各项工作取得显著进展。突出成绩集中体现在：牵头成立了北京都市农业职业教育集团；院长杜晓林教授主持的“北京都市农业职业教育集团运行模式研究与实践”课题被列为北京市高职院校中唯一重点建设项目；副院长王晓华主持的《都市型现代农业高技能人才培养改革与实践》获得职业教育国家级教学成果一等奖；由罗红霞教授主持的《基于“从田间到餐桌”全程质量控制食品专业人才培养的实训基地建设与实践创新》获得 2014 年职业教育国家级教学成果二等奖；学院作为北京市高等教育自学考试主考校实现首次开考；畜牧兽医系组队参加的鸡新城疫抗体水平测定项目取得国赛一等奖；园艺系组织学生参加美国国际压花协会压花比赛获得金奖；创新了推广教授的科技管理，实现了有推广项目、推广团队、推广技术和推广地域；上半年接受新申请专利 18 项，获授权专利 4 项，专利申请总数达 101 项，授权 66 项，位列全国同类院校之首；南校区图书馆改造后投入使用；南校区体育馆项目开工，北校区气膜馆投入使用。

一、积极推进内涵建设，办学水平显著提升

（一）稳步推进内涵建设

调整专业和系部设置，撤并文秘法律系，其下法律文秘专业、文秘专业划转至财会金融系，会展策划与管理专业划转至现代服务管理系；新增种子生产与经营、机械产品检测技术等专业，优化了专业布局，推动了资源共享。按照学院“十二五”规划任务书的安排，以项目形式积极推进专业建设，加强了日常教学管理，落实了院系领导听评课制度，教风、学风明显好转。

（二）积极推进教学改革

作为理事长单位，牵头 58 家单位组建北京都

市农业职业教育集团。集团以服务首都都市型现代农业发展为宗旨，以培养现代农业高素质技能型人才为纽带，以平等互利为基础的合作性组织，将致力于从根本上促进校企融合，搭建首都农业职业教育的立交桥，促进首都农业职业教育的现代化。集团设建设指导委员会和理事会，同时下设园林园艺、动物科学、食品安全、农村经济与服务、现代农业工程和农民教育培训等 6 个专业委员会。

中高职衔接试点得到拓展，在继续深化与市园林学校合作试点的基础上，新增北京市环境与艺术学校、水利水电学校和城市建设学校为对接院校。

（三）有效贯彻“以实践教学为主体”的办学理念

在农业发展中心和实训管理中心成立实习实训科，实习实训进一步规范；完善了南校区水禽实训基地、马术实训基地、鸵鸟房和孔雀笼等相关环境建设，实训基地建设得到进一步拓展；组织开展了第五届学生职业技能竞赛月，承办了北京市植物组织培养和中华茶艺技能竞赛。

在市教委举办的市级竞赛中，荣获一等奖 5 项、二等奖 6 项、三等奖 6 项；在行业协会举办的竞赛中，22 个项目获奖；在全国职业院校技能大赛中，荣获一等奖 1 项、二等奖 2 项、三等奖 1 项；在国际大赛中，获得国际金奖 1 项，银奖 1 项。特别是畜牧兽医系学生参加抗体水平测定项目喜获国赛一等奖；园艺系学生在美国国际压花协会压花比赛喜获金奖。

二、大力加强师资队伍建设，教学实力明显增强

（一）师资结构进一步优化

通过招聘，引进教师和辅导员 18 名、心理咨询工作人员 1 名，在教师队伍结构进一步优化的同时，事业编辅导员的招聘使得学院向建设高素质专业化辅导员队伍迈出了关键一步。

（二）积极推进“十百千”工程

投入 130 万元安排教师学习、培训等 260 人次；选派 15 名教师到郊区挂职锻炼，选派 24 名教师参加社会实践；首次聘任客座教授 20 人，对推广教授开始实行动态退出机制。

（三）教学成果获得突破性进展

《都市型现代农业高技能人才培养改革与实践》获得职业教育国家级教学成果一等奖；《基于“从田间到餐桌”全程质量控制食品专业人才培养的实训基地建设与实践创新》获得职业教育国家级教学成果二等奖。1 名教师荣获第十届“北京市教学名师”称号。

三、扎实推进素质教育，学生教育管理得到加强

（一）学生素质教育得到积极推进

进一步完善了学生素质教育指导中心运行机制，加强了学生管理队伍建设，完成了 11 名专职辅导员转制招聘及现任辅导员调整工作。

（二）创新了课堂管理方式

开展了“课堂无手机”活动，得到全国媒体关注；推广实施的学生综合素质量化测评系统，得到第二届全国职业院校德育工作创新与发展论坛的关注。

（三）学风建设取得进展

通过树立“十星”优秀学生典型，完善学生考评奖励机制，创新新生入学教育活动等，丰富了学风建设年活动；成功开展了第九届科技文化艺术节，催生了丰硕的活动成果；成功举办了学院第十一届田径运动会；在首都高校第 52 届学生田径运动会上，农职健儿荣获丙组团体总分第一，创造了历史最好成绩；取得了北京市首届国防教育演讲比赛一等奖；被评为北京市高校征兵工作先进单位。

四、招生工作取得好成绩，就业工作扎实推进

（一）招生工作取得好成绩

普通高职计划 1 420 人，实际录取 1 353 人，录取率为 95.28%。实际报到 1 297 人，报到率为 95.86%。无论是录取率还是报到率都远高于北京市平均值。

（二）扎实推进学生就业工作

1 382 名应届毕业生，落实就业 1 327 名，就业率为 97.67%。

（三）积极推进校友会工作

组建成立了部分校友分会，建立了校友资料数据库。校友会首个京外分会——湖南分会于 8 月成立。

五、科研管理得到加强，科技服务全面推进

（一）科研管理进一步规范

实现了院级科研项目网上申报和信息发布，实

施了科研项目由系部学术委员会初审、院学科组评审、院学术委员会审议的三级分层评审制度。

（二）科技立项覆盖面进一步扩大

推进了科技项目带动计划、科技人才支撑计划和大学生科技创新计划，承担市农业科技能力提升项目38项、北京市自然基金等市级以上科研项目61项，创历史新高；实施了院级管理类科研项目工程，《高等职业院校学位设置的探索研究》等38项课题获准立项。

（三）科技服务得到拓展

选派了15名专业教师到郊区挂职服务；农业科技综合服务试验站建设稳步推进；在已有的6个专业服务工作室基础上，新增了孔雀谷及山区旅游等技术服务工作室；新申请专利27项，获授权专利10项；北京市农业科技推广奖有5项分获一、三等奖。

六、培训服务得到拓展，合作与交流不断深化

（一）培训服务取得好成绩

完成农民合作社理事长等各类培训12 000余人次；高等教育自学考试工作实现了首次开考，面向农民采用集体报考的形式在北京开考尚属首例，有95名考生报名，其中81人参加考核；农广校在文化驻乡工程基础上推出了农艺入户工程，在郊区县开展了以家庭有机蔬菜种植为主的系列教育活动，通过开办现代农艺专业中专班，开展家庭种植设备开发制作、家庭有机蔬菜种植、家庭花卉养护、家庭果树盆栽系列教育活动，推广家庭现代农艺开发技能，建设家庭小农场，培养家庭“农艺师”，使他们成为家庭种植产业的带头人，实现创业致富在农家、家庭美化在农家、健康生活在农家、文明和谐在农家的目标。

（二）国际交流获得积极进展

与8所国外大学签署了交流合作协议，接待16批116人次国外高校、机构的访问交流活动，邀请外国专家为师生开展了4次专题学术讲座，组织了10批35人次教师出国访问和培训。

（三）国际合作进一步加强

完成与美国夏威夷大学合作办学项目的申报，完成了师生赴加拿大圣力嘉学院的暑期游学活动；首批18名留学生分别来自俄罗斯、哈萨克斯坦、吉尔吉斯斯坦等国家和地区，就读国际教育学院国际贸易专业，学制5年；完成了俄罗斯和韩国学生来校学习和实习。

召开了学院第一届国际交流与合作会议，确定了学院宏观调控指导、分院系部密切配合、教师和学生唱主角，全面推动国际交流与合作工作发展与深化的指导思想。

七、财务和资产管理得到加强，基础设施建设、产业发展进展顺利，后勤服务进一步改善

（一）财务管理更加规范

完成了财务结算中心建设，加强了制度建设和软件支撑，强化了财务的统一管理；聘请会计师事务所对学院9个预算单位进行了全面审计，开展了预算绩效跟踪试点工作；加强了对财政专项资金的监管和“三公经费”等支出管理；开展了内控体系建设；全年共争取财政性资金4.7亿元。

（二）资产和招投标管理得到加强

完成了学院产权登记；完善了采购评标办法及程序，组建了招投标评委专家库；市财政专项招标节约资金464万元，自筹项目招标节约资金37万元。

（三）基础设施建设全面推进

南校区体育馆顺利开工，4号学生公寓和国际教育学院3号学生公寓等上年结转项目全部完成，机电工程学院学生公寓和学生食堂、北校区学生浴室、南校区5号学生公寓和后勤楼装修、南校区地下管线和能源监控等2014年专项工程进展顺利；完成了南校区实训教学温室建设、食品加工楼改造、北校区气膜式体育馆工程；启动了10个专业教学实训室建设；成立了网络信息中心并配备了专职人员；建设了南校区图书馆信息化系统、网络中心云存储平台，统一了四校区一卡通系统，建设LED信息发布系统和高清视频会议系统，完成了机电工程学院校园网升级改造。

（四）产业管理模式创新取得新进展

积极推进了校办企业改制和成立资产经营公司的工作；农发中心统一了财务管理，规范了合作场管理，全年实现产值4 388万元，利润200万元；实训中心实现经营收入155万元。服务教学和示范辐射作用在这两个中心也同时得到加强。

（五）后勤服务得到改善

四校区食堂全部参加了高校“伙联采”，降低了采购成本；北校区为家属院开办了便民窗口、便

民菜店和便民通道，受到好评；南校区“777”服务专线得到拓展，一站式服务得到加强；医疗服务进一步规范，车辆和驾驶员管理进一步严格，服务质量显著改善。

八、党的建设进一步加强，校园文化不断繁荣

学院以党的十八届三中、四中全会精神和社会主义核心价值观基本内容为指导，深入学习贯彻习近平总书记一系列重要讲话精神，紧紧围绕学院中心工作，进一步加强党的建设和精神文明建设，积极开展校园文化活动，为学院发展提供了坚强保证。

（一）党的建设不断加强

一是以各党总支为单位认真组织学习党的十八届三中、四中全会精神、中央1号文件和《关于全面深化改革若干重大问题的决定》，推进核心价值观教育进教材、进课堂、进学生头脑；把团的建设纳入党建总体规划，建立了团建工作研究日、党建带团建责任制等工作制度。

二是全面落实各项整改任务，学院教育实践活动取得显著成效。按照中央和市委关于落实整改任务的要求，扎实推进了各项整改工作，作风建设取得了明显成效。学院领导班子整改落实方案确定的13个方面40项整改任务已经完成36项，正在推进4项；在专项整治工作计划中确定的7项专项整治任务已全部落实；在建章立制方面完成制度建设13项，还有5项制度正在抓紧制定中，全部整改任务完成已超过90%。“四风”问题得到有效整治，师生反映强烈的问题得到初步解决，规章制度逐步健全完善，作风建设长效机制进一步建立，有力促进了中心工作的开展，为学院长远发展打下了坚实基础。

三是着力提升党委领导班子建设，切实提高治校能力。一年来，围绕科学执政、民主执政、依法执政的总目标，通过加强党委工作程序规范化建设，推动了党内制度法规的落实，党委领导能力和水平不断提升。通过建立“三个一”联系制度，较好地落实了党建工作责任制；通过认真落实集体领导下的个人分工负责制，使得民主集中制得到认真的贯彻执行；通过严格落实党委中心组理论学习制度、生活会和工作制度，进一步加强了党委生活制度的规范化。

四是进一步加强了二级班子建设和干部队伍建设。院党委认真贯彻新修订的《党政领导干部选拔任用工作条例》，严格落实市委组织部关于干部选拔任用制度规定和超职数配备干部专项整治的新要求，进一步加强了干部职数管理；重点加强了系部领导班子配备，稳步开展了干部轮岗交流，干部队伍和领导班子年龄、知识和专业结构进一步优化。制定实施了《关于系级党政领导班子工作规则的规定（试行）》，为加强系级领导班子建设，健全系级单位党政分工合作、协调配合、共谋发展的运行机制提供了有力的制度保障。通过举办处级领导干部学习习近平总书记系列重要讲话专题培训班、参加统一调训、在线学习等多种形式，有效推动了领导班子和干部队伍思想政治建设。

五是进一步加强了党风廉政建设。围绕党风廉政建设和反腐败中心任务，以强化监督执纪问责为重点，加大了党员干部的监督管理力度。结合近几年发展建设中暴露出来的一些问题，抓住部分领导干部和党员在作风建设上存在法规意识不强、廉政纪律松懈等问题，及时组织开展了“知规守纪”教育活动，对党内违规违纪行为进行严肃查处。及时处理违规违纪处级干部2名，严肃了干部管理纪律，对全体干部起到了警示作用。同时，狠抓了党风廉政建设责任制的落实，健全完善了组织监督的工作职能，加大了对重点领域的监管力度，加强了内部审计和来信来访处理工作，廉政建设进一步加强。

（二）校园文化和精神文明建设得到加强

一是以学院“五个一”文化建设工程为主线，积极推进了校园文化建设。开展了“北京廉政故事”和北京榜样宣传活动、学习型党组织建设示范点和党委中心组“领学品牌”活动、金秋赏花节系列文化活动等；以教职工“十大文体协会”为平台，不断创新教职工文体活动的内容和形式；开展了一年一度的教职工趣味运动会，推动和繁荣了校园文化。

二是按照办学理念与办学特色相结合，实用价值、美学价值与教育价值相结合，自然景观、人工景观与人文景观相结合的建设思路，完成了南校区节能照明改造和景观项目建设；启动了南校区行政广场花园、绿色科技园科普长廊，北校区办公楼南侧的主题园、图书馆西侧广场等项目建设；完成了北校区体育广场、钟楼、路牌标识等项目建设。

三是制定下发了关于落实中央开展“节俭养德全民节约行动”的实施意见，组织开展了学雷锋活动日相关活动，加强了学雷锋志愿服务站和服务岗

的注册与管理，实施了法律顾问制度，完成了市教委下达的大学章程研究任务，学院精神文明建设得到加强。

（三）安全稳定工作得到加强

以网格化管理为抓手，扎实推进平安校园建设，强化安全教育培训宣传演练工作，加大安全隐患督查整改工作力度，健全和完善校园安全稳定工作预案，加强人防、技防和物防建设，全面提高了校园安全防范能力。

北京农业职业学院党政领导班子成员

党委书记　崔砚青
院长　杜晓林
副书记　杜保德　冯学会（3月任）
副院长　李俊英　王晓华　程文华　王福海

（北京农业职业学院　肖兵）

北京农产品中央批发市场管理委员会

概　　况

北京农产品中央批发市场管理委员会成立于1993年，是市政府派出的正局级全民所有制事业单位。二十多年来，管委会、集团公司在市委、市政府的关怀指导下，秉承“同心向上、追求卓越、德行诚信、修己惠民”的核心价值观，积极承载三项公益职能：一是为市政府引导调控农产品市场服务，保应急、保淡季；二是助力郊区现代农业发展，解决农产品卖难问题；三是完成农产品特需供应计划。同时，根据市委、市政府有关部署，北京农产品中央批发市场管理委员会负责统筹协调北京鲜活农产品流通中心项目的规划开发、投资建设和运营管理工作。

机构设置及下属单位

管委会为便于发挥公益职能，对应成立了北京菜篮子集团公司。集团总部设“四部一室”，即综合办公室、企业运营管理部、财务管理部、审计考核部、战略研究部；集团下设三家全资公司、三家控股公司、一家参股公司。分别是：北京农产品中央物流园有限公司（含北京农通能源有限公司）、北京银地房地产开发有限责任公司、北京银地物业管理有限公司；北京农产品中央批发市场有限责任公司（含北京菜篮子配送有限责任公司）、北京菜篮子基金管理有限公司、北京菜篮子投资有限公司；北京金海盛源商贸有限公司。

集团下属单位

名　称	地　址	联系电话
北京农产品中央物流园有限公司	北京市通州区台湖镇北发大酒店6层	80808959
北京银地房地产开发有限责任公司	北京市丰台区银地西路9号	83705390
北京银地物业管理有限公司	丰台区银地家园26号楼二层物业办公室	83729667
北京农产品中央批发市场有限责任公司	北京市丰台区新发地168号	83729569
北京菜篮子基金管理有限公司（北京菜篮子投资有限公司）	朝阳区西大望路3号蓝堡国际中心Ⅰ座2301	85999912
北京金海盛源商贸有限公司	丰台区新发地168号	83720838

主　要　工　作

2014年，是全面贯彻落实党的十八届三中、四中全会精神、深化改革的开局之年，是管委会、集团公司实现“121”宏伟蓝图的关键之年。全体干部职工自觉践行“同心向上、追求卓越，德行诚信、修己惠民”的核心价值观，以经济工作为中心，全面推动管委会、集团公司迈向事业新高度。

2014年，管委会克服诸多不利因素，突破诸多瓶颈限制，各项工作扎实推进，成果喜人：重点工作超常推进，两大项目齐头并进，打下管委会的生存之基；总资产快速增长，综合实力不断攀升，奠定管委会的发展之基；现有企业运行稳定，制度建设日渐完善，筑牢管委会的保障之基；融资工作创新实践，北菜集团重磅亮相，打造管委会的形象之基；安全意识不断深化，维稳工作扎实有效，强化管委会的稳定之基；团队建设成效显著，干部职工干劲十足，凝聚管委会的团结之基。

截至2014年年底，主要工作指标圆满完成。资产总额达30亿元，是“十二五”初期资产总额的6倍；农产品交易额稳定在135亿元；全系统实现营业总收入1.93亿元，其中：经营收入8 800万元、投资收益2 790万元、财政贴息及拨款收入7 700万元；直接吸纳就业人口1万余人，带动就业人口20万余人；带动外埠及京郊保障基地近100万亩。《2014年经营目标责任书》设定的54项指标基本完成，其中超额完成12项。

总结和回顾2014年全系统工作取得的重大成绩，主要有以下几个方面：

（一）重点工作取得决定性进展

物流园项目全面落地。开展体制机制创新，用超常规的精神状态和工作方法，攻坚克难，取得项目推进的超常规突破。签署征地补偿安置协议，强力推动项目征地拆迁；攻克土规调整和耕地占补难题，节约项目一级开发成本2 000余万元；开展土地入市交易相关程序咨询研究，全面推进市政方案咨询和深化设计。

中央市场改造积极推进。克服审批不易、步步维艰的困难，完成3个地块土地证、6个交易大厅房产证的办理，相关土地、房产权属问题全部解决；开展人口、产业、环保、水务等专项论证，完成项目可行性研究报告、交通影响力分析、交通影响评价报告和水资源论证报告，项目已进入市发改委核准审批流程，为项目推进夯实基础。

金融支撑初具雏形。成立北京菜篮子基金管理有限公司，对内强身健体、苦练内功，对外精诚协作、攻坚克难，与中信信托签订战略合作协议，完成物流园项目融资总金额50亿元任务，第一笔资金10亿元已如期到位。

（二）现有企业有序稳定运行

中央市场取得佳绩。全年实现经营收入4 726.9万元，同比增加5%，实现了自成立以来的最高收入；克服多重困难，拆除3 400平方米隐患摊位；多方寻找，积极推进临时市场选址；全面抓好干部选拔培养和团队建设；绿洲公司物流配送业务扩大，获得客户信赖。

银地开发积极进取。实现经营收入563万元；9号院公租房项目即将陆续封顶；对N地块重新规划设计；与土政发公司就怀北庄水泥厂二地块签订合作开发协议作为国科大教师定向安置房；适时调整战略目标，储备怀柔庙城、怀柔14街区、平谷大桃市场升级改造和承德等四个项目。

银地物业顺利重组。与万柳商城公司合并重组，两个公司共完成经营收入2 022万元，完成年度指标的107.2%；积极开拓物业项目，顺利进入北京市政府采购网，新增管理面积9万平方米；充分利用公共维修基金，更新改造物业设施设备；提升服务质量，树立企业良好形象。

（三）积极推进公益服务

以农产品流通协会为依托，积极发挥行业社团优势，不断加强产销对接、金融、信息服务工作。协调会员通过代理、包销、收购等方式，解决京郊农产品“卖难”问题；组织会员、商超与京郊特色果品生产基地对接，实现购销合作，推进京郊农产品多渠道流通体系建设；发起筹备专为农产品流通行业服务的小额贷款公司；加强信息服务及会员个性化服务，降低农产品流通成本，丰富首都农产品市场供应。

（四）企业管理创新增效

顺应发展形势，整合企业资源。将原“北京农通实业开发总公司”更名为“北京菜篮子集团公司”，集团公司专司农产品的职能和定位更加明确，服务“三农”的理念更加突出。银地物业公司和万柳公司合并重组，农产物业板块的资源进一步整合，产业结构进一步优化。

创新管理模式，提高工作效率。物流园公司打破原有工作模式，变垂直管理为扁平化管理，以任务为导向，成立攻坚小组，实行项目责任人认领制，建立绩效考核机制，工作效率获得质的飞跃。银地开发公司实施纵向管理、项目办负责制的新模式，各项工作推进力度明显加大。银地物业公司实行分公司负责人制度，管理水平和业主缴费率大幅提升。

（五）安全管理扎实有效

按照“一岗双责”“谁主管、谁负责”“谁主办、谁负责”的原则，层层落实责任制，对重大工作专题布置，日常工作常抓不懈；完善系统网格化管理体系，形成横到边、竖到底、全覆盖、无遗漏的安全维稳工作格局；全年共召开安全维稳工作会14次，监督、检查59次，形成了检查频率高、整治措施全、执行力度大、防范效果好的良好局面；以安全月为契机，举办教育培训和消防演练活动，强化全系统安全生产意识；圆满完成各项重大政治任务，确保企业的安全稳定。

（六）党的建设、企业文化建设和团队建设不断增强

党建工作全面加强。组织完成第一批教育实践活动的总结检查验收；启动党委换届工作；16 名同志加入中国共产党，是管委会成立以来发展党员最多的一年，10 名预备党员转正，为党组织补充了新鲜血液；评选出 12 名优秀共产党员；开展对全系统干部廉政工作的教育培训，努力做到关口前移，确保杜绝不廉洁问题；组织党风廉政检查验收，进一步明确廉政建设职责；召开各支部组织生活会，进一步严格党内生活。

企业文化建设创新发展。加强管委会核心价值观教育，开展形象大使、司歌歌词、微语录评选活动，评出男、女各一位形象大使，评选出 10 首优秀司歌歌词、10 篇优秀微语录，组织微语录演讲比赛。组织统一着装工作，凝聚职工力量，振奋职工精神，提升单位形象。开展“夏送清凉、冬送温暖”活动，及时看望、帮扶困难职工。《工作动态》全新改版，促进了干部职工的沟通交流，增强团队的凝聚力。

团队建设与时俱进。班子中心组理论学习定期举行，局、处级干部在线学习通过率达到 100%。组织学习十八届四中全会精神、习近平总书记系列重要讲话、商务礼仪、金融投资等专题培训班。举办干部任前培训班、70、80、90 后干部培训班。鼓励干部职工通过业余自学提高学历和技能等级，十多名年轻同志报考初、中、高级职称考试。在各公司设立图书角，配备图书 420 册。通过外部引进、内部调整等方式，进一步提升人才配备水平。组织 2 名干部参加全市的干部挂职。对 3 个全资子公司领导班子和领导干部开展考核测评，及时“面对面”反馈测评结果。开展“我心目中的业务骨干”“我心目中的岗位能手”和“创新增效先进集体”评选活动。

目标明确、思路清晰，方能上下齐心、共谋大业。管委会确立打造一个百亿资产就业平台、建设两个现代化中心、建立一个金融支撑的“121”发展目标，明确“园区置业、农产物业、地产开发、金融投资”四大板块的发展思路。令旗所指，上下齐心。正因为有了明确的目标，全系统干部职工才能更紧密地团结在领导班子周围，团结一心、奋力前行。

勇于改革、突破创新，方能冲破桎梏、跨越发展。2014 年，管委会率先在物流园公司推行“扁平化”管理模式，其他公司快速跟进，因地制宜，以项目为导向，全面推行新的管理体制，全系统实现了“脱胎换骨”式的历史性转变，极大地调动了干部职工的积极性，极大地提升了管委会、集团公司的生产力水平，极大地保障了各项工作的圆满完成。

造势借势、智慧发展，方能乘势而起、大展宏图。大鹏一日同风起，扶摇直上九万里。我们要实现鲲鹏之志，必须有造势的智慧、借势的能力，必须在大局中谋发展。我们要借习总书记明确首都定位之势，借金融央企助力首都繁荣之势，借京津冀协同发展之势，推进各项事业稳步向前。

北京农产品中央批发市场管理委员会
党政领导班子成员

主任 刘春广
副主任 吴守荣 吴宝琴 赵全保
党委书记 赵文广
副书记 刘春广
委员 吴守荣 吴宝琴

（北京农产品中央批发市场管委会 梁娜）

统 计 资 料

农村基本情况

指标名称	计量单位	北京市	朝阳区	丰台区	海淀区	门头沟区	房山区	通州区
1. 村委会个数	个	3 940	154	65	84	178	461	475
2. 乡村户数	户	2 252 134	307 612	132 076	153 414	49 225	268 970	269 390
3. 乡村人口	人	6 069 145	798 055	384 601	422 461	100 589	601 882	746 120
4. 乡村从业人员	人	3 570 417	502 652	238 692	247 323	49 588	312 485	418 076

指标名称	计量单位	顺义区	昌平区	大兴区	怀柔区	平谷区	密云县	延庆县
1. 村委会个数	个	426	303	527	284	273	334	376
2. 乡村户数	户	217 521	226 728	196 770	93 586	111 210	131 172	94 460
3. 乡村人口	人	609 411	702 797	626 843	228 568	322 466	315 550	209 802
4. 乡村从业人员	人	339 785	455 010	395 419	123 037	184 425	183 476	120 449

农林牧渔业总产值（现价）

单位：万元

区 县	农林牧渔业总产值			农 业			林 业		
	2014	2013	2014年比2013年增长（%）	2014	2013	2014年比2013年增长（%）	2014	2013	2014年比2013年增长（%）
北京市	4 200 672.4	4 217 827.9	−0.4	1 551 014.9	1 704 065.2	−9.0	906 852.3	758 857.3	19.5
朝阳区	42 816.1	42 471.0	0.8	8 128.5	7 764.0	4.7	21 154.7	21 461.9	−1.4
丰台区	25 103.4	36 377.1	−31.0	8 745.9	10 440.8	−16.2	12 612.8	20 367.7	−38.1
海淀区	58 678.9	57 919.7	1.3	17 842.9	18 872.1	−5.5	24 847.7	21 603.1	15.0
门头沟区	35 335.3	53 307.9	−33.7	10 863.5	11 310.4	−4.0	9 757.4	28 381.6	−65.6
房山区	524 952.6	505 758.3	3.8	171 751.6	169 092.4	1.6	138 231.5	122 251.5	13.1
通州区	578 164.3	554 136.5	4.3	234 901.9	257 769.7	−8.9	141 572.3	110 130.2	28.5
顺义区	684 925.1	683 390.3	0.2	223 211.8	250 407.8	−10.9	148 889.4	74 923.5	98.7

（续）

区 县	农林牧渔业总产值			农 业			林 业		
	2014	2013	2014年比2013年增长（%）	2014	2013	2014年比2013年增长（%）	2014	2013	2014年比2013年增长（%）
昌平区	257 635.1	278 450.1	−7.5	76 293.4	96 286.7	−20.8	73 873.6	86 666.1	−14.8
大兴区	632 424.8	612 391.2	3.3	252 329.1	285 824.3	−11.7	156 472.9	91 595.9	70.8
怀柔区	203 870.9	203 304.0	0.3	52 118.7	70 651.2	−26.2	59 622.6	31 800.7	87.5
平谷区	482 373.4	447 042.5	7.9	253 434.7	238 691.3	6.2	26 914.5	38 847.1	−30.7
密云县	415 951.2	473 384.4	−12.1	186 203.3	208 385.5	−10.6	38 449.1	55 396.1	−30.6
延庆县	241 109.3	260 894.9	−7.6	55189.6	78 569.0	−29.8	54 453.8	55 431.9	−1.8

区 县	牧 业			渔 业			农林牧渔服务业		
	2014	2013	2014年比2013年增长（%）	2014	2013	2014年比2013年增长（%）	2014	2013	2014年比2013年增长（%）
北京市	1 526 589.6	1 547 519.2	−1.4	132 024.0	127 809.5	3.3	84 191.6	79 576.7	5.8
朝阳区	6 250.5	5 052.0	23.7	4 343.3	5 394.0	−19.5	2 939.1	2 799.1	5.0
丰台区	2 280.5	2 613.1	−12.7	93.0	1 658.1	−94.4	1 371.2	1 297.4	5.7
海淀区	9 071.7	10 800.4	−16.0	195.7	358.6	−45.4	6 720.9	6 285.5	6.9
门头沟区	13 849.2	12 796.3	8.2				865.2	819.6	5.6
房山区	192 450.3	194 553.9	−1.1	9 309.7	7 304.4	27.5	13 209.5	12 556.1	5.2
通州区	164 684.6	148 952.8	10.6	27 431.6	28 251.8	−2.9	9 573.9	9 032.0	6.0
顺义区	276 424.0	321 373.5	−14.0	19 208.9	20 403.9	−5.9	17 191.0	16 281.6	5.6
昌平区	97 355.1	85 244.7	14.2	2 839.0	3 396.8	−16.4	7 274.0	6 855.8	6.1
大兴区	211 227.9	223 345.6	−5.4	3 697.1	3 349.0	10.4	8 697.8	8 276.4	5.1
怀柔区	78 016.0	86 540.2	−9.8	13 244.7	13 496.0	−1.9	868.9	815.9	6.5
平谷区	181 015.0	148 221.9	22.1	19 517.4	19 985.0	−2.3	1 491.8	1 297.2	15.0
密云县	171 608.8	190 047.0	−9.7	11 096.4	11 430.9	−2.9	8 593.6	8 124.9	5.8
延庆县	122 356.0	117 977.8	3.7	3 715.2	3 781.0	−1.7	5 394.7	5 135.2	5.1

注：全市数据含远洋渔业数据。

主要农产品产量

单位：吨

区 县	粮 食			蔬菜（含食用菌）			干鲜果品		
	2014	2013	2014年比2013年增长（%）	2014	2013	2014年比2013年增长（%）	2014	2013	2014年比2013年增长（%）
全 市	639 369.1	961 259.8	−33.5	2 361 634.5	2 668 593.0	−11.5	745 147.2	795 070.9	−6.3
朝 阳 区	67.1	513.9	−86.9	5 800.1	6 668.3	−13.0	625.9	561.4	11.5
丰 台 区	386.5	1 011.7	−61.8	3 862.3	6 072.0	−36.4	1 410.4	1 570.6	−10.2

（续）

区县	粮食			蔬菜（含食用菌）			干鲜果品		
	2014	2013	2014年比2013年增长（%）	2014	2013	2014年比2013年增长（%）	2014	2013	2014年比2013年增长（%）
海淀区	2 473.6	2 959.2	−16.4	22 647.5	22 689.2	−0.2	4 854.9	5 192.2	−6.5
门头沟区	1 028.3	2 331.8	−55.9	4 481.2	4 667.5	−4.0	3 061.4	3 148.7	−2.8
房山区	71 073.4	98 649.1	−28.0	166 404.2	164 158.2	1.4	50 321.2	52 274.7	−3.7
通州区	79 625.0	121 830.5	−34.6	542 458.6	617 604.7	−12.2	51 404.7	54 180.4	−5.1
顺义区	110 843.0	174 458.4	−36.5	385 562.4	426 513.8	−9.6	56 561.8	69 408.8	−18.5
昌平区	7 276.8	14 291.3	−49.1	40 935.1	43 931.0	−6.8	29 287.5	34 547.0	−15.2
大兴区	145 293.5	190 591.0	−23.8	647 718.8	792 303.7	−18.2	96 333.3	106 430.4	−9.5
怀柔区	30 647.4	49 097.9	−37.6	32 100.1	37 491.0	−14.4	23 959.5	36 243.8	−33.9
平谷区	52 462.0	60 278.0	−13.0	233 766.5	238 623.7	−2.0	339 727.4	320 696.4	5.9
密云县	50 219.6	88 470.0	−43.2	203 919.5	216 098.4	−5.6	67 802.0	82 296.8	−17.6
延庆县	62 991.2	143 592.6	−56.1	71 978.2	91 771.5	−21.6	19 797.2	28 519.7	−30.6

区县	肉类			#猪牛羊肉		
	2014	2013	2014年比2013年增长（%）	2014	2013	2014年比2013年增长（%）
全市	393 214.0	418 037.4	−5.9	268 832.6	278 771.7	−3.6
朝阳区	2.7	5.6	−51.8	2.7	5.6	−51.8
丰台区	347.1	488.0	−28.9	314.0	421.2	−25.5
海淀区	1 879.9	1 975.7	−4.8	1 771.9	1 817.8	−2.5
门头沟区	6 174.6	5 607.9	10.1	623.1	648.9	−4.0
房山区	47 297.0	49 713.8	−4.9	37 126.8	36 939.7	0.5
通州区	40 392.1	38 136.9	5.9	23 927.3	26 786.9	−10.7
顺义区	95 412.9	102 998.0	−7.4	76 323.7	85 166.7	−10.4
昌平区	10 868.4	11 670.6	−6.9	8 866.0	8 962.8	−1.1
大兴区	60 154.7	65 943.7	−8.8	44 885.6	43 468.3	3.3
怀柔区	24 733.2	27 162.9	−8.9	10 474.6	10 626.8	−1.4
平谷区	44 730.8	44 079.5	1.5	34 885.0	32 911.2	6.0
密云县	37 808.3	48 350.9	−21.8	18 685.7	20 040.7	−6.8
延庆县	23 412.3	21 904.0	6.9	10 946.2	10 975.1	−0.3

区县	牛奶			鲜蛋		
	2014	2013	2014年比2013年增长（%）	2014	2013	2014年比2013年增长（%）
全市	594 805	614 618	−3.2	196 454	175 020	12.2
朝阳区	13 510	12 302	9.8			
丰台区	466	893	−47.8	682	721	−5.4

（续）

区县	牛奶			鲜蛋		
	2014	2013	2014年比2013年增长（%）	2014	2013	2014年比2013年增长（%）
海淀区	8 205	10 734	−23.6	435	472	−7.8
门头沟区	70	110	−36.1	173	235	−26.2
房山区	46 218	42 733	8.2	10 438	10 974	−4.9
通州区	105 683	104 329	1.3	8 068	8 030	0.5
顺义区	53 167	56 142	−5.3	13 339	14 392	−7.3
昌平区	52 745	51 944	1.5	8 277	8 511	−2.7
大兴区	134 726	143 958	−6.4	15 353	16 709	−8.1
怀柔区	41 783	43 094	−3.0	1 794	1 783	0.6
平谷区	3 585	2 428	47.6	79 249	52 315	51.5
密云县	72 118	78 679	−8.3	20 995	23 526	−10.8
延庆县	62 530	67 271	−7.0	37 652	37 354	0.8

注：全市粮食产量为抽样调查推算数据，故与区县合计数不等。

农作物播种面积

单位：亩

区县	农作物播种面积			#粮食作物			#蔬菜面积		
	2014	2013	2014年比2013年增长（%）	2014	2013	2014年比2013年增长（%）	2014	2013	2014年比2013年增长（%）
全市	2 999 422	3 636 876	−17.5	1802 611	2 383 666	−24.4	862 228	929 770	−7.3
朝阳区	6 908	7 780	−11.2	155	1 354	−88.6	4 670	5 463	−14.5
丰台区	5 853	10 301	−43.2	1 946	3 752	−48.1	2 389	3 819	−37.4
海淀区	19 207	20 149	−4.7	6 089	7 017	−13.2	11 949	11 711	2.0
门头沟区	43 437	44 026	−1.3	18 251	23 142	−21.1	1 868	2 143	−12.8
房山区	315 824	381 957	−17.3	214 252	284 068	−24.6	72 219	71 806	0.6
通州区	397 957	524 978	−24.2	193 305	295 379	−34.6	180 502	207 353	−12.9
顺义区	497 387	652 479	−23.8	287 153	437 766	−34.4	135 044	143 939	−6.2
昌平区	71 931	91 117	−21.1	37 418	49 254	−24.0	21 471	24 120	−11.0
大兴区	679 346	802 160	−15.3	345 688	440 036	−21.4	254 402	272 298	−6.6
怀柔区	149 949	166 897	−10.2	122 242	141 632	−13.7	15 136	16 730	−9.5
平谷区	216 734	237 215	−8.6	136 435	156 083	−12.6	74 469	74 384	0.1
密云县	293 497	345 548	−15.1	206 601	260 401	−20.7	59 618	61 476	−3.0
延庆县	301 392	352 269	−14.4	233 076	283 782	−17.9	28 491	34 528	−17.5

注：15亩=1公顷。

设 施 农 业

指标名称	占地面积（亩）			销售收入（万元）		
	本年实际	上年同期	增减（%）	本年实际	上年同期	增减（%）
合　计	273 486	282 785	−3.3	512 718.9	573 197.0	−10.6
一、温室	145 924	149 753	−2.6	371 842.0	410 570.9	−9.4
1. 蔬菜				221 140.2	240 806.5	−8.2
2. 食用菌				53 195.4	56 050.9	−5.1
3. 花卉苗木				30 715.8	36 217.4	−15.2
其中：鲜切花				4 801.6	5 665.8	−15.3
盆栽花				25 767.2	29 831.1	−13.6
4. 瓜果类				46 546.3	62 335.4	−25.3
其中：草莓				41 489.6	51 132.2	−18.9
5. 水果				12 952.2	9 797.4	32.2
6. 其他				7 292.1	5 363.3	36.0
其中：盆栽观叶植物				3 075.5	2 888.2	6.5
二、大棚	90 460	91 860	−1.5	116 194.1	130 918.4	−11.2
1. 蔬菜				72 250.2	82 259.7	−12.2
2. 食用菌				4 605.6	6 246.2	−26.3
3. 花卉苗木				4 674.2	5 266.3	−11.2
其中：鲜切花				592.9	645.9	−8.2
盆栽花				4 047.3	4 456.5	−9.2
4. 瓜果类				31 103.6	33 414.9	−6.9
其中：草莓				231.1	671.1	−65.6
5. 水果				2 028.5	2 783.2	−27.1
6. 其他				1 532.0	948.1	61.6
其中：盆栽观叶植物				70.0	30.0	133.3
三、中小棚	37 102	41 172	−9.9	24 682.8	31 707.7	−22.2
1. 蔬菜				9 891.5	14 803.4	−33.2
2. 食用菌				393.2	381.1	3.2
3. 花卉苗木				712.2	446.0	59.7
其中：鲜切花				31.2	51.1	−38.9
盆栽花				371.4	349.9	6.1
4. 瓜果类				11 096.7	15 904.6	−30.2
其中：草莓				22.6	29.2	−22.6
5. 水果				77.2	0.0	
6. 其他				2 512.0	172.6	1 355.4
其中：盆栽观叶植物				75.0	60.0	25.0
附：设施个数	313 614	361 623	−13.3			

生 猪 生 产

区 县	存栏（头）			出栏（头）		
	本年	上年	增减（%）	本年	上年	增减（%）
北京市	1 796 043	1 892 275	−5.1	3 057 599	3 143 923	−2.7
朝阳区						
丰台区	2 117	2 284	−7.3	3 219	4 948	−34.9
海淀区	19 700	16 542	19.1	20 515	22 339	−8.2
门头沟区	4 253	4 562	−6.8	5 238	6 061	−13.6
房山区	274 689	302 992	−9.3	432 212	433 499	−0.3
通州区	136 549	146 552	−6.8	251 769	285 622	−11.9
顺义区	511 998	545 354	−6.1	878 250	951 053	−7.7
昌平区	74 257	75 583	−1.8	104 642	105 757	−1.1
大兴区	238 821	263 985	−9.5	505 530	492 074	2.7
怀柔区	84 059	81 557	3.1	119 667	121 365	−1.4
平谷区	248 286	245 598	1.1	402 599	383 073	5.1
密云县	131 232	141 047	−7.0	216 184	222 697	−2.9
延庆县	70 082	66 219	5.8	117 774	115 435	2.0

牛 的 生 产

区 县	存栏（头）			出栏（头）		
	本年	上年	增减（%）	本年	上年	增减（%）
北京市	196 841	203 503	−3.3	91 957	112 444	−18.2
朝阳区	1 948	2 520	−22.7	1	24	−95.8
丰台区	250	462	−45.9	219	53	313.2
海淀区	2 379	2 469	−3.6	390	413	−5.6
门头沟区	47	98	−52.0	67	104	−35.6
房山区	18 325	18 771	−2.4	10 549	9 415	12.0
通州区	31 134	28 184	10.5	12 476	11 592	7.6
顺义区	31 570	38 037	−17.0	28 270	41 812	−32.4
昌平区	12 312	13 098	−6.0	2 481	2 596	−4.4
大兴区	36 711	36 699	0.0	11 790	11 646	1.2
怀柔区	12 006	12 618	−4.9	3 799	4 655	−18.4
平谷区	6 853	7 406	−7.5	9 180	10 766	−14.7
密云县	25 211	25 243	−0.1	6 108	10 654	−42.7
延庆县	18 095	17 898	1.1	6 627	8 714	−23.9

羊 的 生 产

区 县	存栏（只）			出栏（只）		
	本年	上年	增减（%）	本年	上年	增减（%）
北京市	683 529	594 706	14.9	686 748	707 659	—3.0
朝阳区	527	197	167.5	195	93	109.7
丰台区	3 046	2 954	3.1	1 809	2 365	—23.5
海淀区	2 319	2 352	—1.4	1 537	1 515	1.5
门头沟区	11 170	13 227	—15.6	12 299	9 281	32.5
房山区	135 078	118 164	14.3	84 988	87 710	—3.1
通州区	71 534	60 020	19.2	83 127	77 521	7.2
顺义区	85 210	75 665	12.6	101 005	125 874	—19.8
昌平区	32 300	24 920	29.6	26 346	21 894	20.3
大兴区	100 426	97 885	2.6	141 185	150 528	—6.2
怀柔区	39 591	30 559	29.6	24 902	22 705	9.7
平谷区	85 537	81 417	5.1	114 768	109 554	4.8
密云县	67 892	59 137	14.8	62 966	71 157	—11.5
延庆县	48 899	28 209	73.3	31 621	27 462	15.1

家 禽 生 产

区 县	存栏（万只）			出栏（万只）		
	本年	上年	增减（%）	本年	上年	增减（%）
北京市	2 544.58	2 524.88	0.8	7 550.69	8 529.83	—11.5
朝阳区						
丰台区	3.53	5.03	—29.8	2.61	5.08	—48.6
海淀区	8.07	6.6	22.3	9.16	11.09	—17.4
门头沟区	31.97	35.08	—8.9	350.69	304.16	15.3
房山区	198.37	212.71	—6.7	657.74	876.11	—24.9
通州区	184.45	143.72	28.3	977.82	745.75	31.1
顺义区	287.97	242.37	18.8	1 072.11	1 020.98	5.0
昌平区	116.28	89.91	29.3	92.59	122.22	—24.2
大兴区	206.91	277.54	—25.4	866.83	1 295.23	—33.1
怀柔区	133.04	127.82	4.1	861.93	1 024.91	—15.9
平谷区	689.94	674.47	2.3	761.78	725.09	5.1
密云县	348.38	377.41	—7.7	1 128.05	1 710.66	—34.1
延庆县	335.67	332.22	1.0	769.38	688.55	11.7

农业观光园

区　县	农业观光园个数（个）		高峰期从业人员（人）		接待人次（人次）		经营总收入（万元）	
	2014	2013	2014	2013	2014	2013	2014	2013
全　　市	1 301	1 299	47 088	50 406	19 112 023	19 443 895	249 154.7	273 600.0
朝 阳 区	11	12	2 018	2 181	1 438 991	1 173 297	37 069.7	42 229.0
丰 台 区	12	12	691	636	680 903	632 903	2 085.1	2 283.4
海 淀 区	60	60	2 429	2 503	346 379	346 730	6 831.9	7 050.1
房 山 区	111	105	3 017	2 973	1 682 147	1 628 726	15 181.0	16 904.9
通 州 区	58	55	3 520	3 248	833 162	774 100	18 518.4	20 572.7
顺 义 区	54	59	2 366	2 906	704 509	948 374	11 594.3	13 855.8
昌 平 区	198	199	6 047	6 868	1 808 213	1 883 582	37 358.4	51 225.6
大 兴 区	120	114	9 289	11 059	1 355 030	1 915 655	13 200.1	19 681.9
门头沟区	55	61	1 167	1 477	414 806	403 925	4 996.9	6 289.7
怀 柔 区	217	217	2 196	2 247	1 945 623	1 891 901	17 182.0	16 286.7
平 谷 区	210	213	8 592	8 880	4 037 837	3 764 873	32 438.7	29 032.1
密 云 县	155	155	4 349	4 197	3 277 830	3 572 952	45 960.6	42 866.9
延 庆 县	39	36	1 402	1 195	586 248	506 077	6 734.3	5 315.2

注：全市合计数中含石景山区数据，故分区县数据相加不等于合计。

民俗旅游

区　县	民俗旅游接待户数（户）		高峰期从业人员（人）		民俗旅游接待人次（人次）		民俗旅游总收入（万元）	
	2014	2013	2014	2013	2014	2013	2014	2013
全　　市	8 863	8 530	21 493	19 578	19 142 166	18 065 498	112 543.0	101 958.7
朝 阳 区	5	8	6	12	1200	3 308	9.0	19.5
海 淀 区	30	35	58	54	40 904	44 392	287.7	310.4
房 山 区	1 318	1 294	2 522	1 987	1 725 410	1 578 682	9 864.2	9 022.9
通 州 区	77	77	138	138	29 260	25 435	1099.6	893.0
顺 义 区	25	25	39	39	22 834	17 965	83.0	74.8
昌 平 区	338	314	1 254	1 171	1 200 621	1 186 321	5 856.1	5 604.7
大 兴 区	143	172	690	783	436 190	409 303	1 582.8	1 600.7
门头沟区	532	568	1 267	1 304	731 650	649635	5792.3	5 156.2
怀 柔 区	1 442	1 582	3 421	3 085	2 175 180	2 193 056	14 917.0	14 450.1
平 谷 区	2 149	2 213	5 860	5 681	4 133 403	4 018 251	25 976.6	23 724.2
密 云 县	1 922	1 438	3 789	2 875	4 336 142	3 450 732	24 102.3	17 914.2
延 庆 县	882	804	2 449	2 449	4 309 372	4 488 418	22 972.4	23 188.0

注：民俗旅游接待户数为实际经营的户数。

北京市城乡居民收入

	城镇居民人均可支配收入（元）	比上年增长（%）	农村居民人均纯收入（元）	比上年增长（%）
全　　市	43 910	8.9	20 226	10.3
东 城 区	45 052	8.1		
西 城 区	47 392	9.0		
朝 阳 区	44 646	8.8	26 808	9.8
丰 台 区	41 334	9.1	22 553	10.3
石景山区	41 943	8.5		
海 淀 区	50 088	9.0	27 098	9.8
房 山 区	35 912	9.2	18 809	11.2
通 州 区	37 095	10.2	20 076	12.0
顺 义 区	36 428	9.3	19 629	10.9
昌 平 区	35 517	9.3	18 689	11.5
大 兴 区	37 131	8.8	18 824	10.4
门头沟区	38 023	8.2	18 861	8.3
怀 柔 区	35 771	10.0	18 196	11.2
平 谷 区	36 226	10.0	18 785	11.4
密 云 县	35 499	9.1	17 855	10.2
延 庆 县	33 778	8.5	17 017	9.8

索　引

本索引采取主题索引法编纂，主题词以年鉴正文出现的重要专业名词或名词词组、机构名为主。按汉语拼音音序排列，汉字的标目按首字的音序、音调依次排列，首字相同时，则以第二字排序，依此类推。

图书在版编目（CIP）数据

北京农村年鉴．2015/《北京农村年鉴》编委会编．
—北京：中国农业出版社，2016.12
ISBN 978-7-109-22092-8

Ⅰ.①北… Ⅱ.①北… Ⅲ.①农村经济—北京市—
2015—年鉴 Ⅳ.①F327.1-54

中国版本图书馆 CIP 数据核字（2016）第 214356 号

中国农业出版社出版
（北京市朝阳区麦子店街 18 号楼）
（邮政编码 100125）
责任编辑 姚 红 边 疆 潘洪洋 尹 岩

北京中科印刷有限公司印刷 新华书店北京发行所发行
2016 年 12 月第 1 版 2016 年 12 月北京第 1 次印刷

开本：889mm×1194mm 1/16 印张：27.25 插页：14
字数：1105 千字
定价：200.00 元